兩浙金石志

浙江文叢

〔清〕阮元 主編

浙江古籍出版社

圖書在版編目（CIP）數據

兩浙金石志 /［清］阮元主編.—杭州：浙江古籍出版社，2012.4(2022.8重印)
（浙江文叢）
ISBN 978-7-80715-857-8

Ⅰ. ①兩… Ⅱ. ①阮… Ⅲ. ①金石—研究—浙江省 Ⅳ. ①K877.24

中國版本圖書館 CIP 數據核字（2012）第 059065 號

兩浙金石志

［清］阮　元　主编

出版發行	浙江古籍出版社 （杭州市体育场路347号　邮编：310006）
網　　址	https://zjgj.zjcbcm.com
責任編輯	况正兵　劉　蔚
封面設計	劉　欣
責任校對	徐曉玲
照　　排	杭州真凱圖文設計制作有限公司
印　　刷	浙江新華數碼印務有限公司
開　　本	710mm × 1000mm　1/16
印　　張	31.75
字　　數	360千
版　　次	2012年4月第1版
印　　次	2022年8月第2次印刷
書　　號	ISBN 978-7-80715-857-8
定　　價	150.00圓（精裝）

出版説明

《兩浙金石志》，清阮元主編，趙魏、何元錫、許宗彦編著，是著録浙東浙西金銘石刻的金石學著作。

阮元（一七六四——一八四九），清嘉慶、道光間名臣，治學領域頗雜，經史數算、天象堪輿、金石文字、校勘版本均有著述。阮元於乾隆六十年（一七九五）始任浙江學政，前後三年。嘉慶四年（一七九九）署浙江巡撫，次年實授。嘉慶十年（一八〇五）丁父憂去職，服滿後於嘉慶十三年（一八〇八）再任浙江巡撫，次年因受科場弊案牽連去職。前後任官浙江十餘年，任内以幕府招聚學者文士，大興文教，編集撰述。

阮元本人篤好金石，任官浙江前，在山東學政任上，便參與巡撫畢沅主修《山左金石志》一事，終在浙江學政任上刊刻此書。

任官浙江後，阮元主持搜訪兩浙地区金石文字，派工摹搨，趙魏、何元錫、許宗彦參與考證編撰，《兩浙金石志》於嘉慶十年（一八〇五）成書。但因阮元不久丁憂去職，未能即時刊刻。直至十餘年後的道光四年（一八二四），時任湖廣總督的阮元，責成廣東按察使李澐率幕府人員中曾參與其事者校訂刊刻，是爲道光四年李澐刻本。

《兩浙金石志》收録自秦至元至正間的金石銘文，種類有石刻、碑文、造像、塔記、經

種。幢、題字、磚文、鐘銘、銅器、印文等。目録統計共六百五十八種，而實際所收六百八十

《兩浙金石志補遺》一卷，阮福著。阮福爲阮元子，《兩浙金石志》刻成後，阮元門人吴榮光提供漢建初摩崖石刻搨文，阮福蒐集私藏金石，合計九種，匯爲補遺一卷，道光四年（一八二四）秋刊刻於揚州。

此次出版《兩浙金石志》，選用浙江圖書館藏浙江書局光緒十六年（一八九〇）刻本，影印出版。並重新編次了目録。目録中異體字，如『志』與『誌』、『勑』與『勅』、『甎』與『磚』等，均保留底本原貌，不作改動。目録中明顯的誤字、缺字，均以（）圈去誤字，以［］改作正字或補上缺字。

兩浙金石志目録

卷二　唐開元丁巳至開成庚申

三十六種

卷三　唐會昌辛酉至唐末四十五種

卷四　後梁開平戊辰至吴越乙巳

二十九種

卷五　宋建隆辛酉至治平乙巳

五十八種

卷六　宋熙寧戊申至元祐□□

四十二種

卷七　宋紹聖甲戌至北宋末

三十六種

卷八　宋建炎戊申至紹興丙子

二十二種

卷九　宋紹興丁丑至淳熙己亥

四十九種

卷十 宋淳熙庚子至嘉泰甲子 三十八種

卷十一 宋開禧乙丑至嘉熙己亥

三十七種

卷十二 宋淳祐辛丑至景定壬戌

三十三種

卷十三　宋景定壬戌至德祐丙子　三十五種

卷十四　元至元丁丑至大德丁未

四十種

卷十五　元至大己酉至泰定甲子

二十二種

卷十六　元泰定甲子至至（元）［正］庚辰一十七種

卷十七　元至正辛巳至至正辛卯　二十四種

卷十八 元至正壬辰至至正丙午

三十四種

兩浙金石志補遺

兩浙金石志序

余在浙久遊浙之名山大川殆遍錄浙人之詩數千家成兩浙輶軒錄刻之訪兩浙帝王賢哲之陵墓加以修護成防護錄刻之以其餘力及于金石刻搜訪摹搨頗窮幽遠又勒成兩浙金石志一書爾時助余搜訪考證者則有趙晉齋魏何夢華元錫諸君子許周生兵部宗彥亦多考訂增益且錄全藁以去匆匆十餘年矣道光四年粵中有鈔本十八卷校原藁文有所刪鐘鼎錢印之不定屬浙物者亦多所刪然亦簡明可喜李鐵橋廉訪澐率浙人之官于粵者校刻之不兩月而工畢今而後藏板于浙印書通行使古金石自會稽秦刻以下迄於元末皆著于篇好古者得有所稽不亦善歟夏五月望日阮元書于嶺南節院之定靜堂

兩浙金石志目錄

兩浙金石志卷一

揚州阮元編錄

秦會稽石刻

皇帝休烈平壹宇內德惠攸長世有七年親巡天下周覽遠方遂登會稽宣省習俗黔首齊莊羣臣誦功本原事迹追道高明秦聖臨國始定刑名顯陳舊章初平灋式審別職任以立恆常六王專倍貪戾慠猛率衆自彊暴虐恣行負力而驕數動甲兵陰通閒使以事合從行爲辟方內飾詐謀外來侵邊遂起禍殃義威誅之殄熄暴悖亂賊滅亡聖德廣密六合之中被澤無疆皇帝并宇兼聽萬事遠近畢清運理羣物考驗事實各載其名貴賤並通善否陳前靡有隱情飾省宣義有子而嫁倍死不貞防隔內外禁止淫泆男女絜誠夫爲寄豭殺之無辠男秉義程妻爲逃嫁子不得母咸化廉清大治濯俗天下承風蒙被休經皆遵軌度和安敦勉莫不順令黔首修絜人樂同則嘉保泰平後敬奉灋常治無極輿舟不傾從臣誦烈請刻此石光垂休銘

李斯書繹山頌淳化間守太常博士鄭文寶以徐鉉所授本刻於長安國學泰山頌至元間行臺侍御史李處巽獲劉跂所摸本刊於建鄴郡庠由是其迹僅存而所傳浸廣予考諸記載始皇及二世抵越取浙江岑石刻頌於山亦斯筆也磨滅久矣好古博雅者益願見而不可得予乃以

家藏舊本摹勒置於會稽贊舍庶與嶧泰等文並貽於後
但史記攸長作脩長世字作三十追循作追首又作追守
軌度作度軌今則俱依石刻至正元年辛巳歲夏五月望
日承德郎紹興路總管府推官東平申屠駉識

右碑文十二行行二十四字篆書徑二寸後跋二行
八分書徑六分向在紹興府學與繹山碑表裏刻之
今嶧山碑仍在而會稽碑則于康熙間爲石工磨去
另刻他文乾隆五十七年知府李亨特以申屠氏舊
拓本重勒于原石而删其後跋兹從仁和趙氏魏家
藏舊本補錄之按圖經會稽秦刻在秦望山一云在
鵞鼻山一云在何山

秦嶧山石刻

皇帝立國維初在昔嗣世稱王討伐亂逆威動四極武義
直方戎臣奉詔經時不久滅六暴强廿有六季上薦高號
孝道顯明既獻泰成乃降專惠親輙遠方登于繹山羣臣
從者咸思攸長追念亂世分土建邦以開爭理功戰日作
流血於野自泰古始世無萬數陀及五帝莫能禁止迺今
皇帝壹家天下兵不復起甾害滅除黔首康定利澤長久
羣臣誦略刻此樂石以著經紀皇帝曰金石刻盡始皇帝
所爲也今襲號而金石刻辭不稱始皇帝其於久遠也如
後嗣爲之者不稱成功盛德丞相臣斯臣去疾御史夫臣
德昧死言臣請具刻詔書金石刻因明白矣臣昧死請制
曰可

秦相李斯書繹山碑跡妙時古殊爲世重故散騎常侍徐
公鉉酷耽玉箸垂五十年時無其比晚節獲繹山碑摸本
師其筆力自謂得思於天人之際因是廣求已之舊跡焚
擲略盡文寶受學徐門粗堅企及之志太平興國五年春
再舉進士東適齊魯客鄒邑登繹山求訪秦碑邈然無覩
逮於旬浹怊悵于榛蕪之下惜其神蹤將墜於世今以徐
所授摸本刊石于長安故都國子學庶博雅君子見先儒
之指歸淳化四年八月十五日承奉郎守太常博士陝府
西諸州水陸計度轉運副使賜緋魚袋鄭文寶記至正元
年歲在辛巳二月初五日承德郎紹興路總管府推官啓

人申屠駉以秦刻校徐摸重鐫於越庠之稽古閣　四明
王永仁刋

右碑文十一行行二十一字篆書徑二寸五分後刻
鄭文寶記正書三行又申屠駉跋一行作八分書在
紹興府學尊經閣下會稽石刻之陰按此碑結體分
行與陝本毫髮無異自皇帝曰金石刻以下秦本紀
有之詔書金石刻彼作詔書刻石當從此案說文攸
秦刻石嶧山文攸字如此乁秦刻石及如此今此刻
仍作攸字及字葢亦徐鼎臣等所改非復先秦舊觀
矣余讀此文亦間二句用一韻與會稽刻石同首用
王方强明方長六字爲一韻次用理始止起久紀爲

一韻古讀久如已詩邱中有李彼留之子彼留之子
貽我佩玖可證自皇帝曰以下則爲無韻之文

漢建元甎

右甎山陰某藏據陳氏廣寧拓本錄之長五寸七分厚一寸七分文二行曰建元二年七月八日故民王有張申明仲味馬十八字下已斷缺按文稱故民必爲官于斯者而作與漢碑陰故吏門生名同一例

漢建元甎

右甎厚一寸四分長四寸四分文曰建元三年四字海鹽張氏燕昌藏按建元西漢東晉皆有之惟漢武帝建元有三年晉康帝二年而終則此爲西京舊物也浙中漢晉碑刻甚少獨甎文敗垣墻角間常有見者茲就浙人所得以存其概云

漢五鳳甎

右甎厚一寸三分長四寸二分文曰五鳳五年四字元得此甎於海鹽張氏燕昌家藏已製爲硯其上刻錢宗伯載銘記釋爲五鳳三年後翁學士方綱見之定爲五鳳五年謂上五字中間二畫直交用隸勢下五字中間彎交用篆勢今細審之果然漢五鳳僅四年其明年爲甘露元年此云五年者甘露改元尚在本年之冬浙澥之地去陝遼遠作甎月日尚早故猶稱五鳳五年

漢甘露甎

右甎出嘉興厚一寸五分長四寸文曰甘露二年年字已損其半漢宣帝紀元也

漢黃龍甎

右甎厚二寸二分長四寸四分文曰黃龍元年建五字側面又有泉文一枚案漢宣帝三十五年壬申改元黃龍元年是年十二月帝崩此甎元得於海鹽張氏與建元五鳳諸甎同爲浙中貞石之冠

漢石經殘碑

其或迪自怨□缺□之勞爾先予不缺□能迪古我先后
缺興降不永於戲今缺建乃家□般庚旣缺

右尚書盤庚篇五行三十字

恥道之以德齊□□□缺於我我對曰毋違樊遲□缺□
子夏問孝子曰色難有事缺人焉廋子曰溫故□□新
缺端斯害也已　子曰□□女缺爲則民服孔子□曰□
□□缺書云孝于惟孝友于兄□□缺□於殷禮所損益
可知□□缺

右論語爲政篇八行六十五字

不蔽簡在帝心朕躬有缺歸心焉所重民食喪祭缺不驕
威而不猛子缺冠尊其瞻視儼然缺

右論語堯曰篇五行三十二字

右漢石經尚書論語三段凡一百二十七字錢唐黃

氏（易）得於京邸拓本紙墨渾古前有元人蒙古篆印必係宋拓較洪氏隸釋所載論語首段多一女字餘細審之尚有一二筆畫可辨者當爲熹平原刻其考證已見黃氏小蓬萊閣金石文字及翁氏兩漢金石記者茲不復贅按尚書予不此作孚丕盤庚此作般庚古通用字不其或稽自怨曷瘳稽作迪怨作怨爾雅迪道也言不以道自止其怨義勝僞孔論語孝乎作孝于按釋文亦作孝于云一本作孝乎是唐時板本尚與漢石經合惠氏（棟）云包咸注孝于惟孝美大孝之辭後世儒者據晉世所出君陳篇改孝于爲乎以惟孝屬下句若非漢石經及包氏之注又烏从是正邪簡在帝心簡作蕳此隸書之變蕳非簡策字凡从竹之字隸書多變从艸詩溱洧方秉蕳兮傳云蕳蘭也謂蕳卽蘭之异文耳說文詆譌字或作譋可證近金匱錢氏（泳）所刻尚書魯詩儀禮公羊論語共五百餘字予竊疑之隸釋魯詩殘碑父兮父兮下注云缺一字乃錢氏于此直接曰字後重刻于紹興府學者又增一缺字以意加減前後不符元和顧氏（廣圻）云尚書多方道出於不詳道當是道字之誤道終也故孔作終此今古文異字今吳縣黃氏（丕烈）所藏宋本隸釋此字作道筆畫微損重刻隸釋者誤認爲道字而錢氏亦仍其謬予近見宋槧劉球隸韻所列石

經凡一百七十七字嘗逐一核之如尚書洪範醎字錢本缺四小點論語爲政端字錢本中間多摹一竪其餘筆畫增損處更不可勝計盖彼但據近時所刻隸釋抄集成文非眞有舊本也予既錄黃氏宋拓入兩浙金石志並詳論錢本之僞以祛學者之惑云

漢光和甎

右甎厚一寸三分長四寸文曰光和六年保子宜孫八字横列錢唐黃氏（易）得於陜西郃陽茲據何夢華拓本錄之光和六年後漢靈帝癸亥歲也

漢長生未央殘甎

右甎山陰何觀察（鋐）藏甎長三寸厚二寸篆書長生未央四字若今之印章有界劃十字紋中間同瓦當式綴一星何夢華云曾見俞竹居所藏全甎分五列每交縫處俱有此四字各以圜花間之此乃分其一角耳

漢萬歲甎

右二甎一爲何氏（元錫）藏長七寸六分寬四寸厚一寸四分文曰九年八月廿日造治凡八字上已殘缺側面文曰萬歲不敗四字一爲張氏（燕昌）藏長一尺六分寬五寸三分厚一寸八分文曰萬歲不敗四字隸續汝伯寧甎有曰萬歲舍曹叔甎有曰千萬歲嗇舍邯君篆甎有曰萬秋宅洪氏謂漢人無忌諱如此

元按古人塋墓卜築之甎大約有字輒用萬歲千秋等語亦當時風尚使然

漢大吉甎

右二甎一長七寸六分厚五寸五分文曰甲子二字中間一泉又作大吉二字一長五寸八分厚一寸六分文曰大吉二字皆錢唐徐氏楙家藏

漢大吉甎

右甎長　寸厚　寸　分文曰大吉宜侯王五字侯字反書何氏元錫得于長興署齋

漢羅道人甎

右甎長四寸厚一寸四分文曰羅道人三字陳氏豫

鐘得於武康字體古勁絕類孔宙碑

漢鳳鳥甎

右甎長三寸三分厚一寸二分文曰鳳鳥二字鳥字反書趙氏魏藏案漢有元鳳五鳳天鳳年號宣帝五鳳元年應邵注云先者鳳皇五至因以改元此甎或即其時營造所用故以鳳鳥誌瑞歟

漢傳送甎

右二甎一爲陳司馬鴻壽藏長五寸厚一寸五分一面文曰千石公侯壽貴六字一面文曰傳送下出銀艾六字一爲陳氏豫鐘藏長四寸厚一寸四分一面文曰功曹傳送下壽六字一面文曰功曹傳送四字案後漢書輿服志公卿以下至縣三百石長導從置門下五吏賊曹督盜賊功曹皆帶劒三車從導此功曹乃當日所屬掾史故爲傳送墓甎也或曰六壬之占以寅爲功曹然於甎文不合今不從

漢成公甎

右甎長三寸厚一寸七分文曰成公二字成字反書嘉興陸氏繩藏據王氏溥仁拓本錄入

漢宜子孫殘甎

右殘甎長四寸厚一寸八分文曰宜子孫三字何氏元錫得於臨安道中琢爲硯梁山舟侍講爲之銘曰青黃斑駁似石非石來自於潛山疑東漢時物磨鏡

無光琢硯則良宜爾子孫長爲書田之耕氓嘉慶辛未仲春爲夢華世友銘八十九老人山舟書

漢費氏三碑

梁相費汎碑

梁相諱汎字仲慮此邦之人也其先季友爲魯大夫有功封費因氏爲姓秦項兵起避墜亏此遂留家焉世業稼穡好學禮樂大漢之缺閒司相繼絕而復續全梁府君以孝友全行聞於鄉邑仕吏郡右寋郷質亶左公履法察孝廉除郎中屯騎司馬遷蕭令賑民如子先教後罰流玄默之化奉以忠信守以敦篤在位九年百姓移風苛慝不作姦寇不發變爭路銷推讓道生三年不斷獄禎祥感應時沛

有蝗獨不入界由此顯名國以狀聞朝廷嘉諸拜梁相宣慈惠缺不帥自正當登台階延究眉耇被病遜位春秋八十卒二子纂缺鳳由宰府全堂邑令政九江大守適孫玓感奚斯之義刊銘玄石旌勒厥美俾缺覽焉其辭曰穌穌顯祖厥德鏘鏘播勛於前卒碩基業遺愛於民福流後胤缺昌缺左堂缺室功烈休矣末昆勠力

堂邑令費鳳碑

惟熹平六年歲洛于大荒无射之月堂邑令費君寢疾卒烏呼哀哉於是夫人元弟故缺三字守卜肴追而誄之其辭曰

君體履渠和溫其如玉孝友乎閨閫執忠謇於王室立迹州郡仕吏右職舉直措枉彊禦缺佽頁孝三署勛譽有則出宰近甸民懷厥德色斯輕翔翻然高絜王人述職分缺班爵台缺二字招助鼎調物退己進弟不營榮祿棲遲歷稔頃領滯耆郭土不庭黔民佔崮命君缺二字政化缺行從善遷恩三基缺字致道有恥且格牧守旌功轉左堂邑垂拱不言而民師伏三時之間卒以缺治旻天不弔命也早殁春秋六十六黎儀痒傷泣涕連漉豈愛我躬命不可贖臨終迷缺二字內發祖業良田畝亶一金推予弟息辭位讓財行義高邵卓不可及名實相副有始有卒缺二字人善痛兮切惻

故吏故郭施業字世堅義民堂邑佩忠忠平十有一慈考早隕喪以備於禮制蓬首而缺三字壞而消辟地缺三字行毋氏以缺四字而悼傷服缺非五五縗杖其未除廣陵之郡守東海缺二字聞寢疾而終卒凡百曾悲缺四字爾化丛屋之餘慶隨缺棺柩東哀以而逆之祖載已畢訖還返其故鄉君缺其節操悲其有缺二字每以缺五字其芒親忠缺君庳德念君之仁恩聞君之隕隧斷斷而辛酸叟截縗麻杖缺君之柩棺扶號而竭缺泣涕其缺八字甫於岐山缺二字其從之迷君而到向上書而慶鳥字君盡禽息之缺三字君之缺二字君缺三字缺七於山列種嘉奇樹特為之潤鮮忠業與缺二字猶君恩使然雖君有六化孰能爾者難子之終缺三字思其顏而缺死可贖不愛缺二字人今君缺於彼卓詣而超倫吏氏

慕高蹤來者其如雨偉名建勝石垂示於缺二字門下功曹徐侃字元節主簿呂嘉字元缺主史陳信字聖舉主記史缺忠字建臺門下史曹助字仲臺缺吏呂常字孝讓從掾位徐超字元貴

費鳳別碑

君甥家中孫曰陵石勛字子丈載馳載驅來奔于喪庭肝摧意悲感切傷心贈彼碑誄懷之好音司馬慕藺相南恧復白珪仰之以彌高鑽之而彌堅不堪哀且思叙詩之一篇庶邈昔子夏起夫子之所言其辭曰

君諱鳳字伯蕭梁相之元子九江大守之長兄也世德襲爵銀艾相亞恢遐祖之鴻軌拓前代之休蹤邈逸慨而難

纖非羣愚之所頌仁義本於心慈孝著於性言不失典術
行不越矩度清潔皦爾涅而不滓恤憂矜厄施而不記由
近及遠靡不覆載故能闡令名而雲騰揚盛聲而風布践
郡右職三貢獻計辟州式部忠以禘上漢安二季吳郡大
守東海郭君以君有逶虵之節自公之操季世一舉孝廉
拜郎中除陳國新平長神化風靡惠以流下靜而爲治匪
煩匪擾乾乾日稷矜此黔首功成事就色斯高舉宰司委
職位思賢以自輔玄懿守謙蛩白駒以潔但丹陽有越寇
漫缺四字命君討理之試守故鄣長基危亂有不讓父畏此
之開闊缺二字而缺牧爰止其師旅鴆若飛鷹鷂鉓若夫蟜
虒彊者綏以德弱者以仁撫簡在上帝心功訓而特紀轖

輿宰堂邑其月而致道覩缺四字遂據于卿尹中表之恩情
兄弟與甥舅嫣與女蘿性樂松之茂好闡君顯令名舉宗
爲歡喜不悟奄忽終藏形而匿景耕夫釋耒耜桒婦投鉤
音道阻而且長望遠淚如雨㢧馬猗大路搴裳而涉洧翛
翛歌桑離思黃鳥集于楚惆惆之臨內送君於庠士嗟嗟
悲且傷毋食缺不絕夫人蔫舊好不以存亾以文平感渭
陽悽愴益以甚諸姑咸辟踊爰及君伯姊孝孫字元宰生
不識考妣追惟厥祖恩遂首斬縗杖世所不能爲流稱於
鄉黨見吾若君存剝裂而不已壹別會無期相去三千里
絕翰永恨慨泣下不可止

費汎碑十六字

汎　因　稼　鄉　蕭　年　變　銷　蝗　由　狀
階　政　前　休　勠

費鳳碑四十字

荒　堂　呼　哀　哉　友　柱　旬　翔　翻　鼎
調　領　蓄　且　牧　言　伏　弔　早　殁　連
迷　財　副　堅　消　杖　比　柩　老　剝　辛
酸　麻　禽　鮮　超　游　咸

費鳳別碑六十字

舅　奔　肝　傷　瞻　懷　仰　鑽　堅　堪　蔫
蕭　粱　銀　遐　前　逸　難　羣　典　術
皦　恤　闡　雲　騰　踐　獻　操　擾　黔　成

丹　寇　鄣　鶺　彊　轓　甥　嶋　蘿　藏
紂　婦　鉤　望　循　搴　裳　嗟　甚　姑　考
縗　吾　壹　別　恨

右費氏三碑隸釋云費氏父子三碑並列於吳興校官之壁屢訪未得據隸釋所載補入嗣見宋石刻劉球隸韻十卷所收漢碑文字散見於各韻之下而費氏三碑皆在其列因序次集錄之共得一百十六字附於後烋字隸釋作休畜字作畜惟咸字洪書未見皆可據以補正其筆畫古勁彷彿熹平原刻矣球事跡無考卷首有進書表一首稱草莽臣球則未出仕也其書載在宋史藝文志當屬孝宗時人在洪婁諸

家之前尤爲可貴

吳禹陵窆石題字

前後所缺字數不可計

□□□□□□□□□□□□□王石

□□□□□□□乾象并□天文□□

□□□□□□□□□□□□□□

□□□□□□□□□眞□□黃□□

右原文三行

□□□□年九月□□日從事郎□

□□□□□□□□□□□□□朝天

□被

命□□□□□□拜

禹陵□賦此詩以紀盛□云

沐雨櫛風無暇日□□□□見聖躬勞

古百□□□元氣梅梁□海作波濤

至今遺迹衣冠在□□安□魑魅□

欲覓□陵尋窆石山僧爲我翦蓬蒿

右元人詩刻九行正書徑五分

會稽令趙與歷來遊男孟握侍

右宋人題名一行八分書徑一寸七分

員嶠眞逸來遊

皇慶元年八月八日

右元人題名二行行書徑七分

右窆石在會稽禹陵廟中高六尺周廣四尺頂上有穿狀如秤錘篆文今存三行行十六字字徑二寸每行首一字下有斷裂痕隱隱辨王石乾象并天文眞黃等字嘉泰會稽志云此石有古隸不可讀則其壞已久後題員嶠眞逸者爲元李倜之號倜字士宏河東太原人官至集賢殿閣學士見圖繪寶鑑及鐵網珊瑚予按其篆文極似天璽紀功碑後檢太平寰宇記會稽縣引輿地記云禹廟側有石船長一丈云禹所乘也孫皓刻其背以述功焉後人以皓無功可記乃覆船刻它字其船中折據此爲三國孫氏刻審矣嘉泰志稱直寶文閣王順伯復齋定爲漢刻未之得也徐勉之保越錄云元至正末兵變石爲胡大海所

仆

吳太平甎

石二甎皆厚一寸二分殘闕不全一長四寸文曰太平六月十五字一長三寸文曰平六月吉四字二甎字徑九分筆意悉同當爲一笵所製太平爲吳會稽王孫亮紀年此但書月而不書年亦變例也仁和趙茂才坦藏

吳永安甎

右甎厚一寸二分長六寸一分文曰永安二年許五字許字下作界劃交互紋仁和趙茂才坦得於臨平

山中永安二年是吳景帝孫休卽位之次年

吳寶鼎甎

右甎長一尺一寸二分厚一寸八分文曰大吳寶鼎二年歲在丁亥作凡十一字朱竹垞曝書亭文集跋云康熙四年吳之村民于小雁嶺掘地得甎二識云大吳寶鼎二年歲在丁亥作凡十有一言葢孫皓時紀元通鑑晉泰始三年也面有螭文知非民閒物考是年六月皓起昭明宮方五百丈二千石以下皆自入山督攝伐木一時摶埴之工陶旊交作或分命吳郡助其役理有然者甎之爲用古人取材必精故羽陽銅雀香姜之瓦皆可製研而是甎相之理觕質暴若似乎火氣不交埒不孰者殆爲埒者所棄流轉民閒未可知也

吳寶鼎甎

右二甎一長一尺四寸八分廣二寸五分文曰寶鼎二年七月廿日臨淮裴雁造十三字背面有作壁大吉祥五字一長一尺二寸五分廣二寸五分文同上唯寶字止存半形皆反書烏程王氏漁所藏臨淮本漢郡至周大象二年始改爲泗州曰作壁大吉祥者知非墓甎矣

吳天册甎

右甎與下天紀甎皆浙人所藏今歸於元長　寸

分厚　寸　分文曰天册元年四字上有手掌形按天册元年孫皓卽位之第十二年也

吳天璽甎

右二甎一長一尺五寸廣二寸二分文曰天璽元季大歲在丙申荀氏造十二字一長一尺五寸六分廣一寸三分文同上烏程鈕氏重熙所藏說文璽王者印也所以主土从土爾聲籀文从玉此從籀文作璽荀氏據說文當作郇此已去邑爲荀矣

吳天紀甎

右甎長四寸二分厚一寸六分文曰天紀二年韓五字徑寸按吳孫皓紀年有天紀至四年卽爲晉所滅矣

吳潘氏甎

右四甎一長一尺五寸廣二寸三分文曰吳興東遷學潘瑾造八字一長九寸五分廣二寸六分文曰遷學潘瑾造五字一長七寸六分廣二寸五分文曰學潘瑾造四字一長七寸六分廣二寸五分文曰東遷左口潘五字皆烏程陳氏經所藏元和郡縣志湖州禹貢揚州之域秦始皇徙越人於此吳歸命侯置吳興郡甎文有吳興字是吳孫皓時所造元和姓纂潘氏楚公族芊姓之後漢有潘瑾未知卽此人否元嘗於浙中得一甎有潘氏字而無名今觀此甎知卽爲

瑾所造東遷是其所居里名學者亦鄉塾之通稱也

晉泰始甎

右甎長四寸三分厚一寸文曰泰始一年四月造七字山陰某氏藏據陳氏廣寧拓本錄之泰始二年爲晉世祖丙戌之歲是時魏蜀已亡惟東吳尚與晉分國此甎非吳中所應有或得之他處耳

晉太康甎

右三甎一仁和趙茂才坦藏長六寸厚一寸四分文曰太康元年造大六字一錢唐趙氏輯寧藏長三寸厚一寸三分文曰太康元三字其側面三字惟元字尚完善一□□某氏藏文曰太康三年七月廿日蜀

師所作十二字此三甎皆出于臨平山中按是年歲次庚子郎孫皓天紀四年甎造於晉世祖平吳之後故用太康紀年

晉太康蜀師甎

右蜀師甎三皆張氏燕昌藏前二甎長五寸厚寸分文曰蜀師二字三列共六字繞字作蕉葉四出文後一甎長一尺餘厚寸分文曰太康三年十一月廿日蜀師所作十三字元近于吾鄉平山堂濬河得蜀師甎一形制略同因考吳書定爲孫峻所作廣陵城甓蜀師者爲吳中作甎之氏郎工師也漢弩機有稽師之稱亦與此同

晉太康甎

右二甎皆海鹽張氏燕昌藏各長九寸五分厚一寸二分其一文曰大康四年八月十七日九字其一康上缺大字日下多作字文皆反書大郎太字廣雅太大也唐以前經典古本皆作大無作太者後人傳刻皆改作太字矣

晉太康甎

右二甎一爲嘉興沈氏藏長一尺厚一寸五分文曰太康五年十一月郭家葬十字反書一爲海鹽吳氏厚生藏長六寸厚一寸六分文曰太康八年二月辛未廿日十字

晉元康甎

右五甎一長四寸厚一寸六分文曰元康元年四字一長三寸四分厚一寸二分文曰元康元隸書三字徑九分一長四寸厚一寸六分文曰元康元三字皆仁和趙茂才坦藏一長三寸二分厚一寸二分正面文曰元康元三字側面花紋一長四寸五分厚一寸二分文曰元康元三字皆錢唐趙氏輯寧藏此五甎皆殘缺不全其文似正似隸皆惠帝時物也

晉元康甎

右甎長五寸厚一寸三分文曰元康二年同壬六字錢唐陳氏豫鍾得於武康縣治

右四甎一爲陳氏豫鐘藏長九寸厚一寸四分文曰元康四年八月□□大夫元□□凡十三字一爲嘉興沈氏藏長四寸一分厚一寸四分兩面皆有文曰元康四年七五字一爲趙氏輯寧藏長三寸七分厚一寸五分兩面有文曰元康四年四字一爲趙茂才坦藏長三寸厚一寸二分文曰元康四年四字

右甎長五寸一分厚一寸四分文曰元康五年八月七凡七字陳氏克明藏

右甎長六寸五分厚一寸三分文曰元康七年大歲在丁巳十月十日凡十三字舊爲丁氏敬身所藏見金石契今歸趙氏輯寧家

右二甎海鹽張氏燕昌藏並長九寸四分厚一寸五分一題元康九年八月癸未朔八日庚寅哀子楊猛造凡十八字一題元康九年八月癸未朔□日辛卯哀子楊若凡十七字首甎朔下庚上八日二字旁增次甎一字鈌壞盖是九字癸未爲朔則九日在辛卯也若字古老子作[illegible]見夏竦古文四聲韻此正用其體禮祭稱孝子孝孫喪稱哀子哀孫士虞禮記三稱哀子某至末始稱孝子某注云喪祭稱哀稱孝者吉祭此甎置于墓內爲葬時所用故稱哀子後世加之區别父歿稱孤子母歿稱哀子不合于古矣

晉永寧甎

右三甎一爲嘉興張孝廉廷濟藏長一尺四寸厚一寸四分文曰永寧元年六月十八日淳于氏作奉在□十五字一爲海鹽張氏燕昌藏長五寸七分厚一寸三分文曰永寧元年六月十九日凡九字此與上甎同屬一時今日下淳字尚微露一二筆也一爲仁和趙茂才坦藏長二寸三分厚一寸三分已殘鈌僅存永寧二字案永寧元年晉惠帝即位之十二年也

晉永興甎

右甎長四寸六分厚一寸五分文曰晉永興二年八月□凡八字海鹽張氏燕昌藏永興晉惠帝年號二年歲次乙丑也

晉永嘉甎

右甎厚一寸四分長九寸九分文曰永嘉六年六月庚戌朔郎中陽武亭侯羲世子淳于康所作凡二十三字字皆反書甎新出於海鹽縣祿里山中張氏燕昌吳氏東發各藏其一吳有跋云晉天文志永嘉六年二月壬子朔推至六月當得庚戌朔也陽武漢屬河南郡晉屬滎陽郡續漢書百官表郎中比三百石此繫於亭侯之上蓋由郎封侯猶漢滕侯更始初爲舍人郎中赤泉侯楊喜以郎中騎從灌嬰共斬項籍封侯是也亭侯次於鄉侯爵在關內侯上陽武亭侯由郎中封必有功勛可紀而不見於晉史考永嘉三

年平陽人劉芒蕩僭帝號於馬蘭山支胡五斗叟郝索聚衆數千爲亂征西大將軍南陽王模使其將淳于定破劉芒蕩五斗叟並斬之疑湯武亭侯卽淳于定以斬二寇封侯矣又按懷帝紀云模使車騎將軍王堪平北將軍曹武討劉聰模傳云模使帳下都尉陳安討苞遣軍司謝班伐定使牙門趙梁戍蒲阪皆著其官獨至定帝紀則曰使其將淳于定模傳則曰模謀臣淳于定曰使淳于定則定之官爵史固莫得而詳矣

晉永嘉甎

右甎厚一寸五分長四寸六分文曰晉永加六年五

字仁和趙氏魏藏嘉省作加此據吾弟亭拓本錄入

晉建興甎

右甎三種一仁和趙茂才坦藏厚一寸四分長四寸文曰建興三年八月丁七字一錢唐趙氏輯寧藏厚一寸二分長四寸一分文曰建興四年六月六字一錢唐陳氏豫鐘藏厚一寸四分長五寸三分文曰建興四年太歲在七字按諸史以建興紀元者一爲蜀後主凡十五年一爲吳會稽王亮凡二年一爲晉愍帝凡四年一爲成太宗李雄凡二年一爲後燕世祖慕容垂凡十年一爲渤海宣王大仁秀此三甎乃西晉物後一甎太歲在字下已缺按四年歲次丙子是時劉曜取長安以愍帝爲懷安侯西晉卽亡於是年也

晉建武甎

右甎長九寸三分厚一寸四分文曰建武元年閏月俞龍暲□凡十字錢唐陳氏豫鐘得於武康縣學建武元年乃東晉元帝丁丑之歲也

晉大興甎

右二甎一仁和趙茂才坦藏長九寸一分厚一寸三分文曰大興四年八月廿日作凡九字一爲錢唐趙氏輯寧藏長五寸二分厚一寸三分文曰大興四年八月凡六字大興四年乃東晉元帝卽位之五年也

晉永昌甎

右甎山陰某氏藏據陳氏賡寧拓本錄之長四寸五分厚一寸一分文曰永昌元年六月廿日楊吉凡十字按東晉元帝卽位之六年改元永昌此甎殆楊氏所造爲墓壙中物歟

晉泰寧甎

右三甎一爲海鹽張氏燕昌藏長一尺四分厚一寸三分文曰泰寧三年太歲在□□六月廿四日凡十四字皆反書側面又有兒羕作三字兒姓今改爲倪前漢有兒寬兒長卿後漢有兒武兒萌兒羕殆造甎者名氏一爲仁和趙氏坦藏長三寸二分厚一寸文

曰泰寧三年□五字一爲錢唐陳氏豫鍾藏殘鈌存太寧二字徑一寸側面二錢並花紋太泰古通用按東晉明帝太寧三年歲次乙酉第一甎所鈌卽乙酉二字也

晉咸和甎

右甎元所藏長五寸二分厚一寸二分文曰咸和二年歲在丁亥□凡九字案東晉成帝以丙戌卽位二年是丁亥也何氏元錫得此甎于臨安山中以贈予因琢爲研其質堅剛若鐵故能歷久如新隸體亦古勁可愛

晉咸康甎

右二甎一爲仁和趙茂才坦藏長五寸四分厚一寸五分文曰咸康三年四字反書又一面文曰□墓在西其下已殘鈌葢古之墓甎也一爲山陰某氏藏據拓本錄之長四寸四分厚二寸文曰咸康四年四字咸康四年乃晉成帝嗣位之十三年也

晉永和甎

右甎長四寸二分厚一寸一分文曰永和四年四字錢唐何氏元錫得於皋亭山佛寺今贈吳江郭氏麐此甎在右軍書蘭亭之前五年知其時民間猶嫺隸體也

晉升平甎

右甎長二寸三分厚一寸一分文曰升平元年四字仁和趙氏魏藏按晉穆帝旣冠卽位改元升平張太后稱制已十有四年矣

晉興寧甎

右三甎一爲趙氏輯寧藏長五寸六分厚一寸五分文曰晉興寧元年七月凡七字一爲趙茂才坦藏長四寸厚一寸二分文曰晉興寧元年七六字一爲元藏長九寸八分寬四寸二分厚一寸二分兩縱面皆刻界盡中間一錢兩橫面一刻興寧二年四字一刻俞氏所作四字元所見古甎率皆殘鈌不全惟此獨完善可寶興寧乃晉哀帝紀年也

晉泰和甎

右二甎一長九寸五分厚一寸三分文曰泰和四年七月毛□作凡九字皆反書錢唐何氏元錫得於皋亭山猾寺今贈吳縣袁氏廷檮一長八寸六分厚一寸五分文曰泰和四年作五字嘉興張氏兆楠藏泰和乃東晉哀帝紀元泰太古通用

晉寧康殘甎

右殘甎長三寸二分厚一寸四分文存寧康二字側面又有泉文一枚何氏元錫得於龍井山中按晉孝武帝建元寧康凡三年皆太后攝政此甎已殘闕不全不定爲何年所造也

晉太元甎

右四甎一爲何氏元錫藏長四寸厚一寸四分文曰太元元年四字一趙茂才坦藏長五寸厚一寸五分文曰晉太元四年杜氏立凡八字一爲陳氏廣寧藏長五寸八分厚一寸三分文曰晉泰元九年七月二□日凡十字一爲徐氏澄藏長四寸厚一寸三分文曰太元廿年造五字按太元爲晉孝武帝建元凡二十一年

晉隆安甎

右甎出于嘉興長八寸餘厚二寸文曰隆安五□□□周令周氏之郭□□□典晉安帝紀元也字體八分實近今楷矣

晉義熙甎

右甎長五寸六分厚一寸四分文曰義熙十三年八月廿七凡九字反書陳氏鱣藏得於武康今贈徐氏楙義熙十三年乃晉安帝丁巳之歲後三年即入于劉宋矣

梁天監甎

右甎仁和趙氏魏藏長三寸六分厚一寸五分文曰天監八年五月六字天監二字書於上截其下八年五月作斜界文以間之天字上一畫連于四周之廓頗似大字下一字尤與通近然大通無八年故仍從舊讀

南齊妙相寺造象題字

齊永明六年太歲戊辰於吳郡敬造維衛尊佛

右造象題字在山陰縣妙相寺文三行正書徑八分嘉泰會稽志載此維衛尊佛佛作像云齊石佛像銘十八字筆法亦工在會稽石佛妙相寺案元和郡縣志云後漢順帝時分浙江以西爲吳郡以東爲會稽郡自晉至陳又於此置東揚州隋改吳州又爲越州此南齊石刻而稱吳郡則當時亦有改併之事爲諸書所未載歟

後周造觀世音像銘

天和四年歲次己丑七月廿三日仏弟子王□□敬造觀世音像一區□爲亾父託生西方見存母蒙命延年益壽已身□□日進□□三司家內大小康和生生世世侍仏聞法女□子女妃孃息王士□息王士榮息王士寬妻淳于妃

右石縱二寸三分横四寸周廣一尺四寸四邊刻文正書徑四分可辨者八十一字仁和趙氏魏得於關中佛寺今藏於家佛弟子王下名已泐去隱隱辨是慶貞字銘文有三司字按周書盧辨傳開府儀同三司正九命也武帝紀建德四年十月改開府儀同三司爲開府儀同大將軍儀同三司爲儀同大將軍此

在天和時故猶稱三司女妃嬡妻淳于妃民女稱妃

元魏北齊造像往往有之

唐太宗御書屏風碑

闕書

囗囗囗囗囗西域通使敦煌獻囗囗珠可復求而易得否則對曰對若陛下化洽中國德流沙漠則不求自至求而得之不足爲貴也　齊景公時雨雪三日公被狐裘坐於堂上謂晏嬰曰雨雪三日天未寒何也嬰對曰古之賢君飽知人飢溫知人寒　晉武帝問侍中裴楷曰朕應天順民與海內更始天下風聲何得何失楷曰陛下受命四海承風所以未能比德於堯舜者爲賈充等諸人在朝方今宜

引天下賢人與之宏治道不宜示以私　宋孝武帝時帝弟襄陵王作變事平復帝廟告輿駕出定陽門勑令從者文武士庶並皆呼稱萬歲時侍中蔡興宗陪輦不呼帝顧謂興宗曰卿何獨不呼興宗正色荅曰陛下今日正應涕泗行誅豈得軍中皆稱萬歲　蜀劉備襲破劉璋置酒囗會謂龐統曰今日之會可謂樂矣統對曰伐人之國而以爲歡非仁者之道也　措心不違措事多昧言亦見尤動則貽悔無辨榮辱莫知進退甚矣斯人虛懸雅對

惑溺第十一

殷紂爲長夜之飲失日不知甲子使人問於箕子謂其使曰爲天下主而一國皆失日天下危矣一國失之而我獨知之我其危矣遂辭以醉

漢高帝欲廢太子而立趙王如意大臣固爭莫能得太傅叔孫通諫曰昔晉獻公以驪姬故廢太子立奚齊晉國亂者數十年爲天下笑秦以不早定扶蘇胡亥詐立自使滅祀以陛下所親見今太子仁孝天下皆聞之陛下必欲廢嫡立少臣願先伏其誅帝曰罷矣吾特戲耳通曰太子天下本本一搖天下震動奈何以天下戲　漢文帝時丞相申屠嘉入朝見鄧通居帝旁有怠慢禮嘉進曰陛下愛幸羣臣則富貴之至朝廷之禮不可以不肅帝曰君勿言吾私之　漢武帝使太中大夫吾丘壽王等舉籍阿城以南盩厔以東宜春以西隄封頃畝及其價直欲以爲上林苑屬之南山又詔中尉左右內史表屬縣草田欲以償鄠杜

之民壽王奏其事上悅稱善時東方朔在旁進曰臣聞謙遜靖慤天表之應之以福驕溢靡麗天表之應之以異今陛下累層臺恐其不高弋獵之處恐其不廣如天爲變則三輔之地盡可以爲苑何以盩厔鄠杜云乎奢侈越制天爲之變上林雖小臣猶以爲大也　漢元帝王皇后無寵太子頗知帝意欲立定陶王數王稱其才藝音樂侍中史丹進曰凡所謂才敏而好學溫故知新皇太子是也若乃器人於絲竹鼓鞞之間是則陳惠李微高於匡衡可相國乎　漢元帝以京房言災異屢中每親近之房嘗因晏語問元帝曰幽厲之君何以危所任何人也帝曰君不明

而任巧佞房曰知其巧佞而任之耶將以爲賢耶帝曰賢之房曰今何驗知其賢帝曰以時亂而君危知房云齊桓公秦二世嘗聞此二君而非笑之矣然則任豎刁及趙高政治日亂何不以幽厲卜之而不覺殆乎帝曰唯有道者能以往知來耳臨亂之君各賢其臣今皆覺殆安得危亡房因免冠謝曰春秋記二百四十以來災異並出人民飢疫盜賊不禁視今爲治耶爲亂耶所任者誰與帝知房意在石顯曰幸其愈于彼又以爲不在此人房曰夫前世之君亦皆然矣臣恐後之視今由今之視前也　齊桓公視管仲疾因問孰可爲代管仲曰知臣莫若君公曰易牙何如對曰殺其子以適君此非人情不可任以臨國

前代君臣語錄屏風書第六

魏文帝好射雉侍中朱佐治嘗從帝曰樂哉佐治曰於陛下甚樂於羣下甚苦帝默然　魏文帝問侍臣曰獵之爲樂何如八音侍中劉曄曰獵之爲樂何如時勝於樂侍中鮑勛元諫曰夫樂上通神明下和人理隆治致化萬邦咸乂故曰移風易俗莫善於樂豈如獵暴華蓋于原野傷生育之至理櫛風沐雨不時隙哉昔魯侯觀魚春秋譏之雖陛下以爲務愚不願也今劉曄佞諛不忠巧順陛下過戲之言昔梁丘據口美於遄臺曄之謂也請有司議罪以清皇朝帝怒作色出勛爲左中郎將　魏明帝喪未朞女追謚平原懿公主帝欲親送葬少尉楊阜諫曰文皇帝宣皇后崩陛下皆不送葬所以重社稷備不虞也何至孩提赤子可自臨哉帝不聽　識劣難持情偏易惑溺此躭愛忘彼剛克慾爲性谷思乃草賊居上不思何先之保以小治及其沒世日以驕阻阻法度之威以盡口於下下罷極則以仁義怨望於上上下交爭以相篡弒皆由此也夫或則不然上含淳德以遇其下下懷忠信以事其上一國之政由如一身治不知所以治此眞聖人之治也　齊景公飲酒樂謂晏嬰曰請子去禮嬰對曰今齊國小童皆勝嬰與君也所以不敢亂者畏禮也故君無禮不可以使下臣無禮不可以事上公乃正席　齊景公遊牛山北臨國城流涕曰美哉國如何去此而死乎晏嬰笑公顧曰寡人哭而

子笑何也嬰對曰若使賢者常守此國公何以得在耶政應被蓑笠在乎畎畝之中何暇念死乎　宋昭公出亡欲去曰吾知所以亡矣吾朝臣千人每舉事無不曰吾君聖者吾被服立朝無不曰吾君麗者內外不聞吾過是以至此也　楚靈王登章華之臺以作樂顧謂伍舉曰美夫樂哉舉對曰臣聞國君服寵以爲美安民以爲樂不聞以土木崇高雕鏤以爲美金石匏竹之音以爲樂且先君莊王爲臺高不過望國之器大不過容俎豆民不廢時官不易朝是以能除亂剋敵今君爲此臺也國民罷焉財用盡焉百官煩焉以此爲美楚其殆矣　漢文帝嘗至霸陵使愼夫人

右唐太宗屏風書余從兄季平家所藏葢從祖紹興初爲江西漕屬以重賂得于北人之南渡者凡十一幅皆絹素也其上雜繪禽蟲水藻之文猶隱隱可認按唐會要正觀十四年四月二十二日上自爲眞草書屏風以示羣臣筆力遒勁爲一時之絶自正觀至今葢五百四十有三年矣眞書者不復見而草書僅存此而止誠可寶也余從季平假觀月餘心甚愛之翫弄不能釋手乃親摹得此本而以眞本還之淳熙九年冬十一月祝寬夫公濟跋

季平後擕遊輦下爲好事者攫取之而不歸每一懷想深爲歎惜紹熙甲寅十月丁未書

淳熙丁未鄱陽姜堯章題

丁未歲見此本時已大醉公濟口之題數字今不復記憶開卷恍然若羊叔子之識環也乙卯二月七日書于來昌簿廳

此書高古爲唐文皇筆無疑若刻之石當稍出其鋒鋩也夔叉書

唐文皇正觀之治由漢以來未之有也論者皆謂魏證勸行仁義之效今觀此書其間多指述前代得失理亂之迹以自儆戒葢其天資高明識見深遠中材庸主所不能及則當時治効證豈容於專美于斯三嘆三咏同治石以廣其傳是不特寶玩其書法而已也嘉泰甲子冬十月既望奉議郎知臨安府餘杭縣主管勸農公事王允初謹書

延祐丙辰春訪此石于永安寺覩之眞墨寶也故復遷立於縣廳以廣其傳承務郎餘杭縣尹兼勸農事王昌題

右碑在餘杭縣治大堂之側碑首折角草書七列字徑六七分不等按唐會要貞觀十四年四月二十二日上自爲眞草書屏風以示羣臣筆力遒勁爲一時之絶韋述唐朝敘書錄云太宗嘗謂朝臣曰書學小道初非急務時或留心猶勝棄日凡諸藝業未有學而不得者病在心力懈怠不能專精耳朕少時爲公子頻遭陣敵義旗之始乃平寇亂執金鼓必自指揮觀其陣卽知其强弱每取其强對其弱以其弱對其强敵犯吾弱追奔不逾數十步吾擊其弱必突過其

陣自背而反擊之無不大潰多用此制勝思得其理深也今吾臨古人之書殊不學其形勢惟在求其骨力及得其骨力而形勢自生耳此帖刻于南宋嘉泰間後有祝公濟姜堯章諸跋文中多指述前代理亂得失之蹟足爲治朝龜鑑太宗御書碑刻今山西尚存晉祠銘書體全法聖教序此則凌跨一切縱横自如當年單騎突陣氣象猶彷彿見之

唐阿育王寺常住田碑

大唐越州都督府鄮縣阿育王寺常住田碑　舊碑是前口趙州刺史徐嶠之書

前秘書省正字郞萬齊融撰　順陽范的書并篆額　韓

特鐫
我聞語寂滅者本之以不生而菩薩不能去資生立法談
逍遙者存之於無待而神人不能亡有待爲煩吉祥之降
帝農教以耒耜蒼靈之下后稷俾其播種故維摩之毗耶
稽首持鉢尙詣於香積釋迦之給孤洗足著衣猶乞食於
舍衛口知夫食者不獨乎人天農者豈唯乎政本阿育王
靈塔寺者晉義熙元年之所置也昔孔雀氏宿童子之因
果當金人之授記暨鐵輪位正寶塔功成計爲道之千里
占人寰之一勝夜叉密跡以飛行神僧護影而圍繞雖方
壇氣象已萌靑石之符而員頂光明未質白雲之狀迨觀
音應現而口口利賓虛求以昭發全身踊出儼如多寶之

音一爪圓開宛是棲郍之相神其不滅道在玆乎晉安帝
允釐三才成就六度聿圖蘭若式印招提景行阿育王故
以育王靈塔爲稱首徒觀夫輪奐規矩鈎繩㮚製珠軒翠
檻延袤中霄玉雷金池周羅上界環海之下流元氣大地
爲衣圍山之上結太淸諸天作蕊信方廣一都之會也左
赤岸而十里右靑口口口曲霞標莽蒼幽幽迷鬼谷之祠
日刹精明的的識丈人之館天花未雨宿傳龍界之香地
籟無風時起惠山之梵則知定光諸佛悔天台之赤城羅
漢羣仙謬崑崙之元圃口口法惟神授道乃人宏向使輪
柯王昧巴連之因初徵此塔迦葉佛晦閻浮之跡殆曠玆
山蓋虛明之絕境不可得而思議者也粵寺東十五里塔

墅常住田者宋元嘉二年奉口口所立也宋文帝秉籙御
乾作娑羅之外護感闍耶子砂糗之供制賜是田梁武皇
握樞臨極爲寶應之下生見阿育王金粟之果勑蠲其賦
日月盈止既有命以自天陵谷迭口口口動其如地梁普
通中沙門僧綏玆寺之應眞也以發行爲道場以直心爲
淨土開純陁良田之喻遂篤志焉既種既戒載芟載柞察
地道之化成觀天道之時變晤是身無之口口始以常住
名焉犬有僧濟上人虛已淨心紬玆惠業披衣晝其塍埒
持戒鑿其彊畔茁而不秀有恨何及逮陳隋之季喪亂荐
臻農野蕭條鞠爲茂草（空二字） 我皇家執大象乘飛龍涉丕
上帝之耿命紹復先王之大業有山棲曠和上道尊人傑

德貴天師（空二字） 中宗孝和皇帝親降璽書願同金輦擊鼓
而陳其入國造船而捧其登座故知二乘行道口口朱口
四果適時還陞紫殿雖植衆德本作南山之福田種諸善
根存東皋之淨業初湖之左右夾壤二區榛梗始艾菑畬
粗立僧徒理勝力未贍農童牧因間私竊種藝和上口蒙
俗之貪垢負冥期之幽報乃推湖西易墾讓爲閑田口諍
歸之春稅就給唯割湖東十頃復古賜地窮海北漸曾山
南麓樓子根盤以東峙富都股引而西注眞陸水膏腴之
沃壤實神靈滋液之奧區於是奠其畛畷孚其版籍農野
罷侵田畯至喜人到于今稱焉前寺主簡皎二法師僧祇
之龍象也蔬先疇之畎畝敎老農之底績蔵事作製蓑笠

來思者久之歲功未成生厓共盡流沙忽去荒凉紫陌之
田影壁空存搖落青園之寺可爲長太息者矣有惠炬闍
黎德業淳脩曾統綱領道勝之韻生而能言禪悅之味老
而彌篤用能纂其□始高軌可追庀其委積長筭斯遠與
法言沙門俗姓喻氏貞已密行惠心苦節今屈知墅任垂
將十年先是鳥鹵未斥塗洫未濬甍稗翳薈湧于農郊夫
其心齋制度目□曲折荷插畚土堙窪鏟凸隤竹落揵石
畱漑高湊仰增卑陪薄分煞水怒承逵出氣塡淤遊溢而
時至餘波寬緩而不迫終古旱害浸以汙潢冬不祈於積
雪夏無禜乎小雨由是湖□千金之兮焉當其春鳸司載
田事既飭產孚甲毓萌芽或藨或蓘賓穎實發上農臺而

兩浙金石志卷一　唐　三六

課長嬴汝陽之稼如雲矣及夫寒蟬記時農乃登穀兒積
聚築場圃孚不遺秉嬴無□□□□庾而督收成海陵之
倉非衍矣詩云倬彼碩田歲取十千其是之謂乎百穀既
蒸萬供既設滿以衆香之鉢薰以毗耶之城或異聲聞若
化菩薩虛高座以影集時洪鍾而□□□座而坐飯食經
行臭若香風味同甘露遍滿一刼周流十方聞之者得未
曾有食之者歲登正位白衣之會龍國無掘鬱金之香緇
裳之集雞寺不碎菴羅之末三藏大德□食金之可貴一
器沙彌識麨坋之非重資我飯色師之力歟鄱維郙元綜
遊方觀化太□慈誘火耕水耨常有助于上農飛杖浮杯
今載行乎中國上座釋辯疑十城之僧主也神清□合金

衿發其休徵寺主釋惠敏九州之維那也風骨天成鐵鎮
起其靈相咸能以如來之衣衣分如來之座坐護育王之
靈塔願貿金錢託育王之聖田思模石柱弟子早校蘭書
式典麒麟之閣晚遊蓮跡每參鶖鷺之林賓頭盧之下空
亟見有能師子舍那私之入寺豈謂無知老人識異博文
才非能賦阮公不事曾供香花顧越有緣遂瞻碑版滿笈
多之石室未擲其爵對輪王之金地且耕其筆多羅之葉
而書偈云
渾儀草昧象物紛拏或甲而乙或萌而牙萬殊成類百寶
攸嘉故后稷播其種神農嘗其華其一燧人更運火正司職
教以鼎飪炊之黍稷易茲毛茹成此粒食是之爲人天是

兩浙金石志卷一　唐　三七

之爲皇極其二我聞維摩曾語舍利如來大慈甘露上味又
見阿難問是香氣亦有以飲食以之爲佛事其三若長者主
若聲聞人天諸居士地虛空神如聞飯氣而亦來臻況□
□之□□有待之爲身其四猗歟童子供資砂粿法主大慈
冷然虛受伊鐵輪以授記從滅度後何寶塔之莊嚴得未
曾有其五鳥道於許人寰在哉鬼神冥運風雨潛來白雲漏
出青山□開□千輪之蓮跡建百福之花臺其六宋帝下生
梁皇外護大稷賜疇司農蠲賦皐壤映發湖源灌注既魚
□以左右亦犬牙而盤互其七酋畬卒秋薹笠來思爰疏畛
畷是務鋤犂三農奕奕萬畝祈祈自膏腴而兼倍刈雨露
與華滋其八懿茲開士賞功司過□以獨勤形以肅惰東作

方喜西成是課始象耕而鳥耘終牛舂而馬𣪠(其九)千箱既積五穀斯分味蒸甘露□涌香雲孰云菩薩而謂聲聞摶須彌所不能盡曷毗耶之足蘼(其十)藐爾赤松猶田白玉矧伊塔寺神通付囑信矣育王能生金粟彼鄭國之泥紫如富都之水綠(一十)我來自東經□成趣淨業斯闢善根方樹式紀因緣匪存章句庶金田與石粒□巍巍以常住

育王寺碑後記

此寺碑記嘗爲寇盜隳壞久無豎立有好事僧惠印錄其舊文藏于篋笥又與老宿僧明秀志詮寺主僧志□上座僧栖雲都維那僧巨嵩會議重建其碑焉余美其樂善會剡越間有隱逸之士曰范的業文功書未遇於時常萍泊雲水間一日扁舟至明余邀以書之添勝境遊觀之一事略記端由於碑後云大和七年十二月一日明州刺史于季友記

范處士在育王寺書碑因以寄贈　明州刺史于季友

墨妙復辭雄扁舟訪遠公雲天書梵字霜月步蓮宮跡寄雙林下名留𭠁石中遙知松逕望棠棣滿山紅

時在育王寺書石字奉酬中丞使君寄贈四韻(文用本韻)　處士范的上

拙藝荷才雄新詩起謝公開緘光佛域望景動星宮風雪文章裏書鐫琬琰中將誰比佳句霞綺散成紅

石有□者曰□□(音柳)

右碑在鄞縣阿育王寺額題篆書阿育王寺常住田碑八字徑二寸五分文三十三行又後記并詩四行俱行書徑八分碑首題大唐越州都督府鄮縣投唐書地理志開元二十六年割越州之鄮縣置明州齊融撰碑時尚屬越州爲都督府所轄徐嶠之善書法唐書附其子浩傳墨池編云嶠之字惟嶽佐佑五王迎立中宗歷趙湖洛州刺史此題趙州刺史是在迎立中宗之後則碑當書於開元初年也萬齊融見舊唐書賀知章傳云神龍中知章與賀朝萬齊融張若虛邢巨包融等俱以吳越之士文詞俊秀名揚上京賀朝萬止山陰尉齊融崑山令是舊唐書以萬字屬上文誤作賀朝萬矣錢少詹大昕云唐時祕書省著作局集賢院經局皆設正字或四人或二人皆或正九品下或從九品上今齊融結銜係以郎字不知何時所增也于季友太保頔子附見頔傳尚憲宗女永昌公主拜駙馬都尉宰相世系表但書絳宋等州刺史不及明州略也范的爲剡越間隱士以書文見契於刺史可補書史會要之遺順陽乃其本望季友與的倡和詩全唐詩皆不載

兩浙金石志卷一

廣東按察使山陰李澐刊

臨海洪瞻墉校

兩浙金石志卷二

揚州阮元編錄

唐有道先生葉國重碑

唐故葉有道先生神道碑并序　括州刺史李邕文并書

昔者誕發老君道純天地生得夫子身負日月且時宰不宗主人勿用剡乎埋照後谷潛盤窮山幽姿蛻於塵容素尙允於仙類豈辟命行矣爵服縶之而已哉公諱國重字雅鎭南陽葉縣人也自少典錫羨高辛纂緒陶唐重熙後稷邁種文王之允乃食於沈尹戍之子載封於葉受氏享國大哉邈乎逮乎祖乾昱克壯其猶永孚於德墐戶習隱塞兌億坤碩膚長材通理博藝雖安車累至而堅臥固辭

故慶祚克開眉壽維永矣厥考道與性守宮庭道敗邦國居鬼從地率神從天受籙以怛之飛符以北之扼魍魎之邪劉臺台之祟有足奇也至於揮扎落紙引弓貫革特起五部廣推大餘侯誰嗣哉先生靈承道宗異聞訓誘弱喪文貌幼向純篤仙骨有象童心不萌專精五龍遍遊羣岳聰以知遠明以察微達死生之占體物氣之變嘗以靜貞動耗息影歸心雲臥北壑林巢仙居人絕不鄰道阻且右獨往幽勝永歌隱淪放閒保和習虛致靜枕五石之髓擷三芝之英時哉不留歲聿其逝緇髮純漆韶顏握丹事適元同神與道媾惟寂惟寞不飲不食數十載於茲乃昇聞帝庭駿發皇眷簡冊受命降尊加禮將之以文馬速之以

暘轂先生盱眙長揖握手高謝曰自昔帝舜登庸德輝允鑠光武繼統吏道孔嘉且薛方逢萌備外臣之禮虞仲夷逸終處子之業豈垢俗疵物偏貢介性將探道慕類坐致奇齡使者薔而然之疑申遂行之旨乃周覽廬室躬省倉廥考疇人之彊晦訊家童之作業皆儉以遵約安能維始味不甘口色無養目信以爲著誠去僞敢守難奪順風可卽强起曷至焉遂虛覲復命慙歎聞列朝廷企其高渴其道聆嘉聲而屬想者豈勝言哉有司以天元書禦星度官弛亡五德之運謬四時之分荆鬼越祥不知所況子亥毋癸烏識其原皆乘遽遠尋請益傳受可謂繩誠列而曲直徵衡誠懸而輕重立粵惟博物君子豈伊小說鯫生嗚呼

天不持久人將復歸頹年迫於期頤遠志屈於權落卜兆幽石託墳清林逸人不追國士靡憲泉石沮色鄉縣失聲豈無他人惟子之故允子慧明贈銀青光祿大夫歙州刺史公冈替厥緒代增其業啟秘籙之高妙揚元津之洪波道微若聲心應若氣吹律煖谷運歷知天屢下辟書終不應命孫子景龍觀道士鴻臚卿越國公幼得父書早傳成法頗念有訓邁迹自身讀天下之書備方外之術火滌淫祀劒誅羣妖恩開五君名動四國其人也排金鎖謁紫庭爲帝傲吏其出也法玉京坐元寺作仁宗師故能大匠道門冢卿朝右禮食軒座寓直禁廬矣嘗以理氣自强登老益壯雖景急節而純孝孔哀是獻封章願拜墳墓有軫帝念載形王言神札以飛傳瑞乃發羣公帳餞列蕃郊迎朝章有輝鄉人皆慶枉以未技揚於孝心惟先志以追遠立豐碑以紀德夫何閒然其詞曰

宗門素履家代隱仙道一相孕薪火交傳黃公術在赤水珠聯道開幽鍵性與貞筌一門累祖四世百年抗迹巖谷消聲天地卓爾遐舉藹然高致爵以臭焚珠以明墜人則有心徵亦不至保身匪婾全樸爲利孝孫增業明辟順風志嘗無忝事或不同徵賢朝滿舉逸山空曷由高枕克謝代工測微達變盡規納忠皇眷雖渥孝思亦深章服粲粲傳馹駸駸載違廷闕是展墳林紀石追遠昭銘率心孝終事立榮歿寵今遐超古始永憲江南

開元五年歲在丁巳三月七日侍者青溪觀主詹玄一丁

、、、、

右碑在松陽縣文二十二行行書徑八分輿地紀勝云唐故有道先生葉公碑李邕撰并書世傳法善求邕書不可得夜追其魂書之俗謂之追魂碑今按拓本似經後人翻刻非北海原蹟末行丁字下作四點傳是其魂書至此聞雞鳴而止恐未必然又按舊唐書本傳邕貶括州司馬在開元三年以後十三年之前其爲括州刺史在配流嶺南後新唐書則云開元二十三年起爲括州刺史此碑立於開元五年三月題銜已稱括州刺史與兩史不合葉國重史傳無文

其孫法善傳祇及父慧明又稱法善自曾祖三代爲
道士皆有攝養占卜之法而不詳列其名今碑載乾
昱生道興道興生國重國重生慧明慧明生法善乾
昱爲法善高祖是五世皆習黃冠之術矣洪筠軒頤
煊云新唐書葉法善傳云開元八年卒或言生隨大
業丙子此碑立於開元五年時法善已百二歲故碑
云雖耆景急節而純孝孔彰今重摹本脫耆字

唐贈歙州刺史葉慧明碑

大唐贈歙州刺史葉公神道碑并序　江夏李邕

國子監太學生

公諱慧明字德昭南陽郡人也其先系自軒后弥于周文

聃季食沈子高封葉因爲氏矣逮問政□孔好龍得眞代
有聞也昔者惟帝興運乃聖炳靈風雲相從人夢通感閒
氣駿發艮弼大來有開必先憑物爲爲□自然矣則我使
君降□府乘道流追蹤隱淪叶契幽叟結廬澗沚考盤巖
椒同人利貞遁代勿用雅好酒德尤邃老經話言解頤精
□絶倒誘進不倦虛納盡歎好事集門長者闐里每至升
月帷戶和風林薄植杖嘯谷席皮琴山泰然樂生澹乎忘
老方□雜性壽遐神僊侚赤松之遊縱黃□之術外身先
物歸根致柔緣以大均持以大定色理不遷寵辱不驚繩
繩焉熙熙焉孔德之容罔可測已故師長旌禮邦族興化
智者謂智仁者謂仁雖褐塞桑樞紵衣韋帶必避途加敬

裹風惕息焉是用克聞于家大育厥允則我越公襲上德
延慶靈生而知之學而習之有專門之資得丕承之業纔
齔猶道既冠同元訊遠岳之福庭覲幽尋之方士陳兕雷
駭吐刃電光沉海莫濡蹈冶匪爇呵萬鬼擬百神般陰官
之符變冥司之籙追究往事坐知來茲膏肓無所遁其形
霧露不能滋其疾奇跡多緒嘉聲日聞是以　大君孔
休辟命荐至入自臥內問以吉徵造膝必誠遇事偕中時
更四紀代且五王順風邑請天師數徃以近　皇極緇
素莫能出右公卿是惟虛左　國家有事天地將旅海
岳公嘗致禮加璧能事潔羞傳驅載途郡邑迎謁者歲四
三焉自頃賊□斋禍小人吹蠱敢爲戎首興此厲階

天步未亨人事將殆公乃極陳幽贊大啟聖猷枚卜撰辰
並走羣望作爲邦翰先□主變殄勦元兇翼扶　皇統
是嘉厥異式揚爾忠爵賞懋於身寵贈光乎考匪此父也
曷訓其子匪此子也曷揚其親松楸已行碑版未立永念
終古追荐孝思驟請　闕廷第如江介遠訪才子枉逮
鄙夫趙括論兵多缺舊學班固述史實賴家書顧惟成章
實愧貞石其詞曰
眞隱夷軌默僊解形倬哉獨立企古遐征殆庶元德升覯
丹經服鄉不湼光和無營築卜岑渚□藥侍琴徐嘯風谷
綬步月林白雲怡意清泉洗心曷勝不往曷奇不臨迹因
神遠情隨地深舉代方藉皇□未軾肇□懿子載揚令德

左慈致物越人辨色司察鬼謀役使神力寵被　五君
聲聞八極日嘗薄蝕　國有多難兇慝□揚忠烈憤惋
亦既先覺克圖幽贊　皇哉神武赫然天斷薄言卽戎
于以戡亂　帝念疇庸與開列土豈曜厥身實贈弓父
朱藩乃錫紫綬是與存致歿榮忠伸孝舉列列桐栢緒風
與悲表墓有闕紀德無詞哀哀巖蔭欒欒孝思孰傳終古
是建豐碑　贈慧明銀青□□□□歙州刺史子道士
瀊善授鴻臚卿封越國公
開元五年太歲丁巳鶉尾七月夷則七日甲辰建缺□州
張□□□□□撿校樹碑侍者洪州翊眞觀主盧齊物□

右碑在宣平縣治冲眞觀原石久佚所存重刻本字

多訛錯此據何氏家藏舊拓本錄之文二十行八分
書徑八分首行標題下有江夏李邕□國子監太學
生云云則撰書明是二人趙明誠金石錄以爲韓擇
木撰并八分書者誤也舊唐書葉法善傳云括州括
蒼人而此碑云南陽郡人葢碑溯始封傳則據其譜
籍耳其云寵被五君者謂高中睿元四宗與天后爲
五也

唐法華寺碑

大唐秦望山法華寺碑并序

括州刺史李邕撰并書

昔者法王道開崛山相現曾是大事職非小緣順喻孔多
證入彌遠故以三界爲宅五濁爲火四生爲子六度爲門
一乘爲大車十力爲長者轉罯熱惱之衆延集清涼之都
念茲在茲廣矣大矣法華寺者晉義熙十三年釋曇翼法
師之所建也師初依廬山遠公後詣關中羅什深入禪慧
尤邃佛乘雖禮數摳衣而名稱分坐與沙門曇學俱遊會
稽覩秦望西北山其峯五蓮其溪雙帶氣象靈勝林壑虛
閑比興耆闍營卜蘭若羞涅槃食納如來衣專精法華永
言實意感普賢菩薩爲下俚優婆提攜子於竹筐寄釋種
於蓬室師以縮屋未可枕扆乃明移出樹間延入舍下及
杲日初上相光忽臨乘六牙衛八部勝幡虹引妙樂天迎
翩僊騰雲遙裔上漢師想望太息沈吟永懷葉公好龍已

遇眞物羅漢測佛未了聖心於是苦行自身炯誡通夢宛
如昔見彌恨前非象勸持經書難其語鳥來聽法不易其
人矧乃攝以蜂王吼以師子禮謁者掎其裳袂讚歎者合
其風雷時太守孟顗以狀奏聞因以爲寺則知妙法者眞
如之正體蓮華者淨道之假名是故崇厥經署于牓入無
量義成不住因至若高僧慧基邑人陳載皆踵武投跡傳
燈襲明或五桂範堂或七寶規殿立普賢座追連弗藍龍
王讓池鴈子疏塔迦羅衛國連至雲山淨明德宮更開日
月固足以發慧印啟元門入位畢臻出家偕應則有持證
等觀永藏同流或慧舉十徵或昭明再造或簡文瑞像或
武帝香鑪寶鈴吟風珠幡交露僧瑶墨意畫長豪之妙光

宮女絏功織大身之變相火有陳隨國施州邑吏檀百寶
盈於九隅羣經備於三藏所以神鍾警夜保賢聖之天居
祥烏肅賓迓軒葢之雲集忍辱靈草裙婁婁於小莖優曇
異花搴灼灼於高榦故得人天迴首江海曰聲芭蕉遇雷
倏焉滋茂葵藿隨日至矣勤誠發山而野曠心空浴水而
垢除意淨施及先律師道岸今弟子釋儼並身林久伐禪
刺都遺性通七事戒總八關金杖五分優劣旣等繒綵四
色功德豈殊甘露有加香油不墜頃者豪州刺史前此邦
別乘太原王公名弼法海廣大慧炬融明德立於衷義閫
於物邪惲致主之節有耿抜竿葛亮報國之誠不忘草奏
夫人武氏佩服眞空干櫓正覺及男緬緒等惟肖二尊克

愼三業若行若坐依佛依僧去煩惱之外糠得慈悲之內
實起普賢臺一級寫法華經千部廣化人吏大啟津途郎
普賢臺立法華社每年二月重會一時且地尅其靈山呈
其秀有上座正覺寺主道解都維那神慧僧表道賓律師
行深慧燈等多材爲林衆器成樂一體和合互用住持相
與言於王公曰夫名者事之華碑者物之表其或表不立
則瞻仰失容名不興則讚述無地願言刻石是用齊山朝
散大夫前侍御史今都府戶曹袁公名楚客其皎如日其
心如丹負兼濟之雄才託演成之雅意願勲作者徒使價
然其詞曰會計南山秦望北寺高僧往還聖跡標寄耆闍
比峯法華取義羣公護持歷國檀施陸寶大來海珍揔萃

幡影連珠像光發瑞臺壓龍首殿開鳥翅象駕菩薩烏迎
車騎異香馥馞神鍾髣髴松巘蕭踈竹澗菸琴綱紀有條
禪律不墜掾曹正直別乘仁智作爲碑版讚述名字
唐開元十三年二月廿八日建　刻石人東海伏靈芝
右碑在山陰縣秦望山天衣寺文二十三行行書往
年原碑燬於火屢經翻刻已非本來面目矣趙明誠
金石錄王象之輿地紀勝嘉泰會稽志皆作開元二
十三年十二月此碑作開元十三年十二月以北海
本傳攷之其任括州刺史在開元二十三年則是後
來重刻時遺去一字耳

唐源少良等題名

監察御史源少良陝縣尉陽陵此郡太守張守信天寶六
載正月廿三日同遊
右題名在下天竺摩崖文五行正書徑寸按源少良
新舊唐書皆無傳惟唐書宰相表有之元和姓纂少
良爲國子祭酒匡贊之子又爲司勳員外郎御史臺
精舍碑陰二見其名北魏書源賀傳太武帝謂禿髮
僧傉檀之子賀曰與卿同源可爲源氏源之得姓始
此陽陵官縣尉行事無攷唐書有陽惠元陽城當是
其族也張守信官餘杭郡守史傳皆失載咸淳臨安
志亦遺之惟太平廣記謬誤門引紀聞云唐張守信
爲餘杭太守據此可與題名補入志乘也唐天寶元

年改諸州爲郡改刺史爲太守改杭州爲餘杭郡而
地理志于江南東道十九郡更名者僅錄常睦處福
四郡其餘皆從略末書宋周文璞遊天竺一詩靜看唐
人刻相連坐石陰又尋得數行天寶字破他一夜草
堂眠皆指是跡云

唐子產廟殘碑

□□□□□□□□
□不霜京□□道寂等
天寶七載
專知判□□

右殘碑向在河南新鄭縣久已斷裂于奕正天下金

石志黄叔璥中州金石攷皆載之此片石乃嘉興黄
明府木誠自新鄭攜歸祇十三字隸體在韓擇木梁
昇卿之間惜其文不全耳

唐徐嶠張愿詩刻

右詩刻二種在青田縣石門洞石壁一八分書徑五
分題云遊石門山勑採訪大使潤州刺史徐嶠一正
書徑七分題云石門山瀑布八韻敬贈下缺吳郡守
兼江東採訪使張愿二詩俱爲宋人大書題名于上
鑱損殆盡徐詩首二行倘可辨然亦不能句讀矣按
徐嶠爲齊聃之孫唐書附齊聃傳云堅子嶠字巨山
開元中爲駕部員外郎集賢院直學士遷中書舍人
內供奉河南尹封慈源縣公不言其爲潤州刺史乃
史文之畧張愿史傳無攷惟蘇州郡志載其名按唐
書開元二十一年諸道置十五採訪使檢察如漢刺
史之職徐嶠張愿皆以郡守兼此蓋皆江南東道採
訪使也蘇州本隸江南道天寶元年改爲吳郡又改
刺史爲太守徐嶠之刻當在開元二十一年之後張
愿之刻當在天寶中也錢少詹云瀑布之瀑今人多
从水旁此刻獨从日旁攷說文㬥疾雨也一曰沫也
一曰瀑賓也詩曰終風且瀑是瀑有三義山泉自上
出曰瀑布不見於爾雅且取其疾如瀑雨其白如布
則从水或取其下垂如曝布之懸則从日於義得兩
通也

唐淳和觀鐘銘

人之巧者與造物同功器之著者與陰陽齊方此邑紫府
修建鴻鐘懸重千鈞量逾百石爰有南海賢士陳明羽人
一言于邦千里來應祥金自積良治子來立埏埴而成模
制橐籥而運用大力斯拔高爐正開金火合流雲雷皆至
紅光旁照踴躍密移善應長保於歲年仙侶永聞于時夜
昔稱北宮之賦三月而成今覩東郭之師不日而就振于
無境鳴而當律喜堯年之陶鑄荷聖澤而書名皇化遠冒
于遐方景福願歸于魏闕銘曰
越金既聚鳧氏作則至用出虛宏之充塞既集仙聖永清

道德遠及千春方茲一刻蹲熊下峙盤龍上陳剛亦能吐
聲實爲賓形如天發響若谷神遠韻無斁用之不勤
右銅鐘已碎僅存上截數片正書數十字在松陽縣
卯山永寧觀按寶刻類編載是銘爲郭階撰郭陽正
書作於唐乾元二年正月十五日今玩其筆意絕類
褚河南惜其文殘缺特于志中補錄之末二行有庭
徐思簡劉待相□□王思時□□及宣義郎字益題
名也處州府志云葉法善奏捨莊宅爲之宣和初方
寇焚烈焰中不爍聲亦不殺百人舁之不能動及鐘
樓再造數人挽而上之文云南海賢士陳明羽人是
亦斯時道侶所爲不盡法善之鑄也

唐郭密之詩刻二種
□使永嘉經謝公石門山作　諸暨縣令郭密之
絕境經耳目未曾曠躋登一窺石門險載滌心神懵洞壑
閟金澗歊崖盤石楞陰潭下暴羃秀嶺上層層千丈瀑流
寒半溪風雨恒與餘志每愜心遠道自弘乘軺廣儲佇祗
命愧才能輟棹周氣象捫條歷騫崩忽如生羽翼悅若將
超騰謝客今已矣我來誰與朋
時天寶八載冬仲月勒
永嘉懷古　諸暨縣令郭密之
永嘉東南盡□祖（志作倚棹）皆可究帆引滄海風舟□（志作沿）緡
雲濔羣山何隱磷万□（志作物）更森秀地氣冬轉暄（志作暝）溟
（志作暄）氣陰改畫緬懷謝康樂□（志作風）昔茲爲（志作守）逸興
滿雲林淸詞（志作詩）冠宇宙嘗遊石門裏□□（志作勝踐）宛如舊
峭壁苔蘚濃懸崖（志作岩）風雨驟巖限□（志作餘）灌莽□□（志作
壁叶）空泉發物是人已非瑤潭淒□□（志作悽獨嗽）
右詩刻二種在青田縣石門洞磨崖一題石門山詩
及前後題欵年月凡十一行一永嘉懷古詩及題欵
凡八行俱正書徑寸嘉慶元年二月臨海令華氏瑞
潢過此榜剔出之按二詩全唐詩未載邑志云郭密
之於天寶中令諸暨建義津橋築放生湖溉田二千
餘頃民便之舊志止載後懷古詩題作石門山而無
前詩未見石刻也

唐龍瑞宮記
宮記　秘書監賀知章
宮自　黃帝建候神館　宋尚書孔
靈產入道奏改懷仙館神龍元年再置
開元二年　勅葉天師醮龍見　勅改
龍瑞宮管山界至　東秦皇酒甕射的
□　西山育山　南望海玉笥香火峯
北禹陵由射的潭五□□□　白鶴山
淘砂徑茗□宮山□□潭葑田茭池□
洞天第十　名　天帝陽明紫府眞仙

會處　黃帝藏書□□□闕□□□□□
禹至闕傳書治水□禹之□ 下缺
右刻在會稽縣宛委山龍瑞宮後飛來石上文十二行正書徑寸嘉泰會稽志云龍瑞宮在縣東南二十五里有禹穴及陽明洞天道家以爲黃帝時嘗建候神館於此至唐神龍元年置懷仙館開元二年因龍見改今額又云山巔有飛來石其下葛仙翁丹井山南則葉天師龍見壇棲神乃候神之誤又吳越春秋此山爲黃帝藏金簡玉字之書處有男子自稱蒼水使者禹因之得導水之法云云此記所述皆與諸書合而諸道石刻錄謂刻於開元二年二月則誤以建宮之年爲刻石之年矣唐書賀知章於證聖初擢進士應官至秘書監天寶初請爲道士還鄉里書碑當在歸里之後王象之輿地紀勝載此刻而不及其年月是記後本未書年今石上四圍有界線可證也

唐城隍廟碑
城隍神祀典無之吳越有□風俗水旱疾疫必禱焉有唐乾元二年秋七月不雨八月既望縉雲縣令李陽冰躬□于神與神約曰五日不雨將焚其廟及期大雨合境告足具官與耆耋羣吏人自西谷遷廟于山巔以荅神休
唐乾元中李陽冰嘗宰是邑邑西山之巔有城隍祠碑刻實所爲記與篆也陽冰以篆冠今古而人爭欲得之非緣冠擴殘缺斷裂殆不可讀偶得紙本于民間遂命工重勒諸石庶廣其傳亦足以傳之不朽也
大宋宣和五年歲次癸卯十月朔承信郎就差權處州縉雲縣尉周明迪功郎就差處州縉雲縣主簿費季文將仕郎處州縉雲縣丞史良翰文林郎就差處州縉雲縣令管句勸農公事吳延年立
右碑在縉雲縣城隍廟文篆書八行徑二寸八分後有重刻題記正書二行徑四五分不等碑在宋時已斷裂宣和五年十月縉雲縣令吳延年等重爲勒石李陽冰唐書無傳竇臮述書賦注云陽冰趙郡人工於小篆初師李斯嶧山碑後見仲尼吳季札墓誌便

變化開闔如虎如龍勁利豪爽風行雨集文字之本悉其心胷識者謂之倉頡後身墨池編云陽冰雅好書石嘗貽書李大夫願作篆書六經立於明堂是曰大唐石經志不克就此碑書于乾元二年筆意踈瘦不若他篆之浮勁當是少年之作其書◎作㠯山作山几作巛皆非

唐李陽冰倪翁洞題字
倪翁洞
過仙都訪□□ 此方題名八分書在左下
□□□□□□□ 王瑜中玉 此方題名正書在右下
會稽□□□□□

右刻在處州縉雲縣篆書三字字高二尺廣八尺此刻載輿地碑目云在處州仙都山初暘谷倪翁不知何許人事蹟無徵宋郡守錢竽詩云初暘便是扶桑谷洞裏倪翁招我來即此陽冰之篆同時又有阮客舊居詩歐陽文忠公謂爲縉雲之隱者彼以遁俗爲高而終以無名于後世可謂獲其志矣倪翁頗類是在傳不傳之間耶陽冰是篆淳古嚴肅不似黃帝祠宇天清地寧諸刻惜傳摹者少操觚家無能道者茲從趙氏舊藏拓本錄之下有題名二段亦不能識

唐黃帝祠宇石刻

黃帝祠宇

李陽冰

丹陽葛蒙勒石

右刻在縉雲縣黃帝祠宇四字徑二尺上有欵李陽冰三字徑三寸六分皆篆書丹陽葛蒙勒石六字正書徑二寸五分此書結體遒緊筆力雄偉胡志通書碑後詩所謂古篆誇雄奇玉柱貫金鈕想當落筆時雲夢吞八九是也元初得此刻疑爲祠扁重摹於石者後見王象之輿地紀勝作黃帝祠宇篆額復齋碑目有唐仙都山黃帝祠堂碑袁隲撰雲游子正書咸通八年立其爲祠額明矣樓鑰北行日記謁黃帝祠宇李陽冰篆額今臨郡庠是宋季祠猶如故也葛蒙丹陽鐫字之人徐浩書山陰縣額三字即其所勒欵題同此見嘉泰會稽志

唐天清墬寧石刻

天清墬寧　李陽冰書

右刻舊在金華縣光孝道觀今移置縣學一覽亭篆書四字徑一尺六寸五分旁有李陽冰署欵正書四字徑一寸二分金華傳有少温篆書北山及赤松山大字今皆不存此碑亦經後人覆刻故書體豐茂乏生動之趣

唐盧元輔詩刻

遊天竺寺　大唐杭州刺史盧元輔　水田十里學袈裟

秋殿千金儼釋迦遠客偏求月桂子老人不記石蓮花武林山價懸隋日天竺經文隸漢家苔壁娟皇鍊來處泐中脩竹掃雲霞

右刻在下天竺神尼塔下磨崖文九行右行正書徑二寸此詩全唐詩未載按盧元輔於德宗時自河南縣令除杭州刺史嘗於武林山作見山亭見咸淳臨安志又胥山碑銘元和十年盧元輔文王適書見輿地碑目此疑亦元和時刻又陝西通志云盧元輔滑州人曾爲華州刺史郎官石柱題名有金部郎中盧元輔白樂天有盧元輔除杭州刺史制中云嘗守商都再領京縣皆其歷官也石本泐中修竹掃雲霞泐

字係原刻修竹二字係改鑿大唐二字亦添補西湖志作洞中蓋據文理未見石刻也

唐宣陽觀鐘銘

維唐大歴十二年歲次丁巳正月甲寅朔廿五戊寅宣陽觀奉為　國王聖化普及道俗存亡敬造洪鐘一口用銅一千五百斤

口奏　勑置觀金紫光祿大夫鴻臚卿越國公道士葉法善

刺使賈岌縣令李冲市承鄭保進

夅化衆緣道士鄭通靈鄭國淸吳霊岳吳昇玄周法慈葉朗淸吳惠虛鄭仙超葉惠光王法虛葉仙靈已上各捨十五斤

都檢校道門威儀紫極宮道士葉修然廿斤道士葉齊眞十五斤

捨銅卅斤主鄭德保戴公訓大娘吳懷德夫妻為檀越鄭王卿

捨十五斤鄭懷政卅斤　葉招福葉招泰葉思庭戴公之戴德上鄭女娘鄭保益葉待賢葉待正周光澤周光遂葉庭芝葉万春俞喜娘葉光超吳懷上陶大娘

大匠孫性葛光留超

右銅鐘文六面共十二行正書在宣平縣冲眞觀內

按觀在縣北六里括蒼彙紀葉法善捨宅為之賜額宣陽續名冲眞今鍊丹井及銅鐘倘存即此刻也宣平乃明季麗水分縣麗水又唐時括蒼改名此鐘鑄時猶稱括蒼刺史縣令二名舊志復軼之又松陽永寧觀乾元二年鐘亦云葉法善奏捨莊宅為之

唐戴叔倫去思頌碑

唐東陽令戴公去思頌　并序

朝散大夫前守建州刺史陸長源撰　前□□□□

□□□□□李秋實書

建中元祀　皇上□景命將致天下於仁壽之域以兵革□□閭閻□□前□之□猶軫□□□□延度求俾乂夏五月壬辰詔書以監察御史裏行戴叔倫為東陽令□□

□也□凵□□□之問城晝墅衮　女以東陽為劇先是山寇□□邑人□□□□人□□□□□□□□□□□□□路□聲□之以信縛其賊使其人舒□其役使其人勸田□□□□□□□□□□□□□□□□有□□人或小業□盧廢樹卩公關防微□□□無以□□□□□□□□□□□□□□□□□勤□□使澤有浸由是桑柘茂隄塘修平林□陰大壑含潤□□□而□□無□而□□□□□□□□者困於兼并□□者苦於剽掠公□之以□□之以□□□□□□□□□□□□□□□□□□然人懷日出之謠犬□夜吠之□政化之□□□□□□□□□貨□□聚公□□□□□□□□庭無事酉

物不□□鞠茂草於圀圕□□財於□問公字次公本譙
國人也□□□□□□□□□仕之日履官之秋唯□問
□□□□□□□□□□□之□□□□□□□□□□
□□□□□□莫不負弩先驅□□爭入□□專百里之
命化一邑之人白□□□□□□□夫□□□□□□□
以親也權豪除盜賊屏□之以□也□訟止商旅□□之
以和也□□稀藏之□□□□□□□□□之事傳於郡
國謳誦之聲聞於里巷且藉□□□人不□□□□□□
□□□□□□□□□□阜於下副明主□勞之求成蒼
生巳安之業□□□□伏□□□□□□□□州之□□
□□□□輔之才又資於車茂豈□□□　殿內□□□

中而已□□□□□□等□□□□□□□□□□□清
等一邑之彥也里正王承糸□□等十室之賢也及百
姓□□□□□等□□□□□□□逾忠良宰范陽□公
□信以才望諂公之□□以政□□公之□□以□□□
公之令欲與□□□樂□□□□□□□太尉河南□靈
岫尉隴西李惟清千古立□□□□□□□□□□□□
□□□□□□□之遺愛其辭曰
惟聖作乂其運克昌化□□□□□賢良申命于□令乎
東陽□□□□□□斂重人散□□公既賢舉亦以名揚
簡以□□□□□□□□□□□□□□□□□□□□
□□路絕豺狼□獄止訟聚貨通商□俗則泰□□則□

□□□□□□□□□□□□□□□□□□洋洋拖而
爾廣久而愈芳巖巖貞石休有烈光
□□興元元年歲次甲子五月□□□

右碑篆額九字文八分書二十四行行三十八字在東陽縣學官案縣志叔倫字次公譙國人府志作潤州人建中元年以御史裏行奉詔令東陽誠信撫輯柳權豪勸農桑政通訟簡民以富庶奏課為一州最拜殿中侍御史碑文殘缺過甚細為諦審僅得其大概爾珍書云叔倫去思之碑宋淳熙中移於郡齋

唐袁高題名

大唐州刺史臣袁高奉詔脩茶貢訖至□山最高堂賦茶山詩興元甲子歲三春十日

右題名八分書十一行行三字在長興縣顧渚山按太平寰宇記長興縣金沙泉每歲造茶所也國史補唐時以宜興造數多命長興均貢限清明日到京謂之急程茶脞說載啄木嶺金沙泉處沙中居常無水湖常二郡太守至于境會亭具犧牲拜勅祭泉其夕水溢造御茶畢水即微減供堂者畢水已半之太守造畢即涸矣守咸還旆晚時則有風雷之變此即袁高奉詔脩貢賦詩題名事也白居易有夜聞賈常州崔湖州茶山境會亭離宴詩云遙聞境會茶山夜珠翠歌鐘俱繞身杜牧有茶山詩云剖符雖俗吏脩貢

亦仙才又云好是全家到兼爲奉詔來樹陰香作帳
花徑落成堆可徵當時宴游之盛

唐衢州石橋詩刻

刺史韋公鐫外祖信安郡王詩之記篆額六行在穿上
五言　登石橋尋王質觀碁所　衢州刺史嗣
江王下缺
別有經行所迴跨重巒側粵因求瘨餘絛此疑條字想尋眞域
放情恣披拂杖策聊□□□□□□□□□□色虹幡
霧中見鴈塔雲間識薄煙羃遠郊遙峯沒歸翼仙橋危石
架幽洞□□□□□□□□易測二教無先後一
相平而直冀茲捐俗心永懷依妙力

衢州刺史　韋公於石橋寺橋下以　外祖信安
郡王詩刻石記
信安郡南卅里有峻山幽谷含異蓄靈兩崖屹崪中隧呀
黑巨石橫亘作爲洪梁□□□□□□□其內也涌洞
嵌谽窅隆圈聯若鵬垂翼隔閡日月其外也嶔崟揭孽巃
蹉虬偃如□□□□□□□□□褱異狀觀視駭慮原夫造
物者將有意乎於其閒不然何詭異之至是昔晉代有樵
人王質於石橋下逢二仙奕碁偶閱終局柯爛而返已時
移百年斯實神恠惚慌何可詳究暨有梁開國崇尚元陳此字改鑿乃立爲梵剎以旌厥異自是之後代爲佳境塵世之
士得遊造焉　聖唐開元中天枝信安郡王再臨斯郡

王　太宗皇帝子吳王之次子自天分胄
惟嶽𥘵靈蘊禮樂於生知以戡難爲巳任十季分閫塞馬
不嘶羽儀南宮位副端揆其始至也以初封江王發軔於
此其再臨也以勳列崇異改封信安遭姧臣貝錦出就歸
藩之義前於此也菱茲清幽親將藻思雅什在壁八音淒
鏘後於斯也根其靈蹤將示撫實乃斲木爲局雕木爲仙
對奕森然若峙眞侶可謂開張道樞發明蒙聵者矣　王
之次三子梁國公峴融液元化弼諧　義軒功成身退復
臨斯郡今州牧　韋公光輔郎　王之外孫又分符竹似
續嘉績紹　王繼　公甘棠未凋膏雨相接卓絕當世焜
煌　高門簪瓔舉爲清論簡策編爲典故　公次兄光憲

貞元二春拜連山牧將欲之郡迂道以會于信安交隼旟
於虎符之前連鴈行於熊軾之上寒景初霽棣華獨春人
或有榮鮮若斯之備矣懿茲靈府齋處同遊山苔鳴騶雲
隨露冕遍披囊迹備閱眞趣想　徽容之如在愴年代之
□移　王先題詩在橋上危樓之東壁風雨所交魯魚將
誤恐或隳落堙沉德馨　公乃勒於貞石以傳不朽惟
英王播芳於昔惟　哲孫繼躅於今輝光蟬連前
後相燭不發揚於頌述何彰示於將來以子聳前大理評
事嚴綬曾恭文進載筆從賞乃命爲記以旌盛烈
大唐貞元三年丁卯歲正月景戌朔九日甲午朝散大夫
使持節衢州諸軍事守衢州刺史賜紫金魚袋韋元輔建

石橋寺主下缺
祝紳林英劉彝錢顗梁洨鄭庭堅熙寧辛亥會宿鬭茶于
是孟春九日上宋八題名正書八行行四字字徑一寸五分分列于碑穿左右
右詩刻記碑在衢州西安縣南三十里石高四尺廣
一尺九寸正書二十三行行三十九字上有一穿唐
刻絶少左下蝕一角亡去五十餘字額上有宋人鬭
茶題名八行分列左右此信安王禕仙迹詩外孫韋
光輔刻之光輔堵巖綴記之也朱竹垞謂新唐書表
太宗第一子吳王恪恪第三子琨琨子禕舊唐書禕
少繼江王囂後封爲嗣江王改封信安郡王景雲開
元中兩爲衢州刺史詩題嗣江王當是景雲開初爲

刺史作也予按新唐書表恪第三子琨琨子禕今碑
云信安郡王太宗皇帝子吳王之次子世次少一代
文述于當時且出懿親似不當誤又言王之次三子
峴復臨斯郡光輔之兄光憲迂道來會似皆據實可
信也碑書嗣爲嗣靈爲靈又爲霊偃爲偃剎爲剎美
爲美騶爲騶朽爲朽粱爲粱背爲背行筆絶似虞永
興廟堂碑惜石已不存今就趙氏舊藏本録之竹垞
所見又有元和刺史陸庶游石橋記又有劉迥李纫
卿李深謝劇羊滔薛戎六唐人詩刊成二碑留石橋
寺嘉靖中尚存趙鏜脩府志具録之今皆不可見矣

唐臥龍山題字

貞元己巳歲十一月九日開山
右題字在山陰縣臥龍山頂石壁文二行正書徑四
五寸不等嘉泰會稽志及王象之輿地紀勝並作貞
元題名又以己巳爲乙巳皆誤按臥龍山顛唐人曾
築望海亭元稹李紳皆有詩紀事此十二字必是建
亭時匠人所鑿故字體甚劣耳

唐于頔題名

使持節湖州諸軍事刺史臣于頔遵奉詔命詣顧渚茶院
脩貢畢登西顧山最高堂汲巖泉□□茶□□觀前刺史
袁公留題□刻茶山詩于石
大唐貞元八年歲在壬申春三月□□

右于頔題名在長興縣顧渚山正書十六行行五字
按長興縣志有境會亭一名芳巖唐時吳興毘陵二
郡守分山造茶宴會于此洪筠軒云趙明誠金石錄
有唐袁高茶山詩并于頔撰詩述李吉甫撰碑陰記
共二卷湖州歲貢茶高爲刺史作此詩以諷高恕已
孫碑陰述高所歷官甚詳今袁高詩并碑陰俱亾惟
于頔此記存頔字允志河南人

唐王濟等題名

節度判官侍御史内供奉賜緋魚袋王濟前右驍衛兵曹
參軍崔珙永貞元年冬季
右題名在下天竺摩崖文七行左行正書徑二寸乾

隆庚子間爲某太守所毁此從趙氏舊拓本補錄按崔珙博陵人大和初累官泗州刺史入爲太府卿終鳳翔隴州節度使見新舊唐書王濳名不見史傳惟鄭芷畦湖錄載唐李直方白蘋亭記碑後有元和元年夏節度判官侍御史王濳題跋當即此人

唐李幼清題名

睦州刺史李幼清元和元年十一月廿□日遊

右題名在錢唐縣定山石壁文二行左行正書徑寸李幼清唐書無傳其任睦州刺史見郡志職官表

唐李夷簡題名

饒州刺史李夷簡□遊元和二年四月十二日□

右題名在錢唐縣定山石壁文二行左行正書徑一寸五分按唐書夷簡本傳云元和時官至御史中丞京兆尹楊憑性驁侻始爲江西觀察使冒沒于財夷簡爲屬刺史不爲憑所禮至是發其貪憑貶臨賀尉夷簡賜金紫以戸部侍郎判度支云云史但言屬刺史者從略也得此刻知其時任饒州其遷御史中丞則在元和二年以後矣

唐鄭敦禮題名

殿中侍御史內供奉鄭敦禮元和二年五月七日赴新安下闕

右題名在錢唐縣定山石壁文四行左行正書徑二寸鄭敦禮史傳無文不能攷其事蹟新安即睦州郡名

唐盧纁等題名

范陽盧纁元和四年十月廿五□□□富陽令鄭□□□後□

右題名在錢唐縣定山文四行正書徑二寸後有富陽令鄭□其名已闕按咸淳臨安志載富陽令鄭早唐貞元七年任

唐修禪道場碑

台州隋故智者大師修禪道場碑銘并序

右補闕翰林學士梁肅撰　朝散大夫台州刺史上柱

國高平徐放書　陳修古篆額

天台山自國清上登十數里曰佛隴蓋智者大師現身得道之所前佛大教重光之地陳朝崇之置寺曰修禪及隋建國清廢修禪之號号爲道場自大師歿一百九十餘載大比邱然公光昭大師之遺訓啟以後學門人比邱法智灑掃大師之舊居以護寶所門人安定梁肅銘勒大師之遺烈以示後世云大師諱智顗字德安姓陳氏潁川人也尊稱智者感應緣迹載在別傳夫治世之經非仲尼則三王四代之訓寢而不章出世之道非大師則三乘四教之旨晦而不明昔如來乘一大事因緣菩薩以普門示現自花嚴肇基至靈鷲高會無小無大同歸佛界及大雄示滅

學路派別世既下衰教亦陵遲故龍樹大士病之用道種
智制諸外道括十二部經發明宗極微言東流我惠文禪
師得之於文字中入不二法門以授南嶽思大師當時教
尚簡密不能廣被而空有諸宗扇惑方夏及大師受之於
是開止觀法門其教大略卽身心而指定慧卽言說而詮
解脫演善權以鹿菀爲初明一實用法花爲宗合十如十
界之妙趣三觀三智之極自發心至于上聖行位昭明無
相奪倫然後誕敷契經而會同之煥然冰釋心路不惑竊
其教者藏焉修焉蓋無入而不自得焉大師之設教也如
此若夫弛張體用開闔語默高步海內爲兩朝宗師大明
在　天光被四表大雲注雨旁施萬物繇是言佛法者以天

台爲司南殊塗異論往往退息緣離化滅涅槃茲山是歲
隋開皇十七年也夫名者實之賓教者道之門大師㴱其
實闢其門自言地位示有證入故感而應之應之之事可
得而知也若安住法界現爲比邱等覺歟妙覺歟不可得
而知也當是時得大師之門者千數得深心者三十有二
人纂其言施行於後世者曰章安大師諱灌頂灌頂傳縉
雲威禪師禪師傳東陽東陽與縉雲同號時謂小威小威
傳左溪朗禪師自縉雲至左溪口元珠相付向晦宴息而
已左溪門人之上首今湛然大師道高識遠超悟辯達凡
祖師所施之教形於章句者必引而申之後來資之以崇
德辯惑者不可悉數蓋嘗謂肅曰是山之佛隴亦猶鄉爲之
洙泗妙法之耿光先師之遺塵爰集于茲自上元寶應之
際此邦寇擾緇錫駭散而比邱法智實嘗守塔廟莊嚴佛
土迴向之徒有所依歸繄斯人是賴汝吾徒也盍紀于文
言刻諸金石俾千載之下知吾道之所以然小子稽首受
命故大師之本迹教門之繼明後裔之住持皆見乎辭其
文曰

諸佛出世惟一大事天台教源與佛同意赫赫大師開示
奧祕載宏要道安住圓位白日麗天天下文明大師出現
國土化城無生而生生化兩冥薪盡火滅山空道行五世
之後闡生上德微言在茲德音允塞惟彼法子護持淨域
此山有壞此教不極

唐元和口年十一月十二日僧行滿建

右碑在天台縣大慈寺額題篆書修禪道場碑銘六
字徑三寸四分文二十四行行書徑寸按大慈寺卽
智者修禪道場也碑敘其遺行及傳授世次極詳末
行元和下缺一字據寶刻類編乃六年也梁肅名附
見唐書蘇源明傳建中時授校書郎後以蕭復薦拜
右拾遺杜佑辟爲淮南書記入爲右補闕翰林學士
唐文粹載梁肅所作心印銘前有陳諫序云安定梁
肅學止觀法門于沙門元悟今此碑湛然爲智者五
世孫天台方外志錄其著作十五種有止觀大意止
觀文句止觀義例等書肅此文自稱門人則元悟殆

卽湛然之名也徐放唐書無傳惟衢州府志名宦稱
放字達夫元和九年任衢州刺史此在六年尙官台
州刺史也

唐十哲贊碑

先師顏回字子淵　制贈兗公

御製

杏壇槐市儒術三千回也亞聖𠀉也稱賢四科之首百行
之先秀而不實得無慟焉

閔損字子騫　制贈費侯

銀靑光祿大夫守侍中源乾曜

惟顏亞聖惟閔比德讓宰善辭安親順色□靜無間中正

是則非經卽禮至孝之極

言偃字子游　制贈吳侯

大中大夫守中書侍郎上柱國盧從愿

文學□□絃歌政聲動則不徑慮乃先□立言宏遠執禮
專精升堂入室凛凛猶生

端木賜字子貢　制贈黎侯

黃門侍郎兼鴻臚卿韋抗

聞一知二□□□□冠訐就吳滅言行脅□□□□□□□
□□□□□□□□□□□

冉予字子我　制贈齊侯

右散騎常侍允行沖

臨淄辯口學以致祿懲彼不勤見嗤朽木激之忠孝貽毀
新穀政事登科而不庇族

冉雍字仲弓　制贈薛侯

銀靑光祿大夫□□□□□□□嘉貞

諸侯爲邦雍也可使道在於政政期於理用刑者何居敬
則已況禮況德聞之夫子

冉求字子有　制贈徐侯

開府儀同三司上柱國廣平郡開國公宋璟

文之禮樂適可成人目以政事方爲具臣豈才不足寧道
斯屯其謂國老眇然淸塵

仲由字子路　制贈衞侯

右散騎常侍上柱國陸餘慶

偉哉英士旣列且忠宿言無諾弊□□□□□□□□□□□山
氣雄幡臺□□□□□□

冉耕字伯牛　制贈鄆侯

開府儀同三司上柱國梁國公姚元崇

顓門隷業入室推賢名惟科首行則士先是爲上足寧同
及肩亡之命矣懷之喟然

曾參字子輿　制贈成伯

禮部尙書許國公蘇頲

百行之極□□以敎聖人敘經曾氏知孝全謂手足動稱
容貌事親事君是則是效

卜商字子夏　制贈魏侯

尙書左丞上柱國裴漼

孔門好學文章粲然言詩屬傳師聖齊賢德不諭法人何怨天見疑夫子離羣久焉

唐元和十年十二月三日浙東觀察使越州刺史兼御史中丞孟簡置

右碑在紹興府學明倫堂文三列三十八行正書徑八分額篆書十哲贊碑四字徑五寸此即趙氏金石錄所收孔子弟子贊是也按新唐書及會要載開元八年國子司業李元瓘奏先聖廟爲十哲象以先師顔子配則配象當坐今乃立侍餘弟子列象廟堂不

豫享而范甯等皆從祀請釋奠十哲享于上而圖七十子於壁曾參以孝受經于夫子請享之如二十二賢乃詔十哲爲坐象悉豫祀曾參特爲之象坐亞之圖七十子及二十二賢於廟壁帝以顔子亞聖親爲製贊書於石仍令當朝文士分爲之贊題其壁焉此十哲配祀之始今按碑內有曾參贊此因當日顔子既稱先師制贈兖公在諸賢之上故升附也史傳於此皆畧而不書可據以補闕里文獻矣明皇御製顔子贊當時亦曾刻石今山東金鄉縣學有此碑其閔子以下十贊皆紀載無傳此碑經後人重摹故錯字甚多如宰子爲冉子元行沖爲允行沖裴漼爲裴灌既烈且忠烈字作列皆是也嘉泰會稽志云孔子弟子贊明皇源乾曜盧從愿李抗元行沖張嘉貞宋璟陸餘慶姚元崇蘇頲裴漼撰

唐蕭悅等題名

前太常寺奉禮郎蕭悅前太常寺奉禮郎王旦

右題名在下天竺摩崖文四行左行正書徑寸餘乾隆庚子歲爲某太守磨去另刻他文此從趙氏舊拓本補錄按白氏長慶集載協律郎蕭悅善畫竹舉世無雙歷代名畫記亦稱其工竹白居易游恩德寺詩序中有蘭陵蕭悅則此題名當是長慶間所刻

唐烏重儒題名

泉州刺史烏重儒寶歷二年六月十八日赴任過游此寺

右題名在靈隱龍泓洞口摩崖文三行左行正書徑寸餘烏重儒唐書無傳其官泉州刺史見何喬遠閩書但稱寶歷中任其事跡亦不載

唐龍宮寺碑

唐龍宮寺碑　并序

浙江東道都團練觀察處置等使中散大夫檢校左散騎常侍兼越州刺史御史中丞賜紫金魚袋李紳撰

會稽地濱滄海西控長江自空二字大禹疏鑿了溪人口宅土而南巖海跡高下猶存則司其水旱泄爲雲雨乃神龍之鄉爲福之所寺曰龍宮在剡之界靈芝之鄉嵊亭里地形

爽塏林嶺依抱刹宇頽毀積有年所自瓶罍基三徙而安
此地像儀消化鍾磬不揚堵波已傾法輪莫轉釋老脩眞
持誠茲寺護念常敬願興伽藍而歲月屢遷物力無及貞
元十八載余以進士客于江浙時適天台與脩眞會遇于
剡之陽師言老禪有念今茲果矣顧謂余曰後當領鎭此
道幸願建口龍宫以資福履余以爲孟浪之詞笑而不答
師曰星歲有期愚有冥告泉元和三年余罷金陵從事河
東薛公苹招遊鏡山師已臥病而約言無口大和癸丑歲
余自分命洛陽承空二字詔以檢校左騎省廉察于茲歲逾
再口而脩眞已爲異物龍宫棟宇將盡命告墳塔因追昔
言遂以頭陁僧會眞部領工人將以藏事余以俸錢三千

貫空二字監軍使毛公承泰亦施以月俸俾從事寮吏咸同
勝因閭里慕仁風靡爭施子來之功力雲集清涼之蓮宇
鬱興浹旬而垣墉四周逾月而棟幹連合煥矣眞界昭乎
化城擇口行僧居之以惣寺事因具香饌告誠空二字法王
上以資空三字我后無疆之祚次以資龍神水府之福以名
寺之功力爲祐靈之顯報一雨之施潤洽必同空二字佛言
龍王心力所致使七郡山澤城邑万人禾稲所安翳我龍
德是用迴此法力永資泉宫僧齋護念常爲仰荅余固不
敢以脩眞之言自伐俾竭誠以爲人刻石記言于寺之刹
銘曰
滄海之隅會稽巨澤惟禹功力生人始藉土壤山峴濱海
之東溟漲空濶邃祕龍宫貝闕難知珠宫莫測雲雨交昏
深沉不隔聞法必聽依空二字佛必降豈騰溟海亦化長江
旣資勝因爲龍景福節宣風雨以成播育撞鐘以告三界
必聞唯爾龍室昭昭不昏我口口口有僧傳信斯人已亡
斯言不泯敬報前志以垂後功建飾儀相昭明有融普利
羣生冈資已下缺

唐大和九年乙卯歲四月廿五日建下缺勾當造碑石并
殿內石長明燈等下缺

右碑在嵊縣西北龍宫寺一名龍藏寺額篆書修龍
宫寺之碑六字徑三寸四分文二十三行正書徑寸
李紳題銜散騎下缺十字今據嘉泰會稽志補書於

旁攷唐書本傳紳以太子賓客分司東都大和中李
德裕當國擢浙東觀察使卽碑所云大和癸丑自分
命洛陽承詔以檢校口騎省廉察于茲也公垂石刻
載於寶刻類編者尚有華岳廟題名端州石室題名
及少林寺詩三種此碑書法雄偉亦可想見其他云

唐龍泉寺造象題名

王萬朝贖釋迦牟尼佛一軀永充供養此四行正書徑八分在碑首中間牟尼佛象之上
王二娘贖文殊菩薩一軀永充供養此一行正書徑六分在碑首之左文殊象側
樓十娘贖普賢菩薩一軀永充供養此一行正書徑六分在碑首之右普賢象

側

唐大和九年歲次單閼月在蕤賓中旬八日頭陁蔡宏願
率化衆緣永充供養謹鐫施主姓名於西廡之理以昭其
功績不朽者也

吳伯倫　程暹　邵大娘　邵昌　陳公及　勞詮　劉
五娘　勞華　楊十二娘　胡珍　朱十五娘　邵仕興
胡三娘　冏證　俞季□　□□□　徐子容　戚榮
俞昭　劉敀　劉汎　蔡興　蔡峯　王萬珍　孫六
娘　于逸　何李能　朱需　劉盱　胡律　胡□□
□□　徐子華　陳廿二娘　項元　胡大娘　張三娘
臧十一娘　陳五娘　王氷　王公俊　何雲　徐六

娘　徐玭　陳萬宗　周五娘　周三娘　□□　樓法
藏　陳淸曇　梁朝　劉五娘　朱紹宗　嚴艮　胡五
娘　鄭禹　莫諒　何祿　綦元　綦景　陸招　施□
□□□　□□　劉元湍　茱顒　蘇詳　余二娘
孫朝　邢慶　戎疆　嚴泰　羅超　顧榮　徐文質
潘達　潘玢　於□　□□□　□□　李中諫　茱常
密　柳榮　戴大娘　蔡暉　周華　胡仕艮　何瑫
何鑾　王海　虞萬殷　虞林　劉潭　何元　□□
□□　舒春　朱十一娘　徐十二娘　胡十一娘　周
三娘　周瑫　晋嵒　杜安　潘琬　潘十五娘　盧光
德　王元起　閻儒　戎艮　□□　□□□　茱金

瑜五娘　益十一娘　成昇　方五娘　毛芳　應二娘
柴玩　林璘　劉三娘　盛道通　車艮　羽八娘　車
璲　□□□　□□奴　茱德　馬十二娘　張待榮
姜二娘　王季艮　徐昂　斯二娘　管儒　楊瑫　鍾
蔣石　鄭十五娘　王宰　何達　江澄　□□　□卓
茱敬　陳璲　韓蘭　謝融　任惠　翁高　張素
陶四娘　俞艮　秦華　傅行溫　彭珍　羽芊　陳暹
□□　□三娘　許晧　張永暹　劉文後　顧望
馬一娘

右碑在餘姚縣龍泉寺碑額上刻佛像三尊筆畫極
工細下刻記文二行行書徑八分又施主姓名十一

行行書徑六分此碑砌入佛像後惟下截湧漶一二
字餘則淸晰如新書法頗似李北海絕可愛玩珉字
鈌筆葉字作茱皆避太宗諱大和爲文宗紀年石刻
無作太若今板本書譌作太皆當以此正之

唐龍興寺經幢

佛頂尊勝陀羅尼經序　經序不錄

佛頂尊勝陀羅尼經　經文不錄

開成二年正月一日建　建主鄭徹　同建造僧宗亮
同勾當造幢吳中則　處士胡季艮書　都料匠吳興沈
郁　弟咸刻字
奉爲國王太子輔相大臣州縣寮寀及多生父母十方施

主法界有情重脩此幢永充供養大中五年八月廿四日
建　勾當僧可儀　大德僧㓜則　老宿僧惟素　大德
僧道儀　供奉大德僧貞實　監寺大德僧艮滌　長講
律大德僧懷志　僧常居　法師洪彬　僧惠超　都維
那僧志圓　寺主僧文乂　上座僧智常同捨錢助緣人
前衡州衡山縣令陳俅前國子監明經姚繼文前明經夏
敦禮祝師畚陳謙徐宏發徐□汪景復湯簡文褚達鄭絳
錢處實沈文漸朱德
梁乾化五年五月八日頭陁僧處道重修建內有舍利五
十四顆琉璃瓶盛　淳祐八年三月初八日□□衆人修
□□□是幢久沒民間幸于明崇禎丙子年放光遂得與

緣檀越沈演方子將馮洪業王元建捨資沙門元神海音復剏于大淸順治
乙未九月十三日千佛寺住錫龍興□忠重修建
幢下截
密漸邪□□葛□□□舒三娘□□何十一娘□□陳簡
孫詔楊璘徐□欣盛□□陳華郭六□朱豐朱鵠徐鵠張
□劉歡□□以上第一面
顧瑜□□許敬眞韓思齊錢李榮□華姚通沈□王季超
梅榮沈二娘馬雲沈暉姚秀茅宏簡熊鈞湯述嚴景運冑
峯俞行言談欽楊升以上第二面
張行簡俞逢□齊四娘□□顔忠悅□□鄧文□□□虞
公達□□黃元志鄧□嚴皓張□莫惟彥□□明景元周

□吳景□陳□以上第三面第四面第五面泐
□□□□朱□□□□□□□□高□□□□魯□□□
徐通□□楊二娘□□王二□□□□孫□□□□□□□
□□□□□以上第六面
□□□□吳□□□朱迎□□孫簡□□□□九娘□□董
□□□劉□□□□□□徐君直□□俞亮□□以上第七
面
安及□□李從直王宏簡陳峯薛□□□□□□□丁仲鐲
□□歐陽彰賈開吳俊璩叔珦何珙滕榮夏十娘周度范
安馬千□祝鈞范□以上第八面
右幢在仁和縣龍興寺內今稱祥符寺石高五尺六

寸八面周廣六尺四寸額題篆書佛頂尊勝陀羅尼
微妙救危濟難之寶幢十六字文每面十行惟第四
面十一行前刻經序行書徑七分後經文題記俱正
書徑六七分不等是幢建於唐開成二年其後又有
大中五年及後梁乾化五年宋淳祐八年明崇禎丙
子年　國朝順治乙未修幢諸記幢座間刊姓名三
列當是開成間施主題名今大半剝蝕矣宣和書譜
載胡季良工行草字體温潤有秀穎之氣今浙中經
幢出季良手書者尚有歸安縣天寧寺幢蕭山縣覺
苑寺幢二種
唐楊漢公等題名

湖州刺史楊漢公前試太子通事舍人崔行章軍事衙推
馬柷州衙推康從禮鄉貢進士鄭口鄉貢進士賈口開成
四年口月十五日同遊進士楊知本進士楊知範進士楊
知儉侍從行

右題名十一行正書徑寸餘左行在長興縣顧渚山之明月峽境僻路險人跡罕至嘉慶辛酉春偕錢唐何君嘉定瞿君訪碑至此拓得唐宋石刻五種皆邑志未載此其一也鄭元慶石柱記箋釋云顧渚山下有唐宋貢焙院院側有清風樓絕壁峭立於大澗中流亂石飛走曰明月峽茶生其間尤爲絕品陸羽茶經以紫山頂第一顧渚次之其地與宜興接壤代宗

時以宜興歲造數多命長興均貢貞元五年歲限清明到京謂之急程是時湖常二州爭先赴期以趍一時之澤袁高有茶山詩備述當日擾民之害開成三年刺史楊漢公表奏乞寬限詔從之每造茶時湖常兩郡刺史親至其處大率以立春後四十五日入山曁穀雨始還是時漢公以貢焙至此遂與僚友諸男題名巖壁此卽奏乞寬限之次年石刻月分已磨滅以意推之大約四月以前錢少詹大昕云唐書漢公傳但云除舒州刺史徙湖亳蘇三州刺史不言除授之年湖州府志題名云漢公開成三年三月自舒州移任湖州充本道團練使此題云四年則蒞任之次

奬尊勝幢今在山陰蕺山書院見寶刻類編而虛已名獨遺之葉弈榮五子而命名頗雅馴不諧俗亦一時之聞人歟

唐南嶽道士邢口等題名

大唐開成五年六月十八日口口口口岳道士邢口錢唐
縣令錢華記道士諸口口元書

右題名在錢唐縣吳山青衣洞文七行八分書徑寸餘癸辛雜志云閱古泉洪旁有開成元年南嶽道士邢令聞錢唐縣令錢華題名道士諸葛鑑元鐫之日今拓本開成下確是五字邢下只一字似全字諸葛鑑元乃書石之人並非鐫石者書史會要載諸葛鑑

元善八分書想亦據此刻也

唐戒珠寺經幢

佛頂尊勝陀羅尼經序 序文不錄

佛頂尊勝陀羅尼經 經文不錄

大唐會昌元 下缺 建　都維那口口　上座宏達　寺下
缺 檀越主姚寓　錢異　章造　都勾當 下缺 郢人應成
鍊客程曇 下缺
前昭義軍節度要籍試右口口 下缺 河內 下缺　此行在
首面經序題下

右幢在山陰縣戒珠寺後蕺山書院斷爲二石俱高二尺二寸八面周廣四尺八寸每面行書八行徑七八

年也後列楊知本等三人從行當是漢公之子據本傳祇載子籌範二人宰相世系表漢公子有思愿輝籌範諲知章篆筠蘧蘆管十一人未見有名知本者殆其子初名乎知範當卽範後去一字耳漢公兄虞卿之子有知退知權而漢公子亦有知章葢楊氏羣從多以知聯名也

唐等慈寺經幢

等慈寺佛頂尊勝陀羅尼經幢 經咒不錄

譙國奚虛己書 在首行經題之下

上福寺主僧　上座僧紹宏　都維那僧清溢　僧神亮

文則　德言　寶泉寺僧清印　上座元緒　都維那

惟鏡

開成五季三月口口建　淨信弟子葉再榮并妻童氏男

五人倩春乂邁皓共立永充供養　同勾當經院田人

趙廣　樂遜　馬成程曇口　刻字口口

右幢在上虞縣城東門內菜圃中石高五尺四寸八面周廣四尺八寸面各八行字徑五分開成五年三月奚虛己書李茂才 方湖 訪得之于等慈寺故墟按明令楊爲棟等慈寺碑云剏于梁治于唐復于宋重興于明是幢之建有所自來中又云上福寺寶泉寺其時代或有分裂歟奚虛己書不著于錄字體疎朗宋歐陽文忠瀧岡阡表極似之同時有會昌元年奚分嘉泰會稽志云會昌元年六月二十七日建前昭義軍節度要籍試右監門率府兵曹參軍上護軍奚奬書今年月存大唐會昌元五字書人銜名止存十字宋嘉泰時碑猶未缺志文當可據也案新唐書百官志云節度使副大使知節度事府院法直官要籍逐要親事各一人卽此所謂節度使要籍也又云太子左右監門率府兵曹參軍事各一人正九品下卽此右監門率府兵曹參軍也上護軍左右監門率府下無之惟親事府下注云左一右一護軍府護軍各一人副護軍各二人宜卽彼左右護軍歟志又稱龍朔二年改左右監門率府曰左右崇掖衛武后垂拱

中改左右監門率府曰左右鶴禁衛此在會昌元年猶稱右監門率府者葢中宗復辟後仍復舊稱如龍朔垂拱之間亦改而仍復也奚奬無攷嘉泰志又云奚奬書尊勝經小字開成四年建在餘姚龍泉寺惜今未得宋高翥遊戒珠寺詩云攲斜竹屋義之宅唐滅經幢率府碑葢卽指此刻矣

兩浙金石志卷二　廣東按察使山陰李　澐刊

臨海洪瞻墉校

兩浙金石志卷三

揚州阮元編錄

唐天寧寺經幢

佛頂尊勝陀羅尼經 經序經文皆不錄

奉爲國王帝主州縣寀寮法界有情

唐會昌元年十一月廿八日建幢主姚仲文姚儀等同造

處士胡季良書

汝南周湍鐫繪畫人魚簡 尼惟辯尼惟肅寺主尼惟照

上座尼清演都維那尼法聰

捨錢一千文人口 仰寶 吳臯 沈肱 施恭 朱七娘

姚惟寵 仰七娘 姚二娘 姚惟謀 俞口娘 費廿

三娘 李湍

捨錢五百文人 費進 姚元諫 章十四娘 沈四娘

許六娘 錢懷 陳五娘 吳十娘

捨錢三百文人 沈令躬 沈忠 沈有鄰 李澱 嚴

九娘 李僧 張八娘 沈士元 鈕瑗 唐花口 費

君集 費行舉 以上三段在第八面中列年月旁

幢下截

捨錢十千文人 姚仲文 姚口 捨錢三千文 邱惟

則 邱執口 捨錢一千三百文 杜十五娘 徐十七

娘八百五十 徐公儒五百 李韶五百 沈徽五百 徐士峯五百

徐十二娘二百五十 徐卅三娘一百 沈八娘一百 沈三娘一百

陸菩提藏一百 樂威德李法藏 吳金剛智 宋二娘

吳十四娘 曾二娘 朱五娘以上在第一面

姚五娘 丁成 劉如意藏 沈簡 沈蓮花藏 姚懽

胡妙智 吳瑛 沈十四娘 陳十六娘 薛福德藏

金滿相 姚十六娘 鄭十二娘 沈十二娘 楊淨藏

仰釗以上在第二面

尼明宛 尼惟偘 沈十二娘 朱九娘 莫廿娘 沈

八娘 沈三娘 施五娘以上在第三面

亡仰章 亡施八娘 亡沈六娘以上在第四面第五面第六面泐

捨錢二千文亡故人姚惟愛 捨錢一千文人姚羅拾

俞三娘 姚十一娘 邱六娘 潘四娘 捨錢二百文

人仰馬 沈五娘 仰超 姚圓娘 倪宛子 沈九娘

吳十二娘 徐卅三娘 丁廿二娘 俞二娘 仰徹

沈頊五千 姚八娘三千 以上在第七面

捨錢二百文人仰十一娘 吳廿一娘 石儀 姚九娘

章十一娘 仰君儒 仰文慶 仰文忻 姚小姑 諸

葛榮 吳倫 仰一娘 沈韶 陳善會 姚苟子 一

百文人名尼啟明 尼惟濟 尼曉明 尼志徹 尼雲

暉 尼靈端 尼明測以上在第八面

右幢在歸安縣天寧寺山門後牆東首高四尺二寸八面周廣四尺八寸額題佛頂尊勝陁羅尼妙法增壽益福之寶幢十六字篆書徑二寸經文有序每面

正書九行帷序作行書俱徑六分朱竹垞曝書亭文集題跋云胡季良見宣和書譜載其行艸書各五種考諸家記錄金石文字太和八年湖州德本寺碑陰係季良正書寶歷二年杭州大覺禪師碑元和二年平李錡紀功碑均係季良八分書元和四年國子司業辛璿碑九年永興寺僧伽和尙碑均係季良篆額是季良於書法諸體精熟不獨行艸見長矣惜幢第稱處士而不著里貫疑卽州人至繪畫人魚簡則畫譜未詳僅見於此按竹垞收集天寧寺經幢凡得八種今何氏夢華親至寺中搜訪較竹垞所得又多四種

唐覺苑寺經幢

□□□□□尊勝陁羅尼幢贊 并序　處士胡季良述并書 贊文兩面全泐

佛頂尊勝陁羅尼經 序文經文不錄

越州都督府 空二字 宣義郎守蕭山縣令飛騎尉楊鄴宣義□□□□騎尉徐袁敬□□□郎 下缺 □□□□□西陵鎭遏使□□前行湖州參軍□仲倫□□ 缺 朝請郎前行蕭山縣尉李綽 下缺 □寺僧道悟□□□□僧曉□□□□□靈應僧□□僧玄悟 缺 義章僧□□僧承□僧元溢僧□□ 下缺 功德主前宣州溧水縣尉周師□□巨逸 缺 □仙李□□□應液董□于□□□□□ 下缺 趙昌□□陳嚴□□ 缺 陳瑋 下缺

右幢在蕭山覺苑寺前與咸通二年王鐐書幢並列此幢在西已斷爲二今以鐵葉裹之石高三尺五寸八面周廣四尺經文每面正書九行帷贊作行書俱字徑五分後一面刻題名八行殘闕更甚可辨者有蕭山縣令楊鄴西陵鎭遏使□□蕭山縣尉李綽等名皆可補志乘之闕

唐安國寺經幢

佛頂尊勝陁羅尼經序 文不錄

佛頂尊勝陁羅尼經 文不錄

吳興沙門令洪書　唐會昌二年歲次壬戌□月廿□日下缺

右幢在海寧州安國寺內石高四尺五寸八面周廣六尺每面正書九行字徑六分書幢者吳興沙門令洪經文點畫淸晰獨年月不存一字以精拓本細審隱隱見唐會昌二年歲次壬戌□月廿□日等字此因會昌五年有毀除佛寺之詔故磨去年月耳又按湖州天寧寺會昌三年經幢亦僧令洪書可據以相證

唐處士包公夫人墓誌

唐處士包公夫人墓誌銘并序

夫人姓張其淸河人也皇父諱隣夫人生有姸姿長終言

行包君前娶義陽朱夫人而生四子不幸朱夫人中年下
世及終喪親迎姨夫人爲繼室敬愛均乎長幼周旋廣備
親踈撫育前男恩過已子嗚呼夫人行年六十有六以會
昌三年十月九日奄終錢唐縣方興鄉之私第包君以再
傷齊體追悼何心盡禮居喪卜時將葬前男女哀慕無容
以其年癸亥十二月十一日丙申葬于履泰鄉之高原禮
也恐陵谷以變更托斯文之可誌曰
噫夫人兮倏忽流年□□□兮寘窆荒原慘慘靈谷悠悠
夜泉未□□□歸于此焉

右墓誌乾隆癸丑年西湖人掘地得之今藏仁和趙
氏魏家文十五行正書徑五六分參差不齊首行其

字下脫先字銘曰作詺曰則當時通借字也按履泰
鄉見太平寰宇記在縣西南區共七里咸淳臨安志
載錢唐縣十三鄉有履泰南鄉履泰北鄉方興鄉今
有方林鄉或因聲近而訛

唐天寧寺經幢

佛頂尊勝陁羅尼經序 文不錄

佛頂尊勝陁羅尼經 文不錄

唐會昌三年歲在癸亥十月丙辰朔九日甲子樹建幢功
德主潁川陳榮　勾當寧化寺僧文觀寺主僧合洪書上
座僧守賢都維那僧乾立大都料汝南周儒扜刻字會昌
三年十月九日樹至會昌五年六月十七日准勅廢至大
中元年十一月廿八日重建　專勾當軍事押衙陳敬衙
前虞候吳允中隨身沈德師　功德主陳榮建大都料陳
德方重樹　李公亮　劉暹　奉爲亡考妣永充供養
中大夫使持節湖州諸軍事守湖州刺史上柱國彭陽縣
開國男食邑三百戶令狐綯

幢下截

般若波羅密多心經 文不錄

建幢功德主陳榮□□山千文　男公武下缺　妻李十一
娘十千文　女八娘十千　女潤娘十千　陳盈捨十千
文　喻□十千　宋超五千　顧元方五千　張釗五千
朱□五千　陳福三千　吳敬周三千　李慶三千　□

□□三千　張榮三千　鄭全褚三千　李詠二千　戴
寧二千　錢莊二千
□□二千文　諸小運二千文　□有鄰□□□　徐□
□□□　□□□□□
謝超二千　顧誠二千　陸遂一千　華則一千　吳敬
完一千　趙榮厚一千　元□一千　景行武一千　趙
質一千　陳滿一千　沈亮一千　潘常免一千　史元
海一千　陳婆奴一千　承鑾一千　湯濟一千　沈千
清五百文　陳公□　羅霄閑　杜君岳　韓略　宋從
約　陳子華　葛靖　葛少連　王朝　劉素　楊叔波
許元楚　莊仲□　王君政　沈宗禮　莫行宗　金烈

莫南粥　呂口
陳行存　石厲從　馮口　施成　戴勛　沈口　邱安
湯全立　宋朝　女弟子邱九娘二千文　施四娘二千
文奉爲亡夫湯口　麗三娘一千　徐廿娘一千　陳四
娘　陳十二娘　陳七娘　王二娘　應十二娘　王卅
娘　陸四娘　戴妙惠　沈十娘　管口娘一千文　吳
金剛智一千文　鄭五娘　王十二娘　沈宗　嚴淸
盧齊　董憲　顧安　陸十三娘　李長文

右幢在歸安縣天寧寺山門外東首高五尺二寸八面周廣七尺二寸每面正書九行字徑八分下截刻心經五面捨錢男女姓名三面俱正書徑五分此幢樹于會昌三年十月至大中元年十一月重立後列湖州刺史令狐綯名按唐書本傳云大中初宣宗問宰相白敏中曰令狐楚有子否對曰有子綯守湖州其爲人宰相器也卽以爲考功郎中知制誥入翰林爲學士進中書舍人俄同中書門下平章事郡志載大中二年四月除翰林學士葢距立幢之時不及五月卽去任矣鄭芷畦湖錄所收天寧寺經幢八座此在其列并有跋云唐書會昌五年詔大除佛寺凡堂閣室宇關於佛祠者掊滅無遺分遣御史發視之州縣祇畏至於碑幢銘鏤贊述之類亦多毀瘞不及三年盡皆重樹矣

唐安國寺經幢

佛頂尊勝陁羅尼經序　文不錄

佛頂尊勝陁羅尼經　文不錄

唐會昌四年四月十五日弟子　下缺

右幢在海寧州安國寺內東首石高四尺二寸八面周廣五尺三寸六分每面行書九行字徑五分按咸淳臨安志鹽官縣安國禪寺藏殿後有唐會昌石經幢二寺門東有咸通石幢一在殿下者二無歲月字畫類唐人宋時寺有五幢今存其三此幢剝蝕已甚僅辨年月其建立姓氏皆無攷

唐蓬萊觀碑

唐明州象山縣蓬萊觀碑銘并敘

鄉貢進士金陵孫諫卿撰

聞圖經寶書之蓬萊山其迹近古昔相語秦始皇帝使乎仙口輩徐福也使泛滄海訪神仙之術于蓬萊山此口口口口游止之樂竄蹤殘丹井泉在觀名焉自口隋君統宇之二年廢去之考乃遺址　肅皇在上汝南袁仲宣守臨口口口口口閭能祈福口　上口口與起焉神龍之初縣肇名郴城　詔屬于台及乎廣德之二年爰移于明台守仲宣得口口口口已七十年口屋伐口荆榛叢蘂荒山屬層疊翠寒冷其徒無名人不能宣舉口口口口口口口口口口霖口口口口口老口像口幾還口歟口遭壓口

今上登御之元年縣令弘農楊弘正　帝命而官也精苦
吏事𢡟心義□□□□白玉投□者也喟然而嗟之□
□□□沒于高蕎牛羊牧之狐兔馳之許乎葺全不最細
其事任力未堪足□□□□今世吾且不能率不能不
□介子來乃日計之日計之不足以月而年必爲之成功
一唱也而人罔不感而□□□□□人□□思嘗望之
□□不□□□其爽者也縣令然之告　刺史隴西李公
敬方旣知不私也久矣賞舉□□□□□人私以〻太守
登進士□□□試爲美豈知乎大惠生民苦心建業而異
之我守明歲餘年矣　恩更于陳□□□□□事無墮焉
彭城劉操郡督郵也職禦謹□□繩無□□□悉力而前

□行其道者也念此蓬萊非弘農君不能□□□□隴西
公莫從也乃召工之能匠庸作□甃高□□□□是壇劉
蕪璺砌築室架棟上構崇崇屹倚横巘虛巒□□□□
起自下而高龍翔鳳舉勢壓奔嶺海曰□照赫赫融融亦
孔之□縣□□肆民之病請禱而已大字書貞元□□□
□□之　御序而初止方之□數十□□俸無悔以荅尒
庸家無餘儲縣令仁乎民乎知乎旣了事他山鑿石是□
□□□□負荷之力□入地壯勢如走爲秉筆者書之文
章銘曰
周祚將衰老聃隱也其道明明溥天之下其一敎言何有可
得聞乎維道與德古今共孚其二誰言隱去厥德不死□□

□□上善若水其三道不可道邈哉微言衆妙之門玄之又
玄其四廢興定矣敗斯必成在昔隋朝當遭毁平其五興焉何
自自　肅皇帝天半瀑泉高秋鶴唳其六七十許年猶孤
殿□愁大風起吹落滄海其七爰力爰謀有弘農人功而不
費煥然而新其八海月微明仙衣栩栩高壇步虛聲入松雨
其九建此大猷寔楊之功報言其徒自高淸風其十
大中二年六月九日建　淸河貝冷該書　道士王方外
篆額　北海戚文憓鐫
碑兩側
吳郡丁執文福唐林瑋四明俞夔同酌鍊丹泉紹聖三年
仲春十月　正書二行字徑一寸二分

譙郡高士安金陵李維會稽石景亮建安黃顏熙寧壬子
甲辰　正書三行字徑一寸　明年正月睿達與□中次武
宋　正書二行字徑八分
右蓬萊觀碑在象山縣學明倫堂西文二十行行四
十六字八分書徑寸題額篆書蓬萊觀碑四字徑三
寸兩側刻宋人題名三種按邑志棲霞觀在縣治西
二百五十步蓬萊山下舊名蓬萊觀輿地紀勝載象
山縣棲霞觀有唐大中元年碑孫諫卿撰是誤以二
年爲元年棲霞之名當是宋時所改唐以前猶稱蓬
萊也唐書地里志象山本隸台州神龍元年析寧海
及鄮縣地置廣德二年移屬明州與碑文所記皆合

孫諫卿史傳無攷貝泠該藂以八分摭名此碑摹彷
元宗而得其神者宣和書譜載此碑墨跡曾入御府
則宋時內廷已重其書法矣洪筠軒云赤城志郡守
題名有袁光字天寶十四年盡至德二年此稱袁仲
宣者當是其字沈佺期集有餞台州袁刺史入計序

唐天寧寺經幢

佛頂尊勝陁羅尼 文不錄

千手千眼觀世音菩薩廣大圓滿無礙大悲心陀羅尼 文不錄

千手千眼觀世音陁羅尼根本大身呪 文不錄

大佛頂放光悉怛多鉢怛羅大心眞言 文不錄

無量壽如來十甘露眞言 文不錄

如意輪根本眞言 文不錄

清淨法身毗盧遮那佛化身五部道場主大輪金剛三昧
耶眞言 文不錄

唐大中二年歲在戊辰八月戊子朔廿一日戊申建 功
德主施安費亮徐瑗沈思悟 都勾當軍事押衙陳勳衙
前虞候吳允中隨身沈德師 曹巨川書
大中大夫使持節湖州諸軍事守湖州刺史上柱國蘇特
都科周鎰 沈咸鐫

幢上層

寶樓閣陁羅尼 文不錄

大悲心中心眞言 文不錄

文殊呪 文不錄

往生呪 文不錄

幢下截

助緣人名 □□□ 施令暉 許行儒 聞人□ 范
希洲 李湍 殷□□ 蔣從直 魏珂 諸葛儼 徐
玫 高芊 邱懷玉 徐徽爲亡男王通 仰君儒 顧
暹 沈允 諸葛慶 周永 杜華 張元政 呂
徐源 吳志堅 劉悅 施漸 卜宗儒 周亮 陳□
管□宗 陳諫 施安 諸葛用 □□ 費□ 邱
惟□ □□

□□ 徐師曾 □□□ □□ 徐□爽 □□□
徐期 □康時 陸□ 徐鼎 陸士秀 邱璀 徐評
夏仲宣 □端 徐淸 趙元眞 莊艮 徐君□ 棻
仲文 喩岫 徐翰 徐叔寧 朱華 徐□ 夏惟滿
李勳 沈玟 諸葛儼 沈忌 沈暄 孫文獻 趙榮
□□ □□ □□
□□ □□□ □□□ □□ □□□ 王□□
王進 沈友方 康包元 楊肱 張仲孚 李幼文
邱撰 羅叔言 許行傳 姚簡 錢陽詮 諸葛犄
李瑢 羊士南 孫公素 陳峯 □金立 周伯和
戴昌 王士倫 康興德 王倩 俞全直 徐師寶

錢惠　薛元習　沈楚詞　王新　宋逸朝　王元式
口玢　王君立　王弘晊
張明　沈伯宜　沈戡　包瑛　口口口　曹口　韋直
嚴口章　儲平　馬誠　太史宣　徐直　李釗　口季
通　姜成　吳成　唐仁節　邢正　吳芬　朱清河
吳通　全游　唐從簡　邱恭　倪興　丁有度　張興
韓誠　邱執口　謝恭　王顒　徐行牟　馮口　曹超
周清沔　口口　邱徹　沈口眞　口口
口口　沈口口　沈口　沈流　姚文政　宋益　施鈞
諸葛瑛　錢口　康昌　沈雲端　潘口　朱瑛　沈元
直　口口　蔡憬　錢士元　董華　曹昇　張叔文

沈口　曹儇　胡君直　口口　俞信　諸葛靖　沈强
戴旺　朱艮牧　王玘　俞珹　王公信　陳榮　張口
張文舉　口口　口口　口口口　口口
口口　口口口　口口　口口　口口口　吳公口　口
口　口口口　趙復　邱容　沈孫邕　劉强　曹甯
蔣文　徐仲榮　范榮　施晏　趙眞　管元　鄭平
周少倫　施暄　王朝　馬進超　儲寶　康端　沈彤
口口　沈忠
口口女弟子　徐蓮花心　李菩提　王寶藏　沈智惠
藏　許廿三娘　施妙因　劉如意藏　錢廿五娘　吳
蓮花　呂清淨心　丁卅一娘　姚覺知　唐花嚴　李

十一娘　宋日藏　邵福德　周七娘　張淨光　王十
一娘　李廿娘　徐法藏　沈廿七娘　徐七娘　周妙
智　沈十二娘　周一娘　吳五娘　徐六娘　施四娘
徐淨藏　施十二娘　張九娘　徐口口　閔十三娘
錢九娘　口口娘　謝九娘　徐十二娘
陳九娘　口口口娘　湯八娘　吳四娘　鄭一一娘
陳七娘　莫十二娘　朱福智　沈八娘　張三娘　沈
十三娘　朱二娘　徐廿六娘　丁口娘　吳功德藏
庚十二娘　管常信　朱三娘　鈕卅二娘　沈卅娘
潘八娘　施六娘　仰十一娘　朱六娘　包七娘　劉
十一娘　蔡十娘　秦卅娘　倪卅一娘　陳二娘　胡

妙惠　朱二娘　汪智燈　王夫人　呂四娘

右幢在歸安縣天寗寺山門外西首高四尺八寸八面周廣六尺四寸每面正書八行字徑八分上層佛像旁刻呪文四方下截八面刻助緣男女姓名此幢尊勝經後又刻六種眞言爲竹垞所遺後題湖州刺史蘇特名按令狐綯於是年四月去任蘇蓋繼任者

唐陸瑛夫人孫氏墓誌

唐陸君故夫人富春孫氏墓誌銘并序

夫人吳大　皇帝十九代孫德之女也令淑有聞名傳四德笄年歸于陸氏君名瑛有子三二男一女長男宏誂次日宏諮並未有所娶女則初笄之歲未有所歸夫人以大

中四年遇疾百藥無徵千靈靡究卽是歲仲夏月三日而終春秋五十有七男女號踊泣血摧咽親戚悲噫日月逾邁龜筮叶從於其年季秋月末旬八日而安厝富陽縣西廿里上黃山墓然而禮墓則南登極峭北達長衢東西卽富春孫氏之山矣中慮年月將寢故列塼記其誌銘銘曰

穆穆夫人名傳四德染疾不愈沒歸泉路碧芒山谷冥冥九泉恐年月寖誌銘列塼

唐大中四年九月廿八日記 此行字獨大

右墓誌在富陽縣頃歲錢唐嚴上舍杰見居人掊土得之手拓數紙仍令掩埋原處文十五行正書徑四分後另題年月一行正書徑七分此式它碑未見墓

銘中𠛬例也文云安厝於富陽縣西廿里上黃山墓按咸淳臨安志無此山或係當時土名爲紀載所遺歟文字龜筮作龜筮歸作帰瑛作瑛穆作穆文韻俱未妥協鄉里小兒所爲也以唐刻姑存之

唐周文遂墓誌

唐故汝南周君墓誌銘 并序

君諱文遂字道從祖諱𡒄先父諱通君卽通之長子也幼讀儒書長而習禮弱冠之歲咸譽所知內孝親姻外穆僚友不能苦濫于琴酒乃縮職于監司三五年間榮譽可獎何期未申公表奄卒壯年嗚呼霜劍摧鋒鳴琴絕軫春秋卅有五大中二年三月十五日終于天長之私館也以其年十月廿九日祔于先祖妣王夫人列域以爲窀穸禮也娶弘楊氏恭孝內諧譽案從禮一子三歲名日小君令弟二人日文遇文造恨鴒原而遽絕誰濟急難桐荆幹摧鴈行何續敢忘兄友銘誌弟恭固請長詞用彰後紀者焉銘曰

嗚呼周君廿命奚促三十五歲禍來衝福手劍摧鋒身紳弃玉欲濟舟傾風前失燭一旦歸冥百齡何贖千歲之中再生王國

右墓誌在海寧周進士春家文十五行正書徑四分文中娶宏楊氏宏下脫農字王少司冦昶金石萃編云內孝親姻親可言孝姻何以言內孝耶不能苦濫

於琴酒苦濫二字不解𢬵按唐人小墓誌多出庸手故措詞鄙陋未可盡爲典要文中以穆爲睦譽案當是舉案世避作廿

唐岳林寺造塔記

岳林寺塔記 僧君長述并書

自金輪氏應跡迦維大漢教流諸夏尊舍利於支提儼靈相於寶殿誠知殿塔之位闕而不可茲寺二所卽女弟子傅氏二娘之建也傅氏娘于朱室三紀不幸而所天早喪愛子又夭惸然霜質而恪勤檀度時大中五載再𠛬□□殿□□焉闕者唯塔傅氏發言曰生□□□□□□□□□□□矣遂 下缺

右碑在奉化縣岳林寺東塔內文八行行書徑七分記爲僧君長所述詞甚簡質書法亦古雅於方外尤難得也

唐東林山祇園寺經幢

尊勝陁羅尼經序 文不錄

佛頂尊勝陁羅尼經 文不錄

唐會昌五年廢毀大中五年正月廿一日奉勅重建立勾當人卜歡沈暹□與市下泐立沈弘斌奉命書再立匠李亮及曹廢帖金字人□愛捨手□□各獲福祐

幢下截

舍利下缺福普下缺□起以下缺理事昭下缺法華會同

下缺千人至於下缺今東林舍利寶幢之首下缺兵曹下缺 以上第一面

卜□缺都勾當僧缺僧智匡 捨錢捌助成缺鎮遏將戴缺沈□鈞沈叔卿卜元渭唐缺卜淸兄缺沈于缺 以上第二面

唐□吳□沈日芬沈阿能潘公慶沈及沈元佐朱元應沈長能談永□姚儀沈仲□沈仕□江汀兄弟戴巽戴徹沈士元聶□ 以上第三面

沈伯忻沈榮德姚懽戴彌錢元頔萬澄施朝菜淸沈賀沈貺曹公□趙操吳□下缺 以上第四面

僧明□僧□□僧義峯僧志□僧淸□僧日□僧惟通僧懷□僧士先僧□□僧元胄僧理□僧習瑘僧南□寺主僧□□上座僧□□ 以上第五面

上缺沈□約妻缺沈□□母缺沈□□妻朱八娘沈□母丁六娘卜元渭妻倪四娘□□□母□□□娘□□妻沈□□□ 以上第六面第七面第八面全泐

右幢在歸安縣東林山祇園寺東首高四尺五寸八面周廣五尺六寸額題佛頂尊勝陁羅尼救危濟難妙法寶之幢十六字篆書徑二寸經文每面正書九行惟經序作行書俱徑六分下截捨錢姓名中有鎮遏將戴□此官未見百官表惟溪州銅柱題名中有之又廣德州經幢亦有鎮遏使名皆當時節度所自署非制也

唐東林山祇園寺經幢

尊勝陁羅尼經序 文不錄

佛頂尊勝陀羅尼經 文不錄

唐會昌五年廢毀至大中五年五月廿一日奉勅再立勾當卜歡沈暹□與市衆等重建沈弘沈斌奉命書

幢下截

舍利幢人名女下缺理事旣形施下缺差別東林舍下缺寶幢之創者下缺居士同心功德下缺兵曹參軍沈□卜下缺都下缺 以上第一面

捨錢下缺鎮將戴缺沈鍋鈞沈缺卜元渭唐朋卜淸兄弟

沈缺沈爲評缺錢項戴缺姚仲文沈缺王瑩王系缺沈品
俞缺　以上第二面
江冠尤爲缺沈士榮聞人缺馮盛淩缺朱密戴缺戴通施
缺吳謝卿缺周宗缺泐　以上第三面第四面至第七面全
沈景缺錢惟缺十一娘陸缺沈鍋鈞缺沈榮妻缺沈弘亮
母缺唐瑜妻口十一娘沈仲口母缺沈缺　以上第八面

右幢在歸安縣東林山祇園寺西首高四尺五寸八面周廣五尺六寸每面行書九行徑六分下截刻捨錢姓名多殘泐此與前幢皆因會昌五年廢毁之後奉勑重建者東林山志載寺有四幢今已失其二矣

唐杜牧題名

口口口口口口口爲大中五年刺史樊川杜牧奉貢訖事口
口春口休來山口口口口口口口口中口口時池一
枝口口攀叢口口口口口口口口香感口口

右題名十行正書行六字在長興縣顧渚山按牧又有玲瓏山題大中五年八月八日今未見

唐岳林寺造塔銘

明州奉化縣岳林寺塔銘并序　隴西李柔撰
大中十年歲口口子正口口己丑廿日甲子建新口者口
口道宗施主口口弟子傳二娘口西方聖人敎傳中國作
万方口救之途口口口無住之相郎不以執著爲口口小
乘之初開口在於瞻仰故口子口口徇下缺證果況埏埴

爲口缺蠢缺遂使缺大利缺口口所說凡在初口缺口口
哉口師口口之缺口口日月電過口口缺口口銘曰
缺口口罪滅口生缺　下一行全泐
缺口二郎缺壹伯缺捨口貳百缺
口塔入緣弟子缺亡考妣捨貳阡文　前明州缺馬珍奉
爲考妣及自身捨口阡文　傳口口貳口文　包氏捨絹
一疋　口從漢奉爲亡考捨壹阡文　傳口伍百文　馬
六娘壹阡文　口從質捨搭貳拾口　口口捨口口文
傳二娘又捨貳伯伍拾阡文口口口口口口捨貳伯阡文
大佛殿又肆拾阡文入齋堂　潘三娘捨口伯文沈輅口
缺僧理宗奉爲亡師叔捨伍伯文入塔缺九口鐫

右碑在奉化縣岳林寺西塔佛像下文二十五行正書徑六分文多剝蝕存者無幾銘詞後刻捨錢姓名元和郡縣志云奉化縣本漢之鄮縣地開元二十六年置蓋與明州同置而唐書地理志又云奉化析鄮縣地置按鄮鄞二縣本非一處兩漢志及晉宋南齊志並載之自隋併鄮與鄞入句章之後再分爲鄮縣奉化慈溪象山四邑而其地始亂紀載者往往不能盡同也

唐天寧寺經幢

大佛頂如來密因修證了義諸菩薩萬行首楞嚴經卷七
經文不錄

唐大中十一年歲在丁丑四月廿七日建立功德主王用
男譓男諲男威男訢奉爲亡妣沈氏夫人永充供養　河
間凌渭書　都料匠何亮　陳德方幷鐫

幢下截

大佛頂及□□□□□銘并序　處士王函譔

琅琊王譓字達夫探至聖之元言得秘密之妙理以大佛
頂及尊勝爲衆福之王懇立二幢祈報所怙攀□不及創
鉅痛深衰麻在躬□荼□□□憑其敎□何以□此哀
□徵其志誠起自純孝□□候聽戒遣式遵□□命令將
在日衣物造此功德始乎目想形於心匠有工應召巧與
意合將期經久須擇勝處縣若□種必求厚地□得其所

爲益多乃謀於老宿□在精舍同諷□□師□□□□□
□□□築□□□□□□□□彊□若非願力□□□□
□仁心叶贊以大中十一年歲在丁丑四月二十七日立
於開元尊像殿前緊其地也每幢高□十五尺各有二十
五重重重狀名窮侈□麗唐言梵語備載二經此之不書
剬其繁也昔者曾□嘗謂人曰□父母□□□□□□□
□□□者眞□□□□□□爲□□□□□父母□□□
□□□□□之□□可謂□□□□於道矣必先有□□
□□□□□□□入□□□□□□□□□□□□□□
□□□□□□□□□□□□□□□□□□□□□□
□□□□□□□□□□□□□□圞也且□一石之
樹無補於敎徒以嵌空巑峭積翠凝青尙衆移植列在殿
庭□□□人娛目不能使其□□□□□莊嚴法界□
□□□□□□□□之□□□□對峙□□□氣稜層恠
□犇妓□鬼□□□陽高映圓魄斜臨同一解脫不二光
陰雨灑露滴煙籠霧羃靄□□灘散湯霏微聖澤流布□
□在□忽尓銷歇罪垢□滅□然□淸福□□□□飈飄
瞥□塵四發毛峯□彼卽是加被何必張喉然後爲□偉
哉有以見陁羅尼之力□思誠也二幢旣就工□□功壯
我釋門光□□□□不□□□□何□□□□□□□□
□□□□□□□□□□□□□□□□□□□□□□
□□□□□□□□□□□□□□□□□□□□□□

□□□□□□□□□□□□□□□□印密契各鐫在
石□之者誰我知其□曰譓曰諲泉威及訢咸遵父言同
樹廣因巍巍二幢不泐不泯資汝□世千崇萬□□此福
源曷有窮盡

此二幢本立於開元寺□□於龍興蓋天意也豈人事乎
都維那尼元約上座尼□□寺主尼□□（以上銘八面刻幢座下）

右幢在歸安縣天寧寺大殿西首高四尺六寸八面
周廣五尺六寸每面正書十三行徑五分幢座下另
刻銘八面每面行書十行徑七分此幢名大佛頂首
楞嚴經與後尊勝經幢同爲河間凌渭書朱竹垞未
嘗細核槩以尊勝經目之而座下王函銘序則自來

拓者皆未見也此銘書法酷似李北海惜泐去大半
詳繹文詞知二幢先立於開元寺後移龍興龍興卽
今天寧寺建自陳永定三年爲武宣章皇后故宅吳
越時更名天寧至開元寺則郡縣志未詳僅見於此

唐天寧寺經幢

佛頂尊勝陁羅尼經序 序不錄
佛頂尊勝陁羅尼經 經不錄
唐大中十一年歲在丁丑四月廿七日建立功德主王用
男讜男謹男威男訢奉爲亡妣沈氏夫人永充供養 河
間凌渭書 都料匠許從吳倫 潁川陳德方幷鐫
右幢在歸安縣天寧寺大殿東首高四尺三寸八面

周廣五尺六寸每面正書九行徑八分

唐法隆寺經幢

佛頂尊勝陁羅尼經序 序文不錄
佛頂尊勝□□□經 經文不錄
大中十一年十一月十五日樹 刺史李蟥 錄事參軍
衛約 金華縣令余師周 京大興善寺苾蒭大憫 僧
元鑒 寺主僧義寶 上座僧志謙 都維那僧良達
都勾當僧淸溢 募緣大功德主許成 都料陳政劉簡
于知仁書 沈臧鐫
幢下截題名
金華縣錄事劉傅賢 錄事劉授奉爲先考 倉督閭邱
廣幷弟從膺從直等奉爲考妣捨錢五貫文 倉督楊虔
幷兄□弟簡等捨錢三貫文 倉督滕成王□ 錄事史
李玠 錢信 劉廉 劉端 胡榮 劉長 蔣選 劉
敬 姜惣 張及 劉□ 葛成 黃侃 王綽 舒進
宋遂爲考妣
五貫文施主錢徹 伯倫 石滋爲考 劉約爲考妣 四貫
文施主棐芳 程晉 劉判
三貫文施疊 楊玩 黃璨 徐昌 朱國寧 支淸
馮榮 黃坦 黃季南 孫邦 黃暈 徐達 □□平
項伯瑛 錢儒 阮淸 錢□ □敏 黃常興 陳遂
錢殷 □宗 戴宏質 施則 徐溫 嚴詮 謝良濟

祝和 鄭遂 □常進 □遂 劉方言 葛朴 施政
棐邁 曹琦 劉簡 陳儼 張及 祝亮 劉□ □
□朗爲考 錢緒 房緇 溫容 葛琢 黃鸞 孫潘
張熊 錢晅 朱國寧 璩廣 俞積 錢慤 張仙
徐瓚 項忻 棐縱 柳縱 李瑊 黃玩 施庭 常
僧寶 施則 劉淸湍 毛瑊 施榮 顧用 阮晅爲七
琬 陳愛 劉溢 新建村衆 劉華 呂惟珣 舒□
徐詮 劉逸 裴太原□爲徐興 包琬 常僧護 包忻
章□ 陳孚 崔殷 蔣□
金華縣錄事宋惟遠奉爲考妣滕景麟爲考妣祝榮 張□ 王
澄 蔣倫 孫璠 □□施主錢珪 □淸 錢直

欒琳　應期　胡文郢　陶公用　楊慶　劉榮　陶盛
爲母陳圍　陳迥然　黃皐　□約　孫□　謝仲儀　王
伯瑛　孫日□　盧昌　盧洪　黃師簡　朱□　尙□
錢公亮　陳秀　閭邱錡　滕寧　葛惟□　何□　陳
公授　樓貞　劉郢　李□　劉盤　朱惟謙　劉□
劉唐殷　陳約　劉□　朱謙　包惟盛　孫巨川　□
仲　姜和　郭□□　李及　劉□　馮□　黃汝蕭
董忠　錢廣　宋惟圻　葉庥　□實　劉嗣初　黃一
娘　蔣二娘　劉一□　楊文舉　楊度　陳□　楊艮
□貫□　黃十一娘　孫十一娘　盧四娘　黃七娘
陳十娘　黃四娘　徐五娘

五百文　孫三娘　袁一娘　景十二娘　支一娘　□
□娘　姜六娘　黃一娘　尹五娘　劉一娘　戴□□
□二娘　黃九娘　張一娘　戴四娘　何一娘　□一
娘　王一娘　俞一娘　郭三娘　滕五娘　黃九娘
□九娘　陳□娘　盧一娘　陶三娘　蔣三娘　張七
娘　劉□□　劉四娘捨金釧一隻重一兩帖呪及佛宇
黃八娘捨一貫文
四百文　徐五娘　劉五娘　劉十五娘　曹四娘　諸
葛二娘　陳一娘　應二娘　徐十一娘　葉五娘　葛
二娘　黃一娘　劉十□　滕二娘　滕三娘　王三娘
滕四娘　蔣□娘　朱三娘　葛五娘　劉□娘　姜二

娘　趙一娘　趙二□　朱十一娘　張一娘　徐□娘
黃八娘　葛一娘　陳一娘　徐一娘
三百文　盧三娘　劉五娘　徐廿二娘　阮三娘　郭
六娘　滕□□　茱四娘　劉八娘　劉廿七娘　尹五
娘　楊□□
尼如□　尼恒徹　尼寂□　尼恒漸　尼淸琬　尼法
然　尼惟□　尼惟璨　尼契宏　尼□縱　尼契峯
尼如雅　尼惟悟
小幢子□三□施主　劉仲瓌　支幹　張璟　王約然
喻□　朱華爲男任十一娘　陳十五娘　胡廿五娘　胡
廿一娘　劉國瑫　張伯江　夏亮　黃四娘　陳二娘

陳仲潘　朱瓌玉　盧□嗣　□□昭　□廿三娘　趙
三娘　胡□□
右幢在金華縣南法隆寺俗稱金錢寺石高四尺八
寸八面周廣六尺四寸每面正書九行字徑八分幢
爲于知仁書端謹秀麗亦唐之善書者惜未載於書
史會要後題刺史李蟥錄事參軍衞約金華縣令余
師周等名惟李蟥見全唐詩餘皆無攷幢座間尙有
出錢姓名八面拓者遺之茲從陳廣文焯所錄補入

唐湯華墓誌
唐故福州侯官縣丞湯府君墓誌銘并序
鄉貢進士林珽述

湯有大德於天下戴之如日仰之如春其後也君諱華字知新曾祖備祖賓考昺皆簪組相繼官烈當時愿有功於國以載於譜諜此略而不書公幼躭墳籍將欲振於時立大來之器以晨昏是切仕不擇祿釋褐衡州參軍珪璋美璞州縣艮才記室之芳秩罷猶在再調授福州候官丞兼物感德揚人不告勞征賦皆集口馴雉之化致飛雷之聲謀而有方簡以蒞事授亮而庶務皆決正色而羣吏贍風公之器用未盡弘遠秩滿寓居南方以土風有殊瘴癘所染沉痼既搆天壽不遐以大中十一年六月五日終于嶺中連江邑之客第春秋五十八道路民慟風雲助悲先殯殯于竹林原夫人瑯琊郡王氏故衡陽縣明宰之女以禮

節奉君子以慈和訓閨門感形影之未亡歎梧桐之半死望故鄉以泣血泛滄溟以護喪逢首逝波沒身殉義艱險不憚旌旋之情今古罕及男二人長曰宗鉉次曰宗鎬女五人咸匍匐觸地哀號訴天以日月有時窀穸斯議以大中十二年十一月廿八日歸葬于明州鄮縣龍山鄉江上里庚向之原禮也銘曰

脩與短兮胡可知　聖與賢兮莫能窺　器未展兮誠足悲　存者有恨兮淚如絲　哭丹旐兮一家隨　風九原兮滿松枝

右墓誌在鄞縣治東湯君廟文二十三行行書徑五分王少司寇昶金石萃編云先殯殯于竹林原殯字見集韻音卒殘敗也與下文殯字不合疑爲權字之訛又云葬于龍山鄉江上里庚向之原葬用某向是今堪輿家羅經之術始見于此昶按文首其後也句似落君字湯君以秩滿寓嶺南連江其卒也夫人泛海護喪而歸文中述之自是奇舉今誌銘又在湯君廟中湯君其有畸行歟碑中書列爲烈耽爲躭總爲惣賦爲賦喪爲喪皆當時別體

唐安隱寺經幢

佛頂尊勝陀羅尼經 經文不錄

唐大中口口口口口口庚辰口月廿七日建　勾當造幢人陳丹　都料宏農楊榮　吳郡陸宏書鐫　徵事郎前行

吉州廬陵縣尉張龔慶壹阡文　前饒州樂平主簿夏從師捨錢壹阡文　范隋捨綾壹疋 上十行正書　勾當功德主宣達 此行行書　上幢之最下第一面餘是唐時紀年原刻後七面皆捨錢題名隱隱可見恐改宋時題紀矣

重立寶幢年月　原此寶幢始自鉅唐大中十四年歲次庚辰正月二十有七日衆緣於臨平市西長樂鄉界永興院前建立洎乾德五年太歲丁卯八月中爲年久隳斜因修整而寡力致損動而傾摧日月寖深五十餘稔今安平院住持沙門瑞明與閭 第二面行書十行　院徒衆發心施長財移于舊基東二十步添續層口載崇樹之葬古佛舍利口顆于龍柱海山之下俾其境域民安邇遐寧謐無畏介祉畫祝鴻圖恭願神天常加翊衛功資動植利等冤親若

見若聞同臻覺岸時屬聖□□□天禧二年六月□□第三
面行書十行七日戊申重立是日立秋　勸緣郡城祥符寺寶
塔功德主內殿賜紫文定　郡城臨壇賜紫紹澄僧思忠
臨平都酒務金□□　已上同施珍財嚴護舍利葬此
幢下　右街圓鑒大師紹因清辯大師居亮賜紫善慶僧
慶餘願昭各施伍伯文　入緣買彩色嚴飾寶幢　刻石
郡城趙克和陶貞　安平院住持主沙門瑞明闍院徒弟
記第四面行楷書九行安平□院　伏自唐大中十四年歲次庚辰
建立寶幢乾德三年天禧二年重修紹興庚辰四月初二
日重立所有勝利恭爲祝延今上皇帝聖壽無疆文武官
僚同增福利萬姓四民□安富樂者　山門監院僧師安

勸緣住持□□僧勝圓　右承奉郎監臨安府臨平鎮
稅兼煙火公事李棫　右朝奉郎行將作監丞趙□復第五
面正書十三行右從事郎劉愨士施財建立追薦　故右中奉大
夫秘閣修撰往生天界者　松堂老僧圓志　高顯人天
無勝幢微□□上露堂堂空中常現□□相雲外長舒百
寶光諸佛護持何日朽孽靈協贊若時昌塵勞無限未歸
客回首親瞻正法王第六面正書十二行當府臨平鎮崇奉三寶弟
子宗慶妻朱氏十娘男仁寬媳婦章氏六娘孫女四三娘
孫男州老五□與家眷等一力施財建立所有勝善廣大
如法□□竟若虛空□向真如實□莊嚴無上佛果菩提
無□□□廣資三有見存家眷永保康寧嗣續興隆乃薦

亡公宗四郎□婆湯二娘于亡考宗二郎□□馮九娘□
上至高祖下及□孫承此善根往生淨土者第七面正書十四行弟
子姜宥瓊妻張六娘男文超文浩文貴并弟子顧實妻諸
七娘男堯宗舜舉及弟子陳元與男宗宥各與家眷□□
請到佛牙舍利入□□緣永充供養各□□□見生福慧
成就□□□果菩提者第八面正書九行
右在仁和縣臨平鎮安隱寺前凡八面行書各九行
行三十四字字徑九分高五尺二寸面廣八寸下截
八面刻年月及捨錢人名惟年月一面存原刻餘爲
宋人磨刻修造題名詩紀空處尚有字跡可見按安
隱寺咸淳臨安志謂後唐清泰元年吳越建昔名安

平或謂安平以前又名永興宋治平二年改今額似
未見此幢所記幢作于大中寺必不始于清泰也大
中十四年改元咸通此在正月未奉詔時煙火公事
始見政和三年安吉縣東岳行宮碑有宣德郎監常
州奔牛鎮務監煙火公事彭脩紹興十年永靈廟碑
有宣教郎監湖州德清縣新市鎮稅兼煙火公事蔡
几及此刻皆兼職也

唐雙龍洞題名

閻省問
鄭澳
唐咸通辛巳秋

十二日賽雨云

洞天

進士 月

鉉滔

在

右題名從陳廣文焯藏本錄之陳云石刻在金華山雙龍洞右小洞之中層石角上字約寸許作八行端正渾厚非唐人不及也按咸通辛巳爲懿宗二年閭省問鄭澳賽雨至此當是尔時守土之人

唐覺苑寺經幢

佛頂尊勝陁羅尼經序 序文不錄

佛頂尊勝陁羅尼經 經文不錄

缺 蕭山縣令柱國李從楨　給事郎丞張周士　文林郎主簿秦翙　文林郎尉沈彤　文林郎尉□孜　攝尉姚□鄉貢□□□□□奉爲先考捨四千文　□□□□□少府二千文　□主簿裴釒　西陵堰専知官李宇 缺 都遊弈兼知驛渡等事銀青光祿大夫檢校太子賓客上柱國崔實奉爲亡妻□氏捨五千文　劉使劉□□捨五百文衙前子將兼知都坊馬權捨絹二疋　母親□氏捐絹一疋　同十將徐仲康捨□千文 缺 同十將酆行實捨一千文　朱貞并妻褚氏共捨五千文　徐仲文爲亡妻吳氏捨三千文　周□言爲先考捨二千文　命婦徐氏爲亡官捨一千文　酉□□捨二千文　酉□捨一千文　鮑□并妻周八娘共捨□千文 缺 □遒爲亡妻厲氏捨一千文　周行全爲先考捨二千文　□不爲先考捨一千文龔□爲考妣捨一千文　滕□□爲□□□□□身捨一千文　錢貞并男女等捨一千文　□友直爲先考捨一千文　任則爲先考捨一千文 缺 捨一千文　徐宗爲亡妻葉氏捨一千文　曹升爲先妣捨一千文　周德姪行師行康共捨一千文　陳宗捨一千五百文　□□□□□□捨一千文　陸□□爲考妣捨一千文　黃公鼎爲考妣捨一千文　俞昇爲考妣捨一千文 缺 捨一千文　厲考貞爲考妣捨一千文　楊倫捨一千文　呂文

約爲先考捨二千文　陳元長捨一千文　陳崇并妻范氏捨一千文　陳□并妻□氏捨一千文　□□爲亡妻張氏一千文　王□一千文　夏叔南弟叔文爲考妣一千文 缺 □□□□□氏并亡女十一娘捨一千五百文陳恭捨一千文　洪平爲考妣捨二千文　又妻祝九娘捨披襖一　方通爲亡妻包氏捨一千文　崔簡夫一千文　楊元通一千文　邵儒爲考捨一千文　徐師翙一千文　胡元直爲亡十三弟捨一千文 缺 捨綾一疋陳緘捨綾一疋　莫師復捨絹一疋　楊昌捨袍一　翁眞捨絹一疋　徐緘爲考捨綵襴一　姚元并妻孫氏捨一千文　杜積一千文　徐行簡一千文　石詡一千文

倓楚并妻周一娘男口奴女沈婆一千文　張臯爲亡
妻劉八娘捨二千文缺口口口爲亡妻蔣六娘捨五百
文　鄭文五百文　葛元五百文　張虔爲考捨五百文
褚竦五百文　呂伯儀五百文　陳京五百文　管從
直五百文　李瓊爲考捨五百文　許元珙五百文　蔣
芳五百文　口讓爲考捨五百文　樓惟及五百文　口
口爲考妣捨五百文　李慶五百文　羅宗爲考捨五百
文　鮑斡五百文　厲珂五百文　邵通五百文　杜宗
五百文　孫仲偕五百文　楊公遂五百文　茹亮五百
文　楊弼五百文　周泓爲考捨五百文　酉恭五百文
鄭寶五百文　郭忻五百文　何口五百文　黄公遂

五百文　孫緘爲考捨五百文　陸元成爲考妣捨五百
文　陸準爲考妣捨五百文　鄭惟迪并妻男女等捨六
百文足陌　陸全浩五百文　方相爲母蔣二娘捨五百
文又爲考捨五百文　滕及五百文　勞昇爲亡妻孫氏
捨五百文　僧懷最爲母親酉二娘捨一千文　僧文用
捨五百文　陳合五百文　高密五百文　造護淨人名
徐仲玄　張師直　馮直　山公遂　李志　葛祿
趙閏　錢成　許直　潘友芳　胡詡　任苧　杜績
孔寶　李鍠　姚谿　徐慶　鮑眞　戴慶　鄒全立
楊行立　高士進　馮興　成和　潘八娘二千文　口
一娘二千文　董十一娘一千五百文　陳廿七娘一千

五百文　丁五娘一千三百文　徐大娘一千文足陌
夏廿三娘爲考妣捨二千五百文　孫十一娘爲亡夫鄭
大郎捨一千文　王三娘一千文　柳六娘一千文　范
十一娘并新婦共捨一千文　杜十娘爲亡夫盧四郎一
千文　周十一娘捨繡背子一　舒廿六娘捨綾一疋
朱四娘一千文足陌　賴四娘捨米一碩　張四娘捨朱
二兩　任五娘一千文　張七娘五百文　陸四娘五百
文　孫十一娘五百文　黄九娘　童十一娘　孫五娘
陳六娘　徐一娘　徐二娘　徐六娘　何二娘　口
一娘　盛十一娘五百文　周存政　王泰　陳順　丁
士和　吳鍊　章用　章冰　姚慶　周行簡　游建

王景璙　朱常寶　石口　胡長文　戴政　饒貞　饒
逸　包堅　管士則　郭士歡　徐章　厲鹽　朱二娘
口九娘爲妣五百文　荀寶五百文　沈興五百文　朱六
宣及爲亡妻焦氏五百文　口口口成捨絹十疋
爲亡女焦十娘捨春羅二丈二尺　盛一娘
咸通二年歲次辛巳正月丙子朔十八日癸巳建功德主
唐軫徐行復厲元直同勾當僧鴻立院主僧繼之院主僧
元渭直歲僧常口　都料王鎔書此行在第一面經序題下
太平興國二年十一月日重修在入上横列
右幢在蕭山覺苑寺卽今江寺石高四尺三寸八面
周廣四尺五寸六分每面正書九行字徑五分按郡

縣志職官表唐令祗李士約葛口二人丞李令思一人簿宋恩禮一人尉邱丹嚴維二人此幢令李從損丞張周士簿秦翙尉沈彤口孜姚口等名皆其所遺西陵在縣西十二里水經注云昔范蠡築城於浙江之濱言可以固守謂之固陵唐稱西陵其地爲吳越通津故隄堰驛渡等事皆設專官衙前子將同十將史志無文惟易州田琬德政碑有十將兵馬使之號則皆隸於使職者也

唐天寧寺經幢

大佛頂口利明志怛多般怛羅頡㗚陁邪陁羅尼神呪 呪文不錄

唐咸通四年歲次癸未七月辛卯朔一日建幢功德主仰君儒奉爲亡考妣并一宅口口捨錢三千貫 下闕 靈州縣宋寮怨家債主同霑此福 助緣弟子沈直沈淮 各五千文 張稹張士會沈文和 各口千文 費行人 口千五百文 沈九娘吳從口 各一千文 口從口馮郜仰仲瞻嚴能 各五百文 諸葛悲字 二百文 已上贊助弟子或爲亡考亡妣或亡妻并自身口口口此功德 下闕 康寧口口休口 寺主尼口口口口尼口口口都維那尼正因都勾當造寺當州軍事口將陳珏都料劉新口慶鄰口口鐫

右經幢在歸安縣天寧寺千佛閣前高四尺八面周廣五尺六寸每面正書九行徑六分何夢華云此與咸通十年馮卯書幢皆爲朱竹垞鄭芷畦所未見 元案咸通十年十一年經幢皆有軍事押衙陳珏此當州軍事口將陳珏當即一人

唐安國寺經幢

佛頂尊勝陁羅尼經序 文不錄

佛頂尊勝陁羅尼經 文不錄

建造慕緣功德主鍾幹韓公允徐儒聞入珠范慶右金吾押衙韓詞捨壹阡壹伯文鐫經呪上此幢 維咸通六年歲次乙酉四月辛亥朔廿九日己卯建立此幢永充供養都維那僧宣禮寺主僧元著上座僧淸會直歲僧沖曜都料周鑑許從方直匠劉瑫周瑛刻字并書

右幢在海寧州安國寺門內石高四尺五寸八面周廣六尺八寸每面正書十行字徑八分周大令 春 海寧州碑考云瑛書出入顏平原徐東海之閒頗得蘇肖曹筆意其書募作慕後魏釋老志慕建宮宇亦从心則从力乃俗字 元 按說文慕習也从心莫聲募廣求也从力莫聲募非俗字但通用作慕其來已久故漢靈臺碑共慕市碑亦作从心之字又蒼頡篇募問求也 見衆經音義 廣雅釋詁募求也皆可證說文募字之古

唐精嚴寺經幢

佛頂尊勝陁羅尼經 文不錄

唐咸通七年歲在丙戌四月二十日弟子朱及并妻張氏
男拱等闔家長少敬造此幢永充供養 依止律大德僧
滌煩都維那僧惠稜上座僧懷稹寺主僧行堅院主僧弘
昶勾當僧幼文 光啓二年弟子范朋重修抵永充供養

幢座下文 計四面

當院徒弟焚修大德義祥於院內修功德鐫□□□□□
募施主裘□□□ 下缺 并砦砌修蓿等計用□□三百千
文內義祥自捨□錢五十千文所祈福利□□四恩三友
□界有情同□勝□ 開寶二年己巳歲五月□日記
助緣施主各三千文 鍾離雅 沈少兢 張翼 朱拱
爲亡妻沈氏 徐陽二千 李□ 許造二千 徐運二

千
一千文 朱□ 陸文佐 呂憲 朱萬從 孫貞 黃
棱 陸相 陸素 張岫 朱雅 楊象 朱修德 楊
君集 陳溢 朱軒 李南宗 陸仕玢 錢七娘 張
十二娘 李十娘
五百文 朱□ 朱□□ □百文 □□ □□□ 陸五
□□□ □□□ □□□ □□□ □十五娘五百文 陸五
娘五百文

右幢在秀水縣精嚴寺石高三尺九寸八面周廣四
尺八寸八分每面行書八行徑七分此幢建於唐懿
宗咸通七年至僖宗光啓二年重修座下又有宋開

寶二年僧義祥記并助緣施主姓名凡四石按王象
之輿地紀勝精嚴寺在嘉興西北 今析入秀水 晉咸和中
賜名靈光祥苻賜今額其碑記僅載唐沈亞之靈祐
塔銘一種而此兩幢均未之及海鹽張孝廉 廷濟 博
雅好古搜羅郡中金石甚富此二種皆其手拓也

唐精嚴寺經幢

佛頂尊勝陁羅尼經序 文不錄
佛頂尊勝陁羅尼經 文不錄

幢座下文 計三面

□□□剩 孫二娘贖菩薩一軀 潘九娘贖菩薩一軀
陳行周贖菩薩一軀 吳南安贖菩薩一軀 沈珙贖佛

一軀 茱約贖菩薩一軀 □伯稜菩薩一軀
僧南巨贖佛一軀 僧幼文贖佛一軀 僧清濟贖佛一
軀 僧惡常 爲亡考妣 僧法全 爲亡考 僧文應 僧□簡
僧全祐
女弟子馬十二娘爲亡考妣贖佛二軀 茍廿七娘 羅
八娘 尹大娘 應四□ 薩菩提心 唐大智 陳三
娘

右幢在秀水縣精嚴寺石高三尺九寸八面周廣四
尺九寸六分每面行書九行字徑六分張孝廉 廷濟
云幢有三面嵌入寺牆難施氈拓不知建于何時座
下造像題名四面亦掩其一今按拓本有僧幼文名

已見前幢則此亦咸通間所建也

唐阿育王寺經幢

加句佛頂尊勝陁羅尼經序 經序經文不錄

刺史柳　縣令裴　下莊鎭使押衙程稔　鎭副使衙前

總管何郊　都維那僧師簡　功德主僧景讓　入緣人

如後　僧法茂　僧道全　僧義安　僧悟眞　僧思察

僧口雅　僧宗式　僧行從　僧法口　僧思悟　僧

懷𠃌　押衙程稔　陳祐　柴岙　王簡　嚴瑋　郭全

郭當　富文達　胡瑊　胡璠　周佶　周宗敏　富

文建　胡行璵　范巽　胡搏　范穆　曹口　汪幹

黃侃　應竦　潘懷清　周君及　儲儒　潘達　劉逸

孫立　梁遂　沈惠　劉仕進　江諫　袁貢　錢元

榮　余九洪　余强　盛朋　錢雅　錢揆　鮑翰　沈

瑫

咸通十年歲次己丑五月戊午朔廿八日建立　譙國曹

訢書　都料潁川陳政刻字　同造人潁川景口

右幢在鄞縣阿育王寺石高三尺八面周廣二尺八寸五分前五面六行後三面七行俱正書徑四分題名中有刺史柳而不名考郡志職官表明州刺史柳韜於咸通間任此又縣令裴其名無考下莊鎭有使有副使亦當時軍鎭要地郡縣志皆不載

唐本覺寺經幢

佛頂尊勝陁羅尼經序 文不錄

佛頂尊勝陁羅尼經 文不錄

唐咸通十年三月內奉亡考府君遺言於當縣永安禪院前建立幢兩所功德至當年內各得成就福資生口蘇州嘉興縣 下缺 癸未九日辛卯口口法主和尙藏廙院主僧行琛都維那僧從泰典座僧弘信惠口都料匠張況戴口劉亘

右幢在秀水縣西二十七里本覺寺大殿前石高三尺二寸八面周廣四尺八寸每面正書九行字徑六分按嘉興縣唐武德七年置屬蘇州尋省入吳縣貞觀八年復置五代屬杭州此幢建於咸通時故仍屬蘇州本覺寺即檇里故城祂明季析入秀水唐大中間賜名報本宋爲神霄玉淸萬壽宮又爲本覺禪院其永安之名志乘未載可據此補之

唐天寧寺經幢

千手千眼廣大圓滿無礙大悲心陁羅尼 呪文不錄

佛頂尊勝陁羅尼經 經序經文皆不錄

唐咸通十年六月廿二日建幢主沈仕達 下缺 見性等建立此幢永充供養仕達等立幢意者奉爲　帝主人王州縣宗寮師僧父母法界有情同霑此福沈仕達并妻曾見性捨錢三十千文同建幢主衙前虞侯 下缺 同建幢主呂成并妻章信緣捨五千文同建幢主沈賛并妻李蓮花捨

五千文同建幢主張行儒并妻沈淨蓮捨五千文缺尼妙
聰寺主尼志然　軍事押衙陳珏　長樂馮卯書

右經幢在歸安縣天寧寺西鼓樓側高四尺五寸八
面周廣五尺二寸每面行書九行徑七分第一面刻
大悲陁羅尼經呪其次陁羅尼經序及經文何夢華
云此幢上下兩截俱有小楷書四方拓者遺之

唐天寧寺經幢

佛頂尊勝陀羅尼經經文不錄
唐咸通十一年二月十八日建立此幢　都維那尼淸素
上座尼妙聰寺主尼志然　軍事押衙陳珏
大輪金剛眞言呪文不錄

千手千眼觀世音菩薩廣大圓滿無㝵大悲心陀羅尼神
呪呪文不錄
金剛眞言　一名般若無盡藏陁羅尼呪文不錄
淨身眞言呪文不錄
建立幢主鄉貢進士趙匡符
幢上截
首行缺念金剛經八千遍念般若心經三萬遍念火輪金
剛眞言一萬五千遍念佛頂尊勝陁羅尼一萬六千遍念
大悲心陁羅尼神呪一萬三千遍念觀音□□陁羅尼二
萬遍念大悲經心眞言三萬遍念摩王波□□□□□
萬遍

念七佛俱胝佛母心陁羅尼十萬遍念龍樹菩薩化身一
切法陁羅尼五萬遍念天王心眞言十萬遍念歡喜呪十
萬遍念天廚陁羅尼三萬遍念淨口呪二萬遍念淨身呪
二萬遍念淨房室呪二萬遍　右匡符所念前件經呪及
捨錢建立此幢上答四重恩下爲三居苦願與此福力普
救於衆生用兹迴向心各證菩提果
弟子鄉貢進士趙匡符捨叁拾貫文亡弟𢘑捨在生衣服
計貳拾貫文弟子湖州烏程縣丞陸恪捨貳貫文弟子前
湖州烏程縣尉魯位捨叁貫文弟子前湖州烏程縣尉褚
煥章叁貫文弟子前睦州衙推趙逢捨貳貫文弟子前懷
州衙推趙圓捨五貫文弟子行州下省錄事口國虔幼鄉

及慶共捨五貫
第四方全泐隱隱有弟子及貫文等字

右幢在歸安縣天寧寺東首鐘樓後高四尺五寸八
面周廣五尺二寸前六面佛頂陁羅尼經每面行書
九行徑七分後二面大輪金剛等呪每面正書十行
徑六分幢上截佛像旁另有小楷四方記幢主趙匡
符所誦經呪之數及捨錢姓氏中有烏程縣丞劉等
名皆志乘未載

唐殘墓志
□□□□□□□□□□□□□□□□
□□□□□□□□□□□□□□□□

□之後代有其人□□□□□□□□□□□□曾祖諱豪皇不仕王父諱旭皇任蘄□□□□□府君諱君皇任左武衛率府長史君實府君第四子也□□□而上或仕或不與時昇降自晉室東遷衣冠南隨君之□□因渡江而家越之山水淸秀難偕乃祖乃宗閱是勝槪卜居蕭山伯氏仲氏官爵相繼或闕廷班列或郡縣淸途門風禮讓鄉里軌儀君承家代之休美稟□□之靈異生而好學長而能文尤攻於體物舉進士亟敗於垂成獨□名□時□□之無何風樹不靜家禍遽鍾萬里奔喪骨立柴毀乃□□□親□勉之方微進粥食及禮制外除是歲將再就鹿鳴□中□□□□無徵奄隨物化國喪賢良家亡令子嗚

呼人之□齡□遐□夭孰□□□而不繫於善惡孝悌也詩歎淑人君子胡不萬年謂是□也以咸通十年歲次己丑四月戊子朔廿二日己酉終于家享年四十九娶河東裴氏先府君諱懿登進士第從事陝郊終使下員外君之內子卽員外長女也有男俞九女二人男未及冠長女適于鍾氏次未及笄藐爾諸孤朝不謀夕鵠原對此何痛如之以咸通十一年二月廿四日卜于昭元鄉昭元里社頭村之原也庠嘗射策春闈竊在下風熟君德聲及此承乏數月相從一篇一酌每至促膝無不移時歡猶未艾悲又聞之嗚呼哀哉天亦茫茫殲我良友丘壠旣卜紼紼有期願刻樂石以表永別乃爲銘曰

嗚呼公都碩學鴻儒修身無玷立行不孤今其逝矣可勝歎乎其一

幾從鄉薦累敗垂成天耶命耶有德無名沒而不朽永播烈聲其二

松兮桂兮風雨摧之文章事業一旦已而銘茲貞石川谷難移其三

續改地在廣孝鄉延壽里社湖村之原也此行刻於銘曰之下

右墓誌藏蕭山縣王進士宗炎家文凡二十四行正書徑四分其前已缺二行無從得其姓氏銘詞云嗚呼公都碩學鴻儒公都殆卽所銘者之字撰文者名庠其姓亦無攷惟文稱射策春闈竊在下風及此承

乏數月相從蓋登進士第而官於斯者君初卜葬於昭元鄉昭元里社頭村續改地在廣孝鄉延壽里社湖村按縣志所載宋元鄉里昭名鄉下有社頭里而無昭元里夏孝鄉下有社湖里而無延壽里蓋唐宋鄉里之名隨時增省有書有不書耳志云夏孝鄉以吳夏方孝行故名則作夏字非誤昭元作昭名未詳

唐本覺寺經幢

佛頂尊勝陁羅尼經呪文不錄

上缺試左武衛冑曹參軍沈□并書□弟滕等缺先考府君立此陁羅尼幢伏□先考府君在生之日或有業障未得解脫願□此功德永離幽□　唐咸通十三年七月十

八缺

右幢在秀水縣本覺寺殿前石高二尺六寸八面周廣三尺每面正書五行字徑七分新唐書百官志諸軍皆有倉兵胄三曹叅軍事此幢銜稱左武衛胄曹叅軍蓋亦軍使屬員也

唐惠力寺經幢

佛頂尊勝陁羅尼經序 文不錄

佛頂尊勝陁羅尼經 文不錄

唐咸通十五年歲次甲子五月戊子朔二十八日乙卯清信佛弟子方口及弟卩等奉爲先考妣張顧二夫人敬造寶幢一隻福資冥泰見存居眷永保平安 勾當僧義覺

口口僧元迪口口僧行居 口口口口口口口口口 河間俞宗厚書 陸傅口鐫 方直口口口口

右幢在海寧州硤石鎮西山惠力寺東首石高三尺六寸八面周廣五尺六寸每面正書九行字徑五分此與後一幢同立於咸通十五年按僖宗以咸通十四年七月即位至明年十一月始改元乾符故此幢猶稱十五年也俞宗厚書法古茂極似六朝惜書史會要未載其名

唐惠力寺經幢

佛頂尊勝陁羅尼經序 文不錄

佛頂尊勝陁羅尼經 文不錄

唐咸通十五年歲次甲午五月戊子朔二十八日乙卯奉爲 下泐 口口口口同勾當僧 下泐

右幢在海寧州硤石鎮西山惠力寺西首石高三尺六寸八面周廣五尺六寸每面正書九行字徑五分此幢建立之人及書者姓名皆泐去翫其書法與前幢在伯仲間亦佳品也

唐吉祥寺經幢殘石

右斷幢二段在長興縣顧渚山吉祥寺幢作八面每面文九行正書字徑五分上下殘缺不辨爲何種經文惟末題弟子口口奉爲亡妣馬氏及乾符元年九月十五日建等字尚依稀可讀耳

唐天寧寺斷經幢

佛頂尊勝陁羅尼經 經文不錄

唐乾符五年口月八日弟子范信奉爲亡妻韓卅二娘子在生口口

右經幢在歸安縣天寧寺禪堂前上下俱斷缺高一尺六寸八面周廣三尺二寸每面正書八行徑五分按竹垞題跋寺中尚有乾符六年芮文琛幢今未之見此幢在前一年爲范信建亦朱氏所遺

唐戚高墓誌

唐故北海戚處士墓誌 并序 布衣趙玭

處士諱高字崇景其先北海郡人枝派清邈不可殫言上

因官從職遷爲越州諸暨靈泉之里人也曾皇父諱胡皇父諱霞皇考諱防清崇道德風月愜情皆沒跡雲端世推之上也處士才鋒韞銳仁海凝波不重百碎之榮而惜寸陰之道見一善而忘百非洞施恩而不念報滔滔爲冠世媒階蕩蕩作後來梁樽何期覆覆藏興否三清晦明淑人君子胡不萬齡處士芳壽不或之歲未昇壯室之年有五以中和三年歲次癸卯秋九月甲子朔十九日壬午之辰天降深祟魂沉逝流遂奄終於後流私第嗣子三男二女孟曰崔婆仲曰啣咻皆當齔歲禮義未分扶柩嘔啞孰不傷惘痛哉季子董婆孤負懷抱倚廬之門運業何因終天之苦長女娉受周氏禮未及歸幼女商未及笄遽遭酷罰

夫人清河張氏孀情慘裂涕泗交凝笄纚無光蓬鬢鬆首泣青萍之去跡哭綠綺之斷絃夫人遂抑哀整容咸告兒女曰禮難可踰吉擇日月善卜名原以年冬十月甲午朔廿七日庚申將窆于石解皇父之塋右壬首之墳原之禮也虞以日居月諸山谷渝變哀告請銘玭宿契金石敢懋瑑才掩涕握管而爲銘曰

莽之華蛶之蝣石之火水之涵四之質難久留其二尊道德洞仁義望長林成大器孰知天興禍至醴泉竭德星墜女未歸男尚稚孀妻房冷秋水覩遺蹤逗雙淚宿何緣無終始泣告余請銘誌

右墓誌在諸暨縣據洪筠軒所藏拓本錄之正書廿一行案誌處士戚高字崇景諸暨縣靈泉里人以中和三年九月十九日卒誌云不或之歲未昇壯室之年有五處士卒時年僅三十五何期覆覆藏覆下衍一覆字靈泉里後流石解皆可補縣志之闕

唐勅建董昌生祠題記

唐景福元年歲在壬子准□建節度□相國隴西郡□□公生祠堂

□年十二月十六日開山建立缺遍山栽缺□柳枝

右刻在山陰縣戢山東麓天王寺後石壁凡十行前六行字徑七寸後四行字徑三寸五分俱正書按新唐書逆臣傳僖宗時天下貢輸不入獨昌賦外獻帝

參倍旬一遣以五百人爲率人給一刀後期卽誅朝廷賴其入累拜檢校太尉同中書門下平章事爵隴西郡王昌託神以詭衆始立生祠刻香木爲軀內金玉紈素爲肺腑晃而坐妻媵侍別帳百唱鼓吹於前屬兵列護門祀屬州爲士馬獻祠下列牲牢祈請或紿言士馬若嘶且汗皆受賞昌自言有饗者我必醉客有言嘗游吳隱之祠止一偶人昌聞怒曰我非吳隱之比支解客祠前蓋小人意足擅作威福不旋踵卽有夷族之禍史不言建祠年月得此刻知在昭宗卽位之四年也

唐台州刺史杜雄墓誌銘

□□□□□□□刺史檢校司空□□□公墓誌銘并序
缺□□德化軍巡官前嶺南西道觀察文使試秘書省
正字魯洵撰
缺乃有大黿呈瑞靈嶽降賢上則一千年以誕缺簡冊煥
乎古今缺也自漢魏至于缺茂族先□□東晉過江士族
南徙以丹邱缺先君昭自安高尚不求祿仕先君由缺秦
州刺史公卽秦州府君第二子也生有奇表缺精元孝資
溫靖敬事昆弟至於踈親遠屬缺天下將亂且歎曰窮理
講學將非其時豹略龍缺士之志廉使美其材署爲平昌
討伐使缺事承 制加御史大夫是時歉儉後缺詔兼大
司憲恩及師徒惠播閭里缺上聞缺□啓三年加工部尚

書是秋又遷刑部缺以正□使知而後改遂刑措不用缺
租賦其或稼穡將登有水缺不若神明之政也日者缺公
率兵拒之羣寇瓦缺而不用得非良二千石缺金紫是歲
復加右揆大缺兩浙中令以嘉辭厚缺□□不絕書多尠
私缺有地千里有爵三公顯赫缺未嘗驕於色恡於缺厚
於人薄於己古缺視政以其月十七日薨缺終神氣不亂
顧謂缺□歸勉□郡事言訖而瞑缺予撫軍若一奉
上缺功成名遂善始令終缺碑□州罷市□缺見□其得
人心也如此先大□缺宏缺沒□□繼大缺□□之養□
□□□是日太君缺禮□閨門道光先公一□而□□□
□缺□長曰彥崇□□軍節度缺將孝以承家謙以處衆

生□□□之道且明治亂之機入侍庭闈出佐軍旅次曰
彥□彥□彥信彥特彥持彥琪彥擇□□府節度推官幼
曰彥豐並俊秀聰敏仰稟義方號慕殞絕者數四女四人
皆明惠賢淑有曹謝之風長適鎮海軍都指揮右揆吳章
次方笄年未良疋次許嫁陳氏卽□闔帥司空公第二子
次許嫁錢氏卽今兩浙中令彭城郡王愛子也
副使棻公與左都押衙師位右都押衙紹□及諸都將親
奉喪事各率家財送往事居知無不至傳曰周人之思邵
公愛其甘棠況其子乎公恩施廣於一境可謂貽厥孫謀
矣以其年十一月廿五日葬於郡之義成鄉貞節里一日
親吏傳尚書公命曰予爲賓職復典文翰我先君勳績善

政當得其實願爲誌石以傳不朽洵受恩有日報賜無階
陳讓不獲因灑泣銘曰
五緯降瑞四靈効祥誕生碩臣讚我巨唐奇表岳峙懿行
蘭芳撐天柱石濟海舟航士懷恩信民詠樂康鳳書錫命
虎符有光軍崇美號義洽故鄉三公爵秩千里憲章化穆
二紀仁被一方威儀棣棣度量汪汪未嘗分閫俄驚壞梁
望碑揮灑罷市淒□佳城叶吉丹旐啓行厚地永固遺德
難忘流慶令嗣□□□□□
右碑在臨海縣南義成鄉大王廟臨海洪燾甫頤煊
始訪得之台州府志以杜雄於中和元年據台州又
載魯洵作杜雄墓碑云雄字昌符徙台與劉文起事

劉之明州因人之欲請主郡政廉使承制加御史大夫明年兼大司憲轉左貂錫以竹使符詳繹其辭則是劉文自使之守郡後方因本道畀之郡符耳又云光啟三年加工部尚書是秋遷刑部尚書今聖嗣位蓋昭宗也加其威武謂執政曰寰宇方擾獨海郡有武不用非以德行化乎因命以德化爲軍號文德元年加兵部龍紀初加右揆大順初加左揆乾寧二年加司空乾寧四年冬十一月卒按此杜雄據台前後凡十五年蓋先反後降遂加重任唐政不綱台州幾亦成藩鎮之禍洵爲雄巡官語雖過諛亦足徵時變云寻按杜公姓氏及歷官始末碑文缺而不全故錄

志中此文以見其畧考十國春秋吳越世家載乾寧四年十一月己卯台州刺史杜雄卒碑云以其月十七日薨又云其年十一月廿五日葬於郡之義成鄉貞節里是卒後營葬不及一旬碑蓋立於此時王象之輿地紀勝立於文德元年此據傳聞之誤文德在乾寧之前其時雄尚無恙也十國春秋又載光啓二年劉漢宏爲錢鏐所敗走台州杜雄執送至越殺之是雄雖爲刺史亦嘗受制於節度碑稱恩及師徒惠播閭里又云刑措不用租賦其式蓋亦能綏戢一方者後敘其子長曰彥崇□□軍節度下缺又言親吏傳尚書公命云云是爵位亦顯惜碑文殘缺難得其實又云長女適鎮海軍都指揮右揆吳章次女許嫁錢氏即今兩浙中令彭城郡王愛子吳章疑即吳璋爲武肅親校嘗從征董昌者武肅於乾寧三年領鎮海鎮東軍節度封彭城郡王與碑所敘合惟稱中書令爲中令乃省文如唐書溫造傳稱拾遺補闕曰遺補是也武肅與杜氏訂姻亦足見彼時要約通好有素義成鄉府志誤作義誠然則此碑可補正紀載之遺者不止一端矣

錢武肅王鐵券

維乾寧四年歲次丁巳八月甲辰朔
四日丁未皇帝若曰咨爾鎮海鎮東

等軍節度浙江東西等道觀察處置
營田招討等使兼兩浙鹽鐵制置發
運等使開府儀同三司檢校太尉兼
中書令使持節潤越等州諸軍事兼
潤越等州刺史上柱國彭城郡王食
邑五千戶食實封壹伯戶錢鏐朕聞
銘鄧騭之勳言垂漢典載孔悝之德
事美魯經則知褒德策勳古今一致
頃者董昌僭僞爲昏鏡水狂謀惡貫
渫染齊人而爾披攘兇渠盪定江表
忠以衛

社稷惠以福生靈其機也氛祲清其
化也疲羸泰拯於粤於塗炭之上師
無私焉保餘杭成金湯之固政有經
矣志奬王室績冠侯藩溢於旂常流
在丹素雖鍾繇刊五熟之釜竇憲勒
燕然之山未足顯功抑有異數是用
錫其金版申以誓詞長河有似帶之
期泰華有如拳之日惟我念功之旨
永將延祚子孫使卿長襲寵榮克保
富貴卿恕九死子孫三死或犯常刑
有司不得加責承我信誓往惟欽哉

中書侍郎兼戶部尚書平章事臣崔胤宣奉
宜付史館頒示天下
謝表
恩旨賜臣金書鐵券一道臣恕九死子孫三
死者出於睿眷形此綸言錄臣以絲髮之勞
錫臣以山河之誓鐫金作字指日成文震動
神祇飛揚肝膽伏念臣爰從筮仕逮及秉旄
每自揣量是何叨忝行如履薄動若持盈惟
憂福過禍生敢冀慎初護末豈期此志上感
宸聰憂臣以處極多虞慮臣以防閑不至遂
開聖慮永保私門錫以功名申諸帶礪雖君

親屬念皆云必恕必容而臣子爲心豈敢傷
慈傷愛謹當日慎一日戒子戒孫不敢因此
而累恩不敢乘此而買禍聖主萬歲愚臣一
心臣鏐誠惶誠恐稽首頓首
右錢武肅鐵券在臨海縣錢氏形如筩瓦長一尺八
寸三分濶一尺一寸厚一分五釐重一百三十二兩
正書二十七行三百三十三字鎔鐵而成刻字外狹
中寬黃金鑲之一角有斧痕錢少詹大昕云舊唐書
昭宗紀乾寗四年九月癸酉朔制以鎮海軍節度使
錢鏐爲鎮海軍節度浙江東西道觀察處置等使杭
州越州刺史上柱國吳王攷其時鏐實兼鎮海鎮東

兩鎮而紀祇書鎮海軍所領者潤州刺史而紀書杭
州皆其脫誤且八月甫賜鐵券而九月旋有吳王之
封除命頻仍亦恐未然竊意吳王封號當在光化以
後也翁學士方綱云鏐景福二年拜潤州刺史故云
潤越等州十國春秋輟耕錄諸書作閩越者誤陶宗
儀又謂鏐拜鎮海鎮東節度使在乾寗三年九月而
以券詞四年八月爲疑然鏐拜爵後至次年始賜券
自是兩事無足疑者鏐之稱天寶元年在唐天祐五
年戊辰而輟耕錄亦未之詳考也元按元費著器物
譜載唐鐵券二昭宗以賜陳敬瑄田令孜敬瑄以中
和三年十月受賜令孜以四年十一月受賜此二券

在乾寧十餘年前賜券已爲故典莅瑄令孜皆叛臣
之未成者當時一槩賜之視同郭李唐政不綱如此
鐵券亦何足重輕然一則棄之而不顧一則襲珍而
彌光因物繫思衞公故物文貞遺笏千古一致則鐵
券之於錢氏豈僅一家之寶也耶鐵券謝表羅隱所
作明時每進券時必附以進故世猶有存者

唐監察御史李□等題名

監察御史李□下缺
杭州刺□□仝下缺
大□□□□□下缺

右題名在錢唐縣定山石壁文三行正書徑一寸五

分年月已缺以文中有杭州刺史字故附唐末此與
元和題名四種爲山陰陳總戎廣寧搜得皆向來著
錄家所未見

唐桐柏宮二石像題字

伯夷
叔齊

右題字在天台縣桐柏宮石像之背篆書徑二寸天
台方外志云二像質如白玉鏤刻高古扣之聲鏗然
不知來自何處相傳宋時有道士王靈寶者善醫宣
和間召治母后疾疾愈官之辭賜之金帛辭獨乞此
二像載以歸建九天僕射祠明時併入桐柏宮奉於
殿側改額曰清風　本朝朱高安相國又改爲清聖
祠予按其筆法不類宋人當是唐時所刻故附於末

唐天寧寺經幢

佛頂尊勝陁羅尼經 經序經文皆不錄

首行闕帝下闕於一返下闕洪下闕帝□□傳之下闕眞
宗道下闕幹等寺僧□復□不□下闕善惡交報兮隨用
不同善住行孝兮不生悉中人天□下闕佛爲救度兮清
淨立宗尊勝眞言兮劃破樊籠□塵離垢兮摠持□□范
陽湯夫兮惟德是崇建幢立福兮邈然清風堅花屹聳兮
法□雄□以言以像兮聖無不通塵刼有盡兮鎭于蓮宫
奉國保人兮刧石無窮以上銘詞八行徑六七分不等在第八面中列經文之下

幢下截

王□五百董齋五百潘遊五百陳伯宜三百王仲□三百
曹超三百蔡稹三百鈕晃三百陳李卜三百陳峴三百沈
財二百姚佐二百許阿闍二百徐唐二百沈通二百周蔣
二百□□□□□□二百以上在第一面
前闕華項下闕沈有鄰二百仰十一娘□□高卅娘三百
施七娘□□尼志徹五百尼曉□□□以上在第二面第三面全闕
沈蓮花一百徐端嚴一百卜貴清一百王仲琩一百王臧
一百徐寕二百□十一娘一百五十以上在第四面
□□□□□王九娘□□羅卅一娘二貫五百楊七娘□
百戴廿一娘六百劉如意□□□三十一娘四百姚十一

娘七百王十一娘五百趙十一娘□□許六娘二百張五娘五百沈三娘二百莘五娘二百沈八娘一百朱五娘一百以上第五面

方興二百沈昌漸□□呂端二百肯道全□□沈昌選一百沈□□□下闕以上在第六面第七面全闕

前闕張因五百吳旭五百沈中五百張則五百以上在第八面

右經幢在歸安縣天寧寺山門後牆西首高四尺八面周廣四尺前刻陁羅尼經序十四行行書徑七分後刻經文正書徑五分下截刻助錢姓名前後殘闕無年月惟銘詞有范陽湯夫語知即建幢人也

唐天寧寺斷經幢

佛頂尊勝陁羅尼經經文不錄

上缺鄉仙溪里弟子徐師範并母親王氏弟䈡友闔家同捨淨財奉爲上闕清素上座尼妙聰寺主尼志然都料孔相許裴　汝南周德書鐫字王䚷

右斷經幢在歸安縣天寧寺南房佛堂前僅存下截高二尺八面周廣三尺四寸每面八行正書徑五分文稱□□鄉仙溪里郡志無

唐柳磚

右磚張氏燕昌藏長二尺五分闊四寸三分正書柳磚二字驗其筆勢似唐所作

兩浙金石志卷三

廣東按察使山陰李澐刊

臨海洪瞻墉校

兩浙金石志卷四

揚州阮元編錄

後梁崇福侯廟碑

重脩墻隍神廟兼奏　進封崇福侯記

若夫冥陽共理之規人神相贊之道傳于史册今昔同符切以浙東地號奧區古之越國當舟車輻輳之會是江湖衝要之津自隋末移築子墻因遷公署據卧龍之高阜雉堞穹崇對鏡水之清波風烟爽朗緬惟深固宜叶冥扶空四字故唐右衛將軍摠管龐君諱玉頃握圭符首臨戎政披榛建府吐哺綏民仁施則冬日均和威肅則秋霜布令屬墻愛戴黔庶歌謠尋而罷市興嗟餘芳不泯衆情追仰共

立巖祠鎮百雉之岡巒宰君民之禍福殿堂隆邃儀衞精嚴式倚如在之儀仰托儲靈之廕往載猰生劉氏妖起羅平予躬稟空三字睿謀恭行空三字天討數年擐甲兩復越墻皆資肹蠁之功以就戡平之業特爲重增儀像嚴潔牲牢逦來四野無塵重門罷柝丁卯歲揚旌東渡廵撫軍民躬奠椒漿目瞻靈像每暢吳風越俗共歌道泰人安昔爲兩鎮之疆今作一家之慶遂馳牋表請降崇封所冀空三字朝恩與漢牧齊標美稱共秦巒對聳尊崇空五字天澤果賜允俞須崇福之嘉名昇五等之尊爵其所奉空四字勑命具列如左

勑鎮東軍墻隍神龐玉前朝名將剿郡良材頃因剖竹之辰實有披榛之績刱修府署綏輯吏民豈獨遺愛在人抑亦垂名終古況錢鏐任隆三鎮功顯十臣能求福而不回致效靈而必應願加懿號以表冥符宜旌發業之功用顯優隆之澤宜賜號崇福侯仍付所司牒至准　勑者

噫乎人惟神祐神實人依爰自始建金湯肅陳祠宇奠兹　國中壘三百年來雖享非馨未登列傳今則值予佐連統藩維啟吳越之雙封爲東南之盟主況遇空四字金行應籙空三字梁德克昌道既泰于空三字君臣澤遂加于幽顯獲申奏薦遽降空三字徽章今則象軸焕新空四字龍綸遠至表勲名於萬代昭靈感於千秋固當永荷空四字皇私長垂幽贊保我藩宣之地遏淸災沴之源共泰斯民乂安吾土

烜矣赫矣永作輝華今當吳越雙封一王理事下仗土地陰騭冥力護持神既助今日之光榮予亦報幽靈之焕燿但慮炎凉改易星歲徂遷不記修崇莫源事始聊刊貞石以示後來時大梁開平二年歲在武辰　月　啓　聖匡運同德功臣淮南鎮海鎮東等軍節度使檢校太師守侍中兼中書令吳越王鏐記

右碑在山陰縣卧龍山城隍廟中額題篆書崇福侯廟之記六字徑二寸三分記文十九行行書徑八分中列勑文六行行書徑一寸四分碑以墻爲城以武爲戊皆避梁太祖曾祖祖父諱龐玉守越多政績旣殁州人祀以爲神至武肅又爲表奏請封十國春秋

載天祐四年九月封鎮東軍神祠爲崇福侯從王請也碑立于開平二年歲在武辰按是年吳越改元天寶而碑仍書梁號此與杭州慈雲嶺記篇首稱梁單閼之歲相同可見錢王當日雖僭號改元而于中原正朔未嘗竟倒而不用也錢辛楣少詹云麗玉之名唐書附見四世孫堅傳云嘗爲越州都督非總管又云爲領軍武衛二大將軍召爲監門大將軍不云右衛與碑小異未知孰是碑末武肅署銜云啓聖匡運同德功臣云守侍中亦五代史所不載

後梁武肅王郊臺題名

梁龍德元年歲次辛巳十一月壬午朔一日天下都元帥

吳越國王鏐建置

右題名在西湖天眞寺後靈化洞石壁文四行正書徑三寸餘十國春秋載天寶十三年建天眞院于天眞山後舊名登雲臺亦云拜郊臺蓋錢王郊天之所也按天下都元帥授於貞明三年與此合吳越國王之封則在龍德三年而此已稱之豈紀年有誤耶

後唐化度禪院經幢

佛頂尊勝陁羅尼經序 序文不錄

佛頂尊勝陁羅尼經 經文不錄

建化度禪院寶幢記

夫眞如演化以廣大慈悲濟度沙界其有達微妙之旨弘勝善之緣盡孝思之必創清淨之業靡不廻慧炬而照燭乘法力以津梁超彼龍天證菩提之因果竊以自恭遵
詔命虔禀 遺言承制兩浙□馭藩閫事有益於顯晦功有合於禎休皆許□□鼎新用光 積慶昨以西興城壘之內曩歲曾別置狴牢雖宰斷至明固無枉濫而縻縶稍滯或有淪亡念茲綿歷重泉何由解脫於是變圜扉而崇梵宇開紺殿而立睟容仍建寶幢鎮茲土地磨礱翠琰刊般若之文輝煥禪扃集庬洪之福所有前後幽暗魂識一一咸冀在生然願以此功德資薦
皇考武肅王昇七覺之法身耀千光之瑞相其次保安壃境兵火無虞以子以孫永永蕃盛長興四年癸巳三月二

十六日

起復吳越四面都統鎮海鎮東等軍節度使檢校太師守中書令錢元瓘記

都勾當廂虞候姚敬思 上隨身十將□□

右幢在蕭山縣西興鎮明化寺石高三尺二寸八面周廣四尺一寸六分前七面九行後一面十一行俱正書字徑五分按化度禪院今改明化寺在西興鎮後即古之西陵城也輿地紀勝云錢王以西陵非吉語改曰西興其地屢爲武肅屯兵嘗置狴牢以縶叛衆迨後文穆嗣位始爲改建禪院此二事十國春秋皆不載是吳氏未見此幢矣幢後題名都勾當廂虞

俟姚敬思已見皮光業武肅王廟碑蓋彼時當造旨
令監工故稱都勾當也

吳越僧統慧因普光大師塔銘

吳越國故僧統慧因普光大師塔銘并序
鎮海軍節度掌書記徐下缺 沙門□□書

蓋聞道宏大覺教演三乘福濟羣生化周□界法□□須彌之廣□河包巨海之波元微設喻於□□宗旨□傳於心印紹隆大教代有□能□□歷刼增修多生結習或托陰于車裳鼎族或降生于帝子王孫□□不二之門□入會三之理其來也隨機□現與聖合符其往也傳化他方歸眞□有□知□身□相妙果菩提去住無常古今一體

大師俗姓錢氏法號令因卽今天下都元帥吳越國王第十九子也宿根淨業降慶王門□卞玉於庭中耀□珠于掌上稟訓而□通六籍操心而暗達三明晨昏無□於□□□□□□□於友愛爰□幼歲便斷葷辛及爾韶年遍□惠悟不觀戲翫厭服綺紈□思□□之榮□□眞如之理我王方與正教大轉法輪遂捨□□得依釋氏□□□而期登妙覺修眞而不□□城於是年始十三於梁乾化三年四月十日申請住持安國羅漢寺以釋迦降聖之日對佛披剃脫紫綬□章之□□□三□之衣雖云學藝從師實乃天生智慧梁朝以我王匡守宗社康濟生民日盛桓文勳高典册能捨□門□□□□□大□□□□□師於□□卽□□在當今而定比□頒□□顯□□特賜法號仍□命服自是密持秘藏靜住祇園不□□□喻靑蓮之出水以□□□□□之無□當年於西都□□□明大□□□梁朝恩命□法相大師加賜三十□□當年封安國羅漢寺主詮題妙□□□常念妙法蓮花經以爲□□□□□□□□神功□□□□□□□□我王□巡錦里□□□□時值中春□□慶誕大師首登高座講讚蓮經□□□□□□日景仰咸稱於法□□□□□□□□□□□□□依貞明元年上元夜又於功臣堂講七寶陁羅尼經教□□妙漫智理縱橫演說精微有□□□□機□□□□安不唯英雄側□□□□□□傾□加

以遍披內典兼著文章所見一□□通□□五□俱下而又□□□□□□宏述作悉體於風騷詞藻皆精於雅麗□金□響可並芳猷刻燭成詩□□斂速二年我王□□上□廣□僧□旣啟號□□師主領加法戒都監選練大德三年我王以釋迦眞身寶塔□在□江特建蓮宮精崇鴈塔聲以□□□爰增百寶之莊嚴□□□□都城永與軍民□□□□兹勝事無出於□□□兼授眞身寶塔寺主莫不愈精經論兼潔香光匡□教門紀綱法律悟道而非求五□□□而益勵三堅梵□傾□□□□仰六年加授兩浙僧統龍德三年我王果功積德冠古超今大國褒崇四方推戴祇膺簡册肇啟王圖文武緇□□□□□□□□

以大師演□□□□□□□□□□□□□□□□□□
□攺授吳越僧統賜號慧因普光大師梵刹增輝僧徒□
□必冀永為法主長作教宗孰□□□□□五□示相□
□□□□□□□□□□□□□□□□□□□□□□
大□而廣增福力告靈祇而希助陰功湯藥醫治宣傳駱
驛凡關禱祝靡所不聞□□□□□□□□□□□□□
□□□□□□□□□□□□□□□□□□□□釋迦
順□涅槃彌勒往往兜率乃知前佛後佛萬論十□殊途
同歸聖賢不易大師以寶大元年八月十三日夜召□足
□□付囑教門親述還章□□□□□王父尋命□□云
吾常念法華經攝心不倦今欲集衆諷誦益廣勝經纔唱

真經端恭合掌□徹一卷乃命鳴鐘令具奉聞□以此夜
三更便□圓寂□□□□眞身寶塔寺享年二十有四君
父號慟棠棣哀傷風悲而佛日沉光煙慘而慈雲□色兩
都僧道痛咽酸辛我王唯□香花疊修勝善□資妙果益
證□通仍命遷□□□卜營宅穸遂於錦里功臣山南面
峯巒營建塔院以其年十二月九日歸窆于塔□□□命
□小師省緣省善省□省勤省貞省□省□省超省□省
希等十人焚修住持大師幼離慈愛不戀榮華洞曉大乘
了傳佛性□□方而示□□萬念以□□□□雙修□無
□□所以不久□世者□□□果成□人天□□□赴□
華演隆法教垂梵天之景福廕家國之延齡□□職忝詞

林叨塵翰苑□奉□□令撰塔銘惟知不可思議敘述莫
□□□□□□□乃為銘曰
□興法教大演眞詮福利羣品三千大千□□□□□□
□賢□□□□□生王寶河嶽靈氣珪璋令質願捨貴□
重明佛日博通典籍洞曉元微辭榮捨愛□□□□□□
□□□□□衣大戒□明□欽道德誦論明敏緇黃表則
□□□□為民為國□□□□□理教門□□□□□□
□□□□□□□□□□□□文□□□□□臨機□□
□人才□梵刹紀綱□門□□□□□□□□□□三□
□□五□□□□□□□□□□□□□□□□□□□
□力所運□古超今轉化他方□□□□□□□□□□

□□□□□□□□□□□□□□□□□□建塔□□
□□□□□□□□□□龍天擁衛垂廕□基千秋萬歲
閞押衙□□□□□□都監□□□□□□□□□□□
□□□□□□□□□□□奉王旨建立時唐應順元年
歲次甲午五月庚子朔十九日戊午建淨上塔知事□□
小師省□記

右碑在臨安縣功臣山下淨度寺桑園中嘉慶元年
錢唐何夢華元錫訪碑至臨安始拓得之額題篆書
吳越國故僧統大師塔銘十字徑一寸七分文三十
二行字書徑八分首行題字較大二分碑云大師俗
姓錢氏法號令因即今天下都元帥吳越國王第十

九子十國春秋載武肅子三十八人未言有出家者
當據此補之碑又云師於寶大元年八月十三日夜
圓寂于眞身寶塔寺時年二十有四王命歸窆于錦
里功臣山南營建塔院以其年十二月九日歸窆于
塔奉令撰塔銘云云是撰文之時武肅尙存迨立碑
已在文穆嗣位之後故於碑後另書年月應順爲唐
閔帝紀年是歲四月潞王簒立改元清泰此碑建於
五月仍書應順者尙未奉潞王改元之詔也

後晉高明寺經幢

加句靈驗佛頂尊勝陁羅尼眞言 呪文不錄
淸信弟子孫紹榮因小男楊三疾患遂捨淨財奉爲亡考

十五郎□造陁羅尼幢□貳所捨入天台幽溪禪院永充
供養　伏以眞乘肇啟大教潛興化演千門滋道牙而益
茂途歸一里因法本以彌堅其有尊勝開宗梵音成偈功
唯有證利實多彰今則爰發精誠敬鐫貞石褒嚴已畢功
德將圓意者追薦先靈拔超冥路伏願速登彼岸長祓勝
因諸佛證明資善緣而不泯衆靈加護居妙相以長新時
天福二年歲次丁酉七月辛亥朔十五日乙丑記

右幢在天台縣高明寺石高九寸八面周廣一尺三
寸每面正書四行字徑四分幽溪禪院即今高明寺
唐淸泰三年建號智者幽溪道場相傳智者大師杖
錫尋經於此營建淨居爲十二剎中之一

後晉冷求等開路記

天福四年巳亥歲五月二十五日開此路上山作基址豎
造觀音殿宇都勾當興國中直都隊將冷求都軍頭李安
記

右刻在下天竺山摩崖文六行正書徑一寸釋氏紀
錄云天福巳亥僧道翊於山間見光華往視之得奇
香木命良工刻成觀世音菩薩像錢王常夢白衣人
求葺其居遂建天竺觀音看經院又十國春秋文穆
王世家載天福四年僧道翊得奇木于前澗斲爲觀
世音法身王命建天竺道場據二書所載天竺之奉
觀音始于五代此記卽興建時開路作也

後晉錢文穆王神道碑

大晉故天下兵馬都元帥守尙書令吳越國王謚文穆錢
公神道碑并序
推忠興運致理功臣銀靑光祿大夫守　尙書右僕射兼
中書侍郎　同中書門下平章事上柱國汝南縣開國子
食邑五百戶實封一百戶臣和凝奉敕撰
宣賜碑文兼書碑使朝請大夫守司農寺卿上柱國臣
權令詢奉敕書兼篆額
噓唏化北溟而飾南溟者豈藩籬之羽翼行　西海而遊東
海者非池沼之鱗鬣大鵬摶扶文鷂迅疾　一息萬里　壯哉
偉哉所以二華截靈河不無擘者六鼇負仙島亦有釣人

豈殊乎傑出一時雄誇千古開桓文之列國襲吳越之真
王況牽牛婺女之輿區允常壽夢之故地犀渠鶴䏶俗尚
雄豪煮海鎔山人多富庶有九谿六谷之廣通三江四瀆
之饒非間世英奇豈能開創丕構非承家賢哲豈能光大
勳門尊長累朝綿聯數世今見吳越國矣武肅王以雄傑
之姿居喪亂之代拂衣雲壑礪劍煙巖立勤勞於六十年
間拓封疆於三千里外名光華夏誓著山河當四境多虞
卽主盟而稱霸及中原甫定卽述職以來庭履行功庸富
貴壽考已載於世家矣王爰居長德早已嗣承益昌家國
之基復積子孫之慶方緊夾輔忽罹淪亡巨嶽其頹上天
不憖英靈謝世德澤在人爰有嗣王克光前烈陳元方序

兩浙金石志卷四 後晉 十一

先君之筴胡伯始稱乃父之清乞書無愧之碑願列不刋
之史皇帝孝治寰海仁守寶圖終覽奏章備明哀懇恩殊
常品寵異羣藩爰詔輔臣俾光先正敘曰錢氏之系按氏
族廣類風俗通曰周禮有錢府上士之官其後氏焉漢史
有錢讓晉史有錢鳳宋史有錢樂之陳史有錢導皆前朝
有配饗功臣巢公錢九隴近則有翰林學士右丞錢起尤
前典後皆見信書列派分枝咸爲著姓曾祖宙累贈太尉
尊道貴德應運適時韞陸瑁之義風包王常之忠節德星
聚處早光陳寔之門仙鶴去時已云孫鍾之貴祖寬累贈
太師澡身浴德著信立誠幼則比其雙珠長則方於三虎
簪纓劍佩生參臺省之資簠簋鉶登殁享王公之祭考諱

繆天下兵馬都元帥尚父吳越國王謚武肅七耀祥光五
行秀氣躬嘗墮於九日夢曾到於八天項籍喑嗚人皆披
靡甘寧謦欬敵已悚惶頃者上德崩離乾綱弛紊當戎馬
生郊之後乃龍蛇起陸之時於是金璧延才英賢畢附豆
觴撫士勇毅爭歸纔思倚柱之謠尋應懸刀之夢苦身焦
思沐雨櫛風戰波浪以拓城隍滅烟塵而靜邊鄙神資福
地民詠樂郊所以翼子貽孫永使尊周佐漢王卽武肅之
第七子也諱元瓘字文寶杭州安國縣人龍章鳳姿金相
玉振五色露迴推溫潤九天霞別是輝鮮象弭弦開射雲
鴻而中鏑金壺墨湧書巖石以成文智自神傳才由天縱
馬鄭將口於學校早洞禮經孫吳未演於韜鈐已明兵法

兩浙金石志卷四 後晉 十二

薩孤延之沈勇電爇虬鬚豆盧績之至誠泉生馬足三時
不害六府孔脩理民則簡靜居懷恤物則仁慈在念銅斗
鐵尺俾列肆以均平魚網兔罝試小民之遊墮五稼則分
岐合穗萬民則棄戟捐子每行阜蓋之春復繼緇衣之美
王起家爲鹽鐵發運巡官奏授尚書金部郎中賜紫金魚
袋尋以偏裨許再思徐綰等狠心素野鼠首無恒忽構狂
謀私邀外寇田頵言唯樂禍志欲朋姦遽興烏合之徒將
逞鷄連之勢及聊外賞檣卽請敘姻親苟家共譽於慈明
郗氏果求其逸少遂請行而赴選用繼好以恤人雖駐危
卵益宏善道俟銷釁隙尋却歸寧王既自孝以移忠宜經
文而緯武承制改其端揆授以親軍左旋右抽每加訓整

先偏後伍益顯機謀旬擢貔虎之師遂展鷹鸇之勢於是
領吳都紐綵破處郡妖狂牲牢纔禡於軍牙露布已懸其
吭矜其後邊烽忽舉鄰寇相侵六奇先覘於羸師三鼓俄
覩於酣戰纔交鋒鏑大廓氛霾陸征則活擒李濤水鬭則
兼誅淵信係俘四面塞路收器甲以齊山邇後欲率鄰藩
同修職貢知不從於藥石遂再動於征鼙王躬領舟師壓
其敵境威生玉壘光奪雪霜熊羆盡布於江心鵰鶚旋飛
於天面火鎔鎖斷共仗奇謀箭壓舟平咸推敏智鯨噴駭
浪龍吼驚濤擒賊將以尋誅獲戰船而猶在困茲大捷永
絕相侵備奏豐功請頒茂賞自此曾無虛歲纔受明恩總
青旄元纛之權兼黃閣紫垣之秩匡時濟代福國庇民事

父事君唯忠唯孝尚文尚武肅王疾生六氣奠應兩楹欲晉
爇以無徵幾絕漿而過毀將營冥福爰構嚴祠修道宮於
制錦之坊創佛寺於布金之地紅樓紺殿豈殊七寶之金
玉磬瓊樓不讓五雲之境尋以恭承治命退國稱藩俯順
羣情割哀視事運營受賜比屋知恩給親族以優豐待友
于而敦睦拱極之誠益至勤王之節不渝洎大晉開基中
原無事續整梯航之禮益傾鐵石之心推戴既堅旌酬亦
至封吳越國王授天下兵馬都元帥又授尚書令金印玉
册徽裳並復世官可明朝奬九重城內解寶帶以頒宜十
二閑中選名駒而錫賚天福六年王以弟兄歸任絲竹張
筵因抒嘉篇久吟警句別淚已多紅蠟淚離筵須滿絲荷

盃詩罷酒闌情傷疾作其後融風忽扇烈焰俄烘駭愕既
多虛羸遂甚上池之藥無效聚窟之香不神至八月二十
有四日薨於瑤臺之正寢享年五十有五師以七年二月
己卯朔十九日癸酉備鹵簿葬於國城之南原禮也先皇
帝初聞訃奏倍極悲傷久輟視朝厚頒祭禮王娶扶風馬
氏故雄武軍節度使同平章事綽之女也賢明無對令淑
罕儔翫圖史之華著組紃之妙如賓合禮逮下符詩方緊
內助之功忽動早凋之難手奉箴字既叶嘉祥勝遠吳門
復彰吉夢先二年薨有子十三人嗣王弘佐粹和正氣嚴
重英姿鵷鷟著瑞世之文驥子騁睨雲之步無益之事畧
不經心非法之言未嘗出口咸推宿習共仰老成服周孔

之楷模繼曾顏之士行實興門之良允乃構廈之全材自
羅憫凶共傷羸瘵楚弃疾正當拜處早顯神符孫仲謀未
冠哭時須從衆議尋知國事經稟朝恩行慶賜以洽人心
行科徭而求民瘼而況郭汾陽之將佐皆是公侯蕭丞相
之宗親咸從軍旅同心叶力送往事居市無易肆之譏戶
有不扃之詠朝廷嘉其嗣襲尋降渥恩便封列士之王用
獎克家之子制授弘佐起復鎮軍大將軍左金吾衛上將
軍員外置同正員檢校太師兼中書令鎮海鎮東等軍節
度浙江東西等道管內觀察處置兼兩浙鹽鐵制置發運
營田等使杭州越州大都督上柱國吳越國王食邑一萬
戶食實封一千戶仍賜保邦宣化忠正功臣次年又加食

邑七千戶食實封三千戶仍改賜保邦宣化忠正翊戴功
臣長子弘僎溫州靜海軍使先一年卒次曰弘偁東府安
撫都指揮使次曰弘俻弓馬諸軍都指揮使次曰弘傳先
立爲吳越世子先一年薨次曰弘倧衙內諸軍副都指揮
使檢校司徒次曰弘偡衙內諸軍左都知兵馬使檢校司
空次曰弘俶衙內諸軍右都知兵馬使檢校司空次曰弘
億衙內諸軍左右馬步都虞侯檢校左僕射次曰弘偓弘
仰弘儼並檢校禮部尚書瑤山並秀珠樹相輝學禮言詩
咸闡博贍彎弧擊劍盡富韜鈐姜被同歡田荆永茂次曰
弘信爲國披緇法號元悟捨王公之娛樂就法宇之清幽
湯休尚著於文章支遁猶憐於駿逸有女四人三人各有

粧田一人早棲禪宇王惠洽三吳威加百越近則同趙佗
士燮遠則方勾賊闔廬服太叔之九言師宣尼之四教十
朝奬重三紀光華擇吉日以宣恩選名臣而將命癸巳歲
命將作監李鍇爲起復使戶部侍郎張文寶吏部郎中張
絢爲守中書令使甲午歲命給事中張延兵部員外郎馬
義爲册封吳王使乙未歲命右常侍孔昭序駕部員外郎
張璹爲册封越王使丙申歲命禮部尚書兼太常卿李懌
戶部郎中姚遐致爲越王金印使戊戌歲命禮部尚書兼
太常卿程遜兵部員外郎韋梲充吳越國王官告使己亥
歲命尚書右丞石延司門郎中張守素充吳越國王册禮
使庚子歲命刑部尚書李懌膳部郎中薛鈞充天下兵馬

元帥官告使辛丑歲命右諫議大夫高延賞兵部郎中李
元龜充天下兵馬都元帥并尚書令官告使壬寅歲命太
子賓客聶延祚吏部郎中盧撰爲尚書令册禮使議者以
王三端迥著五福俱全且夫體物緣情才思逸於盧駱象
形會意筆法繼於歐虞蒲芸閣之舊編著錦樓之新集六
角扇義之讓美五朵雲韋陟慙工褒之者入雲霄挫之者
墜泥滓孰不避王之筆端乎勇可抉門力能扛鼎燧象燧
牛之知屢有成功添竈減竈之謀累聞破敵射穿蹲甲彈
落翔禽著白袍黑矟之威受旅矢彤弓之錫陸斷犀兕水
斬蛟螭孰不避王之劒端乎智周物表言合機先能悅豫
以使人善撫循而感物剛柔有節語默中規通白虎之羣

書纘碧雞之秀辨孰不避王之舌端乎爰自妙齡至於壯
齒聳風姿而岳立蘊器度以川流凡有位以必昇至無官
而可授天下之馨香已播人間之榮樂實多雖未及鮐背
鵵膚亦已有霜髯雪鬢豈不曰壽乎鎮千乘之邦食萬鍾
之祿明珠大貝輻湊一方霧縠冰紈雲屯百帑龍猛之金
山頹小齊奴之錦帳未多採聲妓於娃宮合絲篁於綺閣
豈不曰富乎骨秀神清凝脂點漆飲五斗而未醉食方丈
而無餘鄙西蜀之相如常樂消渴笑南朝之沈約每苦清
羸朗韻如鐘豐肌若瓠豈不曰康寧乎於家孝弟事國忠
貞薄於已而厚於人訥於言而敏於行放麑隱鹿每積陰
功恤寡矜孤常施厚惠豈不曰攸好德乎疾疹雖加襟懷

不撓如浮雲之易散念急景之難停啓手足而保全傳箕
裘而得所豈不曰考終命乎有是衆美夫何恨焉臣素乏
口才仍踈腹蘽方愧彌諧之績又虧紀述之能仰奉絲綸
俾銘琬琰辭讓不獲濡畧斯多雖文過江南不及韓陵之
石而恩深浙右必同峴嶺之碑仰副聖慈謹爲銘曰
雲起龍驤化爲侯王鴻鶱鳳翥鶚立鷹揚凛然勁氣卓爾
雄鎡大名之後五世其昌武肅開基奄有吳越恩洽百城
名馳雙闕旣委招懷復專征伐纂土苴茅秉旄仗鉞尙父
弈代元帥承家傳榮襲慶奕葉重葩有典有則去甚去奢
威名烜赫事望光華譚藪縱横詞泉浩渺曹植思遲崔儦
書少月夕花朝猿巖鴈沼筆落彩牋風清綠篠神傳射訣

天富兵鈐龜文月角燕頷虬鬚威能伏獸名可愈痁撫衆
以惠待士持謙事必有恒政皆求理扶弱遏强先人後己
但見偃風莫聞狎水阜康蒸黎廓清邊鄙量陂素廣德岳
彌高禮延耆舊令肅權豪庭趨忠烈府集英髦講論韜畧
獎勸勳勞自再稱藩益勤述職虔布詔條動遵楷式每陳
貢輸常踰萬億表率方隅匡扶社稷功庸罕對渥澤無倫
禮優伯舅位極人臣鎔金鏤玉龜紐龍綸永言當代莫繼
芳塵禁暴戢兵取威定霸方賴控臨忽聞甍謝雲慘長空
星沈永夜號慟軍民涕泗華夏初聞訃奏尋輟視朝深嗟
旦奭不及松喬倍加贈謚久罷簫韶君臣分至水陸程遙
間傑淪亡英賢繼襲擗踴悲摧無所追及益務撫循加之

周給人情旣安兵威自戢一方肅靜三世輝榮朝宗事大
誓志傾城欲光家世上奏聖明願書貞石用顯聲名金玉
令人皷旗良帥德盛功崇文經武緯述之無窮言之無愧
庶幾乎千秋萬歲人見之而墮淚
天福八年歲次癸卯四月戊申朔二十日丁卯建

右碑在西湖妙因山錢文穆墓道前文五十二行行
書徑寸前題大晉天下兵馬都元帥守尚書令一行
字徑三寸碑文前半已泐後半雖有可讀之處然闕
字甚多今以錢氏宗譜所載全文作小字補書於旁
吳任臣於此碑但采銘詞亦因其文磨滅故不及也
錢辛楣少詹云碑文備列中朝奉使之臣以十國春

秋校之頗多牴牾碑稱戶部侍郎張文寶吏部郎中
張絢爲守中書令使十國春秋則以絢爲封吳王使
文寶爲宣諭使碑稱甲午歲給事中張延兵部員外
郎馬義爲册封吳王使乙未歲右常侍孔昭序駕部
員外郎張口爲册封越王使十國春秋則以孔昭序
等奉使在甲午正月張延雍碑無雍字等奉使在甲午六
月俱稱册吳越王碑稱刑部尚書李懌膳部郎中薛
鈞充天下兵馬元帥官告使十國春秋則誤以薛爲
崔以膳部爲禮部皆當以碑爲正惟碑書册使年月
較十國春秋率後一年或數年蓋一書奉命之時一
書至杭之日故有不同也碑稱忠獻王起復鎮軍大

將軍十國春秋作鎮國大將軍亦誤

後晉虎跑寺經幢

大佛頂陁羅尼經文不錄

行闕上柱國思憲遷窆於此國恩以大師口口功深道業彌著特造院宇將欲建石塔以光不朽爰准教文非果位卽無立浮圖之理乃議樹石幢聖旨俞允繇是鐫大佛頂陁羅尼大隨求神咒屹標翠琰遍列金文作佳城之福田與世人之恭口或諷讀或頂瞻勝利長存果報無極時天福八年歲在下闕奉立闕捨錢重立

右幢在虎跑寺門前石高三尺二寸五分八面周廣七尺二寸每面正書十九行字徑四分第八面經文

後刻幢記六行行書徑一寸天福八年爲忠獻王嗣位之第三年記文前後皆有鑱去字蹟當是吳越納土後所爲也

後晉石屋洞造象題名

後晉弟子陳及奉爲自身造一軀永充供養開運二年三月日鐫行書四行二十三字高三寸六分廣二寸六分 此刻有紀元故列于首

天龍軍副將潘彥并妻陳十二娘共造羅漢二軀永充供養甲辰記正書四行二十六字高三寸廣二寸

弟子何承渥造羅漢貳軀爲報父母恩永充供養甲辰十月十日正書五行二十五字高二寸五分廣三寸五分

弟子金君德爲自身造一軀記女弟子孫十娘造一軀甲辰記正書四行二十四字高二寸八分廣二寸四分中界一線分爲二題

弟子汪仁勝造羅漢一軀報答父母恩永充供養甲辰記正書四行二十二字高二寸五分廣二寸二分

弟子朱口榮爲保自身造羅漢一軀永充供養甲辰正書四行二十字高二寸餘廣二寸

弟子潘保成伏伏字誤爲家眷造一軀永充供養甲辰記正書四行十九字高二寸五分廣二寸

弟子顧君勝伏爲保安造一軀永充供養甲辰正書四行一十八字高二寸五分廣二寸

弟子徐緯爲自身造永充供養甲辰記正書四行一十五字高二寸七分廣二寸

弟子徐安爲亡妣翁八娘造永充供養甲辰記正書四行一十八字高二寸餘廣一寸九分

女弟子李七娘爲自身造羅漢一軀永充供養甲辰記正書四行二十一字高二寸四分廣一寸八分

女弟子符二娘伏爲自身造一軀甲辰正書三行一十五字高二寸六分廣二寸

女弟子羅三十四娘爲自身造甲辰正書三行一十四字高二寸五分廣一寸五分 自天龍軍副將潘彥以下十二人皆書甲辰按甲辰爲開運元年故附二年之後

伏爲自身并家眷等造羅漢一身永充供養乙巳三月弟子郭令威記正書五行二十七字高二寸八分廣三寸

弟子傅可詢保安家眷乙巳三月十五日正書三行一十六字高二寸八

分廣二寸一分在二年陳及題名之後
弟子鍾延時造羅漢壹軀爲四恩三友誤永充供養乙巳
四月一日記正書四行二十六字高三寸五分廣二寸五分
弟子袁文鉉造此羅漢一身永充供養乙巳十月記正書四行
二十字高三寸廣二寸四分
女弟子王二十娘造此羅漢一身永充供養乙巳十月記
正書四行二十二字高三寸廣二寸與上一處書體亦一手必眷屬也
奉國寺六德尼守忠伏爲自身保安乙巳歲記正書五行十八字高
二寸四分廣三寸　以上六人皆書乙巳按乙巳爲開運二年故附甲辰之後

後漢

弟子秦彥蹈造山羅漢奉爲父母親緣永充供養乾祐元
年五月三日正書五行二十七字高三寸餘廣四寸餘

後周

當院僧願昭謹捨衣囊鐫慶友尊者伏爲亡考俞四郎□
妣張一娘資薦生方超昇淨域永充供養時癸丑歲仲春
月九日題永爲不朽耳行書八行五十三字高四寸五分廣七寸　按癸丑爲周廣順三年故列此
弟子夏保威謹鐲淨財造羅漢□軀伏爲追助先考十一
郎兼□在生□□疾患之時發心鐫造□□不負前願刊
石□□□□咨所冀說此□因超□□□□□保威身躬寧謐
運用亨通丙辰□□□月二日記僧愿□命書正書八行八十四字
約十餘字高五寸餘廣五寸六分　按丙辰爲周顯德三
年

客省承承字旨朝散大夫守衢州刺史張萬進奉宣差押元
師帥字大王官告國信經歷到院覩聖跡羅漢發心鐫一尊
爲父母小男永壽保安身位閤家眷屬福壽延長顯德六
年十一月日永爲不朽正書七行七十三字高五寸七分廣四寸五分
閤門承旨梁文謹奉宣差押元師大王官告國信經歷到
院覩五百羅漢發心捨淨財鐫造一尊爲亡父母小女子
七娘永充充字供養永爲不朽之耳耳上似脫一字顯德六年十二
月日永記正書七行六十六字　上二刻同時　以上有年月可考無年月者附錄于後
弟子金馬都副將戴彥并妻沈一娘同發心造羅漢一軀
永充供養耳正書四行二十七字高四寸四分廣二寸五分
中直都上押□疑將字胡曹并妻楊七娘造一身供養正書四行

一十八字高三寸五分廣二寸五分
弟子江廷濟并母親王十一娘妻夏六娘因發心敬造往
世闕四五字軀永充缺四五字歲缺四五字題記闕四五字因闕四五字之果正書九行
可錄者三十二字高三寸四分廣五寸四分
弟子喻承慶保安身位造一軀永充供養左行正書四行一十六字高二
寸五分廣二寸
弟子喻仁□保安身位造一軀永充供養行書四行一十六字高二寸廣
二寸二分
弟子沈沂沈河伏爲保安身位造二軀永充供養行書四行一十
九字高二寸五分廣二寸一分
弟子郭延賔造□奉爲四恩三友誤一切含靈□□共禮

彌陁□□□□正書五行可錄者二十字高二寸四分廣一寸八分
弟子張仁裕伏爲家眷保安造一軀永充供養正書四行一十八字高二寸三分廣一寸八分
弟子金匡藝伏爲保安身位永充供養正書四行一十五字高一寸九分廣一寸七分
弟子沈珀爲母親造羅漢一身永充供養記正書三行一十七字高三寸四分廣二寸
弟子翁松爲亡妣王二娘工造羅漢一軀永充供養正書四行二十字高二寸廣一寸八分
弟子凌逶伏爲保安造永充供養正書三行一十三字高二寸八分廣二寸七分
弟子宋達造一軀爲自身永充供養正書三行一十四字高三寸廣二寸

弟子申德全爲亡考二郎造永充供養正書三行一十五字高三寸廣二寸
弟子張福爲自身造永充供養正書三行一十二字高二寸三分廣一寸八分
弟子羅景滔保安身位造一軀永充落供養正書三行一十四字高二寸七分廣一寸七分
弟子王求半求字全并妻徐三娘共造二軀供養正書三行一十五字高三寸廣二寸
尼思從伏爲保安身位造一軀永充供養正書三行十六字高二寸八分廣二寸以上十八人無年月書體多同前故附五季之末

宋

女弟子阮四娘伏爲自身敬捨淨財鐫造羅漢一軀永充供養乾德三年十月行書七行三十字高四寸廣五寸五分末行月字漫滅
□□□□副使楊柳堤爲資薦父世□造羅漢兩軀永爲供養時乾德六年五月日重脩修字記耳正書七行三十六字高五寸廣六寸
楊柳堤上疑似優字其名甚新異

□南□過尚儀王十二娘子鐫造阿彌陁佛一軀觀音菩薩一軀□□前□願永充供養時甲戌歲十月日題記正書五行四十三字高四寸廣二寸

右在石屋洞題名像側最夥茲就其可搨者得晉開運十九漢乾祐一周顯德三無年月十八宋三案元永隆新像記石屋自石晉天福年開山建院刊堅珉爲瞿曇羅漢像凡七百餘尊知此刻五季爲多特皆

委巷小民所爲間有列銜如天龍軍客省承旨博古家從無道之者亟爲錄出以廣異聞

後晉西關淨化禪院碑

□□西關淨化禪院記
闕冲琝撰闕通元大德□□遂微書
大璞未雕性寂卽無其執我淳源旣泮情生遂有干戈身是以四相盛衰三界紛擾本師世雄哀其顛墜憫彼輪迴懸巨釭而燭幽暹廣筏而濟溺立善樹福皆爲方便之門舉手低頭盡是可歸之路淨化院者卽鑒諸道者之所建也道者永嘉人受業於仙峯護國靈應禪院彌年苦節早歲勤身著頭陁麄做之衣脩菩薩利樂之行逢緣必作隨

處立功建濠河津要之橋梁脩府郭壅狹之岐路蚤臨潭
廟中之靈宇宵奉園穹前之淨地其於運力供僧重言化
俗苟有一善利於人曰樂無不爲乃曰國土民安君王信
向足雲水烟霞之象曰瓶鑊盂錫之遊其間或有幻相無
情塵緣將盡百衲之衣何直周身之具奚求爰尋佛言備
得教旨且西土苾蒭苾蒭尼下至優婆塞優婆夷送往之
禮名以闍維闍維之文寔火化也棄餘灰於遠水免遺骨
於他山牢無煩人置不有地即具以上事達于廟朝欶佛
祠于湖山思所爲功德主上曰六度門中嘗聞喜捨八福
田内屢建津梁勤王早立于大勳奉佛素崇于至信聞是
善也忻然在懷遂奏勅與請置其所乃於鎮西關之右延

壽山之陽邢郭匪遥柴水甚便命開基址式建僧居
聖上允命賜名淨化闍維之道興于此焉由是荒閣勳臣
香閨貴戚府郭君子闤闠信人發心無難捨之財集事有
易成之力像設畢備舍宇一周香燈含晝夜之輝鐘磬續
晨昏之韻仍于院側立此方壇或願闍維不計來衆賚其
事用給以薪蒸利濟之門無大于此將欲紀錢不朽刊勒
貞珉海濶山高莫並有爲之福毫枯墨竭難書無盡之功
時開運三年歲在丙午二月十日記

右碑在西湖烟霞嶺水樂洞額題篆書西關淨化禪院新建之記字徑三寸文二十二行正書徑寸碑已磨滅惟咸淳志載其全文今爲補書于旁志云水樂淨化院吳越王建後廢額徙于南山石塢孝宗以其地賜李肅因重建佛宇發土中得錢氏時寺記龕置巖石間咸淳三年令太傅平章魏國公修復水樂勝槩廼爲葺治寺宇還其院額之舊据此可識碑之興廢烟霞嶺古名延壽山惟見於此碑中撰書人名咸淳志及西湖志皆不載細辨拓本首行撰字上有沖瑗名書碑者則通元大德□□遂徵也

後漢大慈山建幢殘刻

謹慕崇信奉爲先下泐龍華寺主慧光眞覺大師建立石
塔壹所并碑壹厂具錄入□男女弟子姓名下泐
首二行泐曹州淩下泐堅王𠂎潘逢□聳□□八娘張十

娘周十娘閻十一娘翟四娘□十娘□五娘□□娘淩十
娘錢明吳承安吳詢吳五娘李□□□□□沈□昭王七
娘任□□鄒十二娘施□娘下泐周□□陶德安張□□
□□□□□何□陳嬌此後尚有八行字不可辨
首二行泐金地□□□弟子臨壇大德□□□□□□志光
時乾祐二年歲次己酉七月壬寅朔十一日壬子建立知
□事小師□□同勾當小師繼貞都勾當小師崇善大德
□□□繼□

右刻在虎跑寺正書徑四分首刻金剛書像文有龍華寺主慧光眞覺大師建立石塔壹所并經一□云云當即指天福八年所建經幢也後列施錢男女題

一　名大半殘缺

後漢朱知家鑄觀音像贊

（此上系衙泐去一二十字不能記）大夫朱知家發心捨淨財鑄寫觀音自在菩薩尊像一軀并裝彩龕室等因而讚曰大聖觀音身現塵剎隨聲響應咸見菩薩了茲寶相孰不解脫善哉淨信本惠清鍇命乎郢手倚巖鐫劃水月現前儼然生活巍巍乎非常名焉公善達分而深遠

唯願以此功德上報四恩下霑三有自身及見生眷屬與法界有情同迴向無上菩提世世常得見佛見菩薩常生淨土早成妙果永充供養　乾祐三年歲在己酉九月十四日記

右讚在石屋洞摩崖文九行行書徑四分西湖志所錄無末二句又郢手訛鄙手年月上記文亦失書

後周滕紹宗造像題名

當山清信弟子滕紹宗□□右□敬捨淨財于石室內鐫造彌陁□尊觀音勢至休伏為自身恐有多劫寃懲今生故愱伏願□不□之勝因滌累刦之債濫時廣順元年歲次辛亥四月三日鐫記

右造像題名在靈隱飛來峯摩崖文八行右行正書徑六分案靈隱山洞內外鐫列佛像大小無慮千數大抵皆五代時所為每像之旁皆有題字此其一也至元周伯琦理公巖記所言元帥伯顏載鑿巖石為十佛及補陀大士之像則皆製作精巧不若此之古樸矣

後周舍利塔銘

弟子夏承原并妻林一娘闔家眷屬

捨淨財鑄眞身舍利塔兩所恐有多生

罪障業障並彫消除承茲重

善彫往西方淨土戊　午顯德五年十一月

三日記

右舍利銅塔在蕭山祇園寺博五寸高七寸凡三層下刻諸天菩薩番蓮寶樹上作四脫角蟲起圓四天王于裏向而外及四面像與下層等記凡五十九字眷作眷願作彫靈作重彫字與今草書體近重从王合說文夏承原無所考舊志謂寺中輒塔四方塔二

為梁岳陽王蕭詧造圖塔二為吳越監軍節度使泐海公造今銅塔寔出方塔中足徵舊說之訛

吳越武肅王排衙石詩刻

闕巒峭拔鳳嶺穹□□□□苑右之地□□□□□□之地

闕而貞松闞華瑤□秀而□直□歌往日□建靈□□□

闕院陳三元之醮禮展四□之□□□□□□□乃

闕□香□□鋪□窄狹求見□□□□□建國之後將

闕□□□□□之宮酧□□□□□□之恩答□□□

闕□□□□□開鑾□填補□基其功卽出自□行其□

闕□□□□□□異炎□宮門乃於取上之中□出兩行
闕□□□□□□門卽□仙聖所居必有禎祥之事特現
闕□□□□□□今卽□址已周宮庭旋建聊題諷詠以
闕□□□□□□協合□鍾之首建此上宮七言八韻
□□□□□□□王
□□□□□□□□南一劍定長鯨□□□□□□□□
帝匡扶立正聲□□□□□□□□輝爭不伏神明□□
□□□□□□建瑤壇禮玉京□□□□□□□□□常
蘙不曾停□□□□□□□□恒傳寶藏經□□□□□
□□□□今爲顯眞靈□□□□□□□□□□□來鎭
上清

右詩刻在錢唐縣鳳凰山排衙石上前刻詩序十行行書徑一寸文多磨滅序後一行僅存王字當是武肅系衙詩則七言八韻共九行十六句上半截亦闕按咸淳臨安志云舊傳錢武肅王鑿山見怪石排列兩行如從衙拱立趣向因名排衙石及刻詩石上卽謂此也惜其文未載十國春秋云武肅暇時命諸子諷誦詩賦或以所製詩賜丞相將吏亦間能書寫畫墨竹然不以呫嗶廢正務是武肅性耽吟咏此刻可以窺見一斑其書亦剛勁有法度

吳越海會寺經幢

佛說千手千眼觀世音菩薩廣大圓滿無礙大悲眞言陁羅尼經 經文不錄

當使早以訓齊兵旅講武家山爲國爲民摧兇弭寇繼平蚍豕以靜江南累蒙七帝酧恩功歸第一以至雙封兩國連統三壇爲明代之父師帥天下之兵柄唯以上尊天地次敬神明興三教之慈宗建六通之法宇乙亥歲暫歸故里遍集勝因以功臣山之奇峯叢崇禪室觀竹林寺之湫隘重搆蓮宮半載之中莊嚴俱畢皆選淨名長老各爲住持冀廣善牙常資妙覺昨以寺院功畢金像周圓特于殿前建立千手千眼大悲眞言經及守護國界主陁羅尼經兩幢充揚勝事所冀珠幟寶偈覩者生緣步影飛塵霑者獲善而以福均土地光蔭鄉閭克茲先遠松楸共泰錦城

軍俗以增幽顯利等恒沙時寶大元年歲次甲申五月一日天下都元帥吳越國王鏐建

佛說守護國界主陁羅尼經 經文不錄後記文年月仝前

右二幢在臨安縣西二里海會寺前嘉慶元年何夢華訪碑至此始拓得之二幢東西相對制極雄偉石高六尺二寸八面周廣八尺八寸一題千手千眼大悲眞言每面十四行正書徑八分一題守護國界主陁羅尼經每面十五行正書字徑八分二幢皆有武肅記文一篇末行題天下都元帥吳越國王鏐建十一字字體更大書徑一寸八分朱蔡襄海會寺記云海會寺梁大同中始作號曰竹林及五代正明之初

錢吳越王叉新之王縣人也少嘗徃來里中困甚已而跨有全吳名貴地大私自省所從來豈非有陰相我者邪且竹林最得山水佳處因大治之益廣前制當是時吳中浮屠居雖百千數無是倫者大中祥符寺例易天下寺名遂錫今額記文今見咸淳臨安志然則武肅王以桑梓故里念神功重新梵宇更選浮屠蔡端明記文與此幢記甚合而吳氏十國春秋諸國營建佛刹無不備書且分注記文於下獨此二幢反從闕畧殊所未解吳越改元始于梁開平二年此刻題寶大元年甲申歲爲後唐莊宗同光二年歐陽五代史溫公通鑑並書於吳越改元只載寶正一號得此可補

史家之闕

吳越錢鏵題記

鏵自庚辰載領郡於康樂巖重剏亭臺遍植花柳兼華蓋山畔建置菓園□□□□□添奇章時甲申歲清明日彭城輔軒記以示後來

右刻在永嘉縣積穀山麓謝客巖文六行篆書徑四五寸不等郡縣志載鏵爲武肅兄咸通問領郡事曾於西岑建瑞鹿寺此題甲申者乃咸通五年也元按十國春秋鏵字輔軒爲英顯王錢寬幼子武肅之胞弟也生時受武肅鞠育恩及武肅薨請服通喪以報之多藝善繪畫尤精音律承制累授溫明二州刺史

文穆時除兩浙行軍司馬尋改本州團練使順化軍節度使封楚國公開運二年卒年五十五謚曰忠簡據此鏵當生於唐昭宗大順二年武肅於乾寧二年從石鏡將董昌討王郢之亂時年二十四則長於鏵十九年矣若依志乘所載上溯咸通其時武肅尚未生焉得有弟領州郡之事是鏵任溫州刺史在武肅建號改元之後庚辰爲天寶十三年甲申爲寶大元年今臨安海會寺經幢稱寶大元年歲次甲申是其證也

吳越武肅王開慈雲嶺記

梁單閼之歲興建龍山至涒灘之年開慈雲嶺使建西關城宇臺殿水閣今勒貞珉用紀年月甲申歲六月十五日

吳越國王記

右刻在西湖慈雲嶺山石壁文八行篆書徑三寸餘碑首題梁單閼之歲蓋與建龍山始於梁貞明五年至是又開嶺建西關城宇等已越數年故溯其事而並記之十國春秋於天寶十三年失載建龍山事甲申歲爲吳越寶大元年武肅私建國號有天寶寶大寶正三號其時但行之於境內後奉中原正朔皆諱而不稱故石刻中有書有不書今臨安海會寺經幢書寶大元年歲次甲申武康風山碑書寶正六年重光單閼歲是其建元之明證獨天寶一號未見石刻

然復齋碑錄輿地紀勝皆備載之予故於錢氏諸碑不書中原國號者皆冠以吳越二字附于寶大寶正之列洪筠軒云赤城志法會院吳越寶正三年建祇園院吳越寶正六年改吳越年號亦所在有之

吳越投龍簡文

大道弟子天下都元帥尚父守中書令吳越國王錢鏐年七十七歲二月十六日生自統制山河主臨吳越民安俗阜道泰時康市物平和遐邇清宴仰自蒼昊降祐大道垂恩今則特詣洞府名山遍投龍簡恭陳醮謝上答

元恩伏願合具告祈兼乞鏐壬申行年四時履歷壽齡遐

遠眼目光明家國興隆子孫繁盛志祈元祝允協投誠謹詣太湖水府金龍驛傳於吳越國蘇州府吳縣洞庭鄉東皋里太湖水府告文

寶正三年歲在戊子三月丁未朔二十六日壬申投

右吳越投龍簡文高六寸廣五寸以銀爲之四周以龍雲爲飾正書十行　國初土人獲于太湖包山之下當時所謂水府也按投龍始見于唐趙居貞有投龍文西湖龍井有赤烏銀碑疑亦是舉唐宋以來遂爲道家故事金簡玉印踵事侈張大約旱潦之醮居多此則以道泰時康投龍醮謝後有寶正紀年亦攺元之一証

吳越金塗塔二種鐵塔附

吳越國王
錢弘俶敬造
八万四千寶
人
塔乙卯歲記

吳越國王
錢弘俶敬造
八万四千寶
保
塔乙卯歲記

右吳越忠懿王金塗塔高六寸三分重三十六兩四版合成外俱繪梵夾故事塔內一面正書四行十九字下有一人字今得全塔下三面俱有保字人字本爲桐鄉金比部德輿藏僅存一面故第言錢王造耳保字本爲山陰陳緫戎廣寧所得四面俱全惟闕其剎因考表忠譜以金補之後歸大興朱相國珪閒已

貢入　天府矣元按乙卯爲周世宗顯德二年忠懿承武肅餘烈保有東南稍得宴息故尤崇尚佛事近聞海鹽張孝廉廷濟于武林市中又得鐵塔一其製相同惟欵識爲繡所蝕不見一字可知當時銅鐵並鑄累萬盈千故至今日出不窮耳

吳越風山靈德王廟碑

新建風山靈德廟記

蓋聞天地氤氲之寒暑而滋品彙幽靈肸蠁司土地而福生民人神理在於相須顯晦期臻於感契雖先聖著難明之說而禮經垂嚴祀之文爰自五運相承百王理化或以勞定國或盡力勤王或利濟及于蒸民或口烈光于史策

並皆立嚴祠於境土享廟食于春秋而況江浙古口魚鹽
奧壤歷象則區分牛斗封維乃表裏江山昔年夥越強吳
今日雙封列國曠代之靈蹤不少前賢之廟貌實多寡人
自定亂平袄勤王佐命五十年撫綏軍庶數千里開泰土
疆四朝叠受册封九帝拱扶宗社𢿱家爲國興霸江南一
方偃息兵戈四境粗安耕織上荷　元穹睠佑𠆤騭神理
口持統內凡有往帝前王忠臣義士遺祠列像古跡靈壇
悉皆褒崇重峻於深嚴祀典常精於豐潔冀承靈貺同保
軍民其有風山
靈德王廟本係屬城近歸畿甸考諸舊記郎先是武康縣
風山又按史記云汪罔氏之君守封禺之山今屬吳興武

康縣稽立廟之初則年華渺邈詳圖諜之說則詞理異同
唯有元和年再構簷楹見存碑記彼既已具敍述此因不
復殫論聊書制置之由直述旌崇之意丙戌年春寡人以
玉册登膺於典禮　清宮未展於嚴煙遂輟萬機暫歸錦
里霽屬節當炎暑猶未却迴都城此時口口口口口
口口口陸仁璋佐國口口口口口心縣扈從徧祝靈祗
以風山
靈德王昔年因舉兵師會陳禱祝無虧響應顯有感通遂
懇悃告虔許崇堂殿洎清秋却歸都城披覩奏陳旣忠誠
感動神明行褒贈先爵靈貺𠆤乃親分指畫委仗腹心按
山川展拓基堈順岡阜增添爽塏形勝並皆換舊規模一
槩從新居中而殿宇崇嚴四面而軒廊顯敞周廻戶牖藻
砌塔墀構之以杞梓楩楠飾之以元黃丹漆外則浚川源
之澄澈內則添竹樹之青蒼至于廣廈（空三字）神儀崇軒侍
衞車輿僕從帳幄簾櫳鼎飪庖廚籩豋器皿請禱祈恩之
所獻牲納幣之筵並極鮮華事無不備丙戌年八月二十
四日起首至其年十一月畢功土木皆是精新禋祀嘗嚴
豐潔仍展牲牢簫皷慶樂迎（空三字）神耀威靈而萬古傳芳
標懿號而千秋不朽一則酧忠臣之啟願二則答陰騭之
口扶唯冀（空三字）明神永安締構寘　元化而同垂恩福鎮
土疆而蔭護軍民保四時風雨順調口口山河口口永絶
天災地沴常歡俗阜時康口平煥乎美矣盛矣今則功用

既就夙願已酧因勸貞珉聊書撫實所貴後來賢彥知予
精敬神明不假繁文粗記年月時寶正六年重光單閼歲
爲相之月二十有三日記
天下都元帥吳越國王

右碑在武康縣東風山麓廟額篆書新建風山靈德
王廟九字徑二寸五分文二十六行行書徑一寸二
三分不等末行天下都元帥吳越國王九字較大紀
元通諸云錢鏐私改年號于其國後子孫奉中朝正
朔漸革元事及錢俶納土凡其境內有石刻僞號者
悉使人鑿去之今碑中寶正二字及都城寡人等字
皆經鑱刻字蹟猶隱隱可辨也錢辛楣少詹云爾雅

釋天云七月爲相此題爲相之月必七月矣吳氏十國春秋載寶正六年冬十一月重建防風山靈德王廟成王敕撰廟記即謂此碑但記文明言丙戌八月二十四日起首至其年十一月畢功丙戌者寶正元年以八月興工十一月告成洎辛卯歲立碑相距已五載吳氏誤以立碑之年爲廟成之年又誤以相月爲十一月皆攷之未審爾史記汪罔氏之君守封禺之山裴駰引韋昭曰封封山禺禺山在吳郡永安縣又云駰案太康元年改永安爲武康縣今屬吳興郡今風山在縣東二十里廟在山下風封同音殆即韋注所謂封山也

吳越寶正甎

右甎長九寸五分厚一寸二分文曰寶正六年二月造七字横列甎爲嘉興沈氏藏據張氏燕昌拓本錄之洪筠軒頤煊云吳越甲申歲改元寶大丙戌歲改元寶正是錢大止二年寶正七年而武肅王鏐薨

吳越天竺寺經幢二

佛頂尊勝陁羅尼經序 序文不錄

佛頂尊勝陁羅尼經 經文不錄

尊勝陁羅尼石幢記　光文大德賜紫沙門彙征撰

夫立幢之垂範乃造塔之濫觴刊梓刻檀嫌其易朽鏤金鐫碧慮以難藏不若挺叱羊射武之貞姿編貫玉聯珠之梵字可大可久如山如河尊勝陁羅尼者花藏眞心竺乾秘語濟善住七山之苦道闢欲天感文殊一現之恩教傳漢地舟横業海車指迷津息肩惡道之間提耳昏衢之內拯湮淪於歷刼延短折於浮生備載靈編久彰神應或置麗譙之內或安窣堵之中或勒在幢間或表之山上風觸而輕塵及物尚落罪花日臨而淸影到身猶凋業蕚克營盛事綽有善人佛弟子吳保容吳鐔雙驥標奇二龍並舉塤篪合韻榭蕚連芳耨情田而畢使豐登澄心水而無令混濁與會首謂衆人曰給孤長者之園苑香山居士之林泉可以同搆善門寄茲勝地獨營則其力不迨衆辦則厥功易成遍慕信人獲錢三十萬購之貞石命彼良工鑿勒

精奇磨礱細麗蓮花捧日雲葉盤空層層異狀奇形宛如飛動面面眞軀聖相忽謂經行仰窺鶴表以爭高側視雁層而競巧固可利霑　家國福贊　君親凡施貲財皆列名氏承有爲之善力至無作之眞歸其次滯魄孤魂銜冤負累應念而皆期解網有心而悉使登車雖引善以及人終獲報以于己命愚序述式紀歲時染逸少之鹿毛摛子雲之亞篆文質苞羞於君子辭華有靦於外孫且曰昔也鐵塔傳芳聞諸河朔今也石幢藏事見之浙陽彼則受福於人寰此則擔心於佛道以今況古一何遐哉時乙未歲冬十有二月壬寅朔十一日記

上闕數十字 錢師勇保安　都會首吳保容吳鐔等謹募

衆緣保安
吳越國王造
會首陳暉施仁謙阮衍郎安陸承謙戚稠章可徵聞人口唐伯訓吳仁紹錢德安顏敬賢洪允韶吳延慶施仁口許漢規殷可口吳安吳保安　隨使當直廂虞候將作院副將夏承裕捨銅鐸并火珠　造幢都料陸瑠陶仁福　鐫幢人沈口勾當人長直都都子虞候錢琛徒弟僧景雲都維那僧景安典座僧景崇首座僧彥昇都當勾五百羅漢院主沙門惠覔　供使衙書寶幢手殷承訓

右二幢在西湖上天竺寺門石高三尺九寸八面周廣四尺八寸每面正書九行字徑五分經文幢記及

年月人名兩幢並同惟左幢題供使衙書寶幢手殷承訓右幢題書幢記僧義周吳保容吳鐔題名上又有錢師勇名銜中隱隱辨食邑口百戶字似爲後來鑱去者其名下保安二字及末行吳越國王造五字字體較大碑中柄作柄標作摽鶴作鸖幢作橦皆譌體別字寡作慕則自漢以來碑刻多如此其稱乙未歲乃後唐廢帝清泰二年文穆王嗣位之三年也吳延慶當是延福延爽之弟沙門贊征十國春秋稱其善詩文有集七卷忠懿王時命爲僧正賜號光文大師

吳越崇化寺西塔基記

吳越王長舅鄭國公吳延福載與塼塔二所香泥木石爲此鐵基厚二丈餘其固若山他日製爲請無疑也
唐下元戊午年七月二十八日
勾當并結塔僧契莊
勸緣僧延祝

右碑在蕭山縣祇園寺文正書八行字徑二寸嘉泰會稽志祇園寺在縣西北晉咸和六年許詢捨山陰永興二宅建寺號崇化治平三年改賜今額吳延福爲吳越文穆王恭懿夫人之弟宋史吳越世家云建隆元年俶舅寧國軍節度使吳延福有異圖左右勸俶誅之俶曰先夫人同氣安忍寘於法但黜延福於外終全母族史不言鄭國公之封畧之也唐下元戊

午爲周顯德五年忠懿王嗣位之十二年錢辛楣少詹云遯甲三元術以唐興元元年甲子爲上元會昌四年甲子爲中元天祐元年甲子爲下元戊午乃下元甲子之第五十五年浙其始而言故云唐下元也今虎邱石幢題下元甲子顯德五載龍集戊午雖以顯德繫年仍冠以下元甲子亦同此例

吳越吳延爽造石羅漢記

口口都指揮使銀青光祿大缺右僕射口海縣開國男食缺吳延爽捨三十千造此羅漢缺

右刻在西湖烟霞洞內石羅漢側文三行正書徑五

分成淳臨安志載晉開運元年有僧彌洪結庵洞口遇一神人指此山後有聖跡何不顯之洪尋至山後見一洞內有石刻羅漢六尊洪旣卒吳越王錢氏夢僧告曰吾有兄弟一十八人今方有六王可聚之夢覺訪於烟霞洞有六羅漢遂别刻一十二尊以符所夢云今得此刻知當日亦是募衆緣而成非出吳越王一人之力也諸像皆有題字磨滅不全惟全此三行側面向裏須秉燭方見也吳延爽乃延福諸弟十國春秋稱文穆恭懿夫人兄弟五人僅載吳延福爲寧國軍節度使餘皆不及武林梵志載吳越相吳延爽建崇壽院應天塔今按此刻知延爽官都指揮使

其云銀靑光祿大夫右僕射口海縣開國男者乃當日所加勲銜未可據以稱相也

吳越吳延爽造塔記

缺爽爲覩此山上承角亢缺第一級圖八會功德像缺感
應舍利仍建舍缺乃大塔右盤石之缺其塔缺

右造塔殘記僅存三十四字正書徑六分許乾隆巳酉年仁和趙茂才坦得於西湖保叔塔下西湖志載吳延爽請東陽善導和尚舍利建九級寶塔於崇壽院塔後有落星石武肅時封爲壽星寶石山十國春秋引武林梵志云吳越相吳延爽於崇壽院內建九級浮圖名應天塔延爽疑卽延福諸弟也予按爾雅釋天壽星角亢也此刻有爲覩此山上承角亢語正與武肅封號相合其爲造塔時所撰碑記無疑

吳越煙霞洞石塔題名

副僧官延慶

右在第二層左側柱間

□□楊仁□

右在第三層正面柱間

□使施泰

右在第四層正面左柱

郡君□□□□

右在第四層正面右柱

都指揮使吳延爽

右在第五層正面左柱

杜承誨

右在第五層正面右柱

蘇昇

右在第五層右側柱間

指揮使徐蟠

右在第六層正面左柱

縣君盛氏八娘

右在第六層正面右柱

楊仁□

右在第七層正面左柱

沈七娘

右在第七層正面右柱

塔左壁題名

口口口 施弘口 蔡從暉 范德口 沈德 李仁志
蒋口 陳口 雷口 胡口 周口 朱口 錢鉉 口
口口 以上第一列
沈行超 金仁泰 口口口 褚口昭 楊口 周超
賸口 裘口 陳太 沈軍 周忠 錢口 口口口
口口口 以上第二列
口口口 口口口 口口口 口口口 口一娘 朱口

娘 梅二娘 陸口娘 莫二娘 李八娘 孫口娘
周六娘 程六娘 口口口 口口口 口口口 口口口
口 口口口 倪口娘 口口口 口口口 以上第三列
第四列至第七列全泐
口口口 口口口 口口口 口口口 口口口 口口
口 口口口 口口口 口口口 口口口 口口口 口口
口口口 口口口 口口口 口口口 華六娘 以上第
八列
田暉 陸本 李德文 程泰 王鄴 陳濤 口睢
口支 何神 口口 陳詮 高邦 李綜 陳安 徐
口 萬超 顏睢 金口 口口 以上第九列

陶晧 陶安 王皎 口瑚 賈榮 李言 婁口 蒲
寶 張口 吳盛 董增 王珪 邵燔 錢安 口曛
費陳 管南 張口 陸言 以上第十列
口口 王榮 薛福 孔瑫 金暉 范瑫 陳彥 顏
欽 徐周 費珀 余福 劉萃 盛邽 余爽 曾榮
黃鉉 雷珂 口欽 陶紹 口口 以上第十一列
潘口 胡志 韓陳 陳木 王邽 張鄴 褚澤 湯
鄴 戚謙 申成 吳福 周威 李玢 唐安 范福
唐口 張慶 林禧 董球 以上第十二列
口口 王賓 王全 賀榮 金晧 李泰 唐洎 沈
榮 李口 沈張 諸福 薪璋 吳支 沈睢 棚訓

林 戴及 鄭口 薪規 曹口 張口 以上第十三
列
郭口 韓綰 王後 盛脩 茅成 薪々 徐詮 安
保 吳瓌 葛口 張口 口口 李約 陶安 邵太
吳瓌 張太 孫求 駱詮 周則 吳口 口晧 口
口 以上第十四列
口口 口口 俞口 王猛 熊周 黃安 凌作 周
訓 王元 周顒 王德 丁彥 余握 陳訓 沈超
沈亻 陸思 孫口 王鍾 徐口 許口 口安 口
口 以上第十五列
口ワ 王昌 趙洪 潘成 許口 顧進 口口 蔣

□ 范□ 金□ 金福 吳□ 朱□ 金永 □□
王□ 薛安 章立 □□ 陳□ 徐□ 呂太以上
第十六列
趙□ 吳訓 楊言 □□ 黃榮 □□ □□ 金
太 □□ 徐女 沈珊 金□ 徐□ □□ □□
□□ 胡益 □□ □□ □□ □□以上第十七列
□□ 俞文 俞□ □□ 徐安 □安 □□ □□
□ 鄭□ 王福 □□ 范□ 徐□ 沈□ □□
□□ □□ □□ □□ □□ □□ □□ 以上第十八
列第十九列全泐
□□□□□□ □□ □□ □□ 王仁保 高榮

丁彥 吳君如 □□ 李章 張仁晧 臧泰 何仁
柔以上第二十列
□□ 金安 朱侶 胡彥超 楊承旭 蔣承超 李
景□ 滕仁福 委師節 童敬思 何超 喻仁□ 以
上第二十一列
張□ 余阮 宋紹榮 余德 美□福 黃煇 趙從
□ 王仁晧 謝仁詮 孫德全 何承朗 黃承泰
殷信榮以上第二十二列
郁仁超 黃□ 黃□ 李宗 葛遇 尹暉 曹安
□超 徐彥興 □□溫 羅德瑾 孟仁□ 陳□
□□ □□以上第二十三列

盛師貞 管濱 鄭□ □承訓 □暉 顏從遇 戴
福 王洪宜 朱廷晦 □□ □□ □□ □□ □□
以上第二十四列
□□ 姚德□ 王承儉 王知訓 王知讓 李招
俞仁福 戴仁晧 曹袞 徐□安 宋德昭以上第二
十五列
倪安 徐縝 沈超 徐彥興 陸彥和 陸□□ □
□ 曹從□ 羅承福 □□ 李□ 以上第二十六列
胡德安 □滿 茱武規 倪光□ 倪福 □□ 安
嬉 邱詮 陸□章 吳綽 陳君□ 以上第二十七列
□□ 黃晟 韓武 □□ □□ □□ □榮□ □□

王仁通 □□ 以上第二十八列
千人功德百錢下缺 吳□□ □□ 薛榮 □□
□□ □□ 朱□ □章 胡仁□ 胡仁德 □□
以上第二十九列
塔右壁題名
□□ □□ □□ □□ □□ 徐德 □□ □□
□ □□□ □□□□ □□ □□ 王□ 李□ 陸□
□□ □□ □□ □□ □□ □□以上第一列
□太 賈□ 周□ □□ 李□ □□ □□ □□
□ □□ □□ □□ □□ 李□ □□以上第
二列

□□ □□ 吳□ 吳□ □□ 陳□ 張福 □
□□ □□ □□ 菜□ 吳裕 孟訓 □□ 盛□
周德 張□ 宋泰 □□ 以上第三列
王泰 徐□ □□ 祝欽 □□ 吳恭 賈□ □
□ □□ 施安 王言 陳□ 徐□ 曹□ 張日
徐泰 □□ □□ 楊□ □福 □□ 以上第四列
□□ □□ □□ □□ 張□ □□ □□ □
言 張□ 徐□ 章□ □□ □□ 魏□ 錢武
徐言 李安 金士□ 陳祀 常□ 羅瑫 王□ 以
上第五列
□□ 金□ □□ □□ □□ 陳□ 陳□ 陳

□□ □□ 吳□ 朱言 范□ □達 □□ 徐□
□□ 沈□ 顧□ □□ 臧遇 姚遇 以上第六列
周□ □珂 王□ □□ 沈□ 鄭□ 徐□ □
思 臧□ □□ □□ 沈榮 周遇 張□ 張□
計格 王□ 王泰 邵德 簡□ 以上第七列
□□ □□ □□ □□ □□ □□ □□ □□
珊 □□ □□ 朱□ □□ □□ 吳□ 邱□
董□ □□ 以上第八列
□□ 陸鈞 王超 范泰 □□ 張□ 朱岳 □
□□ □□ □□ 李安 □□ □□ □□ 姚保 馮
全 □□ 以上第九列

□□ □福 胡□ □□ 王晧 王德 金□ 金
□ 程□ □□ □□ 林□ 陳逵 □□ 陳泰
虞□ □□ 以上第十列
馬□ □□ □□ □□ 徐□ 陳□ 徐彥 沈
□ 吳安 陳□ 陳□ □□ 朱□ 徐□ 李福
陳安 □□ 以上第十一列
□□ 陳福 陳□ 李□ 褚□ 章□ 沈□ 王
□ 鈕□ 徐□ 韋謙 □□ 蔡□ 王珦 談福
□□ 以上第十二列
□□ □三娘 □□娘 □□ □□ □□ □□ □□
□□ □□ □□ □□ □□ □□ □□ □□

□ □□ □□ 以上第十三列
□□ □□ □四娘 朱九娘 錢五娘 胡六娘 張六
娘 □□ □□ □□ □□ □□ □□ □□
□□ □□ □□ □□ □□ □□ □□ 以上第
十四列
□□娘 蘇七娘 倪十娘 林十七娘 □一娘 吳
十二娘 張十一娘 章十四娘 □四娘 毛六娘
江四娘 徐七娘 楊三娘 范八娘 姚六娘 以上第
十五列
李廿一娘 沙□娘 張七娘 徐二娘 李五娘 孟
一娘 周十二娘 □二娘 李三娘 王四娘 菜四

娘　李八娘　吳二娘　陸四娘　□□□以上第十六
列
□十娘　□□娘　賈三娘　□八娘　姚□娘　徐九
娘　賈一娘　韋五娘　五五娘　黃十五娘　童七娘
許一娘　金六娘　湯一娘　□□□以上第十七列
□七娘　嚴七娘　錢三娘　□□□　沈四娘　□二
娘　□十一娘　馮九娘　高七娘　張二娘　王二娘
□八娘　金六娘　沈七娘　趙一娘以上第十八列
□□　□□　王安□　□德　胡□　俞超　徐逢
□賓　金□　金承福　周從□　周仁泰　吳諭　包
德安　金□以上第十九列

□□　朱彥□　□仁泰　□□□　石□訓　黃□
潘仁□　呂璠　□□　黃□　葉□　間安　石仁遇
蔣邦　□□以上第二十列
□□　□□　崔仁敬　曹從□　曹德□　陳承規
李□□　何彥□　戚超　蔡希□　唐汝詢　□知□
錢仁□　錢仁保　桑□以上第二十一列
□□　陸仁裕　□泰　陸邦　吳崇　柯俊　林遷
陳彥□　戴超　□從禮　陳榮　□□以上第二十三
列
余知□　吳□　王師□　鍾□□　戴仁紹　□□□
陳彥□　孫□紹　楊知質　□□　朱□　李承□　以

上第二十三列
□□　□□　王德□　□彥□　湯□德　鍾暉　李
承□　趙□貴　陳項　王承泰　趙彥□　□□□
□□以上第二十四列
李□　徐□□　杜德□　徐仁睢　何德□　徐暉
陳思□　□仁遇　金福　楊珣　陶□　金□　□□
以上第二十五列
□□　□□　吳仁福　陸仁安　唐超　唐暉　喻承
德　□□　胡福　朱彥□　朱□　李□　□□以上
第二十六列
□□□　□仁紹　羅瓊　金承訓　李珝　□□　□

□□　王□　王寶□　徐□　□□以上第二十七列
□□　俞□　陳□　吳榮　□澄　王順　李□　葉
□□　□□　郎□□　黃□　陳□以上第二十八列
□□　李□　胡□　孫福　孫求　楊□　朱晧　金
□□　□泰　□□　□□　□□□以上第二十九列
孫□　沈璿　錢□　□□　周□　姚思　姚安　姚
睢　虞威　千八功德百錢以上第三十列

右造塔題名在西湖烟霞洞内嘉慶元年冬何夢華收訪南北兩山石刻親至洞□始為拓得並疏記之

按此塔俗稱千官塔就巖石開鑿凡七層高二丈餘製極精細每層門柱間皆系銜名塔旁左右兩石壁

列數百人衣冠整肅作禮塔狀肩側記男女姓氏皆當時施錢之人塔上有都指揮吳延爽名乃吳越文穆恭懿夫人之弟洞內石羅漢亦有其題字是塔與像同時並建咸淳臨安志載石像造於吳越間而未及此塔是其疏畧至翟氏灝湖山便覽云洞口有千官塔刻南宋諸臣姓名則謬之甚也

吳越殘經石刻

賢首菩薩以頌答曰

法王唯一法　一切無礙人

死　一切諸佛身　唯是一法身

慧　力無異亦然　如本趣菩提

得如是刹土　衆會及說法

莊嚴悉圓滿　隨衆生行異

佛刹與佛身　衆會及言說

衆生及能見　其心已淸淨

如是明達人　於此及能觀

及以業果力　如是見差別

佛刹無分別　無憎無有愛

如是見有殊　以是於世界

一切如來　大仙之過咎

應受化者　常見人中雄

菩薩言佛子我等

妙　陽如以上一列

紹隆佛種　發無上立

當願衆生　深入經藏　智慧如海

自歸於僧　當願衆生　統理大衆　一切無礙

受學戒時　當願衆生　善學於戒　不作衆惡

受闍梨教　當願衆生　且足威儀　所行眞實

受和上教　當願衆生　入無生智　到無依處

受具足戒　當願衆生　具諸方便　得最勝法

若入堂宇　當願衆生　昇無上堂　安住不動

若敷床座　當願衆生　開敷善法　見眞實相

正身端坐　當願衆生　坐菩提座　心無所着

結跏趺坐　當願衆生　善根堅固　得不動地

修行於定　當願衆生　以定伏心　究竟無餘

若修於觀　當願衆生　見如實理　永無乖諍

捨跏趺坐　當願衆生　觀諸行法　悉歸散滅

下足住口　當願衆生　心得解脫　安住不

若舉於足　當願衆生　出生死舞

普下裙時　當願衆生

整衣□□

□以上二列

右吳越殘經刻出于西湖雷峯塔下土中正書凡二

列共三十五行高一尺四寸廣一尺四圍殘缺按吳越王錢俶黃妃塔記云萬機之下□不輟頌釋氏之書手不停披釋氏之興者蓋有深旨焉塔之成日又鐫華嚴諸經圍繞八面真成不思議劫數大精進幢于是合十指爪以贊歎之此石應卽當時所刻兵燹之餘墮落復出耳字法歐李更而頗拙滯不必出善書手也

吳越造彌陁佛像記

上直都管軍都頭弟子周勢□欽謹發虔心捨淨財□西山靈鷲禪院製造彌陀石佛一軀所冀意□□爲先亡考九郎亡妣魏氏龍氏亡三兄□□□識資□□□承泰亡□□□□娘□□娘□□娘亡姪承訓亡新婦泰二娘亡孫子□□□□願早生淨土各得超昇離苦解脫生前罪業藉此雲銷沒後寃□□□解釋其功德今已相□□圓恒□□□□永充供養時己未建隆元年三月十九日記

右在飛來峯磨崖正書十一行行字不等高五寸廣七寸又覆刻篆書皇帝二字于上字徑三寸五分毀去數字按上直都管軍都頭是吳越時官又書己未爲周顯德六年而建隆元年則庚申也是時尚未奉宋正朔何由書建隆且字迹改鑿顯然必納土後補收以己未庚申相近遂爾書之也今附吳越之末

兩浙金石志卷四

南海縣知縣卽補同知錢塘章 埏刊
國學生布政司理問銜臨海洪瞻墉校

兩浙金石志卷五

揚州阮元編録

宋天台般若新寺甎塔記

按越都圖經□古碑云　梁朝岳陽王者是昭明太子第三子卽梁蕭詧是第二生梁王是也於赤城山頂造甎塔三所中有如來舍利四十九顆其塔至唐會昌五年乙丑歲七月勑廢至咸通六年乙酉歲僧宗立并居士倪求徐師約與衆信士同修一所至八年丁亥歲七月辦畢星霜綿遠其塔甎石隳墮爰至顯德七年庚申載般若寺沙門德韶重建造纔啓舊甎石感雷電風雨驚衆現如來身光項佩毫光光中又現阿育王寶塔塔中亦放五色祥光遂

獲舍利四十九粒迎歸紫凝山香花　饍并衆僧各燃頂臂種種供養遂累甎石僧俗雲芃逾一祀圓就再安□舍利二十八顆前後可三十餘瑞現光與前無異留舍利二十一顆散安東都府內并應天寺甎塔中吳武巳寺甎塔國淸寺甎塔東塲中興寺甎塔各一顆當寺二塔盡是□□捨□□□金親造各安舍利三顆上贊皇王帝業□□□□□□樂康云耳　辛酉歲大□建隆二年十一月十日

右碑文正書十六行在天台縣按許詢蕭詧事見唐人詩詠者有邱丹詩車騎歸蕭詧雲林識許生綦毋潛詩鴈塔酬前願王身更得來之句宋沈仁爽撰感應塔記許詢捨第宅兩區建迦藍二所其一則營于鏡水號曰祇洹其一則立彼蕭山目之崇化是並在蕭山嘉泰會稽志亦然此記引舊圖經應在北宋已前不知何籍抑造塔者多援此事以誇靈異耶德韶處州龍泉人陳氏子年十五出家叅白眼禪師白眼曰汝向後當爲國師致祖道光大遊天台覩智者遺蹤有若舊居復與同姓時謂智者後身錢忠懿王延請問道伸弟子之禮求智者教于新羅國開寶四年華頂峯摧星殞于上集衆跏趺而逝

宋梵天寺經幢二

大佛頂陀羅尼經左幢　經文正書俱不録

大隨求卽得大自在陀羅尼神尼經右幢

建幢記

竊以奉空王之大敎尊阿育之靈蹤崇鴈塔於九層衛鴻圖於萬祀梵刹旣當於圓就寶幢是鎭於方隅遂命選以工人甃於巨石琢鞭來之堅固狀涌出之規儀玉削霜標花雕八面勒佛頂隨求之加句爲塵籠沙界之良因所願家國恆康封疆永肅祖世俱乘於多福宗親常沐於慈恩職掌官寮中外寧吉仍將福祉遍及幽明凡在有情希沾妙喜　乾德三年乙丑歲六月庚子朔十五日甲寅日立

天下大元帥吳越國王錢俶建上俱行書

右在梵天寺門東西各一按西湖遊覽志寺爲乾德

中吳越王建治平中改今額東坡朱子皆有詩詠幢
卽立于建寺時吳越尙未納土故與奉先二幢皆書
天下大元帥而去尊號已久故仍書中原乾德也

宋雲林寺經塔二
大佛頂陁羅尼 經文不錄 左幢
隨求卽得大自在陀羅尼呪 右幢
新建佛國寶幢願文 二幢同
蓋聞慧炬西然法雲東破眘言興建寶煥簡編我國家裂
壤受封帶河礪岳旣勤 右幢作覲 王而繼世諒荷寵以乘時言
念眞宗聿懷多福於是旁搜勝景廣闢宏規築湖畔之山
堙構城西之佛閣莫不遐森杞梓妙選楩柟營崒漢之基

垌列倚天之像設釋迦化主中尊而高儼睟容慈氏彌陀
分坐而淨標妙相仍於寶地對樹法幢雕琢瑌玗磨礱琬
右幢落此二字 琰勒隨求之梵語刊佛頂之秘文直指丹霄雙分
八面伏願興隆霸祚延遠洪源受靈 右幢誤雲 貺於 右幢落此二字 祖
先助福禧於攸 同悠 久軍民輯睦彊埸肅寧宗族以之咸康
官寮以之共治四十八願永袝法處之艮因八十種好 右幢
落此四字 更倍曇摩之圓智得大堅固不可稱量凡在含生同
躋覺路 天下大元帥吳越國王建 西湖志衍錢俶二字 時大宋
開寶二年己巳歲閏五月日 二幢並同正書 靈隱寺住持傳法
慧明禪師延珊于景祐二年十一月內移奉先廢寺基上
石幢東西二所歸寺前添換重建止四年四月十日畢工
謹題誌耳 在右幢上正書
右在雲林寺門東西各一雲林寺始晉咸和元年慧
理葛洪榜曰絕勝覺場唐會昌時廢西湖志謂吳越
錢氏命僧延壽開拓建經幢于寺門左右按幢後題
字乃景祐二年延珊于廢奉先寺移歸奉先寺不知
在何處據文有云築湖畔之山堙構城西之佛閣必
在臨湖諸嶺而非今地明矣西湖志謂延壽建于寺
門左右未讀此記也

宋郝濟等靈隱題名
太平興國三年戊寅十二月二日內供奉郝濟與知府正
郎範轉運使副劉杜巡檢大保翟□戶部判官杜通理孟

同至此
右在靈隱青林洞摩崖正書八行字徑一寸餘知府
正郎范者按咸淳臨安志太平興國三年五月丙戌
以考功郎中范旻權知兩浙諸州事初旻自淮南歸
朝上將用爲翰林學士盧多遜言杭州初復非旻不
可洎上乃謂旻曰卿且爲朕行卽當召卿矣旻字貴
參大名宗城人見宋史本傳

宋王昭等靈隱題名
太平興國三年十二月四日與節推王昭遠錢塘尉閻吉
殿前承旨程□□記
右在靈隱飛來峯摩崖正書四行字徑一寸餘縣尉

闓吉舊志俱未載

宋劉觀察判官靈隱題名

太平興國四年正月三日觀察判官劉輿諸官員遊此

右正書三行字徑一寸摩崖

宋維恩天竺靈隱二寺遊記

□祇宋咸平貳禩月届夾鍾蓂生五莢有內殿崇班瑯邪
守後自彤庭奉命于浙協體量民物察俗之暇□□□時
禁闈門祗候杭郡都監西河維恩觀覽天竺靈隱二寺凡
與勝鶩□□□遊仍脩流觴曲水之□□日躋攀與事而
□因刊石□識歲華　講僧自因書

右在飛來峯摩崖正書十二行

宋查仲道等靈隱題名

江右查仲道錢唐周世科

右在青林洞摩崖正書二行字徑四寸此題無年月
按崇寧元年查應辰等續題名有後百有四年之語
此刻當在咸平二年故列于此舊志列四人有西蜀
曹山闓人孔庭訓細詳石刻非一時書而曹孔明人
俱載杭郡志中今特正之杭府志又載查仲道字文
夫寧州人嘉靖二年任杭州知府抑姓氏偶同歟

宋遇明禪院碑

大宋台州永安縣遇明禪院碑銘并序

開元寺重脩二　蓮社沙門願鴻撰　門弟子講經律
表白僧慧月書并篆額

聖上御極之六載　大禮奉于南郊　皇靈闡於區
外光昭　乃祖化被萬方其仁如天其智如神醴泉
朱草金牛玉馬其皆不取但小大之政不失其職斯所以
爲天下瑞故　勛華之風可以平楷繇是　垂衣端拱功
成不伐唯善其脩以及四海是歲
詔下有司乃曰　朕聞道釋之教歷代致奉元賁大
此可福黔黎遂
勑下以戒籙廣度則知　聖心無爲而無所不爲矣
下民被其化皆能有志是用獻賛
我后之鴻祚也或鷲池仙苑金刹柰宫其在必葺永安遇
明院者郎　梁朝西仁寺也居州之西北七十里天

監二年奉　勑之所建也地分牛宿境占神皐前枕
寒谿後連翠竇桃源天姥頂湖括蒼烟霞一開遠近如畫
項斯之宅可尋也麻姑之峯可登也甘露絕名又何讓也
泊　元帥王之有國因改西仁爲遇明厥後納版圖于
朝斯院則闕乎能者而董正之太平興國六祀邑人
　八保戸人繫狀於縣以命沙門文遂而主
之師端靜淳素抗節有聞奉道之餘植福多勇咸平癸卯
歲鼎新紺宇事從典制義取規矱非務華好飾之越度也
雲廊月殿像閣經齋方丈法堂三門庫院罔不備焉信士
濟南　承皓賛以成之遂師復置東阜南畝以實常住延

浮杯之侶待桂錫之賓曉月開經香分玉篆秋林出定苔
封石牀瑞鹿眠口幽禽背雪陶彭澤若聞應到賈長沙如
在合來澗雲起而野色侵燈山雨至而松風入檻誰言諸
子不解髻珠斯所以克荷眞宗越揚大敎俾法流慈澤永
潤枯根莫舊荷優曇長敷後葉銘曰
大宋撫運承宗紹祖昭格仁孝光業文武 其一 富壽蒼生
基本皇極乃廣法教爰奉道釋 其二 民祝于天載膺鹿園
遇明昔者西仁寺焉 其三 紺宇凌雲禪宮聳日立雪傳衣
昇堂入室 其四 平接寒谿高連邃谷晴霞忽開翠屏滿目
其五 功之匪篤利其斯久資國與民天地不朽 其六
時景德二年歲次乙巳七月十有五日　汝南周　同勾
當建立　清河張祚鐫字

右碑篆額八字文正書二十三行行三十六字在仙居縣今爲三學寺願鴻文頗新穎所謂前枕寒谿後連翠實曉月開經秋林出定澗雲起而野色侵燈山雨至而松風入檻竭盡瞿曇幽寂之致洪鈞軒云赤城志巾子山巓有息庵元祐中僧願鴻所棲今廢

宋張文昌等靈隱題名

皇宋景德三年正月二十二日前錢唐知縣光祿寺丞張
文昌前越州蕭山尉郝知白吳山口口口羽人馮德之餘
杭山人盛升同遊謝太守翻經遺跡刊石立記

右在翻經臺摩崖正書六行字徑一寸張文昌郝知白舊志皆不載此題重刻梅違黃安仁同遊七大字于上

宋張文昌等題名

景德三年仲春月口日光祿口丞前知錢唐縣張文昌仁
和縣尉口從諫越州蕭山尉郝知白吳山寓居羽人馮德
之餘杭山人盛升同遊于此故題記耳

右摩崖正書三行行字不等字徑一寸餘

宋修宣陽宮大殿碑

重修宣陽宮大殿記
上缺 方內者也　夫嗟鳳鳥不至歎龍吾不知鼠壤餘疏
非　成　象　至道適傳尹關用 下缺 宣陽宮者有唐越

國公葉法善之故居也公凝神旦宅豐味道腴目轉方瞳
口含慈寶 下缺 遊鴻臚命卿旋聞受署然藏山尚淺　露
徙深御風而行不問列寇之來復騎月而往應 下缺 仙去
而雲蜺絶音堂留而金石交響光儀憑物妙域存神失其
交臂不停飛甍旋壞甃落 下缺 乾符中道士丁存古天機
務深谷神善答故能指通三部檄召五星洎謁精廬早擢
陽　不 下缺 護於鬼神豈無他人里尙多於豪俊於是務
邦民之廪給進大匠以財成柱壯十圍榭支玉 下缺 咸鏤
文楣　此　　禽不疑於雲構吳宮過　旋綴於春泥
邇　巢寇犯闕吳民入堡及 下缺 河分疆雖鐵幕爭雄而
銅盤共歃王姬館雖容外築公　池未免郊迎奈何西土

與獨迎下缺衍正講涅槃玉清雖在於人間金鼓但鳴
於夢側恭惟　皇宋弔伐之後　富庶之來下缺
孔修五兵不鑄則斯宮也葉堂彌古眞龍不來丁師云歸
夜鶴空怨苔泌砌　禾黍之住下缺間不見神仙之
諤諤進士祝斵者雅亮天骨素乘日車自戴纚垂纓目覽
口誦動能問禮居下缺日之不適三　而變綏州郡徒
伸於辟命枋榆自得於逍遥然常投袂故宮披襟福地因
謂物不下缺道由人行其如塵　靈旂漏摧虛室適爲敗
類焉能集仙但當考事以命　何必張　而告衆因百下
缺二十萬然後　丘園之舊德詢鄉黨之通儒人有切於
宿心事無勞於彌口既而厚幣　匝均下缺使山窾畢更

兩浙金石志卷五　宋　九

璇題盡改雖柱石求舊而櫺檻惟新莫不再染丹楹薦糊
顏　基去白地棟摩赤霄不下缺青甕絶塵未明而琴瑟
生日兼儲待醮器裝嚴從官愡計錢五十萬自祥符初命
事至庚戌歲畢工下缺新王正一見閏月非專剞劂是貴
因　蓋使擊鍾者通財扛鼎者陳力運斤成風者則壘鼓
策播下缺晨是以往不妄來至無虛反噫天下能事世生
哲人棟橈之凶丁師修之於昔梁木其壞祝侯理下缺不
然則鸞鳳之響沈天希夷之道墜地又何以壯域中之大
符物外之遊者哉　室下缺沒之利繫表所蘊考非八卦
之爻體中又佳起作一禽之戲永懷鐫石遽託含毫下缺
文仲義將操直筆預禁横流是宜彰往以考來安用譽堯

而非桀聊書歲月祇侯清下缺祝斵男弼初同下缺道衆
鮑用居蔣道下缺

右碑篆額八字文二十二行正書在宣平縣按葉法善所居不一皆有遺跡麗水則少微山妙眞觀松陽則卯山永寧觀宣平則沖眞觀皆云捨宅爲之此宣陽或卽沖眞而今不傳法善墓在宣平則宣陽爲舊宅無疑文叙乾符道士丁存古有大匠財成語應是再修宋進士祝斵用錢五十萬自祥符初越庚戌凡三年而畢工是爲三修故後總有丁師祝侯諸語云云似是住持道士所作石已斷泐讀之知其大概若此

兩浙金石志卷五　宋　十

宋雲巖寺新鑄銅鐘記碑

大宋台州　勑賜雲巖寺新鑄銅鐘記
前饒州軍事推官承奉郎試大理評事
仕郎台州臨海縣主簿張周甫
上缺文於下缺分職於鳧氏自宮懸而下得以叅諸樂
容也今下缺東北下缺雲　而遠　回而淵右挾赤城
蒼下缺七日　唐會昌五年廢之咸通元年十一月
下缺計五百間附如來而　者僅八十下缺季有建州
山釋曰顥下缺如來之居則且暮　擊下缺是　之釋
者曰道下缺　四年冬下缺氣上爾乃寫金液下
缺其撞大震初下缺日而扣之期百千萬日而傳之自一

下缺鐘也　可得而　乎則蓋嘗聞下缺三十
四天王　共　又　名　揚下缺品論　有
如　乃　闍婆所　又　名下缺形之異聲之盛日月
星辰山河　諸天上下咸所聞下缺以金剛杵擊之而
振彼百億或　而　見則爲　龍王下缺巖之爲院
鐘之爲器如　樓之所　邪
古　然下缺上　見命　寶無
惋時大中祥符五年四月八日建
上缺員外郎知軍州兼管內勸農事借緋章得象西頭供
奉官兵馬監押兼在城下缺朝奉郎守　贊善大夫通
判軍州兼管內勸農事武騎尉借緋劉仃方軍事判官將

仕郎試秘書省校書下缺朝奉郎　丞知臨海縣事
騎都尉李經儒林郎守錄事參軍兼糧料院下缺

碑陰

四衆捨錢
上缺六十下缺勑　福院僧德成施錢三十貫資薦先師
下缺弟子盧　安盧從逸下缺師下缺鈞　考　七
郎菜下缺寧　縣演法院僧文廣文湛　共施錢　貫
胡宗　胡宗晟張下缺僧下缺施二十貫下缺薦先　陳
七娘崇福院僧智聰慶　各施錢一貫陳從朗陳從賓陳
下缺奉　三有施錢一十貫與福院僧德　一貫
聰二貫道　道芳道　奚延實毛仁會下缺在堂母親張

十一娘道遂道　道祥各施五百文葛居及下缺考妣黃
郎陳氏十娘僧　文啓　常　鑒　文　行
周　暉下缺各施錢五貫文惠　保昌守　辯通
道　陳　仁德下缺二十一郎陳二十三娘
已上各捨一貫丁　歸胡仁祚張下缺已上各捨二貫下
缺盧仁　盧仁祿盧下缺山景德國清　賜紫下缺
八娘孔二娘　四娘下缺志下缺法下缺施　貫下缺已
上各捨錢一貫下缺已上各施一貫文下缺母親　楊六
下缺仁　黃景韶姜德　林　德下缺德榮　仁　徐
籠寵丁承旭下缺文達下缺仁澤下缺三十貫下缺徐添
下缺二十一貫下缺九娘胡五娘徐五娘下缺陳十一娘

娘徐二十五娘陳九娘下缺已上各施五百文下缺
陳十下缺黃四娘施五百文下缺各施下缺十一娘周
娘　五娘應八娘　十一娘下缺娘已上各下缺柳
仁贇　趙從咸胡彥章下缺已上各捨鏡一面盧
保下缺遇　彥　柳招王仁惠　力張法
讓厲下缺智聚陳八娘　方　善戒
周　王承福傅下缺陳善成俞延亓鄭胎周仁照
子　下缺

碑左側

當寺僧　首盈去庚　年募衆緣　塑金剛二身不
裝彩至景德四年當寺僧道義繼仁發心募僧俗裝彩其

下缺勾當僧道義施三貫文勾當僧繼仁施二貫文僧遇
堯下缺已上各施一貫僧道郁陳延朗尹惠晉仁德盧仁
會下缺張仁安趙承寶各施三百文高成友施　百文

碑右側

宛丘王遠宿

右碑篆額八字文正書二十四行碑陰刻捨錢姓字兩側亦有題字俱正書在臨海縣東鄉雲巖寺舊名松山梁天監二年建宋大中祥符元年改今額章得象字希言世居泉州徙浦城進士及第歷祥符四年以員外郎知台州簡重有實政慶歷間拜平章事劉有方乾興元年以虞部員外郎任李經祥符五年以

太常丞任

宋銅鐘銘

鐘銘并序

景德二年冬十月二十一日上口口重造明年春三月五
日　聖旨下六月二十　日鐘成寺僧奉忠糺口口士
劉成象蔵事縣令李曙監鑄貢吏周啓助作銘
皇宋景德三年夏暮承詔改　命工按度器非口舊口口
華故金火交口口雷憑怒星辰冏口口口口入護泄若虹
口口圖如鼎固耗口韶聲口戸口先口咨爾主者口典其
鳴呼
進士李瑛書

右銅鐘銘文正書十七行在松陽縣署東側按文此鐘奉勅所鑄並有寺僧等字當時必有勅監院宇文有闕字不能詳矣列名數人亦不見舊籍而銘詞止言鎔鑄並無祈福等語又似不爲瞿曇作者

宋眞宗文宣王贊并加號詔碑

至聖文宣王贊并序

御製

若夫撿玉介丘迴輿闕里緬懷於
先聖躬謁於
嚴祠以爲易俗化民旣仰師於彝訓宗儒尊道宜益峻於
徽章增薦崇名聿陳明祀思形容於盛德爰刻鏤於斯文

贊曰

立言不朽垂敎無彊昭然令德偉哉素王人倫之表帝道
之綱厥功實茂其用允臧升中旣畢盛典載揚洪名有赫
懿範彌彰

右上列

加號詔

王者順考古道懋建大猷崇四術以化民昭宣敎本總百
王而致理丕變人文方啓迪於素風思肇揚於鴻烈
先聖文宣王道膺上聖體自生知以天縱之多能實人倫
之先覺立功侔於簡易景鑠配乎貞明惟列辟以尊崇爲
億載之師表肆朕寡昧欽承命歷曷嘗不遵守彝訓保乂

中區屬以祇若　元符告成喬嶽觀風廣魯之地飾駕
墻躬謁遺祠緬懷遐躅仰明靈之如在肅尊獻以惟
寅是用徵簡策之文昭聰叡之德聿舉追崇之禮庶伸嚴
奉之心備物典章垂之不朽誕告多士昭示朕懷宜追謚
曰
至聖文宣王祝文特進署仍令所司擇日備禮册命并修
飾祠廟祭器其廟內制度或未合典禮並令改正給近便
五戶以奉塋域仍差官以太牢致祭故茲詔示想宜知悉
右下列
大中祥符元年十月二十四日　東封禮畢十一月一日
車駕幸曲阜縣謁奠　先聖文宣王命刑部尚書温仲

舒等分奠七十二弟子先儒禮畢幸孔林是日　詔先聖
加號　至聖文宣王　御製贊又　詔吏部尚書張齊賢
等次日以太牢致祭　詔兗公顏子進封兗國公十哲閔
子已下進封公曾子已下進封侯先儒左丘明已下進封
伯五年八月二十二日奉　勑諸道州府軍監各於　至
聖文宣王廟刻　御製贊并詔
右碑篆額十二字上層贊十三行下層加號詔十三
行後另書刊石年月三行俱行書在紹興府學元案
此詔當時諸學有之以曲阜孔廟本校之首題作闕
筆元字最後又有添云十一月日奉勑改謚曰至聖
文宣王牒奉勑十九字此碑直作至字當在十一月
已後也

宋釋保珍築墻題記

大宋天禧四年庚申三月內築墻七十丈住持僧保珍記
右摩崖正書四行字徑寸餘

宋潘旻題字

諸行無常是生滅灋生滅滅已寂滅爲樂本有今無本無
今有三世有灋無有是處
皇宋天禧五年辛酉歲春二月□五日鐫榮陽潘旻書
右摩崖正書四行行八字徑四寸欵字一行徑寸五
分二本字皆書作夲沖羽心印銘亦然

宋杭州放生池碑

杭州放生池記
朝奉大夫給事中知杭州軍州兼管內堤堰橋道勸農市
舶使提舉杭蘇一路兵甲巡檢公事護軍太原縣開國男
食邑三百戶賜紫金魚袋王隨撰宣德郎守大理寺丞監
杭州清酒務吳遵路篆額錢塘僧思齊書
粵若星辰麗天斗宿分揚州之域江漢爲紀浙河控餘杭
之地斯郡也民俗繁後山水奇秀總軍戎之重乃東南之
鉅屏無兵火之沴爲吳越之福壤羅城之西有湖曰錢塘
或謂上湖亦云西湖寶刹相望緣岸百餘寺煙景可愛澄
波三十里實二浙之佳致一方之上游也天禧三年秋七
月相國太原公自巖廊之任膺麾符之寄坐召棠□敷化

訟息而刑清奉漢條以班春境肅而物泰未期月衆心熙
熙然如登杜口之臺矣明年秋八月公祗奉詔召入覲象
闕澤國留昔襦之頌當宁厚晝接之眷因上言是湖也最
爲勝境俯瞰佛宮居人鱻食盡取其中國家每以歲時祈
乃民福星軺至止精設於蘭場羽服陳儀恭投於龍簡願
禁採捕仍以放生池名爲請皇帝仁及萬有惠濟羣品法
神武之不殺守慈儉以爲寶奏牘誠激凝旒喜動濬發中
旨普令茂育絲綸適降已改觀於方塘罔罟靡施免有歎
於頳尾旣厚生生之樂永煥巍巍之業隨忝職瑣闥承乏
方面獲覩善利思勒於金石媿無好辭聊紀於歲月者已
時天禧五年三月二十七日記

朝奉郎行太常博士通判軍州兼管內隄堰橋道勸農同
監市舶司事騎尉借緋林從周　承奉郎守大理寺丞知
錢塘縣事楊告　文林郎守錢塘縣尉張仲顏　中散大
夫行尚書都官員外郎通判軍州兼管內隄堰橋道勸農
同監市舶司事上輕車都尉李口　承奉郎試大理評事
知觀察判官廳公事段少連　登仕郎試秘書省校書郎
錢塘縣主簿李祺　兩浙路提點刑獄勸農副使左侍禁
口閤門祗候王世文　左班殿直閤門祗候兵馬都監兼
在城巡檢臧滬　觀察推官承奉郎試大理評事苗口
兩浙路提點刑獄勸農使朝奉大夫行尚書度支員外郎
護軍借紫朱口　左班殿直閤門祗候杭蘇等八州軍都

檢使孫逢　節度推官文林郎試秘書省校書郎仝口
兩浙諸州水陸計度轉運使兼提點市舶司本路勸農
使朝奉郎尚書度支員外郎上騎都尉賜緋魚袋借紫方
仲荀　左班殿直閤門祗候兵馬都監兼在城巡檢韓允
文　承奉郎試大理評事知節度掌書記口口　兩浙諸
州水陸計度轉運使兼提點市舶司本路勸農使朝奉大
夫尚書工部郎中柱國賜紫金魚袋曹定　西染院副使
駐泊兵馬都監同提舉杭蘇一路兵甲巡檢公事李昭度
登仕郎守少府監丞知仁和縣事李口

右在西湖石塔頭碑文正書十四行行三十字字徑
三寸前後題銜正書八行行字不等徑一寸餘舊在

德生堂今露立崖際按咸淳臨安志天禧四年王欽
若奏請西湖爲放生池明年王隨紀其事又秩官表
欽若以天禧三年六月甲午以尚書右僕射兼中書
門下平章事除太子太保判杭州四年八月知相州
九月己酉王隨自權知開封府爲給事中知杭州乾
興元年二月戊辰隨授秘書少監知通州皆與碑合

宋蓬萊觀陶眞人碑

梁朝陶眞人靈驗記

推忠協謀同德守正佐理功臣樞密使開府儀同三司
行吏部尚書檢校太口口中書門下平章事上柱國太
原郡開國公食邑一萬七百戸食實封四千二伯戸臣

王欽若

明州象山縣蓬萊觀陶貞白眞人梁朝修藥之所自寫眞
於東壁之上一行下缺祈請應効甚多有居人家在觀側素亦
敬每早朝二行下缺常來往州中貨易三日五日一歸其
一旦隨船三行下缺□船勢飄蕩垂欲汨沒此人志念　陶眞
人應四行下缺□□士在黃庭□□□□□□上□□□約風
五行下缺□□風□□□□□□縣步□見道士狀六行下缺
□□至□□□□□　眞人形儀與空中□七行下八行至十缺
五行上模糊下缺　詳因書附□□□□□□□□□□□□
□□□十六行下缺　日汝南袁廣淵記　棲霞觀道士□□額
天台□□□十七行下缺

將仕郎守明州象山縣尉兼主簿事鄭冀
將仕郎試秘書省校書郎守明州象山縣令□□□下缺
嘉靖元年住持道士謝道禮道智道信德經德純德
紹重立

右碑在象山縣蓬萊觀刻于貝靈該記之陰文二十行行下蝕不可數篆額三行六字按文大約言蓬萊觀爲梁陶貞白修藥舊館後人祠之有居人貨易蹈海遭風者念眞人感神見空中後徵是于觀中必有報賽諸舉汝南袁廣淵記之而文泐者十之七八無攷矣棲霞道士下有額字當是書篆者年月已泐前有王欽若全銜一行知爲北宋刻抑欽若書之耶碑

後又有主簿縣令題名

宋胡承德靈隱造象題名

弟子胡承德伏爲四恩三有命石工鐫盧舍那佛會一十
七身所期來往觀瞻同生淨土時大宋乾興□□四月日
記

右在青林洞正書三行字徑一寸餘摩崖佛會一十七身一十七軀也

又胡承德并合家眷屬同發心刊下生彌勒尊佛親□三
身記

右在飛來峯隸書四行字徑一寸餘摩崖此刻無年月按上二刻亦同時所作

宋陸慶靈隱造象題名

淸信弟子陸慶并妻李氏一娘造觀世菩薩一尊乾興元
年四月日記

右在射旭洞口摩崖行書三行字徑一寸文書觀世菩薩西湖志直作觀音字

宋阿育王石像寶塔題字

□□□台州臨海縣承恩　嶺外保菩薩下缺子朱　寶
下缺石　寶於天禧五年八月十二　同　家下缺發志
心言　妻姚氏二娘造
阿育王石像寶塔一所今下缺　圓奉爲亡氏姚二娘解
生之寃結懺百世之　上報　恩下資　六道四

生　有　先亡孤　十方賢聖三界神祇亡
氏二娘願承普恩同生淨土永　供養當皇宋乾興元年
上　壬戌　伍月十六日題記
男善悟善集道勝
女弟子慧下缺

右題字正書十六行在臨海縣東鄉眞如寺按寶塔二所石砌分左右各三級四面左所中級刻四如來像上級刻四阿育王像右所中級前三面刻如來像後一面題記上級亦刻四阿育王像七如來像旁隱隱有如來字

宋鐵佛寺造觀音像鐵盆銘

弟子王德言捨盆
都會首弟子徐謙男
都會首弟子朱
造像　願僧　鑒眞
天聖三年歲次乙丑二月甲寅

右在湖州府治西鐵佛寺高六寸圍徑三尺許中貫鐵柱實之以土上承鐵觀音像四周以木自來無知之者近因雨淋阪壞欵識全露周明經中孚手拓之可知顯晦固有時也正書五行捨盆者王德言造像者僧鑒眞按郡志謂宋乾興中僧鑒眞鑄鐵觀音像不知實在天聖乙丑相距四年西吳里語懸擬爲唐宋時物皆未見此刻也

宋昭慶寺夢筆橋碑

越州蕭山縣昭慶寺夢筆橋記

承奉郎守太常寺奉禮郎簽署蘇州觀察判官廳公事

葉清臣撰

昔者昭明綴集里巷開于東府子雲著書亭口楬乎西蜀席前修之能事崇近古之殊稱此賢者所以飛令聲布嘉躅也若夫經星著象牽牛列于關梁周官分職司險達于川澤觀天根而庀事聽輿謀而順圖此作者所以啓土功廣成務也其或流風可挹遂泯滅而無聞陳迹有基忽廢墜而不舉斯亦平津之館永歎於屈氂宛丘之道深譏於

單子者已浙河之東偏會稽爲右郡伯禹啓書而興夏勾踐保栖而霸越青巖交映佳山水之秀奇茂林森蔚美竹箭之滋殖地方百里者八而蕭山居其一焉縣目伽藍者五而昭慶寺爲甲焉夢筆橋者乃直寺門絶河流而建之也初齊建元中左衛江公歸依法乘脫略塵境捨所居宅爲大福田則斯橋之興與寺偕始其賦名索義亦繇此物也自會昌流禍池臺起傾平之愴大中再造土木亟文繡之華唯造舟之制曠日不復物豈終否有時而傾天聖紀號之二年冬十有二月

隴西李君以廷尉評實宰是邑君明習吏事詳練理體牽絲沿牒至必連最世詡導獄居多餘地其始至也去害吏

撫瘵民激揚積弊懮振紘領越明年政以凝民用寧訟無
留牘漁不改夜於是以成法視文奏以暇刻起瘵圮位署
必葺邑居惟新一月周爰井甃鋪觀圖籍感釋子之能誌
惜江氏之浸微且懼乎褰裳厲深為斯民病漸帷涉難貽
來者羞乃諭居僧俾募信施其坐堂上之客必得邑中之
豪寺僧智朋利真有邦德成有章自南同與是謀式幹斯
蠱三四佛之攸種咸植善根百千金之所直悉歸寶塔府
帑不費里旅不煩山虞致木而叢倚郢人運斤而風集經
始不日而功用有成晴虹倚空而半環浮蜺跨波而欲渡
雕楹矗而端聳鉤楯繚而橫絕肩摩轂擊控夷路而下馳
飛艎鳴艣貫清流而直逝以材之豐羨稽工之簡隙又作

駐檝亭于橋之北涘□乎兩槳足以憩行者之勤傳車一
□可以勞□□之集是知創橋以表寺先賢之遺懿益光
由亭而視橋□人之用心兼至建一物而二美具故君子
謂　李君為能若乃度羣迷超彼岸演竺乾之筏喻從善
政均大惠易國僑之輿濟又豈止題柱伸馬卿之志墮履
紀黃石之書臨清水以締材徒言呂毋架渭河而建利止
號崔公而已哉　李君謂予春秋之流可謹歲月之實折
簡馳問託辭傳信愧無馬遷之□敘聊傳丘明之新作云
爾時
巨宋天聖四年春三月甲申日記
東越吳則之書并篆額

錢塘趙世明鐫
文林郎守縣尉兼主簿王式
朝奉郎行大理評事知縣事飛騎尉李宋卿
景祐五年冬十一月既望承奉郎守大理寺丞知縣事苗
振重立

右碑文二十二行正書在蕭山縣按嘉泰會稽志蕭
山縣有江淹故宅今為覺苑寺寺前有夢筆驛亦以
文通得名讀此文知北宋已有是說毛奇齡蕭山縣
志刊誤歷駁文通未嘗至越累千百言以為江總捨
宅為寺是也通志從之李君以善政之暇繕寺築橋
又有駐檝亭傳車之築可謂惠而知政體克副清臣
之椽筆矣隴西李君即後題名李宋卿也

宋靈隱寺中書門下牒碑

中書門下牒杭州靈隱山景德靈隱寺　闕　行書大字一行
杭州靈隱山景德靈隱寺住持禪定大師延珊奏先　缺　太
后聖旨宣賜庄田祝延今上皇帝聖壽今已五年累設過
齋僧粥食肆拾餘□兩宮聖壽其田土見今供納秋夏二
稅紬絹叁拾肆　缺　壹疋肆赤綿貳拾壹兩貳錢米共計柒
拾叁石柒　缺　係屬杭州秀州兩處鄉縣乞與放免上件稅
物取　闕　聖旨　小楷書七行
牒奉勅宜令逐州子細勘會如委實是宣賜到庄田據合
納夏秋二稅並與放免即不得將不係宣賜到田土內稅

物一例放免牒至准勅故牒
天聖八年十二月六日牒　工部侍郎叅知政事王押
給事中叅知政事薛押　給事中叅知政事陳押　吏部
侍郎平章事吕押 大字十五行行書中書門下之印三

右在雲林寺共二十三行按寺始晉咸和元年僧慧理創建葛洪榜曰絶勝覺場唐會昌時毀吳越時命僧延壽開拓宋景德四年賜額景德二字此天聖中延珊乞放免諸賦勅也碑係近時新刻僅存形似耳

宋天台山護國寺碑

天台山護國寺碑銘
□□□□□□□□□九年歲次□□七月□日書　監寺
僧□□□□立石

右碑篆額八字文行書三十四行剝蝕殆盡惟年月一行尚有數字可辨按舊志云中書平章錢惟演撰工部尚書李端懿書檢校司空鄂州刺史錢惟濟篆額天聖九年立今九年字尚存可證也

宋勅賜延豐院碑

台州臨海縣勅延豐院記
建安郡進士葉交撰　鄉貢進士吕育書并篆

昔者西域布教中國圖形專清淨而悟羣生脩善慈而通萬物謂　相則不生不滅況視聽而若存若亡是以摩竭心　言之津洞啓毗耶杜口得意之路旁通沙　勿照而鑒窮塵劫亡機而功濟自白馬流教鴻臚分庭比宮寺以署　梵僧而列第道文間出寶刹相望若夫秀　靈場甲于大地惟丹丘之劇郡有延豐之精廬卽光啓三季沙門　倖之所建也本額曰朝遷至乾祐二禩復改曰厥初倖師持菩薩行參如來家起勇猛之心綠嘗精進於佛事夙成締構首暮焚脩爰叅　以裁基遂斤林而運棟　容是設競集苾芻之流華宇方新盛立招提之聿告成功之　俄傷歸寂之悲盍太平興國之六季也有小師紹　者抱道求仁持節操行嗣肯堂之名不墜繼爲箕之業無虧而幸國家偃　四夷宅心三教謂戴禮昔嫌於沿襲比　易自尚乎輝光祥符之初始改賜今額而　師能其僚於僧坊　莊嚴於佛土　崇妙果人嚮信　欽承上善之緣特起中興之道況迫頹季之邁忽爲異物　遷迺　禧之元年也　道歡上人卽於是歲繼續　住持凡三代矣上人卽倖之孫暉之嗣也嘗嘆斯院季祀已遠棟宇將摧歷日月迴　之傷風雨燥濕之患豈惟壇靜蕪密抑亦像設煙沈道隱可明木壞斯葺天聖四年乃與徒弟道宗道昌寶誠曰物盡終而必復事有廢以宜興不謀經始之功曷嗣紹隆之願將令華故俾克鼎新遂命工度材庀徒揆日重脩建佛殿及法堂懺堂方丈房廊屋宇凡六　餘間懿夫雕栱乘虛彤簷用壯飛甍之壓喬木彼奔星仄井之開夏　制其流火烘璇題於旭日磨鉛砌

於佗　　　捐比室之千金靡傾中人之十產輪奐中度無
僭上偪下之譏本末從宜　傷　害民之義能事畢矣善
莫大焉上人欣脉槩有成嘆芳猷未紀願寫之琬琰有補
將來覬傳之子孫以貽後代交　　無用莊樗不才雖厠
儒家之流昧達聖人之教受辛無取菑醬何辭辛肆薄夫
之談聊塞開士之請時景祐元祀仲秋望日記　佳持沙
門道歡尊宿道臻徒弟寶竟寶元寶希寶隨簡賢寶贇寶
隆寶全簡　簡榮簡　同立石
給事郎行臨海縣尉同權縣事錢振　儒林郎試祕書
校書郎行臨海縣主簿權知縣事吳
　右碑篆額六字文正書二十行在臨海縣南鄉延豐

院舊名朝遷唐光啟三年沙門倖師建祥符中改今
額此碑述道歡上人與其徒脩繕寺葉交爲文以記
之文極工整可傳

宋普光塔院碑
台州海門普光塔院記
儒林郎試祕書　　　　　行黃巖縣　劉下缺
上缺永寧　江合　　　極目　舍層峯疊巘相下
缺波故下缺巨舶高　勁　　埃命下缺沉者下缺心
通　不可　人　耳目所接　乎下缺夕　水慎下缺
里閈下缺惟清淨寶王下缺遺像之　　沙之
洎釋迦下缺於高顯處　　　卒　妙　　皇

家大　　　於海下缺塔以鎮之且將資福于
　艮縉雲郡夫人　也居　詮聞下缺舍　腴田三
分　　聽上人以奉　　爲異物有紹謹者下
缺卸山　　勢勝益農畝以廣其飯　革制寶坊增
飾像　福基以固法矩以嚴下缺流輝載馳　將泐會
　季　司衛君適由卿曹來握征下缺思
　彌至議者以爲　夕拜興　之心而拯其橫
喪仁也下缺詮　身　爲善信也善襲能成　之　智也
司衛君體仁本義躬信尚下缺君子民之父母禮不云乎
一家仁一國興仁一家讓一國興讓下缺見之矣亦可有
知偉下缺公　　蕪空諦在下缺民亦　　　雖
丝書依下缺得　於先　之下缺用　書景祐三年

五月朔日記
上缺羽篆額下缺盧　刋字
上缺行　　海縣主簿方安仁
上缺州商稅務驍騎尉愼鎬立石
上缺作佐郎知臨海縣事范下缺
　右碑篆額六字文正書二十行在臨海縣東南鄉崇
梵院此碑撰書姓名俱殘缺後有方安仁愼鎬范師
道立石等銜按赤城志崇梵院初號普光塔院又秩
官縣令表有范師道名洪筠軒云赤城志商稅務在
州南一里抵當庫丕準務附焉

宋蔡襄徑山遊記

徑山遊記

記徑山之遊餘杭縣之北鄙直四十里有徑山在焉山有佛祠號曰承天祠有碑籀述載本初唐崔元翰之文歸登書之石今傳於時云始至山之陽東西之徑二登自其西壁絶襟繞轄行百休松檜交錯盤鬱蒙翳尋丈之間獨聞語聲躋稜層披翠蒨盡十里許下視來徑靑虬蜿蜒摶巖騰背且及其巔峽東洞隱幾不容竝行已而內括一區平盈坦壑四面五峯如掌豎指一峯南絶卓爲巨壁屋葢高下在掌中矣庭間小井或云故龍湫也龍亡湫在歲率常一來雷雨暝曀而鄉人祠焉者憧憧然環山多栞木絲杉翠樫千千萬萬若神官蒼士聯幢植葆駢隣倚徙沉毅而有待者導潘周舍鏘然璆然若鑾行珮趨而中節者由西峯之北數百步砐然鉅石屏張笏立上下左右可再十尺劃而三之若川字隸文曰碣石巖其傳甚神竝巖被谷修竹茂密嘗以契刀刻竹兩節間成景祐三年十二月十五日字云爾由東徑而往坎窞爲池游魚躓空其西徑東折蹴南峯領脰之間平地祇然盈畝而半偃松一本其高丈其蔭四之橫柯不竦如芝孤生松下石泓激泉成沸甘白可愛即之煮茶凡茶出北苑第品之無上者最難其水而此宜之偃松之南一目千里吳江之濤可挹越岫之桂可攀雲駮霞褰狀類五出若古圖畫鼎彝斷裂無有邊幅而隱顯之物尙可名指羣山屬聯呈露岡脊矯矯剪剪咸自意氣若小說百端欲聖智之亢而不知其下也臨觀久之魁博通幽之思生焉古人有言曰登高能賦可爲大夫旨乎哉予於斯見之矣曷止大夫之爲也大凡言之天隣地絶山回物靜在處神巧舉可人意雖窮冬閴寂未覩夫春葩之榮薰風之涼秋氣之淸然取于予者猶在也既歸無幾何而曩所歷者重鉤複結無一見焉追而言之若覺而言夢使人悄愴而不知其自也同游者建安黃瑊君度岳陽朱師德宗哲又君度之侄子常子美甥杜沂皆從游其前與謀而後以事已之者朱宗哲之兄師道希聖杜沂之父叔元君懿揭陽盧幾舉之三人莆陽蔡襄一與之善惜乎不及俱也書所經見豈貽之人一通嘗刻竹兩節間之十字其游之年月日也

孔子登東山而小天下荀卿亦云不若登高而見博然則孔子荀卿之說豈徒夸偉觀而適細娛抑亦有足發於人者以其俯高則視廣達遠則思深高且遠聖人之道學其高者其視廣學其遠者其思深廣視而深思鮮弗克濟予觀蔡君謨記徑山之游圖畫于文物無遁者且謂古人有曰登高能賦可爲大夫旨乎哉吾於斯見之矣曷止大夫之爲也如是者又豈徒肆奇語巧筆于草樹烟雲之間哉誠取乎發之高遠如前之所陳也後之遊者蔑是之取而區區然虞顛隮而竭目力非予所敢知也後三日縣尉黃

兩浙金石志卷五 宋 丰

珹題其篇末時筝希聖權令君謨從事中洛君懿尉漣水
皆新署宗哲舉之皆名進士從遊三子皆幼書者杜叔元
其尉漣水君懿也
首楞嚴云山河大地皆是妙明眞心中所現物上而竺墳
魯典下而稗官小說乃至□□家異道之書未有舍此所
現而能鏗金鏘玉震耀古今者宋景祐問莆陽蔡君謨由
觀文大學士出守杭城其記茲山嵓石之奇峭水石之幽
茂自謂若覺而言夢信不誣矣□□□□叔元嘗摩崖大
書昭于當時苔埋蘚剝霜凍雨淋不二百年湮滅殆盡少
林崧禪師易以木板刊之今亦日就圮腐耆宿惠洲出已
資伐石重加雕鐫置之流上下缺所銘國一大覺之道之

德並行於天下後世可不遠且大哉後至元丙子良月吉
日住山特賜惠文正辯佛日普照下缺

右在餘杭縣徑山寺蔡文正書後文行書按是記杜
叔元本摩刻于崖石崧禪師易以木惠洲復刊于石
經三傳而僅存形似矣賴君謨文能發山川奧曠之
致得以不泯所云承天祠者卽祥符賜額也所云茶
出北苑最難其水者君謨精于茶著有茶錄也所云
契刀刻竹兩節間者記年月之互文也舊志引是文
餘杭多作臨安又節去小說百端十六字皆淺率之
徒也末住山佛日普照下闕字葢行端也行端臨海
何氏子叅藏叟于徑山名聞京國特賜慧文正辨禪
師有旨設水陸齋于金山命師說法竣事入覲奏對
稱旨加賜佛日普照元叟禪師凡三被金襴之賜云

宋保安院界相碑

明州桃源保安院大界相碑并序
月山沙門惟白撰　鄞水講僧如顯書　會稽講
僧知白篆額

僧之居曰寺曰招提曰道場曰精舍義加院廟林焉皆有
以而名也西竺正曰僧伽藍摩秦言衆園葢取佛弟子由
中治行生藝道芽聖果如世園圃緇其服者皆聞之可謂
盡知之乎必也將謀始焉耳始者易曰日月麗乎天草木
麗乎地與夫僧依乎界類也象非乎天無以顯照明之大

形非乎地無以著孳發之廣人非乎界無以昭成濟之美
處有界衆法行矣受具焉僧種盛矣說悉焉聖法隆矣而
僧知禁身口罔慝惟思無邪定生慧作佛道由茲矣三寶
大位何患於喪乎成濟之美于以觀也如今之世知崇佛
祠之益者愈繁其人啓誠旣壯而基構之廣曷止夫猜屋
盤取奕世惟厥千祀極甍棟之壯肆般爾之妙盡金碧之
飾奐縣臙之彩竭十室之施纔一間之費劬劬然未有碁
而成者將比于紀世殆工告成旣壯且麗衆詫喧沸亦自
曰能事畢矣有以結界爲語者艴然疾視之曰斯將闕某
法將安某徒何結界爲於乎觀斯之爲意乃求禍之下者
未知亦有利之深者是能奮終身之志立爾許之事反不

能行一席之法圖百世之益孟子所謂吾力足以舉百鈞
而不足以舉一羽然一羽之不舉以不用力焉余常欲一
見于果能振斯法者迨今年秋八月廣德湖之陰保安院
永豐上人泛舟來吾居禮容且愿乃曰其始學南山教者
而其居即顯德中錢氏億爲州日始建逮今幾乎百祀而
地猶自然中間律法允無聞矣某安然其間非南山之徒
與故常有意乎結界事且未果行將謀之必需于賚耳遂
累截躬丐焉今略足矣抑知公解毗尼者不亦終濟之象
乎不及圖之後將噬臍固請行可乎余曰周孔二聖人作
爲禮樂删贊詩易非攝政返魯誰奉而行與是知建言立
事在乎位也況釋氏子復爲衆人斯焉舉斯公曰聖人適

時無必也且商夏二后縱言而誰行者矧今世取人固以
難矣位不位未可也何謂乎果能行聖人之道者余悉取
焉公行道者請無以是爲慮曰公之用舍果是焉予雖不
敏且敢然之公遂異日詣筵命知法者若干人以律準各
作其法共結成之法同界焉說恣可知也食同界焉宿煮
可知也況標相無濫宜秉有儀要期無口功流漢世錢氏
益福來者受賜何可量也猗歟綱既紐法輪載脂安然于
其間公何愧矣斯院焉平湖列岫奇遊者多之曷俟吾言
也既而準律牓示顯受口圖諸永因勒石焉白濫可箴命
又俾爲序用示來者抑止識標相而已乎亦知斯利之厚
矣而才識黮昧且敢依律直叙云

聖祖景祐五年龍集戊寅冬十月初一日記
大界相　　從此院外東南角石標外竹籬內角旁籬
隨屈曲西下至院外門東步柱巡柱內轉旁門東壁地伏
裏楞北入至門東中柱巡柱內轉旁門口裏楞西下至門
西中柱巡柱內轉旁門西壁地伏裏楞南出至門西步柱
巡柱內轉旁籬西下至石標外竹籬內角從此旁籬北入
至水滄門南柱巡柱口旁橫木裏棱北行至水門北柱巡
柱內轉旁籬北入穿竹塹南籬過至石標南邊從此旁籬
西下至西南角石標外竹籬內角從此旁籬隨屈曲北入
至石　　外竹籬內角旁籬東上至石標外竹籬內角從
此旁籬北入至西北角石標外竹籬內角從此旁籬東上

至東北角石標外竹籬內角從此旁籬南出至　　外行
籬內角旁籬隨屈曲東上至石標外竹籬內角從此旁籬
南出還至院外東南角石標外竹籬內角此是大界相
淨地處所　　此伽藍內東廚屋二間齋堂三間并諸僧
房小廚屋蔬園菓樹下並作淨地
住持僧義圓　　耆宿僧鑒愿　　勾當僧永豐　　同
勾當僧義先　　徒弟表章　表珍　表詮　芳贇　義
端　普隨　普言　普與　表華
管內副僧止傳教德備闍梨秉大界羯磨　開元寺臨壇
首座傳律有倫闍梨秉淨地羯磨兼答法　祥符寺臨壇
傳教則忠闍梨唱淨地處所　國寧寺臨壇傳律智圓闍

梨昌大界相　習南山教沙門惟白□□界羯磨
管內都僧正兼監壇選練講經論賜紫慎矜
管內副僧正長講天台經論法雲大師賜紫在中
管內僧判官知壇場功德事廣教大師賜紫道來
檀越　承澤立石　潁川陳說刻字

右碑篆額六字文二十七行正書在鄞縣按保安院周顯德中錢億建在廣德湖之陰今府西南空相教寺舊名四明保安院未知卽此寺否此景祐中僧永豐乞惟白記界相文也界相卽地形變文觀後所書可見惟白文頗矯健復據吾儒以爲說所謂辨材三昧自然成文歟

宋司馬池等龍華寺題名

司馬池周騤錢聿石再寶陳嘉謨謝伯景馬元康同游此寺康定元年中秋廿四日元翼題

右在龍華寺後摩崖正書六行字徑三寸司馬池溫公父也字和中舉進士仁宗時以天章閣待制知河中府徙同州寶元二年八月丁丑自同州爲兵部郎中知杭州康定元年江鈞張從革爲兩浙轉運使惡池桾摭其事條奏之九月辛酉降知虢州是池任止年餘也

宋張若谷等南屏山題名

龍圖閣學士刑部侍郎知府事張若谷兩浙路體訪安撫三司度支判官稅課轉運使司勳郎中張從革康定辛巳暮春二十三日游晏此山盡日而去

右在南屏山摩崖正書五行字徑二寸餘按宋史本傳若谷字德繇南劍沙縣人進士及第歷官至龍圖閣學士徙杭州會歲飢斥餘廩爲糜粥賑救之累官至尚書左丞咸淳臨安志若谷自知應天府爲龍圖閣直學士移知五月壬申徙知鄭州此題又書刑部侍郎皆可參考若谷在杭不及一年前任司馬池卽爲轉運使張從革所惡桾摭其事條奏之而去亦見臨安志

宋張奎等靈隱題名

太常寺太祝張奎拱微太常寺太祝張觀經臣進士何文安肅之康定辛巳□夏十日同游謹記

右摩崖正書四行字徑三寸按職官分紀太常寺官屬有太祝實本之周禮也

宋鄭戩等南屏山題名

資政殿學士諫議大夫知軍州原武鄭戩天休轉運使尚書兵部員外郎隴西李定子山轉運使尚書□部員外郎東平呂覺秀民尚書祠部郎中集賢校理彭城錢仙芝綺翁著作佐郎館閣校勘莆陽蔡襄君謨慶歷元年辛巳十二月十日題

右在南屏山摩崖正書十一行字徑二寸西湖志芝

字誤作游按咸淳臨安志載蘇州人慶歷元年以資政殿學士知西湖溉民田數百頃葑泥湮塞又爲豪族與僧寺規占甚多載乃發屬縣丁數萬盡闢之民賴其利六月癸未除給事中知并州此題十二月猶在杭州觀咸淳志二年六月蔣堂方眘任知載逾年方去也

宋鄭民彝等南屏山題名

鄭民彝德常弟民□先覺民度仲詳陳浚□叔徐待用用之上官拯並濟黃應叔和慶歷二年壬午正月十九日游此

右在南屏山摩崖正書五行字徑一寸西湖志誤彝

爲瞻待爲代

宋蘇溫雅等南屏山題名

蘇溫雅舜欽楊混慶歷二年八月六日倩仲題

右在南屏山摩崖正書四行字徑四寸按宋史本傳舜欽字子美米芾書史云余收唐摹子敬帖後有倩仲跋黃庭堅題云尾題倩仲實子美此題名亦然

宋道卿等功臣山題名

慶歷甲申三月己巳因謁淨土渙然遂過清師至此 □

渙然惟亞姪□□□□□幾同來道卿題

右在臨安縣功臣山頂龍頭石摩崖正書五行字徑三寸左行左邊有續題兩行字徑一寸淨土寺在縣南二里梁乾化間吳越王捨基所建

宋李公謹等靈隱題名

李公謹唐卿楊洎損之慶歷六年七月十二日來

右在飛來峯頂正書四行字徑二寸

宋瑤華洞題字

瑤華洞

皇祐元年己丑九日提點兩浙刑獄 左邊 守尙書度支員外郎蘇舜元立石 右邊

右在石龍院摩崖正書三字徑六寸款字正書分列字徑一寸

宋朱宥等修路題字

定明□修造東廊了 錢塘縣安吉管三大戶朱宥□奉

引山路與了

皇祐元年六月日三大戶朱宥趙□楊□

右摩崖正書八行字徑二寸餘似爲工匠所鑿頗雄渾饒古意

宋資瑞院殘碑

上缺臨海縣資瑞院記

尙書都官員外郎王舉善篆 天台東掖山沙門釋本如撰

上缺東南隅不遠百里鄉曰于公里名慕化資瑞院在焉面離背坎主阜按溪霞下缺於清世是宜蘭若實號羅摩

唐元和六年歲次辛卯沙門重濟矢謀大壯僮庇 下缺 德
改元甲辰歲其徒繼者乃營大厦爲先崇釋尊殿焉大中
祥符九年塑像 郭 下缺 庫鍾臺甲戌造浴室乙亥立懺堂
戊子造僧堂三門地藏羅漢各宅位矣始元 下缺 立舍七
十間用財百餘萬尸者靡常年月浸瀾有徒子貝奉興文
監嗣而居 下缺 受菩薩戒者郭文 同出己財仍厲鄉黨
宣力畢葺汲汲於是無間寒暑備 下缺 育也聲金奏警迷
蟄也樵兒牧童猶華視聽況愷悌君子乎一旦落成稽首
下缺 示來者子曰汝曹施則施矣勸則勸矣所志何哉對
曰霸也愚懵 嘗 下缺 詳焉知所 但慶爲太平之民
發于衷誠所志者三 偃風化戴

上缺 從佛嘱也三奉家訓嗣父道也雖居塵濁常讀大乘
仍期安養作終歸 下缺 拜 聆善導子應曰夫人者處三
才之中協五行之秀異飛走遠夷狄 下缺 知矣毋惑所志
不可弭忘噫天池印容梵鑑詳菜秋毫必狀 不 下缺
卽贊明備之運者果如鄭氏之用心亦足通物漸聖賢之
化何患餘慶弗 下缺 附于碑陰時大宋皇祐二年五月十
一日記 丹丘楊鴻舉書
上缺 備庫使資州刺史同管句 會靈觀公事李瑞愍
立 下缺

碑陰

上缺

拾三門一合 堂肯 四片 承達拾亮高
四片 娘捨僧堂門一合 尹祐合家捨二貫文
并妻朱大娘合家捨二貫 并妻蔣大娘合家捨
二貫 并妻尹十娘合家捨二貫 并妻項五
娘合家捨二貫 紹并妻潘十七娘合家捨二貫
并妻彭七娘合家捨二貫五百 彥暉并妻胡一娘合
家捨二貫文 文諒并妻劉三十九娘捨二貫文 助公
并妻張 娘捨錢二貫文杜滿 并妻潘十娘捨錢二貫
文 兒并妻胡三娘捨錢二貫文何仁 并妻郭四娘
捨錢二貫文 文簡并妻費 娘捨二貫文 文爽并妻
許十娘捨二貫文方承禮并閻家捨錢二貫文 并

合家等捨錢二貫文 并合家捨一貫五百文釘
并合家捨一貫五百文 捨一貫一
百文竹 裕并合家捨錢一貫二百文
徐 彩并妻 三娘捨一貫文 承稔并母親 四娘捨
錢一貫文金承 并妻呂十八娘捨錢一貫文 允思并
妻郭十七娘捨一貫文 并妻劉六娘捨錢一貫文
陳文寘并妻杜十二娘捨錢一貫文周 邰并妻洪七娘
捨錢一貫文朱承滿并妻毛二娘捨錢一貫文朱承德并
妻林三娘捨錢一貫文菜承允并妻朱大娘捨錢一貫文
繆七娘爲自身捨錢一貫文 文惠并妻郭十九娘捨一
貫文 僧占并妻方十娘捨一貫文杜小元并 親張

娘捨一貫文黃承福并妻金六娘捨一貫文洪承逸并合
家等捨錢一貫文蔣承滿并妻婁八娘捨錢一貫文蔣承
旺并妻郭八娘捨錢一貫文　文雅并妻陳十娘捨錢一
貫陳文　并妻朱十一娘捨錢一貫文玄弟子陸十四娘
捨錢一貫文女弟子蔣大娘捨錢一貫文黃文昃并妻潘
七娘捨七百文釘婁仁鐸并妻陳大娘捨錢七百文婁仁
照仁貴仁幹共捨錢六百文
　小疏頭首弟子　承　等并下缺承氵郭承智朱仁紹
婁仁照張思貴陳下缺又　等各募施主具名下項呂四
娘下缺文晈　彥忠　彥昌　彥石婁仁罕婁下缺江廷
逸江廷襲　奇　西兒林進婁下缺潘承拱江文惠江

文貴江文德羅旺兒下缺洪仁安林鳳兒劉文賔朱仁貴
陳　哥下缺德徐立詹陳周承蘊　兒下缺姚三娘陳
六娘何念八娘陳八娘杜恰兒下缺文俊　文　郭贍兒
　娘郭已兒下缺已上各拾錢五百文林仁下缺郭號
朱仁襲周承贊　仁罕周公下缺駱文襲胡八娘已上各
捨錢四百文周仁下缺王添兒呂伴叔蔣承福劉文德求
下缺婁仁惠婁仁襲婁仁贊洪伴僧蔣下缺兒杜六兒洪
僧壽袁僧鈐蔣下缺潘延贊　文皓林文惠劉文昱張下
缺周承祿姚忽兒林文榮金就下缺已上各捨錢三百文
下缺婁文遂婁彥安洪仁爽朱　兒洪周兒下缺林承
　文興黃　智羅伯　洪文訓下缺胡　得蔣杲蔣延

陳仁福袁　兒下缺厲大娘　林　張仁貴林伴叔
下缺贇蔣承　陳連哥王保下缺姜大娘永憲已上各捨
錢二百文

　右碑上下殘闕文正書十八行陰刻捨錢姓氏在臨
海縣東鄉廣福院按赤城志秩官縣令表康定二年
王舉善任台郡志王舉善以太常博士任後轉秘書
監又人物門釋本如四明人住白蓮院號神照大師
趙清獻公爲作行業碑台郡志林姓四明人卒之日
梁木盡壞體聞異香

宋定山風洞口題字

雲泉靈洞

皇祐庚寅元居中篆院僧忠信命蔡才刊院僧惠□立

　右在定山風水洞摩崖篆書二行字徑三尺元居中
見熙寧己酉祖無擇等題名咸淳臨安志洞極大流
水不竭頂上又有一洞立夏清風自生立秋則止西
湖游覽志舊名恩德洞上洞清風下洞流水不涸按
白居易詩序云同游恩德寺之泉洞竹石藉甚久矣
云云知自唐已稱勝地也

宋小隱山題名

遊小隱山叙

越城之西南有所謂王氏山園者人以爲一境勝　太守
楊紘曰彼可遊焉一日攜賓佐　輕　月走平　四五里

而至　其門如樓閣之在煙雲中入其堂登其亭廓然如
形骸之出塵世外　山　碧繚繞四注皆可襟迎而神
揖奇葩珍樹暎帶滿前公奮曰吾來越舊矣未有如今日
勝且快者使呼其主而詰之曰山名謂何對曰有而月
名也亭有名乎則曰　愚敢以名爲　公使呼以來因
命其山曰小隱山堂亦因山之名堂之東榮俯檻西窺者
曰瑟瑟也出堂而登　數級乃過勝奕亭自亭過而至其
最上者曰湖光亭　山而西達於山足曰翠麓亭由忘歸
至翠麓曰探幽徑曰擷芳徑曰捫蘿磴曰百花頂皆因其
所遇而得之心焉已而至於山外有池池心有亭曰鑑中
亭轉而通於始至之□門　亦有池有亭曰倒影亭凡一
景一趣無不爲之稱　且曰今而後吾當數至此也因命
通判軍州事錢公輔書以　諸石噫人生百載塵　榮利
淫惑病憂紛紛而汩之幾日而如此樂幾何而如此勝耶
予弗書不□與是遊者都官員外郎江鈸節度推官袁嗣
降觀察推官王仲衍前進士王　朱方凡六人皇祐三年
春二月二十八日叙

右題名正書十三行在山陰縣東門外十里侯山上

按小隱山今名侯山以晉孔愉封侯故名水經注云
山孤立長湖中晉車騎將軍孔敬康少時遁世棲迹
此山孔靈符會稽記孔愉爲會稽內史在郡三年乃
營山陰湖南侯山下爲宅居之是侯山之名最古讀
此文知宋又名小隱山也楊紘字望之浦城人錢公
輔字公倚武進人並皇祐三年任

宋浦延熙等南屏山題名

宋皇祐辛卯歲季秋既望浦延熙李喬游南屏山題記

右在南屏山摩崖隸書三行字徑三寸

宋刻心印銘

心印銘

唐翰林學士兼太子侍讀史館修撰守右補闕梁肅作

浩浩羣生或動或靜或幽或明旁魄六合運用五行莫不
因其心而寓其形波流火馳出入如機如環無端莫知其
歸或細不可覩或大不可圍日月至明或以爲昏秋毫至
微或以爲繁或囊包天地或渴飲四海舒卷變化惟心所
在天壽得喪惟心所宰心遷境遷心廣境廣物無定心心
無定像明則有天人幽則有鬼神若樂相紛如絲之棼有
無云云不可勝言抑末也已本則不然惟本之爲體寂兮
浩兮不可道兮顯矣默矣不可測矣統萬有於纖芥視億
載于屈指外而不入內而不出不闔不闢不虛不實無感
不應無應不神在天而天在人而人常存而未始或存常
昏而未嘗不昏豈惟我然蓋無物不然豈惟我得蓋無物
不得混而爲一莫覩其極故曰心生法生心滅法滅離一
切相則名諸佛　錢唐講律僧冲羽書　陶翼并男拱鐫
字　大宋皇祐癸巳歲七月草堂僧愼微糾同志刊于石

龍院之崖

右在慈雲嶺舊石龍院石壁內摩崖正書十四行行二十四字字徑二寸梁補闕文潔淨精徵頗稱西來的嗣大書深刻宜矣冲羽書亦錚錚自喜可與思齊放生碑頡頏皆出自顏柳者可證北宋僧統正脈不似南渡後爭看花棒鼓矣

宋陳述古等大滌洞題名

癸巳夏述古來 陳良孫張璹遊

右在餘杭縣大滌洞口摩崖正書二行字徑三寸餘左行兩傍又有陳良孫張璹續題正書二行分列字徑二寸按述古字行之陳堯佐子也仁宗寶元二年

官尚書金部員外郎弟求古字師之官殿省丞子知素官濟源尉皆見述古濟源廟題名歐陽公撰堯佐神道碑以述古求古爲堯佐子宋史以述古爲堯咨子與博古同附堯咨傳後誤矣厲樊榭詩徵明秉燭觸暗壁古靈題字來尋看又誤此述古爲陳襄蓋陳襄字述古此名述古字行之也陳良孫南渠人道號癯虛先生童年得道隱居吳山壺天柱山水與幽人韻士往來其間事載洞霄圖志張璹字全翁安陸人見東坡諸題名癸巳仁宗皇祐之五年也

宋陳求古等題名

陳求古同弟襲古象古男知本遊洞天外生范子明書丙申三月二十日

右在大滌洞內摩崖正書三行字徑二寸餘陳求古有永嘉縣積穀山飛霞洞口至和二年六月題名曾任永嘉守也按丙申應是仁宗致和三年九月改嘉祐洞霄圖志續作嘉祐丙申誤外生應是外甥別體字

宋陳襲古題名

陳襲古丙申三月二十日遊

右在大滌洞內摩崖正書三行字徑一寸

宋普照等碑

處州麗水縣勅賜普照寺記

沙門普祥述并書 當寺沙門居遜篆額

踰郡城之東北隅一百二十里有精藍曰普照焉卽巨唐會昌六年檀越戎公緒祝太平剏建底爲植福之所始牓曰福田至 皇宋垂衣之化祥符元年 勅爲今額肇自住持五房尸掌三綱主寺自遐及邇匪怠無荒職非幹蠱代有英賢先德釋道勤於咸通十年糾檀越 公緒造鐘臺一所光啓二年有 信檀水浮居一座釋全祐於宋端拱二年率衢衆緣革故鼎新建寶殿一所聖像七軀祥符二年釋全超募緣樹三門一座迨塑二聖天禧五年釋喜簾傾誠淨之資創浴室一座釋子忠居誓於天聖四年召庶緣興庫院一所居智於慶歷三年獨衣鉢之外革故造

彌陀寶殿洎塑佛像七身其間凡構僧舍前後僅二百楹
悉己完具於是大廈既作百堵皆成繡甍藻棁鴛瓦文榱
餙若翬勢如翼峩峩梵宇峻拔寒空璨璨金容光舒清夜
其唯勝若噫諸先德高躅雖往奇迹依然德音藹乎一時
盛績薰乎千古俾居者覩履考祥景行奚能過矣茲寺也
宅遠林垌敞居美壤門流一澗溪聲而今古無渝檻對千
山翠色以寒溫不變物儀淳朴岡巒混成清虛閑渺淵
凝寂游者蛻解羽翰處者紋成印懷然苾芻所舍本塈家
閒樹下迺有風雨之暴故設棟宇之待亦非華麗宏壯其
居今既宗佛法厥宇得不宏麗哉俾其庶物咸附洞死生
證常樂利之博矣夫捨家人悟妙圓覺爲大伽藍庸智籠
於法梔福契於心不召而速不言而信若如是厥處宏麗
之宇迪世何損焉奚僭焉苟不然者可宜歟化寺有徒弟
曰蘊思上人衆之喉舌寺之紀綱睹于寶殿髹漆萎墖瓦
板墳隳普賢迦葉隱壁菩薩謂代浸遠彩塑亦摧遂于英
信再葺艮緣可謂薦巢招提重光像運吾道詎委地哉復
諭諳耆德雖圖能事尚闕紀文後昆既紊其誠先覺亦傾
其緒予辱承厚命妄撫任詞聊以補於將來免湮乎厥猷
而已矣時聖宋至和二年太歲乙未十一月幾望日記
當寺尊宿沙門慶榮蘊仁招慶居勝　寺主沙門善從
知浴沙門遇乘施石　當寺尊宿城下管內都僧正兼依
監檀長講經律論沙門德宣立石　東嘉洪慧刊

右碑篆額四字文行書二十二行在宣平縣西北一
里普照寺按寺建于唐會昌六年戎緒初名福田祥
符間賜額普照文中歷敘修緝之人皆釋子自唐光
啓至宋慶歷凡六傳而蘊思終之有云處者紋成印
懷卽如來胸中梵文唐苑咸詩蓮花卍字總由天是
也

宋薛之彥題名

縣令薛之彥口田至此宋嘉祐四年口口八月題

右碑正書四行行五字在仙居縣舊志職官表薛之
彥嘉祐四年任

宋沈遼等靈隱題名

癸卯重午口王伯虎來二弟遨迫偕行沈遼題

右在青林洞摩崖正書四行字徑一寸按沈遼字叡
達錢塘人癸卯爲仁宗嘉祐八年此在宋史本傳所
載監杭州軍資庫轉運使之前題名同日凡二處以
後山題名證之知伯虎字炳之遨字善述迫字素道
當時有三沈之目宋史僅列遘遼而遺遨迫惟王安
石樂安郡君翟氏墓志載沈扶之男遘迥遼遨迫爲
尤詳也史言遼以文章歌詩唱酬蘇黃閒不知其尤
工八法蘇東坡謂其學家傳師樓鑰謂其妙于楷隸
諸書備古今體落筆輒爲人爭取今遺刻僅存無有
過而詢之者矣

睿達善述素道與炳之來癸卯重午

右在靈隱後山摩崖正書二行字徑一寸餘說見前

刻以同日所題故變文書字以備叅攷

宋韓希祖題名

韓口希祖嘉祐八年首夏廿七日同邵熙載遊大滌

右在大滌洞內摩崖正書三行字徑二寸

宋孔文仲等題名

富咸文之口口抑之被府命按視邑事邵舜臣熙載攝口

完次孔文仲口甫餘杭口邂逅宿於洞霄質明遊雲口口

時嘉祐癸卯口月十三日

右在餘杭縣大滌洞內摩崖正書十行字徑四寸陳

求古題名之下孔文仲字經父臨江新喻人嘉祐六

年進士熙寧間任餘杭尉

宋沈紳題名

嘉祐歲除戊申龍官員外郎沈紳公儀遊洞天巖

熙寧丁巳季口五口口口口口口口口口

右題名八分書三行行七字後年月三行行六字在

仙居縣洞天巖按紹郡志有宋贈少師謚文肅沈紳

墓在會稽雲門山引沈氏家譜云紳字公垂宋寶元

元年進士此題則字公儀公垂唐李紳字也又紹興

府學進士題名碑寶元元年呂溱榜載之

宋仁宗飛白書石刻

天下昇平四民清　慶歷八年四月二十八日

右在仁和儒學飛白七字橫列字徑四寸餘萬歷杭

州府志云天下昇平四民清七飛白字石刻宋仁宗

御書按右有璽一惟御字可識中有慶歷題年知爲

仁宗書前有正書皇三十九四字楊一清遷石經碑

記石經道統贊聖賢像之外有表忠觀諸碑十有四

此刻并沙雁一石應在其中

宋太學御書石刻

暮口沙上雁海門斜去兩三行

右在仁和儒學草書六行十二字徑四寸餘極肥滿

前有皇二十三四字此刻無題識未知何帝書

宋衆樂亭詩刻

衆樂亭詩

衆樂亭居南湖之中南湖又居城之中望之眞方丈瀛洲

焉以其近而易至四時勝賞得以與民共之民之口者環

觀無窮而終日不厭孟子曰獨樂與衆樂孰樂不若與衆

衆樂之名於是乎書既又爲詩以記眞景之萬一云

武進錢公輔

誰把江湖付此翁江湖更在廣城中葺成世界三千景占

得鵬天九萬風宴豆四時諠晝鼓游人兩岸跨長虹他年

若數東南勝須作蓬邱第一宮

勢壓平湖四面佳好風明月是生涯鯨觥背上浮三島菡

萏香中報雨衙屏列已疑雲母淨簾垂不待水精奢此心會笑元丞相終日樓臺爲一家

臨川王安石

使君幕府開東部名高海曲人知幕艤船談笑政卽成洗滌山川作佳趣平泉浩浩銀河注想見明星弄機杼載沙築成天上路投虹爲橋取孤嶼掃除荆棘水中央碧甃朱甍隨指顧春風滿城金板舫來看置酒新亭上百女吹笙綵鳳悲一夫伐鼓靈鼉壯安期羨門相與游方丈蓬萊不更求酒酣忽跨鯨魚去陳迹空令此地留

涑水司馬光

橫橋通廢島華宇出荒榛風月逢知己湖山得主人使君如獨樂衆庶必深顰何以知家給笙歌滿水濱

安陸鄭獬

使君何所樂樂在南湖濱有亭若孤鯨覆以青玉鱗四面擁荷花花氣搖紅雲使君來游攜芳樽兩邊佳客坐翠茵鄞江鮮魚甲如銀玉盤千里紫絲蓴金壺行酒雙美人小履輕裾不動塵壯年行樂須及辰高談大笑留青春游人來看使君游芙蓉爲檝木蘭舟橫簫短笛悲晚景畫簾繡幕繇中流貪歡尋勝意不盡相招却渡白蘋洲日落使君扶醉歸遊人散後水烟霏紫鱗跳復戲白鳥落還飛豈獨樂斯民魚鳥亦忘機使君今作螭頭臣游人依舊歲時新空餘華榜照湖水更作佳篇誇北人

丹陽邵必

海邊民物鮮歡娛太守經營與衆俱園圃新陰多杞柳池塘生意足魚蒲長空不礙高飛鵠淺水兼容短脛鳧此樂有誰知我趣歸來紅旆日西晡

城外千帆海舶風城中居市苦憧憧幾生佳景爲民老一日賢侯與我同道上槐陰連夼翠水邊人面照花紅寄言樂有時還盡徒見甘棠憶召公

渤海吳中復

賢侯新葺水雲鄉虛閣崢嶸綠渺茫波面長橋步明月人家疎樹帶殘陽風中白鳥侵烟去雨後紅蕖擁袖香從此郡圖添故事歲時遺愛似甘棠

烟波空濶岸低回草綠花紅處處堆一片湖光分島嶼四邊山色入樓臺從前未有吾民樂此地欣逢刺史來自斷鄞江何日到京師只得畫圖開

建安吳充

使君新自四明歸邀我同爲衆樂詩山川可愛惜不見畫想夕思心爲罷悅然神遇若有得齋身乃在天之涯漲海連空四無岸天吳却坐鮫人觀以手揮弄日月丹能令桑田變　海邊偶到山城中山城二月多春風牛羊開暇夕陽晚樓閣參差朝露濃一泓山潛佛頭綠環似翠屏屏六曲人烟擾擾事嬉游落花啼鳥更汀洲中爲臺榭闕十一　有藻井排丈楸旁人指點此何許云是四明行樂處

此樂爲民非爲身始是集賢錢使君使君風韻誰之比政事次公詩短李醉憑熊軾勸耕疇狂取螺杯翻舞袂儂愛使君君勿歸詔書奪之知何爲聞侍玉皇香案側玉堂深阻無消息意迷却悟坐空齋忽省君詩昨日來疊紙爲君書所見不知衆樂誠然哉

建康馬浩

嘗聞衆樂亭未見衆樂景今蒙貺新詩若得暫觀省萬象□□□孤風□筆䝼丹青慙近□□□□頃因識□□□□□□□□□□□□□□□歡衆庶競無俾□□□□□□□□此而推□□況乎□□□□□□□□百草□花勝吾將□□□□□□□□　南　益柔　四明舊說

南湖好□□□□□□□□建旟□□□□□千里山川下缺

右詩刻五列俱正書下二列剝蝕無存在鄞縣賀秘監祠按衆樂亭一名衆樂堂在府治西南月湖中宋舒亶月湖記湖中有橋二天禧中直館李侯夷庚之所建也嘉祐中錢侯君倚始作而新之橋之東西有廊廡之中有亭曰衆樂其深廣幾十丈其前後有廡其左右有室而又環亭以爲島嶼植花木于是遂爲州人勝賞之地此亭之大槩也後廢爲四明驛碑後剝落年月無攷公輔知明州在仁宗時而鄭獬詩有使君今作螭頭臣吳充詩有使君新自四明歸邀我同爲衆樂詩馬浩詩有嘗聞衆樂亭未見衆樂景諸句而安石令鄞復不同時是皆追和之作而補刻不知何時也諸賢事蹟並見宋史馬浩之下有益柔二字錢官詹謂是王益柔舊志止錄前三人詩鄭獬已下皆不載或未見此刻也

宋常樂院勅牒碑

中書門下　牒明州

明州奏准明堂赦未有名額寺院乞賜名額伏候

勅旨上山院宜賜常樂院

牒奉

勅如前宜令本州給錄勅黃降付□□□來□□□□□之名額牒至准牒

治平元年二月

戶部侍郎參知政事趙

戶部侍郎參知政事歐陽修

中書侍郎兼吏部尚書平章事曾公亮

門下侍郎兼兵部尚書平章事韓琦

右碑篆額三字文行書十二行在鄞縣常樂院此勅以韓歐諸公爲少見賜額之舉濫觴于此時也

宋李谷靈隱題名

治平甲辰五月七日趙郡李谷容之遊男侑奉命謹題

右在飛來峯頂正書三行字徑一寸

宋空相院勅牒碑

勅賜空相院額

中書門下牒明州

明州奏准明堂赦保明到下□宮觀院等未有勅額乞賜

勅額條勅旨□□小溪保安院宜賜空相院係鄞縣

牒奉勅如前宜令本州甄錄勅黃降付□宮觀院等依今

來勅命所定名額牒至准勅故牒

治平二年八月二日

吏部侍郎參知政事趙

吏部侍郎參知政事歐陽

中書侍郎兼戶部尚書平章事曾

使

帖小溪保安院□□准勅如右

曹級劉□王□觀察勾押□宜□□□□自官都勾押官郭

□□孔目官夏候□

右□如前事須議黃帖保安院

勅命指□宜賜空相院名額

治平二年七月　七日帖

崇寧二年八月上吉日住持沙門道成正　觀察推官曹

□　權節度推官石□

尚書虞部員外郎簽書節度判官權通判事錢

尚書職方員外郎通判□州事□ 下缺

右碑題額六字上下兩列俱十四行正書在鄞縣空

相院在府西南七十里舊名四明保安院晉開運二

年建宋治平二年賜額即此敕也今名空相敎寺

兩浙金石志卷五　南海縣知縣即補同知錢塘章　埏刊

臨海洪瞻墉校

兩浙金石志卷六

揚州阮元編錄

宋越州蕭山大悲閣記碑

淛江南游廿地名曰蕭山往來吳越之間者橫流而濟望錢唐與蕭山相爲歸焉方其人蹈風波不測之虞怵生死一時之命必有動於中者於是大雄之尊能仁之道有以勝焉覺苑寺大悲閣者沙門智源之所造也源爲其像工未半而入滅慧嚴繼之嚴爲像矣以其事死非命太原王承渙乃與緣廣謀其閣焉閣未就而廣與承渙皆卒於是中廢垂三十年人不敢復視而聖像委仆在地其閣爲墟矣天台教主榮上人早以其道爲人蘄嚮一日慨然將與之使門弟子允中尸其事且傭工而中又不幸說者莫不以其像爲不偶而上人獨拳拳不懈決信不疑熙寧元年秋八月既望遂克終事大啟法席以落其成善哉

紫金之相巍巍堂堂千手應現千眼光明其崇三丈有六尺重構外周寶華相鮮厥容千具於是人人知是爲吉祥善事也其始卜基廼敘院之法堂而上人之道場也大衆圍繞咸相稱贊曰聖像多難師旣成之則是師道場傳于後來以殖以薰其有能嗣師以教導人者則爲主不能嗣師者斥毋以私爲累自今爲始大衆曰善其徒走錢唐爲余言其始卒之致將刻之余欲以偈贊功德之盛會病未果姑敘其大方以俟它日云是歲十一月十五日錢唐沈遵記

朝散大夫守光祿卿直昭文館知福州軍州事兼管內勸農使兼福建路屯駐駐泊兵馬鈐轄護軍永安縣開國男食邑三百戶賜紫金魚袋程師孟立

右碑題額九字文十五行俱正書在蕭山縣覺苑寺碑述大悲像肇始于智源歷慧嚴王承渙緣廣暨榮上人允中垂四五十年而榮上人卒成之贊所謂聖像多難而榮上人則決信不疑者也程師孟字公闢吳人宋史有傳歷知洪福廣越四州此題銜皆福州未知越州時也

宋孫覺等靈隱題名

孫覺張徽　戊申十一月晦同來

右在龍泓洞摩崖正書二行字徑二寸欵字正書三行字徑一寸宋史孫覺傳覺以疏邵亢希吉奪官通判越州復右正言徙知通州是刻戊申爲熙寧元年題名應即此時所刻明年詔知諫院同修起居注云

宋祖無擇等定山慈巖院題名

祖無擇沈振元居中張先熙寧己酉孟秋晦日偕游

右在定山摩崖篆書五行字徑七寸按祖無擇字擇之上蔡人進士高第累官直集賢院出知袁州歷杭州所至治行著聞爲人好義與王安石不合放棄不振士論惜之咸淳臨安志治平四年無擇以右諫議

大夫加龍圖閣學士知臨安府晋作介亭于鳳凰山元居中字正夫邵武人康定元年以將仕郎任唐興令又宋董嗣杲西湖百詠序云飛來峯牌門俗呼二寺門慶歷八年太常博士元居中書又定山有所書雲泉靈洞字張先湖錄陸振孫曰本朝有兩張先皆字子野其一博州人天聖三年進士歐陽公爲作墓誌其一天聖八年進士則湖州人也

宋慈雲嶺題字

佛法僧

熙寧二年己酉歲中秋日無錫弟子陳延相施財刊石

右在慈雲嶺摩崖正書字徑二尺六寸餘欵字正書

二行字徑一寸餘分列三字佛字最大法僧二字差小疑非一時所刊相字西湖志誤作柏

宋鄭獬水樂洞題名

熙寧二年十二月翰林鄭公與諸□尋山至此□□久之遂命曰水樂洞　南舒□夫題

右在水樂洞摩崖正書五行字徑二寸按咸淳志謂卽熙寧二年守鄭獬也獬安陸人乾道志謂以翰林學士尚書兵部員外郎爲侍讀學士戶部郎中知杭州較宋史本傳爲詳

宋沈立等靈隱題名

立之中行伯敭子雍子明熙寧辛亥九月廿三日同遊

右在青林洞摩崖正書三行字徑二寸宋史沈立傳立字立之歷陽人歷官兩浙轉運使後知越州任杭時曾上神宗自著名山水記三百卷西泠巖壑在所品題惜皆散佚無傳是年蘇文忠通判杭州立之爲守集中有倡和詩立之卽于是年罷去

宋蘇軾寶成院賞牡丹詩刻

□□□賞牡丹詩

春風小院却來時壁間唯有使君詩應問使君何處去憑君說與春風知年年歲歲何窮已花似今年人老矣去年崔護若重來前度劉郎在千里

熙寧壬子芳春吉旦東坡題

右在寶蓮山摩崖正書六行字徑二寸餘吳山志謂舊名釋迦院吳越王妃仰氏建宋大中祥符間改今額清波類志謂寺後有東坡牡丹詩磨崖按王宗稷東坡年譜此詩在熙寧十年丁巳先生年四十二在密州任四月赴徐州有留別釋迦院牡丹呈趙倅詩查氏據陳后山詩注西湖遊覽志以此詩爲在杭州作不知坡詩宋時刻者皆見咸淳志此詩無之王施二家亦無異詞後山詩亦統言之此好事者因寺舊有釋迦之名而重刻此詩細玩字蹟迥非眞跡而芳春吉旦尤非先生語遊覽志亦云明時所刻

宋蘇頌等靈隱題名

蘇頌子容蔣之奇穎叔岑象求巖起李杞堅甫熙寧壬子二月二日題

右在龍泓洞摩崖正書二行字徑一寸按宋史本傳蘇頌字子容南安人父紳葬潤州丹陽因徙居之第進士皇祐五年授秘書監知通進銀臺司吳越饑選知杭州咸淳臨安志以熙寧九年正月之任此題在五年巳先居杭矣蔣之奇字穎叔宜興人進士第擢監察御史神宗立進副端歷諸道轉運遂爲江淮發運由寶文閣待制河北都漕守瀛入爲戸部侍郎知熙州紹聖間召爲中書舍人知開封除翰林學士出守汝慶徽宗擢爲知樞密院除觀文殿學士知杭州

以與議棄河湟事奪官職卒後以嘗陳紹述之事盡復之岑象求字巖起梓州人元祐四年爲考功郎以蘇文定薦拜殿中侍御史文定執政徙金部郎事徽宗于王邸終寶文閣待制續通鑑長編載元祐間言事甚多六年六月爲兩浙轉運副使後入元祐黨籍東坡集有送岑著作詩提舉梓州路常平時也有岑象求知果州敕未知何時也文獻通考吉凶影響錄十卷岑象求于熙寧末閑居江陵所著李杞字堅甫事蹟屢見續通鑑長編中熙寧七年以三司判官提舉成都茶事初立茶法禁民私賣東坡詩茶爲西南害岷俗記二李謂杞與稷也集有贈答詩

宋張南軒手書孝經碑

經文不錄

熙寧壬子八月壬寅書付姪慥收時寓鄧之廢寺居東齋

南軒題

右碑分六列每列三十三行正書在紹興府學十哲贊碑之陰橫列刻中闕十三行後有小字跋剝蝕幾盡南軒書傳刻甚少亟爲錄出文中敬字皆闕筆

宋陳襄等石屋洞題名

陳襄蘇頌孫奕黃顥曾孝章蘇軾同遊熙寧六年二月二十一日

右在石屋洞摩崖正書四行字徑二寸餘按梁溪漫

志臨安石屋洞崖石上有題名二十五字內東坡姓名摩去僅存彷彿蓋崇寧黨錮時也細觀此刻俱係重摹不獨坡老名也陳襄字述古福州人咸淳臨安志云熙寧五年自知陳州以尚書刑部郎中知制誥知臨安府有學行所至務先學校爲政多慕古人杭爲都會應接撫循民不知擾修復六井民用沛然宋史稱其在經筵神宗訪人才襄以司馬光韓維呂公著蘇頌蘇軾至于鄭俠三十三人對帝不能盡用著有古靈先生集二十五卷孫奕見宋史東坡集又有次韻孫職方蒼梧山詩續通鑑長編熙寧三年七月詔權御史臺推直官屯田員外郎孫奕更不上殿以

馮京舉奕御史奕辭不願故也四年七月侍御史知雜事鄧綰言孫奕呂公著所舉意趣乖異乞別選推直官詔奕送審官東院至後以職方外出東坡集有福建運判孫奕可福建路轉運副使敕則又元祐中事也曾孝章咸淳臨安志知臨安者崇寧四年有曾孝廣大觀元年有曾孝蘊或其族人歟

宋蘇軾玲瓏山題字

九折巖　東坡居士書

右在臨安縣玲瓏山正書字徑一尺五寸款字徑四寸按玲瓏山在縣西南十里東坡集有登玲瓏山詩爲通守杭州時作此題當亦同時所書也明縣令稽

棟碑記云山兩峯屹峙盤空而上故曰玲瓏上經石門石偃卧如榻鐫醉眠石三字乃坡公筆相傳坡公醉時高卧枕流處稍上三休亭亭上石磴蜿蜒似靈鷲韜光山徑巨石矗峙鐫九折巖三字亦坡公筆

宋王廷老等石屋洞題名

睢陽王廷老伯敭錢唐吳君平常甫大名王頤正甫昭武上官㙯彥明臨川王安上純甫同遊熙寧癸丑七月己未

右在石屋洞摩崖正書六行字徑二寸左行

宋王廷老等水樂洞題名

睢陽王廷老伯敭錢唐吳君平常甫大名王頤正甫昭武上官㙯彥明臨川王安上純甫同遊癸丑七月己未

右在水樂洞摩崖正書五行字徑二寸此與上題名第一遊也

宋王廷老等石屋洞題名

王廷老伯敭吳君平常父孫廸彥誠胡志忠仲舉郭附明仲張靚子明　熙寧八年四月廿日同遊石屋洞□□□

右在石屋洞摩崖正書九行字徑一寸餘此六人第二遊也

宋王廷老等南屏山題名

王廷老伯敭張靚子明孫廸彥誠胡志忠仲舉吳君平常甫郭附明仲　熙寧八年四月廿三日同遊南屏興教寺

右在南屏山摩崖正書二行字徑一寸

宋王廷老等烟霞洞題名

王廷老伯敭張靚子明孫廸彥誠吳君平常甫胡志忠仲舉郭附明仲熙寧八年四月廿三日自興教院遊烟霞洞觀佛手落石二巖

右在烟霞洞摩崖正書七行字徑一寸此六人同上第三遊也按王廷老字伯敭睢陽人其子浚明爲東坡壻集中有次韻九日詩送伯敭守虢詩時爲虢守也欒城集有代祭王虢州文云君以罪廢還家宋都子由詩亦有一廢十五年之句蓋中遭廢棄也再考通鑑長編熙寧間屢載兩浙提點刑獄轉運使王庭老事又八年十月鄧綰言王庭老朋附呂惠卿又王

古劾庭老不公失職詔罷令于潤州聽旨十年正月追兩官勒停則守虢州正在鄧綰王古劾罷時也合觀廷老素行似非端人坡詩有靑面染鬚之誚末云請看平日銜杯口會有金椎爲控頤嬉笑怒罵俱之矣長編廷字作庭查注蘇詩謂名伯敭按蘇籀雙溪集王浚明墓志云父諱廷老此題名凡五見皆當名廷老而字伯敭也王頤東坡詩有王頤赴建州錢監詩文集有故人王頤自然硯銘欒城集有送王頤殿丞詩通鑑長編熙寧八年二月三司請如勾當官王頤奏廢在京雜賣場又宋永興軍海公壽塔碑題宣德郎守尚書虞部員外郎管勾永興軍耀州三白渠

公事騎都尉賜緋魚袋王頤元豐改元九月立頤之歷官大槩可見又東坡鳳咮硯銘云太原王頤乾陵無字碑題名政和甲午北幽王頤正夫此作正甫可參訂也

宋王廷老題名

睢陽王廷老伯敭錢唐吳君平常甫大名王頤正甫昭武上官墱彥明臨川王安上純甫同游　後二年伯敭與常父彥誠仲舉明仲子明同來

右摩崖正書六行行字不等字徑寸餘末行續書後二年二行字徑一寸

宋晁端彥天竺題名

晁端彥侍親游天竺熙寧七年十一月四日

右在天竺摩崖正書四行字徑三寸

宋晁端彥靈隱題名

晁美叔熙寧八年七月八日題

右在靑林洞摩崖正書四行字徑三寸右行

又

晁美叔遊

右在玉乳洞摩崖正書右行橫列字徑五寸

宋晁端彥南屏山題名

晁仲舒與姪端彥張援同遊

右在南屏山摩崖正書字徑二寸按端彥見宋史無

咎傳作端友濟州鉅野人熙寧中爲新城令見黃山谷所撰墓志及東坡集時提點兩浙刑獄置司杭州游山不屏騎從東坡有淸流與碧巘安肯爲君妍之誚又云君來叩門如有求頎然病鶴淸而修可想見其人矣其論書見山谷集又張耒宛邱集云晁公聲名三十載餘事筆蹤傳法帖題名亦其一斑云

宋魯元翰石屋洞題名

熙寧甲寅十月二十五日扶風魯元翰遊石屋洞君彥君亮侍行

右在石屋洞摩崖正書五行字徑一寸

宋魯元翰佛手巖題名

兖國魯有開元翰熙寧甲寅十月廿五日遊佛手巖

右在佛手巖摩崖正書四行字徑一寸餘

宋魯元翰南屏山題名

魯元翰熙寧乙卯仲夏再遊

右在南屏山摩崖正書二行字徑二寸按元翰名有開以從父宗道廕入官知確山縣以富弼薦知南康代還王介甫問江南如何元翰對新法寗爲異日患介甫怒僅得倅杭東坡先生與之同官故集中有贈答詩

宋張靚大滌洞題名

張靚熙寧甲寅十二月十六日至錞隨行

右在大滌洞內摩崖正書三行字徑一寸張靚字子明見南屏石屋王廷老題名

宋蘇軾定山慈巖院題名

蘇軾子瞻

右在定山慈巖院摩崖無年月正書一行字徑二寸按東坡年譜熙寧七年在杭州正月遊風水洞有詩題壁題名應即是時

宋蘇頌等靈隱題名

子容濟翁彥聖潛夫潛叔元卿平叔守道熙寧丙辰八月癸巳自淨慈南屏下天竺過靈鷲遂遊靈隱而歸

右在飛來峯摩崖正書二行字徑二寸

宋蘇頌等靈隱題名

蘇子容李端臣蘇浩然彭知權蘇及之曹潛夫熙寧丁巳六月初九日遊

右在飛來峯摩崖正書五行字徑一寸按咸淳臨安志子容以召修仁宗英宗實錄趙抃自越州代之五月去任此題名將赴京時也

宋大慈山修塔題記

塔座□□□若□所備大慈山性空禪師□□□□□周□元風愈邈□□□□□□□人卓然雅度樂爲淨□□□□以衆人之務彌綸其心也大宋熙寧丙辰季冬十二月□修□幢一　用□山門之首□然凌雲□□松而挺秀儼然

送□□□事以高明□麗金□鎮□□□□古之勝迹一旦修復以□□□人之所存則□□之□亦可見矣釋利涉題　弟子□□□家眷等捨錢捌貫文足□□□□助成　弟子□□□并家眷等捨錢肆貫文造□□　弟子僧童泊俗士男女共計叁百人各牽□□□□壹拾壹貫文同　弟子俞禮家眷等捨□石貳片

右在虎跑寺正書一十行行十三字按蘇詩王注引杭州圖經性空禪師嘗居大慈宋濂虎跑寺記虎跑泉在杭之南山大慈定慧禪院唐元和十四年性空大師來遊茲山棲禪其中性空行業不見他書此刻雖殘尚有元風愈邈卓然雅度等語即圖經之所自

也

宋高荷靈隱題名

子勉游　熙寧丁巳下元日題

右在龍泓洞摩崖行書字徑四寸行書二行字徑一寸此題名與蘇頌二刻俱刊于宋人小記之上猶有上皇及釋子題名數十字可見舊志俱作高荷荷字子勉見呂居仁江西詩派圖山谷集云荆州人極有筆力使之凌厲中州恐不滅晁張荷蓋以詩名而兼善八法者

宋蘇軾遊虎跑泉詩刻

紫李黃瓜村路香烏紗白葛道衣涼閑門野寺松陰轉欹

枕風軒客夢長因病得閑殊不惡安心是藥更無方道人不惜堦前水借與匏樽自在嘗　遊虎跑泉軾

亭亭石塔東峯上此老初來百神仰虎移泉眼趁行脚龍作浪花供撫掌至今遊人盥濯罷卧聽空堦環珮響信知此來如此泉莫作人間去來想

東坡居士守杭日遊虎跑泉二詩洪武二十三年七月日任持山釋首記重刻

予去茲山之九季歲甲子得眉山翁遊虎跑泉眞墨憙溢胷臆加遇希世之珍欲鐫諸石久而未果蓋眉山翁餘光遺躅照映山林迨今三百載猶一日又焉知無揭華振耀于將來者耶故謹勒此詩於泉銘之陰以示後之覽者云

洪武庚午秋孟吳興沙門淨戒識

右在虎跑寺行書明洪武住山釋首記重摹後有淨戒識語云甲子得眉山翁遊虎跑泉眞蹟按眞蹟見江村銷夏錄有至正時朵爾直班張紳二跋紫李黃瓜一首題云遊虎跑泉集則題云病中遊祖塔院詩只述病遊未語偶及泉且祖塔等字皆非無因者亭亭一首方專咏泉故題止三字所云眞蹟似無此首今此刻與江村所錄頗合而有亭亭一首無題不知何所從來也馮氏合注云曾見虎跑詩紫李黃瓜一首墨跡細審是後人贋作但所載諸跋必從眞跡摹仿內有洪武中吳釋宏道一跋云虎跑泉凡二詩其

一已鐫于石其一集中題云病中遊祖塔院人不知即爲虎跑泉云是明初已有此譌矣又虎跑泉詩子由和詩有二章名勝志鳳翔大像寺條下有一首今在逸詩中或子由所和兼及此也

宋曹潛夫等靈隱題名

潛夫同德鄉仲文懿老聖咨游

右在香林洞摩崖正書一行字徑四寸餘潛夫見熙寧丙辰丁巳蘇頌二題名故附熙寧後

宋蘇軾徑山詩刻

詩寄澄慧大師東坡居士蘇軾

我昔曾（集作嘗）爲徑山客至今詩筆餘山色師住此山三十

年妙語因須得山骨谿城六月水雲蒸飛蚑猛捷如花鷹
羨師方丈冰雪冷蘭膏不動長明燈山中故人知我至爭
來問訊今何似爲言百事不如人兩眼尙集作猶能看集作書
細字

游徑山詩　眉山蘇軾

衆峯來自天目山勢若駿馬奔平川中途勒破千里足金
鞍集作鞭　玉鐙相回旋人言山住水亦住下有萬古蛟龍淵
道人天眼識王氣結茅宴坐荒山巔精誠貫山石爲裂天
女下試顏如蓮寒牕暖足來扑握集作搦　夜鉢咒水降蜿蜒
雪眉老人來叩門願爲弟子長參禪爾來廢興三百載奔
走吳會輸金錢飛樓湧殿壓山破朝鍾莫鼓驚龍眠晴空
偶見浮海蜃落日下數投村鳶有生共處覆載內擾擾膏
火同烹煎近來愈覺世路集作讒　隘每到寬處差安便嗟予
老矣百事廢却尋舊學心茫然問龍乞水歸洗眼欲看細
字銷殘年　熙寧八年九月四日

再游徑山　眉山蘇軾

老人登山汗如濯到山集作倒牀困睡集作臥　呼不覺覺來五鼓
日三竿始信孤雲天一握平生未省陟集作出　艱險兩足慣
負行樂倆含暉亭上望東溟凌霄峯頭挹南嶽白集作共　愛
絲杉翠絲亂誰見玉芝紅玉琢白雲何事任集作共　來往明
月長圓無晦朔冢上鷄鳴猶憶欽山前舞鳳集作鳳舞　遙徵璞
雪窓馴兎元不死煙嶺孤猿苦難捉從來白足傲死生集作

生死不怕黃巾把刀槊榻上雙痕凜然在劒頭一吷誰能集作
何須角嗟我昏頑晚聞道與世齟齬空多學靈水先除眼界
花清詩爲洗心源濁騷人屢欲集作未要逃競病禪老但喜聞
剝啄此生更得幾回來從今有暇無辭數

紹興念八年六月五日住山佛日大師宗杲重立

大德七年二月十日住山虎巖淨伏重入石錫西玉樞刋

右在餘杭縣徑山詩凡三列行書字徑一寸按後題
紹興間宗杲重立此當時原刻必遭黨禁之毀故云
重立大德七年淨伏又重摹之石經三摹故體段存。
而精彩廢矣又按東坡詩集第一首題作送淵師歸
徑山三詩以石本校之異同者十餘字宗杲宣城奚
氏子得臨濟正宗見指月錄紹興七年詔住徑山孝
宗即位賜號大慧禪師見張浚普覺禪師塔銘虎巖
大滌洞天記在洞霄宮南昔郭眞君伏虎于此

宋李琮等靈隱題名

李琮朱明之楊景略黃頌胡援林希　元豐二年五月四
月游靈鷲洞

右在龍泓洞摩崖正書六行左行橫列字徑二寸餘
西湖志林希誤作熙欽字正書三行字徑一寸餘宋
史李琮傳琮字獻甫江寧人嶽宗朝以戸部判官使
江浙後又以寶文閣待制知杭州此題名在神宗時
與史不合楊景略字康功洛陽人見東坡詩元豐間

以起居郎使高麗稱旨賜金紫擢中書舍人待制龍圖閣知揚州徐兢高麗圖經元豐七年左諫議大夫楊景畧爲祭奠使王舜封副之續通鑑長編元豐六年承議郎左司郎中楊景畧爲高麗祭奠司七年試給事中朝奉郎守起居郎楊景畧爲試中書舍人

宋楊景畧等靈題名

楊景畧胡宗師范峋黃頌彭汝礪王祖道林希　元豐己未七月十三日游靈隱洞

右在龍泓洞摩崖正書七行字徑三寸欵字正書二字徑二寸

宋胡宗師靈隱題名

胡宗師蔡舉用同遊　元豐二年七月十七日

右在青林洞摩崖正書一行字徑一寸

宋排衙石殘題名

□□□□□子同登介亭石衙元豐己未歲除日□□□□□題

右在鳳皇山正書摩崖三行行六字雖殘缺書法有顏平原筆意知宋人多法魯公也

宋釋迦成道碑

釋迦如來成道記

太原王勃撰　勸緣知洛賜紫沙門師尹智聰　東海徐稷鐫字

觀夫釋迦如來之垂化也淨法界身本無出沒大悲願力示現受生洎乎兜率天宮爲護明菩薩降迦毗羅國號一切義成金團天子選其家淨飯聖王爲其父玉象乘日示來於大術胎中金輪作王降誕於無優樹下現八十種隨形之妙好粲若芬花示三十二大士之相儀皎如團月十方而各行七步九水而共沐一身現優曇花作師子吼言胎分之已盡早證常身爲度生以還來重垂化跡於是還羈襁褓示類嬰孩爲占相也悲暢於阿私陁仙往郊祠也驚起於大自在廟或爲童子或學聲明爲講武也箭塔箭井猶存爲捔力也象没象坑仍在受慾樂於十歲現遊觀於四門樂沙門身厭老病死於是澡缾天子以警覺彰伎女之醜容淨居天子以捧持躍車匿而嚴駕踰春城於八夜棲雪嶺於六年人辭愴戀主之心馬舐落連珠之淚揮

寶刀而落紺髮塔起天宮將袞服以貿皮衣形變麋鹿扣林仙之所得了世定之非真食麥食麻降苦降樂且夫瑶琴奏曲必自中而曲成佛果圓因亦假因而果滿由是擇其處也過龍窟沐其身也入連河示其食也受難陁之乳糜示其座也受吉祥之茆草以最後之聖體詣菩提之道場圓解脫之深因登金剛之瓌座一百四十之功德不共三乘八萬四千之法門高超十地由是魔軍威懾於慈力愁怖旋歸媚女敗毒於定心嫗羸變質於是堅牢地神踊躍以作證虛空天子展轉而報知類蓮華而出水赫煥無

方若桂月以懸空光明洞徹經七日受提衛之麨蜜誓以少小之言垂一音受賈客之戒歸賜與人天之福既成佛已觀所化緣悲二仙而不遇雷音喜五人而堪從佛化然以塵根味劣聖智淵深順其法則法不應根順其根則根無達法莫不爲愛河之所溺緍癡樂之所盲苟不利於當時仍假言而入滅於是忉利帝釋雲駈於三十三天堪忍界王霧擁於一十八梵頭面作禮致敬精專請轉法輪勸隨宜說如來尋念善逝通規順古佛之徃謨應群機之鄙欲於是十方佛現同與讚美之詞一法乘分共創塵勞之域由是起道樹詣鹿園三月調根五人得度憍陳如悟悉尊之首唱創解標名舍利弗逢馬勝以傳言於途見諦採

菽氏繼踵以師事率門屬以同歸迦葉氏韋跡以降心領火徒而迴席莫不以甘露洪注末尼普熏天界人界鷲林鹿林或鷺池或鷲嶺或海甸或菴園或獼猴江或火龍窟或住波羅李或居摩竭提或依堅守林或止音樂樹或海濱楞伽頂或山際補陀巖或迦蘭陀竹林或舍衛國金地或應念而空現或没山而出宮或說法假於六方或變身而爲三尺或掌覆指變或光流佛來或一身普集於多身或此界便明於他界其間所說阿含四有般若八空密嚴華嚴佛藏地藏思益天之請問楞伽頂之悟心萬行首楞嚴一乘無量義大悲芬陀利濡炬陀羅尼無垢稱之說經須達拏之瑞應本事本生之别諷誦重誦之殊象馬兎之

三獸渡河羊鹿牛之三車出宅或謂之有守邊中也或謂之無轉照持也或謂之頓也漸也或謂之半也滿也無小而不大無邊而不中三乘同入一佛乘三性同歸一佛性眞可謂父母孩孺導師嶮巇懸朗月於幽霄布慈航於幻海爲雲爲雨使枯槁以還滋爲救爲歸指窮途於壽域於是所作已辦功成不居將返本以還源類薪盡而火滅爾是指力地詣金河光流面門相驚塵刹山摇地動俱興苦痛之聲異類變容同現奢華之血受純陀之妙供納毗夜之眞言唱四德以顯三伊指萬有而歸一性酧多羅迦葉四十二請問已周度須䟦陁羅八十一化緣咸畢破十仙之横計使獲朝聞建四塔之崇規遐分末葉將欲明有爲

之有滅表無相以無生上昇金剛身往復虛空界日月猶其墜落螢光如何久留誠有常身使無放逸於是還登玉座首卧鶴林徧遊三昧之門將復一身之性逆入順入全超半超依四禪之等持湛三點之圓寂是時也天人呌躃鳥獸哀號飄風驟雲山吼波逆拔輪王之古式方俟塟儀命力士以捧持竟無能動由是金棺自舉繞拘尸之大城寶炬不然駐闍維之盛禮莫不未生怨在於王舍創結夢於十號慈尊大迦葉遠下鷄峯將盡禮於千輻輪足必以兜羅緻氎聖自火焚爇王衆旃檀之薪澍帝釋澡缾之水彼願力猶在悲心尚薰碎金剛之勝身爲舍利之遺骨於是八國嚴衛四兵肅容各自捧於金壜競爭興於寶塔於

是若牙若髮迦葉波禮於忉利天宮或炭或灰無憂王建
於贍部洲界若乃金言道在塵刼法存象王去而象子隨
一燈滅而一燈續莫不大迦葉雲迎千衆阿難隨雷吼三
輪商那表定於未來毱多化籌而滿室始自壞梁之感終
乎流乳之祥缾器異而水必同燈點殊而光終一是以大
乘之眞空妙有文殊彌勒異其宗小乘而分氈析金上座
大衆元其部或十支橫闢或千部鬱興或馬鳴龍樹繼其
芳或無著天親播其美或提婆鑿眸而作器或陳那吼石
以飛聲或百唱齊袪於外宗或十師翊贊於遺頌或聞經
而夜昇兜率或待佛而窟寄修羅或刎誓首以邀期或象
駝金而請譯或賞能而食邑或得勝以建幢或論般若之

理也名燈或究俱舍之非也名雹莫不殊途異轍終會一
源自有及空皆成萬德自商周見虹貫炎漢夢金人教及
神州聲流華夏見聞盡爾宗致昭然蓋委遺文不復備而
言也乃爲銘曰　　化起從本源功成應賢刼萬行顯
眞宗三祇積鴻業爲法出於世降靈示分脅眉橫天帝弓
目帶靑蓮葉仙師相垂淚地神驚捧接灌頂當在宮飛輪
化彌帖宗乘天日貫象權師子頻善教誰與傳拜彈獨豪
俠遊觀驚老死踰城弃臣妾落髮親寶刀貿衣遇群獵寄
跡狎麋鹿苦身示羸怯食麋人盡知坐草魔方懾潔若蓮
出水明逾鏡開匣山海類高深雲雷等詞捉三時教彌闡
萬類根自愜四句聊欲酧十仙度相躡補處記爲氏遺文

嚼迦葉臥樹徒載春香薪已爇氈悲人及綿遠舍利光暐
曄獨感生後時餘波幸沾涉　沙門元耀書并題額
大宋元豐五年七月立石於湖州飛英寺浴院　管內都
僧監賜紫永淇寺主賜紫淸已副寺主賜紫道純　沙門
曇潤用慈希顏淸道子贇省中則端
任報本傳法沙門惠元　攝長史王賔弟子沈沃王宗僩
朱紹宗莫仲雍徐舉莊椿魯詢杭梵忠欽鄂吳眞傳諒欽
珙徐覺傳選居震妻周六娘各施財開右

右碑文正書三十四行行六十四字額八分書橫列
五字在歸安縣飛英寺按王子安釋迦成道記沙門
奉爲圭璧當時所刻惟此僅存今則董文敏書爲續

焰矣又武林紀事錢塘慧悟大師道誠居月輪山注
王勃釋迦成道記丞相王隨守杭有詩贈之惜未有
傳者智聰自題勸緣知浴者碑立于浴院也

宋龍井山方圓菴記碑

杭州龍井山方圓菴記

天竺辨才法師以智者教傳四十年學者如歸四方風靡
於是晦者明窒者通大小之機無不遂者不居其功不宿
於名乃辭其交游去其弟子而求于寂寞之濱得龍井之
居以隱焉南山守一往見之過龍泓登風篁嶺引目周覽
以索其居岌然群峯密圍潧□□不□騶四顧若失莫知
其鄉逡巡下危磴行深林得之于烟雲髣髴之間遂造而

挹之法師引予並席而坐相視而笑徐曰子胡來予曰願有觀焉法師曰子固觀矣而又將奚觀予笑曰然法師命予入由照閤經寂室指其庵而言曰此吾佛亦如之使吾黨祝髮以圓其頂壞色以方其袍乃欲其煩惱盡而理躰圓定慧修而德相顯也蓋溺於理而不達于事迷于事而不明于理者皆不可謂之沙門以制禮樂爲衣裳至于舟車器械宮室之爲皆則而象之故儒者冠圓冠以知天時履句屨以知地形蓋蔽於天而不知人蔽于人而不知天者皆不可謂之眞儒矣唯能通天地人者眞儒矣唯能理事一如向無異觀者其眞沙門歟噫人之口乎覆載之內陶乎教化之中具其形服其服用其器而於其居也特不

然哉吾所以爲是庵也然則吾直以是爲蘧廬爾若夫以法性之圓事相之方而規矩一切則之所以休息乎此也窺其制則圓蓋而方址子謂之曰夫釋子之寢或爲方丈或爲圓廬而是庵也胡爲而然哉法師曰子旣得之矣雖然試爲子言之夫形而上者渾淪周徧非方非圓而能成方圓者也形而上者或得於方或得於圓或兼斯二者而不能無悖者也大至於天地近止于一身無不然故天得之則運而無積地得之則靜而無變是以天圓而地方人位乎天地之間則首足具二者之形矣蓋宇宙雖大不離其內秋毫雖小待之成躰故凡有貌象聲色者無巨細無古今皆不能出於方圓之內也所以古先哲王因之也雖

然此遊方之內者也至於口諸法同體而無自位景物各得而不相知皆藏乎不深之度而游乎無端之紀則是庵也爲無相之庵而吾亦將以無所住而住焉當是時也子奚往而觀乎嗚呼理圓也語方也吾當忘言與之以無所觀而觀之於是嗒然隱几子出以法師之說授其門弟子使記元豐癸亥四月九日慧日峯守一記不二作此文成過予愛之因書鹿門居士米元章

方圓菴記跋

辨才故與蘇子瞻伯仲洎趙閱道秦少游爲方外交其人可知已太守請住名刹晚年自天竺歸老龍井之山結廬曰方圓夫生人圓顱方址所本來也其用萬端幻化而不

兩浙金石志卷六 宋

窮卒歸於皇示吾寂斯方圓義畢矣吾人寄身蜉蝣而禁期宇宙喜用方圓者口泥之則不善將爲方乎將爲圓乎善乎師與守一之說守一記之而米南宮善其文手書於石並口絕奇龍井昔傳神物所託故祠龍君於口遇夏不雨有司爲百姓請命而禱輒應今年余以不雨禱于祠下問之僧人石已斷榛莽中久矣余覓有舊刻采石作重口一過樹于故跡意天地之靈物未嘗終秘師之教庶幾於道九九行完而卒後人賢之口而祀焉南宮書法超邁入神幸見之可洗瘴毒均爲山靈神氣所重此余重刻意也書以紀之萬歷丁酉重夏知仁和縣事晉陵胡口跋

右在龍井方圓菴行書二十五行行字不等是刻米

書寂著舊刻已亡源流悉見明胡令重刻跋中又摹時有錯落字原文見聶心湯錢邑志中又按萬歷杭州府志載米書有元豐二年龍井記鄭淸之跋者一碑此記元豐六年迥然二碑何絶無傳者抑訛六爲二而重摹時節去鄭跋耶又淮海集有與黃魯直手簡云辱手寫龍井雪齋兩記字畫尤淸美殆非鄙文所當已寄錢唐僧摹勒入石矣則米書之外兼有黃書始知金石之壽顯晦有時考古者烏能愬然也

宋彥舟等靈隱題名

彥舟定老倬道文亨惠甫同遊靈鷲洞　元豐癸亥仲夏十日

右在龍泓洞摩崖正書三行字徑三寸欵字正書四行字徑一寸

宋惠因院教藏記

大宋杭州惠因院賢首教藏記

資政殿學士大中大夫蒲公鎮錢唐之明年政成民樂春正月請晉水淨源闍黎住持南山惠因道場又施金立賢首華梵七祖之像設帳座而祠焉轉運使許懋孫昌齡同緡善財童子系善知識五十四軸并供具三十事通判軍州事朝散郎李孝先姚舜諧共置經函六百餘枚高麗國祐世僧統義天聆芳咀潤禮足承教印造經論疏鈔摠七千三百餘帙莊嚴壯麗金碧相輝其弟子希仲等欲光昭偉蹟以文見屬因語之曰昔者無上法王出現於世以空化執以福利化欲以緣業化妄以地獄化愚故五蘊九識十八界膠固循環回復於生老病死之中者咸歸度門至於妙用無迹眞空無體本源淸淨覺照圓明卽華嚴海會稱性極談無大無小同證菩提恢恢焉炳炳焉不可得而思議也梟乎能仁滅而法網散宗途異而諍辯興焉馬鳴菩薩乃造起信論發明大乘以摧邪說龍勝得之開章釋義又入龍宮誦華嚴以傳于世帝心尊者應跡終南挾論集觀以授雲華于時機感尙微法雷未振於是賢首菩薩紹一心宏五教大明既升爝火斯息大雨普注群物咸潤淸凉定慧二大士又從而演之通之如貫意珠圓融無盡噫

去聖益遠精義漸隱源公以超悟浩博之才力扶祖訓集注大經著述疏記無慮數十萬言始建教藏于蘇之報恩法華秀之密印寶閣普照善住今惠因虛席又偶當世明公相與協力而興之闡揚尤盛學者如歸隨根器破疑惑能脫纏縛者入正解悟本覺離我人相者比比有之宜乎名流天下化行東表俾世之言佛法者知賢首之爲正宗刻之金石無愧辭矣元祐元年十二月十八日朝散大夫提舉杭州洞霄宮護軍吳興縣開國男食邑三百戶賜紫金魚袋章衡記

承事郎監杭州都酒務兼權市舶司唐之問書　奉議郎簽書昭慶軍節度判官廳公事賜緋魚袋文勛篆額

賁政殿學士大中大夫知杭州軍州事兼管內勸農使充
兩浙西路兵馬鈐轄兼提舉本路兵馬巡檢公事輕車都
尉河東郡開國侯食邑一千六百戶食實封一百戶蒲宗
孟立石

右碑在紹興府學二門北向篆額已斷存因賢教記四字字徑四寸文十六行正書徑寸後有立石書人姓名三行是碑舊在杭州西湖慧因院卽今之高麗寺也石工利其石移至越中今碑陰刻順治十年修紹興府學記又西湖集慶寺前亦有一碑半埋土中錢辛楣詹事語何夢華爲掘出之文與此同惟字體甚劣碑額又作正書不知當日何以刻此兩碑也兩碑皆有缺字今參校補全撰文者章衡字子平浦城人嘉祐二年進士第一本傳載元祐中歷秀襄河陽曹蘇州加集賢院學士復以待制知揚廬宣潁州此碑系銜朝散大夫提舉洞霄宮護軍吳興縣開國男皆史所畧也唐之問文勛事跡皆無攷勛銜簽書昭慶軍節度判官廳公事此避英宗諱改簽署爲簽書爾蒲宗孟閬州人元豐八年七月以大中大夫賁政殿學士知杭州嘗集錢唐詩自宋齊以來至元豐間凡三千餘篇爲三十卷行於世元祐二年十一月徙知鄆州見咸淳臨安志

宋重修朱儲斗門碑

越州重修山陰縣朱儲斗門記
宣德郎知歙州休寧縣事邵權撰
河南府左軍巡判官充越州州學教授江嶼書并題蓋

越之爲州右江而左海鏡湖巨浸環繞郊郭民居田畝園圃廬舍凡所以養生之具苟不在於崇山峻嶺則必出於廣川巨澤洲坻島嶼之上動出入息非舟檝莫濟民有自生長至耆艾不識陸事轄郭縣山陰會稽田切於水者三千一百頃有畸而膏腴在焉其自城抵湖自湖距海形勢高下遞若階級圖經言湖水高平疇丈許平疇高海丈許故水不常存然農事亦不嘗資乎水此蓄泄所以多斗門而朱儲之利特爲廣博肇興於唐貞元中皇甫政爲觀察使時而至於今屢作不廢也皇甫之蹟無所於考大抵當衆浦之會因兩山之門得地南北二十步兩端稍陷則甃而通之桓木爲柱衡木爲閘分爲八間其中石阜隆然則存而不甃此其制蓋已可尚矣植牌測水時其啓閉焉然後二邑之田遠近高下泄之無不及之瀦蓄之無不沃之地吁可謂善矣自貞元訖唐踰五代至
我宋景德歷歲百數十其間毀壞至不可用則築塘擁之用力勤而收功寡人以爲病山陰隱者趙萬宗號跛鼈先生因知縣事叚斐裒財於衆而興之斗門復建稍易以石民實賴焉嘉祐二年縣官有適當其獘者先是虞君元旻以發私財賑鄉曲之饑　詔授州助教與其鄉人及浮

層元肇出力營治而斗門內外自閘之餘無所不用石矣
上覆行閣中爲大亭於石臯之上有足觀者啓閉之悉歸
有司於是乎始廢後斗門多居人閭商海舶欲交易是邦
者往往由浦而上閭苦潮微沙湧舟不達於近滸而非啓
放之時則相與刓限剔閘盜弛之號曰洗浦自是稍失縣
密斗門之用心利於泄而不利於閉旱暵仍歲矣元祐元
年
內翰邵武黃公以龍圖閣學士出爲越州始至問民所病
皆曰會稽十鄉苦瀕戶海而塘護不固人將爲魚朱儲斗
門民食所繫而歲久不葺越明年春
公既爲發常平餘錢築塘捍海人競歌之謂得未曾有矣

又爲度斗門所費會　朝散大夫嘉禾朱公來倅府事
樂贊其謀於是進士虞敘聞而悅之曰是將無所俟公家
之貲矣敘元昆之子也居欲纘襲父志故其於此能銳然
率鄉里善士輸財協力而與道士翁懷辯躬任其責
公命縣主薄蕭君服董其事於是蠲日庀徒分八閘以前
後其工防役時壅溢之暴其摹畫制度悉因前人之善者
乃若因時損益則相地宜原物性而加之意闢底舊坫以
石限地有不平則粉石爲灰以實其下水漱灰釋隨穴而
滿今爲度地之形稍平易治則甃鎔之例覆石版而置限
其上否則鑿地石爲渠而納限其中至夫閘掩之金岸甃
之甓木之易蠹者易以囏石之善潰者易以堅亭閣之旁

垣墻而護之委八閘之一低其木焉每泄灌浦以爲商舶
之利皆所以救弊而圖安防侵而杜毀也　公具酒醴
浮舟而勞之經始於三月辛酉訖五月之丙寅爲夫二千
用錢五十萬爲日六十有六而告成焉郡人方德　公
之賜而　公移舒州田父野老噫吁而相謂曰斗門其
成　公其去我矣咸願得　公再遊其上庶幾於
公風采得覩其詳以釋吾心　公從之州人乃相與
繪　公之像生祠之咸願述其事而權適在越　朱
公樂推　公美善因民情一日顧謂權記之夫先王定
四民之業以均節天下相生養之道惟農爲勤其水旱之
際畎畝之間有大利害焉欲興除之非得爲其長者惻怛

而從之則常見其沮遏而難成賢俟善令欲興除農畝之
利害非得其所部之人勸功樂事而克相之則多見其功
實之不立至有瞽然坐視曠數十世而人不獲其益者非
一二也　公之爲州能同其憂樂適其避就昔所利者
今必存其所害者今必去昔所有者今必具其所無者今
必有非特於斗門見之一言語一禁令悉能當人人之心
而無儢拒不協之態則　公之爲賢大矣權嘗獲從
公游故樂爲之書而聞越人之於　公有跂戀不足
之意也復繫之詩焉其辭曰
越城言言江海掖焉湖湛一鏡郛縈百川渺渺巨浸昀昀
大田越人衙衙生長乎水孰營其居島嶼洲沮孰致其行

舟檝是倚農桑耕作園圃種蓺防旱決溢曲爲之制其制伊何斗門是肆有山曲阿川谷萃止以蓄以泄以閉以啟悅新而完愳數而圮公之來斯究爾民瘼聆以是告爰咨爰度士有執功官有護作公之宴斯泛泛其舟載酒及羞野膽于芃以勞勸爾匪遨匪遊適觀厥成殖殖其砥重門複衡列植齒齒門之闢斯若𤼵若𤼵虢虢巨震可觀可驚公曰咨爾邦之農父爾財既殫爾利靡盬善飭爾躬及爾孫子啟閉以時民食在此咸拜曰俞我公是若勿懲勿忘勿毀勿削槩公之誠寔寔其有何以榮之椿柏之茂維公之德正直是守何以永之喬松之壽有金石渝有寒暑易頌之其昌永矢勿熄　元祐三年四月望日承議郎知越州山陰縣事兼提舉鑑湖武騎尉𠀤述雄州防禦推官知縣丞莊柔正立石　趙琪刊

右碑在紹興府學明倫堂文卅五行正書字徑八分額題八分書重修朱儲斗門之記八字徑三寸朱儲斗門卽今玉山陡門閘在府治北曾子固鑑湖圖序曰朱儲斗門去湖最遠蓋因三江之上兩山之間疏爲二門而以時視田中之水小溢則縱其一大溢則盡縱之使入于三江之口所謂湖高於田丈餘田又高海丈餘水少則泄湖溉田水多則泄田中水入海無荒廢之田水旱之歲者此也此碑立於元祐三年在子曰作序之後其時斗門久未修葺郡守黃履蒞任後始爲重建事竣黃移知舒州越人繪像立祠邵權爲之撰記也按履字安中邵武人嘉祐二年進士累官至尚書右丞提舉中太乙宫卒入元祐黨籍宋史有傳

宋陶揆題字

元祐己巳十一月廿一日陶揆來刻題名到此

右在三生石摩崖小楷一行

宋蘇軾等龍華寺題名

蘇軾王瑜楊傑張璹同遊龍華元祐五年歲次庚午三月二日題

右在龍華寺後摩崖正書五行字徑三寸按題名俱見東坡集王瑜字忠玉洛陽人時爲憲使續通鑑長編元祐五年八月提點兩浙路刑獄王瑜爲刑部員外郎九月以孫升言別與差遣後元符二年正月以京東轉運使知亳州亦見長編楊傑宋史文苑傳字次公無爲人舉進士元祐中爲禮部員外郎自號無爲子東都事畧楊傑元豐中官太常者數任一時禮文傑與討論張璹字全翁安陸人通鑑長編元祐元年七月以朝奉大夫爲京東路轉運判官五年七月侍御史孫升言兩浙轉運判官張璹違法徇私詔別與差遣題名時猶在浙也咸淳臨安志亦言其爲轉運判官又載龍井題名洛陽王瑜忠玉安陸張璹金

翁查注蘇詩據此以證作全翁之謬

宋蘇軾等大麥嶺題名

蘇軾王瑜楊傑張璹同遊天竺過麥嶺

右在大麥嶺摩崖正書四行字徑一寸左行東坡諸題惟此刻未經黨禁之摩碧者尤可寶也此題不書年月同遊三人與龍華題名同又與咸淳臨安志所載韶光題名同二刻皆元祐五年三月二日此一時所書故不復紀年云

宋宸奎閣碑

宸奎閣碑銘

皇祐中有詔廬山僧懷璉住京師十方淨因禪院召對化

成殿問佛法大意奏對稱旨賜號大覺禪師是時北方之爲佛者皆留於名相囿於因果以故士之聰明超逸者皆鄙其言詆爲蠻夷下俚之說璉獨指其妙與孔老合者其言文而直其行峻而通故一時士大夫喜從之遊遇休沐日璉未盥漱而戶外之屨滿矣仁宗以天縱之能不由師傳自然得道與璉問答親書頌詩以賜之凡十有七篇至和中上書乞歸老山中上曰山即如來體也將安歸乎不許治平中再乞堅甚英宗留之不可賜詔許自便璉既渡江少留於金山西湖遂歸老於四明之阿育王山廣利禪寺四明之人相與出力建大閣藏所賜頌詩榜之曰宸奎時京師始建寶文閣詔取其副本藏焉且命歲度僧一人璉歸山二十有三年年八十有三臣出守杭州其徒始來告曰宸奎閣未有銘君逮事昭陵而與吾師遊最舊其可以辭臣謹按古之人君號知佛者必曰漢明梁武其徒蓋常以藉口而繪其像於壁者漢明以察爲明而梁武以弱爲仁皆緣名失實去佛遠甚恭惟仁宗在位四十二年未嘗廣度尼僧崇侈寺廟干戈斧質未嘗有所私貸而升遐之日天下歸仁焉此所謂得佛心法者古今一人而已璉雖以出世法度人而持律嚴甚上嘗賜以龍腦鉢盂璉對使者焚之曰吾法以壞色衣以瓦鐵食此非法器使者歸奏上嘉歎久之銘曰巍巍仁皇體合自然神曜得道非有師傳維道人璉逍遙自在禪律並行不相留礙於穆頌詩我記其文惟佛與佛乃識其眞咨爾東南山君海王時節

來朝以謹其藏

元祐六年正月癸亥龍圖閣學士左朝奉郎知杭州軍州事兼管內勸農使充兩浙西路兵馬鈐轄兼提舉本路兵馬巡檢公事武功縣開國子食邑六百戶輕車都尉賜紫金魚袋臣蘇軾撰并書

四明阿育王寺故有宸奎閣不知燬自何年寺西折數十武即妙喜泉相傳沉碑在焉余抵四明命僧索之水中乃得唐范的書常住田碑一通其陰則有宋張無垢撰妙喜泉銘數百年舊迹一旦軒露良亦有數哉後從范東明司馬譚及蘇長公閣記司馬家藏有長公舊刻余爲欣然命

林生芝雙鉤入石以補阿育闕典長公書流播甚多獨此
筆法遒勁有歐顏風故願與海內攡觚者共寶爲萬歷乙
酉冬孟郡守溫陵蔡貴易識
右碑篆額五字文正書十七行行四十二字後附明
人行書跋語三行在鄞縣闍在縣五十里文忠書當
時已爲拱璧此大書深刻不致湮没此必黨禁時滅
迹或沉埋别所而東明司馬所藏其或宋拓歟

宋惠安院結界碑

台州□惠安院結界記
朝請郎尚書禮部員外郎楊傑施文
常　摩嚴不可　以世尊

非　摩　可　僧　罪　居當
須結界一則　人無同二則　不　人　攝　食
皆　淨與衆和同　三
妙行食皆得淨故能　露味得　昧則世間爲最
第一成就上妙行則閒　福　當享甘露　苦
之　始於經界　用知　衣服爲身章君子　而
資沙門釋子敢不敬遵乎此院　號普安唐末清
國　翔基　堂舍益廣
塔像輪藏　爲法食同均鐘梵　是吉祥　大衆咸集
毗　就結界　人同
衣屬人爲無　宿罪　宿　三罪

善　積當知此結界　人　二
龍　衛　不能侵常若　三
安穩　如　天　僧　成是　律
子　法　昌相
我　唱元祐六年十月十　日也其有界相
具錄如
僧　相
從此　南角石標　角　主
墻　三門東　棟柱循柱外轉
閣頭入旁　西畔棟柱穿閣　轉至上
墻　頭轉旁墻外　旁墻　至

西　廻轉至石　外　曲　下徹至
西南角　旁　入至
至石標跨水浜過至竹籬旁籬外西
隨屈曲　跨水　過　旁
石標　過
至籬塹旁　外隨屈曲北入至　旁墻　籬北入至轉
角旁墻　隨屈曲西下至　角　標
外隨屈曲西下至籬轉　旁籬外接山　外隨屈曲北入
至　北角石標外角從此旁　外東上至轉角旁　外
至　至轉角　山　南出隨屈曲
東上徹至東北角石　從此旁山　隨屈曲南　至

石標望　山至石　旁　　隨屈曲南　望　　至
角旁塹　水　　東南角石
擺　界
此院東廂廚屋兩間兩廈雜物閤一所　　後
地一　東西兩向蔬園果樹　　諸僧　房內廚屋分
處蔬園果樹下並作
住持　勾當沙門　　勾當傳教　沙門智仁同
勾當沙門　首座沙門　　監院沙門
大師　　明　大師　　　沙門利詢下缺

右碑篆額六字文二十四行行書在臨海縣赤山寺碑爲楊傑施文按赤城志天台頭陀院有楊傑結界施文無相院有楊傑記臨海楞迦院有楊傑施文唯此碑未載

宋蘇軾半月泉題名碑

蘇軾曹輔劉季孫鮑朝棨鄭嘉會蘇固同遊元祐六年三月十一日請得一日假來遊半月泉何人施大手擘破水
中天
東坡
上闕紀遊舊碣向　泰　中越四百年而余來令邑滿六載甫屬覺海僧以衆捨新亭泉上重摹舊刻置之壁間長公墨妙隨地見珍矧吳興舊治詎令茲典終闕物固有遘者王塵山靈於今大有遭矣

右碑上截刻題名下截年月後刻紀遊詩一首詩後有跋文六行乃明萬歷間重刻也此詩案查註云諸刻不載見談鑰吳興志石刻在慈相寺中余家有搨本按先生自杭守召還在元祐辛未集中有三月六日別南北山諸道人詩與半月泉題名相距才五日當是還朝時便道來游歲月鑿鑿可據而此詩本集失載詩與題名大小不同迥出兩手疑後人因題名而贋作此詩蓋先王時方還朝何云請假以此辨之其爲假托未可知也徐志華跋云筆勢及詩句非他人所能仿一日假者乃鄭程之假也碑雖重刻而筆勢不失云云二說互異姑存俟考未有明令重刻跋語初白未之見也劉景文名季孫開封祥符人壯閔公平之子以左藏副使爲兩浙兵馬都監駐杭州曹輔字子方海陵人白太僕丞爲福建轉運判官後六客詞子方其一也二人與文忠倡和甚多見本集蘇固或卽伯固亦見集中

宋林處等烟霞洞題名

林處德祖弟虞季野楊畯耕道　元祐七年四月同游烟霞洞佛手巖

右在烟霞洞摩崖正書七行字徑一寸按虞有大觀元年通判湖州題名在湖州府署

宋重刻漢會稽上虞孝女曹娥碑

上虞縣令度侚字博平　弟子邯鄲淳字子禮撰
蔡邕題其碑陰云　黃絹幼婦　外孫齏臼
碑文不錄
宋元祐八年正月左朝請郎充龍圖閣待制知越州軍
州事蔡卞重書
曹娥場大使河南孟津縣李恭令工刊
右碑在上虞縣行書十八行行字不等字徑一寸五
分元按曹娥碑右軍小楷書唐李北海曾以行體書
之世無傳本此蔡卞于元祐時重書應從北海原刻
而出宋時猶及見真本蔡卞書米元章嘗稱之此刻
桀驁自喜而時露波磔王元美所謂有書筆無書意

多殺己意者要之不可以人廢也碑經明季重刻故
末行有李恭題字
宋周之祥等題名
元祐癸酉八月二十一日周之祥履中何志同彥時黃策
子虞來游
右摩崖正書四行行字不等徑二寸餘
宋寶積院碑
四明山寶積院記
四明山與天台並高東接滄溟西連禹□□□□□常有
雲氣蒙覆其頂仙書以爲洞天殆□□其閒□林穹谷多
昔人結茅之地歲月浸久易以□□往往於煙雲杳靄之
閒前年予卜先人之葬於銀山旣居其麓與所謂空相院
者並望山又有刹焉卽此院也錢氏時鄮□□仁□捨其
基乾寧中□遇復構之號爲揔持慶歷己亥□僧可華爲
像殿與講堂而元熙又繼葺之稍稍完□治平中明堂所
錫額曰寶積而院遂興焉□□上人熙嗣也構之又亢堂
之右爲行人修□之□其□山之西阜培□以自輔植木
森然將於□方□其建□行軒以足之所又於山之前爲
披□□□度嶺者□憇焉卿以能幹名之而予於是知□
□□□□其□勒額於石以爲之誌而過□□□□□之
書
元祐望日無住居士周鍔記
宣義郎監明州下闕
徒弟允斌永昌志□下闕

右碑題額四字文十八行俱正書在鄞縣按寺在縣
西南宋治平中明堂赦錫額寶積乾道三年加琴巖
字鍔文謂錢氏時鄮□□仁捨基乾寧中復搆之號
爲揔持則舊志云唐清泰元年建者誤也周鍔字廉
彥鄞人十四入太學元豐二年進士爲文踔厲競爽
朞于有用初調桐城尉不赴遊潁昌訪舅氏范忠宣
公時文潞公司馬溫公富韓公皆在數得請益造詣
遠大祭酒豐稷給事中范祖禹交薦之知南雄以言
邊事忤時相入黨籍退休西湖作四休堂日與弟銖

籃輿野榜徜徉山水詩歌自娛未嘗一語及官事紹興元年轉中大夫朝廷方用之鍔已老矣始尚書右丞胡宗愈翰林學士王覿重其才相繼以女妻之蔡京作黨人碑婦翁舅甥俱入籍中人以爲榮有文集二十卷承宣集一卷明天集一卷無住居士其別號也

兩浙金石志卷六 南海縣知縣卽補同知錢塘章㙀刊

臨海洪瞻墉校

兩浙金石志卷七

揚州阮元編錄

宋佛牙贊

仁宗神文聖武明孝皇帝製

三皇抱質皆歸土五帝潛形已化塵夫子域中誇是聖老君世上亦言眞理軀祗見空遺塚何處將身示後人唯有吾師金骨在曾經百鍊色長新

大宋紹聖改元甲戌歲乙亥月敬刊于杭州慈雲嶺永壽石佛殿之左山崖之前上報四恩將傳萬世沙門釋惟性建住持沙門賓誠附謹刻字

右在慈雲嶺石佛院摩崖正書五行行十四字徑四寸跋字二行徑一寸額正書三字徑九寸按宋諸帝製咸淳臨安志備錄無遺此贊則不載細觀石壁額上有新建鎭國資延遐齡石像之記十二篆字左龕石佛三軀上飾散花天女等極奇古是當時有造象記刻此石篆字是其題額也又臨安志云是寺建於天福七年吳越王所作舊名資賢今額所題新建鎭國云云顯然吳越所刊特舊志誤資作賛咸淳志誤延作賢耳佛牙一贊當是宋時所刻無疑

宋淨土院釋迦殿記

杭州臨安縣淨土院新建釋迦殿記

臨安吳之臨水縣也晉武始更名焉梁開平中改爲安國

而今則因用晉名臨安之盛肇於晉永和中許遠游發之始自桐廬移入西山登巖茹芝有終焉之志故嘗遺王羲之書云自山陰南至臨安多有金堂玉室仙人芝草左元放之徒漢末諸得道者皆在焉由是臨安山水之名爍聞於時卓卓與羅浮天台埒矣唐之末世寶生具美爲武肅王至其氣象先見於牛斗間則其地勢之雄奇可知矣武肅既貴乃名其城爲安國衣錦軍而錢氏兼有吳越四世相授歷唐晉漢周襲王爵者幾百年不亦盛哉逮　眞人勃興四表臣妾錢氏知天命之會達人事之變鑒諸國之桀驁兵連禍結卒墟其宗廟於是束兵卷甲納境效順吳越之民賴以不見屠戮之傷而室家相保完安至今者此

錢氏之遺德也方錢氏之貴也奉佛尤篤其塗雘棟宇極丹漆之華雕飾龍像窮金木之珍臨安又其故里也崇建梵宇比宅邑爲尤多凡一山之勝一水之麗必建立浮屠宮故百里之境而佛刹幾百數其間最盛者南宗徑山是也分　氏之一支爲如來之別子流教演道是爲法雄其餘則鱗張翼舒相夸紺園星羅棊布咸號精舍以故家家務乎薰脩人人習乎歌唄亦可以爲樂土矣縣之東南隅左倚功臣右帶石鏡曰淨土者乃故武肅王之子僧統慧日普光大師法號令因之塔院也以寶大元年十二月九日歸空于塔寶嚴香刹以奉供養而歲久墮圮棟梁弗支住院僧其瑩與其徒德全惠普者痛其頹沒相與合謀而作新之惟惠普者□□精進勇銳錙求銖斂鳩工聚材彌歷寒暑經始於元祐四年己巳之正月而告成於紹聖元年甲戌九月二十二日之庚申噫亦已勤矣夫臨安壤地狹隘生齒夥繁而佛寺相望其徒之多無慮千數故土木之費齋供之給取之士人力有不贍而檀施尤難得若其弊而增飾闕而葺補者已艱其力矣又況於基構寶殿延袤門閣費且若干非其有不惰之勤不退之勇毅然以莊嚴佛土爲已洪願者其能終此利緣勝果邪嘗聞世尊說若能補故寺是謂二梵之福惠普師能此其於補故寺之功不啻十百矣予甚嘉之故因其請記落成之歲月而喜爲之書若夫佛之所以攝受者實相非實相善法非善法

與夫人之所以歸依者布施非布施福德非福德此乃如來之眞語所以詔後世者故予皆略而不著紹聖二年四月望日記　同句當造殿行者法揔募緣開石　縣尉鄒起撰新授明州定海縣尉駱閎書右班殿直監茶稅張安泰篆額主簿朱世儒縣丞毛寬三班奉職監酒務魏珦左宣德郎知縣事徐濟立石

右在臨安縣淨土寺正書刻于後唐普光大師塔銘之陰按寺在縣南二里十國春秋云吳越大寶四年武肅王捨安國縣宅基爲寺請額于梁曰光孝明因咸淳臨安志云宋大中祥符元年改今額即淨土寺也首云臨安吳之臨水縣晉武始更名焉不知唐時

仍名臨水唐書地理志武德七年潛州領臨水縣元和郡縣志垂拱四年巡撫使狄仁傑奏復置臨水縣是也中述臨安山川之異自晉巳著篤生偉人尊崇釋氏百里之境而佛剎幾百淨土寺又爲僧統令因之塔院尤當作新此惠普之精進勇銳功烈最著者也慧日塔銘作慧因必有一誤縣尉題名等六人舊志無一載者

宋越州修城隍廟碑

越州新修城隍廟記

夫人神相因城隍神保釐一州猶太守也越爲督府爲守者得總制一路視古方伯連帥而州治因山以爲基有若

迫窄然以楹計之無慮千數危樓傑閣虛堂廣榭錯起於山之上下而城隍神廟在山之西距州治百步支離罅漏虞於壓覆不足以妥神而像塑失工不能含見威神風薄塵坌顏色服章晦慘剝裂謁者或怠見於色無以感格靈貺紹聖丁丑孟夏

龍圖翟公思來治州事始至之日公使庫負民錢百萬燕衎以時饋遺有節不閱歲既以其贏盡償所負以紓民困之於是徹城隍廟而新之高明靚深環以門廡神位其中左右以序損益潤色各稱其相凜然人望而畏之按越自隋末始遷子城於此榛莽不治至唐右衛將軍龐公玉始嘗州治且有善政其死州人德之祀以爲城隍神梁開平二年錢鏐表上之詔封崇德侯鏐以詔刊石揭于廟然其事不見於書傳鏐得其詳疑有所自子曰丘之禱也久矣□翟公方在隱約已不妄交際毅然自任以天下之重識者許之東南學者從公問學唯恐後蓋公所養如此故能爲□朝廷識拔一爲諫官三爲御史信其所學不以聲利易其操見有終始爲世司直自元豐歷元祐紹聖幾二十年　朝廷屢更執政大臣自非取舍未始或同當是時士由州縣獵取貴顯者多矣甚者致位公相而斥逐隨之公每以公議在選中而卒亦齟齬不合然亦不失爲臺閣耆舊優息方免觀公出處則其禱久矣新是廟非以徼福也肅恭神明理適然爾詩曰靖共爾位好是正直神之聽

之介爾景福公雖無意于徼福神其舍諸方且介以景福而申之以難老日新而未艾也廟成于戊寅五月戊申而丁丑季冬癸卯經始之日也越州蕭山縣主簿吳頤謹記

知錄事參軍王仲甹書　趙琪刊

右碑篆額四字文正書十八行在紹興府臥龍山城隍廟即刻于崇福侯廟碑陰文載州治因山爲基而廟在山西距州治百步今廟在山上不知何時所徙龍圖翟公思紹聖四年任建中靖國元年再任以諫官御史爲世司直又云新是廟非以徼福肅恭明神理適然爾皆立言有體而吳頤之名新志始據是碑補入幸矣

宋趙艮器等題名

元符改元六月廿三日趙艮器弟仲琳姪持國李聖美高適正同遊從容久之

右摩崖正書左行六行行五字徑寸餘

宋慈雲寺普會寶塔記

杭州承天寺僧祖迨奉募清信弟子謹施淨財建東城慈雲禪院僧俗普會寶塔一所集茲殊利奉為四恩三有法界含生俱伎妙緣咸登覺地時大宋元符二年歲次已卯正月十五日僧祖迨謹記本院首座僧修度僧祖還句當住持口法沙門道清

右在慈雲寺殿前正書十一行行字不等寺始末詳

甲乙傳流景定五年碑此記則募緣常語也

宋游茂先定山慈嚴院題名

建安游茂先行按浙東晚宿慈嚴元符二年八月二十六日　男柞侍行

右在定山摩崖正書四行字徑一寸左行款字正書在左游茂先又有天台觀碑陰題名云建安游茂先遊福聖觀溅珠亭觀瀑布紹興四年九月題去此題三十六年矣

宋重立大悲成道傳

前闕行數不可計

臣既至妙善聽命即謂尼衆汝等速避吾當受誅妙善乃出就死將嬰刃次龍山山神知妙善大權菩薩將證道果救度衆生無道父王誤將斬首以神通力下缺冥暴風雷電攝取妙善置於山下使臣既失妙善所在馳奔奏王王復驚怒驅五百軍盡斬尼衆悉焚舍宇夫人王族莫不慟哭謂女已死欲救無及王謂夫人曰勿哀哭此少女者非我眷屬當是魔怪來生我家朕得除去妖魔甚可為喜妙善既以神力攝至龍山之下環視無人即徐步登山忽聞腥穢又念山林幽寂安有下缺氣山神化老人見妙善曰仁者欲往何所妙善曰我欲入此山脩道老人曰此山之中乃鱗介羽毛所居非仁者脩行之地妙善曰此名何山曰龍山也龍居此故以名之此去西嶺若何曰亦龍所居

是故謂之小龍山惟二山之中有一小嶺號曰香山此處清淨乃仁者脩行之地妙善曰汝是何人指吾居處老人曰弟子下缺人也乃此山神仁者將證道果弟子誓當守護言訖不見妙善乃入香山登頂四望闃無人蹤即自念言此處是吾化緣之地故就山頂葺宇脩行草衣木食下缺知已三年矣爾時父王以是罪業故感迦摩羅疾徧於膚體寢息無安竭國妙醫不能救療夫人王族夙夜憂念一日有異僧立於內前曰吾有神方可療王病下缺聞語急以奏王王聞召僧入內僧奏貧道有藥救王疾病王曰汝有何藥可治吾病僧曰貧道有方應用兩種大藥王曰如何僧曰用無嗔人手眼可成此藥王曰毋戲論取人手

眼寧不嗔乎僧曰王國有之王曰今在何處僧曰王國西
南有山號曰香山山頂有仙人脩行功著人無知者此人
無嗔王曰如何可得其手眼僧下缺它人莫求惟王可得
此仙人者過去　與王有大因緣得其手眼王之此疾立
愈無疑王聞之乃焚香禱告曰朕之大病果獲痊平願此
仙人施我手眼無所吝惜禱下缺卽令使臣持香入山使
臣至已見茅庵中有一仙人身相端嚴趺坐而坐卽焚妙
香宣王勅命曰國王爲患迦摩羅疾及今三年竭國神醫
妙藥莫能治者有僧進下缺用無嗔人手眼乃可成藥今
者竊聞仙人脩行功著諒必無嗔敢告仙人求乞手眼救
王之病使臣再拜妙善思念我之父王不敬三寶毀滅佛

法焚燒剎宇誅斬下缺衆招此疾報吾將手眼以救王厄
旣發念已謂使臣曰汝之國王膺此惡疾當是不信三寶
所致吾將手眼以充王藥惟願藥病相應除王惡疾王當
發心歸向三下缺乃得痊愈言訖以刀自抉兩眼復令使
臣斷其兩手爾時徧山震動虛空有聲讚曰希有希有能
救衆生行此世間難行之事使臣大怖仙人曰勿怖勿怖
持我手眼還報于王記吾所言使人受之還以奏王王得
手眼深生慚愧令僧合藥王乃　之未及旬日王病悉愈
王及夫人戚里臣庶下逮國人皆生歡喜王乃召僧供下
缺謝曰朕之大病　莫救僧曰非貧道之力王無仙人
手眼安得愈乎王當入山供謝仙人言訖不見王大驚合

掌曰朕之薄緣乃感聖僧來救遂左右朕以舁下缺往詣
香山供謝仙人明日王與夫人二女宮族嚴駕出城來入
香山　仙人庵所廣陳妙供王焚香致謝曰朕嬰此惡疾
非仙人手眼難以痊除故朕今日親攜骨下缺來詣山中
供謝仙人王與夫人宮嬪皆前瞻覩仙人無有手眼悉生
哀念以仙人身不完具由王所致夫人審問瞻相謂王曰
觀仙人形相頗類我女言訖不覺哽下缺涕淚悲泣仙人
忽言曰阿母夫人勿憶妙善我身是也父王惡疾兒奉手
眼上報王恩王與夫人聞是語已抱持大哭哀動天地曰
朕之無道乃令我女手眼不全下缺痛楚朕將以舌舐
兒兩眼續兒兩手願天地神靈令兒枯眼重生斷臂復完

王發願已□未至眼忽失妙善所在爾時天地震動光明
照耀祥雲周覆天樂發響下缺見千手千眼大悲觀音身
相端嚴光明晃耀巍巍堂堂如星中月王與夫人宮嬪覩
菩薩形相舉身自撲撫膺號慟揚聲懺悔弟子肉眼不識
聖人惡業障心願下缺救護以免前愆弟子從今以往迴
向三寶重興佛剎願菩薩慈悲還復本體令我供養須臾
仙人復還本身手眼完具趺坐合掌儼然而化如入禪定
王與夫人焚香發願弟子供辦香薪闍維聖體還宮造塔
永　供養王發願已乃以種種淨香圍繞靈軀投火燃之
香薪已盡靈軀屹然舉之不動王又發願必是菩薩不肯
離下缺此地欲令一切衆生見聞供養如是言已與夫人

昇之卽時輕舉王乃恭罝寶龕內菩薩眞身外營寶塔莊嚴葬于山頂庵基之下與宮眷在山守護晝夜不寢久下缺 歸國重建梵宇增度僧尼敬恭三寶出內庫財於香山建塔十三層以覆菩薩眞身弟子蒙師問及菩薩靈蹤略述大指若夫菩薩微密應化非弟子所知律師下缺 問香山寶塔今復如何天神曰塔久已廢今 浮屠而已人罕知者聖人示跡興廢有時後三百年當重興耳律師聞已合掌贊曰觀音大士神力如是非菩薩下缺 願廣大莫能顯其跡非彼土衆生緣熟不能感其應巍巍乎功德無量不可得而思議者命弟子義常誌之實聖歷二年仲夏十五日也

贊曰香山千手千眼大悲菩薩乃觀音化身異哉元符二年仲冬晦日余出守汝州而香山實在境內住持沙門懷晝訪予語及菩薩因緣已而持一編書下缺 且言此月之吉有比丘入山風皃甚古 衣藍縷問之云居於長安終南山聞香山有大悲菩薩故來瞻禮乃延館之是夕僧遶塔行道達旦已乃造方下缺 晝曰貧道昔在南山靈感寺古屋經堆中得一卷書題曰香山大悲成道傳乃終南宣律師所聞天神之語敘菩薩應化之跡藏之積年晚聞京西汝州下缺 卽菩薩成道之地故跋涉而來冀獲瞻禮果有靈蹤在焉遂出傳示晝晝白念住持於此久矣欲求其傳而未之得今是僧實攜以來豈非緣契遂錄傳之日既暮僧輒告去固留不止遂行晝曰日已夕矣彼僧何詣命追之莫知所止晝亦不知其凡耶聖耶因以其傳爲示予讀之本末甚詳但其語或俚俗豈常者少久而失天神本語耶然至菩薩之言皆卓然奇特入理之極談予以菩薩之顯化香山若此而未有傳比予至汝其書適出豈大悲付囑欲予譔下缺 遂爲倫次刊滅俚辭采菩薩實語著于篇噫天神所謂後三百年重興者豈在是哉豈在是哉

元符三年歲次庚辰九月朔贊

崇寧三年五月二日杭州天竺寺僧道育重立　朱炳口

右碑在紹興府學額正書悲之傳三字徑六寸餘文二十七行後贊及年月八行皆行書徑五分詳譯文

義及碑額題字其前皆有闕文疑當時刻石不止一碑或此碑兩面拓者遺其前耳碑爲崇寧三年杭州天竺寺僧道育重立贊內有元符二年仲冬晦日余出守汝州之語未列姓氏不知爲何人所書

宋錢倩仲石龍院題名

建中靖國元年仲冬會稽錢倩仲游

右在西湖石龍院摩崖正書一行字徑二寸

又瑤華洞題名

彭城錢倩仲辛巳仲冬十八日乘與游瑤華洞

右在龍華山瑤華洞摩崖小楷書六行二題名應卽同日所刻

宋查應辰等靈隱續題名

後百有四年兵部查公曾孫朝散大夫提舉兩浙常平等
事應辰察推周公曾孫承議郎通判越州軍州事种復同
遊此洞敬觀遺刻實崇寧改元歲次壬午八月二十有八
日也

右在青林洞摩崖正書六行周氏錢塘人王安石有
周氏世德碑在滿覺壠卽此周氏也又東坡年譜元
祐元年有舉江寧府司理問种充學官事此通判越
州紹郡志亦未載

宋查應辰等題名

查應辰靈□尹□微之趙固夢祥吳脩敏甫庚申上元□

游 吳雍子中來

右摩崖題名正書三行行字不等徑二寸餘吳雍一
行五字似別一題也按應辰有青林續題名書崇寧
改元壬午此書庚申前爲元豐三年後則紹興十年
也

宋徽宗辟雍詔碑

朕嘉在昔善天下之俗勸功樂事尊君親上莫不受成於
學命鄉論秀比其德行而興其賢能崇德黜惡人有成材
逮至後世士失所養家殊俗異未之有革惟我
神考若稽先王建置校學罷黜詩賦訓釋六藝首善於京
師矣朕追述
先志夙興夜寐罔敢墜失思與有德有造之士共承之遂
詔所司推原
熙豐三舍之令播告之修誕彌率土卽國之郊作辟廱廢
科舉以復里選之制非聖賢之書與元祐術學悉禁毋
乃 之 臨廱視學延見多士靡以好爵朕心庶幾焉
傳不云乎以善養人者服天下朕之迪士至矣其 應從
志以從 之欲則將一道德同風俗追成周之隆以駿惠
我
神考豈不韙歟付辟廱 四日

皇帝賜辟廱詔後序

承議郎試大司成兼 侍講武騎尉保寧縣開國男食
邑三百戶賜紫金魚袋臣薛 昂 奉
聖旨撰并書
崇寧元年
上總覽庶政慨然欲大有爲將躋斯民咸底于道迺下
詔曰學校崇則德義著德義著則風俗醇其大輿學舍于
天下又
詔卽國近郊建置辟廱匠臣抗圖
上日古者學必祭先師茲聚四方士多且數千宜增殿像
于前徒經閣于後布講席于四隅餘若爾規厥既得
旨則經營越三年工告成

車駕幸焉祗見　夫子于大成又　詔國子司業臣
緇臣靜曰朕攄至懷親著翰墨賜之璧水申勸無窮小大
之臣下逮韋布鼓舞頌咏咸以覩所未嘗爲幸藏之層構
勒之翠珉明年臣靜又請序其後
上命臣昂曰汝其爲之臣不獲辭乃拜手稽首言曰唐虞
三代尚矣歷世既遠教法不存然上下之庠東西之序左
右之學與夫東膠虞庠或在國或在郊又曰成均曰米廩
曰瞽宗曰辟廱蓋皆設於王都者如此至於鄉遂則又各
爲庠序學校嗚呼何其詳且至也秦漢而降治失本原禮
樂化微師及道喪人才卑陋有媿成周蓋無足怪
於皇神考稽古御時闢太學建三舍論選有法士變宿學
而新美矣
皇帝陛下祖述憲章咸在
先帝收科舉於學校推三舍于四方肇立司成專遣膚使
燕見訓諭　載色載笑
叡意所屬可謂至矣於是時也士患不學不患無所於學
人患不才不患無以成其才方策所傳數不可得於
今親見如出其時豈不盛歟然昔備成於積世　今掩
迹于一時昔大比於王畿　今賓興乎海寓非　天
錫
聖上勇智照於理而不惑斷以義而必行則希世墜典豈
易悉舉哉臣待罪從官以總領師儒爲職誠不自揆仰

聖政之丕成慶多士之幸會忘其淺陋昧冒稱述殆以塞
明詔焉若夫
雲漢之章　河洛之畫顧豈筆舌所能形容彼目擊心
諭得　法象焉則　無爲而成其猶天地歟臣謹序
奉議郎試辟廱司業武騎尉臣何昌言　承議郎守國子
司業兼同編修國朝會要武騎尉賜緋魚袋臣强淵明
朝請郎守國子司業雲騎尉臣汪澥　奉議郎試辟廱司
業臣余深　朝散郎試中書舍人雲騎尉賜紫金魚袋臣
蔣靜　朝散郎試中書舍人飛騎尉賜紫金魚袋臣吳絪
司空尚書左僕射兼門下侍郎上柱國衛國公食邑六
千八百戶食實封二千戶臣蔡　京　奉

勑題額
越州
准辟廱牒檢會崇寧三年十一月十六日　勑
節文　車駕臨幸辟廱　親書手詔下有司
摸勒刊石頒賜諸路州學及契勘崇寧四年三月
十六日　勑應諸州學俟頒到　手詔許令
立石　崇寧四年十二月二十日建
將仕郎充州學教授臣朱　登　從事
郎充州學教授臣季　燮　奉議郎通
判越州軍州管句學事兼管內勸農事借
緋臣倪　直侯

承議郎充顯謨閣待　制知越州軍州事提
舉本州學事兼管內勸農使充兩浙東路兵
馬鈐轄兼提舉本路兵馬巡檢公事武騎尉
文水縣開國男食邑三百戶賜紫金魚袋臣
王　資深

右碑在紹興府學大成殿後壁上刻徽宗御書辟廱詔十四行字徑寸餘筆細如髮全以瘦勁行之所謂瘦金體是也下刻辟廱詔後序及銜名凡三十一行字徑一寸按宋史徽宗本紀載崇寧三年十一月甲戌幸太學遂幸辟廱賜國子司業吳絪蔣靜四品服推恩有差獨未及頒賜詔書當據此補之詔內建置校學廱是學校之誤播告之條條誤作修

宋林虙題字

度支郎中鮑公嘉祐七年壬寅歲來守吳興留題名字刻
于口口之山口口口之口大觀元年丁亥歲口口大口
口口口口口口口守下車之初首訪舊題得石刻於墨妙
堂之南得木刻于逍遙堂之北於是會客圖中發口口題
且與虙步至石下拂塵滌字後得我先文節公題字於其
側文節公守湖當元祐二年丁卯歲距嘉祐壬寅凡二十
六年二公所題固有後先而並刻一石若同時者逮今四
十六年而僕卿與虙兩家口口一日偶至石下同覽遺刻
相顧愴然念棠陰之未改愴手澤之猶新感今悲昔乃書
其事于石云大觀元年十二月望日通判州事林虙題

右題名正書十一行刻於太湖石上乃六客堂舊物也在湖州府署按文似鮑僕卿與林虙兩家先世皆任湖州守茲因手澤感事續題考舊志鮑氏仁宗時有湖守鮑當鮑軻二人必有一于斯林氏任湖守者湖州牧守題名碑有林希注云朝請郎充集賢殿修撰元祐二年八月云云與碑文頗合當即其人虙字季野有元祐七年烟霞洞題名見集中

宋張臺卿等題名

張臺卿莊君猷周氏望蔡達道大觀庚寅冬十二月口口
日口口來此

右在吳山武義廟摩崖正書六行字徑三寸按張閣字臺卿河陽人以龍圖學士知杭州見宋史本傳

宋趙口劉燾等明月峽題名

口口趙口劉燾同來大觀口年四月口口

右題名四行行四字正書徑一寸在長興縣顧渚明月峽唐楊漢公題名左側摩崖劉燾字無言長興人誼之子未冠遊太學與陳伯亨稱爲八俊元祐三年進士仕爲秘閣修撰著見南山集

宋正直院碑

聖宋台州靈龜山　敕正直院記
法輪寺瞿曇氏賜紫有威撰

覺皇應跡尚依止於祇洹像教東漸悉崇隆於梵刹昔者
佛初成道瓶沙王率統內官士庶禦于郊野因以伽蘭陀
竹園爲佛寶舍原其伽藍由兹始也爾後歷代諸祖迭興
未嘗不以經律論學爲住持之眉宇焉苟不然則以植福
營利預於　科之列靈龜山正直院疇昔舊址在院之前
坡巖崖突屼石徑榛險庵室數間卑窄猥陋不能容衆是
亦可嗟沙門惟侃髫亂厭俗有志爲僧默爾介懷終圖遷
革至熙寧初進納剃度稟具已不忘夙志卜地於此始於
元豐三季秋擇日築基首創方丈一所峙峻高顯聳出中
峯即庚申歲也其年復建法堂一座粗　宏壯次於辛酉
冬率顲其衆造寶殿一所疊石爲址高下相映漸而可觀

仍從舊處車載中尊等七身歸就新殿雖牛千人工運架
牽挽跋涉迍瀧其聖像儼然不動杳無損於纖痕若神助
之來無遲　觀者莫不歎仰復於紹聖二禩乙亥歲建僧
堂一座懺室一區三門兩廊東司浴室鱗次而起崇寧三
季建鐘樓一所簨簴凌空鯨音震谷門外敞橋亭使來者
少休於此即大觀二季戊子歲而成焉院雖周匝唯廚庫
未備而又罄乎囊鉢募彼衆緣於己丑冬建葢畢矣上棟
下宇前後內外油飾悉完又慮洪流漲溪將有衝毀之患
乃倩工負石作岸泄水開田俾其永固最後預立墳亭以
俟其卒偉歟始因一簣終見爲山適遘出于一身蹤跡垂
於千古儻恣情慾撥棄因果飽食逸居不修毫善則永劫

沉淪生死苦海險難惡道欲出無期徒追後悔侃公上人
性淡而純志堅而遠　兹像季而能建立伽藍光顯三寶
區區歲月亹亹忘劬起造已來勠力之外所獲施利悉資
衆用不作己想凡運土木瓦石手擔肩荷折重分輕力同
傭鄙未始憚勞至於氷霜凜骨常穿草屨驅馳奔走不顧
形骸其所存之用心乃取益於後世今之緇倫罕有儕者
人或謂開山祖師之先身耳今得一院鼎新林泉幽勝景
趣蕭灑若自然化成異日居者恒傲自樂豈知勞績如斯
艱乎福善等於太虛普濟均於沙界足以報在三之義允
昭　國家覆受其福世或有譏造作爲住相排馳神爲
虛妄固執無相爲是而以有相爲非殊不知有相元無妄

生詆訐吾知其泥無相者是亦真有相也謬參哉時政和
改元太歲辛卯二月望日應命敘其歲月云
天台翠屏學教沙門仲能書丹　管內僧正監壇選練傳
教賜紫公濟大師若舟篆額　攝參軍監台州大田局稅
茶鹽務吳興郡姚日拱立石

碑陰

正直院知事僧　惟侃
口乃熙寧六年脫白受具至亥年交紹先師小庵山院一
所其院朽損不任整頓立衆難安風水不便遂於元豐三
年標志移就山下遷定開基建立院庭永作流通羣生瞻
仰化化不斷佛種現前願心已畢昨所交受住持並無絲

毫穀帛給資財寶什物家事子年年營辦歲歲支持漸而
成矣常住自昔以來係籍水田足圓貳拾畝後於院側四
畔開作水田添數堂厨接待二時及十方凡聖先則雖然
施主捨過物業未係資稅於己未歲五月內蒙本縣曉示
許人請首山捲此 抱狀詣廳陳請山椽下 打量壹伯
伍拾畝永歸常住逐年送資稅其有界至具在于后
東至大蚰直上水源爲界南至舊庵分界西至洋梵嶺及
與福院分水爲界北至山脊爲界
永爲標記以不見聞伏以 佛祠建立者蓋取解脫之義
也登之則有相皆空履之則無爲俱實願茲巨刹最上福
田先則祝扶 今上皇帝聖壽州縣官寮六軍萬姓仍報

四恩普資三有者
政和元年十月日建立開山僧惟侃 徒弟義香義證義
賜紫梵宣梵琦梵安清璉了全 通 齊又富法名
圓淨捨一貫 法名善道捨一貫 陳德智捨伍
伯文以上碑陰上列
增田紀實
龜峯主者於景定壬戌癸亥二年捐衣貲開穀田私計壹
拾伍石有餘懟之隨相起者有常式不虛有所入乃實有
所謂彼農之春務也此坑燒取穀灰 最急應貸火佃之
穀各叁斗問舟之日來請以資其用是憐其窘匱也春務
易爲力矣秋收來償依社倉規增二分息吾門之夏 也
當今輸送免丁爲尤重助貼僧員之錢各壹緡如官之期
津灰不致其擾足念其難辦也夏土可安居矣凡雲水之
來 山各僕膳金乙拾文以佐其遊方之脚力 者所
謂盡善盡美更新所入不虧庶無負於王者觀其操守正
行願深交承之初惟 通縶驂四顧荒陋能不憚艱棘極
力起廢 改徙外門徑路縈迴繚垣高峙萬木斯植叢竹
斯茂風水可挽也然後廬宇備葺聖像具嚴鍾鼓繼聲魔
軍遁迹今之龜峯非昔之龜峯矣我等萬幸或際斯時因
紀增田之實登諸石以永其傳故併敘勳德大略主者諱
道常號斷雲受綫歙日眞戒大師城闉人淳祐壬子臘月
住此至今一紀餘三載旹咸淳二祀歲在丙寅結制日敬

書勸舊 若智惟 立石以上碑陰下列
右碑篆額四字文行書二十六行碑陰上列二十二
行下列十八行俱行書在臨海縣東鄉靈龜山按赤
城志正直院舊名靈龜即以山爲名前記沙門有威
述惟侃建院始于元豐三年終于大觀二季備錄其
勳勞碑陰上列記侃移置小庵山院一所並資稅捨
錢下列則記增田之事洪鈞軒云赤城志大田稅場
在縣東三十里元豐中建觀此結銜茶鹽其所稅也

宋越州新學碑

越州新學記

朝奉郎守尚書度支郎中知越州軍州事兼管內隄堰

橋道勸農提點銀場兩浙東路屯駐泊兵馬鈐轄護軍
借紫張伯玉撰
治平元年夏四月丁卯越州新學成先時學舍近市隘囂
靡寧廠居嘉祐中始於州之東南隅得爽塏地平衍高古
敞然一方喬木渟水有泮林之象焉始作大殿直庠門蹐
然從　夫子舊像南面顏兗公西嚮配坐東西兩廡圖畫
七十二子洎二十有二先儒孟荀揚文中四子之像其東
廡之後別爲祠堂齋宮一區藏爵祭器益嚴繇殿後越敞
庭夏屋言言環坐重席者可三四楬之曰公堂旦夕講勸
歲時鄉射之宅也繇堂東西翼于庠門列爲齋舍甲乙以
次各有名版學者居多益寧堂東學鼓之南書大榜條其

篇目皆學中規爲之法也諸生服膺無譁望之肅如也庚
辰守將伯玉率僚佐洎師儒宿于齋宮辛巳質明用牢醴
將幣奉成于　先聖先師既徹遂升于公堂與祭者咸坐
大約以鄉飲之節發成之于時州人故老堵立而歎曰偉
哉學也我髫壯所未睹逮黃髮見之矣成是美俗世爲善
良者其在茲乎於是序賓充然而進曰維東南越爲大州
今茲學又爲東南㝡始州將渤海刁侯擇地卜築基之矣
會解去繼以紫微吳興沈侯勇爲之僅完矣又易地于杭
故遲之凡三年君侯至而成之夫能以近而致遠俾後而
知今者莫如言昔者魯僖公叔世之諸侯也能興修學宮
國人頌之仲尼與之泮洋之聲到今不絕者言也君侯立

唐虞之朝策名涖官所至以職學爲任宜乎爲我屬爲文
詞刻于金石俾聲于無窮可也伯玉固辭曰惟是寡學不
敏不敢賦且逾月不得免因覃思撫實作新學之詩凡四
章一章十有六句言經始而成之也二章十有六句言來
學之盛也三章十有七句敘學化之流行也四章十有二
句志其悠久抑又禪之也其詞曰
芒芒禹跡越爲大區重山複川丕冒海隅浸被王澤惇古
服儒服儒伊何新學鼎成邃殿高閎廣廡修庭有翬其檐
有覺其楹貌聖圖賢炳燿丹青歲時　國祠丕肄　王靈
夏屋長廊分廠攸居咸有區處式妥其徒其徒來學嚮若
雲合執經而趨鼖鼓發篋躋于公堂師友攸攝禮樂是將

詩書是業涵泳道眞剔剪紛雜俾我善教與時皆洽昔也
學之未成惟君子是營今也告厥成惟庶民是聽父詔子
子弟服于兄曰民之生倀倀冥冥好惡靡別惟學是明昔
我門鬭今也和平告我辯訟今也靡爭納于善良協于太
寧繄學校是興稽山崔崔越水漣漪新學有奕君子所作
惟大中是師惟大化是臼不黨不渝不蔽不欺俾民弗迷
揭爲聲詩告于後人俾長世無斁思
政和元年十月望日將仕郎充州學教授陸友諒重立石
奉議郎監在城稅務張勸書　刊者董彥
　右碑在紹興府學二門西側文廿三行正書徑一寸
文云始州將渤海刁侯擇地卜築繼以紫微吳興沈

侯勇爲之又易地於杭凡三年君侯至成之今以職
官題名攷之刁約以嘉祐五年任沈遘以嘉祐六年
任伯玉踵文通之後以嘉祐八年任經理修學之事
至治平元年落成文中稱君侯者逑州人頌已之辭
據前文守將伯玉率僚佐云云可證乃萬歷志竟以
屬之後任章伯鎮並言伯玉以治平元年徙郡去未
及覩新學落成撰文不自書其功者示謙也不知伯
鎮涖任在治平三年此記作於前一年文中無一語
及後任又何讓功之有此蓋因碑後政和元年十月
重立石一條致誤耳近時新修府志猶仍其謬故特
正之宋詩紀事載伯玉字公達建安人第進士嘗爲

蘇州郡從事范文正舉以應賢良方正能直言極諫
科嘉祐中爲御史出知太平府後遷司封郎中有蓬
萊集據此碑知其嘗守越州府志稱作張侍郎亦誤

宋安吉縣新建東岳行宮碑

湖州安吉縣新建東岳天齊仁聖帝行宮碑
宣德郎監常州犇牛鎮務兼煙火公事彭脩撰　登仕
郎守湖州安吉縣丞管勾學事丁薺書　朝奉郎新差
權發遣秀州軍州管勾學事兼管內勸農事雲騎尉借
緋魚袋劉燾題額
五方皆有名山以作鎮其東曰泰山穹窿巖嵲巃嵸岪鬱
睥日睨月軼雲帶霓岌然拔立以傾拭天下之心目又曰
天孫爲天帝之孫又曰岱宗言東方萬物始交代之處其
上有金匱玉策知人壽命短長威神所被震爚有耀宗長
羣岳會朝百靈夫居杳默冥漠之間祭天下善惡之萌蘖
而禍福之是必其聰明正直有以運精神之妙參造化之
幾故能旋轉乾坤閉闔宇宙指揮風雲呼吸雨暘潛行密
移變化莫測傳曰山川有能潤百里者天子秩而祭之觸
石而出膚寸而合不崇朝而雨徧天下者其唯泰山乎自
古聖王莫不光昭祀事史稱封禪之君七十有二秦漢以
降寖寵極崇於赫
我宋誕膺顯命
藝祖

太宗聖文神武不假戈革混一區宇民脫五季之毒蠡復
見三代之風流
眞宗纘承鴻緒用底丕平封泰山之高以報天禪梁甫之
趾以報地剖天神符合地靈契卜年有永卜世無疆
聖聖繩繩炳炳烺烺
今皇帝稟睿聖之資丁熙洽之運以孝事
神考而紹丕顯之謨以弟事
哲宗而述丕承之烈歡交三神道越百王上暨日月星辰
下至山川草木幽及鬼神微逮蟲魚罔不用乂內自九州
外薄四海延頸企踵以承教化生民以來太平之盛未之
聞也惟天祚我　國家昌明隆熙洽淯曼美故其昭

報虔恭寅肅唯恐或後于時山川之載在祀典者泰山爲
最尊貴名號視上帝且天下咸得祀之雖窮山幽谷要荒
不毛之地皆飾祠嚴奉湖之安吉羣峯回環嵱嵷嶕嶢長
溪縈帶靡迤溶漫地富絲枲人用饒益豪商傑賈萬里輻
輳爲東南大邑宜其架構凌虛多倣宮室繡楹雲栭蟺蜎
護蘐以妥安神明而曾無赤寸之地仍歲聚集浮薄爲社
送迎而已顧瑣陋不稱跨溪而南有金僊氏之居曰等慈
民嘗立嘉應侯以祀之後更塑　岳帝之像祈荅蠁
畱如谷應聲川航陸乘肩摩足疊寺僧戒遇啟思以佛祠
非　岳帝之所宜居廼施寺西之地俾經營之民大
和會相與鋤治鑿山構基始得圓石背隆面窪渾然天成

不見痕跡上有七星列若斗柄其次二星如相先後而拱
于上其次四星兩兩相比考之傳記星隕于地化而爲石
實天以啟于民衷非人能甚厥謀地不愛寶發現于外以
表休祥貴賤聳觀遠近懽聽貧者施力工者薦巧靡由號
召莫不畢至崇寧丙戌夏六月洪水暴漲是用不潰于成
因廢爲荆棘瓦礫之場虹梁彫芬丹髹浸剝華墀釦砌圮
缺斯蕪楣顛欞仆垣傾城夷歲時水旱疾疫縣官與邑之
士民凡有禱請必造其下載瞻神靈居處不虔廼相與而
言曰生人何依惟神是恃福我壽我衣我食我夫夫婦婦
父父子子兄兄弟弟神之所以庇祐生人者既已厚矣而
我報不虔神雖莫我悔咎我寧不愧負厥心於是相率復

踵前功凡爲三門兩廡中大殿一寢殿一旁小殿二爲壇
一爲池一高下相望如翬斯飛塗金間碧璘珣璀璨繪畫
鬼神羅列四壁焜熀瀟口若視若言貪愚險狠顧瞻聾懔
天旋星旂夭矯配藜耽耽渠渠翼翼嚴嚴過者下登者拜
　明明岳帝如在上下如在左右於是祝史跪而告
于令曰惟令在公盡忠教民以孝忠孝之誠格于上下故
時和歲豐民康物阜伊宮之成惟民之力實令之德令承
事郎劉望以語修曰是宮建于元符庚辰十二月己酉通
直郎龔肇經其始成于政和壬辰十一月壬申望濟其終
董役辦事者施曄范守瓊俞仲寧范天式施徽等自庚辰
迄于壬辰春秋凡十有三比年以來時和歲豐神之佑于

我　國家也民康物阜
上之所以敷錫厥庶民也祝史不知廼歸德于望甚無爲
望何德以堪之望嘗詢作宮之意于民咸曰將祈福于
神以報于
上俾盤石之基不拔日日新又日新於萬斯年爲天下主
望惟天保之詩曰天保下報上也君能下下以成其政臣
能歸美以報其上望不肖獲見民能報
上比隆成周實與榮焉於是相與率賓僚齋心潔誠諏日
之良造于宮庭大合樂以落之金石絲竹鏗鍧鏘洋牲腯
酒馨神其醉飽祥氣郁郁以顯　帝靈飛廉斂口屏
翳肅馭乾端坤倪清明沉寥神斯盻蠁人心載欣修崧檄

來茲亦更三時聿觀厥成獲與在列謹拜手稽首而敘之
既敘之又爲之詞以遺邑人使歲時薦獻歌以祝
帝詞曰
於穆　皇帝紹休　七聖兮垂拱南面庶政清
淨兮仁洽道豐品物函詠兮百神受職四方無競兮鄣山
蒼　苕溪汯汯兮中建　靈宫揭虔安靈兮風馬
雲車　帝狩於庭兮鳳蓋棽離旄旂崢嶸兮
帝佑　皇帝永主神器兮以臣以妾磬天亘地兮珍
符靈祥日升川至兮授策泰元壽萬萬歲兮　帝惠
我民時和歲豐兮多黍多稌十雨五風兮稍魑枎狂蕩穰
災凶兮孕阜生蕤蹐世熙隆兮蕩蕩下土　帝司其
職兮蚩蚩之氓孰知　帝力兮　明明岳帝聰
明正直兮欽我民祀與
宋無極兮　政和三年歲次癸巳壬寅朔建　承事郎知
湖州安吉縣管勾學事兼管内勸農公事劉望立石　守
杭州助教范天口施財住持管勾御前賜紫道士虞輔眞
表白賜紫戴尹方
右碑文正書三十六行行八十字在安吉縣按祠初
祀于等慈寺寺僧戒遇施寺西地經始之發地得七
星石貴賤聳觀垂成而潰于崇寧丙戌之水凡禱祠
者猶至于是復踵前功而歸美于令歷歲凡十三年
而彭脩文以記之洋洋數千言洵稱作手結銜有煙

火公事又見紹興十年永靈廟碑蔡凡銜及唐安隱
寺經幢後紹興庚辰題記李械銜上
宋徽宗壽光宫宸翰
東京九成宫住持道士虚靜妙通法師項舉之昨乞歸元
受業處州紫極壽光宫可依已降指揮敦遣赴闕不許辭
避仍令劉既濟躬親敦遣前來進如論違
御筆具知委聞奏付劉既濟　封
恭以　主上聖文　武　出于　天　度絶今古不可倫
凡日下有被　得片紙寸墨者莫不
子及孫而　待罪三浙　年　前後　承　凡數
十幅　日月垂光下　室而有目有趾者莫不
而　也今年春　行秀州　詔令諸處之　壽光
宫敦請虚淨妙通法師項舉之既奉
行凡六日至本宫卽時具袍　躬　聖訓
詑而本宫知　抱一　師　請于
皇帝御　刊諸石　竊　文義　其
于一室　石　萬世　於　然
之　天下學士　如山林　而
之榮　幸也政和七年二月二十日朝請大夫
兩浙計度　運　兼勸農使賜紫金魚
袋口劉既濟口口口
右碑額題篆書政和宸翰四字碑分三列上列刻御

書十行行書中列刻劉既濟下列磨滅不辨一字在
遂昌縣治南瑞山麓元按是時崇道故有此勅前刻
御書後記刻石之由云數十幅當不止此此本宮道
士抱一所刊舊見又有刻于平江府者凡二石勑文
同有御押及御書印側有題款云明教大師同知平
江府崇眞壽聖宮事臣鄭子革紹興甲戌下元爲師
祖妙靜項先生重立蓋其徒孫所刻也又有宸翰一
碑書法同是瘦金體文云處道之士純靜虛通歸元
物外塵不可攖斯先生之妙用也賜九成宮住持道
士項舉之應即記中所云數十之一當時必有刻本
而今亡之也文中有秀州字此當時別院項舉之字

彥昇七歲爲遂昌紫極宮道士大觀庚寅往汴京九
成宮會金明池旱應詔符召池中龍舉之挺劍結步
池水即涌溢有七巨魚浮水上如北斗之次雨隨沾
足詔改紫極爲壽光宮賜殿額及田租政和丁酉召
赴闕授紫虛大夫葆光殿較籍爵秩視朝散大夫壽
光宮在處州遂昌縣南瑞山之麓縣志云唐葉法善
煉丹之地宋元符三年老君像眉端神光見郡邑表
聞政和三年降御容于宮宸翰賜額大書紫極壽光
之官六字今存

宋政和間殘題名

闕　弟揚庭闕棠守富闕大壯自闕來遊政和闕月廿九
日闕

右摩崖殘字五行行書徑寸餘上半已泐

宋太景洞題字

太景洞
□□都事□□金□□□□□□□宣和庚子□□□□

右摩崖正書三字徑八寸用飛白筆法左款二行有
紀元數字可識

宋壽聖禪院修建碑

壽聖禪院下闕
朝下缺神霄玉淸萬壽宮兼管內勸農事借紫下缺
朝奉下缺神霄玉淸萬壽宮兼管內勸農事借緋下缺

天台山水之下缺廬縣巨巖谷　樓傑閣勢聳　雲下缺
傳于江海人　處爲豐厚　招提之
居下缺指計者數千　而壽聖斗絕一隅
獨無有焉壽　龍下缺唐元和六年建寺
本朝熙寧己未賜今名其經始皆鄉人郭文覇與鄰里共
成之歷年滋久下缺而寺幾廢政和癸巳太守孫侯之至
也凡境內僧尙蹶訟者皆闢爲下缺壽聖其一也　禪
梵珪開堂傳道而郭氏子孫能世其業於是下缺而入院
之門安經之臺聲鐘之樓置像之殿齋堂禪室廊廡庖湢
率皆完具面下缺闢徒衆盛可與大刹相儗矣然蹶訟之
徒雖嘗屛去而怙終弗悛潛伏田野　下缺吏之更代則

經營奔走投隙抵巇以罔州縣期於悉復其舊而後已則
相繼爲吏下缺豈得罝而弗恤乎故因梵珪之請爲記而
叙孫侯始創之勤以告來者無廢前人下缺成之績則業
林自此興爭訟自此息而四方釋子所至如歸其爲利也
不亦博哉下缺侯名賓字若虛姑蘇人云宣和四年二月
旦日記　丹丘王軫摸刻　　施石　住持傳灋
僧梵珪建　秉義郎充台州臨海縣杜瀆鹽場亭場巡檢
張瑾立石　修武郎監台州在城房廊　務孟存中書
迪功郎就差充台州司工曹權知臨海縣事陳橐
右碑篆額四字文行書二十行上下皆殘闕在臨海
東鄉郭氏宅地名康功此述孫侯創始修院而梵珪

請記以文也文云僧徇囑訟葢宋時尊崇釋氏動輒
賜田勑牒當時競爲利藪耳孫賓字若虛姑蘇人政
和三年以朝散郎任陳橐字德應餘姚人政和中爲
台州工曹參軍治獄平允更攝臨海天台黃巖三邑
皆以愷弟稱繼知台州洪筠軒云赤城志廣福院舊
名保福熙寜三年改壽聖此稱熙寜已未賜者誤也

宋王兢等靈隱題名

王兢皇甫彥李閭王愼修俞侯同游　宣和四年三月十
一日
在靈隱後山摩崖正書三行右行字徑三寸款正書
一行字徑一寸餘

宋路公弼等天竺題名

路公弼翁端朝傅國華容吉老麥公明孟子與徐明叔宣
和五年夏四月己亥同來
右在下天竺摩崖篆書四行字徑八寸按西湖志引
書史會要稱徐兢字明叔篆法極佳此題名即兢書
也路公弼名允迪宋城人宋史宰輔表建炎三年正
月自資政殿學士提舉洞霄宮除簽書樞密院事

宋刻孔子像贊碑

偉哉魏魏堂堂人中之龍葢千萬世凜然如生夫豈劍佩
之飾丹青之容唯其變化亡窮在九天之上九地之下將
欲搏之又超忽立乎其中雖顏氏之子力窮於步武矧微
生畝叔孫武叔彼么童於戲天不得不高地不得不厚父

子不得不親君臣不得不尊人物鬼神各由其道无是焉
將化爲禽獸賊亂者匪夫人之功也耶毛友
昔鍾離意爲魯相出私錢修夫子車身入廟拭劍履復發
懸　丹書得其文曰後世護吾車拭吾履發吾笥會稽鍾
離意夫圖讖之語未必聖人所作姑置不問至其修崇闕
發　亦聖人所以聖於後世也禹錫　儒家者流反不
若道釋之徒知奉其宗士大夫畏慨福報應之說亦或誦
其書與咒厭之語且繪像嚴事旦日瞻禮至吾　夫子往
恬不加意甚哉人之好異倒行逆施一至於此禹錫獨
恨一介寒素未能如子阿護車拭履之　得　夫子影

堂遺像謹刻　口用廣流布俾學者家置一　庶幾仰
㻋庭河目之　永永誠肅以盡崇奉之萬一竊惟　夫子
之道大而能博與天地相爲悠久不必記諸翰墨而傳至
若當世鉅公讚揚稱述似不爲無補故以
内相毛公讚併刻之石云宣和甲辰中秋日山陰姚禹錫
謹書

右碑首列毛友贊行書十三行次列孔聖及顔子從行畫像末列姚禹錫題跋正書二十四行在紹興府學按毛友字達可西安人少遊太學與鄉人馮熙載盧襄號三俊登第崇寧間爲翰林學士方臘之亂監司不以寔聞友具疏奏朱勔怒其張皇遂予祠讀是

贊知爲光明俊偉之徒歟

宋孔耳石題名

少蘊無言慧覺道人宣和癸卯四月辛亥同來

右題名三行行六字正書字徑一寸餘左行在長興縣丁氏傳爲石林故物其石高四尺許形如人耳色黑而水紋甚細葉夢得字少蘊本吳縣人淸臣曾孫晚年致仕居吳興卞山自號石林居士有石林集無言劉燾之字慧覺當是同游方外交也無言以書法名世書史云黃山谷題其續法帖云劉燾箋題便不類今人書使其春秋高江東又出一羊欣矣此刻用筆圓熟極似李北海疑出無言手書高連卞山志列此題名云致虛無言夢得道人凡訛舛六字益振傳聞紀載非親見石刻也

宋延慶寺羅漢畫像

蜀人善畫思巧筆工余昔備員京東過鄆州天寧寺得石
刻住世羅漢十六尊於片雲中現種種神變持其本歸四
明時有壽聖住持憲公講師愛其本命工刊諸石以傳無
窮植四衆之福靖康改元供孟蘭盆日吳正平書
頃自兵火焚毀此畫不傳男口謹用舊本重刊諸石

右羅漢畫像旁題欵七行正書在鄞縣延慶寺此文首語似有脫落跋云兵火焚毀此畫不傳想重刊時未及校正耶羅漢像宋以前止作十六尊觀貫休及

此刻可証元以後增爲十八矣

宋蘇才翁題名

才翁題名洞中

右摩崖題名正書二行行三字

宋佛手巖題名

德甫必强子中　三年十月三日再游佛手落石二嵒

右在佛手巖摩崖正書横列字徑二寸餘款字正書四行字徑一寸咸淳臨安志烟霞洞有石垂下若手曰佛手巖萬歴杭州府志巖有石筍五枝如手節下指故名佛手又有落石巖在佛手巖右

宋子固等大麥嶺題名

子固子堅正叔

右在大麥嶺摩崖三行字徑二寸

宋道宗等靈隱題名

道宗用晦行甫己未三月三日游

右在青林洞摩崖正書一行字徑一寸西湖志云宋刻石

宋石景衡等靈隱題名

石景衡叔平杜僎升陽同游

右在青林洞摩崖正書二行右行字徑一寸西湖志云宋刻石

宋直翁等靈隱題名

直翁巽道林夫吉甫同游

右在青林洞摩崖正書五行字徑一寸右行

宋南屏山題字

琴臺

米芾書

右在南屏山摩崖正書字徑二尺款字正書字徑二寸此刻無年月觀元周昌銘云下有琴臺云云當為宋季所刊無疑

宋南明山題字

南明山

米芾元章　時使□□□

右正書三字字逕一尺餘左側題款一行行書在麗水縣南明山摩崖距城南三里按志崖間又有葛稚川隸書靈崇二字未知存否

宋米芾第一山三大字

第一山　米芾書姜召刻

右在杭州紫陽山摩崖行書字徑三尺款字徑二寸是刻原在盱眙縣溫州瑞安縣集雲山亦有此刻此則明萬歷間錢唐縣令姜召重摹於此召字可叔廣安州人萬歷二年任有政績見縣志

宋米元章題字

第一山　米元章

右三字字徑四寸在臨海縣按郡司理恕齋班彥功跋元章沸泉字云嘗見米南宮大書第一山石刻筆勢飛動卽此

兩浙金石志卷七　香山縣知縣候補通判仁和周兆蕙刊

國學生布政司理問銜臨海洪瞻墀校

兩浙金石志卷八

揚州阮元編錄

宋武佑廟賜額勅牒碑

尙書省牒越州蕭山縣武佑廟 大字行書

江浙淮南等路宣撫使司狀據知越州劉韐申據本州蕭山縣申睦州羣賊侵犯杭州與蕭山縣止隔一水本縣官吏人民禱告本縣北嶺將軍乞借陰兵保護縣郭以後累次兇賊首領部集賊徒備舡欲過江燒刼蕭山縣才方立起旗號便被大風浪飄散賊舡渡江不得西興江口岸上有披金甲人兵擺布旗槍羣賊懼怕不敢過江有此感應靈跡其北嶺將軍未曾立廟額伏乞敷奏乞立廟額伏乞

朝廷指揮詳酌所申事理特賜施行伏候指揮太常寺供口口本寺檢准令諸神祠應旌封者先賜額今契勘北嶺將軍依條合賜廟額申聞事勘會睦州改名嚴州書 小字正

牒奉

勅宜賜武佑廟爲額牒至准

勅故牒 大字行書

宣和三年六月二十三日牒 小字行書

中大夫守右丞王 大字行書

通議大夫守左丞張押 大字行書

少保太宰押 大字行書

建炎二年正月日朝奉郎知越州蕭山縣事賜緋魚袋曾古心立石 小字正書

右牒大小二十二行在蕭山縣北幹山本廟此劉忠顯申請賜牒刻也忠顯正人而陰兵金甲等語據以入告其爲當時實事可知知縣事曾古心舊志無之而有曾喜其字之離合致訛耶

宋胡庭等靈隱題名

建炎戊申三月十四日口口胡庭孫文口口口口口口彥[illegible]自上天竺同過香林洞探勝至此

右在靑林洞摩崖正書四行字徑一寸餘

宋連道善等伏犀泉題名

連道善鵬舉張文蔚同遊建炎三年閏八月廿一日

右在伏犀泉摩崖正書五行右行字徑三寸餘按樓攻媿北行日記趙州石橋洞題刻甚衆多是昔時奉使者有云連鵬舉使金至絕域實居首選宣和六年八月云云道善或其名邪又廣州九曜石有紹興九年二月連南夫鵬舉題名曾官廣東轉運使後知廣州又直齋書錄有連寶學奏議二卷寶文閣學士安陸連南夫鵬舉撰紹興初知饒州扞禦有功及和議成南夫知泉州上表曰不信亦信其然豈然又曰雖虞舜之十二州昔皆吾有然商於之六百里當念爾欺由是得罪殆鯁直之士而題名書法復爾開張史雖未傳合此數刻足徵梗槪

宋越顯寧廟加封勑牒碑
尙書省牒　越州顯寧廟昭祐公正書十二字徑三寸
太常寺狀准尙書省劄子三省同奉
聖旨駐蹕會稽今已逾歲妖祲不作行殿載寧越州城隍
廟崇福侯可特賜額封公並令太常寺擬定申尙書省依
准今降
聖旨指揮欲擬昭祐公伏乞　朝廷詳酌指揮施行申聞
事　城隍廟崇福侯正書三行徑五分
牒奉
勑朕展義東南駐蹕都會宮室城郭之必葺殆歲之周氣
祲妖孼之弗興繄神之祐是用錫上公之尊爵加二字之
榮名不顯其光用示無窮之報自今以始常儲有美之祥
宜特封昭祐公牒至准
勑　故牒正書六行徑四五寸不等內三牒字二勑字皆大草書　紹興元年五月尙書
省印日牒此行年月在前故牒之下正書徑二寸
叅知政事張　尙書右僕射同中書門下平章事正書一行徑四寸銜尾皆有押
少傅鎭潼軍節度使判紹興軍府事兼提舉學事兼管內
勸農使充兩浙東路安撫使馬步軍都總管信安郡王食
邑七千二百戶食實封叁阡肆伯戶孟忠厚立石正書一行徑五分
右碑在紹興府臥龍山城隍廟額題篆書勑賜昭祐

公碑六字徑三寸前碑因賜廟額而立此則加封公
爵亦由太常寺狀申尙書省奉勑施行者也二碑前
後兩面刻牒式同前惟此碑末有孟宗厚立石題銜
一行按忠厚字仁仲隆祐太后兄子前後凡三判越
州此其初任也鎭潼軍節度宋史作鎭海軍錢官詹
云史誤應從碑高宗本紀紹興元年十月己丑升越
州爲紹興府碑前云越州後云紹興府立石在升府
之後

宋越州顯寧廟賜額勑牒碑
尙書省牒　越州顯寧廟正書九字徑三寸
太常寺狀准尙書省劄子三省同奉
聖旨駐蹕會稽今已逾歲妖祲不作行殿載寧越州城隍
廟崇福侯可特賜額封公並令太常寺擬定申尙書省本
寺依准今降
聖旨指揮擬定廟額今欲擬顯寧廟廟額伏乞朝廷詳酌
指揮施行申聞事正書三行徑五分
牒奉
勑宜賜顯寧廟爲額牒至准
勑故牒正書三行徑四五寸不等內三牒字二勑字皆大草書
紹興元年五月尙書省印日牒此在前故牒之下正書徑二寸
叅知政事張　尙書右僕射同中書門下平章事正書一行徑四寸銜尾皆有押

攝本州助教兼郡□□主管廟事胡承宗
承信郎□□□□指使馬紳捨石　會稽陳師堂刻小字三行徑五分

右碑在紹興府臥龍山城隍廟額題篆書勅賜顯寧廟碑六字徑四寸碑文首行尚書省牒越州顯寧廟九大字次三行小字乃太常寺擬定廟額申尚書省狀也次三行乃尚書省牒文後題紹興元年五月日鈐以尚書省印末行押勅二人曰參知政事張而不名者張守也曰尚書右僕射同中書門下平章事不書姓名者范宗尹也錢辛楣少詹云自元豐官制行而平章參知之名久廢南渡初詔尚書左右僕射並帶同中書門下平章事改門下中書侍郎爲參知政事而宰輔之名又一變矣

宋太學石經

周易二石　每石四列列五十六行行十七字首題周易上經四字次行空三格畫☰☰卦下無乾下乾上四字次行即乾元亨利貞云云皆連接至坤卦始更起後並仿此

一周易上經起志行也九五休止

第三列有缺乾元亨利貞貞闕筆作貞避仁宗禎字諱後並同進退無恒恒闕筆作恒避眞宗諱後同窮之災也災作灾後同問以辨之辨作辯坤愼不害也害作害其所繇來者漸矣繇作由下同君子敬以直內敬闕筆作敬避宋先諱後並同屯磐桓桓闕筆作桓避欽宗諱下同比終來有他吉他作它下同

二石大人吉起九三日昃之離止

此石亦有缺大有明辨晳也晳作晳謙君子以裒多益寡裒作褒案說文有褒無裒集韻云褒聚也通作裒豫殷薦之上帝殷闕筆作殷避宋先諱遲有悔遲作遟按說文遲籒文遟字噬嗑屨校滅趾校作校下同復无祇悔祇作祇坎祇既平同案今作祇訛大畜剛健篤實輝光煇作煇與釋文同離日昃之離昃作昊同釋文案說文作㫟从日仄聲今作昃者即㫟之變體無昊字徐鉉以爲㫟之俗是也自不鼓缶而歌以下並闕

尚書七石　每石四列列四十二行行十七字惟末石三列後有秦檜記一首其文多模糊難審矣碑內不著卷第及虞書夏書字其篇題下亦無第一第二等字小序與篇目皆直接經文其逸篇小序自相連接但不連存篇之序耳

一頑讒說若不在時起攸徂之民止

自首至欽四鄰庶闕第一列多湯滅禹貢九江孔殷殷闕筆作殷避宋先諱後並同或作殷西傾因桓是來桓闕筆作桓避欽宗諱太行恒山恒闕筆作恒避眞宗諱後同五子之歌奈何不敬奈作柰正字敬闕筆作敬避

宋先諱後並同峻宇彫牆彫作雕肖征𤫊位四海肈作
肈後皆同段大令若曆二云肈從戈犀聲玉篇五經文字
皆云肈俗肈字于祿字書曰肈通肈正今本說文攴部
有肈字唐後人妄增入無疑凡古書內從文作肈皆當
改正明徵定保徵缺筆作徵後皆同湯誓弗協作協後
皆同
二罪疾曰曷不暨朕幼孫有比起予克受非予止
自室家相慶至高后丕乃崇降罰第一列多劝說命下
爾交脩予厥脩乃來脩並作修微子我祖底遂陳于上
底作厎吾家耄遜于荒耄作耄天毒降災災作灾後皆
同

三武惟朕文考無罪起天降威知我國有止
牧誓昏棄厥肆祀弗答答作荅正字倘桓桓闕筆作桓
桓洪範無虐煢獨煢作煢正字使羞其行羞作羞曰貞
貞闕筆作貞避仁宗禎字諱後皆同旅獒大保作旅獒
大作太下同
四若翼日乙止
首闕六行酒誥厥心疾很很作很正字盡執拘以歸于
周拘作拘
五卯周公朝至于洛起若天棐忱我亦不敢知止
洛誥萬年厭于乃德厭作猒
六曰其終出于不祥起六年五服一朝止

立政太史太作大
七羣后之逮在下起至末
自又六年王乃時巡至罔有降格闕上二列皆漫滅
毛詩十石　每石四列列四十五行行十八字惟末石三
列碑內不分卷第其周南召南小雅大雅下亦無第一
第二等字小序皆連經文每篇另起每章連接凡篇後
幾章幾句及風雅頌後總計章句皆無之末石有秦檜
跋語與諸經跋同茲獨明晰可讀附錄之以備考云臣
聞之書曰天降下民作之君作之師自古聖王在上則
君師之任歸于一故堯舜之世萬邦咸寧比屋可封者
治教之明効大驗也仰惟主上以天錫勇智撥亂世反

之正又於投戈之隙親御翰墨盡書六經以及論語孟
子朝夕從事爲諸儒倡臣因得請刋石于國子監頒其
本徧賜泮宮堯舜君師之任乃幸獲親見之夫以乾坤
之淸夷世道之興起一人專任其職所爲經綸於心表
儀以身者勤亦至矣所望於丕應者豈淺哉詩不云乎
思皇多士生此王國王國克生維周之楨臣願與學者
勉之紹興癸亥歲九月甲子太師尚書左僕射同中書
門下平章事兼樞密使監修國史兼提舉實錄院提舉
詳定一司勅令提舉編修玉牒所魏國公臣秦檜謹記
案此跋尚書左傳論語皆有之文與此同惟朝夕從事
上左傳跋有左氏傳三字一人專任其職職字論語跋

作責爲異耳其紹興癸亥歲左傳跋作紹興十三年者
十三年歲在癸亥其年月日俱同也引詩維周之楨楨
作榦者避仁宗禎字諱故改其字也其尚書跋亦當與
此同特文多漫滅不可讀矣

一周南起報我不逑止

關雎鐘鼓樂之鐘作鍾卷耳不盈頃筐筐闕筆作筐避
太祖匡字諱采蘋維筐及莒摽有梅頃筐塈之同桃夭
婚姻以時婚作昏行露貞信之教興貞闕筆作貞避仁
宗禎字諱下同殷其靁殷闕筆作殷避宋先諱下同日
月不見答於先君答作荅

二送子涉淇起靑靑子佩止

自終風衞莊姜傷已也至來卽我謀闕氓漸車帷裳帷
誤作惟信誓旦旦作旦旦女曰雞鳴女曰昧旦同竹竿
適異國而不見答答作荅木瓜美齊桓公也桓闕筆作
桓避欽宗諱下及兎爰桓王失信同大車禮義陵遲遲
作遟將仲子以害其弟害作害大叔于田兩驂鴈行鴈
作鴈淸人而禦狄于竟竟闕筆作竟有女同車太子忽
嘗有功于齊太作大風雨風雨淒淒作凄凄子衿刺學
校廢也亂世則學校不修焉校作校修作脩

三悠悠我思起維子之故羔裘豹止

溱洧殷其盈矣殷闕筆作殷雞鳴故陳賢妃貞女貞闕
筆作貞還遭我乎峱之閒兮閒作閒甫田不修德而求

諸侯修作脩後同盧令勞心怛怛作怛怛敝笱齊人惡
魯桓公微弱桓闕筆作桓園有桃不知我者作不我知
者下二章同案唐石經亦作不我知者當從之此與黍
離不同黍離上云知我者故下云不知我者此蓋涉彼
而誤倒耳山有樞有鐘鼓不能以自樂鐘作鍾下同弗
洒弗埽埽作埽揚之水沃盛強強作彊椒聊實大且篤
實作碩案唐石經亦同今作實誤綢繆則婚姻不得其
時焉婚作昏

四褎自我人究究起輾轉伏枕止

此石漫滅特甚每列闕四行下列全闕衡門可以棲遲
遲作遟

五采蘩祁祁起我有嘉賓中心止

自檜至春日遲遲闕首列後闕十餘行七月二之日鑿
冰冲冲作沖沖鴟鴞予尾翛翛作脩脩唐石經同案說
文無翛字今作翛翛孫觀察淵如云翛葢脩字草書變
眞之誤鹿鳴又實幣帛筐篚筐闕筆作筐下同四牡周
道倭遲遲作遟采薇行道遲遲出車春日遲遲並同常
棣況也永歎歎作嘆宜爾室家作家室天保如月之恆
恆闕筆作恒避眞宗諱僕夫況瘁況作況南有嘉魚太
平君子至誠平下有之南山有臺則能爲邦家立太平
之基矣太作大彤弓鐘鼓既設鐘作鍾下同

六好之鐘鼓既設起我獨居憂止

二列小雅鴻鴈前空十行六月以匡王國匡闕筆作匡
四牡既佶佶闕筆作仕避徽宗諱采芑約軝錯衡軝作
軧車攻復文武之竟土竟闕筆作竟選徒嚻嚻作謞謞
十月之交讒口嚻嚻同鴻鴈鴈作鴈下同鶴鳴他山之
石他作它下同案釋文作它云古他字唐石經亦同祈
父靡所厎止厎作底我行其野二章爾不我畜畜作蓄
亦祇以異祇作祗正月憂心慇慇闕筆作慇慇十月之
交豈曰不時曰誤作田
七毛取其血膋起經營四方何草止
自民莫不逸至執其鸞刀以啓其闕上三列多泐大田
興雨祈祈作祁祁賓之初筵鐘鼓既設鐘作鍾白華鼓

鍾于宮同采菽數徵會之徵闕筆作徵筐之筥之筐闕
筆作筐白華俾我疷兮疷作疷漸漸之石役久病在外
在作於案陸氏釋文正作役久病於外孔氏正義三見
皆同不作在字
八不玄何人不矜起于時言言于止
第三列生民前空九行文王維周之楨楨闕筆作楨殷
之未喪師殷闕筆作殷下及皇矣天監代殷皆同鯀迺
慰迺止迺作乃下武公劉並同棫樸奉璋峩峩作峨峨
靈臺於論鼓鐘鐘作鍾下同生民不拆不副拆作坼蓺
之荏菽菽作叔下同恒之秬秠恒闕筆作恒下同以歸
肇祀肇作肈下同或簸或蹂簸作擸案擸不成字誤脫
竹頭耳既醉高朗令終朗闕筆作朗室家之壼壼作壸
公劉鞞琫容刀鞞作鞸案鞸从卑聲此从畀誤
九入覲以其介圭起薄言駉者有驒有止
自時廬旅于時言言至孔脩且張韓侯闕下列多泐韓
奕鞗革金厄鞗作鋚爲韓姞相攸姞闕筆作姞下同實
畝實籍籍作藉載芟春籍田而祈社稷也同江漢肇敏
戎公肇作肈維清肇禋小毖肇允彼桃蟲同常武既敬
既戒敬闕筆作敬避宋先諱臣工敬之俱同王旅嘽嘽
旅作𣿅案字書無𣿅字此誤贍卬諧始竟背竟闕筆作
竟維天之命太平告文王也太作大維清維周之禎禎
闕筆作禎執競鐘鼓喤喤鐘作鍾武勝殷遏劉殷闕筆

作殷下同艮邦載筐及筥筐闕筆作筐桓桓桓武王下
十駱有駵有雒起至末
泮水敬明其德敬闕筆作敬下同桓桓于征作桓桓長
發玄王桓撥同閟宮無災無害災作灾下同烈祖約軝
錯衡軝作軧來假來享享作饗唐石經同臧玉林琳經
義雜記云正義云以假以享謂來朝升堂獻國之所有
也來假謂諸侯來升堂獻酒來饗謂神來歆饗之據此
知經本上作享下作饗故彼箋以享爲獻此箋以饗爲
神饗之俗本經誤作享遂並據以改箋疏幸疏中尚有
改之未盡者得据以正之玄鳥宅殷土芒芒殷闕筆作
殷殷武同肇域彼四海肇作肈長發昭假遲遲作遟遟

中庸一石　凡五列列四十行行十四字碑末無跋有篆
璽御書之印四字
必自邇譬如登高必自卑起至末
辟如登高必自卑辟作譬敬其所尊敬闕筆作敬避宋
先諱下並同修身以道修作脩下並同必有禎祥禎闕
筆作禎避仁宗諱久則徵徵闕筆作徵下並同惟徵則
悠遠雖善無徵作徵可一言而盡也一作壹一撮土之
多及其廣大大作厚待其人而後行而作然案正義云
必待賢人然後施行作然字是吾學殷禮殷闕筆作殷
避宋先諱辟如天地之無不持載辟作譬下同為能聰
明睿知睿作叡案說文作叡古文作睿簡而文簡作蕳

君子之所不可及者無之字案正義曰故云君子所不
可及者其唯人之所不見乎正無之字
春秋左傳四十八石　每石四列列四十五行行十八字
惟末石三列紹興十三年秋九月甲子秦檜跋凡三十
卷與釋文及今单注本同每卷後皆空三行卷首題云
春秋經傳卷第某下皆注某公二字其同一公而分數
卷者于某公下有上中下及一二三四等字經傳皆各
自連接惟改年則提行另起
一
此石漫滅甚多每列又缺數行隱元年傳修惠公之好
也修作脩後並同

二父之子嘉父逆晉侯于隨起周內史聞之曰臧孫止
六年其陳桓公之謂乎桓闕筆作桓避欽宗諱後並同
九年祝聃逐之聃作明十一年授兵於大宮授作受誤
十一年鄭伯與戰于竟竟闕筆作竟後並同或作竟又
作竟不徵辭徵闕筆作徵後並同或作微桓元年經鄭
伯以璧假許田璧作辟傳宋華父督督作督後皆同案
唐石經督字皆作督據說文督从目則从日者俗省耳
二年袞冕黻珽珽闕筆作班
三達其有後於魯乎起有寵於莊公莊公止
此石多泐杞侯來朝不敬敬闕筆作敬避宋先諱後多
作敬讓事也讓闕筆作讓後並同六年必棄小國棄作

弃後並同案說文弃古文棄字
四曰及瓜而代起冬十有二月葬鄭止
自使為鄉為公娶鄧曼至瓜時而往闕莊十一年得儁
曰克儁作雋天降之災災作灾後並同案說文作烖或
作灾災為籀文
五麗公傳二十一年起豈不懷歸畏止
下列多泐二十二年遇觀䷓之否䷋觀下否下皆不畫
卦後並同二十七年以其立子類也類作頪二十八年
屬御彊彊作彊同唐石經
六此簡書簡書同惡相恤之謂也起其娣生卓子及將止
下列多泐閔元年大子申生將下軍大作太僖四年與

屈完乘而觀之完闕筆作宊下同
七立奚齊既與中大夫成謀起夷吾無禮止
五年君父之命不校校作挍下同乃狥日狥作徇神所
馮依馮作凴六年昔武王克殷殷闕筆作𣪘避宋先諱
後多作殹七年經盟于甯毋毋作母傳同傳若君去之
作若若去之同唐石經案今本誤倒當從乙正若總其
罪人以臨之總作揔九年以遺天子羞羞作羞加之以
忠貞貞闕筆作貞避仁宗禎字諱後並同或作貞
八也夏晉太子圉爲質於秦起晉侯無親外內止
自余得請於帝矣至以報燮林之役闕十八年故以鑄
三鐘鐘作鍾二十年謂行多露謂作爲二十一年賁司

大皡與有濟之祀皡作嘷同唐石經下同二十二年詩
曰戢戢兢兢曰作云楚子入饗于鄭饗作享下同案享
字是也唐石經此處殘蝕下亦作享字二十三年有人
而校校作校
九惡之吾闞姬姓起以靖國也靖諸內止
二十四年齊桓公置射鉤鉤作鈎魯衞毛聃聃作明鄂
不韡韡作韡韡同唐石經使頽叔桃子頽作穨下同處
于氾氾作汜同唐石經下同王使簡師父告于晉簡作
蕳二十五年王饗醴饗作享同唐石經蒼葛呼曰蒼作
倉同唐石經遷原伯貫于冀冀作兾昔趙衰以壺餐從
徑餐作飧同唐石經二十六年經弗及弗作不傳而匡

救其災匡闕筆作斥避太祖諱二十七年責無禮也無
無字案釋文亦作責禮也云本或作責無禮者非
十而敗諸外所獲幾何起九月甲午晉止
二十八年謂楚人曰無曰字同唐石經蓺僖負羈氏蓺
作爇殺顛頡以徇于師徇作狥而除其害害作害後並
同諸侯將見將作牁策命晉侯爲侯伯策作䇿下同皆
奬王室奬作獎三十年治匱曰匱作𠤷下同
十一侯秦伯圍鄭以其無禮於晉起以報殽之役二止
且君嘗爲晉君賜矣嘗作甞若不闕秦將焉取之無若
字將字案唐石經原刻亦無後增注二字考正義亦標
不闕秦焉取之六字使杞子逢孫楊孫戍之楊作揚同

唐石經下同三十一年上𢟪𢤱也無也字三十二年文
王之所辟風雨也辟作避三十三年不可蚉也蚉作異
武夫力而拘諸原拘作抅遲速唯命遲作遅老師廢財
作師老案此誤倒不可從文元年伐緜訾及匡匡闕筆
作斥極在少者極闕筆作恒避眞宗諱
十二月晉侯爕之起敗秦師于令狐至于止
三年君子是以知秦穆公之爲君也無公字同唐石經
六年辟刑獄作獄刑同唐石經案正義亦作獄刑讓偪
姞而上之姞闕筆作𡛟避徽宗佶字諱
十三剄首巳丑先蔑弃秦起衛侯會公于沓請平止
未列多渉八年晉侯使解揚歸匡戚之田于衛匡闕筆

作厈十一年經傳同九年以懲不恪懲闕筆作懲十年
無畏扶其僕以徇徇作侚十一年經叔仲彭生會晉郤
缺于承匡無仲字同唐石經案注云彭生叔仲惠伯知
經本無仲字釋文云叔彭生本或作叔仲彭生仲衍字
傳至于錫穴錫作鍚同唐石經
十四于晉公還鄭伯會公于棐起而使歸僕止
此石泐處頗多十四年懲不敬也懲闕筆作懲盧戢黎
及叔麇誘之黎作棃十六年同唐石經此處闕下作棃
十五
此石漫滅難辨惟末列尚有可審者每列闕十行似至
與之蘭而御之止宣二年驪姬之亂驪作麗同唐石經

三年晉侯伐鄭及郔郔作延同唐石經
十大晉師救鄭起夏五月壬申止
自舜曰夌不才至子良出質夏六月闕十二年無日不
討軍實而申儆之儆闕筆作儆軍衛不徹警也警闕筆
作警以懲淫慝懲闕筆作懲又何以爲京觀乎何作可
無觀字案何字今本誤耳觀字唐石經原刻亦無後增
注河魚腹疾奈何奈作柰
十七退我此乃止起
自曹伯壽卒至隕子辱矣子以衆闕此石下二列多漫
滅每列闕十一行成二年御子使速以徇徇作侚下同
曰鋭司徒免乎無曰字

十八
此石亦漫滅可辨者甚少每列闕十餘行似曰子歸何
以報我起此下又闕一石
十九不通則是康公絶我好也起必楚王也射而中止第
二列有泐文十三年焚我箕郜箕作萁以懲不壹懲闕
筆作懲十四年同十四年烏呼烏作嗚十六年不儆儆
闕筆作儆
二十
此石惟第三列有清晰者餘皆漫漶難辨十七年匡句
須吉匡闕筆作厈下同聲伯夢涉洹洹闕筆作洹
二十一學士觔逆周子于京師而立之起晉侯享公公止

十八年匡之困匡闕筆作厈挍正屬焉挍作校籍偃爲
之司馬籍作藉案碑中从竹字多書作廾如雟字策字
箭字箕字皆然故此籍字亦書作藉耳襄三年盟于長
樗于作於下乃盟于祁外同
二十二請屬鄫晉侯不許起
末列殘泐似至具綆缶備止四年可不懲乎懲闕筆作
懲敗于狐駘于作於同唐石經七年謂行多露謂作爲
八年儆而師徒儆闕筆作儆
二十三
通石漫滅惟第二列有數十字可辨每列約闕十行此
石下又闕二三石至子以姬氏與之而止

二十四與之邑其從者皆有賜焉起豹自後而擊之范氏
之止
第二列多闕二十一年而莫敢不懲懲闕筆作懲二十
二年忠信篤敬篤作蔦二十三年經郲畀我來奔畀作
畀同唐石經傳欒氏之力臣曰督戎督作督下同
二十五在臺後欒氏乘公門起我將死其止
右角下闕申驅成秩御莒恆恆闕筆作恒知之難也也
作矣二十五年據于蒺藜藜作棃同唐石經下同反隊
反作返
二十六宰曰免是反子之義也起賦蓼蕭子展相止
下三列有殘泐處枕尸股而哭哭下有之執簡以往簡

作簡下同君昏不能匡匡闕筆作匡今陳忘周之大德
忘作亡不如弈棋弈作奕下同案弈棋字當从廾今作
奕大字非傳會于夷儀之歲至成而不結屬下卷二十
六年經前案唐石經及釋文並同今屬此非
二十七鄭伯賦緇衣起使叔向侍言焉子木止
末列泐二十六年大子痤美而狠狠作很簡兵蒐乘簡
作簡涉于氾而歸氾作汜同唐石經
二十八亦不能對也乙酉起待其立君而爲之備宋公遂
止
曰棠無咎無作无同唐石經下同崔成有疾而廢之成
作氏訛二十八年楊耗名也耗作秏同唐石經說文有

秏無耗字下同恆有子禍恆闕筆作恒
二十九反楚屈建卒起其君弱植公止
末列泐二十九年協比其鄰協作恊展玉爻玉作王同
唐石經處而不底底作厎同唐石經見舞象箾南籥者
箾作䈾下同籥作蘥閒鍾聲焉鍾作鐘裨諶曰裨作卑
同唐石經下並同三十年單公子愆期期作旗同唐石
經烏乎乎作呼同唐石經
三十子侈大子卑起我小人也衣服附止
擊鐘焉鐘作鍾乃受策入拜策作筴三十一年寇盜充
斥斥作厈厚其牆垣牆作墻則恐燥溼之不時溼作濕
下同民之協矣協作恊簡子與子大叔逆客簡作蕳

下同
三十一趙孟曰其幾何止
上三列有殘泐處昭元年而懲諸侯懲闕筆作懲諺所
謂老將知而耄及之者耄作耄且及日中不出旦作旦
下同而惡譻乎譻作䣭
三十二之間也此皆然矣起昧旦丕顯後止
自對曰鍼鬪之至善哉肸未闕此石闕首列每列有泐
文三年不協而盟協作恊少姜有寵而死姜作齊同唐
石經
三十三世猶怠況日不悛起黑而上僂深目止
中二列泐湫隘囂塵囂作䣢伯石之汰也汰作汏四年

同四年吾未見者有六焉吾下有所同唐石經慶封惟
逆命惟作唯同唐石經以狥於諸侯狥作徇此下當闕
三石
三十四而乞師於諸侯王止
每列皆有殘闕十一年單子會韓宣子于戚宣闕筆作
宣十二年其以中儁也儁作雋葬鄭簡公簡作蕑司馬
督囂尹午督作督囂作嚻
三十五
此石上二列畧存影迹下二列漫滅每列約闕十行此
下又闕一石
三十六

此石漫滅惟末列尚有清晰者每列亦闕十行
三十七公載寶以出起費無極取貨於東國而謂蔡人止
中二列有泐二十年以攻萑苻之盜苻作蒲二十一年
器以鍾之鍾作鐘此下闕一石
三十八子車曰衆可止
此石殘剝亦甚二十六年不知天之棄魯耶耶作邪同
唐石經
三十九月晉殺祁盈及楊食我起君必逐之荀止
自懼也而不可怒也至乃殺之夏六闕此石亦多泐二
十八年吾懲舅氏矣懲闕筆作懲下同顓頊氏有子曰
犂頊闕筆作頊避神宗諱三十年明底其情底作底我

先君簡公簡作蕑吾又彊其讐彊作疆讐作讎
四十躁以晉侯之命唁公起晉人假羽旄於鄭鄭止
下二列有泐三十一年懲不義也懲闕筆作懲下同三
十二年遲速衰序遲作遟定元年季孫問於榮駕鵞鵞
作駕同唐石經
四十一人與之明日或旆以會起子必使往他止
此石多剝泐四年以藩屏周藩作蕃同唐石經而封於
少皞之虛皞作暤正字聃季授土聃作明五年報觀虎
之役也役作敗同唐石經六年取匡匡闕筆作斥
四十二日公謂樂祁曰起誰之斂也吾稱子以止
下列有泐七年晉籍秦送王籍作藉八年同八年王孫

賈趨進趨作趍何遲之有遲作遟
四十三告必觀之起殺斟灌以伐斟鄩止
此石殘泐頗甚十三年上軍司馬籍秦圍邯鄲籍作藉
十四年同哀元年報檇李也檇作檇
四十四二子者禍矣恃得君止
此石多剝泐三年世爲婚姻婚作昏同唐石經
四十五不如死棄盟逃讐亦不如死起國書高無丕帥師
伐我止
上二列每列闕十七八行第二列每行又闕二三字末
列殘泐七年猶聞鐘聲鐘作鍾八年我未及虧虧作虧
九年吳子使來儆師伐齊儆闕筆作儆十年同

四十六及淸季孫謂其宰冉求起由弗能齊蔺公之在止
十一年樊遲爲右遲作遟使室孔姞姞闕筆作姞十二
年邑戈錫錫作錫下同十三年鄭子臏使狗狗作徇遲
速唯命遲作遟
四十七其亦夫有奮心起懿子曰君愎而止
自魯也闕止有寵焉至民知不死皆闕此石亦多殘泐
二十二年吳爲無道吳訛作吾
四十八虐少待之起至末
首列剝泐頗甚闕十餘行二十七年寡君命慆曰慆闕
筆作恒因孫於邾於作于同唐石經
論語七石　每石四列列二十七行行十六字或十五字

兩浙金石志卷八　宋　卅三

字帶行書後有紹興癸亥歲九月甲子秦檜記一首凡
十卷與今注疏本不同與單注諸本合首題論語卷第
一五字次學而第一四字次郎子曰學而時習之云云
每章皆連接後仿此
一論語卷第一起有反坫管氏亦止
學而敬事而信敬改作欽避宋先諱爲政不敬何以別
乎季康子問使民敬忠以勸臨之以莊則敬皆同夫子
温良恭儉讓以得之讓改作遜八佾揖讓而升同爲政
樊遲御遲作遟下同殷因於夏禮殷改作商避宋先諱
下及八佾殷禮吾能言之殷人以柏皆同八佾恖不足
徵也徵闕筆作徵下皆同邦君樹塞門樹闕筆作樹下

同
二有反坫管氏而知禮起子曰赤之適止
爲禮不敬敬改作欽下又敬不違及公冶長其事上也
敬久而敬之雍也居敬而行簡皆同里仁惟仁者能好
人惟作唯能以禮讓爲國乎讓改作遜下同公冶長雖
在縲絏之中絏作紲案當從之今作絏者乃唐人避諱
所改五經文字云絏本从世緣廟諱偏傍今經典共準
式例變不可雕也雕作彫不可朽也朽誤作杇
三齊也乘肥馬起深淵如履薄冰止
下三列頗泐述而惟我與爾有是夫惟作唯暴虎馮河
暴作暴齊戰疾齊作齋桓魋其如予何桓闕筆作桓避

兩浙金石志卷八　宋　卅四

欽宗諱得見有恆者斯可矣恆改作常避眞宗諱人潔
已以進潔作絜下同泰伯三以天下讓讓改作遜
四而今而後起食饐而餲魚止
孟敬子問之敬改作欽巍巍乎舜禹之有天下也下巍
字作魏下巍巍乎其有成功也下巍字同案此乃書法
好異故變其體耳以服事殷殷改作商子罕過之必趨
趨作趍鄉黨兩趨進皆同
五餒而肉敗不食起司馬牛問君子子曰君子不止
首列卷五後空五行先進門人不敬子路敬闕筆作敬
子畏於匡匡闕筆作匡避太祖諱其言不讓讓闕筆作
譲

六不忠信行不篤敬起血氣未定戒止
自憂不懼曰不憂不懼至雖蠻貊之邦行矣言闕第三
列每列僅六七字下半闕第四列全闕衛靈公行不篤
敬敬闕筆作敬下則民不敬事君敬其事皆同乘殷之
輅殷闕筆作殷不讓於師讓闕筆作讓
七者與之其不可者拒之起至末
自之在色及其壯也至對曰子夏曰可闕末列泐子張
其惟聖人乎惟作唯窺見室家之好窺作闚同釋文堯
曰修廢官修作脩
孟子十一石　每石四列列二十八行行十六字亦有十
五字及十七字者字帶行書凡十四卷每章俱提行另

起
一不可以敵強海內之地起則何爲不行王止
自首至不可以敵衆弱固闕梁惠王上無恒產而有恒
心者恒闕筆作恒避眞宗諱下同樹之以桑樹改作植
梁惠王下由古之樂也由作猶百姓聞王鐘鼓之聲鍾
作鍾下同文王事昆夷昆作混[illegible]雜記云趙岐注詩
云昆夷兌矣案詩緜作混夷駾矣鄭箋云混夷夷狄國
也釋文混夷奇昆王應麟詩攷載說文昆夷駾矣而緜
正義引說文詩云混夷駾矣皇矣患夷載路箋云患夷
卽混夷釋文混夷音昆正義曰采薇序曰西有混夷之
患據此則孟子昆夷當從石經作混夷與詩合趙注同

作昆者蓋因聲近而亂放於琅邪於作于吾何修而可
以比於先王觀也修作脩惟君所行也無行字召大師
曰太作大哀此煢獨煢作焭
二夫子當路於齊管仲晏子止
首列多泐古公亶父父作甫後我后後作徯閒於齊楚
閒作間
三今此下民起辭曰聞戒故爲兵餽止
自功可復許乎至綢繆牖戶闕公孫丑上自生民以來
自下有有字案正義云言自有生民以來而至於今正
與此同無辭讓之心讓改作遜下同公孫丑下君臣主
敬敬改作欽避宋先諱下皆同桓公之於管仲桓改作

威避欽宗諱下同
四之子何爲不受起夫道一而已矣止
凶年饑歲饑作飢案饑爲饑饉字飢爲飢餓字此饑歲
字正當从幾作飢者字帶行書故從省耳周公使管叔
監殷殷改作商避宋先諱下皆同
五成覸謂齊景公曰起大哉堯之爲君止
滕文公上有恒產者有恒心恒改作常下皆同殷人七
十而助殷改作商下同其命維新維作惟井地不均均
作鈞許子必織布而後衣乎而作然案趙註云許子自
織布然後衣之乎又正義云許子必織布然後衣乎孟
子又問許子必自織布然後衣者乎皆作然字有小人

之事人作民樹藝五穀樹改作植長幼有序序作敘案
正義云長幼有等敘正同此匡之直之匡改作正避太
祖諱
六惟天爲大起
此石多泐而入于幽谷者于作於或相什伯伯作百狐
狸食之狸作貍似至湯使人遺之牛羊葛止
七堯舜之道焉非其義也起是天子而友匹夫也止
自伯食之又不以祀至伊尹耕於有莘之野而樂闕末
列多殘滅萬章上歸潔其身而已矣潔作絜避宋桓司
馬桓闕筆作桓主司城貞子貞改作正避仁宗禎字諱
萬章下遲遲吾行也作遲遲非王公之尊賢也無之字

案正義云是士者之尊賢矣非所謂王公大人尊賢者
也是解經上句有之下句無之知之字衍也
八用下欽上起猶人之性與止
用下敬上敬改作欽下同殷受夏殷改作商下同孔子
奚取焉取非其招不往也焉下有哉無其字
九告子曰食色起指不若人則知惡止
此石多泐告子上則誰敬敬改作欽下皆同或相倍蓰
而無算者算作筭
十下而去之仁者固如此乎起舍則失之是求有益於止
向之心不若人至夫子在三卿之中名實未加於上闕
告子下則有讓讓改作責桓公爲盛桓改作威無易樹
子樹改作立敬老慈幼敬改作欽後迎之致敬同人恒
過恒改作常下同徵於色徵改作證不立乎巖墻之下
墻作牆
十一日舜爲天子起是爲馮婦也晋人有馮止
自得也求在我者也至桃應問闕首六行上皆闕數字
下列多泐盡心上愛而不敬敬作欽下同亦教之孝弟
而已矣弟作悌有答問者答作荅下同盡心下武王之
伐殷也殷改作商能讓千乘之國讓改作遜粢盛既潔
潔作絜遲遲吾行也作遲遲自婦者善搏虎至末皆闕
石經歌有序
昔宋太宗嘗曰朕退朝觀書外留意字畫雖非帝王

事業不愈游畋聲樂乎迨後□□□□□□當寫書
不惟學字又得經書不忘紹興二年宣示御書孝經
繼出易詩書春秋左傳論□及□□□學學記儒行
經解五篇總數千萬言刊石太學淳熙中孝宗建閣
奉安親書扁曰光堯石經□□新安朱熹脩白鹿書
院奏請大帝石經本是也元初西僧楊璉眞伽造塔
行宮故址取碑石壘□□州路官申屠致遠力爭而
止後因改學爲西湖書院歲久闕廢石經斷折零落
洪武中移仁和學于書院然石經久廢人莫知留意
也宣德元年夏予出按于杭觀之慨歎廼以屬郡守
盧君玉潤率教官生徒四散收拾得全碑若干碎折

若干一一補轃共得經碑百片聳致殿後及兩廡見
者驚嘆因作長歌備載其事云
思陵避敵東南隅臨安建國稱行都投戈講藝事經術
諸經語孟咸親書字形僅比黃庭小楷法欲與爭先驅
宸章赫奕麗霄漢鸞翔鳳翥昭神謨宰臣敷奏勒琬琰
工徒竭歷爭奔趨琢成豐碑凡二百一一募刻無遺餘
身高八尺廣踰半上圓中直安方趺列藏成均首善地
要令萬世瞻宏模淳熙紹統構傑閣覆蓋護惜同璠璵
嘗令良工打石本散布學校周寰區炎精墮海宋社屋
口元徒宇崇髡徒豪酋楊璉媚姦相走舁碑石營浮圖
路官申屠力爭止改立書院名西湖陵夷百年閣既毀

石經倒折誰匡扶小者楮壖布行徑大者顛倒橫溝渠
遂令至寶逢汙蔑誰復張眼來睢盱嗟予好古生何晚
忝官六察乘軺車仁和邑庠偶得見對之不覺成欷歔
岐陽之鼓久已沒東都石經今亦無俗流愛好蘭亭刻
視此何啻天淵殊急命郡守集吏卒手舁繩拽來庭除
爬沙剔洗去垢穢灰黏鐵鈕相聯挐尋行數字共合轃
妥置長廊寬更舒東西峙立無杌棿深簷蓋護何地虞
零殘塊礫埋殿後免遭賤辱居泥塗當今聖明御四海
嚮用經術崇文儒浙江大府列藩臬聖人謨訓當宏敷
我歌石經示來者立言雖鄙夏非誣
宣德二年歲在丁未秋七月朔旦巡按浙江監察御史
海虞吳訥識
孔戸部繼涵曰南宋太學高宗御書石經殘碑乾隆戊
子之夏錢唐張秀才廷讓爲搨得寄余爲紙七十四番
外坿明趙嘉龍刻孝經碑吳訥石經詩碑二紙圖贊則
未及也朱彝尊之考石經也於光堯閣石經載洪邁曾
惇楊冠卿葉紹翁王應麟李心傳陳騤潛說友陳基吳
訥楊一清文璧郎瑛于愼行諸說然於刊刻後先字行
增損碑數移置廢興未能通覈折衷之按正德十二秊
巡按監察御史宋廷佐檄知府留志淑遷仁和縣學石
經於府學楊一清爲記有云留君稽閱志籍蓋宋高宗
初渡江都臨安卽詔建學養士紹興二一年手書易書詩

春秋論孟中庸儒行諸篇刻石於學京兆尹趙磻老建
尊經閣以儲之二十四年復製宣聖洎顏曾以下七十
二賢贊并李伯時舊所繪像皆刻石置之學理宗紹定
五秊又以所製伏羲以來道統贊刻之坿諸石經之末
與經義考所采玉海頗不合玉海云紹興五秊九月廷
試畢賜汪應辰以下御書石刻中庸篇十二秊賜陳誠
之周官十八年六月御書儒行篇賜進士王佐等二十
一秊五月賜趙達等大學二十四年賜張孝祥等皋陶
謨二十七年賜王十朋等學記三十年四月賜梁克家
經解篇是時所賜止是十三年上諭輔臣曰學寫字不
如便寫經書不惟可以學字又得經書不忘既而尙書

委知臨安府張𢿱刊石頒諸州學是時所刋亦止易書詩春秋左氏傳四經宋史高宗紀十二年四月甲申增修臨安府學爲太學十三年所頒止及州學不言太學是尙未置太學也十六年上又書論語孟子皆刋石立於太學首善閣及大成殿後三禮堂之廊廡是續刋論孟同立太學應在此時秦檜傳紹興十二年八月徽宗及顯肅懿節二梓宮至行在太后還慈寧宮幸和議復成十三年祥瑞繁多於是粉飾治具如鄉飲耕耤之類節節備舉兩相印證明白無疑淳熙四年二月詔知臨安府趙磻老於太學建閣奉安石經置碑於閣下墨本於閣一以光堯石經之閣爲名朕當親書五月磻老奏

閣將就緒其石經易詩書春秋左氏傳論語孟子外尙有御書禮記中庸大學學記儒行經解五篇不在太學石經之數今搜訪舊本重行摹勒以補禮經之闕從之是立石太學與建閣爲兩帝兩事而禮記五篇高宗時未入太學也汪應辰傳紹興十八年爲進士第一人上初覽其對意其爲老成之士及唱第乃年少子引見者掖而前上甚異之舊進士第一人賜以御詩及是特書中庸篇以賜據傳云特書則非石刻而王應麟同時人又不應有誤豈第一人爲手書餘爲石刻耶然總與太學石經無與中庸眞草孝經羊祜傳皆賜秦檜檜所請刋石者十三年頒御書孝經周官中庸羊祜傳於天下州學與聞喜宴所賜趙磻老訪求之舊本皆是別有刻石朱彝尊取證太學石經則乾道所賜之益稷淳熙所賜之旅獒何所安置石刻鋪敘云高宗親御翰墨作小楷以書周易尙書毛詩春秋左傳全帙又節禮記中庸儒行大學經解學記五篇章草語孟悉送成均九月甲子左僕射秦檜請鐫石以頒四方卷末皆刋檜跋語是又誤以禮記五篇爲檜請刻檜跋者今詩論語左傳末一碑俱存皆有檜跋跋語同益欲書禮記并刻於太學而未及者也重摹中庸無跋末鈐一小璽文爲御書之印以檜跋爲吳訥搥去者亦好事者之言并無其事光堯石經閣原建於太學西北隅少帝㬎德祐開學廢元初

西僧楊璉眞伽欲取碑石壘塔爲杭州推官申屠致遠力爭而止元末肅政廉訪使徐炎改爲西湖書院明洪武十二年郎書院爲仁和學迨末年復徙學於城隅之貢院而石經亦舁致焉驗對摘首十缺其半宣德元年侍御史吳訥屬郡縣收緝凡得全碑及碎折者百片置之大成殿後兩廡正德辛未巡按張承仁欲遷置府學學諭南安李壁懇留而止至戊寅巡按宋廷佐卒遷之時李已除任無有能爭之者至崇禎末廊圮乃嵌之壁中爲遷徙變置者五其殘壞散佚皆由於此非楊璉取之去也蓋徙學移碑於洪武而修葺於宣德元年二十餘年不應敗壞復修必顛倒推棄未一置之所其舉致

時安得枚數次第之而無所遺邪既雜於階墄礎石之賸後之俗吏有陰爲馮熙常伯夫之爲而不自知者是石經之亡亡於徙學不亡於楊璉故吳訥楊一淸于愼行郎瑛諸記皆謂爲申屠致遠所遏而止惟文徵明跋有石經竟亦散落之語而朱彝尊因之無足取証文徵明之跋作於正德十二年適值徙碑之時而有前後斷缺無書人名氏語只據殘本不考刻石檮昧甚矣

右石經碑共八十六石明人吳訥石經歌一石在今杭州府學內禮記中尙有儒行大學經解學記四篇已亡佚不可得周易自離九三以下皆無之較書詩等所缺特甚碑之存者亦多殘剝其字論語孟子皆

行書結體較大中庸次之易書詩左傳俱小楷又諸經凡遇避諱字皆本字闕筆惟論孟則多改字如改敬作欽改殷作商改恒作常改桓作威等皆是葉紹翁四朝聞見錄云高宗御書六經上親御翰墨稍倦卽命憲聖續書至今皆莫能辨具也其異文雖不多頗足校正今本之誤如毛詩子尾脩脩今作翛翛爲訛字左傳不闕秦焉取之今不上有若焉上有將爲衍文禮吾所未見者有六焉今無所字爲脫文此多與唐石經同可見南宋時經猶爲善本攷古者宜所寶貴矣今就碑之存者以毛氏汲古閣本詳校其文閒爲攷證其每經存若干石及每石起止昔人所言多未得實惟曲阜孔誧孟所著石經記甚爲詳核茲錄存之

宋觀世音經像碑

已定居士董仲永向施小字觀音經後以湮沒遂成中輟今復命工刊經於石用廣其施又求得菩薩妙相李伯時墨本同刻諸石作無盡施永仲稽首合掌說偈贊曰

眞觀淸淨觀廣大智慧觀悲觀及慈觀常願常瞻仰歎佛功德上祝今上皇帝聖壽無疆二聖早還京闕天眷共保千祥四海晏淸兵戈永息風調雨順國泰民安法界衆生同霑利樂時紹興二年歲次壬子中元日記前住廬山三峽雲屋叟　曉常勸緣

右在六和塔壁間碑凡四列共一百三十三行小楷書前有大士圓光小像又一像高二寸餘據跋經爲董仲永書像爲李伯時筆而刻手不精僅存形似耳

宋王德壇銅器

紹興二年

大宰廠臣

蘇漢臣監

督姜氏鑄

王德壇用

右宋王德壇銅器錢唐趙氏藏蓋長方皆雷回紋左右有獸面蓋面水紋作梅花十六朵每瓣穿空出氣

似今之熏爐狀其底有銘篆書凡二十字按咸淳臨
安志南宋時吳山有至德觀盖即此壇也圖繪寶鑑
蘇漢臣開封人宣和畫院待詔師劉宗古工畫釋道
人物臻妙尤善嬰孩紹興間復官大寧廠又案居易
錄載宋方爐欵識文與此同云姜氏即姜娘子南宋
人善鑄銅器者

宋湛泉題字

湛泉
先公政和乙未歲謫居丹丘所題時義問與叔兄侍行後
十八年義問復來作酒官而翰墨尚存追念疇昔不勝感
涕謹勒崖間以永其傳紹興癸丑季春十五日男義問恭
書

右刻在台州郡城白雲山大悲庵石壁後有正書跋
文磨泐難辨惟初拓伸蛤時水痕筆法尚隱隱可識
爾義問當是葉義問字審言壽昌人建炎二年進士
初仕郎疏時相奸邪分教上饒擢侍御史陞吏部侍
郎時主和議奏急務六事備金患陞樞密院同知使
金還進知樞密院事金主亮窺江上命視師江淮御
書義問到處如朕親行八字于旗賜之遂有采石之
捷孝宗即位封新安郡侯資政殿學士義問登政府
所得俸祿盡周故人無貲治第寓衢州菴舍以卒謚
忠簡

宋永靈廟勅牒碑

尚書省牒湖州新市鎮永靈廟
禮部狀准都省批送下兩浙轉運司奏據湖州申准禮部
符據湖州新市鎮父老陳偁等狀委見土地保寧將軍近
自方賊等作過陰助並無驚擾民獲安堵乞降廟額尋下
德清縣勘會靈應事跡今據德清縣申勘會得土地保寧
將軍靈顯保明詣實州司保明詣實乞依條施行本司遂
委右迪功郎就差秀州嘉興縣主簿沈柄體訪詢究據沈
柄申體訪委有靈應保明詣實本司再委右朝奉郎本司
幹辦公事朱正剛覆行按實朱正剛申體訪得禱求皆獲
靈感保明詣實本司保明亦委詣實前批送禮部本部尋

行下太常寺勘會去後今據本寺狀檢會已降指揮節文
神祠未經封爵者如有靈應即先賜額今來兩浙轉運司
保奏到湖州新市鎮土地保寧將軍祈禱靈應依所降指
揮會先賜額本部欲依本寺所申事理施行伏乞
朝廷詳酌指揮伏候指揮
牒奉
勅宜賜永靈廟爲額牒至准
勅故牒
紹興五年　月　日牒
參知政事
尚書右僕射同中書門下平章事

尚書左僕射同中書門下平章事

右碑牒文三列首行後有禮部申狀十八行是行書在德清縣新市鎮按舊志神姓朱諱泗父煦三國時朱然之弟從軍于司馬氏部下晉咸寧中伐吳煦妻從行伍至鎮娩焉江左立國神往應募永昌元年王敦反冒陣而亡泰寧二年追封鎮國大將軍此申牒文第稱保寧將軍青溪之擾陰獲神祐而已按建炎三年正月有古跡靈神顯慶去處許州縣奏聞加封册額之詔自此踵事而起者在在有之矣

宋石觀音院題名

臨安府錢塘縣湖北界□□坊居住奉三寶弟子□□同

妻□氏□家眷等謹施淨財命工開鑿釋迦寶殿一□佛

以下六行全泐 皇宋紹興五年歲次甲寅仲冬□□謹題

右在石觀音院摩崖正書十行行字不等

宋煙霞洞題名

淮陽尹彥明趙伯奕邢叔端朱晞眞致一時可子寅寧極

維方紹興戊午十月六日同來

右在烟霞洞摩崖篆書五行字徑一寸西湖志謂此篆即朱敦儒所書也嘉興府志朱敦儒字希眞汴人天性曠達以詞章擅名南渡寓郡城有讀書堂在天慶觀右

宋汪藻等題名

龍圖閣直學士前知湖州□□汪藻新知無爲軍恬□

□祖知長興縣安肅張琮前歙縣丞汝陰孟處義前監南

嶽廟吳興劉唐稽紹興戊午中春來游右承務郎汪悟汪

恪從行 □□徐□刻字□明□□□□

右題名七行行十字八分書字徑二寸末行下有小字三行似刻工姓名磨滅難辨在長興縣顧渚明月峽俗稱王潭西崖仰石摩崖宋史文苑傳汪藻字彥章饒州德興人崇寧中第進士紹興二年除龍圖閣直學士知湖州請修日歷旋以事貶秩復起知撫州又爲言官所論予祠至六年復詔纂修日歷賜史館修撰餐錢聽辟屬編類八年書成上之遷顯謨閣學士

尋知徽州其屬鮑延祖孟處義咸增秩有差今題名藻系銜龍圖閣直學士前知湖州與傳合而戊午紀年正屆書成是藻予祠後嘗流寓長興之龍灣纂修卒業放情山水故所著有龍溪集又按浮溪集載吳興何氏書堂記云予老矣方買田若溪之上時爲紹興十年十月距成書又逾二載是其久寓長興之明証也今譚志於寓賢條内刪去藻名並言其未嘗留寓于此可謂失攷之甚石刻拓蒼下缺二字應是鮑延祖署銜新知無爲軍當是書成後所授新秩張琮長興縣令志未載年月里居可據此補之劉唐稽字林宗樞密珏之子也少守家學顏其齋曰養浩彥章

爲之記并爲於刻後權守常州

宋永靈廟加封勅牒碑

尚書省牒湖州德清縣新市鎮顯佑侯
禮部狀准都省批送下兩浙運司奏據湖州德清縣新市
鎮父老市戶陸修等狀竊見本鎮土地保寧將軍自方臘
等作過陰功護助並無驚擾得獲安堵准勅賜永靈廟爲
額又於紹興七年七月大旱詣廟祠祈求不及旬日果獲
霖雨及紹興八年二月久雨連綿又建道場即時賜霽委
有靈應於民乞封爵號本司遂委右迪功郎秀州崇德縣
主簿曾怤躬親詢究及再委左從事郎添差本司准備差
遣元益覆行按實所陳靈應委是有功於民事跡顯著本

司保明詣實尋行下太常寺勘會去後今據本寺申今來
兩浙運司保奏到湖州德清縣新市鎮土地永靈廟保寧
將軍每遇亢旱及大雨連綿祈求靈應乞封爵號本部今
欲依本寺所申事理施行伏乞
朝廷詳酌指揮施行
牒奉
勅湖州德清縣新市鎮土地永靈廟保寧將軍惟神之靈
覆護一方日雨日暘隨禱而獲肆加顯號用答殊休永佑
我民歆于世世宜特封顯佑侯牒至准
勅故牒
紹興九年五月　日牒

參知政事李押
叅知政事孫押
尚書右僕射同中書門下平章事押

右碑牒文四列俱行書首列禮部申狀十八行正書
在德清縣新市鎮保寧將軍紹興五年賜額永靈此
于六七年間旱潦之應復請封號加爵顯佑也惟神
之靈云云開作誥體知當時體制不必盡同自是而
後慶元二年加封顯佑通應侯端平三年加顯佑通
應惠利侯勅并見後明沈戩穀永靈西廟記又言慶
元二年封神妻協惠夫人元進封靈感公夫人加昭
慶順應助吉世子封保慶嘉濟永昌侯宋勅現存無
封妻子事皆未見諸勅也

宋永靈廟土地顯佑侯碑

湖州德清縣新市鎮永靈廟土地顯佑侯記
夫惟天下之大四海之廣曰山曰川曰城曰野必有神以
主之有爲淫厲者有施利澤者爲淫厲則若於民而常祀
罔不能緜遠施利澤則感於民而時祀殆歷悠久者也愚
嘗聞諸長老攷諸舊記　土地顯佑侯利澤加於民至
矣爲人則力救大旱爲神則德芘生民宣和靖康間顯靈
以攘冦盜保土以弭凶荒時遇雨暘札瘥人咸禱之禱無
不應應無不驗其清災轉禍不可勝紀民今實受其賜則
民豈易忘耶祠宇落成于有晉鎮于鎮之震位俾民有所

所獻來者輻湊周邢會益其所爲規模崇大由是衍祥不
一動應無方乃獲封號保寧士民景仰祭愈克誠今由始
也後以風俗浸廣強勝日生別有所建立者華靡之風使
之然也殊不知神之佑民皆吾民也豈一境土而分禍福
哉神亦知其爲心故不待盡言曷容以浮辭飾說厚誣于
衆也神之感應如響鄉老編其功績告于所隸官覈其實
敷奏于
朝紹興乙卯得賜廟額永靈自茲護我實多隨叉切陳之
紹興己未蒙謚侯爵顯佑於戲侯之積功累德宜其大賚
感
當今之寵錫敢謂無德以將之信知列于典祀永享廟食
可期不朽也歟與進然爲星之晚生荷神之休願傳世世
謹以記之紹興十年三月望日邑人孫與進記玉京田約
書并題額
承信郎薛理　保義郎孫珣　承信郎添差鎮稅趙不
慮　秉義郎添差鎮稅聶阜　右宣教郎監湖州德清
縣新市鎮稅兼煙火公事蔡凡　右迪功郎縣尉曾可
封　右迪功郎主簿王勳　左從事郎縣丞陳一鶚
左承議郎知湖州德清縣主管勸農公事劉嘉成
右碑正書十九行題額勅賜顯佑侯記六字亦正書
在德清縣新市鎮此因前五年賜額九年加封邑人
孫與進紀事之文也文云祠宇落成于有晉是仍舊

志謬悠之說又云爲人則力救大旱爲神則德芘生
民則生時必有實績昭著當世有能言之者此保寧
之稱所自來而明沈戩穀永寧西廟碑又謂周廣順
間封保寧將軍此又一說也題名惟劉嘉成紹興七
年任著於錄餘皆不傳
宋小天童山施財米疏碑
大宋國常州宜興縣成任鄉常富里居住奉三寶弟子吳
憲謹施淨財壹阡伍伯貫文足米貳伯碩入明州天童山
景德寺營建寢宮一所媽茲勝剎式薦
先考六十大夫
先妣宜人呂氏五十八娘子
先兄知府少卿學士超昇
佛界
右恭惟
三寶卽知謹疏
紹興十年三月　日弟子吳憲疏
右碑文正書十二行在鄞縣按宋人稱名多以行數
計發源于六朝盛于唐此重門第誇氏族之一端也
此刻于父母稱六十大夫五十八娘子欲顯親而轉
致晦亦勿之思矣憲以宜興人檀施山積營建寢宮
亦釋氏之僅見者也
宋大用庵銘

大用庵銘

廓然之宗空而不空智游方外妙入環中環中湛存用之不痕揔造化柄見離微根窮極離微玄樞活機河橫澹蕩斗轉依稀依稀成用用與體共家末中形功初內動動而彰彰靜而智藏光含天地兆變陰陽陰陽變兆用得之要春在百花風號萬竅竅竅中虛雖有而無聲不礙器色不染珠珠分走盤不見其端壁立千仞赤肉一團一團赤肉應緣其足倏兮臨鑑神兮居谷谷神是誰靈靈自知說用如鼻眺用如眉用之立換寄世而玩彈指開門相招隔岸隔岸相招拈却木橋箏開一喚適用全超超用載此相逢作家雨雲翻覆雲又交加交加不傷用純愈光拍拍是令

人人當行當行往還用匕險艱如石含玉似地擎山山畜海藏規圓矩方頭頭得用恰恰相當相當函蓋混成三昧宛轉機圓縱橫用大大用現前不存軌則推倒藩籬東西南北南北東西歸去來兮混之不得類之不齊隨類而游閑閑自由天上天下雲行水流四明天童山慈舜正覺述

普覺圓照大師曇讚戒行清苦築庵於義烏之德山予為名曰大用久欲作銘而未果紹興九年予守四明與天童老款偶縱談及此以銘屬之覺欣然不辭其筆力痛快殆與信心銘相為後先明年秋九月已未始授讚俾鑴之石

左朝散郎充徽猷閣待制提舉亳州明道宮潘良貴書

門人慧暉立石　鑴者陳璋男曦

右碑八分書額四字文十五行正書在鄞縣按正覺姓李氏隰州人主泗州普照建炎間主天童寺僧不滿二百覺納衆千二百人所著語錄行于世其文甚則如洞下宗旨諡宏智禪師潘良貴字義榮又字子賤金華人以上舍釋褐為博士遷秘書郎欽宗時以言事黜監信州高宗召為左司諫改除工部以不得其言求去主管明道宮越數年除考功郎知嚴州未幾請祠起為中書舍人以修撰提舉太平觀起知明州除待制提舉明道宮有雜著十五卷朱子為序極推重之

宋佛窟巖塗田記碑

大宋台州臨海縣佛窟山昌國禪院新開塗田記

右宣教郎主管台州崇道觀謝伋撰　保信軍承宣使知閤門事兼客省四方館事權樞密副都承　旨曹勛書　右朝請大夫新差權發遣撫州軍州兼管內勸農營田事借紫金魚袋趙子游篆

台之為郡負山並海阪田瘠薄下上塗泥側耕危穫較計毫釐以是富者無連阡陌中人皆爭尋常惟海濱廣斥之地聚人力焉以防止水趨時如猛獸鷙鳥之發收穫如寇盜之至或可以得大利農之知此者多矣過之者挾其槍刈耨鎛咸有擊菓疾穫之心幸而得請於官又主伯亞旅強弱之力有限比閭族黨鄉州之心不同則人棄我取多

歸於佛之徒矣自佛法之入中國逃賦役而去業者幽禪以爲高此唐韓愈氏之所病也然佛之法大抵以舍身利物而無所在者爲心則韓子之譏學佛者之過也台之南二十里有山曰佛窟其院曰昌國周廣順閒吳越國撿挍刑部尚書包彥暉之所建

眞宗朝改賜今名當南走瑞巖北入都城大道上傳車轂擊僧稠肩摩寢於斯食於斯殆無虛時而歲乏蓄藏院之檀越左朝奉郎通判湖州左君舉嘗爲之謀曰院北廿里有堰曰高湖岸之塗泥可田也左君旣亡而事不就紹興庚申季春僧宗辯來主是刹首發左君之遺意以語其徒願供租賦以奉公上出力役以給往來院衆復因等皆是

其說則狀其事於縣丞程君時攝邑事以爲無傷於民而利於公遂從其請東西盡衆田南伍師山北及下渡斷長補短爲田　於是富者出財少壯者出力能者出技或棄稼而爲廬或捨地而增址暑不避暴炙寒不避匽薄四時之閒無日休息沾體塗足以旦暮從事於斯圍壅塞以防決蓄灌漑而能早二年而成迺有積倉取供十方齋厨以給飛錫而來者皆大歡喜則具石將列檀施之名於左方且求文以記有僧崇教大師宗敏語宗辯曰左君之善謀而師克成之得所與左善者而記之則檀施悅矣今謝祠曹故善左別駕若求文於謝其無辭乎辯來請記如敏說余曰左君吾先人之所知也善與人謀嘗一言而爲茲山永久之利樂辯能成其意故爲之書以示不知者時紹興十二年三月上澣日記

住持傳法默菴苾蒭宗辯立石　郡士王賞摹刊

碑陰

今具列捨　名銜

胡承璋并妻阮三娘一百千牛一頭童居允并妻丁十二娘一百千牛一頭柯宗海并妻董十八娘孫可壽捨莊基一片姜廿八娘捨山一片高容王安上各捨田一畝比丘用　一十千住瑞嵒訥堂如勝比丘德從道滋尼景一淨覺彥　眞了柯壽胥柯壽朋鄭惡呂柯壽祺杞綽各一十千劉琨將端卿陳懷喜張彥端李元名六千盧充堯處積

周子瑫林頎　公信鄭十娘各　千林與齡林鷚何允從徐友直呂文柯有璋　文立盧元沖林文芝丘元政丘大臻高章周思　慶之厲德慶徐元富李敦仁胡獻麟蔣劉　俞德嚴蔣宗信何德通尼彥永

比丘敬　比丘如一宗式景仁惠印元靜　澄宗觀智明梵清元曉用瑫法　淨辯妙靜王五娘呂八娘祝十二娘盧三娘　娘高四七娘各三千左調左勁左勅葛子文俞允升蔣思恭丘子永朱允琮周宗強盧仲壽盧瓊盧良詹珉楊宗靖林元重徐敦　林宗茂林宗懿王旻丘璋比丘體心元翼文素宗譯尼法會彥欽元用元曉沈七娘吳九娘楊廿七娘　十娘　王廿五娘汪廿二娘牟

十九娘陳四娘陳九娘　各二千楊宗貴王
珙金十四娘徐允崇金堯李奭各二千五百盧元白盧元
杲周宗旦丘子堯　進益祝宗　孟珀盧允元解智丁彥
明蔣宗暉周文立粱才　張彥彬張偁宋㝃曹惟賓
章　之章反　陳宗有比丘宗敏惠超擇基梵威昱安
了方文約文萃智誠陳九娘鄭十　娘張廿二娘楊廿
娘丁十六娘丁十四娘祝二十娘卓七娘李承富各一
李文富林忠厲公賢公竦公舉　各三千楊端復端臣
端一
當山助緣僧靈悟道權文　觀梵圓梵宗行淳文表梵
規文一文紹義榮了威慧嚴道奇可詠如外國需宗一如

月幹當僧復因知殿宗逸知藏了存知庫彥清維那如鑑
副院梵規監院德敦　住持傳法苾蒭寶因
右碑篆額五字文正書二十四行陰正書三十八行
在臨海南鄉昌國寺碑爲謝伋撰曹勛書按伋字景
思上蔡人參政克家之子官至太常少卿紹興初侍
父寓居黃巖自號藥寮居士有藥寮吟稿勛字功顯
陽翟人組之子宣和五年賜同進士出身紹興中僑
寓天台以韋太后北還迎鑾功官至昭信軍節度使
孝宗朝加大尉開府儀同三司卒贈少保謚忠靖有
松隱文集

宋吳械等天竺題名

吳械張口彥口口口龍庭實周執口吳口信周之翰淩哲
吳口潘良能陳口口袁相石延慶錢口口口口陳之淵范
雲程敦口冏口許口徵口口紹興壬戌同椶藝春闈
右在下天竺摩崖正書八行字徑二寸按吳械宣和
元年海寧縣令見杭州府志潘良能金華人紹興五
年汪應辰榜進士秘書正字

宋秦檜家廟銅豆

惟紹興丙寅三月巳丑帝命作豆賜師
臣檜宗廟以薦菹醢惟子子永世用享
右宋秦檜家廟銅豆元得之武林器高三寸口徑五
寸九分深一寸七分口旁有篆文銘二十九字案丙

寅爲高宗紹興十六年宋史云二月癸丑建秦檜家
廟三月辛卯造秦檜家廟祭器檜本傳作正月立家
廟紀言辛卯造祭器此器云巳丑蓋器紀命下之日
史紀始作之日也考檜子王熺好古鐘鼎文善作繆
篆時爲翰林學士兼侍讀檜將以鑄器能銘顯子才
學此篆卽命熺作無疑其實字體譌俗不合六書荒
陋已極古彝器有稱太師少師無稱師臣者稱師則
不臣矣然猶可曰不學無術至曰子子永世用享則悖
甚古人于君錫祭器必曰某拜稽首對揚天子丕顯
休命某其子子孫孫永寶用享人臣體制宜然此乃
不稱臣稱名而稱子可見其無復人臣之禮元錄此

器竊附古人鼎列神姦風存鄭衛之義非敢以穢惡
之物躋諸雅奏間也

宋三茅寧壽觀尚書省牒碑

紹興二十年尚書省奉勅賜額臨安府七寶山三茅堂 正書小字

尚書省牒　牒奉勅宜賜寧壽觀爲額牒至准勅故牒 行書大字六行

紹興二十年六月日牒 正書小楷　尚書省印

簽書樞密院事兼□參知政事巫押　參知政事余押

太師尚書左僕射同中書門下平章事押 行書大字　明

嘉靖十八年右布政劉儲秀重篇 正書徑一寸

右紫陽山七寶峰摩崖十二行按西湖遊覽志唐時爲三茅堂宋紹興二十年因東都舊名賜額殿曰太元内奉徽宗御書茅君像累朝賜觀御書有高宗黃庭度人經寧宗道紀堂字理宗養生論咸淳臨安志紹興間賜古器三種又陸游三茅寧壽觀記紹興二十年十月詔賜行在三茅堂名寧壽觀因東都三茅寧壽之舊也初章聖皇帝建會靈觀寘於崇元殿之側營三茅君殿是爲祖宗崇奉之始至是高宗尤垂意焉乃命道士蔡君大象知觀事蒙君守亮副之許其徒世守又命内侍劉敖與領置吏胥給湍衛兵畧用大中祥符故事此賜敕後之大畧也惟誤六月爲十月或未見此敕爾

宋高宗聖賢像贊石刻

朕自睦鄰息兵首開學校教養多士以遂忠良繼幸太學延見諸生濟濟在庭意甚嘉之因作
文宣王贊機政餘閒歷取顏回而下七十二人亦爲製贊用廣列聖崇儒右文之聲復知師弟子間纓弁森森覃精繹思之訓其於治道心庶幾焉

孔丘字仲尼魯人開元廿七年制追謚爲文宣王

大哉宣聖斯文在茲帝王之式古今之師志則春秋道由忠恕賢於堯舜日月其譽維時載雍戢此武功肅昭盛儀海寓聿崇

顏回字子淵魯人贈兗公

德行首科獨冠學徒不遷不貳樂道以居食埃甚忠在陋自如宜稱賢哉豈止不愚

閔損字子騫魯人贈費侯

天經地義孝哉閔騫父母昆弟莫閒其言汙君不仕志氣軒軒復我汶上出處休焉

冉雍字仲弓魯人贈薛侯

懿德賢行有一則聲子也履之成性存存騂角有用犁牛莫論刑政之言惠施元元

冉耕字伯牛魯人贈鄆侯

德以充性行以澡身二事在躬日躋而新並驅賢科得賢

與鄰不幸斯疾命也莫伸
冉求字子有魯人贈徐侯
循良之要在於有政可使爲宰千室百乘師門育材治心
扶性退則進之琢磨之柄
言偃字子游吳人贈吳侯
道義正已文學抗科爲宰武城聊以弦歌割雞之試牛刀
謂何前言戲爾博約則多
宰予字子我魯人贈齊侯
辨以飾詐言以致文苟弗執禮宜莫釋紛朽木糞牆置不
足云言語之科燁然有聞
仲由字子路卞人贈衛侯

升堂惟光千乘惟權陵暴知非委質可賢折獄言信結纓
禮全惡言不耳仲尼賴焉
端木賜字子貢衛人贈黎侯
謙德知二器貴瑚璉動必機先孰並其辯一使存魯五國
有變終相其主身處悠遠
卜商字子夏衛人贈魏侯
文學之目名重一時爲君子儒作魏侯師不可後禮始可
言詩假益小嫌聖亦不疵
林放字子邱魯人贈清河伯
禮之有本子能啟問大哉斯言光昭明訓德輝泰山誣祭
莫啻崇茲祀典盍永令聞

樊須字子遲齊人贈樊伯
養才以道聖人兼濟始謂不仁問飽良喜寓志農圃似睽
仁義學稼之辭豈姑捨是
澹臺滅明字子羽武城人贈江伯
惟子有道天與異容狀雖云惡德則其豐南止江滄學者
雲從取士自茲貌或非公
曾參字子輿南武城人贈郕伯
夫孝要道用訓羣生以綱百行以通神明因子侍師答問
成經事親之實代爲儀刑
公冶長字子長齊人贈莒伯
子長宏度高出倫輩雖在縲紲知非其罪純德備行夫子
所采以子妻之允知英槩

公西蒧字子上魯人贈祝阿伯
猗爾子上魯邦之望以德則貴惟道是唱師聰師明友直
友諒伯於祝阿儒風斯暢
原憲字子思魯人贈原伯
軾彼窮閻達士所賓邦無道穀進退就倫敝衣非病無財
乃貧賜雖不懌清節照人
有若字子有魯人贈卞伯
人稟秀德氣貌或同而子儼然温温其容兩端發問未答
機鋒以禮節和其言可宗
鄭國字子徒魯人贈榮陽伯

伯夫榮陽實惟令德優入聖門過不留跡道以目傳妙則
心識猗歟偉歟後代之則

商澤字子季魯人贈睢陽伯

邈矣子季睢陽是伯屏息受業延教登席未踐四科固涉
六籍祀典載之好是正直

秦非字子之魯人贈汧陽伯

樂善哲士伯于汧陽傳道克正垂名允臧執德以洪用心
必剛袞廣業履式贊素王

曾葴字晳魯人贈宿伯

惟時義方有子誠孝怡怡聖域俱膺是道莫春舞雩詠歌
至教師故與之和悅宜召

巫馬施字子旗魯人贈鄫伯

天清日明密雨曷有師命持盖子亦善抑惟夫子博三才
允究學者之樂所得遂茂

公晳哀字季次齊人贈郳伯

周衰僞隆政在羣公廉恥道微家臣聿崇不爲屈節攜默
自容子於是時凜然清風

漆雕徒父字子期魯人贈須句伯

遐想子期夾榮聖帷涉道是嗜惟士可廉在德既賢在名
乃垂洋洋之風逮今四馳

顓孫師字子張陳人贈陳伯

念昔顓孫商德與鄰學以干祿問以書紳參前倚衡忠信
是遵色取行違作戒後人

高柴字子羔衛人贈共伯

婉彼子羔受業先聖宗廟之問一出乎正克篤於孝非愚
乃令師知其生有煇賢行

榮旂字子祺魯人贈雩婁伯

伯茲雩婁務學實著三千之徒七十是預匪善其行惟德
乃據紀于前書式彰厥譽

秦祖字子南秦人贈少梁伯

秦有子南　贊述作守道之淵成德之博範若鑄金契猶
發藥歷世明祀少梁寵爵

陳亢字子亢陳人贈潁伯

惟亢之問從容其鯉求以異聞詩禮云爾謂一得三誠退
而喜且知將聖不私其子

梁鱣字叔魚齊人贈梁伯

室家壯年無子則遂見於信史全齊之俗原本厥初師言
可復以學則知揆之宜篤

冉孺字子魯魯人贈紀伯

紀伯子魯聖學是務勵己斯的好問乃裕周旋中規容止
可度允矣昔賢後世所慕

顏之僕字叔魯人贈東武伯

賢行顏叔親承尼父志銳所期道尊是輔泥在鈞陶木就
規矩終靡好爵揚名東武

石作蜀字子明秦人贈石邑伯
在昔石邑能知所尊戀依行德克述無言鼓篋槐市揚名
里門此道久視彼美長存
顏高字子驕魯人贈琅琊伯
琅琊之伯其惟子驕數言既彰德音孔昭已覩舞雩同聽
齊詔歷千百禩跂想高標
邦巽字子斂魯人贈平陸伯
彼美邦子先聖是承墻仞已及堂陛將升良玉斯琢寒水
必氷錫壤平陸茂實鬱騰
任不齊字選秦人贈任城伯
任城選伯其表曰選淑問雅馳才華清遠競長力行愛日

黽勉孔教崇崇令緒顯顯
顏無繇字路魯人贈杞伯
人誰無子爾嗣標奇行為世範學為人師請車誠非顧匪
其私千載之下足以示慈
曹卹字子循蔡人贈曹伯
肅肅曹伯王室之裔積習樂道切磋明義惟善則主爾德
是類史筆有煥令名永紀
縣成字子祺魯人贈鉅野伯
至聖立教子祺安雅擅譽魯邦啟祚鉅野煒矣風猷時哉
用捨出倫離類後學是假
顏噲字子聲魯人贈朱虛伯

褒錫朱虛在器輪輿儒室振領聖門曳裾賢業得蘊美材
以攄百世不刊載觀成書
孔忠字子蔑魯人贈汶陽伯
惟子挺生道德之門佩服至論鯉則弟昆三得三亡所問
殊溫君子歸宓義不掩恩
狄黑字晳衞人贈臨濟伯
仰止狄晳抱負淵通游泳德化揚　素風偉識既異持教
乃隆厥志茂焉歲祀無窮
漆雕哆字子斂魯人贈武城伯
子斂受封爰居武城亹亹其間翩翩其英摳衣時習願學
日明誕敷孔教爵里疏榮

申棖字子續魯人贈魯伯
剛毅近仁志操莫渝性匪硯鮀面豈子都有一於此剛名
可圖云慾則柔益生之徒
壤駟赤字子徒秦人贈北徵伯
式是壤伯昭乎聖徒執經請益載道若無詩書規矩問學
楷模得時而駕領袖諸儒
施之常字子恒魯人贈乘氏伯
開國乘氏有德斯彰忝稽百行贊理三綱自拔行間榮名
甚光在史藹藹歷久彌芳
公祖句茲字子之魯人贈期思伯
惟彼子之錫伯期思與賢並進得聖而師彬彬雅道翼翼

令儀上目至言廟食不隳
伯虔字子折魯人贈聊伯
有懷子折全魯之彥儒行既名聊伯乃建兢兢受道奕奕
崇弁懿選嘉訪世享馨薦
南宮括字子容魯人贈郯伯
先覺既位轄履並馳尚德君子爾乃兼之羿奡可懲禹稷
可師三復此道載觀白圭
公孫龍字子石楚人贈黃伯
黃伯著祀公孫是云彌縫中道協輔斯文藏修方異漸漬
其勤史闕不忘播爲清芬
廉絜字庸衛人贈莒父伯
兄弟之邦士有廉庸涵泳素教表揭儒宗杏壇探頤洙泗

從容作興一時莒父其封
叔仲會字子期魯人贈瑕邱伯
瑕邱祚邑子期是爲親訓有日廣業于時四教允隆五常
以持比肩俊傑聞望斯垂
商瞿字子木魯人贈蒙伯
易之爲書叅合天地五十乃學師則有是子能受授洗心
傳世知幾其神宜被厥祀
司馬耕字子牛宋人贈向伯
手足甚親志異出處雖將爲亂子乃脫去在汚能潔危而
有慮內省若斯何憂何懼

蘧瑗字伯玉衛人贈衛伯
有衛伯玉夫子與居寡過未能薦賢使乎以屍諫君友則
史魚果得進賢爛然簡書
公西赤字子華魯人贈部伯
學者行道敝緼亦稱使齊光華偶爲肥輕周急之言君子
所令答問允蹈理皆先經
公伯僚字子周魯人贈任伯
人有賢否道有廢興子如命何訾愬震驚季孫雖惑景伯
莫平師貧一言秩祀亦懲
漆雕開字子開魯人贈滕伯
仕進之道要在究習具臣而居吾欲誰執斯未能信謙以

有立闕里悅之多士莫及
宓不齊字子賤魯人贈單伯
君子若人單父之政引肘寤君放魚稟命傅郭勿穫遂能
制命百代理邑用規視聽
燕伋字思秦人贈漁陽伯
師席高振大成是集至道克傳賢達斯執善教云袞儒風
可立漁陽之士得跂而及
申黨字周魯人贈邵陵伯
侁侁申周四科與儔逸駕文囿鼓枻儒流冠珮既燕言動
允休邵陵得封可想清修
琴牢字子開衛人贈南陵伯

多能鄙事聖人曲意惟其知之是以不試宗魯雖友弔必
以義尙師嘉言祀亦罔替
秦商字子丕楚人贈上洛伯
孔父秦父相尙以力俱生賢嗣相與以德是父是子致詰
疇克曾并儒林令名無極
步叔乘字子車齊人贈淳于伯
勉勉子車封邑淳于親炙避席唯諾趍隅發微旣博雅道
是扶抑可尙也不亦美乎
顏辛字子柳魯人贈蕭伯
孰封于蕭賢惟子柳夙飫格言克遵善誘明德斯馨賢業
所就以侑于儒傳芳逾茂

奚容蒧字子晳魯人贈下邳伯
雍容子晳已望堂室幼則有造成則祖述文彩日化儒効
力弼永觀厥成德音秩秩
冉季字子産魯人贈東平伯
東平子産姓著盛時奉師　講道之微答問其敏婉妙
以思升降陞廉尙想　姿
后處字子里齊人贈營邱伯
溫溫子里入聞至聖擇道之華秉德之柄深造閫域不乖
言行全齊之封竹素爲盛
左人郢字行魯人贈臨淄伯
伯彼臨淄左行稱賢睎蹤十哲秀穎三千心悅誠服家至

戸傳樂只君子文聲益宣
秦冉字開蔡人贈彭衙伯
彭衙高士經籍是親贊成德藝協於彝倫底績聖道期肖
素臣優哉游哉學以致身
樂欬字子聲贈昌平伯
樂氏子聲錫爵昌平信道之篤見善乃明引領高節載惟
思誠先賢聿集出爲時英

御書之寶

右宣聖及七十二弟子贊宋高宗製并書其像則李龍眠
麐所畫也高宗南渡建行宮于杭紹興十四年正月始卽

岳飛第作太學三月臨幸首製先聖贊後自顏淵而下亦
課辭以致褒崇之意二十六年十二月刻石於學附以太
師尙書左僕射同中書門下平章事兼樞密使秦檜記檜
之言有曰孔聖以儒道設教弟子皆無邪雜背違於儒道
者今搢紳之習或未純乎儒術顧馳狙詐權譎之說以僥
倖於功利其意蓋爲當時言恢復者發也嗚呼靖康之禍
二帝蒙塵汴都淪覆當時臣子正宜枕干嘗膽以圖恢復
而檜力主和議擯斥衆謀盡指一時忠義之言爲狙詐權
譎之論先儒朱熹謂其倡邪說以誤國挾虜勢以要君其
罪上通于天萬死不足以贖者是也昔龜山楊先生時嘗
建議罷王安石孔廟配享識者韙之訥一介書生幸際聖

明備員風紀茲於仁和縣學得觀石刻見檜之記尚與圖贊並存因命磨去其文庶使邪詖之說姦穢之名不得厠于聖賢圖像之後然念流傳已久謹因備識俾後覽者得有所考云

宣德二年歲在丁未秋七月朔巡按浙江監察御史海虞吳訥識　教諭林賢訓導劉數摹勒于石

右在杭州府學正書碑之始末具見碑後明御史吳訥跋中其遷移始末見明楊一清遷石經記大約與石經道統贊同也當時自仁和學徙置尊經閣之下甃以瓴甓爲數則一十有五萬歷府志謂當時仍賜刻本于諸學校焉龍眠畫象　本朝陳章侯少時摹寫頗有臧否聞南宋閒成都石室文翁高眹諸刻猶有存者惜無歐趙諸人一致之也

兩浙金石志卷八　香山縣知縣候補通判仁和周兆蕙刊

臨海洪瞻墉校

兩浙金石志卷九

揚州阮元編錄

宋妙喜泉銘碑

妙喜泉銘

育王爲浙東大道場地高無水僧衆苦之紹興丙子佛日禪師杲公受請住持周旋其間命僧廣恭穿穴茲地爲一大池鍬鍤一施飛泉溢涌知州事姜公秘監見而異之名曰妙喜無垢居士爲之銘曰

心外無泉泉外無心是心卽泉是泉卽心或者疑之以問居士心在妙喜泉是育王云何不察合而爲一居士曰來汝其聽取妙喜未來泉在何處妙喜來止泉卽發生心非泉乎泉非心乎謂余未然妙喜其決之

紹興丁丑三月丙寅無垢居士張九成書

妙喜老僧宗杲重說偈曰

謂泉卽心謂心卽泉無垢居士作一弗穿有出有入有正有偏居士恁麽妙喜不然徐六檐板如見一邊泉只是泉難喚作心心只是心決定非泉是義不正亦復不偏泉乎心乎亦非棄捐擬議思量十萬八千

山門監寺僧善卿立石

右碑文正書九行後附行書二行在鄞縣張九成字子韶錢塘人事蹟見宋史按陳傅良止齋集云世未有言無垢先生善作字者而筆勢如此令人起敬無

垢擯斥流落道不爲世用以死其書此爲僅傳者而
淳古雄健正不可泯姜秘監者晰仲也

宋趙彥脩等大滌洞題名

趙公□彥脩章□阝基吳石韞玉衞稷秀實同遊紹興二
十七年三月十六日

右在大滌洞內摩崖正書五行字徑三寸

宋建庚申勝會記

淨勝院□於紹興二十七年□□□住持僧水□謹□□
□□□淨□□本院遇庚申日入□□□□合□水□□
□□□□施大乘戒法傳□葉□□□□□□□□□□□
□□國安民□□□□□□□常轉□保□會信□各家平

善世世生生同□種智□恩善報□有齊賢□□□生□
佛□謹□會首名銜刋於此山永爲不□
都會首□氏十二娘王氏妙□李氏一孃呂氏□□□氏
十五娘何氏□□□氏十□娘汪氏□□黃氏二娘□□
□王氏八娘陳氏十□娘□□□娘□氏八娘□氏三娘
□□□□□李氏三娘□□□□□□□□□□

右在石龍院千佛頭摩崖正書八行行字不等後𣁽
西湖游覽志云俗稱昇仙宮宋時女僧妙清建高宗
常臨觀焉有御愛松今觀此刻所題皆女氏足徵游
覽志之說可信文云遇庚申日施大乘法戒殆卽道
家三尸之說歟按夢粱錄社會門曰有善女人皆府
室宅舍內司之府第娘子夫人等建庚申會誦圓覺
經俱帶珠翠珍寶首飾赴會人呼曰鬬寶會又曰每
月遇庚申或八日諸寺庵舍集善信人誦經設齋此
刻題名刋石亦一時盛舉今惟兎葵燕麥搖蕩春風
摩娑殘碣不勝野花寶靨蔓艸羅帬之感

宋慧日峯三大字

慧日峯
紹興丁丑歲冬至日妙門居士陳思恭命工闕

右在西湖慧日峯摩崖篆字徑一尺五寸款字正書
徑一寸日字作古文峯字止存上山字西湖游覽志
南屏山之凌空而中峙者爲慧日峯今以寺後卷石

刻慧日峯三字當之謬矣

宋東谷無盡燈碑

大宋國紹興府上虞縣管鄉市郭尙德坊第三保居住清
信奉　三寶女弟子陳氏五娘施淨財三十六貫文入明
州天童山東谷庵燭長明無盡燈一椀供養　先和尙覺
禪師塔前功德祝獻自身行年本命元辰照臨星象懺滌
罪愆莊嚴種智者
弟子莊宇妻吳氏百六娘共施淨財三十六貫文就東谷
庵燭長明無盡燈一椀供養　觀音菩薩功德祝獻自身
行年本命元辰乞求花男子早遂心願
女弟子莊四四娘施淨財三十六貫文就東谷庵燭長明

無盡燈一椀供養一本師釋迦如來功德答還先許願心
圓滿仍懺罪愆莊嚴種智者
右伏惟　三寶證明　天龍炳鑒謹疏
泰州海陵縣居住淸信奉　佛弟子樊賓并妻范氏妙眞
男陳樊遵還媳婦許氏小三娘張氏十二娘共施淨財三
十六貫文足入明州天童山東谷庵共點晝夜長明無盡
燈一椀供養　先和尚覺禪師塔前功德各薦門中先亡
久遠超昇寶界者
泰州興化縣招遠坊今寄居姜堰奉　佛弟子琴彥遷并
妻鍾氏三娘謹施淨財三十六貫文足開田三畝點盧舍
郍佛閣善知識前無盡燈乙椀功德作來世之津梁獲宅

生之善報
泰州海陵縣姜堰居住奉　佛弟子周榮并妻李氏興賠
謹施淨財三十六貫文足開田三畝點盧舍郍佛閣善知
識前無盡燈乙椀功德薦亡父周助二郎亡丈母陸氏四
娘子懺悔罪愆莊嚴福報
紹興二十八年正月　日募緣直歲僧智宣　山門監寺
沙門惠璋　住持傳法沙門法爲立石

右碑題額六字文正書兩列皆捨錢姓氏在鄞縣此里巷小民邀福之疏無盡燈郎長明燈自晉始也本命元辰照臨星象師巫枕秘迄今勿替花男子者親愛之也樊賓男爲陳樊遵者爲人後也並媳婦而遷之也三十貫文足者當時陌不同有省錢也碑陰刻宏智老人像

宋宏智禪師妙光塔碑

宋故宏智禪師妙光塔銘有敘
左朝請郎直龍圖閣知太平州軍州事提舉學事兼管
內勸農營田使陽羨周葵撰
左宣教郎試起居舍人兼玉牒所檢討官兼權中書舍
人歷陽張孝祥書
左太中大夫權吏部尚書同脩　國史兼侍讀會稽賀
允中題蓋

紹興戊寅春二月　詔謚明故州天童山景德寺僧正覺
宏智禪師塔曰妙光其徒相與佫
上德意刻之琬琰傳示永久且使來告求銘師塔余聞中
國自東漢始有經像學焉者率以有爲爲功德逮梁益甚
達磨自竺乾西來傳佛心印佛道由是大明至唐褒崇諸
祖有易名名塔之號其去圓寂或已百年或二百年今師
亡未幾而蒙
上四字之褒所以寵光之至矣非能荷佛法棟梁得佐師
命脈攝化緇素爲人天師出入生死如游戲事何以得此
哉迺摭其示世之實序而銘之師李姓正覺名也隰州隰
川人祖寂父宗道世學般若母趙氏嘗夢五臺山一僧解
右臂環予之已而有娠遂屏葷茹及師之生右臂隆起如

環狀年甫七歲誓悟絶人日誦數千言十一出家十五落髮十八游方三十四出世得度於淨名寺本宗大師得戒於晉州慈雲寺智瓊律師得濟于鄧州丹霞山德淳禪師初住泗州普照寺繼住舒州太平江州圓通能仁眞州長蘆晚乃住今天童初師過舒蘄徧禮祖塔夢至一山寺長松夾道有句紀之曰松徑森森窈窕門到時微月正黄昏及至天童宛如昔夢故有終焉之志歳在戊午被　旨住臨安府靈隱寺未閱月丐歸故於天童最久唯祖道自達磨五傳而離爲南能北秀其後益離而爲五家宗派今潙仰灋眼二宗中絶而臨際雲門曹洞三家鼎盛厖其徒未必深究其師之道而各襲其跡更相詆訶未有能一之者師嘗曰佛祖之燈以悟爲則惟證乃知若執其區區之跡則初祖見神州有大乘氣象崎嶇數萬里而來使有方便豈不顯以示人而少林九年似專修辟觀者六祖云道由心悟豈在坐也大慧亦云坐禪豈能成佛學者可便以是爲初祖之過耶蓋師初以宴坐入道淳以空刼自己示之廓然大悟其後誨人專明空刼前事惟師徹證佛祖根源機鋒峻激非中下之流所能湊泊而晝夜不眠與衆危坐三輪倶寂六用不痕宗通說通盡善盡美故其持身也嚴其倡道也文其莊嚴佛事接引迷塗亦唯恐不至自初得戒坐必跏趺食不過午所至施者相踵悉歸之常住閒以與饑疾者而一鉼一鉢丈室蕭然然諸行方厲而一性

常如非出于矯拂也淳作頌古今師敘其首芙蓉楷禪師見之曰僧中復有此耶吾宗不隊矣其退能仁受長蘆之請適游雲居圓悟勁禪師見其提倡以偈送之有一千五百老禪將之語然辯才三昧自然成文非出於思惟也其住天童前後幾三十年寺爲一新卽三門爲大閣廣三十楹安奉千佛又建盧舍那閣傍設五十三善知識燈鑑相臨光景云入觀者如游華藏界海所以暉耀塵世使生厭離以發起善根而僧堂衆寮臥具飲食器所以處其徒者亦皆精緻華好如寶坊化城又卽濱海之隙築堤障其鹹鹵而耕之以給僧供末年至不發化人而齋廚豐衍甲於他方學者無一不滿得以專意于道然師所規晝人競趍之不動聲色坐以告辦疑有鬼神陰爲之助而師無作相也然則師之所在願一見威儀聞謦欬效供養示歸依者越百千里襁負而至戶外之屨常踰千數其辦道之勤得道之多獨冠一時而識曹谿之路者必能牧潙山之牛非因衆力推出不肯輕以爲人當世賢士大夫亦樂與之游者內外進也辛丑秋九月壬申師入四明又命舟至越上徧見常所往來者若與之別冬十月已亥始還山飯客笑語無異平日翌旦作遺書與佛日杲禪師且爲其徒書四句偈投筆而逝自佛日住育王與師相得驩甚嘗戲曰脫我先去公當主後事及佛日得遺書夜至天童凡送終之禮悉主之因舉師弟子遵爲繼席識者方知二尊宿各

傳一宗而以道相與初無彼此之間也龕留七日顏色如生初議荼毗以收舍利或曰師嘗薙髮有墮火中者輒成舍利自是遺髮人所爭取豈嫌無舍利也耶丙午乃奉全身葬山之東谷自師之化風雨晦冥至葬開霽迄事復雨送者踰萬人彌亘山谷無不涕慕歎仰者壽六十七僧臘五十三度弟子二百八十人嗣法者嗣宗法智世釗道琳法潤信悟法爲慧暉了默師秀行從宗榮法聽清萃正光集成道圓法濟明慧中翼法恭子靈師儼師全覺照法海皆於諸方坐大道場若其分化幽遠晦迹林泉則又未易悉紀也銘曰

師昔侍佛靈鷲山　受佛屬累來人間　慧刀慈力觿世頑　出入生死非其難　一性常如萬行圓　筆端三昧爲波瀾　化城仍作寶所先　華藏界海生塵寰　攝化四海歸入天　學者爭趨曹洞關　示以自己空刼前得無所得非言傳　弟子所至閫法筵　無盡之燈耀大千　海山秀處東谷原　我作銘詩詒永年

紹興二十九年七月望日住持嗣祖灋姪比丘宗珏石立

四明陳奇陳曉模刊

右碑篆額十字文三十一行正書在鄞縣按師姓李名正覺隰州人母夢五臺僧解環而生以宿夢主天童幾三十年辛丑十月書偈而逝文中歷序行業神異兼有驗焚輒成舍利之異自是法門龍象其爲四

方弁湊宜矣周葵字立義宜興人紹興中侍御史見宋史本傳此其知太平時作也

宋趙伯衛題名

趙伯衛牧仲遊

紹興己卯九月十七日

右在定山摩崖楷書二行字徑寸餘伯衛紹興間錢塘令見縣志

宋刻金剛般若波羅密經

昔熙寧盛時賈文元公與名德耆舊三十有三人爲僧智利悟朋共書金剛經一卷今朝廷奠安四方無虞六和塔主僧智曇請于親貴鉅公按跡前規同寫此經刻

右在六和塔經文分三十二段止行各體書後跋語六行隸書寫此經刻下闕失去一石按主僧智曇見紹興乙卯四十二章經刻隆興二年尚書省牒碑其爲一時所刊無疑文元舊刻當時必有傳者今則不可見矣赤城志載淨名庵僧長吉嘗遊京師得參政宋庠以下一百四十五人所書般若經建堂以貯之知當時習尚有然也

宋廣靈王廟碑

□□□□□□□□□□□記

忠嘉威烈惠濟廣靈王姓鮑氏四明靈應廟之尊神也繇漢至今廟食是邦者千有餘歲其陰功靈德載於春官之

祀典見於宣和之
勅書至於出處本末又有諸公之記刻存焉□□之人所
以祀王者不啻如子之事親而王之所以福斯民者亦若
親之愛子凡有旱乾水溢饑饉瘟疫應禱如響故祠宇之
奉雖□徧州里而人猶以爲報之未稱也育王山之西有
市曰寶幢嘉祐中鄉人欲使於禱祭迺營高燥地共築祠
宇而奉之歷年滋久上雨旁風毀敝滋甚衆雖欲興葺而
艱苦衣食者尙多以故曠歲弗舉有浮圖梵持者健而多
能禱於王曰王能使吾鄉屢豐年我必力圖而新之已而
年穀果登市井魚鹽商賈之利十倍前時向之艱苦衣食
者一變爲富庶之俗持曰可作矣環祠之家欣然願從富

者出財壯者出力山居與甄者又以竹木瓦甓爲助凡爲
殿廊五齋舍一僧廬二輔弊舉偏者五創於乙亥秋八月
朔畢於冬十月晦明年正月元夕然燈數千枝民大和會
祠下慶其成也持來請余爲記未幾而持死遂不果作余
不忍以其□□食言姑記其大略俾刻諸廟云紹興三十
年歲次庚辰正月望日前浙西安□□使司屬官臨潁陳
雲逵記新□州永豐縣令莆陽陳居仁書江州新建縣丞
東山陳夸立石

右碑文正書十七行在鄞縣靈應廟按志神爲晉太
始時鮑蓋生有祥光容貌英偉樂善好施任俠尙氣
嘗射石沒鏃解海龍之戰建興四年醉終于家此文
云由漢至今未知孰是神祠晉永和時立于青山唐
聖歷遷于城中歷代著績各有封號梁封永嘉侯崇
寧改額曰靈應政和八年加惠濟宣和三年加威烈
六年加忠嘉建炎四年加廣靈端平四年改威烈爲
神聖嘉熙元年加忠嘉神聖惠濟廣靈王神之靈亦
昭昭已哉陳居仁莆田人紹興二十一年進士周必
大陳公神道碑除華文閣直學士提舉江州太平興
國宮官爵自莆田縣男至奉化郡開國侯

宋剏建通元觀碑

剏建通元觀記

夫通元觀之肇剏也原敖丱角時輒迺淨厥身遺厥慾慕

厥道冀求眞全元氏之門憾世弗容肴進事內廷固荷天
渥授以內侍官錫金玉食衣錦衣掌官禁相玉宸攸與富
貴亦極矣雖然詎敖志哉蓋嘗嘆曰富貴岑通也眞全身
寶也脫羈富貴而匪求眞全是惜岑通而捐身寶者敖寧
弗致於審耶因學觀心養性鍊質守形尋道機窮道奧眞
全企悟於豁然庶幾元元之妙有不昧於虛靈矣於是道
竊修於官居屢懇請於主上丐放山林圖就心學紹興庚
午頂激皇衷命出主吳山寧壽觀手賜法名能眞給福牒
賚紫衣暨七寶頃田所賞之隆悉歸於觀供奉香燈洊命
敖持堅養道祝國永長仲夏辭陛入山謹焚修密守鍊功
幸幾圓弗辜廷慮己卯臘二日敖夜坐甫瞬間夢三茅君

偕跌胎禽旋遊山角狀若托於棲止伺明旦瞻之果見三鵠踰年是日鶴復來翔噫敖之感於三茅君驗爲殊甚也遂仰鶴稽顙矢搆觀迎郎期相地剪莽斫荊鑿山平基運斤斲木前奉茅君之庭後竪玉淸之殿築謁斗臺於乾維立放鶴亭於艮位經房丹屋起蓋隨宜鉢室山門茷一不備工竣觀罔額特疏請沐御題曰通元仍加璽書于左煥耀元宇於戲觀幸矣哉額亦稱矣哉敖之心不亦慊矣哉且昔敖在內侍也寤寐之間念念於道故脊厭富貴而厭處談眞全而樂間是非薄緣種植元門宿慮有在以致求道而道得適請而請從弗拂至誠而玉成心事也不然奚以効修煉而獲悟夢茅君化鶴哉又奚瓶觀成而請疏上

通元之題沛自九重而光寵地哉是蓋敖秉初衷道機感召而應克若斯之神矣通元之造就豈偶然哉工始庚辰之丑訖程壬午之中請額月弦而石壁襄於月望也後之嗣觀者守之哉

皇宋紹興三十二年龍集壬午七月中元日奉勑左右街大都道錄少師賜紫衣眞人法名能眞鹿泉劉敖撰并書篆

右在杭州七賓山東南麓通元觀正書二十行行四十四字此鹿泉眞人劉敖自述之文敖本典領寧壽觀置胥吏給淸衞兵用大中祥符故事後十年遂請棄宜專奉寧壽香火詔如所請改左右街都道錄仍領觀事加少師賜紫衣特以夢感之兆又卜地爲茅君玉淸諸殿高宗御書通元二字賜之文中種種元門宿慮有在以下頗涉誇詡果出自肺腑胡十年而後棄官耶嘉定時又主上虞之明德觀則以寧宗后父楊漸故宅也文又云賚紫衣賜七寶此山之所由名也咸淳臨安志止載有三一宋鼎宋孝武帝孝建元年作一唐鐘本唐澄淸觀舊物上有河東薛泚銘一褚遂良小楷陰符經陸游寧壽觀記似乎有六所云鴻鐘大鼎華蓋寶劍褚遂良吳道子之遺迹卓乎秘府之奇珍是也華蓋似是一物近志本咸淳志之說增以吳道子南方星君像玉靶劍七寶數珠軒轅

鏡爲觀中七寶吳道子畫及劍見陸游記惟數珠古鏡未考所自耳七寶今惟宋鼎尚在北直豐潤疑亦金人所徙其銘猶有傳者富貴岑通也語不可解今志改作夢幻請額月弦而石壁襄于月望未知上弦下弦月望則月中觀中鑿有石壁以刻諸種非履其地不知爲何語左右街本之唐人今志譌作衞篆額亦敖書而劔字從走記字從匹皆不足校

宋追復岳武穆王并賜諡告詞碑

追復少保兩鎭告

勑仁皇在位親明利用之勳神祖御邦首祭秋青之像蓋念舊者不忘于枚拭而勸功者當急于褒崇朕祗膺睿謀

眷懷宿將兹仰承于素志肆盡洗于丹書故前少保武勝定國軍節度使武昌郡開國公食邑六千一百戶食實封二千六百戶岳飛拔自偏裨驟當方面智略不專于古法沉雄殆得于天資事上以忠至無嫌于辰告行師有律幾不犯于秋毫外摧孔熾之狂胡內翦方張之劇盜名之難掩衆所共聞會中原方議于橐弓而當路力成于投杼坐急絳侯之繫莫然內史之灰逮更化之云初示褒忠之有漸思其姓氏既仍節制于岳陽念爾子孫又復孤寧于嶺表欲盡還其寵數乃下屬于眇躬是用峻升孤棘之班疊昇齋壇之組近畿禮葬少酬魏闕之心故邑追封更慰轅門之望豈獨發幽光于既往庶幾鼓義氣于方來嗟夫聞

李口之爲人殆將撫髀關西平而未錄敢緩旌賢如其有知可以無憾可特追復少保武勝定國軍節度使武昌郡開國公食邑六千一百戶食實封二千六百戶奉勑如右牒到奉行紹興三十二年十月十六日

追封鄂王告

勑人主無私予奪一歸萬世之公天下有眞是非不待百年而定睠言名將夙號藎臣雖勳業不究于生前而譽望益彰于身後緬懷英槩申畀懋章故追復少保武勝定國軍節度使武昌郡開國公食邑六千一百戶食實封二千六百戶贈太師謚武穆岳飛蘊蓋世之材負冠軍之勇方略如霍嫖姚志滅匈奴意氣如祖豫州誓清冀朔屢執訊而獲醜亦舍爵而策勳外憺威靈內殫謨畫屬時方講好將歸馬華山之陽而爾獨奮身欲撫劍伊吾之北遂致樊蠅之集寖成市虎之疑雖懷子儀貫日之忠曾無其福卒墮林甫偃月之計孰拯其冤逮國論之既明果邦誣之自辯中興之主恩念不忘重華之君追褒特厚肆眇冲之在御想風烈以如存是用頒我恩綸襚之王爵裂熊渠之故壤超敬德之舊封豈特慰九原之心蓋以作六軍之氣於戲修車備械適當閒暇之時顯忠遂良罔間幽明之際諒惟泉穸歆此寵光可特追封鄂王餘如故嘉泰四年六月二十日

賜謚告詞

勑主爾忘身兹謂人臣之大節謚以表行必稽天下之公言申錫贊書追告幽穸故太師追封鄂王謚武穆岳飛威名震于夷狄智略根乎詩書結髮從戎前無堅敵枕戈勵志誓清中原謂恢復之義爲必伸謂忠憤之氣爲難遏上心密契詔札具存夫何權臣力主和議未究淩煙之偉績先罹偃月之陰謀李將軍口不出辭聞者流涕藺相如身雖已死凜然猶生宜高皇眷念之不忘肆孝廟矜哀之備至還故官而禮葬頒祠額以旌褒逮于先帝之時襚以眞王之爵既辯誣于累聖可無憾于九京然而易名之典雖行議禮之言未一始爲忠愍之號旋更武穆之稱朕獲覩中興之舊章灼知皇祖之本意爰取危身奉上之實仍采

克定禍亂之文合此兩言飾其壹惠昔孔明之志興漢室若子儀之光復唐都雖計劝以或殊在秉心而弗異丕之典册何嫌今古之同符賴及子孫將與山河而並久英靈如在茂渥其承可依前故太師追封鄂王特與賜謚忠武

奉勑如右牒到奉行寶慶元年五月二日

皇明隆慶三年歲次己巳秋七月上澣之吉亞中大夫浙江等處承宣布政使司左參政吳郡王世貞立石　錢塘縣知縣閻成章同立　邑人戚熙臣書　陶烈沈萬春刻石

右在忠烈廟正書二十八行行五十九字字徑一寸此明時修廟追刻諸誥于石也按宋史本傳孝宗復飛官以禮改葬讀此誥則高宗末已復少保武勝定國軍節度使矣而當時無謚寶慶元年誥有始爲忠愍之號或在斯時也寧宗嘉泰四年贈謚武穆追封鄂王理宗寶慶元年改謚忠武至今遵用焉他若淳祐六年始以王爲太學神有正顯昭德文忠侯勑寶祐四年有正顯昭德文忠英濟侯勑景定元年有忠文王勑少帝德祐丙子有加忠文昭烈王勑並見于刻石今無有能言之者矣

宋高宗賜劉能真御製詩刻

宋高宗皇帝詩

簡易高人道崇元性自眞身常居太極心已遠凡塵玉陛辭榮祿瑤臺役鬼神辛勤三十載羨爾道心淳

太白龍蹤東南馳衆嶺環合青分披烟雲厚薄皆可愛木石疏密自相宜陽春已歸鳥語樂溪水不動魚行遲生民無不得處所與茲魚鳥皆熙熙

憶昔長江阻颶風于今神馬又成龍炎興指日中原復歷是茅君翊翼功

賜能眞 御寶 臣何宗亮摹刻

右在吳山通元觀摩崖正書十三行行十五字徑一寸是刻無年月在觀後石壁上按敖觀記訖程壬午之申石壁襄于月望是高宗二十二年七月之十五日高宗六月内禪刻石應在孝宗時此七月不改元故不書年月仍附紹興末

宋劉能眞創建通元觀記

皇宋紹興壬午歲中元節日都錄少師鹿泉眞人劉能眞開山建觀請賜額曰通元奉安元始天尊三茆眞君香火朝元禮聖福國太平能眞謹題

右在通元觀後摩崖隸書七行行十一字徑一寸五分後有正德戊辰本觀徐道彰跋云右石壁記乃開山劉眞人手筆也距今四百餘年兩經兵燹舊刻不傷字角微刓道彰虞後愈昏難于辨認故少加抉剔庶祖師之文不泯而嗣觀者有所鑑云

宋蔡大王廟碑

蔡大王廟記
上缺胡允恭　仁益盧允德　郡士王棠
上缺春秋紀　巽近於惟立祠祭近下缺海靈江之南號
義城鄉在唐爲義誠鎭鎭之白巖下缺靈響之所求應
若下缺禱之故上已有祈重陽有報孟冬朔旦下缺者亡
慮下缺宀肖其容題其號飲食必祭之下缺大任嘗謂余
曰吾神下缺禍福如相與語言他日無不驗者小人有所
爲不臧必示以凶敗之象吾鄉下缺順者舉　神睨也達
可聞而異之一日林公請叙其事記于廟以詔來者乃下
缺老言　神晉人也其先盖出於周文王子成王叔父虔
莫知其名有三子下缺今塑像立于左一長婦一息

女侍立夫人之下缺極難步　神獨躍馬馳驟上下使人
怖慄因目之曰聖下缺爲　好擲釣擇潭谷佳處
終日憇息遠近知其神下缺道晴雨之期
去乃共於山下創宇圖形而祀之日益　稱爲
大王盖尊之也下缺像漂流數十里止于定光山之側
水退有一虎下缺之下許請從廟于此則聽是夕虎聲
下缺又尋　則廟無全基咸出矢言　神下缺之境前後
如萬馬奔嘶雜以金鼓居人下缺觀如故其靈顯類此始
神之祭下缺誦佛經易之以殺薮　神欣然從之今遂
以爲下缺曰聰明正直之謂神又曰神無以靈將恐歇下
缺必有以感人者惜乎未聞有人爲能揚其盛烈告之於

朝使得與趙靈康並爲丹丘命祀下缺靈康自漢列名方
術劔化于章安逮我宋　葉　神宗皇帝元豐中始爲立
廟下缺靈不泯則襃榮有時今　大王自晉爲　神隱而
未著林公迺能摭其始末表而出之下缺殆未可知也
上方肇稱盛禮廣神不秩將見前旌後樂榮下缺之寵可
無紀述以備討論故爲之記紹興壬午一陽日進士李達
可記東知言篆林鵬程書　　勸緣盧冲林宗懋進
士林大任立石　助緣盧儻林忠盧懿孫宗誠潘用安吳
日宣月昌林璋子　庭下缺子　敦復敦叙　胡阜進士
盧巽陳岳林鴻漸盧樞等
唐碣宗碑王靈呵護磨刀損石郎犯神下缺謹書

右碑篆額五字文正書廿八行多殘缺在臨海縣南
鄉義城大王廟其正面即杜雄墓誌此李達可述林
大任之言而記之也謂神生于晉能道晴雨之期居
人圖形祀之後像漂流有虎聲之異遂爲是廟而惜
其不能與趙靈康並膺命祀故摭其始末以冀將來
之秩祀趙靈康名炳字公阿漢之東陽人能爲方術
療病後入章安人未之知也乃升茅屋梧梁而爨爨
毀而屋無損臨水張盖長嘯呼風亂流而濟于是從
者如歸章安令惡其惑衆收殺之人爲立祠于永康
白鶴山靈康廟云

宋韓允寅等題名

會稽韓允寅武林錢孜桐江方釋之攜男迅縮以紹興壬午三月辛酉來

右題名六行行五字正書左行字徑三寸在長興縣顧渚明月峽中摩崖距唐楊漢公題名數步方釋之曾任縣令見邑志職官表據此知其籍貫并任事已在紹興末年矣

宋岳珂銅爵

精忠報國　岳珂建造

右岳氏祭爵高五寸六分深二寸七分口徑長四寸五分濶二寸三分腹容四合重五百十四銖腹內鐫篆書精忠報國四字腹外左側竪耳有小印曰岳珂

建造亦篆書按岳元聲精忠類編宋孝宗在潛邸念忠武之寃鑄全身銅像鐫南宋紹興三十二年壬午秋七月樞密司判樂則生造子霖敬祀綿綿永傳又岳珂于嘉泰四年鑄奉祀忠武祭器宋亡悉埋土中是爵葢祭器中之一爲桐鄉金主事德輿所藏今歸西湖岳廟俾其裔孫永守之

宋佛窟山轉輪藏碑

台州佛窟山轉輪藏記

南岳道人謂正信居士曰禪涌頃自七閩來游天台經行佛窟之山下缺山于主人私於禪涌曰寶因奉檄居此餘三十年始至之日山荒屋下缺敗像設雖闍殘僧三四輩無盛煙寶因愛養松竹如護嬰兒下缺月侵星刀耕火種五年而食飽十年而林增　黃冠與夫車下缺迹朝吾門者有飯夕吾廬者有歸供須　可　靡間言而往來下缺莫我察也獨　居士即　之室渴名平心若頁葢知我者下缺募衆緣作轉輪寶藏以屋五千四十八卷之書將成而未有記下缺累居士居士其許我哉上人試商之禪涌退而即寺之坤隅下缺謂寶藏者天宮嶒崒地軸妥安奇鬼　神　海面金碧煥爛下缺目驚心其制作神麗遠近容有之如因　制成玆緣空維居士下缺爲記之以之曰吾察寶因有可書之善三辛勤十閏女下闕南游士其至如歸而因也垢面袖手曾無德色是一可書

下缺道微魔民熾盛盜常住物貿遷大刹死期將至方闢西　籠下缺絡愚雖俾稱嗣法分香賣履返甚於俗流因則　之是二可書下缺而藏緣其三也微子之言猶不可以無籍況恩勤之請乎紹興　年下缺二月初七日記成於雪峯致之使刻諸石會稽虞沇季行篆葢知事僧靈悟立石　郡士王裳模

右碑篆額九字文行書十七行在臨海縣南鄉昌國寺寺舊名佛窟周廣順二年建宋大中祥符改昌國院正信居士不知何許人此緣寶因奉檄居山募作轉輪藏而正信述之也前述寶因居山是昔行僧後述魔民熾盛愚雖嗣法[illegible]之分香賣履亦深涉世故

有激之談歟

宋高宗御書道德經幢殘刻

□德經　上德不德章

上德不德是以有□□□□□失德 下缺

禮者忠信之薄□□□□□前識者 下闕

昔之得一者章

昔之得一者天得一以清地得一以寧□得一 下闕

爲正□貴高□恐□故貴以賤爲本□□下爲是 下闕

反者道之動章

反者道之動弱者道之用天下之□生於有有生於□ 下缺

上士聞道章

上士聞道勤而行之中士聞道若存□□□□士聞道 下闕

隱无名夫□道善貸且□

□□□□

右第一面存字第二面首行道生一章存道生及物萬四字第三面首行聖人無常心章存聖人字末行善建者不拔章存其字

□□□□□ 含德之厚章

含□□□比於 下闕

□□□□□□ 知者不言章

知□□言 下闕

□□□□□□ 以正治國章

以 下缺

自 下缺

□□□□□章 其政悶悶章

其政悶悶其民淳淳其政察 下缺

治人□天章

治人事天莫如嗇夫唯嗇是以□復□復謂之□積德重積德則無不克無不□則莫知其極莫知其極可以有國有國之母可□□□□□謂□□□□□□□生久視之道

治大國章

治大國若烹小鮮以道莅天下者其鬼不神非□鬼不神其神不傷民非其神不傷民聖人亦不傷民夫兩不相傷

故德交歸焉

右第四面存字

大國者下流章

大國者下流天下之交天下之牝牝常以靜勝牡以靜爲下故大國以下小國則取小國小國以下大國則取大國故或下以取或下而取大國不過欲兼畜人小國不過欲入事人兩者各□□□欲故大者宜 下缺

道者萬物之奧章

道者萬物之奧也善人之寶不善人之所□美言可以市尊行可以加於人人之不善何棄之有故立天子置三公

雖有拱璧以先駟馬不如坐進此道古之所以貴此道者
何也不日求以□□□□□□邪故爲下缺

為无爲章

爲无爲事无事味无味大小多少報怨以德圖難於其易
爲大於其□天下□□□□作於易天□之□□必作於
細是以聖人終不爲大故能成其大夫輕諾必寡信多易
必多難是以聖下缺

其安易持章

其安易持其未兆易謀其脆易泮其微易散爲之於未有
治之於未亂合□□木生於豪□九層之臺□□累土千
里之行始□□下爲者敗之□者失之是以聖人無爲故

無敗□□□□□□□□□□□□□□□慎終如始
則無敗事矣是□聖人欲不欲不貴難得之貨學不學以
復衆人之所過以輔萬物之自然而□敢爲

古之善爲道章

古之善爲道者非以明□□□□愚之民之難治□其□□
以□□國國之賊不以智□國國之福知此□□□□□
□□□□□□□□□□元德□□□矣遠矣與物反矣然後乃至
下缺

江海爲百谷王章

江海所以能□□□□□□□以其善下之□□□□□□
□□□□上人以其言下之欲先人以其身後之是以聖

□曰□□□□□□□□□□□書是以天下樂推而不厭
□其不爭□天下下缺

右第五面存字第六面首行天下皆謂我大章存廣
捨二字第七面人之生也柔弱章存堅弱及弱處四
字

咸淳臨安志載宋高宗御書道德經石幢在吳山天慶
觀卽今之元妙觀也元郭天錫客杭日記親見殿前經
幢有亭覆之是至大間其石尙存觀中嘉慶壬戌春得
于武林市橋下惟一面存道德經數行書法同府學石
經其爲思陵御筆無疑遂移置瑞石山文昌樓下此樓
新建余每避暑來此閱案牘因于平漫處刻字記之浙

江巡撫揚州阮元題正書六行行二十四字

右第八面無字今刻跋語

右幢今在瑞石山文昌樓下凡八面高四尺周五尺
六寸每面正書十三行行八十餘字惟第一第四第
五可讀餘五面無字當時朝奉郎兼吳益王教授盧
壯夫有御書記刻石見中興館閣錄又郭天錫日記
云高宗御書道德經石刻經幢二亭覆之元妙觀志
略云舊在元妙觀後移中興觀明季無有言之者其
遷徙不知何時今從市橋獲其一搨出止存下卷德
經三面知實二幢而道經不可復覩天錫云二亭覆
之語不誣也道德經本惟唐石刻本最古今易州有

二本一景龍二年一開元二十一年錢官詹曰皆道經卷上德經卷下與河上本同晁說之跋王弼本謂其不析道德而上下之猶近于古不知陸德明所撰釋文正用輔嗣本題云道經卷上德經卷下晁氏所見特宋時轉寫之本而翻以爲近古亦未之考矣今幢德經二字尚存經中異同如反者道之動章天下之物傳本皆作天地萬物其政悶悶章其民淳淳傳本皆作醇醇治大國章不傷民三民字傳本皆作人海爲百谷王章以其善下之傳本無其字悉與開元本合石刻雖殘可徵古者如此惟唐刻不分章此則分章悉以首句標題不似傳本有體道第一養身第

二各有一目爲八十一章也西湖遊覽志又載小麥嶺太蔚宮有恭聖楊太后書道德經石幢今亦無有能言之者矣

宋高宗忠實二大字

忠實

右在勝果寺後摩崖正書横列字徑二尺四寸舊本有欵不知何時鑿去據成化杭州府志是宋高宗書舊有忠實亭見武林梵志云在介亭旁

宋刻家人卦

䷤家人利女貞彖曰家人女正位乎内男正位乎外男女正天地之大義也家人有嚴君焉父母之謂也父父子子兄兄弟弟夫夫婦婦而家道正正家而天下定矣象曰風自火出家人君子以言有物而行有恆初九閑有家悔亡象曰閑有家志未變也六二无攸遂在中饋貞吉象曰六二之吉順以巽也九三家人嗃嗃悔厲吉婦子嘻嘻終吝象曰家人嗃嗃未失也婦子嘻嘻失家節也六四富家大吉象曰富家大吉順在位也九五王假有家勿恤吉象曰王假有家交相愛也上九有孚威如終吉象曰威如之吉反身之謂也

右在南屏興教寺後摩崖隸書十二行字徑四寸餘

按此刻相傳如聚訟潛說友臨安志葉紹翁四朝聞見錄吳自牧夢粱錄皆云司馬溫公手筆周密武林舊事謂爲唐人遺跡舊志又謂司馬池守杭時書惟

朱竹垞據宋鑑稱紹興六年十月庚辰上諭大臣曰司馬光隸字眞似漢人朕有五卷日夕置座右所書乃中庸與家人卦皆修身治家之道不特玩其字而已今摩崖所刊合乎宋鑑當是諸大臣聞思陵面諭請刊于石者洵爲此刻的據近時南康謝蘇潭中丞撫粤西于融縣老君洞得溫公書家人卦摩崖刻跋南屏所摹者末有跋云先太師溫國文正公書此于家曾孫備因倅融水謹摹刻于郡南老君洞之石壁紹興十有九年歲在屠維大荒落重午日記後列銜題名者錢愼陳戩朱天申黃忱四人此刻一見諸說

泮然矣合上二說此當刻于紹興已後北宋無言及者又温公四世孫吏部侍郎開國伯伋扈高宗南渡遂家于山陰立祠奉祀則紹興時司馬氏自有人也王洧詩涑水摩崖半綠苔春游誰向此山來卽詠此刻又西安南山炭谷中亦有温公隸書刻石世必有發其覆者待之異日

宋刻樂記

君子曰禮樂不可斯須去身致樂以治心則易直子諒之心油然生矣易直子諒之心生則樂樂則安安則久久則天天則神天則不言而信神則不怒而威致樂以治心者也致禮以治躬則莊敬莊敬則嚴威心中斯須不和不樂

而鄙詐之心入之矣外貌斯須不莊不敬而易慢之心入之矣故樂也者動于內者也禮也者動于外者也樂極和禮極順內和而外順則民瞻其顏色而弗與爭也望其容貌而民不生易慢焉故德煇動於內而民莫不承聽禮發諸外而民莫不承順故曰致禮樂之道舉而措之無難矣

右在家人卦後摩崖隸書十行字徑四寸按經文易字似古易字又似勿字然字不從犬信字多一口禮字不作豆詐字不作乍敬字非口顏字非彥皆極隸體之變承字先作和字錯字直作措字末句脫天下二字考石經者當知其異

宋刻中庸

子曰道不遠人人之爲道而遠人不可以爲道詩云伐柯伐柯其則不遠執柯以伐柯睨而視之猶以爲遠故君子以人治人改而止忠恕違道不遠施諸己而不願亦勿施于人君子之道四丘未能焉所求乎子以事父未能也所求乎臣以事君未能也所求乎弟以事兄未能也所求乎朋友先施之未能也庸德之行庸言之謹有所不足不敢不勉有餘不敢盡言顧行行顧言君子胡不慥慥爾君子素其位而行不願乎其外素富貴行乎富貴素貧賤行乎貧賤素夷狄行乎夷狄素患難行乎患難君子無入而不自得焉

右在樂記後摩崖隸書十行字徑四寸按經文首句

遠字書作逺施諸己句己字似包字庸德之行句行字先書所字君子之道下一句脫一字

宋刻損外益卦象辭

䷨山下有澤損君子以懲忿窒欲

䷩風雷益君子以見善則遷有過則改

右在幽居洞摩崖隸書四行字徑七寸餘益卦上作四畫見善以下皆泐

宋刻艮卦爻辭

艮其輔言有序悔亡

右在淨慈寺後摩崖隸書二行字徑七寸餘

宋刻左傳晏子諫

晏子曰君令而不違臣共而不貳父慈而教子孝而箴兄愛而友弟敬而順夫和而義妻柔而正姑慈而從婦聽而婉禮之善物也

右在太子灣摩崖隸書二行字徑七寸餘按損益暨艮左傳三刻皆無欵識不知何人所書案四朝聞見錄云錢唐自五季以來無干戈之禍其民富麗多淫靡之尚于齊家之道或闕焉書此以助風教況斯時地近皇居兩山皆宸遊所及大書深刻斷非無因而艮詞一刻尤爲有意谷形若口書此者殆融道器而一之者也

宋蒼山資福寺勑牒碑

尚書省牒

資政殿大學士左通議大夫致仕賀允中狀契勘口昨蒙
恩除授叅知政事所有依條例合得守墳寺額依前後臣寮之家光功德院從來未曾陳乞今踏逐到台州天台縣興化院欲乞撥充本家墳寺其合得勑額仍乞改賜寺內不許人權殯安葬及不許官員諸色人作名目影占安下仍依例免州縣非時諸般科率差使借借伏望朝廷詳酌
指揮施行伏候
指揮

計開 地山塘于后

官田叁百九十畝零

上鈌 捌拾叁畝零

上鈌 肆百畝零

上鈌 分零

牒奉
勑宜賜資福寺爲額牒至准
勑故牒

隆興元年九月 日牒

叅知政事周 尚書右僕射同中書門下平章事

尚書左僕射同中書門下平章事

資政殿大學士左通議大夫致仕賀 狀契勘 昨
蒙

恩除授叅知政事所有依條例合得守墳寺額依前後臣寮之家光功德院從來未曾陳乞今踏逐到台州天台縣興化院欲乞撥充本家墳寺其合得勑額仍乞賜以資福寺爲額從本家選請有道行之人住持寺內不許人權殯安葬及不許官員諸色人作名目影占安下仍依例州縣非時諸般科率差使借借每遇
聖節候將來放行度牒日許本家不拘名次陳乞撥放童行所有 到公據壹道連在前伏望朝廷詳酌指揮
施行伏候
指揮仍連公據壹道九月二十二日奉
聖旨特依所乞其徼到公據令尚書省毀

右劄送致仕賀大貲

隆興元年九月　日

右碑分三列俱行書大字唯申狀作小字正書在天台縣東賀允中字子忱上蔡人官參政紹興初寓居萬年有應心泉記後又徙臨海宅墓在縣東資福寺側此其依條例合得守墳寺額敕牒也

宋六和塔尚書省牒碑

勑賜開化之寺

尚書省牒大字行書

月輪山六和塔開化寺住持講唯識因明等論僧智曇狀切念開化寺舊有六和塔一座永鎮江潮後緣方賊燒毀片瓦不存遂致江湖泛漲居民不安舟楫失利紹興二十二年十一月內臣寮上言三省同奉聖旨塔廟令禮部看詳與工令臨安府轉運司同共措置後于紹興二十六年智曇蒙臨安府給帖住持修建且智曇不顧申請官中錢物材料木植並是自己衣鉢并教化檀越樂施錢物今來已建七層院宇百間將欲成就委是江潮平善舟楫無虞切緣開化寺元有勑黃文字昔緣兵火燒毀不存欲望特賜給降勑黃付智曇住持伏候指揮

牒奉勑宜賜開化寺爲額牒至准勑故牒

少保尚書左僕射同中書門下平章事免押　簽書樞密院事兼權參知政事錢押　同簽書樞密院事兼權參知政事虞押　隆興二年十二月尚書省印日牒

右勑付僧曇文小字正書不錄　隆興二年十二月尚書省印日押二

右劄付開化寺文小字正書不錄　乾道元年七月尚書省印日押二

軍府准尚書省劄子　乾道元年八月初二日

臨安府印帖　使押

右在杭州開化寺六和塔內壁間碑凡四列共六十四行隸額六字按咸淳臨安志吳越王就南果園建寺造六和塔宣和燬紹興重建隆興二年賜額慈恩開化敎寺武林梵志謂宋開寶三年智覺禪師建以鎮江潮高九級五十餘丈二說莫能詳也惟咸淳賜額慈恩二字此牒現存不知何以衍此據智曇狀元有勑黃文字燒毀不存是當時必有勑額咸淳志或別有所據歟

宋孚惠廟勑牒碑

尚書省牒湖州德清縣孚惠廟

禮部狀准都省付下兩浙路轉運司奏據湖州申據德清縣申據忠訓郎新差湖州排岸兼舡場李畯等狀伏覩本縣永寧鄉新塘土地之神姓陸名載本吳人仕魏爲太子中庶子御史中丞其子政驃騎大將軍開府儀同三司舊有碑志歷久隳壞不存自後父老相傳且以大藏經中唐僧法琳辯正論所載名位爲證謹按北史陸通傳曾祖載從宋武帝平關中軍還留載與其子盧陵王義眞鎮長安

遂沒赫連氏魏太武平赫連氏因仕魏爲中山郡守父政
性至孝其母吳人好食魚北土少得政求之每若其難後
宅側泉忽出有魚遂得以供膳時人以爲孝感所致因謂
其泉爲孝魚泉後爲周文行臺左丞原州長史至通仕周
終大司馬弟暹亦終太子太保以傳證之自魏至周陸氏
一門忠孝有戰功惠政世被顯榮見稱前史載爲本鄉土
地之神迨今七百餘年據父老所傳法琳所載與夫史傳
所稱其世代爵號雖或小異而勳德顯著今昔所同恭自
我
國初以來芘護一方靈驗之跡傳播遠邇不可具陳宣和
建炎間鄰境盜賊竊發所至驚擾獨新塘無毫髮侵犯本

鄉土豪率衆防守夢神遣陰兵爲助他鄉人皆來避地倚
神以爲安本鄉或遇水旱祈禱雨暘必應四月十三日係
神生辰鄉社請迎神像以致祭獻或遇連日大雨至期必
晴歲以爲驗本鄉多種菱蓮昨歲嘗爲蟲蠹所傷即禱于
神一夜大風雨其蟲埽去俱盡本鄉或有瘟疫及尋常疾
病虔誠所懇至有甚危者亦獲痊安本鄉居民多以舟舡
遠出商販啓行之日必先禱于神仍畫像于舡內朝夕祝
之如過江湖雖遇風波之險每獲安濟去年五月內夜有
賊偷土人舡一隻內有二子看守賊撐舡去十餘里殺其
二子一境騷動本鄉耆保及所屬弓兵懇禱于神乞賜威
靈陰助速其敗獲仍先尅定時日果於平江府捉到時刻

不差契勘本鄉土地之神經今七百餘年芘護一方素有
靈感人戶凡有祈禱無不應驗實有功於民故有此顯効
不敢隱默乞備申本州乞申轉運司敷奏朝廷乞賜廟額
旌表神靈永爲一方之幸本司遂牒秀州委官前去詢究
事跡保明去後今據秀州申差委右修職郎崇德縣主簿
章鍔躬親前去地頭詢究新塘土地委是靈應顯著保明
詣實本司再委右朝請大夫臨安府通判兼主管本司錢
物官姜詵前去覆實得新塘土地委是有功於民事跡顯
著保明詣實本司保明詣實本部尋行下太常寺勘會去
後今據本寺申撿准建炎三年正月六日已降指揮節文
神祠遇有靈應即先賜額勘會今來兩浙轉運司保奏到

湖州德清縣新塘土地神祈禱靈應乞賜廟額依上件指
揮合賜廟額申部本部今欲依太常寺所申事理施行伏
候指揮
牒奉
勑宜賜孚惠廟爲額牒至准
勑故牒
隆興元年十二月　日牒
叅知政事周押
尚書右僕射同中書門下平章事押
保義郎監潭州南嶽廟李作肅以乾道改元季秋望日拾
金建石　刊者葉光

右碑牒文三列俱行書首列有禮部申狀三十二行正書下列牒尾另書建石年月及列者姓名三行亦正書在德清縣新市鎮碑前申狀言神之家世始末極爲詳盡後述靈異諸事雨暘之應疾疫之庥風波奉像而安盜賊尅期而獲其爲爼豆口祝乞賜真封宜矣洪筠軒頤煊云元和姓纂後周大司馬陸通云玩後晉侍中戴爲劉義真長史從宋武帝入關沒赫連生僑僑生政郎通父也戴載通用世次與北史同

宋桐栢崇道觀尚書省帖碑

行在尚書戶部

准　都省批下本部申准都省批下台州天台縣桐栢崇道觀知事賜紫道士蔣允崇狀乞蠲免科敷等事後批送戶禮部勘當申尚書省本部契勘近准禮部連送到都省批下台州天台縣桐栢崇道觀知事賜紫道士蔣允崇狀理會上件事送部勘當申尚書省本部已檢坐隆興元年十月六日　指揮臣寮上言江浙之間寺院宮觀除天慶報恩寺觀係崇奉

祖宗外其餘寺觀物力與民間物力衮同一例科敷十月六日三省同奉

聖旨除天慶觀報恩光孝寺觀外其餘宮觀寺院並不免科敷今來台州天台縣桐栢崇道觀蔣允崇狀本觀建造

徽宗皇帝本命寶殿應朝拜崇奉事件並依天寧萬壽寺觀體例今天寧萬壽寺觀改賜以報恩光孝爲額已降

指揮不許官員軍兵拘占安泊蔽寄仍免非時借借科配縣司都將本觀比附臣寮功德院一槩敷配乞依宣政舊例蠲免科敷和　折帛役錢支移折變茶鹽等事理本部看詳昨天寧萬壽寺觀改爲報恩光孝寺觀近承

指揮許免科敷今來本觀既是係建造

徽宗皇帝寶殿朝拜崇奉事件去處並依天寧萬壽寺觀體例其本觀所乞事理理合一體已勘當乞下台州照會依報恩光孝寺觀已得

指揮施行其餘不得援例已具上件因依申都省去訖今又承都省批下台州天台縣桐栢崇道觀道士蔣允崇狀理會上件事申省伏乞檢詳本部已申事理施行後批戶部申蔣允崇狀乞依報恩光孝寺蠲免科敷六月三十日送戶部依條施行省部除已符台州詳本部勘當事理依今來

都省批狀指揮依條施行去訖須至指揮

右帖台州天台縣桐栢崇道觀仰詳此照會乾道二年七月廿一日帖

秘書省秘書郎兼權沈押　員外郎韓差　侍郎曾押

侍郎方押　尚書闕

右帖文正書廿一行中惟申狀二十一行作小字餘俱大字在天台縣桐栢宮案桐栢宮唐景雲間爲司

宗馬承禎建道書謂之金庭洞天梁開平時改桐栢宮
大中祥符時改桐栢崇道觀政和六年又于後山建
徽宗元命殿一如宫制瓦用青色琉璃即此碑所云
徽宗皇帝本命寳殿應朝拜崇奉者也道士蔣允崇
援天慶觀報恩光孝寺之例乞免科敷孝宗依條施
行此則記事之文也又觀山泉妙臺有篆隸八分三
體道德經刻于石幢之上宋時郭忠恕汗簡夏竦古
文四聲韻猶及見而引之今亡

宋湖州牧守題名碑

□□缺
□□缺

□□缺
徐鐸　朝奉大夫元豐下缺崇寧元年二月　日下缺
王瑛缺
王仲嶷　朝議大夫直秘閣下缺二十九日下缺
盛□　□□大夫□□五年下缺
葛勝仲缺
趙子潚缺
葛勝仲缺
方孟卿缺
常同　紹興八年七月下缺元年三月　四日召赴下缺
周葵　紹興十二年下缺

□□缺
王會　大夫下缺
楊揆　紹興二十九年六月十二日下缺朝　大夫下缺
王師□缺

以上第一列

呂希道　元豐八年下缺元祐二年下缺
唐垌　元祐八年三月下缺元年七月初下缺
金中缺
□□之缺
王□缺
□棣缺

沈□缺
强艮□缺
梁端□缺
王□缺
王□缺
王□□缺
朱勝非缺
秦棣缺
錢堪　紹興十七年十二月二十四日到任十八年八月缺
祈乞主管台州下缺　四年五月十三日以下缺三月十一日下缺
郭城
董苹　任至紹興三十一年下缺　十年二月初一日以右中大夫下缺修撰到

王時升

以上第二列

林希 朝請郎充集賢殿修撰元祐二年八月二十八日十三年七月改朝奉大夫下缺

鍾浚 左朝請郎

豐稷 朝請郎下缺

吕嘉 中大夫崇寧元年下缺直學士下缺

吳綱

章揆

王倚 缺

盧襄 缺

□□ 缺

陳由義 缺

宇文時中 缺

□□振 缺

張宇 缺

趙□ 缺

汪□ 紹興二十二年下缺學士左朝奉大夫年四月十八日下缺

陳□茂 紹興下缺

王十朋 下缺

以上第三列

吕溫卿 承議郎元祐四年二月初二日下缺 六年初六日移知明州

王安上

蔣之□ 下缺年七月二十三日下缺二十六日 赴闕

林□ 缺

□□ 缺

□康□ 缺

韓□□ 缺

鄭滋 缺

趙子□ 缺

李□ 缺

陳□崇 缺

秦梓 缺

王鉠 缺

周奕 缺

李琳 缺

鄭作肅 紹興三十二年下缺

劉□ 年四月二十五日下缺

以上第四列

右碑四列正書剝蝕殆盡在湖州府署第一列十七人第二列十八人三四二列俱十七人所記攸守起元豐七年訖乾道四年按舊志多有可補者盛下是瑜字王師下是心字之上是晁補字王下是澤字棣上是葉字沇下是鏻字蔣之下是幹字李下是光字趙子下是濟字劉字下是越字

宋陶定定山風水洞題名

新江西提點刑獄吳興陶定被旨奏事乾道庚寅夏六月
癸亥來游

右在定山摩崖正書五行字徑一寸餘左行

宋白雲昌壽觀敕牒碑

尚書省牒台州白雲昌壽觀
五月二十五日奉
聖旨台州崇道觀西白雲庵一所屋宇七十餘間并山地
庵基可令見住道士曹葆達領衆焚修專一崇奉皇帝本
命香火以白雲昌壽觀爲名舊有江州廬山先置到義興
土臼冷水源三莊田產三千餘畝並撥充本庵常住在上

租稅依崇道觀例施行　　江州照會令台州崇道觀
將每歲租課拘收支撥供贍齋糧不許官司
令道正石葆璋充都道正提點本觀香火
牒奉
勑宜賜白雲昌壽觀爲額牒至准
勑故牒
乾道五年五月　日牒
叅知政事陳
尚書右僕射同中書門下平章事
劄
五月二十五日奉

聖旨台州崇道觀西白雲庵一所屋宇七十餘間并山地
庵基可令見住道士曹葆達領衆焚修專一崇奉皇帝本
命香火以白雲昌壽觀爲名舊有江州廬山先置到義興
土臼冷水源三莊田產三千餘畝並撥充本庵常住在上
租稅依崇道觀例施行　　江州照會令台州崇道觀
將每歲租課拘收支撥供贍齋糧不許官司
令道正石葆璋充都道正提點本觀香火
右劄付白雲昌壽觀
年五月　日
天台山都道正主管教門公事提點白雲昌壽觀香火石
葆璋等奏本觀昨於乾道肆年伍下缺

聖旨賜額專一崇奉
皇帝本命香火緣本觀元係庵宇崇奉不便遂於今年柒
月內建立
本命大殿壹所已訖未有
殿名及未有印記兼元降
聖旨撥賜江州田叁莊計叁阡餘畝充贍道衆竊緣本觀
取江州莊所往來僅四千餘里每歲差下缺租動須數人
經年更替所收租米出糶變貨歸觀其耗極大所得無幾
臣愚欲望
聖慈特降
睿旨令戶部行下江州將一件田畝山園屋宇等物除

舊　觀常例　種外其餘盡行拘收　責乞行下
台州於沒官田庄內止乞免撥田壹阡伍伯畝臣　次
踏逐　台州臨海縣靖安鄉徐懷絕沒官田地伍伯餘畝
及屋宇等乞先行免撥外其餘　台州　沒田產續
次踏逐一面經本州陳請得永遠專一崇奉
香火綿長所有
殿名今欲擬作
洪慶之殿外印記欲乞就本州出給餘乞依
行伏候
勅旨十一月二日三省同奉
聖旨依

右劄付台州白雲昌壽觀
乾道六年十一月
應　彥刊
右牒乾道六年立高四尺五寸廣二尺六寸分列三
層上二層刻牒文下二層刻尚書省劄付二通牒正
書七行大字行書並題銜九行劄二並正書共二十
六行年月下並有尚書省印及押字在天台縣桐柏
觀西按縣志觀本唐大中六年建舊名白雲庵乾道
間內侍鄭守寀棄官居之乞改爲觀此奉祀本命之
由來也四年道士曹葆達請于朝故賜額並撥江州
廬山庄田三千餘畝以贍之而道士又以江州往反
經年更替費耗極大所得無幾復欲以台田易之詳
見二劄中牒尾押字二人參知政事陳者俊卿也尚
書右僕射同中書門下平章事者蔣芾也玉海載賜
名白雲昌壽觀奉命殿賜名洪慶今劄中有云所有
殿名今擬洪慶之殿與玉海合洪筠軒云赤城志靜
安鄉在臨海縣西北五十里俗以靜爲靖誤也

宋林景度等龍井題名

林景度韓無咎李秀叔司馬季思崔子霖韓子師乾道辛
卯八月晦日自龍井來
右在龍井摩崖正書六行字徑二寸韓無咎名元吉
南渡後官尚書東萊呂成公其壻也

宋錢端禮般若臺詩刻

大資錢相公詩
□□雲收出遠林兩山不隔□□鳴層巒迴出層霄外霜
□還同霜月平脩竹可人無俗韻疎梅能事□僧清寶□
遍□虛空界深夜猶聞梵唄聲
右詠般若臺一首贈源□長□松窗道人書
□□先生篇章翰墨深入眉山長公之室其得意處殆不
可辨□□□□□此詩下缺異予嘗推爲□□第一隻眼
雙溪葉下缺
儒與墨歧之者衆下缺直造門室未易下缺
大資參政相公政事下缺耳目炳炳然下缺寵賁豈唯使

下缺
乾道七年□月五日下缺禪院住持傳下缺立石　郡下缺

右碑題額六字詩大字七行跋小字五行俱行書舊在白雲山洪筠軒移至臨海學宮松窗道人錢端禮號宋史錢象祖傳祖端禮字處和以恩補官通判明州治有聲歷官至叅知政事兼權知樞密院事除資政殿大學士提舉德壽宮攺洞霄宮諡忠肅又黃巖志載大澤塘詩七截一首其自序曰松窗居士以淳熙丁酉歲二月二十日來游瑞巖長安李才翁孫堦王鐸方外支道成同行圖其久之保□禪師證明詩

云塵纓久欲濯滄浪今日來遊大澤塘水似我心心似水更無一事可思量則提舉時作也

安趙汝愚等定山風水洞題名

開封趙汝愚爲正字時聞□□□風水洞奇勝□□九年秋七月□后同游

右在定山摩崖正書三行字徑一寸按宋史本傳汝愚以孝宗時擢進士第一簽書寧國軍節度判官召試館職除秘書正字題名所泐當是乾道紀元也

宋周鑿等鳳皇山題名

淳熙甲午中冬十四日□會□□者□□轉運使蔡□□□□舉常平□□□□□□舉鹽香周鑿民望轉運判官□偉節紹祁知軍州事蔡□聞曉

右在鳳皇山排衙石摩崖行書七行字徑二寸

宋般若會善知識祠碑

般若會善知識祠記

紹興丙子大慧禪師宗杲得旨住育王廣利寺師還自嶺南既主叢林湖海衲子輻湊聚衆一千二百法席爲天人師廣利素號望刹至是食□弗給有大慧高弟擇微者衆推苦行號微高僧慨然而起曰吾事大慧責居遐荒遠茲去此十有七年萬死一生備嘗艱棘今龍天歡喜祖道中興詎爲緣化之倡乃帥同志二十輩化八萬四千信士各捐已帑名般若會裒爲求田供衆之資時郡將貳卿方公

滋首爲之勸遠近樂施財帛雲委未□大慧有旨移住徑山其嗣大圓璞公繼之乃命其徒彥平就奉化東村請官地海塗圩而爲田工傭浩博以般若會所儲用之不足又請大慧衣鉢助之合金十萬緡施及三年而大圓順寂衆又以其嗣今住持普門廓公繼之時丞相岐國湯公思退□□大慧爲方外友捨金協濟又得無相大師靖公抵財建造莊院名般若莊自紹興戊寅至乾道丁亥始克有終侍御公伯庠作記以美之而後大慧遷化門人弟子傳法住持遍九天下獨微公卷而懷之退處廣利上塔堅坐一紀不出門限一飯之外不接俗務看閱藏經已七遍矣達官貴人招之不去其高致追媲古尊宿豈今日學道者行

能彷佛乾道二年春予以先公大監大祥至廣利作佛事
因訪微公公與大慧皆先世道舊相見慰籍久之論及塗
田首尾實微公權輿又欲令小師祖印募緣甃砌大嶺之
上塔磚路數千丈且曰他日路成又將塑像大慧大圓普
門三善知識塔院後舍配以造塔眞戒大師振公以八萬
四千信士名銜函貯其上誓將朝夕寅奉以爲善知識祠
堂香火惟子爲我記之予巽謝未遑旣畢事微公三令祖
印持書叩門其請愈堅且曰子不我記非獨慢我是慢大
慧予不敢辭乃爲之說曰釋迦如來以提婆達多爲善知
識故蓮華經云由提婆達必善知識故令我具足六波羅
蜜又妙莊嚴王本事品云若善男子善女人種善根故世

世得善知識其善知識能作佛事示敎利喜令入阿耨多
羅三藐三菩提予伸二子以訂微公諸方衲子多見善知
識者必有其人能辨緇素則一生參學事畢脫或未喻其
可以卜度耶謹記
淳熙二年六月　日修職郎前兩浙東路安撫司准備差
遣李泳記
御筆賜冲虛先生賜名業知微書額
寶林蘭若苾蒭行久書
幹緣知塔苾蒭祖印立石
　右碑題額八字文十九行俱正書在鄞縣案宗杲與
宏智皆僧中龍象而各傳一宗周葵所謂以道相與
無彼此之間也故副天童者宗杲主之斯時輻湊者
千二百人高弟擇微因率同志化八萬四千信士爲
般若會作求田供衆之資微公又將塑像大慧大員
普門三善知識于塔院以八萬四千信士名銜函貯
其上朝夕寅奉以爲善知識祠堂香火屬李泳記之
愚子作三寸像便欲題名着望微公此舉烏在其不
大書深刻耶

宋天童寺應庵和尙石刻

應庵和尙眞蹟
大徹授機句當陽廓頂門相從今四載微詰洞無痕雖未
付鉢袋氣宇呑乾坤却把正法眼喚作破沙盆此行將省

覲切忌便桗根吾有末後著待歸要汝遵
頌送傑侍者還鄉辛未正月上元日應庵老僧□
　右刻行書十二行碑首八分書六字刻於佛果法語
之上方在鄞縣天童寺

宋天童寺佛果老僧法語石刻

上闕設敎□□□是故最□□最上機雖□示機開多顯
□之際靡不直□□盈水投針□□□把明鑑□□□□
達磨□□□□下太□□□□□□機下缺紀極然鞠其歸
着無出直　人心地旣明無絲毫隔礙脫去勝負彼我是
非知見解會透到大休大歇安穩之場豈有二致哉所謂
下川異流同歸于海要須是个向上根器具高識遠見有

紹隆佛祖志氣然後能深入閫奧徹底信得及直下把得
住始可印證堪爲種草捨此切宜寶秘愼詞勿作容易放
行也
五祖老師平生孤峻少口可乾曝地壁立只靠口口着當
自云如倚一坐口口山豈可落虛弄滑　人把个沒
滋味鐵口口口須拈似學者令 下缺 荷淨然無一事山是
山水是水更應轉向那邊千聖籠羅不住處便契乃祖上
來　正傳持正法眼藏及至應用爲物仍當驅耕夫牛奪
飢人食證驗得十成無滲漏卽是本家道流也
摩竭陀國親行此令少林面壁全提正宗而時流錯認遂
尙泯默以爲無縫罅無摸索壁立万仞殊不知本分事忞

情識博量便爲高見此大病也口上來事本不如是巖須
云只露目前些子个如擊石火閃電光若搆不得不用疑
着此是向上人行履處除非知有莫能知之口口喫茶口
口喫茶秖麼擎杈雪峯輥　一指歸宗 下
缺 截剪斷葛藤大機大用千口口別會歸一源口以與口
黏去縛若隨語作解口須與本分草料譬如十斛驢乳口
以一滴師子乳滴悉皆迸散要腳下傳持相繼綿遠直須
不徇人情勿使容易乃端的也
末後一句始到牢關誠哉是言透脫死生提持正印全是
此个時節唯踏着上頭關捩子底便諳悉也
隆公知藏湖湘投機還住北山十餘年眞探賾精通本色

衲子遂舉分席訓徒已三載予被精眷口移都下天寧欲
得法語以表道契因爲書此數段宣和六年十二月中澣
佛口老僧克勤

右克勤法語草書四列上列已殘缺僅存三十餘字
在鄞縣天童寺

宋天童寺宏智老人畫像

天童宏智老人像
育王妙喜宗杲贊
烹佛烹祖大爐鞴煅凡煅聖惡鉗鎚起曹洞於已墜之際
鍼膏肓於必死之時善說法要罔涉離微不起千座而變
荊棘林爲梵釋龍天之宮而無作無爲神澄定靈雪頂龐

眉良工寫出兮不許僧繇知虛堂挂張兮梁寶公猶迷箇
是天童老古錐妙喜知音更有誰

右畫像上刻贊語十一行行書在鄞縣按上諸刻皆
在天童寺天童自大覺禪師璉公居之名振天下紹
興時大慧禪師宗杲得旨持住衲子輻湊聚衆一千
二百法席爲天人師規模宏遠諸刻應卽在斯時也

宋延慶寺初祖達大師畫像

初祖達磨大師 相赤色
師姓剎帝利名菩提多羅南天竺香至國王第三子後遇
二十七祖般若多羅至本國知師蜜迹令與二兄辨寶珠
時二王子皆曰此珠七寶中尊固無踰者唯師獨曰此是

世實未足爲上於諸寶中法寶爲上此珠光明不能自照要假智光光辨於此既辨此己即知是珠既知是珠即明其寶若明其寶寶不自寶若辨其珠珠不自珠珠不自珠者要假智珠而辨世珠寶不自寶者要假智寶以明法寶然則師有其道其寶即現衆生有道心寶亦然祖嘉其辯慧謂曰夫達磨者通大之義也因易名菩提達磨梁普通八年航海至金陵見武帝語不契乃折蘆渡江造嵩山少林面壁九年後以衣法付慧可說偈曰吾本來茲土傳法救迷情一花開五葉結果自然成至魏太和十九年十月五日示寂葬于熊耳山之定林越三載魏宋雲奉使西域迴過師于葱嶺翩翩獨逝雲歸具奏其事帝令啓壙唯空棺隻履存焉唐太宗諡圓覺大師塔曰空觀

右畫像上刻讚十九行正書在鄞縣

宋延慶寺四祖信大師畫象

四祖信大師 相紅白色

師諱道信姓司馬蘄州廣濟人生而卓異年十四謁三祖粲大師曰願和尚慈悲乞與解脫法門祖曰誰縛汝曰無人縛曰何更求解脫乎師於言下大悟自是攝心無寐脅不至席垂六十年唐武德甲申始返蘄春破頭山於時學徒始若雲委後傳衣法于忍大師說偈曰花種有生性因地華生生大緣與信合當生生不生迄高宗永徽辛亥閏九月四日忽垂誡門人曰一切諸法悉皆解脫汝等各自護念流化未來言訖安坐而逝壽七十二塔于本山明年四月八日塔戶自開儀相如生後人不敢復閉代宗諡大懿禪師慈雲之塔

右畫像上刻讚十五行正書在鄞縣此題延慶寺有初祖四相字想二十八祖俱有傳刻今存者止此二石也

宋高麗寺蠲免劄付碑

九月三十日奉聖旨慧因敎院應諸官司試院并指占並永與蠲免 小字正書

右劄付慧因敎院淳熙元年十月一日 大字正書印文不辨年月下有二押

行在尚書禮部 大字正書

准淳熙元年九月三十日勑中書門下省九月三十日奉聖旨慧因敎院應諸官司試院并指占並永與蠲免奉勑如左牒到奉行前批十月一日申□□禮部施行仍□□□□□須至指揮 細楷書四行

右帖慧因敎院仰照會淳熙元年十月日 大字正書印一文不辨

官押 大字正書

右在慧因寺碑凡二列上列可見者四行下列八行是刻漫漶過半僅存前後大字以碑陰證之此持住僧惠高之請也至七年講師清素并序歷朝恩渥而刻諸石此劄付亦刻于是時諸志乘皆未之載

宋秀州陸宣公祠堂碑

古者建學先聖先師各因其國之故國無其人然後合它國而釋奠焉由漢以來先聖先師之位雖定于一然郡邑先賢亦往往祠于學官猶古意也唐史載陸宣公贄蘇州嘉興人石晉時吳越王元瓘奏以嘉興置秀州城東橋以宣公名者先老相傳公所生之地郡學故有公祠今　郡守直顯謨閣東平呂侯正己復葺而新之維秀陪翼行都典治爲天下劇侯獨置迎將期會之煩表公以風厲多士其知本務矣初公事德宗入翰林爲學士方禁旅四出伐叛公深以根本爲慮論居重馭輕之埶至䀌悉也未幾涇卒內訌迄如公憂奉天艱難之際雖號親近而志實不大紓職在書詔因得具著天子悔過罪己之意聞者流

涕人心已離而復合以使事抵李懷光於立談頃拔李晟之軍已而平賊泚收長安獨晟軍是賴官守所及觕見一二已足以再造唐室苟帝以國聽焉其所就何如哉起建中歷正元垂二十年離合從違之變繁矣確乎其不移溫乎其不懟亹亹乎其不厭所積之厚豈世士所易窺邪晚節爲相經世之業出之固有次第始見白臺省長官各舉其屬議輒見格然綱條本末載於章奏者尚可復也既貶忠州闔戶人不識其面專以方藥自娛蓋畏天命畏大人負罪引慝於幽閒隱約之中其志念深矣雖德宗雄猜忌克猶勞問有加非公之忠敬有以發之邪彼謂避謗不著書殆知公之細者也秀維公里雋彥林立公之精縕刻於鄉論者舊矣故於祠宇之成誦所聞以質其中否焉淳熙四年四月旦日東萊呂祖謙記廉里龔敦頤書後十有一年五月辛亥郡太守天台陳揚善立石

嘉禾曹瀓男日音孜刻

右碑文正書十七行在嘉興縣按祠在宣公橋景定癸亥改爲書院大德九年復爲祠見牟巘記後至元二年僧據爲菴至正十四年總管劉貞復建書院見劉基記龔敦頤遂昌人博通羣書撰元祐建中列傳譜述一百卷淳熙間脩國史洪邁請加甄錄授潁州文學仕至宗正丞陳善揚按台府志紹興十八年王佐榜有陳舉善仕御史終秘閣修撰紹興二十一年

趙逵榜有陳嘉善舉善弟也知江陰軍並黃巖人揚善亦其昆季歟

宋李直卿題名

□□□□□□□□□巖同學□瞻勝一日□前辺□淳熙丁酉季夏二十有五日淨□□□道人李直卿書

右摩崖正書前泐存五行字不等徑一寸五分

宋英顯武烈忠佑廣濟王像碑

吾本吳會人間生於周初後七十三代爲士大夫未嘗酷民虐吏性烈而行察同秋霜白日不可犯後西晉末降生於越之西㑺之南兩郡之間是時丁未禩甲子辛亥二月三日誕祥光滿戶黃雲遶野居處地俯近海里人爲清河

叟曰君今六十而獲貴時嗣童稚時不喜嬉戲每慕山澤往往語言若有隱顯晝誦羣書夜避衆孑自笑且樂身體光射居民祈禱則余嗤而訕長嘯曰土木而能衣人之衣食人之食享之而有應謗之而有禍我爲人而焉無靈乎自後夜之怪夢或爲龍或爲王者天符爲水府曹自怪而不甚信爲吉兆後三農憋旱齋澤無甦舞雩祝神恬然無驗余思曰夜寐乖夢治水府今夕當驗夜往水際以夢中宫牒河伯而驚魂尤恐怔忪不能忽爾之間雲四合風雷震一吏稽首余前運判徙居余曰非我也我迺張戸老之子名亞（後綠水府得達故字霈夫）吏曰奉命促子余曰家人如何吏曰先到治所余皇皇未决吏揖上一白□□去俛首里閈風

雨聲中頓失鄉地到一山連劔嶺□□參宫（星也）若鳳凰之偃下有古湫引吾入一巨穴門有數石筍吏曰民之祈禱祝此石而有應曰雷柱吾方褰衣入穴吏曰君記周室爲人七十三代陰德傳家而迄今否余方大悟若夢覺也吏曰君在天譜得神之品於人世少有知之者吾不日有中與之兆□□□□而顯化余曰謝天使嚮報也入穴則若壇千仞之壑□□而足不沾若騰身虚空有王者之宫有禁衛余□□□□若都其間改日作儒士而往咸京講姚□之故事□河内傳焚獻者切記

淳熙丁酉六月會稽陳師中錢塘刻

右在吳山文昌廟正書二十六行隸書十字題額下有王像乘白騾二童子一武士隨行卽今時所祀文昌帝也頂現一光中有二像乘蛇而行不知何説刻文似箕壇語有未可句讀處以朱刻存之

宋何伯應等題名

何伯應潘安叔江幼度以淳熙丁酉十月六日自高麗來游伯應之姪惟澂子惟滋姪孫林安叔之子景羔景西景開侍行僧師觀同至

右摩崖行書六行字不等徑一寸

宋范成大等龍華寺題名

至能季思壽翁虞卿子宣正甫渭師子餘無咎淳熙戊戌季春丁巳同游子師不至

右在龍華寺後摩崖正書七行字徑三寸

宋周必大等龍華寺題名

周子充程泰之劉正父王仲衡芮國瑞陳敦仁吳希深木韞之齊子餘以淳熙己亥季春廿有二日同來

右在龍華寺後摩崖正書七行字徑三寸

兩浙金石志卷九　香山縣知縣候補通判仁和周兆蕙刊

臨海洪瞻墉校

兩浙金石志卷十

揚州阮元編錄

宋石龍淨勝院捨田記

□府□□□□門外錢塘□界居住奉□三寶弟子祝□
同妻衛氏三八娘□□今將本家置到仁和縣豐年鄉第
十三都水田壹段八畝三十七步謹發誠心捨入下石龍
淨勝院常住永遠供僧者昔時百丈開田用作千年常住
□□地藏種稻以供十方高禪今來祝氏發心凝蹈前脩
輒撤捨良田八九畝入淨勝之寶方久遠供□□□□三
時□種□□逐日開單展鉢合一衆身安道隆郎三□之
嵯俾二嚴之有據□因討□翠琰爰刊當與此山均共不
朽謹識

淳熙庚子三月十三日住山釋子祟□立石

右在石龍院旁正書十一行行字不等按咸淳臨安
志在龍華山後山石突出宛如龍首故名下石龍爲
淨勝院上石龍爲永壽院

宋高麗寺剳付碑陰記

國家累聖相承專用仁厚凡可以教民□□□□晳必發
揚□顯之雖淨居老子之說有所不廢臨安府南山慧因
教院始□禪□元豐八年有法師淨源講學戒行名聞外
國高麗嘗遣僧□義天航海請授經旨神宗皇帝可其奏
旣歸以□□國王以其毋命　金書華嚴經乞置之源師
所居以報國恩於是其徒乞改慧因爲十方教院得旨許
之而賢首之教大□□□靖國元年高麗遣使□巘宗登
寶位附白金千□□兩請造華嚴□□佛□□□□□□
□行主之歲與剃度朝廷又許之而寺宇□□聖上龍興
主僧惠高累□宣對乞追述前朝之意永免官司指占上
亦許之而□聽益孚淳熙七年住持講師清素以名行被
選講席興盛凡稽首受教于坐下者日數百人遷善遠罪
者日益衆於是清素願以所得聖旨刊之于石求文以記
歲月□爲之序累聖化民之意無所不用其至以告于後
五月日通直郎軍器監丞周必正謹書

右在法雲寺正書十八行行三十字按慧因寺志吳
越王建初稱慧因教院宋元豐八年高麗國王子僧
統義天入貢因請從院僧淨源詔許之俗呼高麗寺
今名法雲寺

宋興福院碑

宋臨安府在城興福院記

宣義郎前江南西路轉運司幹辦公事劉莊士文
朝散郎主管建寧府武夷山冲右觀周邦書
武功郎閤門宣贊舍人兼德壽宮幹辦事務劉永堅篆
一天下之德在乎盡性通天下之志在乎窮理窮理盡性
者誠而明者也誠而明則愚者可化爲智也不肖者可革
而爲賢也所化者賢且愚焉能花者果如何哉而縛僧吉

諦大士以聞薰聞修金剛經三昧無作妙力普門示現乃
無化而不化也我最上乘人聞而思之思而脩之體兹三
慧卽空假中名不思議者興福堂上慧觀公其人也公諱
師肇字先之本秀之華亭繆氏子也年甫四歲志趣不凡
超果慧照和尚見而異之勉令出家十二薙染十三升壇
納上品具戒四威儀中而心堅鐵石行皎冰霜遂負笈來
虎林城初從淨住普明淨教主游講肆台宗大部探賾精
微發揮道妙儔侶咸欽慕之爾後移錫上竺獨步於大法
師玉慧覺之門商畧古今抑揚其說偶吉祥廣福虛席有
司期集諸山衆推公揮麈于斯致大雄出世大事因緣若
赫日當天無幽不燭時名緇解屨大儒稽首濟濟焉何其

盛哉每頂一紫旃檀像翹跪如意輪祕呪課滿萬數晝夜
孜孜未始疲薾左丞相薛公昂鄉先生也與時爲忘年之
交凡室之長少間有所苦師卽加趺入如幻三摩提掬水
令飲罔不痊損或歲虞旱澇民罹癘疾咨誠禱請悉獲昭
格丞相嘗贈詩美之有持誦功尤異祈禳妙入神之句乃
請諸　朝錫紫方袍厥號慧觀既而思之吾佛稱兩足尊
而不捨穿針之福顗祖以一心三觀傳無盡燈嘗崇梵苑
三十有六所先覺尚爾我何人斯行將卜肇基之域闢最
勝福田矣丞相曰余有花藥小圃去仁和縣治之北一俱
盧舍自方可五千五百餘弓無諸丘坑地平如掌松篁環
衞風露涓涓蓋爲勝絕師乃結廬于此榜曰擇勝焉師素

蘊克誠景行動佛仁聲普聞檀信歸投諸大夫士凡過休
沐必愒息其舍公乃炷寶薰瀹犀夲品藻圖書辨析理義
語氣淸壯可喜可愕坐久具蔬肴佳賓一切敷設毅然不
鄙紹興丁卯夏六月太師循王俊撰工掄材爲建圓通懺
堂安奉香火續蒙節使劉侯懋正信存誠勇施金帛再新
雕鎪靈感觀音瑞像一塑永充德壽貴妃丙午本命長生
道場請移興福古額揭于玆宇命乃子乃孫甲乙承續公
栽懷與締夾共的嗣智部者志行權奇力任斯事乃建三
門廊廡鴻鐘之臺遷寶輪藏營別殿宅西方三聖襲淨土
七經天龍部屬森介壁間塗金甃碧烜赫照耀爲一方之
鎭矯矯諸孫能糾合豪右圖住世應眞位置周阿峯巒峻

峙怪木盤結烟雲杳靄之際如覺天橋聖燈燗然在目諸
孫爲誰曰慧勤慧常義欽也噫嘻是中梓革樋金擊木拊
石其聲皆具第一義諦等示眞觀曲施苦應聞如是者咸
一根返源六根解脫豈曰小補哉銘曰
止止吉宅兮瞻之仰之恢恢德網兮賢斯俊斯熏香膏火
兮日新于玆有子有孫兮嗣事維時
時神宋淳熙辛丑夏六月二十有九日當院住持比丘釋
智部立石開封杜友聞刊
　右在杭城北興福寺中正書二十四行行四十九字
　篆額八字按文師肇華亭繆氏子從普明肆台宗大
　教後游玉慧覺之門有掬水愈疾凡禱輒應之異左

丞相薛昂請諸朝遂錫紫加號焉又募顗祖崇梵苑
三十有六之舉薛昂捨圖以貲之榜曰擇勝紹興丁
卯張循王又爲圖通懺堂節使劉懋雕鑾觀音像并
移輿福古額于寺其嗣智韶續建而規模大備遂爲
一方之鎭此碑舊志不載故爲節其畧于此台宗大
教卽後所云顗師也景德傳燈錄智顗說法不立文
字以辨才故晝夜無倦門人灌頂日記萬言而編結
之總目爲天台教蔚爲薛昂杭州人元豐八年進士
初附王安石後因蔡京進仕至尙書左丞門下侍郎
始終附京當時有薛萬回薛八丈之目卽文中所稱
鄉先生者節使劉侯懋劉貴妃之父累官昭慶軍節

度使此碑樊榭山房集跋之最詳
宋王希呂等龍華寺題名
淳熙八年閏月甲午駕幸玉津園王希呂韓彥直闢蒼舒
鄭丙賈輝王佐施師點趙汝恭孟經葉翥賈選木待問宇
文价以扈從至此
右在龍華寺後摩崖正書七行字徑二寸
宋蕭燧等龍華寺題名
淳熙十年三月十八日車駕幸玉津園蕭燧王佐黃洽會
逮宇文价葛邲王藺張大經詹儀之余端禮李昌圖趙彥
中因扈從憩此
右在龍華寺後摩崖正書九行字徑二寸餘西湖志
因誤以宇懋誤至宇
宋蕭燧等龍華寺題名
淳熙丙午季春甲辰駕幸玉津蕭燧韓彥直宇文价余端
禮葉翥李昌圖葛邲王信陳居仁蔣繼周洪邁韓彥質顏
師魯口口李巘口口扈從至此
右在龍華寺後摩崖正書七行字徑三寸西湖志失
載此刻
宋蕭燧等龍華寺題名
淳熙丁未季春甲子駕幸玉津蕭燧韓彥直宇文价洪邁
葛邲蔣繼周葉翥韓彥質王信陳居仁李巘陳賈章森顏
師魯劉國瑞胡晉臣扈從至此

右在龍華寺後摩崖正書七行字徑三寸西湖志衍
國字洛葉翥二字巘誤作巘章誤作張
宋梁安世等題名
梁安世次張鄭濤次山偕來淳熙癸卯六月初四日
右在定山摩崖正書四行字徑一寸餘
宋李衛公廟碑
輔世忠烈王廟之記
王姓李氏諱靖字藥師京兆三原人也唐武德中輔公祏
據丹陽以叛詔　王傅趙郡王孝恭東討臨機料敵一
戰而禽之高祖嘉嘆以謂雖古韓白衛霍無以加安吉舊
隸丹陽巨盜旣平邑人感

王之德廼即邑之西山塑像立祠奉祀惟謹歲或乾溢禱于祠下雨暘輒應如響自唐距今已數百年矣　王之庇也　王之庇者如祠之初也考其賜額封侯始于政和間侯爵公始于隆興然　王封衞國公見于生前勅牒之管城者亦有祠已封王爵故乾道五年邑之士民援是以有請者再焉按管城之祠載于　國朝會要其立也廼後魏僕射李沖之陵因陵爲名而容齋異議執疑似之說以汨其請是時樞爲幸掾因討論而辨明之且引宋祁題　李衞公廟詩以爲據其詩曰斯人天挺傑賊避投荒有其李京門血食雄京輔于今異姓王郎是以觀則豈得以僕射李沖之祠爲疑哉朝廷以樞言爲然且檢會　本朝祀典推崇有加自建隆至大觀錫封　王爵已加忠烈今答靈應宜以輔世忠烈爲廟號　綸誥既頒邑之稚耋歡呼鼓舞舉手加額以相慶幸於是　神之宏休愈久而愈光矣樞欲俾識顛末俟上之賜揚　神之休且以慰邑人奉祀之勤懷此有日會邑宰韋昱祈禱有應則具石來請曰願有記蓋其禱廟之初嘗以潔己導民于正以要神之福福是邑之民爲言繼而蠶麥垂成淫雨爲沴民方愁歎禱而遂霽秋稼既實隣縣飛蝗忽集近境禱而退飛然則　神之所以福吾民與夫吏之所以感　神貺者其可無述乎竊謂生而

有功於國沒而得祀於民歷世雖久使人敬事之不懈是必鍾靈苴秀卓然有異於人者能之如　王之豐功偉績磊落震耀富貴壽考哀榮終始固自有傳而見於逸史者有二事焉　王爲布衣時獻書西岳詞氣凜然有憂天下之志如斬鯨鯢而清海嶽登氣稜而踰山河讀之可以想義槩而激雄心至於射獵霍山投宿朱門又有乘雲行雨之異太平廣記載之甚詳則前所謂鍾靈苴秀卓然有異於人者於此可見矣嗚呼　王之世祀也豈偶然哉豈偶然哉中大夫提舉江州太平興國宮安吉縣開國男食邑三百戶賜紫金魚袋沈樞記并書淳熙十年七月十一日承務郎知湖州安吉縣主管勸農公事韋昱篆額立石

右碑篆額八字文正書廿二行行三十九字在安吉縣李靖事蹟具見唐書本傳侯王之號自建隆大觀已加忠烈此又加號輔世字耳文云安吉舊隸丹陽按方輿紀要隋平陳吳興郡屬蘇州唐書地理志武德四年平李子通置湖州六年沒于輔公祏七年平復置治烏程是時輔公祏據丹陽安吉亦其所轄也衞國公靖生前封地沒則連謚書之昭陵陪葬碑所書衞景武公是也湖錄又載烏程古山廟祀李衞公有唐吳道石碑是唐已祀之又辨正索靖廟即李靖廟索爲祭之名本禮記蜡者索也周禮黨正國索鬼

神之義可謂卓然用證子美十姨之訛矣
宋鹿伯可墓誌銘
上缺直學士通議大夫提舉江州太平興國宮奉化縣開
國子食邑五百戶樓鑰撰并書
上缺閣學士通議大夫提舉江州太平興國宮河南縣開
國伯食邑七百戶邱崈篆額
上缺上章求致其事時
上缺祿奔走臣子然　聖意頗厭躁競之習顧大臣問所
以丞相趙公雄奏曰鹿某之請出於至誠朝論多惜其去
寮友有以詩挽留之者廟堂亦嘗却其請而求之不下缺
遷官二等以朝奉郎直秘閣賜緋衣銀魚授一子昌運以

官用華其歸君生於建炎之元至是季才五十有三況以
循良之課入爲名曹日豳於用翩然乞身而去
上缺節萬衆欽嘆其行也朝士餞別爭賦詩以爲贈先是
有客嘗取靈徹詩所謂林下何曾見一人者欲以見一名
君所居之堂君曰此吾志也既十季矣人皆以君不待季
下缺去台城四十餘里地名鹿陝山水佳處也既歸不復
入城府汎埽庭宇徑爲終焉之計鑰時自　敕局贅倅于
台訪君之廬崇岡碧谿老木擁門主人欣然出迎望之使
人下缺之賦詩而還郡太守爲裒中外之詩爲見一堂集
行於世官滿再過之問君樂乎笑曰不見其樂但覺日長
耳慕仰不足又爲之詩曰尋上先生見一堂澹然賓主兩

相忘不知下缺晝長君亦爲一笑領此意尋即別去意君
之壽考未艾也別四季而訃聞葢十季十月七日哀哉嘉
泰三季昌運改通直郎將宰龍泉過四明敝廬中感念疇
昔恍更二紀方相下缺椿季知處州日所作君行狀泣而
曰先君之塟未有墓隧之碑今日　知先君之出處者幾
無人矣敢以銘爲請雖老矣學益落義不得而辭也君字
伯可世爲臨海人曾大父戩不下缺郎父汝爲案贈宣教
郎惟鹿氏積有隱德諫議忠肅陳公瓘謫居時　事伯仲
賓從之游始爲儒家伯父汝弼汝明紹興十二季同以進
士起家鄉閭榮之二兄皆與省貢而蚤世君登下缺屬文
由太學登三十季丙科授左廸功郎秀州華亭縣尉有戚

冠者　海道　朝以名捕君聞其馮險肆虐先以方畧
禽其爪牙數輩一旦出不意親至其家縛取以歸凶徒屏
息潦水下缺千頃王公炎時爲漕使被　旨疏導之水軍
奉命促迫諸縣吏民洶洶及君往視持畚臿待于阡陌者
數百千人詢之耆老具言權豪築長隄侵淤水道今不於
彼疏治反壞民業害愈下缺隄或曰此鼎貴之人所築也
君曰正當自顯　始有　尉自當之隄既盡去水勢頓泄
向之没者土且作乂矣漕來按臨力陳利害之原與其已
施行者漕喜甚屬君草奏
上缺郡寮賀曰決隄之舉旁觀爲之股慄乃以談　而
用盗賞改左承奉郎知泉州南安縣郡於中冬

督秋賦甚急就逮者縣率二百人君力言省限未及法未
應追而逮愈急趣下缺擲其牘於地進日上謁不得見
身以歸民相率至縣庭遮　留者日數百人且言毋捨
我去賦易足也皆夜舂晝輸未浹日而登足守驚且悔設
燕延歎問何以致此遜謝而已邑庠下缺築淫祠於
徹其材新之增員選師親加課督士益知勸　黃龍見于
前紀之以詩屬和者甚衆是歲邑士名薦書者倍於舊
吏部石公起宗　廷試爲亞魁人皆以爲作成之下缺治
用戒不忍犯法至親有訟一言諭之或感泣　退　空繇
最薦有　旨審察詹事陳公良翰爲給事中舉君自代云
邑人肖像立祠奉之至今詹事王公十朋爲守以治

處事剛下缺諒直而不欺人以爲得其實二公皆有當世
重名不輕許可　監登聞檢院時　口中都官待者率
從員外置遂添差通判吉州佐郡有聲鄰有滯訟部使者
多以委君一問而得其情下缺右大飢參政龔公茂良帥
隆興任以荒政　朝廷設賞募人　粟君諭富室得米七
萬斛賴以全活者不勝計龔公力薦之復有　堂察之命
淳熙二秊二月除知衢州尋改饒州
上缺羣臣氣節不立風俗委靡不能仰副　聖意　論諸
郡獄官不　注癃老之人乞嚴差注之法又言奏對者多
徇私返合詆議成法間有施行又以不便而罷誠有朝令
夕改之弊　上皆嘉下缺諭君治郡不可不留意財賦君

奏曰今生財之道極矣惟能　原懲吏姦則財不可勝
用無政事則財用不足若能使田里無愁恨歎息之心則
郡計不足慮也　上然之四秊九月到郡未下缺召爲
諸王宮大小學教授五秊五月除尚書屯田員外郎
對因奏立宮庠以教宗子而法制苟簡反不及州縣乞修
廟學定生員置贍養之貲嚴教導之法又以屯田有名無
實國用十以下缺一惟此可以少紓民力酌古驗今周詢
博采有上屯田　指兩淮可以留屯者數十所君稽攷計
正灼知利便願以身任其事十一月遷金部君佽助長貳
經畫調度給內惟謹綱運當輸左帑者因下缺多露積岸
次躬爲督察力革其弊　明堂大饗陰雨不　歲　之日

天字開霽禮成　上甚悅君進詩頌思有以開廣　上意
又奏聖人不以得天爲足而以敬天爲務天之所以眷顧
下缺如此其至　陛下宜存不息之誠勿懷自滿之意則
天之　佑有加無已　上稱善者再三且極言民之疾苦
寬恤之詔每下而奉行不虔其擾益甚如差役催科折
帛場務俱乞更張下缺議而行之郡縣有奏陳利害　然
可行者必力主之勢不得專多有扞格自以強顏班列爲
媿而歸心啓矣君寡兄弟少又多病世味官情泊如也陪
祠小疾決意納祿或勸止之則曰吾才薄命奇下缺致身
員郎所得已厚不自知　其曠敗悔之何及識者謂二
疏官至師傅祿二千石又皆篤老若過之遠矣歸創小閣

聚書其上朝夕省閱客至則觴詠以爲樂給事龍學吳公帯推冠已久宅於下缺石井自號湖山居士聞君此舉喜甚篇章相屬爲忘年交君歲一過之劇歡而歸吳公病中邀一見亟往訪之未幾遂相尋於九京尤可歎也君天資孝友在上庠聞父病不暇俟潮有願負以涉者下缺而潮至負者棄走自分必死俄有小艇至前艤之以濟人以爲誠孝所感二兄寖疾藥餌悉出其手未嘗去側爲伯氏立嗣撫之如己出伯父逼直性嚴重事之盡禮得其歡心分舊宅則辭多而就寡下缺自奉甚薄而好周人之急少讀張乖崖公所錄黃兼濟事慕其爲人凶歲則損直捐廩以濟鄰里外和內剛初有　朝蹟吏白當先謁權近叱去之

居官一毫不妄取禁家人市土宜作器用南安月　有下缺例當增竟不之問鄱陽郡例及諸司以千緡餞行會建貢闕　以助費在州縣時雨暘有禱輒應謝事五年而四旱鄉人禱或不獲君一出即甘澍隨之人皆歸功則曰偶然耳棄置人事之後間上缺家一政令之得失一賢才之用舍憂喜形於言色若身　責者爲文明白簡易詩務平淡能寫人所難言文集十卷藏於家娶應氏知楚州寶應縣權之女先君十五年卒有賢行君自爲之志其文甚下缺聆安人甃于鍾暉鄉白　墺一子昌運也一女適從政　江州德安縣丞栝孫男　業儒女二人適同里進士吳熺應庚曾孫男女四人尚幼十一年仲冬丙申舉君之柩合于應安人之墓嗚呼下缺公六十三而致仕君又先之鑰投閒九年猶以爲養而　祠祿視君有媿焉銘曰

七十致仕禮經甚白年踰知命胡去之亟才方登用身又康疆慨然賦歸二疏有光煌煌　孝宗求賢如渴崇獎靜退以厲臣節天　仁不假之年　令名帷君純全我升其堂又銘君墓後之君子庶幾知慕

右碑右角題額俱闕今存者亦斷爲三石文正書三十七行在臨海縣東鄉白竹墺按攻媿文伯可由太學登紹興三十年丙科授迪功郎秀州華亭縣尉改左承奉郎知泉州南安縣淳熙二年除知衢州尋改

饒州召爲諸王宮大小學教授除尚書屯田員外郎遷金部乞休以朝奉郎直秘閣賜緋衣銀魚授一子昌運以官葬其歸朝士餞別賦詩以贈可謂榮矣後丁守璹以伯可與石子重商暈仲郭子奇陳壽老杜成之祀爲六賢吳荆溪記其事稱伯可投簪于未暮之年脫蹝于必爭之地朱文公亦雅重之輓以詩合此誌讀之伯可誠賢矣哉舊志謂當時賜號見一先生此伯可以客言靈徹詩遂以名堂亦當以此誌刊誤也

宋勝果題字

勝果

皇宋淳熙十三年夏四月甲子重建右邊大元至元二十年五月戊寅日僧復新建左邊

右勝果三字隸書字徑一尺五寸欸字正書分列字徑一尺餘在鳳凰山勝果寺

宋王大遁等題名

□□王大遁宋薇穆冠卿淳熙丁未春晚同來

右在鳳凰山摩崖隸書三行字徑三寸

宋王大遁鳳山題字

鳳山　淳熙丁未春洛王大遁書

右同上隸書字徑三尺四寸欸字隸書二行分列字徑四寸餘

宋寶藏巖長明燈碑

本院諸殿堂雖殿主執幹尙闕長明燈遂募衆緣得錢叁拾叁貫八長生庫置燈油司逐年存本所轉利息買油除殿主殿堂燈外別置琉璃明燈仰庫子逐月將簿書詣方丈知事簽押不許去後移易貴得綿遠然此燈普供十方諸佛一切聖賢所集

妙利祝延

聖壽保國安民仍爲捨錢　檀信作生生之福果爲世世之津梁心燈發現於大千性地常明於沙界頭頭應用處處現前不昧眞機常爲佛事四恩普報三有齊資法界有情同圓種智各隨願心

今開具施主捨錢名銜于后

廸功　仕陳序蔡文彭玢杜大年趙伯序鄧義周妙光張文政僧　夫陳德陶元晟張法勝孺人許氏妙瑞朱陶氏四十娘章氏三二娘楊氏五娘厲氏十娘吳氏淨心朱氏四五娘張氏六娘比丘尼覺信普雲鄒智堅鄒智　比丘景樞法昌吳　吳六八娘童行普寧普信普廻宗印各人捨錢壹貫文足徐氏四娘童行宗廣宗照宗鑑　共捨錢壹貫文足住山在菴法先捨錢叁貫文足皆淳熙十五年戊申正月旦日住山法先募緣

右碑題額六字文上層十四行下層十四行俱正書在臨海縣西鄉寶藏寺按赤城志普安院舊名安像寶藏巖蕭梁時建長明燈又謂之無盡燈鄞縣有東谷無盡燈剡輸錢俱三十六貫文此云三十三貫大約供一年之需而于長生庫轉利供油也長生庫本始于寺院故有仰庫子及簽押等語今釋若此衆將諱然而憧憒者莫不競爲利藪矣

宋紹興府進士題名碑

紹興府進士題名一　碑額八字八分書

晉史謂會稽有佳山水名士多居之王羲之晚渡浙江遂有終焉之志顧愷之謂千巖萬壑競秀爭流而一時人物如孫綽李充賀循許詢輩皆文藝冠世說友劝讀史長而從仕謂今會稽實拱　行闕仕而有職于東蓋無難者亦

庶幾見所謂以山水名天下與人物風流之盛者乎而宦
海萍游迄三十年而志弗遂淳熙十六年春始得辱乘傳
典倉事於是登泰望探禹穴識其委蛇盤礴之觀而得其
溫厚粹美之氣蓋其鍾靈孕秀雲行川流脉胎醞釀發而
為英傑宜有獨盛於斯世者　國朝崇儒右文眡古為
重而東南儒風宏𢇁盛美會稽為最焉杜祁公以道德文
章功業行實克相　昭陵德在生民勲在史册足以儀萬
世而垂後學如李公光入參大政孫公沔晉貳樞筦顧公
臨典制北門陳公揚庭執瀛中司傅公墨卿正位常伯陸
公佃石公景畧皆以文學冠春官夏公𤨏齊公唐皆以賢
良應大科傅公崧卿以文藝魁含選儒學之秀頡頏上下

此非鶱翔奮厲之所蘊而雄深秀麗之所鍾耶建炎初
六飛渡江嘗駐蹕于越而越今為　陪都蓋古三輔也山
川之所形見風化之所漸被其儒風士業流聞彰布益以
昌大要非餘郡可比王公佐詹公騤相望二十餘年之間
皆以大策冠多士王公俊石公廷慶莫公叔光皆以進士
中宏博石公公轍以奏恩擢魁名而三歲大比賜第于太
常者率十餘人其連取世科伯仲聯第者又閒見層出人
物之茂實為衣冠盛事其亦有以權輿於此哉郡之前進
士石朝英陸洋張澤圖僻以告說友曰越之山川則有郡
之圖志在越之名卿才大夫則有　國之信史在若無侯
於登載者然鄉之宗老則懼晚學之未聞也人寖遠而寖

忘事愈久而愈墜其不沒前人之事者幾希朝英等將以
郡之進士列名于石且請于　府帥閣學尚書王公願飭
工鑱石寘諸郡庠之講堂於以示勸激之意然非文不傳
也敢以請說友幸以將指來越而楚實有材叉所身見而
目識者其何可辭則與之言曰夫讀古人之書肄當世之
業豈直取科級釣爵位以夸榮侈盛於鄉曲哉其致君澤
民行道及物實自讀書肄業始漢世設科射策勸以官祿
史氏譏之韋氏教子一經志於青紫後有貶焉士之學固
有遠者大者今
天子龍飛御天適當興賢之歲越之士將企前慕昔以接
踵賢躅而振袂流風者其盍思所以遠者大者乎雖然越

有君子六千人昔人謂其有志行猶齊之士吳之賢良也
嗚呼千載之後其必有仍盛美於前人者說友猶拭目以
覩之題名起於慶歷二年前乎此者攷諸登科記則鄉里
多不載故不書而杜祁公則大中祥符元年甲科四名進
士蓋可攷云是年十一月望日朝議大夫權兩浙西路提
點刑獄公事袁說友記并隸額

題名舊刻始於慶歷用登科記修也前此記不詳其鄉
里故雖祁公亦不復書闕所不知是固未害然祁公不
書何以寘高山景行之瞻教授劉君庶請于　府帥待
制侍郎畢公夔礲舊石而增修之訪遺逸於邦之長者
得陸公軫以下已七人遂列祁公於是首自建隆開國

距慶歷餘八十年其間策名多矣未易攷也仍存闕疑
之義自慶歷至今百五十餘歲登載日益盛今年 上
以孝廟故未親策多士而莫君子純實爲南宮第一三
魁相望於四十餘年之間是碑重修其風遠矣介既爲
書舊記於碑首復敘大畧以輔教事慶元丙辰臘月既
望承議郎添差權通判紹興軍府兼管內勸農事王介
書

大中祥符元年姚曄牓
杜衍 相 第四人
大中祥符五年徐奭牓
陸軫 傅營

大中祥符八年蔡齊牓
齊 今上御名同音 王綵
天禧三年王整牓
孫沔 樞 傅瑩
天聖八年王拱宸牓
齊唐 今上御名同音 弟
寶元元年呂溱牓
沈紳 褚理
慶歷二年楊寘牓
朱奎 茹約 石牧之 石衍之 徐紘
石象之

慶歷六年賈黯牓
何玠 朱琮 梁佐 陳惟湜
皇祐元年馮京牓
闕杞 任秉 闕希聲 王醇 石麟之
馮滋 余叔艮 胡穆 楊度 王雲 朱
方
皇祐五年鄭獬牓
姚甫 韓希文 應瑜 張琦 李燮
是年賜九經出身
顧臨 內翰林學士
嘉祐二年章衡牓

章蒙 余京 褚理 理弟 傅傳正 王淵
石景淵 象之子 唐 高宗廟諱同音 石深之 衍之弟 夏噩
是年材識兼茂明於體用科
夏噩
嘉祐四年劉煇牓
姚勔 中書舍人 闕景仁
嘉祐六年王俊民牓
錢嵊 顧沂 馮豫 褚珪 張蕆
嘉祐八年許將牓
褚唐輔 闕景暉 景仁弟
治平二年彭汝礪牓

王長彥　余弼

治平四年許安世牓

黃兌　梁興

熙寧三年葉祖洽牓

陸佃第三人省元軫孫左丞　陳侁

熙寧六年余中牓

石景略別院省元深之子　沈箋　王容　陸傅佃弟　韓

羽　石景衡衍之子　關澥　鍾昇

熙寧九年徐鐸牓

張祖良　黃彥　虞昆

元豐二年時彥牓

兩浙金石志卷十　宋

詹默　葉鎮　石景術衍之子

元豐五年黃裳牓

沈袞　徐充　戚儀　詹京　蔡繪　黃詔

石景衍衍之子

是年明經

朱韱

元豐八年焦蹈牓

張叙　丁希說　傅勉　虞賓　梁高宗廟諱佐孫

元祐三年李常寧牓

朱輿宗　陳毅

元祐六年馬涓牓

石公輔賜名公弼衍之孫兵部尚書　黃特　陳兢侁兄　朱卬　唐

翊高宗廟諱同音子　馮谷

紹聖元年畢漸牓

求穆忠　梁休泰

紹聖四年何昌言牓

虞寅賓弟　虞大猷　陳揚庭賜名過庭兢姪中書侍郎　姚舜明

元符三年李釜牓

石端中　黃日新　盛旦　錢克忠　黃無悪

崇寧二年霍端友牓

徐公佐　求元忠　陳濤　唐竦高宗廟諱同音子　石

彥和景略子　姚棐　沈　方喆

兩浙金石志卷十　宋

崇寧五年蔡薿牓

石端誠　李光叅　郁藻　潘彬

大觀三年賈安宅牓

臧言　王上輔　華初平鎮子　褚唐舉理子　王

俊兼中詞科　石公恕　孫賓著　張宇發別院省元祖[illegible]子待制

黃通

政和二年莫儔牓

張公彥　石公揆景衡子侍御史　翁彥約　朱常　郭

亢　高欽宗廟諱

政和五年何㮚牓

傅崧卿上舍魁給事中　錢唐休　王致柔　王眞卿

杜師文　葉汝平　張翺　韓溉羽子　陸長
民彰伯孫

右紹興府進士題名第一碑在府學前記袁說友撰時淳熙十六年十一月至慶元丙辰冬增修王介重書舊記于碑首並記畧云題名舊刻始于慶歷前此登科記不詳其鄉里故多從畧教授劉君庶請於府帥待制侍郎單公夔礱石增修自大中祥符元年姚曄榜杜衍起至政和五年何㮚榜傅崧卿等凡一百四十三人以新修府志校之微有不同志於熙寧六年失錄石景畧一人元豐二年失錄詹默石景術二人政和二年失錄翁彥約一人又熙寧三年陳烑誤作詵元符三年石端中誤作端平崇寧五年郁藻誤作蔘又皇祐五年失錄賜九經出身顧臨嘉祐二年失錄材識兼茂明於體用科夏噩元豐五年失錄明經朱戩蓋府志皆採自他書難免舛漏不若此碑是當時專立信而有據說友字起巖建安人淳熙十六年任浙東提舉嘉泰問權郡守有善政陸游序會稽志之成亦是其力也王介字元石金華人紹興初進士遷太學博士以封事詆韓侂胄添差通判紹興府時姚愈劾介與袁燮皆僞學之黨或勸其自明介曰吾髮種種豈爲鼠輩所使耶侂胄誅召還謚忠簡事詳宋史

宋紹興府進士題名碑

紹興府進士題名二 碑額八字八分書

政和八年王嘉榜

諸葛行敏　黃韶中逌子　孫鼎　姚景梁　陳槖穀子工部侍郎　錢唐俊唐卿弟

宣和三年何㴸榜

梁仲敏[illegible]好夫　石嗣慶象之曾孫　王賓　黃唐傑

陳陞　王休俊兄　柱章　孫彥材

宣和四年賜同進士出身

傅崧卿傳正子禮部尚書

宣和六年沈晦榜

諸葛行言　胡尚智　謝作

建炎二年李易榜

唐閎高宗廟諱同音孫　梁仲寬高宗廟諱子　詹彥若　陳炳　孫適

紹興二年張九成榜

黃嘉禮　葉蓊　杜師旦　石嗣慶改名延慶嗣慶弟係兼中詞科　吳康年

石公轍特奏狀元公㴸弟

紹興五年汪應辰榜

李孟博光子第三人　胡沂第四人吏部尚書　虞仲琳寅姪　石師能象之孫　王俊彥　王賓　馮羽儀谷子　虞仲瑤寅子　馮耀卿　茅宗

紹興八年黃公度牓

繆渥

紹興十二年陳誠之牓

張摭歸姓馮 馬佐 詹承家京孫 唐閎翊子起居舍人 詹林宗承家弟 徐几 傅世修 錢穆哲 葉汝士汝平弟

紹興十五年劉章牓

傅晞儉 黃昇 茹紹庭 梁仲廣高宗廟諱子 吳公輔 張之綱 石大上御名同音

紹興十八年

王佐狀元俊彥子戶部尚書 張穎 陸升之長民子 高選 陸光之長民子 周汝士 詹亢宗林宗兄 沈壽康 茹驤

紹興二十一年趙逵牓

唐準 孫大中

紹興二十四年張孝祥牓

虞時中仲琦弟 黃開 黃閔開弟 黃閎閔弟 右邦彥 王公袞俊彥子 貝欽世 茅寵 趙粹中吏部侍郎大猷弟同榜

紹興二十七年王十朋牓

周汝能 許從龍 姚鎔 孫安國逵子

紹興三十年梁克家牓

馮時敏羽儀子 姚廷袞 顧宣 黃閌閎弟

紹興三十二年賜進士出身

陸游佃孫待制

隆興元年木待問牓

王速 李唐卿 魏中復 石斗文 黃度兵部尚書 莫叔光吏部侍郎兼中詞科 俞亨宗 許蒼舒 丁松年

乾道二年蕭國梁牓

王日永致柔子 邢世材 虞汝翼寶會孫 張澤兵部尚書 傅頤 王正之 楊寅 張宗仲 王厚之 杜旃

乾道五年鄭僑牓

陸洙 曾棐 王誠之 黃闓開兄別院省元 王訢兼中刑法

乾道八年黃定牓

石宗昭公揆孫 許開蒼舒姪 高宗商 任惟寅 張拱辰宗伸姪 錢棐唐俊子 卜芸 張亨辰拱辰弟 梁文

是年八月賜同進士出身

姚憲舜明子

淳熙二年

詹騤狀元林宗子 桂森 孫應時 方秉文 盛勛 李友直 周之剛 唐錡 石朝英

淳熙五年姚穎牓

徐邦傑 貝襲慶欽世子 唐淮 厲居正 朱元之

尚朴　陳杞兼中刑法
淳熙八年黃由牓
諸葛千能　姚廷昂廷袞兄　魏挺中復姪　朱元龜
陸子愚　葉恢汝士子　梁汝明　宋駒
淳熙十一年衞涇牓
施累　黃邁度子　虞時忱時中弟　吳芸　董之奇
陸洋　白公焯　陶廷俊　姚一謙廷昂
淳熙十四年王容牓
石宗萬宗昭弟旂部侍　周之瑞汝能姪　黃克仁詔曾孫　應
樊　郭綽　徐三畏　杜思恭
紹熙元年余復牓

兩浙金石志卷十　宋　廿七

陳用之裳孫犯諱文學與　諸葛安節別院省元　潘方　莫子傑
叔光子
紹熙四年陳亮牓
宋叔壽　王度　劉宗向　陳用之再登科　許閎開弟
慶元三年鄒應龍牓
莫子純狀元以有官充第二叔光姪中書舍人　曾勲㮚子　王潡　黃伸
陳無損　馮景中時敏子　石宗魏元孫　楊拱辰
馮大受　王夢龍　石宗玉景術曾孫　方秉成秉文
弟
慶元五年曾從龍牓
呂冲之　張撫辰宗仲孫　李知新光姪孫　王復明

傅誠墨卿元孫　胡衛沂孫　曾黯㮚姪　石孝溥宗明
子　茹驥
嘉泰二年傅行簡牓
方秉哲秉文弟秉成兄　張炳　楊轟　袁一之
開禧元年毛自知牓
黃庭度弟　盧補之　過文溴　張淡辰宗仲子　申宋
說　梁簡仲寬孫　田奐　任必萬
嘉定元年鄭自誠牓
周之章之瑞弟　黃虎　諸葛興　余一夔
嘉定四年趙建大牓
李復光曾孫　樂熙辰　李知孝光孫　唐檝翊曾孫
錢難老　茹彧　虞埴時中孫

兩浙金石志卷十　宋　廿八

嘉定七年袁甫牓
孫之宏　朱晉　陳亨祖　姚䮂　章夢兗
嘉定十年吳潛牓
劉漢弼　姚鏞憲姪孫　陸若川升之孫　丁燁希說曾姪孫
丁燧燁弟　袁行之　尹煥　葉明道汝士孫　周宣
子之綱子　閻璋　章又新　鄭大中　楊權
嘉定十三年劉渭牓
諸葛十朋　孫祖佑　王栝　過必案　尤孟遠　茅彙
征　王祖洽　王媮
嘉定十六年蔣重珍牓

毛遇順　周濬孫　莊徹　聞人知名　王建封俊彥孫
寶慶二年王會龍牓
楊瑾
紹定二年黃朴牓
張崧卿　任貴登　張飛卿　勞崇之
紹定四年
慶壽恩釋褐賜進士出身
王傑
右紹興府進士題名第二碑在府學碑白政和八年王嘉榜諸葛行敏起至紹定四年慶壽科王傑等凡二百五十八人此與前第一碑同時立其慶元二年以

後皆立碑後續題也府志於宣和六年失錄諸葛行言紹興二十四年失錄趙粹中紹熙四年失錄陳用之蓋用之登元年余復榜以犯諱與文學至是再登科也又紹興八年繆遲誤作繆涯淳熙八年姚廷昂誤作趙廷昂嘉定元年余一蘷誤作金一夔七年章崈光誤作章夢光十年丁煇誤作丁煒十三年王栝誤作王稅紹定二年任貴登誤作任貴皆當據此碑正之

宋紹興府進士題名碑
紹興府進士題名三

上踐阼之八年嶽獻農卿程公帥浙東領府事下車未幾修教庠序以孝弟忠信敎諸生學者鄉風是年論秀賓興勸駕有加禮善類增氣明年奏
廷對二十有二人猗歟盛哉越所未有也舊題名記二姓氏充牣餘不盈咫　公一見嘆曰此邦爲帝鄉且屬
東朝　壽慶　恩䘏闊郡秀茂上春官得人宜多茲詎足紀姓名亟礱石以俟捷至果如　公言　公嘗麾節鄞江今江東憲　袁君甫魁天下聯名尤夥豈非　福星所至則魁躔文宿次舍翼從炳煥增輝固應爾耶新碣肇建芳字粲陳非獨傳不朽示方來至於文風丕振士氣聿張光紹三魁袞袞未艾此又　公之使深屬蟾倚席罔功拭目

榮後或謂蟾曰識顛末紀歲月郡博士職也蟾用不敢辭謹再拜泚筆述所睹聞俾來者有考若夫前記所刻自杜正獻公而下其人物風流事業彪炳者　國有史郡有志登載詳矣異時將大書特書不一書而止作人有功闊者興起又當推本於今紹定五年十月望日文林郎　特差充紹興府府學教授繆蟾謹題
紹定五年徐元杰牓
陸叡倜五世孫　梁大受　葛焱　施退翁　孫子秀
胡昌　李衢光曾孫　陳錫禹　楊釋回拱辰姪　孫自
中　王世威　陶夢桂延俊孫　楊炎　楊國英　過夢
符　王鵬舉　戴鐸　王華甫　陳煥　呂秉南　王景

壽
端平二年吳叔告牓
馮喜孫谷四世孫　俞公美　孫燁祖
嘉熙二年周坦牓
胡太初余晉仁二年中詞學科第一人　過正已文煥姪　全清夫　劉曾
孫逢辰　戴得一鐸兄　錢紳　屠雷發　戴浩得一子
楊琣瑾弟　孫嚞　袁灝　韓境琦六世孫
淳祐元年辛丑徐儼夫榜
陳膺祖　鄭熙載　馮平國
淳祐四年甲辰留夢炎榜
章夢璞　張良孫　任西之　陳熹之　朱元光　楊兊

子　陳肖孫　李士特
淳祐七年丁未張淵微榜
葉秀發　王公大　孫嶸叟林之子癸亥再中詞學　馮濟國
黃雷　胡夢麟　王燦　胡杲　孫林之宏姪　商又新
淳祐十年庚戌方逢辰榜
王祖直　董元發
寶祐元年癸丑姚勉榜
陸逵　孫象先　毛振　夏仲亨　沈紳五世孫　陳
夢卓　唐震　孫炳炎　李碩　錢恢
寶祐四年丙辰文天祥榜
杜應之　姚會之　何林　劉漢傳　莫子材　張頤孫

徐理
開慶己未周震炎榜
俞浙　季應旂省試賦魁　潘時晦　孟醇　朱國英　劉瑞
龍　晏垚　陳碩
景定三年壬戌榜
方山京狀元　黃焱　黃遇龍　華景山　陸天驥　張
霆　陳開先夢卓弟　許稟省試第二名　徐天祐　吳
大順　吳天雷　王端
咸淳元年乙丑阮登炳榜
潘文虎彬曾姪孫　俞湘公美浙姪　張翼　張彌浩　高子埜
郭泰來　陳化翰　呂淵沖之曾孫　王峻　袁儒

曾卓　聞人適　朱沐　陳俊卿　陳必得　胡淳　趙
炎
太學上舍釋褐
董夢顯
咸淳四年陳文龍榜
朱士龍　朱得之　胡庸　石余亨　盧晉　周遇龍
楊潭　商夢龍　余庭簡
咸淳七年張鎮孫榜
厲元吉
咸淳十年王龍澤榜
陳嘉孫　陳庚應　董㴇　丁午奎　袁桂　傅默　王

壽朋　周汝賢

右紹興府進士題名碑在府學明倫堂自紹定五年徐杰榜陸叙起至咸淳十年王龍澤榜周汝賢等凡一百三十三人是碑立於紹定五年十月府教授繆蟾爲之記蓋因前二碑登載無餘故又續建也府志題名中失載景定三年吳大順王端二人咸淳元年潘文虎張巽張彌浩郭泰來陳化翰陳俊卿陳必得胡淳曾卓間人適十人四年周遇龍揚潭盧普三人十年陳喜孫董嵩丁午至傅默王壽朋五人又咸淳元年太學上舍釋褐董夢驥志亦遺之宋時進士明經諸科外又有制科其後又有上舍出身及博學宏

詞科而推恩士子更有特奏名之例越中自南渡後人文日盛世第連綿三碑所注代系科目藉以補正志乘者不少然則石刻之有裨於文獻豈淺鮮耶

宋高宗御書無量壽佛碑

天申金剛

無量壽閣　賜□□以上正書二行中有小字賜□□鈐以□□璽御書寶

天申金剛無量壽佛以上正書一行中鈐太上皇帝之寶

天申金剛

無量壽佛

三感夢復書

佛牌賜□□以上行書四行末鈐□□璽御書寶

□□□一介草野初無寸長徒以先□無□師□梵陸□

世遭逢

高宗皇帝自淳熙十一年而後七被

堯章之賜緹巾珍函尊奉惟謹懼□夸耀不敢宣露今□

年齡衰頹待盡下缺後人不知頗未敬摹下缺‖無量壽

佛

宸□□□恭承簡子併列左方有以仰

中興聖主下缺算方高而下缺垂意藝文下缺崇護佛法

下缺昭回之光下照萬物如此若乃下缺法之備下缺體

之工下缺之嚴□□精□□□□□歷劫贊揚有弗能盡下

缺月□□□□□□□□□理昭示□世下缺西巖

右碑篆書高宗皇帝宸翰六字上截刻御書三種下截正書二十六行乃寺僧□□摹勒恭紀之語也在烏程縣菁山常照寺若紀又載一碑云得太上皇帝御書佛語一件令賜叶山主八月初十日恭承得太上皇帝銀一百兩賜叶山主守等回奏進奏呈十二月其下又有數行似皆致謝回奏之詞一時所刻也案渭南文集常照院記藏高宗賜御書寂而常照照而常寂八字以示名院本旨且賜天申金剛無量壽閣扁榜及紫檀刻佛號如來閣牓悉御書也又賜所臨王羲之帖二十二紙唐陸柬之蘭亭詩一卷及米芾史略帖一卷題圖扇二柄孝宗嗣位又命創常照

院于故址以隆師弟子上首至叶嗣其能恭定三年
又創昭回閣藏所賜宸翰宋高宗以五月二十一日
爲天申節此天申字或其誕日所書

宋奉華堂澄泥研

右澄泥硯元所藏長五寸三分濶三寸二分正面作
尊罍形上有四耳鐫刻工緻背刻正書奉華堂三字

按南宋高宗劉夫人字希建炎間主內翰文字或代
帝作宸翰所居名奉華堂此研是劉夫人之硯

宋廣壽慧雲禪寺碑

紹熙元年春　月辛丑故循王之曾孫宣義郎直秘閣前
通判臨安軍府事張鎡請於朝日願以城東北新宅一區

效前賢捨爲佛寺仍割田六十頃有奇贍其徒藏脩植福
以伸歸美報上之志上曰可賜額廣壽慧雲禪寺張君勳
門佳裔自幼刻苦問學年未強仕澹然無意于榮途閒居
遺聲色薄滋味終日矻矻攻爲詩文自處不異布衣臞儒
人所難能茲又捐所重以創精藍尤難能者既得請乃一
意崇飭以侈上賜徹堂爲殿凡佛屋之未備者悉力經營
土木堅好金碧煥發隱然叢林爲寓都壯觀見者起敬焉
落成以書禱予爲記予每嘆世人苟貴若富必思廣其居
務極雄麗以貽厥後而夸無窮然歷世未幾生息繁衍宏
敞化爲湫隘又從而分裂之蜂房蟻垤各開戶牖無復前
日耽耽氣象矧或不競求售它人一再過而爲墟者有之
固不若釋各嶠齊物我推己所有與衆共之爲長且久也
興時癡處瞑游之地千載儼然子孫登覽企想風烈必有
慷慨激昂濟其美者世人識慮及此已定爲達而張君之
志則又過之蓋自其先王受國隆恩河潤澤及迄茲涵濡
一身聊然圖報無所故爲是舉以紓厥忠匪直爲其私也
若夫鐘魚震動雲水蹋來演上乘而祝帝齡錫餘福以佑
黎庶茲念一興亘千萬禩不能磨滅如佛氏所謂願力者
張君之忠寔有既耶予嘉其志故爲之書太師保寧軍節
度使致仕魏國公史浩撰中大夫權吏部尚書兼直學士
院兼實錄院修撰兼侍讀樓鑰書并題額

先大父少卿捨宅一區以爲梵宮割田□□畝有奇以給

僧飯獨力營辦不假他緣蓋思忠報之不已而植香火之
無窮也時丞相留公奏請賜額太師越王史公作記攻媿
大□樓公書丹及先大父所著發願文雄碑對峙叢林遂
今傳誦紹定危于劫火寺雖重建而記文皆不存蜀人許
居士所藏發願文舊刻即先大父手筆慨然捐金礱石併
寺記重勒以成山中之闕典請跋于予追慕感嘆非惟敬
承先志以詔後人且使緇流知安居暇食之源而聞者亦
足以戒云景定壬戌重陽後十日孫承信郎閤門看班祗
候張樞百拜謹書玉册官余與摹刊

右在艮山門內白洋池正書十七行行三十八字後
跋小字正書四行篆額正書八字咸淳臨安志云宋

張循王之孫鎡捨宅爲寺紹熙元年賜今額俗呼張家寺按南湖集鎡所居名玉照堂梅林鰲池館之勝四時覊屐接踵摩肩照耀一時而宜獻此文則謂其閒居遠聲色薄滋味不異布衣臞儒攻媿掾筆南湖雅詞似皆足以傳信何異同若此耶然卒能屏去塵俗捨宅歸眞終如文中所云釋客騎齊物我爲長且久者迄今黃童白叟猶能指而道之

宋廣壽慧雲禪寺殘經幢

佛頂尊勝陁羅尼呪文俱不錄

佛頂首楞嚴口呪

般若波羅密多心

佛弟子口口闕廣壽慧雲禪闕佛說諸大神咒闕願心偏周法界闕天龍鬼神常來闕

右在南湖寺中幢凡八面下半俱失僅存九寸餘行書極清挺源出米南宮據慧雲寺碑跋爲功甫自書無疑

宋紹興府脩學記

八卦有畫三墳有書經之源也典教有官養老有庠學之始也歷世雖遠未之或異不幸自周季以來世衰道微俗流而不返士散而無統亂於楊墨賊於申韓大壞於釋老爛漫橫流不可收拾始有重編紊簡棲以巨輪象龍寓人飾黃金珂璧恠珍之物誘駭愚稚而六經寖微穹閣傑屋上摩霄漢黝堊髹丹窮極工技其費以億万計而學校壯治自周衰至五代幾二千歲而後我

宋誕受天命崇經立學以爲治本

十二聖一心罔或怠忽然竊嘗考之方周盛時天子所都旣並建四代之學而又黨有庠遂有序畿內六鄉鄉有黨百五十六遂遂有鄙如黨之數遂序黨庠蓋互見之則是千里之內爲序十有二爲庠三百何其盛也今畿內之郡皆僅有一學較於周不及百之二而又不治則爲之牧守者得無任是責耶會稽共

行在所爲東諸侯之冠宜有以宣

聖化倡郡國而學亦未稱　給事中栝蒼王公信來爲是

邦政成令行民物和樂臺榭弗崇陂池弗廣而惟學校是先燕遊弗親厨傳弗飾而惟養士是急下車未久奥殿崇閎邃宇脩廊講說之堂絃誦之舍以葺以增不日訖事以其饔飧未足也則爲之售常平之田以其見聞未廣也則爲之求四方之書食有餘積書卒未見然公猶以爲慊曰上丁之禮服器未復古也又爲之新冕弁衣裳帶紳佩舄之屬自邦侯至諸生各以其所宜服鼎俎尊彝豆籩簠簋之屬自始奠至受胙各以其所宜用無一不如禮式公適齋心脩容來宿亐次質明陟降揖遜進退跪起俯首屏氣如懼弗克禮成士僉曰公以躬行先我我處于鄉弗篤於孝悌忠信出而仕弗勉於廉潔正直不獨不可見公仰天

俯地其何心見父兄長老其何辭教授陳君自强與諸生以其言來告曰願有紀游老病不獲奉俎以從公後喜士之能承公化也於是乎書紹熙二年九月癸酉中奉大夫提舉建寧府武夷山冲佑觀陸游記朝請大夫主管建寧府武夷山冲佑觀詹騤書并隸額

縉雲劉尹刊

右碑在紹興府學文廿行正書字徑一寸二分碑爲紹熙二年九月陸游撰詹騤書按文中放翁自敘有老病不獲奉俎以從公後語則其時已致仕家居本傳僅載紹興元年遷禮部郎兼實錄撿討官下云嘉泰二年以孝宗光宗兩朝實錄及三朝史未就詔游

權同修國史實錄院同修撰蓋自奉祠致仕閱十二載而後應修史之召也傳於禮部郎以後不書致仕及奉祠事是其闕畧詹騤淳熙二年狀元林中子見府學題名碑此系銜主管冲佑觀此避思陵嫌名改管勾爲主管也職官志有建州武夷觀據此則又稱冲佑矣

宋淨化院經幢

佛頂尊勝陁羅尼經 經文不錄

紹熙壬子三月癸酉朔二十二日甲午內侍武功大夫主管佑神觀李隶建

右在水樂洞凡五面每面五行行十九字小楷書淨化院吳越王建後廢額徙于南山石塢孝宗以其地賜李隶因重建佛宇發土中得錢氏時寺記龕置石間此幢卽其建宇時立

宋朱子定山題名

紹熙甲寅閏十月癸未朱仲晦父南歸重游鄭君次山園亭周覽巖壑之勝裴回久之林擇之余方叔朱耀卿吳宜之趙誠父王伯紀陳秀彥李良仲喻可忠俱來

右在定山摩崖行書十六行字徑二寸按宋史光宗本紀紹熙二年三月詔福建提點刑獄陳公亮知漳州朱熹同措置漳泉汀三州經界此云南歸自閩還也萬歷錢唐志載題名後有詩四句曰信乎銘巖墻所願君勿鑿頹然見茲山一一皆天作今不存附錄于此

宋京鏜龍華寺題名

紹熙五年冬至簽書樞密院事豫章京鏜祀上帝齋宿于此 正書四行字徑二寸餘

慶元改元季秋鏜以知樞密事再齋宿于此 正書三行字徑二寸餘

二年孟夏雩祀上帝鏜以右丞相充初獻仍齋宿于此 正書四行字徑二寸餘

三年鏜仍以右丞相充雩祀初獻齋宿于此 正書二行字徑二寸餘

五年四月鏜復齋宿于此仍以右丞相充初獻 正書三行字徑二寸餘

六年春分祀高禖鑑復以右丞相充初獻齋宿于此正書四行字徑二寸餘

右在龍華寺後摩崖按宋史寧宗本紀慶元元年四月以余端禮爲右丞相京鏜知樞密院事二年正月以余端禮爲右丞相京鏜爲右丞相六年春閏月以京鏜爲左丞相謝深甫爲右丞相此高禖題名仍書右丞相疑遷轉在春分後也

宋廣福寺佛號題名

南無觀世音菩薩

南無阿彌陁佛

南無大勢至菩薩

紹熙五年歲次甲寅住盧少師庵僧惠立 張念五監開

右佛號正書大字三行在臨海縣東鄉廣福寺楓嶺下摩崖洪筠軒云廣福寺在縣東九十里與盧待制知原墓相近盧少師當卽其人庵亦乞賜守墳墓者

宋蘇軾贈文長老詩刻

題秀州本覺鄉僧文長老方丈

萬里家山一夢中吳音漸已變兒童每逢蜀叟談終日便覺峩眉翠掃空師已忘言眞有道我除搜句百無功明年右第一列採藥天台去更欲題詩滿浙東

再過本覺文老已病退

愁聞巴叟卧荒村來打三更月下門往事過年如昨日此身未死得重論老非懷土情相得病不開堂道益尊唯有孤棲舊時鶴舉頭見客似長言

右第二列

夜至本覺文長老已化

初驚鶴瘦不可識漸作雲歸無處尋三過門間老病死一彈指頃去來今存亡見慣渾無淚鄉口難忘尚有心欲向錢塘弔口口葛洪川畔待秋深

右第三列

右蘇文忠公贈文老三詩本覺得之宗簿楊公家藏墨本謹刻諸石爲山中無盡之傳文眉人公三過其門而拳拳輒見於詩所謂一死一生乃知交情亦見文之非妄人也文去今已百餘載惜其道無傳得託公之詩遂不泯滅公

之門下士皆一世英傑雖林下耆衲亦得俎豆諸公間至禪有璉嵩講有辯臻又其所敬畏者公天人也道德爲鈞文章爲餌凡學海鯢鱗巨口無一或遺夫其無意於斯文而後世反是愚因歎時之獘憫道之衰哀士之不幸感槩而書慶元元年五月望日住山本覺謹跋 嘉禾曹日孜刊

山門監院僧師淨立石

右第四列

鈍菴覺禪師圓悟同郡行解師古爲拙菴嫡似蘇三公案因師乃傳因楊寺雋乃授余峩眉翠掃中人也可不爲再來文公記此奇 菴居士鄧諫從手識

右在碑左旁

右東坡先生遺鄉僧文老三詩余家舊藏第三詩以示今主僧本覺覺遂集先生帖中字足　前二詩併刻之石余西歸過寺裴徊周覽喜其能補　之闕云乙卯九月旦眉山楊汝明　右在碑右旁

右碑分四列上三列各詩一首下列刻跋語十四行兩旁又有題字二行俱行書在嘉興縣本覺寺三過者熙寧五年攝開封府推官乞外適守杭州之明年有事于潤道過檇李訪焉後六年自徐移湖再過焉又十年自翰林學士累章請郡除龍圖閣學士知杭州又過焉而文死矣此事可與圓澤三生事並傳慶元初蜀僧本覺來住山得公第三詩于禮部尚書楊

公汝明家遂集帖字同前二詩刻石故前二詩稍遜于三詩非墨本也尙書西歸題字于賢良鄧公諫從之左嘉定甲申住山元澄作堂曰三過居簡爲之記焉

宋何澹龍華寺題名

慶元二年二月十四日春分祀高禖括蒼何澹以同知樞密院事充初獻齋宿於龍華 正書四行字徑一寸

慶元三年二月二十六日春分澹以叅知政事復充高禖初獻齋宿 正書三行字徑一寸

慶元五年二月十八日春分禖祀澹以叅知政事充初獻齋宿 正書三行字徑一寸

嘉泰元年二月八日春分禖祀澹以知樞密院事兼叅知政事充初獻齋宿 此刻在陳自强慶元題名之後正書四行字徑一寸

右在龍華寺後摩崖按宋史寧宗本紀慶元二年正月以御史中丞何澹同知樞密院事夏四月以何澹叅知政事

宋南高峯大佛字

佛　巖主淨津建

慶元丙辰三月八日檀越胡安錢塘景明就石書本土邛大榮刊

右在南高峯摩崖正書徑五尺款字隸書三行字徑二寸景明就石書即書丹也

宋謝深甫龍華寺題名

慶元四年九月祀上帝臨海謝深甫以知樞密院事兼叅知政事充初獻齋宿于寺 在何澹題名之後正書四行字徑一寸

慶元六年孟夏望月雩祀上帝深甫以右丞相充初獻齋宿 正書四行字徑一寸餘

五月十六日禱雨祀上帝深甫充初獻 正書二行字徑一寸

嘉泰元年雩祀上帝深甫充初獻齋宿 此二條刻在何澹嘉泰題名之後正書二行字徑一寸

五月十八日禱雨祀上帝深甫充初獻齋宿 正書二行字徑一寸

右在龍華寺後摩崖按宋史寧宗本紀慶元四年八月以謝深甫知樞密院事兼叅知政事

宋鐵井闌題字
慶元戊午口
年九月口口
常寺住口
比邱口口
重鑄
右題字在永嘉縣興文社坊廟前

宋許及之龍華寺題名
慶元四年冬至日祀昊天上帝永嘉許及之以同知密院
事充初獻 隸書六行字徑二寸在京鐙題名之下
慶元五年九月十二日祀上帝同知密院事許及之充初

獻 隸書五行字徑二寸
右在龍華寺後摩崖二條俱書密院西湖志衍樞字
按宋史寧宗本紀慶元四年八月以吏部尚書許及
之同知樞密院事

宋周夫人墓誌銘
宋故夫人周氏墓誌銘
宣奉大夫知樞密院事兼參知政事兼同提舉編修
敕令權監修　國史日歷權提舉編類聖政臨海郡開
國公食邑四千六百戶食實封阡陸伯戶謝深甫撰
朝奉大夫行國　丞王及書　朝奉大夫新權知無
爲軍兼管內勸農營田屯　商飛卿篆額

夫人周氏台之臨海望族也曾祖文寵祖允平父永瞻迪
功郎母韓氏夫人幼敏悟女紅之事不俟訓而能父母愛
之繇爲擇佳配年十九歸于同里文林郎李君端修相敬
如賓事舅姑以禮主祭祀以時而仁其族成其家焉李君
　楚州山陽縣主簿當邊事　人爭奔避夫人閔勞
勸　屬李君以功名而介然自守亦免於難後李君沿
旁郡火及官居夫人從容取文書携其　處園池中了無
所喪翌日同寮來問訊莫不　服　姑之　齋素閱佛書
寒暑弗間李君再　通州買納鹽場益勉以職　曰家事
吾　爲之　毋以私憂故其能以最稱于一口
口滿從李君游衍江湖間極登臨選勝之口歸築室治園

往往口要李君樂于命客詩酒自娛　人主饋不懈至衣
食孤窮津梁道路之　又不少　君　行都得疾
不起夫人聞訃　哀遂至喪明後雖眊眊於　獨佛
書　口誦　教詔子孫聞其讀書聲
且告之　汝世其業唯　而已　預　厲
諸子以夫人之年幾可及　慶恩　請于　朝夫人曰
吾年實未至而父平生以　自許爾曹可以吾故罔
　上累之耶訖　許夫
人嘗有疾即治歛　會　多所取獨舍是夫人曰所
存如此他不足問也慶元二年　會親黨至夜分盡歡後
忽　疾命　揩曰吾行矣　毋哭泣以溷我再

呼楷前欲言而止已卽奄然時十一月二十三日也享年八十有四李君前夫人二十三年卒子男四人楷其長格杞栩皆舉進士其幼早世女四人壻進士徐江林下愚二爲尼孫男炳然煥然爀然　然烜然熺然　然熻然孫女八人曾孫男三人女二人五年十二月二十六日以夫人歸葬縣之金僊　山之陽祔李君之塋也楷先期求其家　在所宜書銘其可辭銘曰

斂其室兮宜其家繁其實兮收其華勇施舍兮忘儉奢成夫君兮詔孫子觴江岷兮　海溢源則長分流未止

台　王之才摹刊

右碑篆額九字文正書二十五行在臨海縣東鄉金

仙寺側碑石今斷爲兩截按文李君端修官楚州山陽縣主簿再任通州買納鹽塲卒于行都夫人幼斂悟歸于李仁族成家相李君有守火及官居從容取文書處園池中了無所喪任滿從李君游衍江湖極登臨選勝之樂歸則築室治園要李君命客詩酒自娛李卒喪明教子讀書其卒也會親黨盡歡戒勿哭一訣而逝可謂奇女子矣宜深甫爲之誌也謝深甫字子肅事跡見宋史本傳商飛卿字翬仲由太學生登進士遷工部郎提舉福建路常平事擢御史以忤韓侂胄罷尋起秘閣修撰爲荊南路轉運判官又改司農卿開禧中擢戶部侍郎侂胄將舉師旨俾飛卿畀前傳宣撫勞偵金兵至以憂憤卒

宋趙周尹等玲瓏山題名

慶元六年正月二日邑令趙周尹偕陳婿季口來訪東坡遺跡時里居俞伯仁旭正蕭仁叔章口俞吳正卿偶集口寺僧行善口瀹茗而之

右在臨安縣玲瓏山九折巖摩崖篆書十一行字徑三寸邑令趙周尹舊志失載

宋袁說友龍華寺題名

慶元六年八月吏部尚書建安袁說友四以奏告齋宿于此隸書四行字徑四寸龍華寶乘禪寺住山住持僧寶巖立石正書一行字徑一寸

嘉泰二年九月九日同知樞密院事袁說友以季秋祀上帝齋宿于此此條在陳自強嘉泰題名之後正書四行字徑一寸

右在龍華寺後摩崖按袁說友宋史無傳孝宗隆興癸未進士自號東塘生歷官散見光宗寧宗本紀中咸淳臨安志云安吉州人其以中奉大夫行尚書右司郎中除直顯謨閣權知臨安府在光宗紹熙三年此以吏部尚書奏告也寧宗本紀六年八月太上皇違豫說友四以奏告當必緣此嘉泰二年八月以吏部尚書袁說友同知樞密院事

宋陳自強龍華寺題名

慶元六年冬至日至祀上帝長樂陳自強以簽書樞密院事

充初獻齋宿在諶深甫題名之後正書三行字徑一寸日至西湖志誤至日
嘉泰二年四月雩祀上帝自強以叅知政事兼知樞密院
事充初獻齋宿正書三行字徑一寸
開禧元年九月八日祀上帝自強以右丞相充初獻齋宿
在錢象祖題名之後正書三行字徑一寸
開禧二年孟夏雩祀上帝自強充初獻齋宿正書二行字徑一寸
開禧三年正月初四日上辛祈穀自強充初獻齋宿正書三行字徑一寸

右在龍華寺後摩崖按宋史寗宗本紀慶元六年七
月以御史中丞陳自強簽書樞密院事嘉泰元年七
月以陳自強叅知政事兼同知樞密院事八月以陳

自強兼知樞密院事二年十一月以陳自強知樞密
院開禧三年十一月以阿附韓侂胄罷右丞相

宋菁山常照院敕牒碑

尚書省牒
湖州烏程縣菁山常照院
牒奉
勑可賜常照禪院爲額牒至準
勑故牒
嘉泰四年七月　日牒
叅知政事張押
叅知政事費押
右丞相押

右牒正書七行在烏程縣菁山常照寺宋建炎中僧
梵隆建號無住蘭若紹興壬戌高宗召至內殿恩遇
殊渥舊志誤作乾道三年賜額當以此刻正之

宋徑山興聖萬壽禪寺碑

重建徑山興聖萬壽禪寺之記
徑山天下奇處也由雙徑而上至高絕之地五峯巉然中
本龍湫化爲寶所國一禪師開山于天寶之初特爲偉異
天作地藏待斯人而□□□□□□□□□□□宗爲之
執弟子禮將相不得與大丈夫事繼之以無上又之以法
濟坐鎮羣魔刀斫禪牀而色不動議錢武肅王于微時故

吳越叅世崇奉尤謹皇朝至道中太宗皇帝賜以御書并
佛骨舍利元祐五年內翰蘇公知杭州革爲十方祖印悟
公爲第一代住持紹興七年大慧禪師來主法席衲子雲
集至千七百衆末年南歸重來臨而復振人境相與映發
道俗趨仰龍神亦隨指麾而定顯仁皇后在慈寗宮高宗
皇帝在德壽宮時皆嘗游幸就書龍遊閣扁牓孝宗皇帝
書興聖萬壽禪寺又賜以圓覺經解天下叢林拱稱第一
大慧以來名德繼起神龍靈響素著國家民庶有禱輒應
叅封神應德濟顯佑廣澤王廟爲靈澤且有玉圭玉帶黃
金瓶鑪祭器之賜其盛極矣然而廢興有數不可預知國
一之後以會昌沙汰而廢咸通間無上興之又後八十餘

年慶賞始以感夢起廢爲屋三百楹剪去榛棘壬植松檜
不知其幾今之參天合抱之木皆是也蒙庵禪師元聰以
慶元三年自福之雪峯被旨而來道譽隆洽不媿前人五
年仲冬行化浙西而回鹹挺災烈風佐之延燔棟宇一息
而盡異哉人皆以爲四百年積累之業一旦掃地有能興
之非磨以歲月未易就也先是寺基局於五峯之間又規
模不出一手雖有屋甚夥高下奢儉各隨其時因陋就簡
亦復有之衆爲之請曰大慧無恙時豈不能撤而更之顧
其勢未可茲焉火起龍堂瞬息煨滅豈龍神欲一新之乎
況祖師之象出於烈燄而不燬開山之庵四面焦灼而茅
不傷師與國一俱姓朱氏或疑以爲後身比移醬壇涌泉

成井今日安知非暫廢而當復大興邪聰曰有是哉微我
誰當爲之乃出衣盂爲之倡率學徒元部可逵等所在緣
化兩宮加以錫賚施者聞風日集動以萬計又命南悟等
廣募閩浙江東西良工伐木于山日役千輩斤斧之聲震
動山谷凡食於山者無問比丘優婆塞相與勸勉智者獻
謀壯者出力夙夜經營不翅已私開拓舊址首於東偏爲
龍王殿以嚴香火之奉繼爲香積廚以給伊蒲之饌延湖
海大衆則有雲堂供水陸大齋則列西廡此皆一日不可
綏寺之所以立也寶殿中峙號普光明長廊樓觀外接三
門門臨雙徑駕五鳳樓九間奉安五百應真翼以行道閣
口门口五十三善知識仍造千僧閣以補山之闕處前聳

百尺之樓以安洪鍾下爲觀音殿而以其東西序度毘盧
大藏經函鑿山之東北以廣庫堂聳其土石置後山巨壑
中開毘耶方丈于法堂之上復層其屋以尊閣思陵宸翰
御榻修復妙喜塔亭仍建蒙庵于明月池上爲香水海以
沐浴爲天慧堂以選僧禪房客館內外周備象設雄尊金
碧璀璨法器什物所宜有者纖悉必具不可勝書蓋其百
工競起衆志孚應經始於六年之春成於嘉泰改元之夏
閱月才十餘而變瓦礫之區爲大寶坊始者蕩廢於一彈
指頃若甚慘矣及其興之神速則高掩前古而又雄壯傑
特絕過於舊按圖而作井井有條雲棟雪脊暈飛層疊迴
出於煙霏空翠之表春秋二會來者益衆奔湊瞻仰如見

化城鶖鷺踊躍稱未曾有徑山於是乎口口矣余嘗登含
暉之亭如踏半空左眺雲海視日初出前望都城自西湖
浙江以至越山歷歷如指諸掌眞絕景也爲别峯寶印賦
詩有百萬松松雙徑杳三千樓閣五峯寒之句印爲之撫
掌且曰山中之景幾無餘蘊矣是時新創大閣丹雘未施
上下一色如凝霜雪涉二十年猶屬夢境今則土木之盛
何止十倍恨未能一寓目也聰忽以書相尋於寂寞之濱
屬以記文遣僧契日攜書來見備道始末辭之曰年侵學
落筆力隨衰子之師願力宏深成如許大佛事不求于重
望雄文之士而爲此來何其舛耶求之再三拙庵又助之
請遂櫽括其語爲之大書且告之曰大慧千僧閣之成一

時稱爲盛舉善乎李資政之記以爲杲公何足道而循襲齷齪者以爲奇特□□□甚矣哉聰之爲此初豈有意於與作者因鬱攸之奇變偶人情之響合上賫國力廣集喜捨時節因緣有相之道以濟登茲是固不可不記以傳遠然於師何□□□□之初本無可傳之法其後瞻禮之衆傾於億兆財施之廣盈於十萬視之如幻等之如空居惟一室室惟一牀布褐陶甆浴衣糲食其視寵榮震耀何如□□□□□□□□□□□□語讚歎有爲功德多言益足爲贅昇故言盡于此師其以爲然乎三年重午日顯謨閣直學士通議大夫提舉江州太平興國宮奉化縣開國下闕山門脩造僧契球法然都監寺僧下闕

右在餘杭縣徑山興聖寺宋孝宗御書碑陰正書二十九行字徑一寸額正書十二字按寺在天目之東北肇始唐國一禪師法欽初名徑山乾符間改爲鎮國院宋大中祥符間改承天禪院政和間改徑山能仁禪寺孝宗時御書額與徑山興聖萬壽禪寺文中歷敘興替興瞻詳明越慶元巳未冬龍王殿災精廬佛宇一夕而燼僧元聰治故而復新之于是遺書四明樓鑰乞記其事題銜下名已泐宣獻以寗宗時與林大中奏留彭龜年于經筵迕侂胄遂出外尋復奪職告老此題銜所以書提舉江州太平興國宮文云相尋于寂寞之濱也

宋費士寅龍華寺題名

嘉泰癸亥四月壬子簽書樞密院事廣都費士寅齋宿以雩祀上帝充初獻也

右在龍華寺後袁說友題名之後正書四行字徑一寸摩崖按宋史寗宗本紀嘉泰三年二月以吏部尚書費士寅簽書樞密院事開禧元年三月罷

宋陳之純等玲瓏山題名

嘉泰乙亥九月中澣邑令陳之純丞趙伯晶簿趙汝埜尉項夢開以農事方登邑事少閒觀稼于郊因至玲瓏暮而歸

右在臨安縣玲瓏山九折巖摩崖正書七行字徑二

寸餘按陳之純見舊志趙伯晶趙汝埜項夢開皆失載按汝埜樂清人慶元元年鄒應龍牓進士

宋錢厚玲瓏山詩刻

林屛日日爲誰開底用潛驅俗駕回路有險夷亦跌蕩山無今古只崔嵬千章佳木凌雲上万壑清流溯月來寄語游人莫遄邁世間何處不塵埃嘉泰甲子孟春錢厚登玲瓏山賦呈章冠叟俞安仲陳安世繼至此下有小字兩行不可識

右在臨安縣玲瓏山石門下摩崖正書九行字徑二寸餘按錢氏爲臨安著姓尤多聞人厚字悳載嘉定中常熟令號竹巖嬾翁有竹巖拾稾見宋詩紀事舊志載厚慶元元年鄒應龍牓進士

兩浙金石志卷十

連山綏猺同知錢塘何玉池刊

國學生布政司理問銜臨海洪瞻墉校

兩浙金石志卷十一

揚州阮元編錄

宋張巖龍華寺題名

開禧初元二月二十三日祀高禖廣陵張巖以叅知政事

充初獻齋宿龍華寺

右在龍華寺後費士寅題名之後摩崖正書三行字

徑一寸按宋史寧宗本紀嘉泰四年十月以資政殿

大學士淮東安撫使張巖叅知政事十二月同知國

用事開禧二年十一月以張巖兼知樞密院事

宋黃清真造像題字

□三主正一盟□弟子□妻正一延□保命□□□黃清

真鐫太乙救苦天尊上答鴻休　皇宋開禧元年二月二

日

右在飛來峯摩崖正書六行行字不等高四寸五分

廣四寸三分

宋沈寧造像題字

御前祇應沈寧同妻徐氏家眷等捨羅漢一尊　開禧元

年三月初九日鐫

右在飛來峰摩崖正書五行行六行高五寸廣二寸

五分

宋錢象祖龍華寺題名

開禧初元四月十一日雩祀上帝吳越錢象祖以叅知政

事兼同知樞密院事充初獻齋宿於龍華

右在龍華寺後摩崖正書四行字徑一寸在張巖題名之後按宋史本紀開禧元年四月戊子朔以錢象祖叅知政事兼同知樞密院事二年十一月罷

宋造像題字

食飯保傳同口口口　開禧元年四月一日

右在飛來峰摩崖正書三行字不等高三寸廣二寸五分

宋李壁龍華寺題名

開禧二年長至日祀昊天上帝眉山李壁以叅知政事充初獻齋宿龍華

右在龍華寺後摩崖陳自强開禧題名之後正書四行字徑一寸按宋史寧宗本紀開禧二年秋七月以張巖知樞密院事禮部尙書李壁叅知政事

宋處州應星樓記碑

處州應星樓記

古栝士風彬彬著聞東浙口觀今昔韋布之彥搢紳之賢舒翹揚英砥節厲操載之文章措諸事業大者光明儁偉軌轍相望小亦代不乏才揆厥所元維見可攷葢天之生賢必有鍾賦非山嶽之炳靈則星精之毓粹仰觀乾象少微四星在太微西士大夫之位也一曰處士明大而黃則賢士舉在昔有隋處士星見因置處州然則吾州素號多士衣冠文物之盛得非星分之應耶州治東南三百餘步有應星橋會城郭之水尾閭口下歸于大溪橋之西隅居民屋壤每遇溪流口漲必爲衝浸嘉祐間郡守崔公愈始作石堤以捍水患就橋立屋時遷歲久雨剝風頽庳陋不葺無以壯水口之勢士民僉以爲言歲在丁卯七月初吉郡守寺丞王公庭芝撤舊圖新敞以高樓載揭扁榜因以名之棟宇翬飛四顧軒豁山光水色儒宮道口通衢列肆鱗差櫛比揔寓目前四序之間艮辰清夜萬籟已收一塵不到高睨遠眺相羊其上如乘風馭如泛雲槎如據巨鼇之首如運大鵬之翼神舒意暢飄飄然有淩雲氣星辰可摘足以助胷中之磊隗者豈但侈土木之麗面勢之雄也

哉易曰天垂象見吉凶凡璇璣之運動分野之照臨得之一身則爲一身之應得之一方則爲一方之應傅說之箕尾蕭何之昴宿李白之長庚德星聚于潁川使星向于益部歲星福于吳越各有其驗殆若桴鼓迺知是樓鼎掇宜其上挹景緯之精下爲譽髦之應也公昔爲成均名士輟從鴛綴來守處士之邦自足友一邦之善士凡所建立又能振起士氣其加惠于此固不淺矣爲士者盍亦激昻自奮覽輝昭代揆魏科躋膴仕使聲名赫奕勳業顯著增光少微不負口侯作新之意可也方時羽檄交馳在他人供億軍需有不暇給公材力敏彊遇事輒辦獨能成此奇事非特巍然一樓至如薙荒剔蠹塡漏支頃壓廢不舉又知

節用愛人繼諸己之逋負代下戶之供輸馭軍彌盜邦人類能誦之併書于末以傳不朽云開禧三年孟秋既望朝散大夫主管建寧府武夷山沖佑觀葉宗魯記覲文殿學士金紫光祿大夫提舉臨安府洞霄宮何澹書

右碑篆額六字文二十行正書在麗水縣應星樓亭內按處州之名秦曰閩中郡漢屬會稽吳曰臨海晉曰永嘉隋開皇九年始置處州十二年改括州處士名州之說僅見此碑猶婺之應婺女台之應三台分野之末論也州治東南有應星橋嘉祐間郡守崔公愈始作石堤以捍水患橋上作樓以祠星君歲久就圮開禧三年守王公撤而新之此紀事之文也舊制

橋楯外置水閘設夫司啟閉以備水患今久廢故城南瀕遭水患有士者所當究心耳文云羽檄交馳處州自方臘洪載之亂山賊時發文中歷敘王公政績崔公作堤皆能捍患禦災而稽之故籍寂無聞焉金石之所關如此何澹字自然龍泉人歷官御史中丞參知政事奉祠祿閒居十餘年寧宗以舊學眷遇甚隆見宋史

宋黎民瑞玲瓏山詩

嘉定元載浴佛日同胡彥德何經叔來游次東坡先生韻

倚巖松古勢如龍峭拔層峯翠入空九折湍泉珠散漫遶蹊斜石玉玲瓏青環木杪山藏寺碧擁亭高竹逗風策杖共尋坡句讀登臨淸賞興無窮雲上黎民瑞書住山行善命工刻

右在臨安縣玲瓏山石門下摩崖正書十四行字徑二寸

宋造像題字

嘉定元年五月六日明州比邱僧口口口年五十二歲捨羅漢一尊保扌身宮康泰眼目光明

右在飛來峯摩崖正書四行字不等高四寸五分廣二寸八分

宋重修義冢碑

寧遠記

開禧二年今兵部侍郎戴公溪爲司成有李迥功詩朋者老矣不仕養于學謁司成具道太學有義冢久弗葺司成樂聞之亟訊其顛末云昔淳熙間故待制張公宗元以所得分地七畝餘弃之學以葬遠方士子之不幸而死者名廣惠山出清波門並城而南過劉寺五六里道梯子領步漸高坡隴相屬至方家塢卽其所也山之東爲官衢西直循王府山其南接民家方氏墓北距郎主簿山廣袤十有五丈幽靜閑寂而勢頗稱舊有守者廩稍不繼棄之去以故殯者少地益不治司成命學錄李君元白孫君瀾往視之舊殯凡九各有表識喟然嘆曰朋友死無所歸於我殯是非學校之責乎乃裒金錢加修焉卽士周而甃以石循

山址而繚以籬徹舊門而改作之增爲三間以備時祀之所廣出入之路復命守者給以劵食既成祭以安其神又定津送之費官以給之制時祀之式使歲舉行之榜曰寧遠司成之惠甚渥也嗚呼士不幸而死又不幸而貧或遠不能以歸葬則殯於此者豈不愈於寄之僧舍乎朋友致歲祀墓丁供洒埽政使有家殆不過是昔延陵季子葬其子於嬴博之間三號遂行孔子以爲合於禮然則斯殯也而遂葬亦豈不可雖然庸廡不繼時祀不修則朋友義廢而寧遠之意荒矣尚其永念之哉嘉定元年九月日國子司業王介記國子錄陳一新書

條目如后一每歲淸明舉錄前期關諸齋每齋率錢叁鐶

省委公厨具鷄黍之屬至日舉錄一員輪請長諭二員同詣義冢致祭遇晴則行其儀用鷄黍從食果子共十豆酒各三酌墓神用鷄及果子共三豆酒亦三酌並備祝文香茶之屬祭畢以所饌給墓丁并隨行僕從元造長車貳隻用畢仍寄留墓丁家一兩學生員有不幸身故家貧地遠合葬義冢之人本齋長諭保明申舉錄備申本監請官會貳拾千充結砌等費委舉錄長諭及其鄉人營辦非就義家安葬者不給葬之日請本齋集正直日送至墓所一墓丁陳勝之月給係轉運司給到小劵一名專充看守不許本監人輙行攙請如或運司給付不時許墓丁經監投狀本監即與施行　陳之慶刊

右在杭州府學正書二列上列十九行行二十五字徑一寸下列條目二十一行行十三字隸書額三字

按文寧遠之舉始淳熙待制張公宗元在方家塢廣惠山舊志所謂寧遠阡也今山無廣惠之名梯子嶺遊覽志作梯雲嶺方家塢今書作峪耐得翁都城紀勝作方家峪皆古今異名也戴溪字少望永嘉人通諸經從學者數百人登淳熙第累官太子詹事以經學輔景獻太子親書明經扁其堂終工部尚書贈端明殿學士謚文端著有易詩春秋論孟問答通鑑華義將鑑岷隱集學者稱爲岷隱先生

宋楊慈湖手書參前碑

子張問　孔子告以言忠信行篤敬立則見其參於前

在輿則見其倚於衡夫所見者何也言而忠信實直无他无意也无說也行篤敬无敢慢敬而已矣无意也无說也此无意无說之妙虛明純白　曾子曰皜皜即　文王不識不知即　孔子曰吾有知乎哉无知也即　孔子曰純德孔明易曰光大曰輝光曰光明書亦曰光詩曰學有緝熙于光明皆謂如日月之光无思无爲而无所不照知所謂見者見此也此見非思非爲動意焉則支則離則放逸則怠荒則僞則欺不動乎意則日用平庸以此事親事親純白以此事君事君純白以此臨民以此應變无所不純白利害愈明是非愈白大哉　聖言備該感　聖人所以

指誨學者如此切的著明故奉　同舍之命而書　嘉定
二年壯月同舍生朝請郎秘書省著作郎兼權兵部郎官
楊簡
重陽後二日立石于太學循理齋前之臺此行篆書
刊者余逢辰

右碑在杭州府學高三尺二寸廣二尺二正書十六行十八字額亞書參前二字字大尺餘按楊簡字敬仲慈谿人事蹟見宋史本傳師事陸九淵洞徹精微學者稱爲慈湖先生此刻全講心性觀其告桂萬榮所謂心之精神是謂聖者全是此注腳當時立石太學咸淳臨安志載之有以也文元不以書名此刻端莊流麗皆從篆隸出于八法外別樹一幟與西山曾言慈湖楊公道德學問追蹤前賢而于翰墨尤極嚴謹四方書問無一字作行押絕類文正公可以徵其齊莊中正形于心畫者矣

宋紹興府修學記

通奉大夫提舉江州太平興下缺中大夫右文殿修撰
新改知温州軍下缺
辟雍海流冠帶環會五□□八三官有詩
天子之教也半林取芹□□展禮列坐正講下車延儒諸
侯之化也自京達之郡下缺拔才英恢廣士厦皆所以□
民極植郡基□明六經杓準萬世非止區區工簡素下缺
已越牛斗之墟舜禹跡　存峯巒秀明江海襟包□氣磅
礴□□雲霞山川既□且下缺閒探史氏服膺儒先經學
則虞翻楊下缺史學則趙曄□□謝沉靈運下缺文章則
虞世基下缺融夫鳳下缺弗　廟英顧之姿□族表厲下
缺古教化修治學官通昌斯下缺以師尚高　用名士
則任延張□也下缺章王子尚也其曰此郡□風蹈雅彷
彿淹中春誦夏弦依稀河上宜穹儒下缺表顏延年之文
也然則□□庠序躬珮□□不在建侯乎乃庚午之秋郡
下缺泣于疇商窘于市官廬□□一無全居往往編□□
□□緝葺竹相與謀□以下缺也有門珖珖扁乾交煥有
廡翼翼龔齣孔下缺爗業得其所肄禮下缺蓋今　帥

守直□□閑留侯以規□□其始下缺成也侯儆下缺齋
者融虛者實凡百□□□暇□□特於儒璜萬金下缺之
本充勺後先維昔孝宗皇帝擢自槩坐付之□□□□□
閒父子相望尚下缺蒲□□部內以下缺寺士固有義也
訓垂下缺遞□□諸梁肅曰學下缺道政舉政汙下缺也
□□子玉之言曰下缺聖以和邦國以□萬下缺

右碑在紹興府學明倫堂額題篆書紹興府修學記六字徑四寸碑文前後殘缺存廿行行書徑寸撰書人名俱闕尋譯碑文有帥守直□□閑留侯孝宗皇帝擢自槩坐及克勺後先父子相望等語攷留正於淳熙二年以顯謨閣直學士出知紹興府其子恭亦

於嘉定三年知紹興父子皆著循蹟修學之舉殆倡
始於正而成於恭文云庚午之秋即嘉定三年也口

宋李仁永等玲瓏山題名

口口王口吳興李仁永沈口嘉禾潘口姑蘇馬口口開封
孫口口嘉定壬申八月十日來游

右在臨安縣玲瓏山九折巖摩崖正書六行字徑二
寸

宋鹿昌運墓誌銘

宋故朝散郎知運州鹿公墓誌銘
朝請郎右正言兼侍講黃序撰　朝請郎　尚書吏部
郎中黃宜書丹　朝散郎尚書兵部員外郎何剡題蓋

公諱昌運字會之世爲臨海人曾祖　贈右承事郎祖汝
爲贈宣教郎父何任朝奉郎直祕閣致仕累贈中奉大夫
承事　隱德弗　自　齋忠肅陳公諝居是邦承事
伯仲實從以游始爲儒家子孫相繼舉進士祕閣歷仕有
聲入爲屯田員外郎遷金部駁駮　用甫踰　服　請
老
孝宗嘉歎遷官二等爲朝奉郎　秘　衣　魚官
其一子以華其歸時　益公而下皆賦詩祖餞亡慮
百首歸　見一名堂倘徉其間　䟽傳　遠矣公
自　善屬文　行起敬會祕閣挂冠
授將仕郎便養　蓋公　母事秘閣　不

恐頃刻去親側　迪功郎　司　軍丁祕閣
憂不赴服闋以　慶　修職郎王處之
邑素　藉散亡公　排之　民賴以
無擾　關繫事聞惡少十數輩　翕以抵法不顧
　邪監　倉中界至則
除　路米舟率願就中界交卸上官　之交章論
薦改宣教郎　之龍泉縣龍泉　公務行安靜
　催科不以鞭朴聽訟不以銜距邑中不聞
疾呼而　盛訟理整　其政績薦之於
朝而公　之意命其子營數椽于家　之曰
　同舍多在朝列競　獨恬然不以爲意

遂　之闕　天下　所萃出納之間傲倖迭出
　布公正身奉法無所撓屈一載
例遷　公　留　連　組以
陛辭之日　楮　敝則　析帛　供權時
　又論　之敝則欲分責江上諸軍
　達于
上下　議而施得　日課諸孫以自娛樂
明年七月十二日以疾卒于正寢實嘉定癸酉　積官
至朝散郎　以恕居官不
受私謁一介　以取諸人去之日如始至居鄉　出未嘗
于撓州縣祕閣有　丞　書　無子公

再爲命　析屋惟均或謂祕閣私財不應抵分公笑曰何
我之薄也疎財　旦嚳高之嗜　書濱　不
受延賓猶不廢舉子業預丙午壬子漕薦尤工於詩善狀
物　有益齋文槀藏于家　吳氏封安人先　十三
年卒子愿女二人長適國子進士吳學易次適進士應虞
孫男一人祖烈祖德女六人長適進士　衍次許嫁進士
吳　餘尚幼　以乙亥年二月壬寅葬于白竹山之原蓋
祕閣公阡塋之側也先期愿遣書敘公之行實來請曰向
者先君獲托寅恭辱知不薄願得銘文以垂不朽序惟公
質朴廉介士大夫中不可多得頃幸同僚相與之意甚深
其敢以固陋辭迺爲之銘曰

以見一之高尚兮足以振頹俗以瞻忻之　兮足以播
其餘馥皆　豐而施嗇兮天不可問並藏于白竹之原兮
清風滿谷
右碑篆額十二字文二十八行正書在臨海縣東鄉
白竹隩鹿伯可墓左按此誌剝落過半幾不可讀可
見者授將仕郎改宣教郎官龍泉又知連州積官至
朝散郎以嘉定癸酉卒有益齋文槀藏于家前敘世
系與伯可文合惟伯可誌言君字伯可而不名此誌
有父何字當是伯可名二誌可互証也黃宜字達之
天台人淳熙二年進士歷官至敷文閣待制卒贈金
紫光祿大夫

宋沈鈺等玲瓏山題名
吳興沈鈺圭父蘇臺錢元忠子才□興□□□翁張□□
中嘉定甲戌仲春既望□勸農偕來
右在臨安縣玲瓏山九折巖摩崖正書六行字徑三
寸按勸農偕來當是職守之人徵之舊籍皆無可攷
宋趙時侃龍華寺題名
嘉定乙亥人日司農卿趙時侃和仲丞黃瑾淳之丁焆晦
夫簿趙崇穌□□□府卿胡渠□方丞□□子□齊礪利
用轉□李茂將作監趙希遠方□□□令圖以下皆泐
右在龍華寺後摩崖正書八行字徑二寸餘五行已
下皆泐按咸淳臨安志趙時侃以嘉定五年八月四

日朝散郎守尚書戶部郎中除直煥章閣權知臨安
府六年二月十五日除司農少卿兼知二十五日除
司農卿兼知八年十月兼權工部侍郎免兼知
宋紹興府新置二莊記
嘉定七年越州初建二莊於諸曁縣古博嶺越之西皆海
也水怒防失昌寶盆隳白楊市兩縣間蕩爲湥溟事聞
上遽頒經常命太守趙公彥倓築堤捍之起湯灣迄王家
浦公又益以留州錢千餘萬役自秋復夏乃畢越人謝曰
昔土塘而今石宜可久無患公愀然曰未也堤之始穴尺
寸爾慢不省積歲月大潰矣今雖壯好後將復然石何能
爲初民杜思齊獲罪家沒入公請買於安邊所别藏其租

以徵補傾一也越爲郊畿而民不勝困卿相迭守而治反
疎鹵城堞營解無不弊缺聘問燕饗無不削損若夫命鄉
論秀合樂以侑之古今常禮也然且寂而無聲數十年矣
公又歎曰越爲東諸侯率而簡陋至此況以貴傲世哉幸
吾在皆詧具而鹿鳴歌矣若異日何因思齊之餘又買諸
傅氏以待三歲之用二也余知公者故以記來請嗟夫政
未有不得其本而後成其末也故捍海之功臣而害原於
小學士之費小而所關者大二莊之作趙公知之矣非特
此也劵易米而致雝三物相流通不費糴矣持劵索錢皆
募無不與天下坐曾子犯法相望不濫罰矣勤收而儉藏
以貫萬數者四十乙亥大旱與以救民不病歲矣有本之

效也抑又有焉夫名峯異嶺在揚州者百千所獨會稽爲
鎭山越之奇勝峻峙擅於東南者以山也其深泉高瀑百
道爭流昔人浚而爲湖山之窈窕縈紆媚於越中者以湖
也湖今廢矣公能疏鑿以復漢晉之舊存王謝遺跡則治
越之美可垂無窮二莊區區又豈足爲公道哉雖然天子
召公歸矣嘉定八年□□□葉適記□□會稽書

右碑在紹興府學明倫堂嘉定修學記之陰文十七
行正書徑寸二分額篆書紹興府新置二莊記八字
徑四寸碑爲葉適撰會稽書文中殘缺處以水心文
集補之按宋史趙彥倓傳嘉定間知紹興府復鹿鳴
禮置興賢莊以資其費築捍海石塘亦置莊以備增
築與碑所記相合又傳載輸湖籍田米舉緡錢四十
萬以助荒政碑稱乙亥大旱知爲嘉定八年時彥倓
已改大府少卿召還此蓋因其去任而立也

宋李伯和等鳳皇山題名

鍾陵李伯和黃伯庸吳問李夢開建安徐允叔廬陵胡仲
方惠國趙和仲嘉定丙子九月□□日同登鳳山餞莆陽
陳□□□鄭□之出守潮陽宜春□□□□勝處會
飲于介亭題名□□□□壁晉陵薛會之眉山任伯起
剡川石升之岐國趙明可期而不至　陶茂先鐫

右在鳳皇山摩崖正書八行字徑三寸

宋胡槼題名

嘉定十年六月五日廬陵胡槼仲方攜家游三茅後圃舉
酒錫慶堂題名囊駝峯之側盤礴竟日外弟北嶽王沇叔
甫洙幼甫兄倩玉牒趙崇斌履全猶子炎晦叔咸集男爟
爟燿烇煌侍陶茂先刻

右在三茅觀後摩崖正書六行二十二字字徑二寸
三分胡槼寶慶初知慶元府請得米一萬五千石以
浚東湖民懷其惠成四明志二十一卷文獻賴以有
徵書錄解題云廬陵羅璿修時胡槼仲方尚書爲守
璿其鄉人也錫慶堂舊志不載夢粱錄載三茅觀東
有山梅亭慶壽菴皆列園囿門類然則古蹟之湮者
不少矣

宋南潯接待櫬院公據碑

□□□□□澤鄉南林□□□□□僧宗偉狀稱見□□一
境係平江嘉興諸州商旅所聚水陸衝要□子雲遊去□
□□諸 檀越募緣剏立屋宇數□□建置佛像今粗圓
備專一行道爲
□□□延□□□□□□本州東門接待院及□□門外
半塘接待院等處體例乞出給公據并版榜本院□□□
□□□□□□□□□送案照例出□□□印記版榜張掛
施行庶得僧行安業熏修永報
恩德奉 郡□舉□判行須至給據者
右今出給公據付烏程縣震澤鄉南林接待櫬院收執照

證嘉定十一年四月 日給
儒林郎觀察支使李 承事郎□□□□□□□□廳事趙
朝請郎通判軍州兼管內勸農事單 朝請郎權知軍
州兼管內勸農事趙
嘉定十三年歲次庚辰九月 本院徒弟僧 妙通妙
達

右公據連銜名大小十行俱正書在烏程縣南潯鎮
按接待院大約如今時叢林之例故不一其處據宗
偉狀當時必有囂喧之擾故請照例出給庶得僧行
安業熏修也

宋資福寺銅鐘銘

翠山寶積移忠資福禪寺以戊寅夏五朔旦修治洪鐘
菩薩戒弟子曹說爲之銘銘曰
陽五經一陰緯集衆志成偉器寶惟金積乃備水土和火
房沸鯨鏗以木五行會端而腆虛而不匱在五天日健椎
一擊聖賢萃二擊鬼獄罷對三擊萬物育天地位示有節
於域中廓無明於界外
成就不思議無量佛事宣直清韻度山翠
耆舊 行初 志諶 志密 志寧 如寄 志平 行爲 正肅
頭首 行恢 志謙 可中 應昌
知事 行堅 懷古 志宏 志藺
住持 懷堪

監作 智性
富陽縣匠手何亘能男 富成 志成
判縣羅季莊
比丘文靖 可止
沿海制置司兼知慶元府趙孟傳
朝散大夫張僚
恭人史氏百九八娘
將仕郎張初倩
安人鄭氏再三十娘
安人張氏重十一娘
安人周氏淨堅

右銅鍾銘四面俱正書在鄞縣延慶寺按資福寺在
府西七十里後唐淸泰元年建舊名總持院宋治平
三年賜四明寶積額乾道三年重建賜翠巖山寶積
額此云移忠資福當是賜額南宋大臣多有乞寺爲
守墓香燈院者而今勅額無徵也紀年戊寅乾道後
方有翠山字當爲嘉定十一年題銜有沿海制置使
宋史職官志制置使不常置掌經畫邊鄙軍旅之事
又有沿海制置使以明州守臣領之此趙孟傳實兼
其職而邑志未載女氏題名有史氏百九八娘鄭氏
再三十娘張氏重十一娘較之施財疏六十大夫五
十八娘子益爲新奇銘詞亦極詭譎也

宋趙善郟等靈隱題名

浚儀趙善郟國安謝夫子美必愿立夫成紀李劉公甫宛
陵奚祝和甫開封向士逢吉甫古栝朱方叔君猷嘉定十
有五年末伏日避暑來遊

右在靑林洞摩崖隸書五行字徑一寸

宋永靈廟加封勅牒碑

勅湖州德淸縣新市鎭永靈廟顯佑侯朕自即位以來修
崇祀典凡有功德於民者錫號加爵惟恐其後況爾神廟
食此方曰雨曰暘隨禱輒應部使者順民之請以狀來上
茲用申加二字以烜赫厥靈其益彰顯應民亦永永丕享
可特封顯佑通應侯

奉
勅如右牒至奉行
慶元二年八月日
告顯佑通應侯奉
勅如右符至奉行
慶元二年八月
右丞相鏜　参知政事深甫　参知政事澹　兼給事
中及之　中書舍人之璋
八月十二日午時都事任元中受
左司郎中鄭公　付吏部
右丞相鏜　参知政事深甫　参知政事澹　權吏部

尚書及之　吏部侍郎象祖
當鎭西社長屋保朱興邢男將仕郎佐次男　儀媳婦孫
男女家眷等施財立石命　釘顯佑通應侯并　協
惠夫人
勅告姪進武副尉成遠篆額歲次　嘉定十六年五月
初九日謹題　鑾溪周厚刊

右碑四列上三列勅文後書京鏜等銜名十二行下
列勅文四行後另記刊石年月盖自慶元二年加封
後至嘉定十六年立碑相隔已二十七年矣明沈戬
穀永靈西廟記謂此年有封神妻協惠夫人事觀此
可證其非惠利字加于端平不當先有協惠也

宋重刊孔子廟碑

處州重刊孔子廟碑

自　天子至郡邑守長通得祀而遍天下者唯社稷與孔子焉然而社祭土稷祭穀句龍與棄乃其佐享非其事主又其位所不屋而壇豈如孔子用王者事巍然堂坐以門人爲配自　天子而下北面拜跪薦祭進退誠敬禮如親弟子者句龍棄以功孔子以德固自有次弟哉自古多有以功德得其位者不得常祀句龍棄孔子皆不得位而得常祀然其祀事皆無如孔子之盛所謂生人以來未有如孔子其賢過於堯舜遠者此其效與郡邑皆有孔子廟或不能修事雖設博士弟子或役於有司名存實亡失其

所業獨處州刺史鄴矦李緐至官能以爲先既新作孔子廟又命工改爲顏回至子夏十人象其餘六十子及後大儒公羊高左丘明孟軻荀況伏生毛公韓生董生高堂生楊雄鄭元等數十人皆圖之壁選博士弟子必皆其人設講堂教之行禮肄習其中又爲置本錢廪米令可繼處以守廟成躬率吏及博士弟子入學行釋菜禮耆老歎嗟其子弟皆興於學鄴矦尚文於古記無不貫達故其爲政知所先後可歌也已乃作詩曰

維此廟學鄴矦所作厥初庳下神不以宇先師所處亦窘寒暑乃新斯宮神降其獻講讀有常不誠用勸揭揭先哲有師之尊使聖嚴嚴大法以存象圖孔肖咸在斯堂以瞻以儀俾不惑忘後之君子無廢成美琢辭碑石以贊攸始

朝散大夫守國子祭酒賜紫金魚袋韓愈撰

舊碑題元和十三年李使君緐經始碑文及置石大和三年歲次己酉六月朔廿五日癸酉敬使君僚建立朝議郎權知處州司馬上柱國任廸書兼篆額

皇宋嘉定十七年閏八月初吉朝議大夫直龍圖閣提舉建康府崇禧觀賜紫金魚袋陳孔碩重書并題額

朝奉郎權發遣處州軍州兼管内勸農事借緋王夢龍重立

皇明嘉靖癸未春三月吉旦奉政大夫浙江處州府同知長洲王俸校補　陳弌新摹刊

右碑篆額八字文分四列每列俱篆書末有明嘉靖間校刊題欵二行在麗水縣學宫昌黎此文爲世傳誦刻石大和間不知毀于何時此嘉定時陳孔碩重書篆筆頗有北宋石經遺意此碑當時有杜牧碑陰記六百餘言大指謂稱夫子之德莫如孟子稱夫子之尊莫如韓吏部應刻在原石世不得而見之矣陳孔碩有重修府學文云孔碩幸得尸教事而相斯役疑亦當時山長之屬歟

宋妙行寺石幢

大悲圓滿陀羅尼神咒　咒文不錄

皇太后殿幹辦官李訓武等伏見皇太后殿蓋造北園房

廊後巷出路元有磚塔一座並行坍損□重□□□石塔
一座嘉定十七年十二月日
右在妙行寺石高二尺六面周廣三尺二寸每面正
書五行字徑一寸

宋高麗寺觀音放光瑞相殘碑

高麗慧因觀音大士放光瑞相
□先君澹軒闕菴□華嚴爲□闕男□實嘉定闕先君享
年五十闕十八日病革之際闕瞑目後焚香敬誦闕□□
敬奉遺訓日□闕麗首逢行者知講師闕法堂東側觀音
菩薩闕觀音云傳語和尚入□闕光矣急白講師申聞□
闕籤恐山門他故因此有闕徹喜形眉間方俯述行闕詰
朝集衆再禱籤得吉開闕到□□所居修□□□就求闕
其事□□菴歸寂因循至闕旨茲山聞感應事□然興歎
闕之餘直述始末以記歲月云闕解進士盛□□百拜謹
記□□□□淮西置使司闕□賜□智□□□勅差住持
闕

右在法雲寺正書二十一行碑斷存上截存十餘字
篆額十二字下刻觀音放光像是碑存字無幾大約
澹軒之子爲親資福忽遭觀音放光免解進士盛某
爲之記也進士名闕萬歷府志作盛度巷上闕字明
潘晟重修慧因寺記作易菴謂寧宗朝有易菴禪師
闡揚大乘御書易菴二字賜之

宋高麗寺尚書省牒碑

尚書省牒 行書
前住持平江府華嚴寶塔教院僧清遠 行書
牒奉勅宜差住持臨安府南山高麗慧因教寺牒至準勅
故牒 行書
寶慶叁年正月日牒 尚書省印 行書
參知政事薛押　少師右丞相魯國公押 行書
尚書省牒僧清遠 尚書省印二 行書
臨安府狀准尚書省批送下南山高麗慧因教寺知事僧
慧機狀本寺住僧如訥已於拾貳月貳拾伍日歸寂切緣
本寺目今期懺在卽難以久缺住持乞付臨安府下諸山
公定期集有道行講人前來住持後批送臨安府公定伍
名申尚書省本府除已遵稟指揮送僧司集諸山公定伍
名申府去後今據僧司申繳上天竺靈感觀音教寺住持
僧思義等申集諸山禪講就上天竺寺白雲堂雲集公定
期集□僧清遠等五名一□住持平江府吳江縣華嚴寶
塔教院僧清遠一見住持紹興府□□□□教寺僧如介
一前住持嘉興府華亭縣□□教院僧懷□一前住持紹
興府如意教院僧宗□一見住持嘉興府□□□福教院
僧□果其□僧各有道行堪充于內點差前去住持思義
等同諸山禪講保明是實乞備申施行本府據申述合行
具申朝廷施行伏候旨揮正月貳拾叁日奉聖旨依□僧

清遠今尙書省出給勅牒 楷書十三行
付南山高麗慧因教寺寶慶叁年正月貳拾叁日 大楷字二行尙
書省印一
少師右丞相魯國公押封 尙書省印二
右在法雲寺凡三列三十行此寶慶三年牒清遠爲
高麗慧因寺住持也此牒最爲詳盡由本寺知事申
府下諸山定指揮僧司再就上天竺寺白雲堂雲集
公定申朝廷候旨揮下尙書省出勅牒付本寺爲白
雲堂上天竺寺坐白雲峯故名莫考厥初至辨才法
師重建

宋它山廟加封勅牒碑

勅慶元府鄞縣小溪鎭它山遺德廟神治水化民咸思歌
之奉嘗百世近民之吏其愛利流於無窮而人之報之亦
思爲無窮不惟義所當然蓋理之所必至也爾神在唐大
和令于鄞鄉夙有惠政史冊書焉築堰迴流灌田萬頃歷
載四百遺迹如新師言具孚開以侯爵襃綸表號永綏廟
饗用慰一方甘棠之思且爲當代循吏之勸可特封善政
侯奉
勅如右牒到奉行
寶慶三年正月十七日
少師右丞相魯國公彌遠
左叅知政事諳
右叅知政事極
給事中淸之
中書舍人暨
都事王吉甫
太府卿趙化天
吏部尙書淸
侍郎塈
右牒文八行銜名二列每列三行俱正書在鄞縣它
山廟按四明諸水盡瀉之江唐大和中縣令王元暐
相地勢謂大江夾諸山直上接平水而溪所從來者
高至它山始兩岐之水稍散漫而江北唯兹山四無
所麗故謂之它山

宋麗水縣奏免浮財物力劄付碑

戸部申準紹定貳年捌月貳拾柒日都省批下承議郎權
發遣處州軍州兼管內勸農事借緋臣葉武子奏右臣一
介草茅遭遇
明時
陛下不以臣爲不肖
畀以郡符
陛辭之日嘗
奏陳州縣虐取之弊親承
玉音謂今之守令政是不恤民所以多至虐取臣即

奏容臣到郡爲
陛下牧養小民不敢有負
臨遣臣自入栝蒼適値極弊民不聊生臣一意撫摩損逋
釋刑凡害　　專行者次第而舉民心雖幸相安然
尙有爲民害而未去者臣請爲
陛下言之臣聞天下之事有形者易察無迹者難稽栝蒼
爲郡地狹而瘠民勞而貧浙東七郡栝最爲下經界久廢
姦弊百出惟負郭麗水一邑前任知縣奉議郎林棐獨能
極力修舉今已迄事夏稅秋苗整整有條然猶有法窮而
人無所容其智力者苟不爲之痛加革去則民之受害猶
未已也臣竊見本州柴縣自兩稅之外復有和買而和買

所敷則起於物力物力有貳有實業物力有浮財物力所
謂實業物力者其在麗水以壹畝而論極高者爲錢伍貫
玖百文極下者爲錢伍百或肆百文紹興間每貫敷絹叁
寸捌分玖釐積而成匹則折價錢肆貫陸百捌拾文履畝
起敷無異地征故高下易見所謂浮財物力者不問田畝
之有無凡行商坐賈負販營生之家視其財利之豐約以
爲物力之多寡計利起敷頗類手實故高下難明紹興間
統壹縣物力除伍等浮實並免敷外所可敷者自壹等至
肆等實業物力捌拾陸萬捌千伍百餘貫浮財物力壹拾
肆萬貳千餘貫通浮實計之總爲壹百壹萬壹千餘貫
祖額　歲既久姦弊日生上肆等戶往往詭寄於伍等
故物力日減紹熙中叅政張嚴作邑日肆等而上浮實總
計不過捌拾伍萬伍千壹百餘貫所虧已壹拾伍萬陸千
餘貫於是每貫增作肆寸陸分起敷始及紹興壹百壹萬
壹千餘貫元額自是而來其弊復作殆有甚於前日今林
棐修復經界不敢過於紹熙肆寸陸分之數意固美矣然
肆等而上既少於紹熙之時而起敷之數　　紹熙舊例
宜其僅可以足實業之數而浮財之數未有所歸也今欲
再與推排則此浮財久不推排而今復推排予奪高下詞
紛紛未有底止今欲附帶實業均敷則經界已定況紹
熙肆寸陸分起敷已是暗帶入鄉村浮財之數難以再科
矣　契勘此壹拾肆萬浮財物力爲絹凡壹千壹百肆拾

餘匹折價錢計伍千叁百餘貫近者州吏　等盜用軍
資庫官錢事發臣已將各人斷配而籍錄其田畝塡還官
錢今不敢出賣止欲樁留此田以歲收苗利約計壹千餘
貫爲民間代輸上項浮財物力尙欠肆千餘緡本州多方
撙節用度自爲抱認豁去縣解之額庶幾他日汙暴之吏
不得復肆而民間永霑無窮之實惠如臣言可採乞明
睿旨行下本州以憑遵守謹具錄奏
聞伏候
勅旨後批送戶部勘當限五日申尙書省右本部契勘今
承　都省批下權發遣處州葉武子奏爲麗水縣浮財物
力壹項本州抱認免敷人戶輸納事送部勘當本部今勘

當欲下處州從其所請將處麗等田産拘籍在官專一與
民代輸浮財物力庶爲民間經久之利所有尚欠肆千餘
緡更切多方撙節浮費措置補納以革煩擾伏候指揮
右劄付處州從戶部勘當到事理施行準此
紹定貳年玖月　日
宋受
天命二制與賦並歸于職
祖
宗惠徠征繕至薄栝田下下賴以無　異時多
事空和買之額秉畀齊民履畝裒征數等夏斂是名實業
物力甚則料檢納戶之橐鐀秋毫折計又名浮財物力栝

小而嗇共二弗堪識者喈曰
上方宵旰民瘼苟有復焉從如環也
紹定二年春武子被
命承乏
玉音臨遣凜然守令虐取之戒武子祗
明訓是究是圖至之日麗水令林棐　卽功閱實文書
則實業物力十得八九獨浮財物乏罔底麗椎排附帶役
不可再迺以簿錄驅胥歲入代輸又省穡浮淫自任奇羨
要使邑永無此額　無此名八月上
聞九月
報

君門九重如響斯答栝之耄髦沐浴
天波驩聲雷動有以證識者之言不誣於虖仁哉三代君
臣飢溺由已不是過邪祚靈長斷可卜矣顧茲曠舉武子
綿薄力於何有惟
馳舍大恩宜發載堅珉使栝民世世子孫知一飲所原毋
焉　則太守事也武子又聞昔有河北使者欲再
榷鹽託故入　奏　其意蓋嘗刻記罷再榷
詔書于癭木亭至是觴使者亭上使者見之心沮迄不
言今武子謹摹
朝命而私識其下誠慮他日萬一談小利者從臾如前則
栝　利復不夕食故竊倣騎山故事揭諸麗陽之祠庶區

區之心質之神明而無愧後之君子其亦仰體
朝廷子惠之仁俾勿壞哉紹定三年正月承議郎權發遣
處州軍州兼管內勸農事借緋葉武子謹再拜稽首書事
而贊曰
天子萬年
右碑碑額已斷祗存五字文兩列上列刻郡守葉武
子奏狀下列刻武子勒碑跋語俱正書在麗水縣麗
陽山按宋季弊政以栝蒼瘠邑而浮財物力積至一
百一萬一千貫民不堪命武子能勘實其數不得已
仍存紹熙舊數而又以汙吏簿錄之田爲民代輸不
足者復自撙節抱認以之上聞從如環也觀其陛辭

之日卽陳虐取之弊釐正之後復恐後來言利者從
臾如前故揭之金石質諸鬼神刊石于麗陽之祠斯
則仁人之用心當俎豆而尸祝之者矣舊志僅云懇
乞除豁未讀此文也

宋高麗寺尚書省牒碑

尚書省牒 大字行書

前住嘉興府東塔廣福教院傳賢首宗教僧如介 小字正書
牒奉敕宜差住持南山高麗慧因教寺牒至準勅故牒 大字行書

紹定四年拾壹月日牒 小字行書尚書省印

叅知政事鄭押 知樞密院事兼叅知政事薛 少師右

丞相押 大字行書

尚書省劄 小字正書

臨安府狀准尚書省批送下南山高麗慧因教寺知事僧
可裒狀本寺昨緣主僧指堂講師自六月十四日順寂之
後見狀申明伏蒙指揮令皐亭寺主僧清杲保明道樞等
五名公狀卽賜點差一名前來住持後批南山慧因教寺
□事可裒等□案□皐亭主僧清杲舉保道樞等五名□
□卽賜點差一名前來住持事□月二十五日臨安府行
下集諸山□□伍名申尚書省本府□僧□□□□□□
□□□□□□□□□□□□□□□□□□□□□□
□□靈感□□□寺僧思義等狀□從指揮闔集諸山禪
講就上竺寺白雲堂公舉到住持本府崇先教寺僧清杲
前住嘉興府常□教寺僧□覆前住嘉興府廣福教寺僧
如介見住平江府寶搭教院僧師□見住嘉興府□□教
院僧妙常共伍名各有道行衆所推伏堪可點差前去住
持爲國焚修祝延聖壽思義同諸山保明是實乞備申尚
書省施行伏乞證會施行申□拾壹月拾貳日奉聖旨差
如介持南山高麗慧因教寺令尚書省出給勅牒 細楷書十一行

右劄付南山高麗慧因寺紹定肆年拾壹月拾伍日 小字正書

尚書省印

少師右丞相押封 大字行書

右碑在法雲寺凡三列二十九行此紹定四年牒賢
首教僧如介住持高麗慧因寺也此牒與寶慶勅大
略相同惟令皐亭寺主僧清杲保明道樞等不由府
定是當時體制間有出入也

宋封太學靈通廟勅牒碑

尚書省牒 大行書

存心齋諭學生林居雅篤信齋長學生黃恭服膺齋長盧
方春齋諭林公槐礎身齋長章汝鈞齋諭黃綱習是齋長
宋應元齋諭龔琦允蹈齋長王日新齋諭陳一中存心齋
長周或守約齋長陳季彊齋諭吳附鳳養正齋長張玘齋
諭顔復之持志齋長水丘褎齋諭周景勵節性齋長陳鼎
新齋諭蔡夢雷經德齋長姜文龍齋諭林柗誠意齋長高

嘉齋諭黻鏊率履齋長陳揚譽齋諭潘震孫循理齋齋長
胡夢高齋諭祭廣時中齋長胡嗣家齋諭李時琇篤信齋
齋諭林旂果行齋長陳將齋諭陳士登務本齋長邵忱齋
諭閭丘成貫道齋齋長章士元齋諭黃時若觀化齋長徐
信卿齋諭臧元孫立禮齋長王若訥齋諭葉實劄子居雅
等竊見神祠之立國典所繫自太學初與廟貌隨建禬禳
祈禱靈異未易殫述如今歲五月初倉猝戢暴九月初潛
弭火警陰有感孚如響斯答惟是曩立神祠私以護學靈
通爲稱未該賜號近者生員陳懿孫形之夢兆以謂不當
私畀名稱合經朝廷陳乞神之有知能爲斯言揆之理義
殊合典制矧今際遇聖君賢相優崇學校若蒙寵榮特畀

恩秩命以徽號使神人兩安爲惠實溥伏候指揮 以上小楷書十六行
牒奉勅宜特賜靈通廟爲額封正顯侯牒至準勅故牒 大行書
端平二年拾二月 尚書省印 日牒 小行書一行
同知樞密院事兼推參知政事鄭押　參知政事崔 下有未上二小字
右丞相押　特進左丞相押 大行書
勅太學靈通廟神古我先王各因其方以祠后土示有主
口口司我首善之地而不褒表之口口紹興建學爾以聰
明正直妥靈其間凡皷篋而入解褐而去莫不駿奔走在
廟用物弘多厥靈炳著不但呵星妖叱鬼怪而悉我髦士

發揮斯文以爲邦家光斯亦有陰助焉矣錫之徽侯都以
徽號尚庶幾敬祭重祠之意可特封正顯侯奉勅如右牒
到奉行
端平三年正月九日 尚書吏部之印四以上行書二列共十八行字徑寸餘
特進左丞相清之右丞相行簡參知政事與之 下有未上二小字
同知樞密院事兼權參知政事性之事口㕘夔兼權中書
舍人口正月十四日午時都事郭口口口口受　倉部
郎中口口口崔端純 下有差除二小字　付吏部特進左丞相清之
右丞相行簡參知政事與之 下有未上二小字　同知樞密院事兼
權參知政事性之吏部尚書闕工部尚書兼權口口吏部
侍郎闕 右一列細楷書十五行

告正顯侯奉勅如右符到奉行 右大行書三行吏部之印三十一　尚書
主事徐元麟　權員外郎令史高之才　書令史周裕
主管院相 以上小楷四行
端平三年正月十四日下 右行書一行吏部之印四　尚書
右在杭州府學碑凡六列六十九行無額此述存心
齋諭學生林居雅等乞賜額事廟初以護學靈通爲
稱茲因陳懿孫夢兆之言請得賜額未有岳王爲土
神之說前列學齋曰存心曰篤信曰服膺曰禔身曰
習是曰允蹈曰守約曰養正曰持志曰節性曰經德
曰誠意曰率履曰循理曰時中曰篤信曰果行曰務
本曰貫道曰觀化曰立禮存心凡二見計二十二齋

乾道臨安志載宣和以來六經齋十二曰經德曰進
德曰炳文曰兌習曰頤正曰賁文曰蒙養曰時升曰
益朋曰履信曰復右曰賓賢建炎以來有六齋曰升
俊曰經德曰敦厚曰彌新曰賁文曰富文以此碑較
之爲最盛洵乎理宗之爲理也

宋永靈廟加封顯佑通應侯勅牒碑

勅安吉州新市鎮永靈廟顯佑通應侯朕操慶賞之權以
爵有功其於神猶人也爾以晉永和之大將迨周廣順以
啟封垂庇一方血食□古旱乾有禱響荅如響比歲以來
靈異尤著蝗孽隨風而入水冦巢托夢以指迷既功狀之
上聞豈寵章之可 侯封增二字修神休加惠我民俾世

世享可特封顯佑通應惠利侯奉
敕如右牒到奉行
端平二年十二月八日
告顯佑通應惠利侯奉
勅如右符到奉行
左丞相肅國公行僃 右丞相與之未上 參知政事
性之 簽書樞密院事兼權參知政事鳴復 兼給事
中彥械 兼直舍人院仁住
十二月二十六日午時都事郭受
戸部郎中兼左司趙以夫付吏部
左丞相肅國公行僃 右丞相與之未上 參知政事
性之 簽書樞密院事兼權參知政事鳴復 權吏部
尚書 權員外郎洪 主管□ □
主事徐元未上 令史高之才 書令史周謙
端平三年十二月二十六日下

右碑四列勅文三列皆行書勅尾銜名正書十三
行下列又刻勅文及年月四行中有銜名三行在德
清縣新市鎮文云永和大將廣順啟封皆本舊說也
又云蝗孽隨風而入水冦巢托夢以指迷絕似乾道
元年孚惠廟碑記神陛截蟲蠶菱蓮禱于神一夜風
雨掃盡有賊盜舟殺人禱于神刻期而獲二事是知
里民附和半屬臆聲而南渡偏安首先循俗也

宋南林報國寺碑

安吉州烏程縣南林報國寺記
奉議郎 書省著作佐郎兼四川制置副使司參議官
李心傳譔 朝散大夫起居郎兼侍講李性傳書
朝奉郎試中書舍人兼權吏部侍郎兼同修國史實錄
院同修撰洪咨夔題蓋

自佛法入中國而海內山水之勝率爲浮屠氏有之逮隋
唐而尤盛今六百年矣㓮俗好佛故阿蘭若之在浙者滋
益多余爲史官時有入僧宗偉來見者曰吾永嘉人開禧
間尋師學道至湖烏程之南林愛其風土結小菴居焉時
未祝髮也南林一聚落耳而耕桑之富甲于浙右土潤而

物豐民信而俗阜行商坐賈之所萃而官未嘗譏征焉此宜爲帝釋梵王之宮而木多有也吾嘗血指書報身佛所說經一七卷口不訖誦鄉人胥信乃相與築所年之地今敷文閣學士眉山楊公時口祠部益捐金錢以爲吾助由是佛法僧之所寓經鐘財之所含與其他所目爲叢林之制者次第而舉又度吾之徒積十有六人俾傳香火之奉顧獨未有以名之也廼請于禮部得報國舊額而口焉因求余文以揩諸壁而余爲儒者也自計不當放浮屠氏之言久未之許已而余囪歸得請治艦于湖偉求不已余艦其書而歎曰國家立郡縣之學以明人倫此儒者所當務也而庠序之設返弗若僧廬之盛何哉爲浮屠氏者心志

專勤願力堅固故以誅茅刈卉衣荷食櫓之餘而金碧翬飛土木勝麗戕於年歲之頃通都大邑或以百數而未已也若郡縣之學一耳而爲牧者往往眎爲弃物曾不訾省惟園亭館宇之爲尙甚弗獲已始捐其毫末以爲支傾補壞之計其弗若一也浮屠氏之徒其用財也一髮不欺以爲欺則有報也故人亦信之而予之也易甚或空囊鉢之儲而無所靳今之教者莫大於夫子之學矣而養弟子之貲或乃移之以供校官之雜費至於郡縣之間則周親故資游謁入私用者無不有矣其弗若二也曇瞿之術非可用以理天下國者口然其徒之教人乃顓以識心見性爲事而學校之所謂課試者特不過爲聲病剽竊之文以償利祿溫飽之願而已蓋皆浮屠氏之唾棄而不顧者故口爲士者亦耻居之其弗若三也今偉之營是剎也一錢之施弗敢私有銖積寸纍迄于成就世俗之士當知所愧而又奚議哉昔閟師爲崔趙公言出家是大丈夫事非將相之所能爲李文公問藥山戒定慧之說藥山云欲保任此事口高高山頂立深深海底行閨閣中物捨不得便爲滲漏今之士大夫考其所爲滲漏多矣故名雖將相而實不能爲大丈夫此浮屠氏所以下視而高勝之也余歸伏田里方將營葺鄉校與門人朋友講習其理以淑一鄉之士蓋嘗感於欽儆之言而猶愳其弗逮也故因偉之請悉書余所感者遺之俾歸刻之傳于四方庶有儆也端平元年

秋八月吉日記

宋嘉熙元年歲次丁酉三月淸明日開山住持僧宗偉立

石

右碑二十二行行五十字題額十二字俱正書在烏程縣南潯鎭南潯古名南林惟見此碑舊志云端平中學士陳益建此云眉山楊公捐金錢以爲助當從碑爲正李心傳字微之號秀岩井研人官太史游吳興悅山水之秀寓于郡城又相度弁峰建宅營葬名其齋曰太史弟道傳號東窗性傳號鳳山洪谷夔字舜俞於潛人嘉泰進士知龍州除秘書郎遷金部紹定六年爲禮部郞官除監察御史進吏部侍郎同修

國史又兼給侍中歷侍讀以病丐閑拜端明殿學士
領內祠卒謚忠文

宋南林報國寺碑

本寺伏承　大檀越華李七府幹名文勝自剏業以來凡
遇山門大小緣事無不施財發揚成就今劃一開具事目
于后
一施財貳伯貫文置造大錫花瓶并架子一對彫裝蓮花
三瓶充大佛殿供養
一施財貳伯貫文置造大鐵香爐二座充大佛殿觀音殿
供養
一施財伍伯貫文一力甃砌法堂三門兩廡地面

一施財叁伯貫文印置大般若經六百卷入寶藏
一施財叁伯貫文布漆銀珠大佛殿柯身柱肆口
一施財捌伯貫文置普賢黑光厨一口　一施財壹伯貫
文輓造大法皷一面
一施財叁伯貫文建造釋迦寶殿　一施財壹伯伍拾貫
文甃砌大佛殿地面
一施財壹伯貫文建造庫堂　一施財壹伯柒拾貫文鑄
造大鑊一口
一施財壹伯貫文建造鐘樓及普賢殿　一施財壹伯貫
文建造三門
一施財壹阡貫文建造千佛寶閣大柱捌口　一施財壹
伯貫文裝塑佛殿涌壁羅漢一龕
一施財捌伯伍拾貫文置到吳江縣界田貳拾畝逐年收
租十月十七日伏值　先妻太君潘氏一娘子忌忌之辰
啟建　西資蓮社念佛勝會一永日設位供養資悼　尊
薦往生　淨土者　一施財壹伯貫文鑄造寶藏內壽
山福海
右具如前謹刻堅珉請輪年知事僧循守成規嚴與修崇
毋致更易庶幾圓滿願心因果不昧祈求現生之內福樂
百年他報之中三嚴克備者
嘉熙元年二月日監寺僧立石
上缺　頭首

右碑十九行額題檀越華七府幹布施之記十字俱
正書記當時建寺因緣及施財瑣細之事皆府幹李
文勝所施

宋諸葛廟造像題記

臨安府城東新九里松下菩薩廟焚修香火善友係嘉興
府行孝人事募緣刊鑿圓通聖像一龕并重建施水一所
祈求豐稔國泰民安上荅四恩三宥嘉熙元年四月初八
日嘉興府行孝善友義庵周覺圓謹題
右在艮山門外諸葛廟前正書十一行行字不等高
四寸餘廣一尺二寸此刻惟見艮山小志引咸淳臨
安志云蔡官人河在艮山門九里松又云樟木廟橋

在城東九里松大路蓋宋時不獨靈隱稱九里松也今自蔡官人河受源處抵樟木廟橋正合九里之數而松無一存名亦罕有知者施水一所不知何謂三有誤作三宥

宋程公許等題名

雲臺散吏眉山程公許自武林過吳興訪晁太守東平劉長翁命其子儒珍偕館客南鄭蘇垓溪嘉趙庭眉山王楠載酒拉浚儀趙鑰夫自碧瀾堂放船登弁山頂觀太湖謁祥應宮窺金井洞徘徊文節倪公雲巖走趙氏玉林飯九曲池取瀛華院陟上方晚飲沈氏小玲瓏金井磨崖上方刻杜皆口東坡先生寶墨嘉熙二年龍集戊戌維夏六日

下闕

右題名正書十一行在歸安縣黃龍洞在弁山之陰有神祠歲祭益靈境也碧瀾堂在霅溪館後有杜牧八分三大字祥應宮在黃龍洞側吳越特遣將軍吳承裕投金簡于此因置宮焉金井洞嘉泰吳興志金井在弁山東麓茗紀金井洞福地名山之一林屋之別門也文節公別墅玉湖園在峴山旁取浮玉山碧浪湖合而爲名經鉏堂在府治南雲巖世無傳者玉林經鉏堂雜志城外有趙氏玉鑑園未知卽此否法華院在弁山梁時尼道蹟號揔持得法于達摩居此小玲瓏范成大驂鸞錄霅川有兩玲瓏山石林爲大玲瓏又有小玲瓏在長興界路口尤勝今屬沈氏東坡先生以元豐二年四月二十九日移知湖州至八月徵赴御史臺在郡僅九十日嘗禱雨黃龍洞賦詩石卽此文所云墨寶也程公許宋史本傳字季與敘州宣化人嘉定四年進士知崇寧縣繼冤抑配金兵犯闕中公許通判施州節浮費疏利原民不加賦而用自足史嵩之相陰奪言職公許累上奏牘尋知袁州請豁和糴之半民便之擢起居郎論劾鄭淸之子士昌罪嵩之免喪公許疏乞下詔正邦典帝怒淸之日夜短之遂屏居湖州者四年召爲刑部尙書疏時事七薦知名士二十九人尋卒贈宣奉大夫此題名正屏居時也

宋永州通判王淦墓誌銘

宋永州通判王公朝奉墓誌銘

文林郎新平江府學教授江朝宗撰

晉孟子論故國不謂其有喬木而美其有世臣豈非以世臣之賢國所倚仗其遺風餘烈動人悟物足以維持數百年之遠況於其身與其　與其子孫福祿蕃衍與國咸休誠無忝於世臣矣其源流豈無所自來哉攷其世祚可知也公諱淦字困道姓王氏五世祖諱遷贈太子太保居襄陽之穀城自其種德克邁積善有餘鄉人稱之爲無怨公故流慶之遠實肧胎於此曾祖諱綱登元符進士第官至

朝散郎通判徽州贈少傅皇祖諱之望初以少傅遺澤補官辟監台州鹽倉因家焉秩滿詮試第一調處州錄參未赴登紹興八年進士第考官將其魁選知舉爭之不合遂以爲黃甲第五人德行文章爲學者師被遇
阜陵參預大政終於資政殿大學士左太中大夫贈太師秦國公謚敏肅勲庸煒燁載在　國史皇考諱鉍敏肅公第五子也孝友篤至綽有父風繇監牧遷總餉皆踐世職歷官朝議大夫直秘閣太府卿公佩服家訓篤志問學性識明了自幼穎悟年甫六歲伯朝奉大夫鏞見而異之以紹熙五年郊霈恩奏補嘉定三年銓中前列授迪功郎衢州戶曹未赴隨侍總卿入蜀奏辟總領所內機積粟安邊

屯營足餉多所裨　鶴山魏公見其丰神清邁喜敏肅之有後及出所爲詩記稱其言近意到氣骸可仰手書序文勉之任滿利路監司見知辟監利州昭化縣轉般茶庫部押綱綱旌賞增秩監行在中界省倉出納唯謹和糴充裕以職事修舉該賞轉官雖屢遊宦路而黽勉服勞無從事獨賢之嘆盍公廉勤公正視國猶家當路鉅公僉知其賢且才交口稱薦惟恐或後如憲使陳公元勳侍郎曹公彥約尚書魏公了翁尚書鄒公孟卿尚書楊公煒侍郎趙公崇緐尚書袁公君儒並剡薦于朝以舉主及格改知衡州衡陽縣衡陽視湖南爲壯邑財賦浩瀚訟牒繁夥上官委送無虛日公經畫有方酬應得宜催科則逐鄉置籍條列

姓名躬自點勘標引必信期限不迫人戶翕然樂趍上供不勞而辦聽讞則推究情狀行之以公曲直是非吏姦靡容民無枉濫之螯有冤獄數件如全州指使徐從義之子徐可大貨衡州趙秉義財物營生後徐可大不義逃閃其弟徐可久誣訴趙秉義夫婦謀殺其兄連年不決事關人命公竟得情遂雪其冤有朱大夫者其家貲富饒因被盜聞於有司　手馬文捕獲邵大二等十餘人鞫勘解縣案款將圖罪該重憲公察其辭情有差躬自審勘乃知馬文受賂遏抑供招復賂縣吏符合前款冤不可伸幾陷誣枉賴公詳明皆得清脫有如疑似之獄紛不勝數惟公心平見定片言折服剖決明允前後書判積成平心集十卷可

兩浙金石志卷十一　宋　四三

攷高垓峒寇李保一者率衆驛騷焚蕩民居虜掠財物兇勢猖蹶闔郡爲之驚駭憲臺命公激勵義兵前進殺賊公被檄卽單騎就道奮不顧身號召義兵戮力前邁去賊僅一舍聞風奔遁潛回峒穴一境獲安丁酉歲歉細民乏食公推誠勸諭上戶委之賑糶闔境士民感德慕義平價給濟民保無飢凡可以衈下者靡不盡心樞相李公鳴復深所推重舉以陞陟期以遠器衡陽乃外臺耳目所萃風波嶮巇公政聲既著輿誦攸歸適永囗闕倅諸臺遂以公奏辟驥足方展遽得疾而卒實嘉熙丁酉六月十日也享年四十有八死之日弔者罷市送者塞路然後知公之愛民民之德公其誠意格物非勉強能致也公天資寬厚輕利

重義親故婚葬無不樂助其有力不贍者周以月給衡陽官所去鄉幾三千里子姪有孤弱無依者不憚畏糧般挈之費與之同行人以急告則捐金周之不使徒手而去人以病告則問證惠藥不倦療治其或財物久假不償者亦未嘗過而問有以非理相干不遜忤意者後其人或遭患難不惟不念舊惡抑且以德報怨惻然拔援尤有夫人所難及者晉次坦蕩自號郤塵暇日飲酒舒暢吟詠聯篇有郤塵集數卷存焉方敏肅公當紹興間總餉西師軍旅精練邊陲乂安民物殷阜蜀人德之創堂扁曰二政彰其成績以垂不朽越六十年而總卿繼踵前躅父作子述泉流貨衍倉積用饒西南生齒復賴其澤前後相續典刑具存

公曰擊盛事嘗慨然有意於斯不幸齎志而往悲夫歷官至朝奉郎母胡氏繼吳氏俱封令人娶毗陵秦氏先公十九年卒封孺人子男一人梗文林郎新福州候官縣丞初孺人之喪公奉而葬於臨海縣義城鄉白巖山之原嘗預穿壙於其旁距總卿宅兆百步其孤不敢違先志謹卜以已亥十一月十九日甲申合葬焉襄事有日其孤來請銘其行余竊謂公之慶源演迤雖由於無怨公之所積而接踵膴仕者類皆藻明玉潔尊主庇民使家法懿範綿綿延延激而不墜則所以能世其家者何如哉朝宗昨守官邵陽去衡陽密邇嘗以書問往來聞公之喪歸以病未及一慟素知其孤之純孝克負荷先訓其敢以不文辭銘曰

上世積德如山如阜怨是用希傳誦萬口源深流遠培植益厚載生賢嗣富哉抱負克場其芬克長其畝未　厥施天嗇其壽令名不泯福需于後　嗣延

右碑篆額十二字文正書三十四行在臨海縣南鄉白巖寺按之望字瞻叔穀城人紹興間進士歷官大府卿孝宗卽位除戶部侍郎疏請移攻戰之具以自守自守既固然後隨機制變擇利以應之與湯思退意合遂參知政事言者論罷以端明殿學士居天台撰文者江朝宗宋詩紀事載爲括蒼人有詩名未及其官教授按歸安縣儒學教諭題名記江漢字朝宗嘉興路嘉興縣人至正十九年江浙鄉試備榜第九

名至正二十一年十二月之任名氏相同而年代懸絕或卽紀事所云括蒼人洪筠軒頤煊云嘉定赤城志王之望襄陽人字瞻叔紹興初寓臨海子鏞知房州銖知荊門軍鈗歷大府卿四川總領孫涔歷金部郎官終知婺州而不及淦志又云王之望墓在臨海縣南二十里定業院側院卽今白巖寺碑云葬於臨海縣義城鄉白巖山之原距總卿宅兆百步是王氏三世皆葬於此今唯淦碑存矣

兩浙金石志卷十一

連山綏猺同知錢塘何玉池刊
臨海洪瞻墉校

兩浙金石志卷十二

宋理宗御書聖賢贊

揚州阮元編錄

伏羲

繼天立極爲百王先法度肇建道德純前八卦成文三墳不傳無言而化至治自然

堯

大哉帝堯盛德巍巍垂衣而治光被華夷聖神文武四岳是咨揖遜之典萬世仰之

舜

於皇聖德至孝盡倫所以爲大樂善取人惟精惟一帝心之純垂拱無爲堯道是循

禹

克勤于邦烝民乃粒歷數在躬厥中允執惡酒好言九功由立不伐不矜振古莫及

湯

順天應人本乎仁義以質繼忠監曰求是盤銘一德桑林六事人紀肇修垂千萬世

武王

受天眷命繼志前人退邇悅服偃武修文惟賢是寶法度彰明建用皇極爰敘彝倫

周公

美哉公旦翼輔成周施兼四事才藝俱優制禮作樂惠澤
敷流有大勳勞宗祀延休

孔子

聖哉尼父秉德在躬應聘列國道大莫容六藝既作文教
聿崇今古日月萬代所宗

顏子

學冠孔門德行科首聞一知十若虛實有樂道簞瓢不易
所守曰趨聖師瞠若其後

曾子

守約博施反躬三省孝爲德先祿仕不忍聖道正傳意會
神領一唯忠恕門人深警

子思

閒居請問世業克昌可離非道孜孜力行發揮中庸體用
有常入德樞要治道權衡

孟子

生禀淑質教被三遷博通儒術氣養浩然深造自得亞聖
之賢高揖孔氏獨得其傳 以上十二石後皆有庚寅小印御書大印

朕獲承祖宗右文之緒祇遹燕謀日奉慈極萬幾餘閒博
求載籍推 是石後有庚寅小印御書大印 迹道統之傳自伏羲迄于孟子
凡達而在上其道行窮而在下其敎明採其大指各爲之
贊雖未能探賾精微姑以寓尊其所聞之意云爾 是石後有庚寅小印御書大印

紹定三年所製淳祐改元孟春祇謁先聖就賜國子監宣
示諸生 是石宜示諸生下有辛丑小印御書之寶大印

右在杭州府學正書每石四行字徑五寸高宗石經
趙磻老既刻石于太學理宗紹定五年又以所製伏
羲以來道統贊賜國子監刻之附諸石經之末其遷
徙並與石經同惟碑序止云伏羲迄于孟子楊一清
遷石經碑記贊止八石玉海始有道統十三贊之目
而今所傳與舊數又復不協有武王而無文王大約
兵燹之餘又經楊禿之毀或已毀者或後出者其詳
不可得聞矣文王贊舊志有之不知石毀何時今補
錄于此道被南國守正人倫仁政一施必先窮民翼
翼小心秉茲德純丕顯大謨萬邦儀刑

宋靈衛廟碑

金祝二太尉廟記

京學司書三山鄭文子撰

儒林郎徽州錄事判官彭一飛書

太尉姓金諱勝姓祝諱威同爲錢唐尉曹總目建炎三年
己酉臘月虜雖兀朮侵犯王略闖兵于杭權守安自強拉
州民避寇赭山城無禦備有錢塘宰茗谿朱蹕鳩鄉丁僅
二千趨餘杭邀擊其前隊民非素練耳目不熟鉦鼓宰遂
陷陣而沒兩太尉集燼兵還據葛嶺編竹覆泥爲塗以禦
賊越翌日虜騎飈至號踔踣仆者鱗疊巨斧奮斫橫屍山

忝軍聲大振兀朮褫魄易數舍退赤山執民爲鄉導由南
壁入兩太尉猶力護西隅以寡制衆戰久力疲遂遇害鄉
民具馬革騈瑩近郊迺今錢塘門外楊雲洞之右因立祠
於死所今錢塘門側是也血食一境已踰百禩四時賽祭
僉集死者祭其祜病者禱而痊無疫癘無歲灾無橫虓神
之賜也嗚呼擔簦爵餼厚祿受國醲恩一旦嬰變故不能
仗節守誼者有之冒矢石死封疆殺身成仁亘淪杳冥不
能歆福錫民者有之生而能爲人之所難爲沒而能盡人
之所難盡忠精誼槩耿然常存惜時倥偬罔以聞于朝者
有之唐侯琪亦一衞旅耳登會稽之壘飛礫以㨿虜首勇
而無謀荆軻之徒疏封廟食錫榮九原藉以警心勵虜頑

身于城軒輊奚翅錙石本朝崇尚節誼苟有爲請於大宗
伯安知不以褒唐侯者褒二神乎余僑寓境內庥神休久
矣熟聞耆奮頌神功行徵之野錄具其顛末以俟勛封之
訂正淳祐元年中秋日住廟管香火唐文德立勸緣張永
年沈進臣姜歸孫宗仁御前祗候應建辰鐫
成化十三年秋八月吉日奉議大夫杭州府同知成安李
果重立儒士夏檁書里人陶讓鐫并篆
右碑在靈衞廟正書二十字行行三十八字篆額四
字碑爲明成化時重刊書不甚工按文祀宋錢塘尉
曹將金勝祝威皆建炎時死完顏宗弼難者鄉人立
祠晉曰金祝二太尉廟舊志稱淳祐十年賜廟額曰
靈衞景定二年安撫洪燾以神號請封金曰忠佐侯
祝曰忠祐侯咸淳四年士民請增朱躍附廟封顯忠
侯皆在此碑之後當時祠者相繼曰古柳林曰澄寂
寺後曰精進寺側自明季以來專祀于此文後云唐
侯琪一衞旅耳見宋史唐琦本傳琪臨安本衞人死
越州琶八之難詔爲立廟賜名旌忠此碑作琪未知
孰是

宋白雲山慈聖院圓通殿碑

慈聖院圓通殿記
承議郎新權知邵武軍兼管內勸農事借緋樓扶□□
書少保觀文殿大學士醴泉觀使兼侍讀衞國公鄭清

之□□
佛心大慈悲覺所不能覺法施及財施同運平等慈普門
品中無盡意　瓔珞直百千兩金奉觀世音佛言受
此法施昧者必謂之財矣子曰危而不　而不　舉世
皆若人國與天地何立大而天下小而一家或空言過高
於事無　滋　受其弊目擊而身安之謂之法施可
乎噫事無難易惟有志者竟成　閩姚之慈聖有
世奇者儒門作殊勝事山窈而深号泉石嘉處唐閩中高
僧　荆　講餘白雲時時入戸晉開運間錫是名四
山豐茂居民因藉以聚國初　玆賁治平間賜
今額嘉定十三年不戒於火獨法堂及所奉大士存後

而大士像一架儼然異哉僉議建寶殿十載弗成奇自諸方回慨然謂　事竭力古殿址作而新之端平三年孟秋告成高深皆十尋廣七尋瑞相端嚴諸天拱護金照爛如入化城仍塑三佛以爲過去見在未來種子觀者贊嘆於越所未有雖然輪美矣財不勝用矣或有問法施者當以何荅退行一步安樂法也遷善改過懺悔法以至正像及　塵塵皆淨法法總空何有爲而後言施余雖未登斯山識斯人持共　忝南野雲持身　雪潔不肯出世而能作出世間事決知以財爲法以　爲財　等慈如　所說若猶未信請從圓通會上更忝四句淨極光通建寂照含　却觀世間猶如夢中事淳祐四年仲冬旣望謹記

右碑在餘姚縣正書十九行行下泐約三十餘字篆額十字按嘉泰會稽志寺在縣南七十里晉開運二年建號白雲院治平二年改慈聖院因唐閩中高僧獻雲披荆而廬講餘白雲時時入戶故也似卽從是碑得其源委鄭清之字德源鄞人事蹟見宋史本傳此書醴泉觀使當在霖雨雷變宥祠家居時明年入朝拜奉國軍節度之命矣樓扶從木旁宜獻公鑰之孫延祐四明志載有撰鮑君廟碑周公謹絕妙好詞載扶水龍吟菩薩蠻二詞皆從手傳寫之譌

宋萬文勝禱雨題名

淳祐乙巳夏秋之交□□□□□□□□□雨靡神不告文勝宿□愛□□□梵天普□□□□□流□介亭啟祈□□□□□□感□□秋□雨□□東□□雨□□□□□□□以識其事扶風萬文勝敬□

右在鳳皇山摩崖行書六行字徑二寸餘按萬文勝以端平元年重建漢留侯廟于吳山蓋殿帥也見咸淳臨安志理宗本紀淳祐五年六月甲申祈雨秋七月癸巳朔日有食之旱甲辰祈雨二月之閒凡三特書皆與此合

宋屠墟靈昭廟尚書省牒殘碑

尚書省

禮部狀准淳祐柒年伍月貳拾陸日勑中書門下省尚書送到禮部狀准　下泐　□據臨安府錢唐縣履泰鄉耆老喻榮顯等狀□□□□□本鄉有土地神姓劉璋下泐建廟于本鄉王家村紹興季間忽夜猛風雷雨大作至曉□廟自移于今下泐嘉定八年亢旱蝗虫入境錢唐高知縣親禱于廟一夕飛去田稻無傷下泐院前衆見街上旗幟羅列謁曰屠墟軍人不敢近前卽時自退嘉熙貳年柒月大水鄉民下泐年疫氣流行患者拾有捌玖衆□廣祈求□隨□□□□□之民皆得安　淳祐□年下泐如□田稻得熟累旱累水皆獲神護鄉民凡有所求其應如響□□□綸未沐加封下泐朝廷加封施行本司檢準慶元令諸□道

神祠下泐司本司委隣州官躬親詢究到再委別州不干
礙官覈實訖其事實下泐安府申行帖錢唐縣勘會申府
據本縣申備牒地分縣尉口照行下事理下泐願屈伸口
地分喚集耆老父宿逐一勘會所陳事理下泐口本縣履
泰鄉耆老喻榮顯等并地分口巡孫通狀下泐口口見先
來所陳本鄉土地神始末靈驗寔跡下泐口口口跡如虛
卽甘口口口乞照所陳備申朝廷加封施行泐以下十八行全

右在泰亭山陰靈昭廟內小楷書存字三十五行四
面皆泐存石不及二尺篆額勅封屠墟廣惠侯王八
字按吳焯靈昭廟宋殘碣考泰亭道中有古靈昭廟
神爲宋勅屠墟靈昭侯廟廊下殘碑首行存尚書省

三字其文細書漫漶可讀者猶三數百字乃宋理宗
淳祐七年里人申請立廟所稱屠墟者以神著靈時
赤幟見火光中上有屠墟二字而靈昭者乃當時所
封之號也考咸淳臨安志失載此廟而康熙年間新
碑直書神爲蜀主劉璋字季玉按蜀志本傳璋襲父
職爲益州牧後加振威將軍不聞王蜀不知今碑何
所據而云然也且殘碣中但述靈異之事雖隱約有
劉璋名似難以蜀主稱之元按此碑尚存篆額昭靈
當是廟額廣惠侯乃神封爵也杭州府志載神降于
巫自書曰吾漢劉璋也新碑大約本此細玩碑文可
見者臨安府錢塘縣履泰鄉耆老喻榮顯等狀本鄉
有土地神姓劉名璋建廟于王家村紹興間忽夜猛
風雷雨大作至曉廟自移于今所嘉定八年亢旱蝗
蟲入境錢塘高知縣親禱于廟一夕飛去口口口口
院前衆見街上旗幟羅列號曰屠墟軍人不敢近前
卽時自退嘉熙二年大水疫氣流行凡有所求其應
如響云云此趙晉齋舊搨今摹者無是矣亟錄之以
存廟中掌故

宋太學理宗御書石刻

大成之殿　復古殿

大成殿門　復古殿

右在仁和縣學大門內石刻二種正書字徑一尺中

有復古殿三小字按咸淳臨安志淳祐六年理宗御
書大成殿養源堂二扁賜之今存此二石應卽當時
之一大成字元世加封孔子不知淳祐時已有此名

宋淳祐寶祐加封勑牒碑

勑太學土地正顯昭德侯宗化尚賢之地而非所宜聽於
神然相傳中興名將其英靈未泯而肸蠁甚著蓋其故居
也理或然歟今吾六館之士咸以狀請謂往年息閧止燎
有妥寧京邑之勞信忠臣衞社生死以之朕何惜美號不
以褒表之乎可特封正顯昭德文忠侯奉勑如右牒到奉
行

淳祐六年五月十八日年月上連印尚書吏部朱印共四印　以上行書十五行字逕一寸

右丞相佀　知樞密院事兼參知政事㷀　同簽書樞密
院兼權參知政事韡　兼權給事中希埊　兼權中書舍
人　五月二十一日午時都事趙受　檢詳兼左司章付
吏部　右丞相　知樞密院事兼參知政事　同簽書樞
密院事兼權參知政事．吏部尙書　權吏部侍郎系銜以上
十二行皆細楷書
告正顯昭德文忠侯奉勑如右符到奉行以上行書三行字逕一寸連印尙書吏部朱印十行共卅九印　主事周天祐　員外郎令史趙穎叔
書令史陳允叔　主管院道口以上系銜三行細楷書
淳祐六年五月二十一日下行書一行字逕一寸連印尙書吏部朱印共四印
勑太學土地靈通廟神正顯昭德文忠侯神有功于民則

祀之𥘉有功於士者耶爾以聰明正直妥靈于首善之地
爲多士之所敬嚮不但叱咤妖怪具有靈應而斯文益大
以昌寶惟陰相焉爰即舊封載加㜷號尙時顧享永孚于
休可特封正顯昭德文忠英濟侯奉勑如右牒到奉行
寶祐四年八月二十七日年月上連印尙書吏部朱印共四印以上十六行字逕一寸
右丞相元鳳　參知政事似道兩淮大使　參知政事杭　時
暫兼給事中　時暫兼權直舍人院　九月十二日午時
都事劉大任受　太常少卿兼左司高付吏部　右丞相
參知政事　參知政事　吏部尙書闕　禮部尙書兼
權　吏部侍郎闕　太常少卿兼權以上系銜十四行細楷書四行字逕一寸
連印尙書吏部朱印十行共三十九印　郎中令史金從

實　中書令史張鍠　主管院大口書以上系銜三行細楷
寶祐四年九月十二日下行書一行連印尙書吏部朱印共四印
右在岳祠碑凡六列七十四行篆額六字橫列按前
端平二年敕止封神爲正顯侯此敕又稱正顯昭德
不知何時所加又加文忠二字葢始以爲岳王也觀
文云相傳中興名將可見寶祐四年又加英濟二字
矣此碑係摩舊題名碑覆刻二列奉字下尙有戴得
一名可見不知當時何草率若此

宋李艮等靈隱題名
淳祐丁未立秋二日天台李艮夏紹基武夷翁孟寅金華
何子舉嘉禾葉隆禮宛陵吳琪來游喜雨

右在翻經臺摩崖行書十行字徑二寸按葉隆禮嘉
禾人淳祐七年進士題名時正登第之歲宋史不見
其名氏著有契丹國志傳世咸淳臨安志開禧元年
十一月一日以朝散郎直秘閣兩浙運判除軍器少
監兼知臨安府閏十一月二日磨勘轉朝奉大夫景
定元年正月一日除軍器監兼職仍舊二月六日除
直寶文閣知紹興府惟咸淳志作台州人此書嘉禾
知咸淳志誤通志亦作嘉興人終秘書丞錢宮詹謂
是科有關雨請免瓊林賜宴此題有喜雨之語疑李
艮諸人皆新進士檢通志止隆禮一人而書郡望有
武夷金華二人

宋理宗御書洞霄宮額

洞天福地 中印二璽磨滅不可辨

右四大字正書字徑一尺二寸在餘杭洞霄宮大殿上按洞霄圖志云外門扁洞天福地宋理宗淳祐七年賜書今宮內石刻皆燬于火而此額獨巍然無恙者因先在外門復移寘殿中耳是刻木質已朽爲亟錄之倘有援李陽冰黃帝祠宇額例俾刻之石則可久矣

宋陸德輿等靈隱題名

陸德輿載之趙與𥲅致道與旹中甫淳祐戊申中伏後一日避暑同來

右在龍泓洞摩崖行書六行字徑一寸按陸德輿崇德人嘉定十年吳潛榜進士曾知寶祐元年貢舉有理宗賜詔歷官至吏部尚書嘉興縣開國男見至元嘉禾志與𥲅曾任富陽縣令與旹安吉人景定二年以兩浙運使兼知臨安府五年除戶部侍郎並見咸淳臨安志與旹孟頫之父元贈集賢大學士榮祿大夫追封魏國公見楊載趙孟頫行狀

宋紹興府學整復賃錢牓記

使府 正書字徑二寸

僉廳奉

使府判送下府學教授朱從政申本學賃戶與掠錢人片肩盡作屋宇倒損虛申減退元額十無一二又欲抜還舊會以致積欠頗多公廚無可收買食料有悞指準乞從

使府給榜曉示應是佃賃府學屋地除官放外並要照元約點還見錢不許以會子榜折如有故違之人即乞斷錮監還元業施行奉

台判索元立賃約呈本學承準後即檢尋元舊簿籍並是今同文約各付賃戶收執係點還見錢遂齎一宗簿籍赴府點對奉

台判僉廳呈僉廳官書擬以將本學砧基簿籍點對並是元點見錢分明欲照所申給榜曉示照元約還見錢呈奉

台判給榜曉示證元約還須至曉示 自僉廳起至曉示止正書廿二行字徑一

寸

右牓府學前張掛各令通知淳祐捌年柒月 日 牓 正書四行字徑二寸

使 正書字徑三寸餘

致堯等竊見越學較之他郡生員頗盛土產最薄所恃以供廚料者僦金而已止緣蠹弊日積考之元額十損七八率是掠錢人與賃戶轉相買囑巧立名色易見錢爲舊會遂致二膳菲薄殊失

朝廷養士之意致堯等溢巾學職銳圖整復申明

學廳乞從

使府給榜曉示賃戶照元約點還見錢得蒙

府教　詔使大著先生備申重蒙
大帥　寶文　大卿　先生軫念學校索上元砧基捲照
見得當來合同文約委係點還見錢分明給榜下學曉示
賃戶照元約還見錢由是宿弊頓革支遣稍紓致堯等深
慮日後復行乘間行私者轉移定式若不勒諸堅珉永遠
爲照無以杜絕奸心欲望
台慈特從所乞施行干冒
師嚴下情不勝戰慄之至
右謹具申
呈
九月　日學生國子發解進士充直學王宰　劄子　學

生鄉貢兩請進士充直學尹經　學生鄉貢免解進士充
學錄丁應龍　學生鄉貢免解進士充學正劉致堯十九正書
行字徑五分
當職滥司教養無補字功昨因歲歉學稟告匱亟懇　帥
府口司蒙給米續食幸免停供公厨二膳取辦僦金因致
舊額日口口口肆伯壹拾文足中間主學言者爲私而不
爲公暗行給據消減易見錢而爲舊會每日止口貳拾捌
阡十七口者近直學王宰根刷積弊取元砧基點對人戶
口口皆見錢經府給榜蒙　使剳照元約點還今口已陞
貫捌拾壹文足雖未盡復舊數增口已踰三倍直學之有
功於越校多矣他如學租元管田肆阡肆伯餘畝每歲所

收僅貳阡石其爲欺弊尤甚於僦金當職因去歲旱歉不
暇根括行郎書滿敬俟來者㫋淳祐戊申九月旦日復口
許濟刊行書十三行徑四分
右碑在紹興府學大門之側額題正書紹興府學整
復賃錢牓記十字字徑四寸碑三列上二列刻使府
示牓下一列刻學正劉致堯等申文後有邵復口跋
前使府二字及後右牓府學前張掛各令通知淳祐
捌年柒月日牓十九字字皆大年月下有紹興府印
文其後使字一行更大葢當時公牘之式如此後跋
復下一字已泐而不署姓按文內有滥司教養及行
郎書滿之語似郎跋存悔齋十二箴之邵復□也

宋存悔齋十二箴
性一以靜心虛而明以明合靜日純粹精昂昂天民昭昭
帝命萬善百行始於持敬雲行雨施魚躍鳶飛愚囘早覺
達賜晚知濂溪兖壽延平灑落其間工夫先去剛惡大小
往來屈伸感應其機不停莫若中正吉生於悔吝必有凶
所以聖賢貴乎反躬辱踵榮後毀居譽前吉無不利在乎
謙謙蹇則修德困則致命無怨無尤敬恭以聽爲善成名
求名喪善有爲無爲義利之判言倍招憂事倍招患以約
失之吾見亦罕當遯戒尾當集貴翔聖人之道進退存亡
兩字包盡偶陰對陽君子所履南方之強
右存悔齋十二箴

履齋先生吳公製以銘座右者也
皇上即位二十六年冬　先生奉命帥越始入學升堂講
禮袷諸生誨之曰此今天子毓聖之邦恩典視古南陽吉
勉旃既而頒示朱呂二先生學規又出所自爲齋箴以勵
後學衆相顧口口曰
先生以倫魁秉大政中遴瑩徹璧玉無瑕四方善類仰爲
標準而存悔有箴辭嚴義密凜乎畏懼豈固欲然示天下
哉吾應之曰　先生以履名齋者也履者禮也自上天下
澤之象立而禮制行正心誠意其本也修身齊家治國平
天下其用也天理人欲限界易迷别嫌明微莫重於禮禮
苟不持何以能悔悔苟不存何以爲箴故悔一而義二警

口於遷善改過之端覺悟於今是昨非之證則是悔也進
德之機也震无咎者存乎悔是也顛冥於進退存亡之鄉
昏亂於口遲䲍䲍之境則是悔也憂虞之象也口近相取
而悔吝生是也　先生之學以忠孝爲大節以誠敬爲實
務切切於理慾之辨義利之分是其心鏡内融禮與外馭
固不至於有悔而猶存悔以自警則始於寡終於无克己
復禮即顔子不遠復之時也以禮自防即衛武公聽用我
謀之日也大冊渙庭行擴素蘊口口天下　先生其履而
泰者乎易曰視履考祥其旋元吉　先生以之衆皆曰口
囚鋟諸石與學規并傳俾同志者有攷焉淳祐己酉季冬
望日稱博士邵復口謹識學生迪功郎新池州東流縣主

簿充府學學正宋申甫學生鄉貢免解進士充府學學録
丁應龍學生鄉貢進士充府學學録劉瑞龍學生鄉貢進
士充府學直學沈翥學生免解進士充府學直學王倘忠
學生鄉貢進士充府學糾彈陸天驥學生免解進士充府
學司計錢大口丁杲同男元刊

右碑在紹興府學明倫堂文十二行正書字徑二寸
額題篆書履齋先生存悔齋十二箴十字徑二寸餘
下截跋三十二行字徑六分跋後題名四行徑三分
吳潛字毅夫宣州寧國人嘉定十年進士第一官至
叅知政事右丞相兼樞密使進左丞相封許國公後
謫化州團練循州安置卒事跡具宋史本傳　四庫

書有履齋遺稿四卷潛爲人鯁直立朝屢有論列不
顧忌諱此十二箴是其治越州時所作辭嚴義正如
見其人宋時越州府學有學正學録直學糾彈司計
諸職皆以貢士充其選府志題名均未列入賴此以
存其名稱博士邵復口志亦遺之

宋它山廟加封勅牒碑
勅慶元府鄞縣遺德廟善政侯神有功於民祭法所尊也
爾在唐大和間立石堰以障洪流澤物甚廣鄞邑家賴之
至今遺跡宛然是宜廟食不朽國朝褒表亦既封侯錫號
矣端平初祈旿猶闕詞以請因仍弗舉寧非闕歟特命有
司俾衍休稱以示朕拳拳懷柔之意可特封善政靈德侯

奉勅如右牒到奉行
淳祐九年二月一日
太傅左丞相越國公清之
同知樞密院事兼權參知政事儏
簽書樞密院事兼參知政事方叔
　兼權給事中鹿卿
樞密使兼參知政事方叔
都事受
兼權中書舍人山
兵部郎中兼右司饒
吏部尚書　刑部尚書　吏部侍郎　起居舍人

右牒文六行後銜名兩列俱正書在鄞縣宅山廟詳
見寶慶三年加封碑此則又加靈德二字也舊志云
嘉熙閒屢旱禱之輒應狀聞賜額天與此勅未見
宋吳璞等靈隱題名
金陵吳璞吳琳眉山袁炎焱宛陵李雲龍淳祐庚戌
　右在三生石摩崖正書五行字徑四寸
靈隱吳璞等題名
淳祐壬子春仲之九日吳璞吳琳重來偕行薛可久
　右在三生石摩崖正書五行字徑四寸
宋龍華寶乘禪寺管業公碑
臨安府正書逕寸餘

右今出給公據付龍華寶乘禪寺仰收執照應管業淳祐
拾年玖月日給正書三行逕一寸　此文不辨
使正書逕二寸
　右在龍華寺刻凡四列皆漫漶不可識上二列似有
題詩亦莫能辨
宋免納塗田鹽公據碑
提舉司免納塗田鹽公據
提舉茶鹽司
據吳越錢王府使臣潘榛　台州臨海縣功德下缺
王於天福八年建立碑下缺衙　府悟眞觀　名石井岐
下缺年照　條起糸貳税印押　基逐年　鈔可照彼比

近杜讀　吏高益　僧景林等爲黨合謀不時到
覔詐取遂節次經下缺牒縣索　係走下缺前
政提舉馬相公台判塗田既已起税不當再起鹽額帖場
不許擾下缺行　香火不廢本寺昨因被盜下缺然乞
再給公據付本寺　執　寺　以　女奉
台判案呈　本司照得近據台州臨海縣鴻祐禪寺住持
僧法玘狀　寺下缺本縣承恩鄉念貳甲石井岐　塗下
缺成等供給榜據經　起税管　終至
　舉行下陳主簿趙監場聶實書判　供
鴻　爲淡水衝　則無下缺景林謀　奪下
缺監委朱縣　聶實　合場吏高益　暉等虛

額鹽壹伯貳拾伍碩意圖久霸未兩載僧正習充
替令僧文　經下缺仍追景林斷治庶得寺
是　提舉任內行下　塗田稅鈔點對汪府判
趙節推所申景林恐爲十方僧所攙虛下缺之內以　鹽
常住動以萬計淳祐　僧氵日經鹽事所
蒙　史同知鈞判送　所牒浙東　提舉司索下缺判
縣差人監　司　塗田塗　水
塘共六百一十六畝並已納稅保明備申且謂元認
照會訖　年八月狡下缺送納意圖
項　名糸業見被　側　地名鱉嶼東洋與石井
岐兩山一海　況淳祐元　月景林方下缺到蒙

判盜　起稅恐不當再起　詞牒
主管官從公契勘保明申繳　主管司牒本　皿
司下缺使　十一月初七日申上奉　僉
廳見得　件塗田既自　稅　主管官　帖下缺榜
據　爲　以　本司照得　元年委寧
覈實到杜瀆場管下　分　納　內鴻
祐　合下缺外　八年十月初四日　提頁茶鹽
使所牒鴻祐寺僧浮　經官請　本縣下缺提舉司不住
追　納鹹　鹽額況本寺實無鹹土可取亦無下缺狀
申後據台州主一官　繳牒臨海縣　公契勘後　海
知縣趙下缺水塘五十畝塗　拾畝共計　乙拾

畝　條起納稅　據下缺額鹽於
十八　合納乙伯貳拾
納下缺額　監　鹽鹹地
與之下缺亻　若　諸
相下缺僧法玘　於去　月下缺鹽
申　據本　納　取呈奉
稅　不　額條　牒　司從
下缺狀本　一　累蒙
官司責亭戶王晟等下缺地於　起稅　後嘉
熙四年　僧景林下缺十方下缺奉台　塗田既自起
稅恐不當再起額鹽　從公　勘保明申

管　所　指揮下缺已納稅　分　應　鹽額
面申蠲免施行遂牒臨海縣契勘會與石　申
到　據　功　本寺於下缺祐元年五
月三十日方　虛抱今來杜瀆場所申豈得謂之
師　納鹽　監　事　納下缺宣激狀　縣
鄉　司曹中供證本院有管承恩
鄉念二甲石井　方　年　界起稅不應重口
鹽額下缺後界　每歲並行送納二稅
訖去年五月蒙　提舉司行下戶　縣　趙知縣
口口口口曾下缺紹　年六年附籍照　條並已科折
納　朱　保　申　行主管　本縣下缺

舉爲參政台判　據於淳祐十一年四月十四日給　行
本院照　據前項所陳 下缺
上缺 公據 下缺
上缺 才 下缺
知事僧 下缺 住山 下缺

右碑篆額十字文正書二十九行首尾大字二行在臨海縣東鄉鴻祐寺側此鴻祐寺持住僧法玘爲石井岐塗田已稅不當再起鹽額乞公據于提舉而刻之于石前據吳越天福八年碑爲起稅徵也中歷反覆碑已漫漶不成句讀錄之以見宋季征鹽之弊

宋大滌洞發題名

淳祐辛亥十二月張□來游

右在大滌洞內摩崖正書三行字徑二寸餘

宋理宗御書眞武像贊

於赫眞武啟聖均陽克相炎宋寵綏四方累朝欽奉顯號巘章其右我宋社萬億無疆 正書六行字徑一寸上有丙午御書二印

北極佑聖助順眞武靈 下闕 太陰化生水□□□虛危上應龜蛇□□周行六合威攝□□無幽不察無願□成刼終刼始剪□□□救護羣品家□□□數終末甲妖□流行上帝有勑吾□降靈闡揚正法蕩□□兵化育黎兆協□中興敢有小鬼欲來現形吾目一視五嶽摧傾急急如律令 小楷書十五行

淳祐十二年歲次壬子正月元日立於金地山聖烈行宮□□□刻石 細楷書一行在畫像之左

右在吳山重陽菴凡二列上刻理宗贊下刻像上題字十四行碑已中斷案眞武像見于載紀者有二夢粱錄淳熙歲詔改孝廟舊邸爲道宮以奉眞武御製眞武贊及宸翰黃庭經皆刻之石以賜咸淳臨安志眞聖觀在六和塔側寶慶二年道士江師隆刱有眞武像淳祐間摹本上進贊後有丙午印爲淳祐之六年或卽師隆所進之本而刻于十二年歟聖烈行宮疑卽奉祀之所

宋般若波羅蜜多心經

般若波羅蜜多心經 經文不錄

淳祐壬子八月二十日天台謝圭敬書

右在長明寺壁閒前有觀音像經文行書二十三行後有雲壑雅齋及東山貳口臨海開國謝衞王之孫印記二印

宋慶善寺銅鐘銘

慶善禪寺新鐘銘并序

有宋淳祐九年歲次己酉六月四日近二更初火起西鄰越街首及金光明閣延緣焚燎殿堂廊廡御書鐘樓凡寺屋舍悉遭煨燼於時鴻鐘受大厄難半體墜地入土三尺何物妖孽挾風爲壯煽焰肆虐吁可畏哉知縣新昌王君

華甫充知此所祝　聖道場捐財建議選請鄉官前嘉興
府司理參軍趙君崇晙蔵以鄉士葛君元善委督起廢至
則合誠歷詢庶務莫先於鐘否則無以丕顯衆聽啟迪善
根適有僧名曰道明來自他山覩境興念自捨衣盂錢貳
百千首以爲倡於是本寺住持文郁咨彼維那法政幹造
政則能以存淳實心爲化導本從而貴寓泊及富室在邑
在野若男若女隨力高下施與有差卜以人心罔不悲歎
思維昔者不約而同僉曰可矣藉以告役乃召良冶取法
鳧氏都匠宰陶坐主經畫羣工翼謀備循戒令和土作範
崇簴作爐明三昧火鍊五金齊舌膊鼓橐不夏而雷以彼
離坎爲我造化熱海內煮湧液爀曦沌竅旁決灑光奪霞

人則審密佛則護持合宏誓願一鑄而成厚薄侈弇咸中
厥度石播作鬱舉勿遺疵猗歟偉哉是大器也居長八音
警動六時太虛含韻萬籟歛鳴雖爾刼數有成有壞而我
佛法不增不減今焉一旦蒲牢復懸三乘四天永以助道
其義博矣然是役也初於瓦礫搜拾爐餘比舊有虧茲募
補就共六千觔其於工匠與凡佐用餘費計錢百五十萬
鳴呼噫嘻事不難成而難其時時不難逢而難其人幸值
永嘉林君端行繼則來宰二三僚佐同寅協恭命續前緒
復出公錢又得緇徒克勤無退時與人偶訖成斯事仍合
志願以是功德上祝聖壽同此鏞聲天地並列鐘聲無窮
又願此聲遍周法界天堂地獄聞者皆覺閣歲辛亥冬閏

十月初旬九日官民俱集證明圓滿扶老携幼雲隘衢塞
若僧及道爲士與女圜繞瞻仰或以金銀器皿簪珥納於
大爐無不樂助時鄉大惠亦在會中於是隨喜而爲作銘
銘曰
寺遭刼火鐘何幸得非受形有數與大音不作豈終無就
其初者還厥初陰陽爲炭天地爐韛廉祝融供走趨百鍊
旣剛五金俱灑液鑄成彈指餘積累鈞石由錙銖爾則盡
性我盡模驪龍踏頂交盤紆鐵蛟綰索司紐樞取法圜象
垂方輿道寓於器中則虛動生於寂應不謬卽隨大小聲
遠舒上達九霄下三塗凡有知覺無賢愚與昔所聞初無
殊善根增長罪業除願以是功奉　宸居君臣明良文德

敷簫韶鳳儀瑞同符律呂共和及寰區何千萬年永其圖
進士鄭日孫乳名月老妻吳氏千七娘男復女靜　安人
楊氏妙澄二千足　黃五九娘一千
宣教郎知台州黃巖縣事軍正林端行助伍伯　從事郎
台州黃巖縣丞丘一夔助一百　文林郎台州黃巖縣主
簿國禧老助一百阡　迪功郎台州黃巖縣尉兼僉廳葉
發助一百　修武郎監台州黃巖縣酒稅江伯達助一百
　通直郎趙希懩　朝散郎新差知南康軍趙希悅　朝
奉郎主管台州崇道觀趙師宮

右銅鐘銘四面俱正書在臨海縣海門衛三層樓內
有斧鑿痕相傳爲寇所擊此知縣事王華甫率僧道

眺本寺待住文郁合邑人新鑄寺鐘輔以林令端行而鄭大惠銘之也王華甫林端行及丞尉諸人均不見舊誌洪筠軒云據嘉定赤城志慶善寺在黃巖縣東南五十步故所載皆黃巖職官今則在臨海界矣

宋巾山翠微閣碑

重建巾山翠微閣記

赤城西北南脅巒壁巉巘蜿蜒鬱勃蔓延綿亘巍㠉高哉不可攀也其京與海相表裏山勢口斷續不相屬屹然蠱東南隅爲東方屏翰者賴有巾山山一名帢幘騈頭髻聳如伯仲差肩而立有浮圖冠其巔如龍兩角眞奇觀也予少誦任翻宿帢幘精舍詩有鶴澗松露僧開竹房語嘗夢想

其處恨一官絆縛無遐登絕頂訪唐人遺迹不自啻聖天子予一麾來突兀此帢幘在吾目中問崔與房則曰鶴去久房即翠微閣後人摘詩中字標昔爲房地自往年罹鬱攸之變未有能起廢者其不墮刼灰而歎與山共一古今者惟翻詩爾予曰不有崔盍成詩不有房盍致翻鶴去人僊房以志古房可廢乎爰即舊趾度材革故而鼎新之翼焉閣成直欄橫檻下瞰闤闠萬瓦次鱗如指諸掌迴廊曲瀰類睨滄溟澄江翥練如繚長帶日出霽開麥疇疏町如盼如畫水落石出遠林近山如伏如擇晴空鷹揚雨溪鷺翥煙霞晻曖霧靄欲斂變現百態無有窮已於是足不出城市而赤城州陸之景如索諸畫軸可坐而致景可坐致

而詩之境界益寬景無盡詩亦與之罔盡而翻之風流於是儼然如存鶴翔雲際無在無不在亦可想見翻之標格翻固在也閣之存詩之景備千古雅韻藉以不磨激閣可廢哉閣不惟於詩不可廢城之東南恃以爲屏翰奇觀所在又可廢虖哉故歷書以告後人俾勿壞寶祐元年二月吉日朝奉大夫知台州軍州兼管內勸農事趙與譚記進士金華徐士褒書并題蓋

右碑篆額八字文八分書十九行在臨海縣城巾山兩峰如帢幘相傳仙人皇華於山上昇墮幘故名山有二塔東塔院有翠微閣北瞰闤闠南眺郊藪登臨者必至焉此知軍州趙與譚重建翠微而作記也唐

任翻凡三至各有詩前村月照半江水僧在翠微開竹房最爲膾炙人口三詩皆用竹房字文中多作竹所漢仙人唐公房碑本作房趙與譚寶祐元年以吏部郎任

宋戴登雲謝御書額表

臣登雲言今月二十一日承入　內內侍省東頭供奉官幹辦　御藥院檢察　官陵蔣安禮口手傳奉
聖旨宣諭紹興府守臣陳顯伯等爲奏乞紹興府府口
御書扁額伏蒙
睿慈
賜府學二大字臣敬率諸生望

闕謝
恩祇受訖者
千巖競秀偉毓
聖之名邦
肄筆
成書榻
昭天之
華扁
鼎新儒館
壯麗
帝鄉臣登雲惶懼惶懼頓首頓首伏念臣㫺自含闕叨膺

庭策職專分教粗知臣必盡忠心恐獲愆詎敢食而怠事
爰睹宫墻之驟廢亟賫藩效以興修
素王之宅再成青佩之居仍葺掛欞星以尊廟貌依芹水
以繚屏垣秋毫不費於學儲生財何道月俸薄捐於己帑
得助者多和恢昔日之規模輙丐
穹霄之
奎壁帥臣敷奏上徹
宸衷
中使傳宣登聞天下瞻□□□□於
北闕歡迎爭出於西郊搢紳草布之奔趨交相動色文物
禮樂之

盛美莫不稱揚
脊鴛
九重
恩同四學茲蓋伏遇
皇帝陛下道探
羲畫
治煥
堯文
時敏
緝熙
令德彌彰於

珠緯
日怡
清□
丕猷浸溢於
瑤編倏
寵渥於
諸馮
錫標題於□□
□圖
□瑞
虹渚

增輝
八法端嚴如侍
冕旒之
儀表三熏捧拜恍驚
金玉之焜煌感荷
君恩
作成士類臣敢不恪遵
追琢允極欽崇
倬然
雲漢之章
光明

下濟
溥矣
淵泉之澤
風化旁行臣無任感
天荷
聖激切屏營之至謹率職事生員奉表口
謝附麗帥臣謝表以
聞臣登雲惶懼惶懼頓首頓首謹言
寶祐元年十一月日迪功郎特差充紹興府府學口口
口戴登雲　鄉貢進士學正臣缺　貢進士缺
免解進士缺　貢進士缺
免解進士糾彈臣王紐　貢進士司計
免解進士司書臣全缺

右刻在紹興府學理宗御書府學二字之下小楷七十行依原式錄出以見當時體制戴登雲舊志無聞學下蝕一字大約學正學錄也

宋重修靈應行祠碑

寶幢重修靈應行祠記

忠嘉神聖惠濟廣靈王鄭之土人也郡人以　府主稱尊之至而敬之篤也鄭城之東三十五里有市曰寶幢又十五里山之外有湖曰東錢湖之濱則　王之祖廟寔在焉以故寶幢市有　王之行祠此祠之建爲近於　王之祖

廟故其靈尤著考之舊刻則經始于嘉祐而嘗修於紹興之庚辰歲閱歲久屋老且損衆以力乏不暇葺今乃與里之士夫捐金而爲之倡俾幹者王文興主修造事王文興靈承于　王弗懈益虔勇於任責輸財不恡佐之者二十有二人亦皆樂施已貲環境之内翕然效口廟史周道亨寔董是役作而新之殿宇輪奐如翬斯飛廊廡振飭左右翼然地在口闢而甃砌一新盥薦獻饗之所展如也門廡攷觀莫敢不肅歲淳祐癸卯中秋口口因循迄于寶祐之甲寅　王之誕日迨王文興始率居民祭而告之且求金口口口實故書以立石　王之世系若功與德載于郡之靈應廟碑爲甚詳此不復口口口口而今而後凡境之人惟

祠是依不顯亦靈無射亦保則維　王之格思余亦與□
□焉奉直大夫致仕萬逮記
同幹柴如愚李泰初沈喜諸子森章彥琢汪文樞張洵□
李涓吳顯祖周廷芝夏□□□陳茂題王忠
右碑文正書十五行在鄞縣此述王文興緝廟之舉
神之始末見前記所云王之祖廟者即晉永和中所
立青山之祠也

宋施生臺經刻

大乘妙法蓮華經
南無釋迦牟尼佛
大方廣佛華嚴經

南無阿彌陀佛
摩訶般若波羅蜜多
南無彌勒尊佛
皇宋甲寅寶祐二年十一月十四日當□僧□□施財同
徒弟下缺
右刻六面面各大字一行兩旁經咒小字皆磨滅惟
年月一行可辨在鄞縣按贊寧高僧傳居杭州靈智
寺僧德秀嘗哀鬼神乏食極以深更施其飲食此本
世得子瑜伽燄口之所由昉蹔亦漸及鳥雀于是佛
寺多有施生臺觀此刻知宋時已然矣

宋陳詩等靈隱題名

陳詩閔闕山王晉缺和晉先□□闕冷泉拉咁闕寶祐乙
卯中缺□□□齋缺
右在飛來峯摩崖正書六行下半殘闕字徑二寸

宋御札碑

皇帝御札
虞廷之賞延于世漢氏之官長子孫春秋謂成季之勳宣
孟之忠而無後為善者懼矣朕慨思
開國以來勳臣之裔有能世濟其美而不能世其祿者仰
所在州軍體訪得明具以實聞以備錄用
付三省　押　封
右碑正書九行篆額皇帝御札四字在湖州府署按

咸淳臨安志此詔在寶祐四年十二月錄用勳裔戒
飭贓吏二詔下有丞相臣程元鳳等跋所謂勳臣無
後則示以錄用之寵貪風之殄則申以戒飭之嚴又
曰紹興則有佐命元勳訪用子孫之詔隆興則有貪
贓無厭抵法不赦之詔皆并二詔以立言又云特降
睿旨許令立石是二詔當時皆有刻石而今獨傳此
者必有惡其害己而去之者矣

宋觀頤堂碑

重建觀頤堂記
凡學校養士各就食于位觀頤有堂獨檇李為然合異而
同不相殺亂此意善矣然地本嵯廡常苦濕蒸屋老而欹

勢且覆壓移食外齋衆不謂宜余視事數月亟請于郡侯
莫叔益得錢五十萬撤而新之工徒既畢舊觀復還塡然
鼓聲少長咸集升降坐起禮儀莊肅乃歌曰厦屋崇成昔
陋今盈匪依我居言依于仁齋厨有食昔枵今實匪飽我
粒言飽于德余聞而進之曰侯之養士厚矣士亦知所以
自養乎觀頤則易自求口實則難觀頤觀其所養也自求
口實觀其自養也二三子勉之紹定二年己丑歲十月郡
文學黄夢高記寶祐五年丁巳歲八月郡守謝堂重建咸
淳四年戊辰歲府學教授林　方恢立石學正沈　學
録婁　馬　直學顧德龍司計侯　監刊直學李
文虎書　曹文德刊

右碑文正書十二行在嘉興縣觀頤堂今時爲希聖
堂地在宋惟檇李有之按至元三十二年嘉興路儒
學正禮堂基地碑知郡趙公欲創尊經閣遂卽正禮
觀頤二堂之地爲之而遷二堂于官道居民之地大
德十一年嘉興路脩學碑有講堂頤堂之語延祐七
年嘉興路脩廟學碑有觀頤堂鐵器三百餘兩知元
中葉堂固無恙也明時寖廢萬歷教授魏浣重葺兵
憲趙國琦更名養賢明末范光燮重建更名希賢卽
此堂基址

宋逸老堂碑

重建逸老堂記

逸老堂者紹興十四年郡守莫侯將所創并爲文以記之
者也其義葢摘李太白所云四明逸老賀知章之語按賀
公字季真唐開元十三年爲禮部侍郎集賢院學士肅宗
升儲副授秘書監太子賓客天寶初移疾請爲道士還鄉
里詔賜剡川居焉剡隸越鄞故越封部公亦自號四明狂
客故侯締堂妥靈於是邦之月湖且合太白而祀之謂二
公皆抱氣識之全者也然以予觀之太白初見明皇倨傲
鮮腆待高力士輩若奴僕其氣真可以揮斥八極驅役羣
動而其末也乃陷於永王璘之黨毋亦氣有餘而識未足
耶季真遭時遇主彈指可都顯位忽飄然引去人知其爲
高而不知其所以高也於是肅宗之人品已瞭然於季真

胸中矣使與相終始則靈武之事犯父子之大倫季真亦
將不能逃萬世之責易曰知幾其神乎季真有焉又豈止
於蠛蠓富貴涕唾卿相而已哉此之謂真識而非徒氣之
所能爲也是堂之建迨今一百十五年矣屋老圮壞屢葺
屢頽片瓦尺椽幾無存者子領郡之二年始克鼎新之規
模宏敞視昔稍異因求季真之像于越綃而寵之且誄以
詞述以贊用詔永久俾邦之人士景清風而企芳躅或少
裨於風教云爾嗚呼自有天地以來上下數千百年其間
據權位擅勢利呼吸福禍顧盼榮辱以狂走盲趨一世之
人者不知其幾矣未幾聲消迹滅影響無聞甚者流腥遺
臭有孝子慈孫百世莫之能改迺若孤標勁節之士身没

而名愈彰千載之下雖漁人樵子亦爲之興起不以時遷
世換而二其心也爲士者宜知所擇矣堂既成面對涵虛
館表裏及東西兩橋并繕治之輪奐丹雘皆粲然華美要
不可無以敘歲月於是乎書開慶元年秋七月癸卯朔觀
文殿大學士銀青光祿大夫沿海制置大使判慶元軍府
事兼管內勸農使金陵郡開國公食邑五千九百戶食實
封一千七百戶吳潛記
中散大夫直秘閣致仕歷陽縣開國男食邑三百戶賜紫
金魚袋張即之書
降朝散大夫直寶章閣祥符縣開國男食邑三百戶賜紫
金魚袋趙汝楳題

右碑篆額六字文十八行正書在鄞縣元按堂在府
治西南又有涵虛觀舊志皆不載紹興間守莫將建
以祀李眞太白開慶守吳潛更新之文意頗有軒輊
亦不可易也張即之字溫夫慶元六年以父孝伯廕
授承務郎中散大夫直秘閣學士善翰墨師歐陽率
更晚年益超悟

宋賀知章畫像贊

山林之士去不可挽市朝之士出不知返嬌嬌
先生高眄遠視可仕則仕可止則止粵惟二疏輔導漢元
口其即位旋以飄然粵惟
先生師傅唐肅太陽未升去之已速前疏後賀夫豈不情
知幾識微以全令名狂非眞狂醉非眞醉詩侶酒徒亦復
爾爾四明之陽月白山空平湖萬頃今古清風
金陵吳潛贊

右畫像上刻讚語十四行正書在鄞縣逸老堂記之
陰潛既作前記復爲此贊不及太白猶是前文意也

宋勅賜忠顯廟牒碑

尙書省牒 行書字徑三寸
太常寺狀准送下禮部狀朝奉大夫國子司業兼玉牒所
檢討官何夢然等狀奏照對臣近據太學學錄學生臣楊
懋卿等列申懋卿等嘗讀蘇文忠公所撰昌黎伯韓文公
廟碑有曰其生也有自來其死也有所爲且謂不待生而

存不隨死而亡故在天爲星辰在地爲河嶽幽則爲鬼神
明則復爲人於是益信夫一點忠義英靈之氣景景千古
不可磨滅也懋卿等伏見太學土地靈通廟神正顯昭德
文忠英濟侯正直聰明應感如響其賜額之勅則有倉卒
息鬨潛弭火警之褒其初命之告則有用物弘多厥靈炳
著之譽其再命之詞則有視學禮成告協夢卜之驗然是
特言其死有所爲而未言其生有自來也逮夫三命溫綸
則顯述中興名將英靈未泯肸蠁甚著益其故居且謂忠
臣衛社稷生死以之則指神爲忠武岳王明矣況 國史
載紹興三十二年以岳飛宅爲太學正合前所謂故居之
說不可誣也侯封八字其號已極改畀王爵於禮爲宜兼

寶祐五年　明堂赦文應神祠曾經禱祈靈應有功於民
合該封爵去處令所屬保明聞奏放行況忠武昔已正王
爵今豈容更下一等乎　國家祀典之神父母妻子子婦
佐神皆有封號今本廟神父和贈太師隋國公母姚氏贈
周國夫人妻李氏贈秦國夫人子五人雲贈安遠軍承宣
使雷贈武略郎霖贈大中大夫震贈朝奉大夫霆修武郎
子婦五人　氏　氏　氏　氏　氏部將六人張憲徐慶
黃先牛皐李寶王貴皆未該封實爲闕典比來祈禱禬禳
靈驗愈著非特相多士昌斯文抑且妥寧京邑其有功于
國家豈淺鮮哉楙卿等濫叨膴員義不容默庸敢合辭
申請欲望保明繳奏改賜廟額特與超封王爵及封神父

母妻及五子及五婦及佐神六人非爲忠烈之神陰拜褒
嘉之寵而諸生拜賜惟均臣等竊惟褒　者崇報之常典
表忠者激勸之大端其有生爲忠臣没爲明神而廟食於
風化之地者尤國家之所宜尊顯者也臣等伏見太學土
地靈通廟神正顯昭德文忠英濟侯乃　中興社稷之臣
忠武岳王飛也恭覩　國史紹興三十二年以岳飛宅爲
太學及拜覩淳祐六年加封之誥有曰中興名將英靈未
泯則神之爲忠武王飛明矣天下土地之祠不知其幾而
太學土地則忠武王飛爲之非偶然者惟忠武王飛明君
臣之義辨華夷之分擯滅醜虜恢復中原校之中興諸將
但有戰功而不知復讐之義遠矣雖賊檜欺天王以忠死

而志在君父力扶名義之功與　宋無極每讀　孝宗皇
帝褒揚之詔爲之流涕今太學諸生率循禮義斯文日昌
因出　聖明作人之造而陰相默佑神與有功至若禱祈
應感靈迹顯著不可殫述夫功大者報隆生屈者死伸其
於褒典合異常祠況忠武王飛已正王爵家廟悉正王禮
若於太學廟祀下稱公侯似爲未便兼虜未授首正激昂
忠義之秋前廊學生楊楙卿等積其陳請所合敷奏欲乞
聖慈念飛生死有功於國改賜廟額特與超封王爵神
父和母姚氏妻李氏子雲雷霖震霆子婦　氏　氏　氏
氏　氏部將張憲徐慶黃先牛皐李寶王貴等亦乞普
賜封號以章忠顯孝之懿人神理一其於激勸實非小補

臣等不勝昧死皇懼俟命之至取進止謹錄奏聞伏候
勑旨禮部狀本部所準御封降下國子監奏上件事理尋
呈奉判送寺勘當申本部尋連送太常寺勘當申部去後
今據太常寺申准連送在前檢準慶元令諸道釋神祠祈
禱靈應（謂功績顯著惠利及人載於祀典者）宜加官爵封號廟額者州具
事狀保明申轉運司本司委鄰州官躬親詢究再委別州
不干礙官覆實訖具事實保奏并檢準淳熙十四年六月
十九日已降指揮令後神祠祈禱應驗令諸路運司依條
保奏取旨加封今準省部送下準　御封降下國子監奏
乞加封太學土地靈通廟神超封王爵等事送寺勘當申
本寺照得國子監奏內稱太學土地正顯昭德文忠英濟

侯迺是岳忠武王今來陳乞改賜土地廟額超封王爵切詳奏內聲說並爲岳忠武王一門父母妻子將佐等陳乞加封號呈奉書判照得今之太學乃岳鄂王故宅生之所居沒而魂魄猶應在焉祀爲土地之神誰曰不宜忠武岳鄂王大節孤忠爲中興冠冕方今正宜崇異近緣鄂州土神亦係岳鄂王已奉

指揮超封昭烈二字王今來國子監奏欲以本學土地改賜廟額超封王爵及父母妻子子婦將佐等賜以爵號欲依鄂州土神一體施行本寺未敢專擅合取 朝廷指揮今欲勘當伏乞省部備申 朝廷取自 指揮施行申部奉書判備申本寺所據太常寺勘當申到事理備錄在前

上件事理伏乞 朝廷指揮施行伏候 指揮又太常寺伏檢準 建炎三年正月六日已降 指揮節文神祠遇有靈應即先賜額次封侯次封公次封王婦人之神初封夫人次封妃每加二字至八字止并 淳熙十四年六月十九日已降 指揮今後神祠祈禱應驗令本路運司依條保奏取

旨加封今準 鈞判送下禮部申國子監奏乞爲太學土地靈通廟神改賜廟額超封王爵事送寺擬申本寺照得太學土地見係靈通廟正顯昭德文忠英濟侯今國子監奏稱今太學土地爲岳鄂王之故宅乞超封王爵於陳乞間忽遇鄂州諸神顯績並加封號內一項土神岳鄂王已擬封昭烈王具申 朝廷遂奉寺官書判欲照鄂州土神一體稱呼今準 鈞判送寺擬封申呈奉寺官書判太學岳鄂王之故宅也因以祀爲土神 朝廷嘗累封至八字侯近因武昌之捷陰有相焉封爲昭烈王太學遂亦有超封王爵之請同一鄂王豈宜兩謚但昭烈二字施之武昌之廟則可施之孔堂之側之廟則不可神生爲忠臣豐功偉烈焜燿今古血食上庠英靈默佑於斯文有關焉 謚以忠文曉曰不宜況文忠二字昔以之封侯恐與先聖相似故先忠後文示有別也其神父母妻子婦并部將前此未有封謚今準 指揮檢照條法各合封二字侯夫人併擬于后乞從 建炎三年正月六日已降 指揮并淳熙

十四年六月十九日已降 指揮各合擬封下項 一土地見係靈通廟爲額乞改賜廟額今欲擬忠顯廟爲額合行降 勑 一太學土地正顯昭德文忠英濟侯乞超封王爵合擬封二字王今欲擬忠文王 一神父合擬封二字侯今欲擬顯慶侯 一神母姚氏合擬封二字夫人今欲擬 夫人 一神妻李氏合擬封二字夫人今欲擬德正夫人 一神長子合擬封二字侯今欲擬繼忠侯 一神次子合擬封二字侯今欲擬紹忠侯 一神三子合擬封二字侯今欲擬續忠侯 一神四子合擬封二字侯今欲擬緝忠侯 一神五子合擬封二字侯今欲擬纘忠侯 一神長子婦今擬封二字夫人今欲擬相德夫人

一神次子婦合擬封二字夫人今欲擬介德夫人　一神三子婦合擬封二字夫人今欲擬助德夫人　一神四子婦合擬封二字夫人今欲擬翊德夫人　一神五子婦合擬封二字夫人今欲擬贊德夫人　一佐神張憲合擬封二字侯今欲擬烈文侯　一佐神徐慶合擬封二字侯今欲擬昌文侯　一佐神黃先合擬封二字侯今欲擬煥文侯　一佐神牛皐合擬封二字侯今欲擬顯文侯　一佐神李寶合擬封二字侯今欲擬崇文侯　一佐神王貴合擬封二字侯今欲擬尚文侯已上各合命詞給告伏乞

朝廷取

旨加封施行伏候

指揮 小楷書九十一行

牒奉　勅宜賜忠顯廟爲額牒至準　勅 行書字徑三寸

景定元年捌月日牒 行書字徑一寸

簽書樞密院事兼權參知政事皮押　知樞密院事兼參知政事朱押　少師右丞相衞國公押 正書字徑三寸

右在岳祠碑凡三列共八十一行篆額六字此刻太學學錄楊懋卿等乞加王爵並神族佐神封號事也所云初命之告云云未見刻石前昭德二字之加應在其時三命溫綸則直以岳王實之矣嘗論宋季酬褒忠之典不應以土神策勳合觀數刻其始兆端于學徒其繼相仍于明詔此云指神爲忠武岳王等語幾同約略彷彿之間大概可知矣文中褒□者句空一字神母姚氏空二字並非殘闕不知何故景定二年神族佐神封號勅今在府學想與石經同時移去上列闕其左右二角似當仍移歸祠中爲當也

宋封忠文王及佐神烈文侯等勅殘碑

闕上人倫忠於闕必有闕之闕三行昭闕地之闕有功不闕謀帥之風闕他稟若春秋復闕此維輿宅以赫闕邇其生之自來監闕纇冠帶不左闕干羽在以下缺極於隆名宜廟食增榮於命祀英烈言言可畏而仰以迄于今辟雍湯湯永觀厥成有相之道尙福茲土式勸爲臣可特封忠文王奉勅如右牒到奉行景定二年二月日 尚書省印四 以上行書

太保右丞相□國公 泐 知樞密院事兼參知政事 泐 簽書樞密院事兼權參知政事 泐 行書泐 以下四 太保右丞相益國公　知樞密院事兼參知政事　簽書樞密院事兼權參知政事 以上小楷

告忠文王奉勅如右符到奉行 尚書吏部之印四十九以上行書以下有小楷五行

泐

景定二年二月日下 尚書吏部之印四

忠顯廟佐神

張憲可特封烈文侯徐慶可特封昌文侯董光可特封煥文侯牛皐可特封顯文侯李寶可特封崇文侯王貴可特封尚文侯勅忠顯廟佐神張憲等文武之道一而貫之以

一曰忠而已其有忠於所事死生以之此有國者所務白
也爾爲偏將賈佐戎旃視姦鈇逆鼎而如飴凜義烈英風
之未沫覩其所主可使懦夫立匪唯有功於干城亦有助
於名教封侯廟食維以勸忠可依前件奉勅如右牒到奉
行景定二年二月日　尚書吏部之印四　以上行書
太保右丞相益國公似道　知樞密院事兼參知政事口
口　簽書樞密院事兼權參知政事龍口　時暫兼權給
事中經孫中書舍人　二月口口午時都事口受　左司
郎中付吏部　太保右丞相益國公　知樞密院兼參知
政事　權吏部尚書　吏部侍郎以上小楷
告烈文侯告昌文侯告煥文侯告順文侯告崇文侯告尙

文侯奉勅如右符到奉行行書　尚書吏部之印三十九　以上
主事傅起嚴　郎中　令史陸宗口　中書令史劉必昌
主管院舍人以上小楷
景定二年二月日下　尚書吏部之印四　以上行書
右在杭州府學碑凡六列上一列泐者半計九十餘
行此卽景定元年太學學錄楊懋卿等乞加王爵並
神族佐神封號碑之二應在岳祠緣端平二年太學
靈通廟勅有太學字樣此碑有忠文烈文等號遂與
石經同徙未暇詳考也武穆加王本是文忠以類文
宣遂稱忠文張憲等皆武臣悉以文謚之文云惟有
功于干城亦有助于名教葢㨿䲨家自爲出入帝王

則同一經緯也
宋范文虎等鳳凰山題名
口壽范文虎領嚴恩臨邛魏克口將綠漕以景定辛酉臘
月旣望會于介亭莆田吳月卿合以口口旦秋浦王管丹
陽王復方回晉川李烇昌元趙得源從魏蒙應華國華遠
華直華敷侍
右在鳳皇山摩崖正書六行字徑二寸餘按范文虎
非端人宋元史皆無傳散見兩書帝紀中續宏簡錄
謂其獨加厚于降人葢深誅心之論焉西湖志餘又
載有鐘神之誚計題名日正與金佮相識時也
宋賈似道賜家廟第宅題記

景定三年正月八日賈似道蒙上恩賜家廟第宅于行都
辭勿獲因集芳園鄰舊居就賜給緡錢使營葺焉用謹欽
承子子孫孫其毋忘忠報
右在虎頭岩側摩崖字徑五寸刻深寸餘咸淳臨安
志謂在熙然臺之石壁

兩浙金石志卷十二　連山緱猺同知錢塘何玉池刊
臨海洪瞻墉校

兩浙金石志卷十三

揚州阮元編輯

宋紹興府建小學田記

古者教養有法學不躐等人生八歲而入小學訓之以灑
掃應對進退之節禮樂射御書數之文若曲禮少儀內則
弟子職諸篇燦然可考及十有五年然後取而入之大學
其施之有次下缺之有本源蓋自爲童稚而其教固已行
矣後世科舉利祿之習勝父兄所以　子弟庠序下缺諸
生區區焉以課程文取科第是勝三尺童子騈儷綴緝皆
有紓朱懷金之想　某　小下缺習之不如古也越
舊有小學羣居終日有養而無教余心慊然於是延禮

諭俾朝夕誨下缺取　紫陽夫子小學諸書習而讀之凡
故家名族子孫之有美質而無以爲資者咸造焉下缺而
養弗給會
御書有閣歲久當葺修舊補弊工費視鼎創一日謁之
大帥厚齋先生　先生曰是余心下缺泮宮廣生徒舍增
學子廩古賢牧守事余其敢後乎因撥山陰檢籍吏產得
湖田水田井基下缺二百二畝有奇計其所斂與征布之
入佐工役費其田盡歸之小學所以仰承
聖天子崇重學校嘉惠多士之意可謂至矣昔　太師史
忠定帥越建義廩於學以濟賢士下缺之家貧而無力以
葬與夫孤女之不能嫁者至今越人德之然遂其死可無
以養其生嫁其女下缺無以訓其子君子謂是舉也　史
忠定不得專　於越學矣　先生溫恭豈弟禮士愛民政
教下缺行風汙篤厚而景行猥以郡文學因仍累政規模
之舊雖至愚極陋毫髮無補然亦不敢解下缺墨以敗名
教獨於小學竊有取於養蒙之義　先生又慨然撥田增
廩以樂成之學有本源下缺陵躐它日擇其俊秀舉而升
之大學其所成就當不愧於古之賢士詩曰肆成人有德
小子有下缺古之人無斁譽髦斯士其是之謂矣因相與
勒諸堅珉以無忘　賢師帥之盛德云景定三年下缺戌
良月之吉學生漕貢進士司計朱發學生兩請鄉貢待省
進士糾彈王多吉學生漕貢進下缺學王應漕學生鄉貢

待省進士直學劉瑞麟學生鄉貢進士學錄任發學生監
貢進士學下缺祖門生迪功郎紹興府府學教授陳景行
記門生承議郎通判紹興軍府兼管內勸農事方下缺朝
奉大夫秘閣修撰提舉福建路常平義倉茶事留夢炎題
蓋碑陰
景定叄年閏玖月拾四日準
使府牒備奉
判府安撫季龍　判發下逃吏俞汝賢籍沒田產專充小
學養士田委職員檢覈本學　稟後繼委職事糾彈王多
吉司計朱發講書朱遜伯下鄉逐段挨釘　湖水田地共
計貳百單叄畝有零喚佃入契訖數　有屬訟諱徒妄

執蒙　臺府理斷剖決明白立砧基租籍外今開具產數
租額　臺府前　斷遺因依于后
山陰縣
感鳳鄉
上缺秋字玖　叁號水田柒畝貳角貳拾陸步叁赤貳寸
號水田叁拾叁角壹拾柒步
上缺百貳拾號玖水田貳畝壹角壹拾捌步
上缺落十二都則水牌　管業人丁元二
上缺號共計壹拾叁畝叁角壹拾步叁赤貳寸
上缺田職事挨究都保備稱係是百姓丁元二產詭作丁
千乙娘立戶已下缺實忽準　使府備準　提舉使司牒

備據亭戶宋義狀稱係已下缺太學點對契照見得錢百
千賣與丁千乙娘宋千乙娘典趙與紫下缺契並全借是
已曾贖出得領不得契不應上手老契亦在被留之數下
缺錄領子卽無官司印押本學委難憑信本學回申　使
府及列項申下缺轉運使臺準牒委府判北廳專一提督
未了事件續準　府判下缺行下云云欲將別項會稽縣
湖水田玖畝叁角貳拾步換去元發下拾下缺畝叁角膏
腴之田本學僉議難於私易已具回申續於景定五年五
下缺準
上缺牒備三江亭戶宋義詞行下奉
判府安撫季大卿台判亭戶佔佃官田敢與府學抗顯無

忌憚押下府學請府教兩廳差人監送直學責狀入契今
晩申不伏解上斷治本學已遵稟喚上元業主丁元二丁
秀一到學入契再委糾彈司計親往阡釘特從饒減責租
壹拾石入契已據宋義責卽無干預狀附案申
府照會乞免根究宋義特與封案一次訖
上缺鄉
上缺字壹百伍拾貳號白熟地柒畝坐落十二都薛瀆佃
戶成六九上米陸碩
上缺字叁百肆拾貳號白熟地貳畝至落十二都薛瀆東漊
東岸佃戶張元六上米貳碩
上缺字伍百柒拾叁號水田貳畝壹角叁拾叁步坐落十

二都薛瀆蹳漊西岸
上缺字肆百陸拾號水田壹角伍拾肆步坐落十二都蝦
漊南
貳項並係佃戶張萬七共上米壹碩玖斗
上缺字叁百貳拾玖號水田叁畝肆拾伍步坐落十二都
上缺項籔田職事申挨尋未見本學牒縣喚問體字大保
張萬六等續據下缺係陳元八佃種喚到陳元八責租據
供係陳郡馬管業忽據華總管宅幹人下缺稱係本宅田
產繼索干照據陳郡馬孝忠齎出華宅名契照係是下缺
陸年置到趙知丞產本學契照係是慶元貳年置元王通
判產下缺後暸然可見

上缺伍拾捌號基地壹角叁拾陸步
號園地壹角壹拾肆步
上缺並坐落十二都薛瀆佃戶王元二共上米壹碩
上缺拾陸號水田肆畝叁角叁拾伍步坐落十二都寶盆
紅墅佃戶張萬下缺米叁碩捌斗
上缺玖號水田叁畝壹角壹拾步叁赤坐落十二都歸字
西畈
上缺肆拾玖號水田壹畝壹拾伍步叁赤貳寸坐落十二
都體字西畈
上缺並係佃戶蔡從乙共上米肆碩肆斗
上缺字　號水田壹畝叁角壹拾壹步

上缺字貳　拾號水田貳坵共貳畝叁角伍拾貳步
上缺坐落十二都薛瀆佃戶戴曾乙共上米肆碩肆斗
上缺字伍　陸拾伍號水田叁畝貳角肆拾伍步坐落十
二都强頭村東浦港下缺岸佃戶張從二上米肆碩
上缺陸拾貳號水田捌畝肆步坐落十二都藍井畈肚佃
戶張萬十上米下缺碩捌斗
號水田貳畝貳角坐落十二都東　港西
戶史季　上米貳下缺伍㪷
歸字肆百貳拾貳號水田壹畝叁拾陸步
體字肆百陸號水田壹角貳拾柒步
體字肆百壹拾伍號桑園地貳角壹拾伍步叁赤壹寸

叁項並坐落十二都後衙橋後佃戶張萬五共上米貳碩
貳㪷
邇字拾壹號水田肆畝叁角坐落十二都橫港南岸佃戶
張萬三上米肆碩捌斗
被字肆百拾捌肆百肆拾叁肆百肆拾玖肆百伍拾伍共
肆號扞出西邊水田壹拾畝坐落十三都管墅潘安乙門
首佃戶潘安乙上米柒碩伍㪷
此項準　使府判送下潘安僧狀稱係已贖祖產本學索
到千照見得上項田段元有貳拾陸畝本學契照自係西
邊扞出拾畝不應以東邊已贖之領影射西邊沒官之產
本學回申　使府續準行下管業責租其潘安乙已就入

租契還租訖
化字壹百肆號水田陸畝壹拾伍步坐落十三都張漏港
東岸佃戶俞萬十四秀才當直莊曾二上米陸碩
此項覈田職事申被俞必蕃佔賠佃戶移易上項田段不
容扞釘反將隨直弓手行打本學具申　使府續準使牒
將俞必蕃勘杖一百牒本學照契管業後拘俞萬十四秀
才當直莊曾二到學入契責租訖
食字陸百柒拾玖號水田扞出南向貳畝壹角肆拾壹步
坐落朱咸村佃戶沈艮卿到學陳右乙上米貳碩貳㪷五
升此項扞釘後　沈艮卿到學陳乞稱係己產索到砧基
點對係是僞造紙色新舊不同合縫處止有半印學廳封

印具申 使府續準 使牒 沈艮卿勘杖壹百牒本學
照應管業後據沈右乙到學入契責租訖
萬字叁百玖拾壹號水田叁畝壹角貳拾柒步肆赤柒寸
坐落十四都娜兒墩佃戶邵七乙上米貳碩貳斗
方字叁百壹拾肆號水田陸畝叁角伍拾叁步坐落十四
都中梅村佃戶王百七上米貳碩玖斗內叁畝零給還張
杞秘校訖
常字貳百壹拾柒號水田壹畝壹拾貳步
豈字叁百捌拾玖號水田壹畝伍拾貳步
兩項並坐落洋墩港佃戶王萬三王從四共上米壹石捌
斗

常字伍拾肆號水田壹畝壹角伍拾壹步肆寸坐落十
都嚴家港佃戶嚴萬十二上米壹碩
養字貳拾肆號水田貳畝陸步貳赤叁寸坐落十五都南
莊佃戶三從一三萬三上米壹碩玖斗
溫泉西管鄉
作字壹千伍百柒拾柒號水田肆坵計貳畝貳角貳拾柒
步坐落二十都石門村佃戶丁千念乙張千十共上米壹
碩柒斗
念字壹千伍拾捌壹千伍拾玖號水田叁坵計壹畝叁拾
叁步坐落二十都滑衕口佃戶丁九五上米柒斗
念字捌百拾捌百拾玖捌百貳拾號朩田叁畝計壹角伍
拾陸步坐落二十都塘下岡佃戶丁季三上米叁斗
念字伍百拾叁伍百捌拾伍百捌拾壹伍百捌拾伍伍百
玖拾貳伍百玖拾肆共陸號水田陸坵計壹畝壹拾捌步
坐落二十都高畈佃戶丁季六上米柒斗
作字　號水田壹畝貳角
作字伍百肆拾柒伍百肆拾捌號水田壹畝伍拾叁步
兩項並坐落二十都石門村佃戶丁萬五男丁萬十三共
上米貳碩叁斗
念字捌百叁號熟地叁段計貳畝貳角坐落二十都柘林
佃戶丁萬九上米肆斗
迎恩鄉

清字貳百柒號水田叁畝坐落廿六都長橋村南朱家潭
茹館三家東佃戶茹館三上米叁碩
力字陸百貳拾肆號湖田貳畝叁拾肆步貳赤捌寸
力字柒百玖拾捌號湖田貳畝貳角叁拾捌步
臨字壹百叁拾叁號湖田壹畝貳角肆拾步
臨字捌拾玖號湖田貳角壹拾柒步
臨字柒拾肆號湖田貳角壹拾柒步
臨字捌拾貳號基地壹角壹拾捌步
陸項並坐落廿五都曹家畈佃戶曹嵩念九曹萬三十二
共上米肆碩捌斗
不字壹百玖拾捌號湖田壹畝貳角伍拾陸步肆赤貳寸

坐落廿七都不字園畈佃戸徐千二十上米壹碩肆㪷
承務鄉
止字　　號基地壹角
止字捌百肆拾柒號基地貳角叁拾步
兩項並坐落廿七都李家莊佃戸李九六共上米陸㪷
止字捌百叁拾陸號湖田貳畝貳角壹拾肆步坐落廿七
都南池東岸佃戸李九四上米貳碩叁㪷
止字　　號湖田貳畝零坐落廿七都化壇後佃戸
王小十四上米壹碩捌㪷
思字　　號湖田陸畝零坐落廿七都李家莊佃戸
李九六上米陸碩

止字貳百貳拾號湖田壹畝壹拾叁步
止字貳百貳拾陸號湖田叁角肆拾叁步
兩項並坐落李家湊佃戸李曾四何元六共上米壹碩陸
㪷
止字壹千捌拾捌號湖田貳畝叁角伍拾柒步肆赤玖寸
坐落廿七都南池港佃戸周珪何萬十五上米壹碩玖㪷
定字壹千貳百拾伍號水田壹畝叁角壹步坐落廿九都
步路橋佃戸許萬貳上米壹碩貳㪷
無字陸百叁拾壹號湖田壹畝叁角壹拾捌步坐落三十
都淩家濡
無字叁百壹拾伍號湖田貳畝坐落三十都揚家濡

兩項並係佃戸朱千四共上米貳碩陸㪷
無字肆百玖拾貳號湖田壹畝叁角壹拾捌步叁赤柒寸
無字肆百捌拾玖號湖田叁畝貳角叁拾伍步肆赤叁寸
無字肆百捌拾號肆湖田貳角叁拾壹步
叁項並坐落三十都無字畈佃戸張元二張元三共上米
肆碩
無字壹千叁百伍拾柒號湖田貳畝壹角壹拾貳步坐落
三十都下牛路佃戸程百念二上米壹碩肆㪷
下字貳百貳拾貳百貳拾壹號湖田迂出南邊一半計貳
畝壹角壹赤伍寸坐落三十都本棚上佃戸徐紹祖上米
貳碩貳㪷

和字伍百玖號水田貳畝叁角玖步肆寸坐落三十二都
天章寺下大路邊白鶴橋佃戸陳萬二上米貳碩伍㪷
和字伍百叁拾貳號水田貳畝壹拾貳步叁赤貳寸坐落
三十二都天章寺下大路邊白鶴橋佃戸賈百九上米壹
碩陸㪷
此貳項扞釘後準　使府判送下趙府幹人竺珣狀錄白
已死庵僧本空領契領子爭執本學繳具因依回申奉
判府安撫季龍圖台判君子可欺以其方難罔以非其道
學校乃君子肄業之地胡可罔哉據趙府詞幹竺珣之詞
稱上項田兩項契照昨因庵僧本空關出縣案對證遂留
余押錄處其說似矣但俞伸之死已久趙府何爲不于生

前取討俞汝賢之估籍踰一年本學扦釘踰一月何不經
官辯明所執以爲據者庵僧本空之一領既不經官印押
本空又死將孰從而憑信乎詳挨田衆職所申如此殆難
罔也官司雖欲曲爲詞幹之地其可乎世之習浮屠學者
其徒廣廈而居安坐而食所業何務王公大人樂施喜捨
動捐膏腴千百畝無所靳諸生皆誦習孔子六藝之教聖
人之徒也罪吏已籍之業幾能幾何官司不欲估賣撥付
府學養士而姦民駔幹乃敢與罪吏陰爲表裏投托第宅
百計罔占祁何尊異教而輕爲仁義者哉茲覩學申艮用
拂府帖縣監尉引追元佃賈百九陳萬二日下入契還租
牒學廳照元契及見扦釘畝步管業若竺一珦再敢阻障解

上重作施行
映字　拾壹號湖田壹畝壹角貳拾叁步見係塡壘住
基坐落廿七都嗚嶋許家庵西佃戸王元六上米捌㪷
此項田元係王元六祖王三乙伯王萬六父王萬九塡壘
成地造屋居住并埋葬墳墓年深學司王晟造弊爲王元
六隱匿稱挨尋未見繼鄰至人許華孫所生梅英知其隱
匿經山陰縣入詞妄占王晟懼罪方爲王元六經錢糧廳
投狀　湖田貢租上米續許梅英到學入詞稱王元六
假借广　下缺　元六下山陰縣理對并根究王晟造弊隱匿
情下缺點對係是王聖來戸四九映字壹千拾柒壹下缺
田職事親到地所者驗繳到保甲金萬下缺塡壘基地見

是王元六居住係與地　鄰下缺基地同是映字柒百
拾壹號分曉學司下缺其許梅英强詞妄佔不已本學具
申下缺都運季龍圖台判上項田產撥付府學下缺府判
北廳嚴督會稽山陰兩縣疾下缺證當入契者監入契限
十日繳一切究下缺延請專人拘解本司重作施行仍下
缺後具因依申府判北廳下缺
戸言　萬六湖田基地係映字柒百拾壹號　梅
英戸　下缺　言　湖田基地係映字壹阡壹拾捌等號戸名號數
兩無干涉本學所申極爲分曉許梅英罔官司以非其道
乃欲以庵東籬內見坐業之砧基影賴庵西籬外新沒官
之吏產豈理也哉大抵產業全憑契照今本學繳到干照

色色端正上項田地既有王萬六湖田自陳簿爲可憑又
有地鄰萬百五同字號干照爲可證不待委官已知王萬
之住基爲俞汝賢沒官產明矣推原其田始因學吏作
弊藏匿此號欲爲賣弄之地遂致許梅英得以乘罅起此
不根之訟然王元六若不齎出王萬六王萬九寶祐元年
經倉臺訴許梅英索砧基一宗縣案則許梅英妄訟之田
亦無自而知今詳縣案許梅英曩曾誣賴王萬九甚字號
湖田官司不直梅英未幾王萬九有執覆砧基之訴許梅
英兩責狀在案謂不曾執覆王萬九祖上砧基向後如敢
佔賴王萬九別項產業一聽官司究斷欺騙情罪即此一
項而觀則是除甚字號湖田之外王萬九別無產業與許

氏交易不知許梅英今日之訟何所據而然耶切詳王萬
九當來詞訴正以其住屋基地適與許梅英所居之庵並
鄰恐其它日以所執不還之砧基圖而取之也故急于執
據以自安已而又以其地屬之俞汝賢俞山陰吏胥也王
萬九惟恐鳩居其巢未必不借俞汝賢爲自衛之計豈料
俞汝賢之籍沒也哉王元六不甘基產之歸學囑都保囑
學吏但欲爲瞞官之地初不知許梅英垂涎已久反得因
此以行賴官田之謀也許梅英雖一婦人素來嚚訟王許
兩家且爲世讎遂乘此欲奪其廬以快疇昔之志又不知
佔賴官田之自戾于罪也今此項基地王萬六寶祐六年
自陳歷歷可攷向使王萬六王萬九兄弟果是坐佔年久

許梅英不于其自陳之時出官陳告却旋于今日將別項
砧基妄行影射何耶如必欲以王友諒之產爲王聖來之
產不知王萬六王萬九之若祖若父及其子王元六居此
且數世矣其在許庵藩籬之外又不知其幾年矣許梅英
之主許二官人在日何無一詞訴其坐佔直待許梅英今
日而後訴耶況此地若果坐佔則王元六曾葬人於其上
當爲盜葬許梅英不訴于王元六盜葬之時乃訴于府學
扞釘之日其爲誣罔甚矣兼府學繳到都保挨排自陳草
冊所載許家庵西至王元六王元六東至許家庵使果有
曲折許梅英自可於此時爭執矣今辭窮理屈輒指它處
之朱百拾壹號以爲沒官湖田不思俞汝賢之田正係塡

疊基地係坐落鳴嶋爲佃戶者且情願八契矣許梅英尚
復何辭正緣官司向來但毀沒許梅英之僞契不曾明正
許梅英之罪名由此健訟不已若更縱其狹已出幼之子
騙賴田產置而不問典憲何在拖照許梅英舊曾責狀在
案有向後不敢佔賴王元九別項產業連聽官司究斷欺
騙情罪之語今又不悛恐難倖免許梅英勘杖一百封案
再詞拆斷所有王元六基地牒府學一面照契管業如王
元六仍前瞞減官租并當重斷申都運使臺照會仍申諸
司其許梅英又經使府𩔰訴使府下僉廳點對準使府牒
本學錢糧官索兩家于照從公點對明申續奉使府將許
梅英拆案勘杖一百未及引斷其許梅英竟行逃竄使府

監廂典根追捉押到其婢福奴并教唆安歇人余四二寄
禁府院監追許梅英正身未到問其許梅英徑將小學田
產盡獻安邊使所忍準使府牒備安邊所牒行下本學令
具因依本學承準回申後蒙使府於禹跡寺僧房內追出
許梅英正身并教唆人余四二送府院根勘情節續使府
牒備到許梅英招狀詞欵獄官書擬許梅英以庵東籬內
見管業之砧基影射庵西籬外新沒官之吏產前後官司
燭破姦膽屢行定斷始爲北廳府判看詳反覆辯明凡數
百言極其詳盡所有僞契向來官司既已毀抹但未曾科
罪府判寬恕止從勘杖封案爲梅英者幸免受杖亦可止
矣乃敢又經府𩔰訴再送同帥幹廳點對又再考究事原

申明北廳府判所擬又極明白梅英姦詐之情既不可掩
折案引斷夫豈爲過梅英逃罪走逸尚云可也乃敢輙經
刑部妄詞又經安邊所獻產若只將所爭之產投獻尚可
也乃敢併俞汝賢全戸沒官贍學之產盡行投獻委爲無
理今已供招在前騙詐學田之罪小口有帥府之罪大自
合編置以警其餘帥府寬容更與從恕欲且照周帥幹已
擬將許梅英折案勘杖一百再敢嚚訟不已却與重作施
行仍牒府學照契管業余四二乃府城譁徒爲許梅英羽
曌前後誣罔越訴皆其嗾使不欲盡情根究欲且從輕勘
杖六十放奉安撫集撰揚侍郎台判許梅英不伏官司所
斷潛地逃遁又敢妄狀將學田投獻尤爲可怪今來追到

合與編置以警譁徒姑從輕典並照僉廳所擬行本學再
具因依申都運提學使臺奉都運祕撰季大卿台判越爲
今南陽學校視昔尤盛 宸翰昭回冠冕東州惟 先朝
碩輔杜晏韓富司馬諸賢皆有後于是邦而貧無以教教
授陳迪功 原行 建請置小學弟子員擇儀狀之端正者得
數十人聚而教之而無所乎廩適山陰縣吏俞汝賢得罪
簿錄其家而田歸于郡不有其有蓋以肆學小子有
造於是乎賴亦既代石鐫 國史官庶左史留公
爲之屬筆自謂可與此學可以相爲無窮不料縣民
恃其頑訟乃將其雇主祖上無于預之砧基妄
亂占認前後官司察其 知罪乃敢埋

安邊使所使其止獻所爭之產猶云可也乃併俞
贍學之業 於許氏何關耶君子可
欺其方難罔以非其道 可謂
所未詳其故是以行下諸司辨究今本學既已具申
司又各 使所決不聽一潑婦無
稽之言而廢
已成之規言木 英取非其有上罔天臺而
縣吏俞汝賢因罪 又豈應陰 以
學校爲 此風甚不宜長其田實當職守越時所 茲
將漕彳

之畝案備本學 下缺 提刑司委官巖 兩 下缺 出魚鱗圖
無帖委紹與府比較走 下缺 名鳴嶋許家庵側王元六所
居產基地上喚集 下缺 鱗圖再逐一比證責供剖析事情
見得梅英之不 云云 僉廳點對 奉
權提 知府安撫祕撰季大卿書判學田自係映字柒百
壹拾壹號許氏業自係映字 壹拾柒號何相關學田
在庵西籬外許氏業自在庵東籬內何相混近年湖田
憑自陳 證許梅英昨在官供責謂不曾有今忽賫
庵內自陳簿來何從得且自陳簿內謂不曾有映字柒伯
壹拾壹號是許氏元無此業也今又安得而妄占耶許庵
自陳簿四至曰西至王萬六 西至王萬六田則許

庵在王萬六田之東王萬六田在許庵之西明矣今又安
得指東作西　向但以　經委官地所指定打量爲辭今
趂比較親到地所指定打量矣又何說學校乃禮義所自
出之地無緣以不曾沒官之產利寸地撮租之入以與奴
婢下人角勝負許梅英亦豈應以潑婢　乃不顧非理出
爲辯强以與學校爲敵可爲無忌憚甚矣今茲所委官
定旣詳僉廳所點　尤明覽之者曲直是非不待辯而知
本府何容贅辭但許梅英勘杖編管雖當其罪猶曰
主也可與封案余四二挾潑婢以抗學官逞教唆以紊官
府是烏可亦與封案勘杖壹百編鄰州少爲事不干己教
唆把持者之戒仍申安邊所照應本司已將許梅英勘杖

編管責狀封案及將余四二照斷編管台州所有元案本
學已申使府備給公據託茲不　載
容字貳百貳拾號湖田叁角拾捌步叁寸
映字玖百柒拾壹號湖田壹畝叁角貳拾步
容字叁百肆拾肆號湖田壹畝貳角貳拾肆步兩項並坐
落廿七都鳴嶋佃戶金九二共上米貳碩柒㪷
映字壹千叁拾貳號湖田壹畝壹角肆拾叁步貳赤伍寸
映字壹千叁拾壹號湖田壹角叁拾貳步兩項並坐落廿
七都鳴嶋佃戶金千念　上米壹碩
旌善鄉
隨字肆百捌拾貳號水田肆畝壹角壹拾陸步迁出東邊

貳畝壹角壹拾陸步坐落三十三都丁渡井佃戶趙曾三
倪慶工倪九乙共上米貳碩捌㪷
入字壹百貳拾肆號水田三畝貳角叁拾貳步坐落三十
都爪田佃戶陳曾三上米壹碩伍㪷
受字壹百柒拾號水田貳拾壹角伍寸坐落三十三都黃
家池佃戶沈文乙上米壹碩
新安鄉
逐字　號水田壹畝貳拾步坐落三十九都江塘
佃戶孫千七上米陸㪷
疲字叁百伍拾陸號水田叁畝
疲字叁百肆拾貳號水田壹畝貳角貳拾陸步

疲字叁百肆拾叁號水田壹畝壹角叁拾貳步
叁項並坐落三十九都江塘佃戶孫千七揚六乙共上米
肆碩柒㪷
滿字叁百叁拾肆叁百叁拾叁號水田貳坵計貳畝壹角
壹拾壹下缺
滿字陸百肆拾叁號水田貳畝壹角兩項並坐落三十九
都唐家橋佃戶下缺
疲字伍百柒拾貳號水田貳畝坐落三十九都江塘佃戶
揚六乙上米壹碩下缺
守字陸拾叁號水田貳畝貳角貳拾叁步坐落三十九都
江塘佃戶傅下缺

疲字　號水田貳畝坐落三十九都江塘佃戶朱
百十乙上米壹碩陸㪷
疲字　號水田壹畝壹拾貳步坐落三十九都江塘
佃戶朱百九上米捌㪷伍升
疲字叁百肆號水田壹畝壹角壹拾伍步坐落三十九都
江塘佃戶朱十七上米壹碩貳㪷
安昌鄉
帳字伍百玖拾捌號水田壹畝壹拾肆步
帳字伍百玖拾柒號水田貳角
帳字陸百叁號水田壹角伍拾陸步
對字貳百貳拾肆號水田壹畝肆項並坐落四十四都湯

嶟佃戶袁九七上米捌㪷
琴字　號水田貳坵共伍畝零坐落四十四都
馬鞍寺後佃戶徐敬之上米貳碩叁㪷
內字壹千叁百號水田貳畝拾叁步坐落四十四都
佃戶談曾五上米
清風鄉
鍾字壹千壹百伍拾陸壹千壹百伍拾柒號水田壹角陸
步佃戶李成三上米壹㪷
聚字肆百伍拾捌號基地并園地貳段共壹畝肆拾叁步
貳赤見開作田坐落四十七都　佃戶孫貫
五上米

越學職事六員例以貢士充其選此一定不易之良規也
以非材預聞學校之事規矩必繇正錄錢糧必繇直
學糾彈專糾正之責而出納之吝司計實司之體統正而
綱紀立剗削蠹弊漸見條理而任此六職者又貢士之賢
且能者也　大師厚齋李先生撥山陰縣吏俞汝賢檢籍
之產以贍小學奸胥與祖佃為道地紛紛有詞據契　以
驗其實非得明敏廉勁之士莫能辨糾彈王多吉司計
發學諭　遜伯　行阡陌窮冬沍寒不避艱阻援正誼以
杜私謁考覈悉出於公而學　劉瑞祖學錄任發直學
瑞麟王應漕則一以公議裁定之得湖田水田并地二百
三畝有奇其所以欽承　賢師帥扶植小學之　意二三

子之功　既紀其事復刻諸碑陰以垂不朽
右碑在紹興府學文二十一行正書徑一寸碑陰刻
田數租額正書五列字徑四分碑蓋為大帥李厚齋
增置小學田而作也按府志郡守有李鏞字角部龍
泉人淳祐中任又按龍泉志鏞嘉泰二年進士以父
澤補將仕郎歷任有聲除知紹興府兼浙東提舉景
定癸亥任兩浙轉運使癸亥為景定四年則此碑正
其守郡時所立府志謂是淳祐間任殆未深考爾撰
文者府學教授陳景行下有方口當是書碑之人惜
其名已缺

宋延恩寺勅牒斷碑

景定三年十二月　日
簽書樞密院事兼權參知政事楊
參知政事何押
太傅右丞相魯國公押

右勅牒斷牌存下截銜名四行行書在臨海縣舊名涌泉寺晉太康中有泉自地涌出故名舊志云唐咸通中賜額此宋敕也或即延恩之所名歟

宋陳□□等題名

景定壬戌上巳陳□□偕張東澤僧□□□游

右摩崖正書六行行三字徑二寸三分

宋石觀音院題名

景定壬戌前九月初六自出衣鉢增添基地重建山門住持宗照謹題

右在石觀音院摩崖正書三行行字不等徑一寸

宋城東慈雲院部據府帖碑

城東慈雲院甲乙傳流住持部據府帖（篆書十五字）

行在尙書禮部（行書大字）

據慈雲院住持僧崇寧狀右崇寧本院荒蕪數僧同住額係十方常住素無田產自崇寧戊午年內恭奉聖旨指揮行下使府給帖充應住持入院之初常住應干動用什物皆爲前住僧搬挈一空崇寧竭力置辦將週遭敧斜破屋修葺一新止有鐘樓輪藏次第重建稍成倫序竊見本院柒拾年內捌易住持無非毀壞常住全不以修造爲念今崇寧非敢固執住持竊恐復有貪緣之人前來破壞委是可惜近覩卜隱竹閣玉泉法雨等處元係十方去處後緣僧造僅成次第深慮他日爲十方人廢壞尙改作徒弟承充甲乙住持況崇寧荒蕪小院欲照此例乞台判送案行下臨安府將本院照小隱等例改作徒弟承充甲乙住持仍給據付本院照應永遠香火祝延聖壽爲國焚修實出主盟之賜候台旨奉判是尋呈奉判送僧司契勘申本部除已送僧司契勘申部去後據臨安府都僧正司申准尙書禮部台判送下慈雲院住持僧崇寧狀乞將本院照竹閣資國法雨等處改爲甲乙徒弟院事本司承準指揮照得慈雲院坐落仁和縣馬婆巷元係十方教院單丁去處近因僧崇寧住持以來修葺整頓一新安著僧行爲國焚修頗成次序今來崇寧經省部陳乞欲照竹閣資國等寺改爲甲乙永遠住持卽與前件體例壹同契勘是實所合具申尙書禮部取自指揮施行申部候指揮尋呈奉判備僧司所申下仍示本部除已符臨安府仰照省符內所判事理施行外須至指揮（小字正書十五行）

右出給告示付慈雲院住持僧崇寧仰收執照應景定肆年十月（尙書禮部之印）日（正書二行）官（徑一寸）押（正書徑二寸餘）

臨安府（大字正書帖文細楷書十八行與前同不錄）

右今給帖付慈雲院印照應甲乙傳流住持焚修香火景

定伍年貳月臨安府印日正書二行逕一寸使押正書逕二寸玉冊官余木
吳顯刊細楷書

右在城東慈雲寺正書二列上十九行下二十二行篆額十五字按寺始唐興元間名甘露周顯德時名慈濟宋大中祥符間有祥雲異瑞眞宗賜額慈雲宋時寺院之例有二有十方常住者單丁去處一如旅寄故其去也搬挈一空有甲乙流傳者收徒承襲一如營家故其久也克隆三寶然必得部據府帖方免覬覦此刻蓋承天靈應觀碑可考其體制焉

宋靈顯廟賜額勅牒碑

尚書省牒

禮部狀準景定伍年陸月伍日都省批下禮部申準批下兩浙運司狀奏本司承行在尚書禮部符據嘉興府申照得本府據學生鄉貢進士閻人剛中待補進士吳宜之待補進士唐安老待補進士閻人詠待補進士費文遠待補進士王安孫狀拜覩朝廷赦詔有云凡古跡靈神有顯應去處許州縣奏聞加封勅額以示尊崇剛中等切見本府望吳門外有土神施府君名伯成建立祠宇幾伯餘年一方之民罔不歸敬每遇旱澇疫癘之災所求隨應近者旱勢將成剛中等畎畝憂國集士庶禱于祠下尅日感應加惠人民極有靈跡獨封號未加甚爲闕典乞備申保奏特與勅額封號以慰闔郡士民歸敬之心府司所據申述繼委本府嘉興縣主簿施廸功躬親前去喚上隅保父老體實保明申令據廸功郎嘉興縣主簿施僖子狀申遵稟繼卽躬親前去地所北門外三十二都施府君廟側喚到保正沈春父老計肆壹李叁捌吳柒陸張小叁供今奉引差人拘收本保監勒肆壹等理行下究實見有施府君靈跡事肆壹等據實得上件事因肆壹等各係本都住人見居本廟鄰近切見施府君自玖歲爲神建立廟宇經今壹伯餘年一方人民無不受福不曾興禍所有人戶纔有天時水旱病患禱祈無不感應續有在城官員一十餘人備財收買香燭在廟念經祈雨果於以後接濟有雨鄉民得利委是前後靈感詣實所供如虛甘罪不詞僖子保明詣實

申府施行府司所據施主簿保明體實靈驗因依保明詣實申部乞保奏封號符本司依條保奏施行本司撿準淳祐令諸道釋神祠祈禱靈應謂功跡顯著惠利及民載於祀典者宜加官爵封號廟額者州具事狀保明申轉運司本司委鄰州官躬親詢到再委不干礙官覆實訖具事實保奏本司照條牒委臨安府差官躬親前去地所詢究保明申次據臨安府申州司遂帖仁和縣尉何廸功躬親詢究今據廸功郎臨安府仁和縣尉何大受狀申繼卽躬親將帶吏卒詣地所喚集本都父宿計肆壹李叁捌吳柒陸張小叁供今蒙引差人拘收本保監勒肆壹等理行下詢究見有施府君靈跡事肆壹等據實上件事因各係本都

仕人見居本廟隣近切見施府君自玖歲爲神建立廟宇
經今壹伯餘年一方人民無不受福不曾與禍所有人戶
纔有天時水旱病患禱祈無不感應今有在城官員壹拾
餘人備財收買香燭在廟念經祈雨果於初十日以後接
濟有雨鄉民得利委是前後靈感詣實所供如虛甘罪不
詞大受所據供稱因依保明詣實申府乞照會施行本府
所據前項申述保明詣實申本司乞施行本司遂牒安吉
州委官前去地所覈實保明申今據安吉州申差迪功郎
安吉州司戶參軍方基前去嘉興府北門外三十二都覈
實土神施府君委有上項靈跡保明詣實州司所據申述
保明謹實申本司乞施行本司所據臨安府差迪功郎臨

安府仁和縣尉何大受詢究及安吉州差迪功郎安吉州
司戶參軍方基覈實到前項靈跡委是顯著本司保明詣
實謹錄奏聞伏候勅旨後批送禮部契勘申尚書省準此
本部所準都省批下事理尋呈奉書判送太常寺契勘申
除已運送太常寺申部去後據太常寺申準都省批下禮
部申準章奏房降下兩浙運司奏爲嘉興縣北門外三十
二都土地施府君靈跡乞賜廟額事後批送禮部契勘申
尚書省準此送寺契勘申部右檢坐條令在前今來兩浙
運司奏爲嘉興縣北門外三十二都土地施府君靈跡乞
賜廟額事本寺照得本路運司奏內依條差官詢究覈實
保奏了當應得加封條法今契勘伏乞省部備申朝廷如

從運司保奏至事理候批今狀下部行下本寺以憑擬賜
廟額施行申部奏書判備申今開具太常寺申至條令下
項一建炎三年正月陸日已降指揮節文神祠遇有靈應
卽先賜額一淳熙拾肆年陸月拾玖日已降指揮節文今
後神祠祈禱應驗令本路運司依條保奏取
旨加封本部所準都省批下前項事理除已運送太常寺
契勘申至因依并奉書判並備錄在前上件事理取自朝
廷指揮施行伏候指揮後批送禮部擬封申尚書省準此
本部所準批下前項事理尋呈奉書判送太常寺照批狀
指揮擬封申本部尋送太常寺擬封去後擬太常寺申奉
書判備申今具下項一據太常寺申準運送在前檢準建

炎叁年正月陸日已降指揮節文神祠遇有靈應卽先賜
額并準淳熙拾肆年陸月拾玖日已降指揮節文今後神
祠祈禱應驗令本路運司依條保奏取
旨加封今準省部運送下準都省批下禮部申追批下兩
浙運司奏嘉興府北門外三十二都土地施府君靈跡乞
賜額事後批送禮部擬封申尚書省準此送寺擬封部本
寺遵從省部并都省批下指揮乞從建炎叁年正月陸日
并淳熙拾肆年陸月拾玖日已降指揮合擬賜廟額今欲
擬靈顯廟爲額合行降勑伏乞備申朝廷取
旨賜額施行申部本部所準批下前項事理據太常寺擬
封申至事理備錄在前上件事理伏乞朝廷指揮施行伏

候指揮
牒奉
勅宜賜靈顯廟爲額牒至準
勅故牒
景定伍年玖月　日牒
簽書樞密院事兼權參知政事姚押
同知樞密院事兼權參知政事葉押
太傅右丞相魯國公押

右碑三列俱行書大字中有申狀三十六行正書小字在嘉興縣此閒人剛中等爲土神施伯仁乞賜廟額也按自南渡建炎三年正月明堂赦有古跡靈神

許奏加額以示尊崇之詔淳熙十四年六月又申之淳祐閒又令諸道釋神祠祈禱靈應宜加官爵封號廟額者州具事狀保明申轉運司幾幾聽命于神矣觀施信子申狀中施府君自九歲爲神經歷百年所求輒應一如目覩轉輾申請累數千言大書深刻所謂上下相蒙者此也待補進士不見他碑抑鄉人自詡之詞耶

宋理宗御書見滄二字

見滄

右在吳山寶奎寺摩崖正書字徑一尺餘咸淳臨安志云理宗書側有璽文已泐兩湖塵談云御書之寶四字當時賜平章喬行簡也吳山考古畧行簡捨宅爲寺以寶奎請額門徑幽深樹石清雅有寶月樓見滄巖名勝志又載東陽縣孔山宋丞相喬行簡第在其下舊有孔山堂雙峴樓釣游亭皆理宗御書則當時宸翰不止見滄二字也

宋銅鐘款識

施衣資功德報四恩三有大地冤親同成佛果口住山無住宗成咸淳乙丑年二月一日

右正書一周在欒閒字徑寸餘據趙氏舊拓本錄之

宋潛說友題名

潛說友君高父　咸淳乙丑閏月望題

右在龍泓洞摩崖古篆書二行字徑五寸款字正書徑一寸餘按說友字君高縉雲人由進士歷官知南康軍浙東安撫使兩浙運使知臨安府以戶部侍郎轉尚書官至端明殿學士縉雲郡伯出知平江府再按咸淳臨安志說友以咸淳二年十二月爲運判三年七月陞副使四年閏正月以朝散郎直華文閣除司農少卿兼知臨安府此題名在元年應是直華文閣時也說友有篆書仙都山銘見陳性定仙都山志今不傳此六字亦吉光片羽已

宋潛說友石屋洞題名

潛說友來　咸淳五年七月望日

右在石屋洞摩崖正書一行字徑一寸右有山陰金
元谷到六字

宋潛説友等龍華寺題名

咸淳七年正月二十二日潛説友徐理同游龍華

右在龍華寺摩崖正書四行字徑一寸餘

宋趙汝□玲瓏山題名

咸淳丙寅勸農于此是日春光晴媚天氣和□得與□老□容□□邑令四明趙汝□國□□□□□□□□□□安□發□□同里□君章□□兗國葉□羅□甫景□偕行

右在臨安縣玲瓏山九折巖摩崖正書八行字徑二寸四明趙汝下蝕一字按舊志宗室令臨安者有汝金汝球汝相汝櫟四人必有一于斯矣

宋楊棟等玲瓏山題名

眉山楊棟王檮邑人鄖昡自懸霤巖來尋三休之遺址蒼龍傲然遂飲其下歲月同九僊

右在臨安縣玲瓏山石門下摩崖正書九行字徑二寸按懸霤巖今名垂霤山在縣西南十三里晉許邁所遊處嘗謂臨安垂霤山延陵之茅山是洞庭西門潛通五岳又築精舍與陳安世茅季偉往來于茅嶺洞室此即所云三休之遺址歟或云山有三休亭取東坡詩句也歲月同九僊者九僊山在縣西南十二里必先有題名在也楊棟字元極靑城人紹定二年進士度宗朝官同知樞密院事參知政事出知慶元府有平舟集見宋詩紀事

宋孫惟信玲瓏山詩

晉漢高人跡已陳同君仙屐叩山靈潤懸白練流雲波路夾蒼虬聳石屏鳥下老藤搖翠木僧歸寒屋鑰秋扃蕭蕭落日聞笙鶴滿耳天風聒醉醒宋孫惟信季蕃父

右在玲瓏山九折巖摩崖正書九行字徑二寸按孫惟信字季蕃號花翁開封人居婺州光宗時棄官隱居西湖有詩集

宋賈似道靈隱題名

咸淳丁卯七月十八日賈似道以歲事禱上天竺回憩於此客東元嘉俞昕張濡黃公紹王庭從子德生侍期而不至者廖瑩中

右在龍泓洞摩崖正書六行字徑四寸

宋賈似道石屋洞題名

咸淳三年九月二十八日賈似道領客東元嘉史有之廖瑩中黃公紹王庭來游子德生諸孫蕃世侍

右在石屋洞摩崖正書四行字徑二寸末有沈堅刻石四小字三行中有大明錫山安國第八遊正書九字

宋賈似道三生石題名

賈似道比以歲事禱靈隱迄幸有年飯僧已因過此山吳
子聰東元囂邱復亨俞昕廖瑩中張濡黃公紹王庭從焉
子德生諸孫蕃世侍僧法照德寧時舉妙寧俱咸淳三年
歲丁卯十月望

右在三生石摩崖隸書九行字徑三寸

宋咸淳己巳同銓題名

咸淳五年三月二十四日銓闈引試四月初四日
奏號合格者八十有四人以五月二十一日敘拜于豐豫
樓題名立石于江湖偉觀

蔡蒙吉　韓　浩　費　邁　周元登　孫　鑄
李　濱　劉慶淳　王　孚　宣處佐　楊公眞

曹稼孫　舒瑄孫　胡煒卿　戴　垓　孫　震
程　壇　蔡　勵　陳處益　趙　岱　葉元阜
董應忠　朱純孫　方　鉥　史蘇卿　劉遇孫
曹穆孫　徐明誼　游　采　徐備孫　蔡良弼
汪　鎧　鄧嘉老　范　堊　陳　錞　徐同誼
眞象祖　胡　埆　翁桂森　陳用昌　師曾諒
謝昌文　章　鑄　錢　踽　丘　稼　潘日巖
汪倚道　施子高　周泰登　徐籌老　沈仁壽
饒　鉉　高德成　冷森桂　吳　東　馮大節
衛　鎔　曾　穆　韓公明　顏民瞻　吳杲孫
黃　溥　游　裴　鄭嗣翁　胡　鏞　韓任甫

孫敬夫　鄭晉正　趙　彌　黃廙伯　謝似孫
胡宏父　張　崧　楊如圭　曹戴孫　陳仁實
謝宗强　家之瑞　史芳卿　鄭　垕　張益謙
韓公亮　崔嘉謨　李　鏵　李叔度

右第一名循一資與占射差遣上中等並占射差遣下等
不依名次注官

右碑在西湖北山智果寺側居民取爲墳堂攔土之
用嘉慶元年三月間何夢華手拓其文知爲咸淳己
巳同班題名碑擬移置郡庠未果按吳自牧夢粱錄
云每歲三月上旬應文武官蔭授子弟宗子蔭補者
並赴銓闈就試出官朝廷遣監試主文考試官等就

禮部貢院放試試中者三名取一名文臣試兩場本
經及刑統義第三日願試法科者聽武臣試七書義
三學生員入試中選者陞內舍如省闈年分移於八
月放試中榜者赴吏部伺候簾試過參注差遣武選
中者就兵部右選廳銓量注授其文武銓魁特轉一
資恩例銓魁仍置局造題名集設同年宴於西湖帥
運諸司俱有送助以爲局費此碑蔡蒙吉等八十四
人以蔭授子弟引試合格循例敘拜於豐豫樓立題
名碑於江湖偉觀宋時豐豫樓一名豐樂樓爲官酒
庫在湧金門外與門相値凡朝紳同年會拜鄉會俱
集於此江湖偉觀在今智果寺側卽觀臺舊址外江

內湖憑眺取勝淳祐間建兩亭於上直至山椒今則
土冢纍纍無磴道可識矣

宋御製牧民碑

牧民銘

天生蒸民皆吾同胞痌瘝切身勿痡民膏凡而戚忻繫命爾曹惟旣厥心毋憚爾勞繆以千里根於差毫

臣杰言恭準□尚書吏部符　頒賜　御製　宸翰牧民銘臣已望　闕祇受刻石訖者烝民秉彝好德生幸際於明時　聖人肆筆成書　命復申於近甸　綵綸誕播紳紛交懽臣杰惶懼惶懼頓首頓首□□□觀我　宋之開基惟恃人心而　固國　紫雲立誓寶　藝祖受命之

七年　戒石銘亦　太宗本仁之一念　顯哉謨　承哉烈　作者聖　述者明於絫　宸奎有光　寶訓恭惟皇帝陛下盡倫盡制　得位得名　湯盤之　德益新務　寧邦而　佑下　武几之　敬常勝首　分土以重民　念爾同胞伊誰繫命迺　下二千石收養之詔以爲　億萬年封植之謀　父母此心　宗社之福臣叨榮中禁宣　化右扌司謹牧夫己虔奉　十行之札　休揚　天子曾不逭　咫尺之顏臣無任感　天荷　聖激切屛營之至所有　御製　宸翰刻石副本壹軸謹隨表上　進以　聞臣杰惶懼惶懼頓首頓首謹言　咸淳柒年伍月日朝散大夫下闕

右碑篆額八字上列御書七行行書下列表文四十九行正書在嘉興府學按咸淳臨安志度宗咸淳六年正月丙寅有牧民訓字民訓牧民銘字民銘之頒後有平章軍國重事魏國公臣賈似道恭書跋所謂訓者提其耳銘者書其心又曰是用勒崇垂鴻祗若又曰越明年八月壬午內出二銘重巽以申是作文在六年頒賜在七年八月之後此刻在五月爲先三月必有一誤四文必皆刻石而今存者止一石臣杰以下則本州申謝刻石紀事也

宋咸淳壬申□班題名

咸淳八年六月初五日奉

聖旨免引見考舉及格者傅勉之等二十一員與改合八官　月日敘拜于豐豫樓立石于江湖偉觀

傅勉之　胡得高　龔　璋　蒲復孫　蔣遂孫
甘希聖　徐　卿　趙時㢧　王　煜　蘇景瑞
徐一鋒　陳公鉉　姚會之　唐天麟　賈澤生
何劉發　孫元發　徐似孫　陳時中　鍾昌吉
薛　埈

外二員準
指揮在外與改入官　謝　麟　曾穎瑞

玉冊官余昇刊

右碑在西湖北山智果寺與咸淳已巳一碑同爲何
夢華搜得南渡典故史多遺佚賴此知當日銓試合
格皆得於西湖設宴題名亦一時之盛也

宋忠祐廟勑封告據碑

德祐乙亥勑封告據 篆額八字
行在尚書禮部 行書一行字徑二寸
準德祐元年正月七日都省批下禮部申準咸淳拾年拾
月貳拾貳日都省批下太學學錄張景忠等列劄乞下禮
部太常寺改定岳王廟號及王父和及牛臯封謚其忠文
昭烈兩謚或蒙合而一之或別議加封特躋四字之榮事
後批送禮部行下太常寺擬封限叁日申尚書省準此本

部尋速送太常寺限壹日擬封申去後今據回申呈奉書
判備申須至申聞者一據太常寺申數內忠顯廟額下一
字同音合行改擬今欲改擬忠祐廟爲額合行下本廟照
應右本部所準都省批下前項事理并據太常寺擬封申
至及奉書判並備錄去前上件事理取自朝廷旨揮施行
謹連元準批狀具申都省候旨揮承後批禮部申準批下
太學學錄張景忠等列劄乞下禮部太常寺改定岳王廟
號等事送禮部從申給據準此呈奉判備給須至指揮
右今給據付太學忠祐 尚書禮部之印 廟照應德祐元年正月 尚書
禮部之印 日給 行書二行字徑一寸餘
官押 正書字徑三寸餘

勑太學環壁之宮羣才所萃忠臣義士之氣千載如生肅
錫綸言以光廟食太學土地忠文王赤心貫乎日月勁節
凌乎雲霄江漢滔滔武夫洸洸摧感激驅馳於受任壁雍
湯湯威儀抑抑今聰明正直以動人豪傑聞而作興懦夫
爲之有立方今□□□□邊事未寧想神力陰助於驅除
在聖朝宜有以褒異爰因舊號用輯新榮忠則祖逖誓濟
之心文則諸葛出師之表英靈如在炳乎昭昭之靈氣槩
不磨壯哉烈烈之勇令□字以稱美爲□□之寵□幽爲
神明爲人皆有瞯于□運祭大簡□大忠其默相□國家
盼□□融歆承無斁□□□□文昭烈王奉勑如右牒到
奉行德祐元年正月十四日 尚書吏部之印 四行書廿六行字徑一寸

少保左丞相都督諸路軍馬 特進右丞相都督諸路軍
馬 簽書樞密院事兼權參知政事 四月十四日午時
都事陳 □□司農少卿兼左司宗文 少保左丞相都
督諸路軍馬 特進右丞相都督諸路軍馬 簽書樞密
院事兼權參知政事 吏部尚書 吏部侍郎
德祐丙子正月吉日直學朱應龍陸嗣□ 楷書一行徑半寸餘
右在岳祠碑凡三列五十三行篆書額此太學學錄
張景忠等乞改岳王廟號及王父佐神封謚事所云
忠文昭烈兩謚或蒙合而一之者謂景定勅廟爲忠
顯神父則顯慶張憲則烈文牛臯則顯文欲改擬以
示特尊顯涉議禮之嫌有所弗顧也又云忠顯額下

一字同音未知何說文云忠則祖逖誓濟之心文則諸葛出師之表乞靈于王者甚至不周星而帝蒙塵矣故忠文昭烈王微此碑亦無有稱之者文上闕字應是忠字

宋帶御器械張墳壙誌

宋帶　御器械張公壙刻

先君諱塡字伯和世居會稽之蕭山　大父由舍選登科仕廬陵蘄春兩教官諱炳□□　先君立　朝贈承議郎先君卽次子也其上諱宗顏則　先君之祖諱世明則先君之曾祖以　叔祖師旦累贈奉直大夫　先君生於淳熙甲辰十二月二十二日　先妣長興縣主爲

榮文恭王之妹

聖天子錄用南陽親族授　先君承信郎紹定六年從銓曹注寧國府監稅端平二年五月召除閤門看班祗候往口轉承節郎嘉熙三年二月丙外　特添差揚州兵馬鈐轄仍釐務帶行閤門祗候淳祐元年九月差兩浙東路兵馬鈐轄衢州駐劄帶閤職如故二年轉保義郎六年四月差兩浙西路馬步軍副總管臨安府駐劄待次十一月詔入爲帶　御器械兼幹辦　皇城司七年十二月轉成忠八年三月轉忠翊十二月　御帶因任十年十月轉忠訓十一年十二月以　皇城親從隘諸班直公賞超轉修武十二年八月屬疾乞掛衣冠上不允轉訓武主管佑神觀疏再上轉武翼郎致仕甲戌終于寢得年六十有九子男三人來孫忠翊新添差淮南東路兵馬鈐轄揚州駐劄仍釐務兼制置大使司計議官稱孫武經郎　特帶行右衛將軍新差知灃州軍州事節制屯戍軍馬寄孫早世女二人長適進士茅煥次適進士余振孫孫男三人聖保寧老祺老孫女四人　先妣先二十年卒葬於邑之夏孝鄉越王山之原□以癸丑歲十一月甲申舉　先君柩合窆焉　先君性恬退雖游科場不以得失介意既登仕途宦情亦薄自三衢得替還卽所居之北里許闢圃鑿池依林麓築堂題扁曰靜山徜徉其間因以自號若將老焉及簉班聯　朝謁之暇多放懷西湖觴詠自適生平接物以和

睦人急義鄉黨宗族咸得其心嘗曰吾叨　恩遇厚唯早歸休爲幸耳至若周旋朱華屬橐　宸陛雍容不失尺度三衢恪共乃職奔走徧諸邵按閱營壘戎器靡憚其勞則官業固不苟也來孫等罪逆不孝早失　所恃　先君相依爲命一旦永訣終天肝膽摧裂雖得冊府名流表于墓道蓼莪罔極情不能已銜哀又紀大略以納諸壙孤哀子來孫稱孫識從事郎資善堂檢閱劉仰祖塡諱

右刻正書二十四行在蕭山縣此張稱孫自述父壙誌而乞劉仰祖塡諱今世多遵用之案文伯和以文學起家以恩澤錄用官凡十三轉而致仕作靜山堂徜徉其間暇則放懷西湖以自適所云周旋朱華屬

鑾宸陛葢轉右職而奔走遍諸郡按閱營壘戎器于三衢尤政績也文云生於淳熙甲辰甲戌終于寢得年六十有九前甲戌爲嘉定七年止四十歲後甲戌爲咸淳十年當得百歲與所書頗不合葬于癸丑前癸丑爲寶祐元年後癸丑爲元皇慶二年疑葬時已入元朝故止書甲子伯和有官階可題而止書帶御器械稱孫殆別有意指歟榮文恭王趙希瓐理宗父也又蕭山志載宋寶章閣待制張稱孫墓在湘湖龜山石獸猶存而無此志葢墓沒已久此志獨存尙得畧見大概云

宋天童寺別山智禪師塔銘

慶元府太古名山天童景德禪寺第四十代別山智禪師塔銘

朝散大夫直煥章閣主管成都府玉局觀文復之撰

朝散大夫樞密院編修官兼檢詳諸房文字游汶書

資政殿大學士光祿大夫提舉臨安府洞霄宮史□之題葢

慶元□景德□提甲於東南自宏智覺禪師據丈室唱洞山价之道行解□絕戸外屨滿至無容跡覺乃因其舊而宏敞之層樓複閣□出佛境僧坊□所架造凌空□□一新來者之耳目□□□□人□至□□□□□亦至矣歲丙辰不幸燬于火蕩無一存瓦礫眯目一方稚耋每對之相與嘆息咨嗟涕　惜其舊而難其新也或有曰智大□□□□乾嫡子眞知□□□□推民具□□□實□□□□植仆起僵有成效矣□□其人主持庶幾可復舊觀於是本州帥守吳公者□興議聞于朝有下缺其人則一囊一□亟前無難色始至掃去灰燼剔除瓦礫縛數椽□于其間與廝役雜處卻以歲月遲其成會慶元□□□帥禱而□□祝曰此寺若有役再造當□禱爲□□□衆□□□□物雲行雨施盡三日田疇□足朝家聞其事以僧牒□十賜之由是□□□和會□□者舊縱□出力惟恐後殿宇像設□三年落成金碧輝映輪奐斬新視舊無□殺

夸觀者□□□者息前之以下闕之□□智天王之名愈□□□而師自視猶欲然如未始着力　名山勝地□□□□□苟非其人道不虛行天童始於與禪師盛於宏智應菴藏造於師前後千百□□□□□□緣□而豈其然□□□者乎□□智□壽□邪師諱祖智俗楊氏蜀人順慶□□□身夢□僧厖然形狀瑰偉□來求寄宿地已而孕師生而頎然稍長性不好弄下闕其家見其相與常□異議出言本□□童師卽欣然隨□其廬□□□□圓覺□□□卽成誦如夙習者十四歲祝髮十九歲往□□依昭覺□□全□學以下漫滅不可識

右碑題額正書六字文三十行八分書在鄞縣天童寺此碑滅裂過半前言宏智住山之盛而丙辰燬于

火州守吳公聞于朝會帥禱雨之應遂有僧牒之賜
耆衆坌集三年而寺落成矣又云天童始于興禪師
謂晉太康僧義興始誅茅結屋也後言師諱祖智俗
楊氏蜀人祝髮以下皆不可讀

宋朱子格言石刻

脫去凡近以遊高明勿爲嬰兒之態而有大人之志勿爲終身之謀而有天下之意勿求人知而求天知勿求同俗而求同理

□□□先生手筆辭約而理備言近而指遠誠□學之大要也學者得此而玩心焉亦足以立乎其大者矣如是而又求諸聖賢之□□□究其理□博約兼該於斯道其庶

乎欽舊藏有此刻顧摩□多失其眞今竊祿四明因武選洪公常以□本見示遂因重勒于石以諗同志且以自勵云成化戊戌秋八月望前三日後學昭武□欽記

右格言五行行書第五行下附明人□欽題識七行正書在鄞縣按金華雜錄朱晦翁過婺州嘗游武義王臣家書其壁云云又扁三槐堂贈之至今墨跡宛然壁間朱子書浙東最夥當時宦游所至莫不珍如球璧此刻辭約理備言近指遠前跋已詳據言重勒或原刻當在武義也

宋朱子忠孝二大字

忠孝　文公朱子書

右在西湖岳廟正書字徑二尺五寸欵字正書字徑二寸後人摹刻無年月

宋泗州禪院殘碑

上缺泗州禪院新建泗州殿記

上缺中古西方之人也始於周漢缺尊佛像要在人贍之仰之速缺道之不同所化一也於戲缺之設得其粹焉有僧伽和缺三十六化嘗之淮甸行缺皇帝遣洪州高安縣缺其中矣故得鈍根缺基址徼陋而居者缺地精舍一新奈下缺

右殘碑正書十行上下皆殘闕不能句讀在鄞縣此殿是奉泗州僧伽而作也故有三十六化嘗之淮甸諸語按正覺曾主泗州普照寺建炎間主天童或即其時所建歟

宋修六和塔磚記

大宋國江南東□路信州上饒縣石人鄉左溪社弟子蔣紓行娾應七娘共捨淨財伍伯貫文省買甎添修六和塔追薦祖宗亡人下項上太公蔣八郎太婆舒十二娘太公蔣十八郎太婆毛氏大娘上太公蔣十三郎太婆祝十二娘又太婆鄭五娘太公蔣四郎太婆劉氏七娘又太婆李大娘姑婆蔣氏三娘祖公蔣十七郎祖婆余氏大娘亡父蔣十九郎亡母徐氏五娘房兄蔣十一郎親兄蔣十二郎等諸靈承此上善各願超生天界然蕆自身家眷求大吉

祥口巳四月題
右在六和塔上正書十五行行字不等高六寸廣一
尺一寸是刻作陽文凸起石刻中絶少惟魏始平公
造像一種有之書體亦敦厚可存也妣爲嫂字始晉
人行書中下項二字不可解

宋六和塔施主題名碑
幹緣行者朱壽定今具新城縣分水縣於錢縣長安鄉施
主名銘口口朝奉郎許興古捨錢壹拾貫文成忠郎陳惇
行并男右迪功郎陳恪捨錢壹百貫文女弟子何氏三八
娘捨錢壹百貫文承節郎徐咧捨錢壹百貫文鄭惟忠捨
錢貳拾貫文章宥捨錢伍拾貫文章昇同母親何氏十娘

捨錢貳拾貫文何立等捨木壹根何守安捨錢叁[illegible]貫文
何恭捨錢貳拾貫文朱琳捨錢壹拾貫文何彥侊捨錢貳
拾貫文章蘊堺捨錢貳拾貫文何彥份捨錢壹拾貫文邵
嘉言捨錢壹拾貫文沃口捨錢壹拾貫文將仕郎沃詠捨
錢壹拾伍貫文國子監進士邵希仲捨錢壹拾貫文鍾俊
捨錢壹拾貫文女弟子茆氏乙娘捨錢伍貫文何口口捨
錢壹拾貫文張朝五捨錢壹拾貫文將仕郎王口捨錢壹
拾貫文王日就捨木二十根程俊捨錢伍貫文諸葛王口
光共捨錢壹拾貫文王夔并妻邵氏八娘捨錢貳拾伍貫
文承節郎口口口捨錢壹拾貫文承節郎喬口祖捨錢貳
拾貫文盛迪捨櫧木壹株口暹捨錢貳拾貫文黃氏十娘

并男何修捨錢貳拾貫文湯七公捨錢壹拾伍貫文十都
巡捨錢壹拾伍貫文鄭堯捨錢壹拾貫文孫念三郎捨錢
貳拾貫文張迎捨錢壹拾貫文潘伯胖捨錢壹拾貫文沈
氏大娘捨錢壹拾貫文朱椿捨錢壹拾貫文章琮章蘊共
捨錢壹拾貫文徐氏三娘捨錢壹拾貫文陽璆捨錢壹拾
貫文每年捨錢宋偉捨錢壹拾貫文每年捨錢陽康於捨
錢壹拾貫文每年捨錢持友那捨錢壹拾貫文每年捨錢
持友閏捨錢壹拾貫文每年捨錢
右件施主捨錢物伍阡餘貫文口口口口口口口口口口
口口口口伏請口口口口口證明口口口口
口口
口口
右在六和塔上正書二十行行字不等高廣一尺二

寸餘文中書於潛爲於錢應是誤字施主名銘直以
銘字代碑字以錢爲銭書壹爲壹書迎爲迎皆當時
俗體十九行陽康於捨錢壹拾文落貫字又有持友
二人不知何謂是刻無年月止捨錢姓名或別有記
文而石亡也

宋高不倚等題名
李口口齊德口實之秦口口致遠口何會之邱口敬之高
不倚口卿口口口口許儀鴻叟傳口口口口林賓道景口
口口口口美項得口口口口口口口口口口口口口
右題名摩崖隸書六行行十字字徑二寸

宋杜忠鳳皇山題名

口慈杜忠可蓋口遊介亭口口侍歲著雍攝提格辰在大
梁其日已未

右在鳳皇山摩崖正書四行字徑三寸

宋季端時題名

季端時來

右摩崖楷書二行四字徑二寸

宋南屏山題字

少林

攻媿

右在南屏山摩崖正書字徑八尺橫列款字正書字徑一尺按攻媿樓鑰別字也鄞人字大防隆興進士歷太府宗正除考功郎以忤韓侂胄奪職侂胄誅起吏部尚書卒贈少師諡宣獻有攻媿集一百二十卷

宋天龍寺石壁題字二種

饒雲齋

右在天龍寺後石洞旁摩崖行書字徑五寸

天龍寺光明石

右在天龍寺後石壁摩崖正書二行按上二刻皆無年月按宋濂石佛記中畧云天龍寺左峙石洞傍勒饒雲齋三字詩一章不能全辨東有寶陁大士像石壁上刻天龍寺放光石六字石能夜見光怪故名觀此知宋元以來即有是刻矣

宋歲寒崖題字

歲寒崖

郭令公歷中書二十四考廣成子居空同萬八千年

右在孤山摩崖篆書橫列字徑一尺四寸又隸書分列二行字徑七寸按西湖游覽志云石壁陡絕蒼蘚剝蝕中隱見篆書歲寒巖三字下疏郭令公云云相傳爲蘇長公題然不能定也今郭令公下已覆刻西湖二篆字

宋王庭龍泓洞題字

龍泓洞

金華王庭書

右在飛來峯摩崖正書徑八寸已剗去款字正書徑一寸王庭賈似道客也見題名中庭又書林連墓碣今不傳

宋劉公泉題字

劉公泉

右在南高峯下隸書字徑五寸摩崖按萬歷府志云宋提舉常平劉常甃池得泉因篆書三字于石今刻是隸書疑府志之誤

宋天台山題字

天台山

右正書三字字徑五尺餘在天台山按明王士性入

天台志云高明寺路旁巨石僧指堂書天台山并隸
教源二字卽此

宋佛隴題字

佛隴　指堂

右正書五字字徑六尺旁有指堂款二小字明葉良
佩天台山記云踰銀地嶺至大慈寺前覩佛隴二大
字寺僧曰此智顗師之初修地也卽此

宋刻陀羅尼經二

囗囗淨光修造佛塔大陁羅尼 經文不錄 正書三十行行二十一字

佛頂尊勝陁羅尼 正書三十行行二十一字

佛菩提心不退轉眞言 正書二十九行行二十一字

南無千手千眼觀世音菩薩廣大圓滿無礙大悲心神妙
章句眞言 正書三十行行二十一字

右在江干石塔四面高一尺二寸廣一尺八寸西湖
志云宋刻無紀年書人按刻中羅陀尼眞言極多此
就其首行錄之也

加句靈驗佛頂尊勝陁羅尼 經文不錄 正書二十五行行二十字

囗囗囗囗如來往生囗囗囗囗囗陀羅尼 正書三十三行行二十四字

無垢淨光大陁羅尼 正書三十三行行二十四字

千手千眼廣大圓滿無礙大悲心大陁羅尼神妙章句陁
羅尼 正書二十九行行十八字　又一面同

無量壽如來往生根本十甘露陁羅尼 正書三十行行二十四字

無垢淨光大陁羅尼 正書三十三行行二十四字

加句靈驗佛頂尊勝陁羅尼 正書二十五行行二十字

右在江干磚塔八面高一尺三寸廣二尺亦宋刻無
年月同上錄其首行題字也

宋銅銙牌四種

右銅銙牌多見于錢塘故家一面曰臨安府行用一
面曰准五百文省按孔行素至正雜記云宋銅銙牌
長三寸有奇濶一寸大小各不同皆鑄臨安府字西
湖志外紀云亦有二百或三百不等准五百文省者
考容齋隨筆太平興國二年詔民間緡錢定以七十
七爲百自是以來天下承用公私出納皆然故名省

錢以九十爲一百者爲長錢南宋都臨安府故鑄臨
安府字所謂省者倘承汴京舊制當時用錢不足始
以是濟其乏歟七修類稿亦云是南渡國窮補救變
通之物交會錢引之類厲樊榭云銅牌廢而楮幣行
可補食貨之缺皆謂此牌也特雜記銅銙之名當有
所自案宋有帶銙之名此牌額有小竅當是繫之帶
閒加行素所說貫以致遠最便于民歟

宋銅印七種

湖州司理
院新朱記

右銅印圍徑五寸八分文曰湖州司理院新朱記八

字朱文此與下六印元從來板書中摹出書用故紙印制驗其紙背則乾道六年官司簿賬也印皆湖州郡屬考其時已改爲安吉州而印尙沿舊稱不知何故宋史輿服志云朱記以給京師及外處職司及諸軍將校其制長一寸七分廣一寸六分今准以三司布帛尺分寸適符七印制度大小並同惟烏程歸安兩縣皆用印字可知當日長官方得用印其餘僚屬則皆用記此印朱記上加新字殆因後來重鑄以此別舊印歟

湖州司獄朱記

右銅印圜徑五寸八分文曰湖州司獄朱記六字白文

監湖州都商稅務朱記

右銅印圜徑五寸八分文曰監湖州都商稅務朱記九字朱文吳自牧夢粱錄云官設吏令宅務合於人員收檢民戶年納白地賃錢稅務凡五處名曰都稅務浙江稅務龍山稅務北郭稅務江漲稅務但州府雖有稅務之名朝家每多除放以便商賈諸貨經於杭城然則南宋時湖州爲近畿州軍故亦設監當都稅之官也

湖州監在城酒務朱記

右銅印圜徑五寸八分文曰監在城酒務朱記九字朱文宋時諸州軍皆有酒稅務或置於城內或置鄉鎭設監當官主之此乃在城監酒稅之印也

湖州戶部贍軍酒庫記

右銅印圜徑五寸八分文曰湖州戶部贍軍酒庫記

九字朱文按宋時諸州軍皆有戶部贍軍酒庫設當官一人或二人主之下有專吏酒匠掌其設官給工本下庫醞造所解利息聽充贍軍激賞公支此記亦監當官所用也

烏程縣印

右銅印圜徑六寸文曰烏程縣印四字朱文

歸安縣印

右銅印圜徑六寸文曰歸安縣印四字朱文

宋醫學象尊

宋西府作

醫學寶器

右篆尊仁和王氏舜俞藏銘篆書八字陽文

兩浙金石志卷十三　廣州府澳門同知桐鄉金錫鬯刊

國學生布政司理問銜臨海洪瞻墉校

兩浙金石志卷十四

揚州阮元編輯

元處州路新修廟學碑

處州路新修廟學碑銘

處州路新修廟學成總管廣侯景經歷王君文彪以書抵

貫請識　石　曰昔昌黎韓

廟碑文歎其至官能以爲先既新廟改像又闢講堂選博

士弟子肄習其中而　錢廩米

具與宋制無異矣及孫威敏公沔徙建今學時則慶歷詔

下以公之賢與此不難也其後宣

爲州復崇新構視舊加宏入

國朝垂六十年雖或革或因屢勤工役而朽壞未竟摧剝

隨之景之　至栝謁廟庭退即堂廡

與長貳合謀屬經歷王君句校出入之贏得逋租餘以

百石戒有司毋緩輸命計吏　儲峙飭材徵

方援圖練日會淛東海右道肅政廉訪副使李公按部

泚郡景白爭及之旦日廟見公周旋庭陛計陳器設縣之

位殊隘宜增闢東西各一楹以廣其度隆棟厚礎既矗既

安脩　豐藉不偪不踰河目海口翼翼在上陛降拜舞舒

有睿自靈門泮池　閣　至　會講之堂稽古之閣

弦誦之館齋宿之廬下逮廩庾庖湢凡㩁桷傾陊而瓴甓

摧落者咸易弊爲良外隅內奧垩雘相輝又度地正陽作

新亭且　詔書以　休寵　未半教授林堂定來況相
與薦力復臨殿庭築臺以登樂歌臺之下易新甃以嚴禮
事斥浮就筵以孫厥成　始協贊學錄薛元德與有勞焉
今嫣傍告備　惟守土之臣職司　典屬時補敝豈有勞
烈可名金石而使留至止嘉惠斯文勸奬作興以致新美
將使千里之民均霑豐芑之澤仁漸義漬貽訓遠矣儻幸
假辭紀載明李氏仍　有人使吾處之民視儀終始樂學
之成以嗟歎詠歌於無已其亦可乎昔貸備官成均從公
爲僚余退休田間在公容察之下維　詩之則其職也公
名端字彥方由蕤文太監檢校書籍事予　改今任有
學規十一條　之列郡示下學上達　方若明善誠身之

本有學有政知先後哉詩曰
若古範民有庠有序問藝所升進旅退旅飲射讀灋於焉
廬語還從父師講肄道德事親言女動言維　夫興賢
自鄉而國致用於時爲大夫士　祇六德亦和三事由仁
義行非行仁義庠以養賢序以序射士出於農學須其
越　而遊則衆所舍凡學之　用丕變少能代老畊劚
讓畔明君諸辟祀爲勝算魯嘗修泮鄭不毀校來　來
訓背告二國之政卒以無　魏魏聖師宜有廟樂唐始
潔祠宋因建學璺桓　緬間作夫是秩　亦　于古
齊宗之制殷　樂　周公於　子於魯矧茲國中聖維教
父肓善自京刑于郡邑教行祀泉泮　秩　運重光

赫如天日率土有　獨用儒術
明詔屢須申嚴用命憲臣宣　良牧涖政吉蠲惢芬式時
訓詠育彼菁莪治于休盛山區海陬凡有官守孰是虔
爲禮囿梏維東藩千里而　俗鮮澄我民重孝秀建學
立師騐教　始孰爲新　侯氏李在宋孫黃亦濟其美
支傾拄敗閎閎五紀撓棟隊　日就汚　起新功以歧
賢者盧侯至　有嘖悲咤微匠以傭掄材於世有奕　華
翻其來居嘉侯是舉勉日弗懈介爾高明廓爾湫隘凡厥
禮容有　財　逌秬是觶谷爾元僚制其張盒
庭閑閈穹棟岌岌自門徂堂爾營爾葺無俟前人無廢
舊觀　有息　有薦盥譔爾逌思合爾判渙經訓昭垂

星文　猨猴策而趨重席　生師矯輕驁驕如彼
孰御逐左而左如彼　是菑是播惟二　前承後
相望肆不隕問恧我　近式訓程之祀公
繩準顯允虞侯職是南佰起孝起敬民用飲食僚有王君
婉其諾盡藏新頖宮崇崇佗佗神道設教天維顯用民因
知惟　共春期　相興則成誦矣
至元丁丑良月日太常博士柳貫記　婺州路儒學教授
□□□　中　下缺
右碑篆額八字文三十二行八分書在處州府學此
記總管虞景經歷王文彪經始緝學廉訪副使李端
力成之也文云孫威敏公沔徙建今學時則慶歷詔

下按宋陳孔碩修學記云按圖經及郡記康定中孫威敏公沔始徙學建廟于今址然考之郡守題名及蘇舜欽記則威敏之來實景祐四年迨寶元二年爲蔣侯已至經始當在景祐寶元之間圖經舛矣此碑所述猶仍誤說也

元徐僧錄等造像題名

大元國功德主徐僧錄等命捨淨財鐫造毗盧遮那佛文殊師利菩薩普賢菩□三尊端爲祝延皇帝萬安四恩三有齊登覺岸者至元十九年八月日□授杭州路僧錄徐□□潭州僧錄李□□

右在飛來峯摩崖正書十行字徑二寸

元妙眞觀碑

處州路妙眞觀記

明遠宏道冲葉法師教門高士　眞觀提舉焚修兼提點住持妙眞觀事何　熟立石　翰林侍講學士奎章閣侍　學士中奉大夫知制誥兼修國史虞集篆額

浙東山水名天下僊翁釋子之居往往蹈岡巒而掩林余被命分閫客金華　華　松洞天其東與括蒼接境括蒼山水尤爲浙東冠縉雲之僊都靑田之石門實神仙窟宅余　州縣皆得而寓目焉　爲括蒼治邑唐天師眞人修鍊　閱圖誌神遊意往恨未得以覽其山水之勝一日公退攜客步　溪　及眞人導明皇遊月宮事有客　基仲起而請曰公行天下多矣名山大川靈　勝　公　筆硯　眞人修鍊處距邑百餘里其鄉曰宣慈今之冲眞觀卽故宅也地幽絕丹井猶在鄉　東北爲善士家　觀一二里愛其山水於觀之西南　地謂其妻曰　祠我於　妻　十　師師　因基而觀」　師山錫　其　捐己貲法施　大門兩廡　殿　傑閣巫廳庖廩悉按治如法前　隱隱　野芳如列屏　開　暮鐘鼓之聲　冲眞　達于四境亦一勝槩也以鄭　之好善

能　財出　相與共　成　世之大手筆夫誰可爲公幸惠教毋遜余因自慨曰夫神仙　之事　隱惟聖人所不語余安　以爲生死　滔滔　昏忱　欲之海　如龍高馬　游克自樹立爲鄉曲善人者　鄭君能自爲身後　醉來夢往忽焉而死死而無所歸者固大有徑庭而　臣　能氏香　終始可謂生死交情無　幽　他日　括蒼　林　仙　處　之少慰　之所願

奚　之基　名　巖氣
至元癸未　成於　若
之　也師所謂行與道　事者
乎　騎　將軍浙東　記

右碑篆額八字文正書十九行在宣平縣北三里大德年建觀久廢今於故址尋得原碑移置慈慜菴是碑剝落不可讀有被命分閫語元初兵制無考元史兵志至元二十七年江淮行省言浙東一道地極邊惡賊所巢穴請復還三萬戶以戍守之言復還則前已有萬戶府浙江通志載武職有巡防海道千戶所至正十五年改防海道萬戶府北分閫當是萬戶府

也似有鄭姓者管此親而日分閫為大手筆當亦聞人惜姓名不可見也

元楊思諒造像題名

昭口大將軍前淮安萬戶府管軍萬戶楊思諒同妻朱氏
發心施財命工鐫造阿彌陀佛觀音勢至聖像三尊祝延
皇帝聖壽萬萬歲者至元二十口年　月丙午日吉辰建

右在飛來峯摩崖正書五行行字不等

元報恩光孝寺置田山碑

元湖州路報恩光孝禪寺置田山記
古括陳存撰　古涪文及翁篆蓋　住持沙門惡鄰書
并立石

報恩光孝禪寺舊為天寧　宋嶶廟追嚴道場也寺無柴山主僧惡鄰當擾攘之後服勤忍辱能以供衆餘米又捐衣資為助或口買或勸捨得章氏葉氏龔氏山一千五百餘畝山之下口口一百餘畝以贍守山者畫界為五歲樵其一周而復始又得清塘世口三圍久廢之田或成買或慕捨得趙氏陳氏任氏董氏楊氏湯氏方氏宋氏施氏呂氏朱氏沈氏許氏田五百餘畝三載用工遂成其田每畝租米一石歲儲三百以為夏供命耆宿掌之以四月朔日為始撥二十石充一寺僧衆終年浄髮又撥五石歸選僧口口石歸報恩寮俱為梳髮用冬收就莊支給以酧刀鑷者之勞圍內有官田二百五十畝佃種輸粱裔自陵谷變

更田口皆增量倍稅有產之家急於脫去寺遂得而有之柴米相資歲歲無乏鄰既詳其本末刻之石求數語示來者俾勿壞意此住持常事也常事不書此何以書夫魔邪横流佛不能救住持不于其法于其貽見在者舐鼎而戀嫪未來者操戈以啟攘已乃刮骨而剝髓而取償焉於是寺仆而衆散矣鄰乃能不專其有為常住計為大衆計不亦賢哉迷悟升沉皆由一念不口不負此心即佛長口讓持不退不轉神通妙用日日現前其為快樂無有限量豈但賢於口渴口倒之流而已旹至元甲申十一月日記
今具田山坐落頃畝數目下項
常住買到田

雲水鄉□七都杜字貳圍田伍畝貳角元買□□乙官人
田
雲水鄉十八都上伍保
阡字一圍田陸段計捌畝貳角元買龔七乙官人田
阡字二圍田叁段計伍畝壹角元買龔七乙官人田
雲水鄉十八都下伍保
阡字五圍田陸段計壹拾畝元買龔官人葉八二官人沈
小一道等田
兵字一圍田伍段計壹拾肆畝壹角並買龔七乙官人田
兵字　圍田貳段計叁畝叁□角元買□小一道楊□□等
田

兵字叁圍田柒段計九畝壹角元買□道蔣道龔官人等
田
高字貳圍田壹畝貳角元買沈小一道田
高字叁圍田肆段計貳拾捌畝元買龔七乙官人等田
雲水鄉清塘□□字叁圍田
壹拾畝元買□□□□□田
□□□□□拾柒畝元買□四□□田
伍畝買到俞□三陳万一等田
陸畝買到王念□下王阿女田
肆畝貳角壹拾步元買章□簿田
□參段元買李千五

壹拾陸畝貳角捌□元買李上舍田
壹拾畝元買沈知縣田
貳拾陸畝買到沈□六娘子隨奩田
伍畝買到鮑稅院田
壹拾貳畝肆拾壹步買到胡提轄田
□□畝元買蔣万□田
一檀越捨到田
雲水鄉□□□世字叁圍田
郡城迎春界趙承奉□□捨田叁拾畝叁角　步修崇先
考府判朝散趙公二月二十二日□忌
世字貳圍田

郡城報恩界任安人捨到田玖畝薦亡男□二知錄法公
六月初九日忌辰
郡城方元二官人同弟元三官人捨田伍畝薦考妣二位
正月二十一日忌辰
郡城崇新界□□□平安界陳□□□同捨田肆拾畝叁
角叁拾柒步修崇先考□□□□施十七楊幹□忌
郡城□尺港□□幹□田貳拾畝□□□□□□□□□
□福資報祖□
郡城□樓界□□□□□田肆畝□□□先考小三□
□□□
郡城□□界董千五□□□□□拾捌畝修崇亡夫董千

五郎四月初五日忌亡男董万四郎五月初五日忌
府城西口界口口口口捨田陸畝叁角叁拾步保延母親
沈氏口口壽口康寧
府城迎春界楊將仕口口口口口口楊茂捨田壹拾貳畝
薦先考楊口口口口口口月十七日忌
府城飛英界陳六七秀才捨田玖畝修崇曾祖口口口口
口口忌辰

右碑篆額十二字碑文廿二行下截刻田山坐落頃畝數目五十二行俱正書在歸安縣天寧寺內此天寧住持德鄰營贍衆之資而紀事也下刻田畝及隨僉忌辰頗稱井井其用意深矣是時宋亡已五年故

撰文篆蓋皆止書郡望而不結銜按陳存字體仁龍泉人太學上舍淳祐七年第三人文章政事皆有聞譽仕至兵部尚書端明殿大學士知慶元府沿海制置使文及翁字時學綿州人有咸淳五年傳貽書院記末云朝請郎直華文閣權知嘉興府兼管內勸農事節制澉浦金山水軍文及翁記兩浙名賢錄及翁綿州人徙居吳興歷官資政殿學士有名朝野宋亡元世祖累徵不起閉門著書有文集二十卷

元方暹等玲瓏山題名

至元甲申歲除前十日里人方暹田進偕年兄紫陽方口口工同邑唐從龍宋口口禹里鵬舉來游時積雨初霽山色更好覽物之情勝常時歌誦裴回少焉月出於東山之上矣是夜宿先塋南庵白雲深處

右在臨安縣玲瓏山石門下摩崖正書九行字徑二寸按方氏爲元時著姓官宅皆在玲瓏山下平壤約數百畝至今耕人時有拾其遺釵陸班者所云南庵亦宋季香燈功德之類今亦不知其處矣

元釋教都總統題名

功德主江淮諸路釋教都總統所經歷郭（正書下闕字徑一寸餘）至元二十四年歲次丁亥三月（小楷書下闕在右）

右在飛來峯摩崖在宋王庭書龍泓洞三字之左疑亦造像題名西湖志誤作書龍泓洞者署名仍略隱

寺志之誤今分列于此

元趙文昌玲瓏山題名

至元丁亥冬十一月朔日濟南趙文昌明叔題

右在玲瓏山九折巖上摩崖正書三行字徑三寸餘此刻玲瓏山志未載

元圓書讚刻字

至元二十五年八月口日建功德主　僧錄液沙里兼讚

右在飛來峯摩崖七層字徑寸餘未詳款字正書徑一寸末云兼讚是亦造像題語也

元董口祥造像題名

總統所董口祥特發誠心施財命工刊造觀音聖像上答

洪恩以新福祿增崇壽年綿遠者大元戊子三月吉日題

右在飛來峯摩崖正書五行行字不等按總統所應郎前釋教都總統所也

元世祖免秀才雜泛差役諭旨碑

上層國書九行不錄

長生天氣力裏

大福廕護助裏

皇帝聖旨據尚書省奏江淮等處秀才乞免雜泛差役事准奏今後在籍秀才做買賣納商稅種田納地稅其餘一切雜泛差役並行蠲免所在官司常切存恤仍禁約使臣人等毋得於廟學安下非理搔擾准此

至元二十五年十一月日

右碑上刻國書下列正書八行在紹興府學元按湖州路夫子燕居堂記謂今上皇帝鑒舊制詔萬方優儒蠲役仁其家即謂此旨世傳元季待士最薄至有九儒十丐之目讀此碑知其爲不然當時諸學皆有今所傳惟此耳

元釋淨伏佛國山石像贊

大元國杭州佛國山石像贊

永福楊總統江淮馳重望旌靈鷲山中向飛來峯上鑿破蒼崖石現出黃金像佛名無量亦無邊一切入瞻仰樹此功德幢無能爲此況入此大施門喜有大丞相省府衆名官相繼來稱賞其一佛二佛□起模畫樣花木四時春可以作供養猿鳥四時啼可以作回向日月無盡燈煙雲無盡藏華雨而紛紛國風而蕩蕩願祝聖明君與佛壽無量爲法界衆生盡除煩惱障我作如是說此語即非妄

至元二十六年重陽日住靈隱虎巖淨伏謹述大都海雲易菴子安書丹武林錢永昌刊

右刻在西湖飛來峯摩崖正書十四行字徑一寸按楊璉眞伽刻諸佛像于靈隱石壁而以己像雜厠其中即此淨伏作贊事也明嘉靖間知府陳仕賢覓得之擊其像梟其首于山下同時田汝成有誅禿記詎知大書深刻猶有爲之頌德者蓋當時未及見之也

元造釋迦像殘題名

□□江□□□□□□□特發誠心施財命工刊造釋迦如來一尊上□報□皇恩以新福祿增崇壽年遠者大元庚寅歲四月吉日題

右在飛來峯摩崖正書五行行字不等

元脫脫夫人造像題名

大元國功德主榮祿大夫行宣政院使脫脫夫人□氏謹發誠心願捨淨財命工鐫造金剛手菩薩聖像一尊端爲祝延聖壽萬安保佑院使大人福祿增崇壽命延遠家眷安和子孫昌齡至元二十九年閏六月日建

右在飛來峯摩崖正書六行行字不等

元慶元路重建儒學碑

慶元路重建儒學記

前進士王應麟撰

中議大夫浙東道宣慰副使李恩衍書

正議大夫浙東海右道肅政廉訪使王宏篆葢

四明自唐爲州始有夫子廟宋始建學規模豐敞棟宇穹崇庠聲序音冠于左浙英俊之域绂冕所興文獻葢彬彬矣至元十九年春學燬於融風教授潘夢桂黃裳吳宗彥史復伯歷蔵繕葺經始禮殿門廡精舍寢以略具講經有席養蒙有堂皆草剏未就二十八年冬肅政廉訪使陳公祥下車謂博士諸生

曰化民成俗勸學爲先脩闕轔昔輪奐之盛意不止是盍飭工掄材以復舊觀顧儀門廡隘弗稱從祀容服弗嚴越明年夏鼎新高閎賁飾貌像六旬而畢二堂亦告成又惟斯文與天地並必華榱岑樓式毖厥藏因重建尊經閣五楹里士訢然競助教授蘇君焱撙約學廩續其不給同知府事阮公麟翁提其綱庶工丕作民不知勞薪橑榦君居仁計畫展勤不懈于素秋九月閣成業峩壯偉衿佩聳瞻咸曰六經如日月陟降庭止惠我光明恢人文以迪化原維賢使者之德且將以舊門及堂更立先賢祠正錄序繚以垣墉制度於焉大備蘇君請識成事于石應麟耄不能文惟諸侯之學載於禮詳矣在易臨之象曰君子以教思無窮澤上有地猶君子之近民也近民而禮達而教行建其牧立其監有師保之義凡以存天理淑人心而已剡是邦爲詩書之鄉逸民之黃純孝之董文士之任自漢以來爲美談慶歷諸老模範後進淳熙大儒闡明正學惟聖賢是式惟德性是尊小而灑埽應對大而格物致知目濡耳染充然有得每歲孟春衣冠濟濟齒位秩秩司徒之教倫崇正之禮飲流風遺俗今猶未墜南豐曾公忠肅陳公繼爲守貳表率薰陶東諸侯莫逮焉春秋大復古學之復道之泰也夫不農不工何以謂之士非老非釋何以謂之儒行己有恥尚志仁義士之實也爲君子儒夙夜彊學以待問儒之實也游於斯肄於斯盍亦踐其實副其名乎郡國

有學昉于漢二千石所察惟曰好文學敬長上肅政教順鄉里三代考行之意詡如也升堂聞金石之音入宮牆見宗廟之美因作新之機而自新其德業孝悌忠信爲根本明誠敬義爲準的始於離經辨志成於知類通達用御承菁莪樂育之仁不在茲時歟昔魯僖公能修泮宮教澤浹乎海邦其俗秉周禮守經學一變至道聖人稱之誰謂魯遠道無古今師友淵源緒接洙泗頌其詩尚論古之人罔俾克廣德心專美魯之多士凡我同志懋敬哉歐陽子有言善教者以不倦之意須遲久之功禮行俗純然後爲學之成是用述其始成以詔永久俾無忘是歲冬〻十月己亥記

學正施塤趙必昌學錄姜材之陳自同立石茅化龍同男口口口

右碑篆額八字文二十三行正書在寧波府學此記

廉訪使陳祥緍廟教授蘇焱補成之而乞文于伯厚

也按伯厚生宋嘉定開禧時已七十餘故云耄不能

文所云逸民之黃者漢四皓之一也純孝之董者江

都相仲舒七世孫黯字叔達以隣子辱母不起黯卒

殺隣子祭母自囚以告帝詔釋而旌之慈谿所由名

也文士之任者任奕字輝臣勾章人著書十卷名曰

任子朱育嘗稱爲文章之士謂其立言粲盛艷若春

榮者也李思任王宏陳祥阮麟翁施塤趙必昌陳

自同皆可補志乘之闕潘夢桂鄞人黃裳眉州人

元楊璉造多聞天王像題名

大元國大功德主資政大夫行宣政院使楊璉發誠心捐

捨淨財命工鐫造多聞天王聖像一尊端爲祝延皇帝萬

歲國泰民安法輪常轉四恩總報三有遍格法界衆生齊

成佛道者至元壬辰二十九年七月仲秋吉日建

右在飛來峯摩崖正書七行字徑寸餘

元陳天瑞月巖詩刻

怪石堆雲矗太空女媧鍊出廣寒宮一輪常滿陰晴見萬

古無虧晝夜同搗藥聲繁驅白兔漏天孔正透清風光明

自照如來境肖學姮娥西復東

至元癸巳中春望日江干後學雪江陳天瑞題

右摩崖正書八行字徑二寸在西湖鳳皇山月巖陳

天瑞字德修號南村天台人公輔之後也登咸淳元

年進士與周敬孫楊珏楊錡俱師事王魯齋明性理

之學爲金華令有能名宋末隱遁林壑詩文極高古

效淵明有甲子文集五十卷互見元史周仁榮傳中

元崇奉孔聖諭旨碑

上層國書廿九行不錄

上天眷命

皇帝聖旨諭中外百司官吏人等孔子之道垂憲萬世有

國家者所當崇奉曲阜林廟上都大都諸路府州縣邑應

設廟學書院照依

世祖皇帝聖旨禁約諸官員使臣軍馬毋得於內安下或

聚集理問詞訟褻瀆飲宴工役造作收貯官物其贍學地

土産業及貢士莊諸人毋得侵奪所出錢糧以供春秋二

丁朔望祭祀及師生廩饍貧寒老病之士爲衆所尊敬者

月支米糧優䘏養贍廟宇損壞隨即修完作養後進嚴加

訓誨講習道藝務要成材若德行文學超出時輩者有司

保舉肅政廉訪司體覆相同以備選用本路總管府提舉

儒學肅政廉訪司宣明教化勉勵學校凡廟學公事諸人

毋得沮擾據合行儒人事理照依已降

聖旨施行彼或恃此非理妄行國有常憲寧不知懼宜令

准此

至元三十一年七月日

右碑上層國書諭旨二十八行下層譯文正書十八行在紹興府學元聖廟旨惟加封號一碑傳者最多此刻不見他處讀之知其待士周詳孰謂元世輕儒哉

元雪菴書八大人覺經

佛說八大人覺經 經文不錄

至元三十一年十二月二十有七日雪菴爲弟子惠口書

夫人之在心猶魚之在水也魚之在水果知水乎人之在心果知心乎魚能知水則龍已人能知心則聖已故曰百姓日用而不知嗚呼人爲萬物之靈生既不知所

以生死又豈知所以死乎一不知則永不知永不知則無所知矣人而無知可口口哉於是大覺聖人見而悲之曰奇哉衆生具有口來吾已先覺彼猶不覺不覺則昏迷長夜終口旦矣是豈忍乎遂揭衆生日用不知之知開爲口覺雖淺深階次所用弗同要而言之從凡入聖口覺覺他靡不滿也此經凡三百七十一字言簡口豐遮照精深有而能無無而能有能得一覺口夢頓醒況得八覺者乎元至元間雪菴光大師口稱能能書此經若干卷流行海宇自元迄本朝口三百矣萬歷辛卯四月望日鶴林藁公偶得一口于本寺明秀禪房憲副包公鐫石以壽其傳願口得見而覺之覺之則爲大人不覺斯爲小人矣 達觀可道人跋

元雪菴大師所書八大人覺經我國朝嘉靖間大林法師嘗臨書于楞嚴東塔佛閣下歲久不無爲風塵之所晦蝕達觀老師念之一日自五臺寄聲于檉欲檉爲是書不朽計檉奉命拂拭瞻禮閒恨其真蹟不可得而鶴林藁師多方購得之持以示檉不啻球琳瑯玕之寓目也神物之出會有其時信哉遂命人勒石以爲山門世寶且儕附數語冀不泯諸師勤勞云若是經真覺大義達觀老師宣揚已悉檉復何言皇明萬歷壬辰仲春吉旦濟然居士包檉芳謹識

右刻在嘉興東塔寺正書百十五行行四字字徑四

寸跋四行字徑寸餘後有達觀包檉書二跋三十八行敘摹刻之由 元按先覺字本出尚書達觀跋云人能知心則聖又云揭衆生日用之知爲覺覺之爲大人然經云心是惡源形爲罪藪則仍彼之爲覺而非吾儒之覺也特以溥光書雄偉勁拔追蹤平原于宋四家後別樹一幟當時所書若干本隱與智永八百競爽是所當亟錄者歟

元嘉興路儒學正禮堂基地本末碑

皇帝聖旨裏嘉興路達魯花赤揔管府近承奉

江浙等處行中書省劄付爲攻勘廢寺田土公事仰本路

如行宣政院樞密院御史臺到彼就於本路摘差正官一

員與各衙門官員一同欽依
聖旨事意施行奉此移委本路治中胡列一同僧司官僧
錄約會取勘去來右
簽行宣政院事到來取勘各各廢寺准僧司關備奉
簽行宣政院事劄付據祥符寺僧惟寧告并儒學呈互爭
地土公事核奉
簽行宣政院事劄付該據嘉興路大中祥符寺僧惟寧并
儒學呈爭告元便換本寺基地公事得此今將僧惟寧告
狀并儒學元呈抄連在前使職照得僧惟寧告亡宋端平
年間以儒學秀才樹將本寺基地建造正禮堂等屋本學
行撥付張十三戶絕沒官田土貳拾伍畝歲收租米壹拾

伍頃見行為主經今一百餘年又稱上項基地係當來府
學將田易換即係便換事理相度侶與占奪田土不同難
議定奪據此合下仰照驗施行奉此除外關請照驗施行
事准此總府照得祥符寺與儒學互爭土地既奉
簽行宣政院事所擬合下仰照驗依上施行須至指揮
右下本路儒學准此
國書印押不錄
嘉興素號望府學有尊經閣所以藏經史及諸子百家之
書也是閣自宋有之蓋經始於紹定癸巳告成於端平甲
午元名曰御書後改今名初知郡趙公欲創是閣而無其
地遂即正禮觀頤二堂及直舍之地為之而直舍之後為

官道官道之後為民居民居之後為祥符寺菜園地趙公
既以幣易民居又以田易寺地而遷正禮觀頤直舍於官
道民居之地遷官道於寺地　北其寺地週迴僅十五丈
所收之利惟菜蔬而已而所易之田則凡貳拾有伍畝且
歲收白米拾有伍碩焉夫以多而易少以有收而易無收
趙公蓋亦重釋教而欲有以陰利之爾至元癸巳寺僧惟
寧不知顛末入詞陳告謂本學占據寺地起造正禮堂等
處猶幸其抄連本學元給換易文憑在前由是得蒙
簽行宣政院事張公灼見當元係是便換委非占據遂行
下僧錄司及本路總管府轉下本學照驗明該別無定奪
今將指揮勒諸堅珉以示來者云嘗任其事者前教授唐

林教授趙由俊何觀前學正張尉[illegible]學正范[illegible]國大惟賢
張赫前學錄顧文　學錄丁廉孫吳端孫前直學吳雷發
劉龍友直學程俊發　　孫也甲午四月望日何觀謹書
松崖陳斗南刊
右碑篆額十二字文兩列上列刻總管府指揮下列
刻何觀記基地本末俱正書在嘉興縣讀後記知後
傅龍光重修學記所云天戈南指臣附之初畔道者
乘之以為市學田浸入私戶奪入浮屠歲久削益甚
而去其籍者洵不誣也教授諸職有書前者殆亡宋
之人歟
元麗水縣建學碑

麗水縣廟學碑陰記

古者立學凡養老教子弟學禮合樂射飲受成入告之事皆在焉不顓主於誦讀也舍奠六祭菜三各于其國之先聖先師爲位行事逮魯祠孔子漢文翁興學成都作石像圖七十子於壁開元追尊素王之道宇象徧天下今廟學擇山其昉于此自令尹韓君既作明德堂百里秀民聞風興起前邑尉沈淸孫邑士林宗髙劉□巖諸生服訓尚志相勵具材助掫兩序四齋廉訪僉事秋公聞而嘉之合同簽在官者聿新禮殿尹莅事唯謹克用有成板榦砥礎瓴瓦甓磚稱事適用丹漆黝堊之飾咸底于法載考祠制率列門惟三門各通道茲顧

闕爲垣荒級夷井所以嚴王祀崇聖法也迺移廟門於之西偏闢戶峻階完舊益新中列二十四棘翼以仞墻又大治欞星門申嚴外衛術山環堵千有餘尺既勤瓦甓不歲用苫築宏規遠圖無小大無不殫智畢力齋各置器用几榻外施闌檻導挹淸曠煙雨雲山空濛出沒天地四時之變古往今來之迹俛仰在望令人樂以忘憂悠然有浮雲富貴之想皆爲學之助豈馳騖於外物也哉廟立之明年承事郎曲呂不出由西域爲邑長官知尊先聖作貌位神尹復新坐祀一十四人象圖繪賢廡堯烏裳衣革去訛謬率由周禮丹靑彰施儀贍孔肅簿樵川吳君友中捐資僦工制獻象脩坫簠簋饌俎豆籩以共祀事俾邑人知禮識古由唐而來上下五百年間興廢凡三未有盛於今日者也惟尹英毅精敏剛斷勇爲能振紀綱以整齊其邑芟刈寇攘着固郊封脫人於兵居十年戰功治行卓爲諸邑最雖臨之大府徵需叢劇尹處之優游有裕征賦先集獄訟以簡蓋天才也而於是舉知以爲先故能行之無倦終始惟一用集成美在上以爲能同列相叶不以爲忌邑人就事服勞以後爲羞不以爲病苟推此以往則禮樂之化豈惟百里之民哉諸生既請刻石立於廟門之右余復御其陰以書元貞丙申七月既望前文學掾王度書

謀及□□□□□粟何南一至職工始訖功自興役以來

凡七年典史周琪王益友

右碑文二十一行正書碑尾另記訖工歲月小行書二行在麗水縣學此碑陽面已於康熙間磨去刻某學使德政碑此述韓國賓作明德堂前尉沈淸孫掫兩序四齋廉訪僉事某公作欞星門承事郎西域曲呂不出作貌位主簿吳友中制祭器而文學掾王度書之撰文者卽碑正之人已磨去故不傳文言中列二十四棘此制不見他處明德堂明成化時衆議某修學改爲明倫堂

元麗水尹韓公生祠碑

麗水縣尹韓公生祠之記

元貞丙申秋九月

麗水縣尹韓公建學成明年二月既受代諸生懷其德繪
像奉祠示不忘也請余記謹按漢史齊祠石相燕社欒公
皆生以禮事郎其賢行能起人之敬慕況有功於名教者
哉

廟學自昌黎作碑而名天下後因徙建屬之麗水地陋屋
庳蔑以崇典法隆體貌間數葺治率因陋就簡不能出意
經畫　公後昌黎五百載來治茲邑首以興學爲事初請
堂之北無餘地求諸鄰得爲丈者脩五廣十有三獨運新
智貿石案基其崇如脩之數復捐私帑構巨厦撤舊而新
之高明閎爽聳視聳動仕是邦者始輟俸鳩費議作禮殿

而公實庀其役即舊址拓而大觀故字增而高日涖程督
凡木金土石之工必盡指授咸聽麾使礱甓版壂丹堊黝
漆莫不中度晨入暮歸雖寒暑不懈越三年而殿始成棟
宇崇閎圖像嚴顯濟濟穆穆聖道益尊且闢門而三面乎
南以挹豨山之秀爲齋者四翼乎外以覽風物之美以至
房廡庖庫百爾具備　公猶以爲未也又改欞櫺星門旁
挾短垣中通層級環四隅爲牆餘百丈茨翳弗久悉覆以
瓦而加之墁精神所到表裏纖鉅靡一闕遺緜經始以迄
于成壹是　公之力於戲括學旨韓碑增重今而復有
韓令尹出任斯事造物固有所待而擬斯人也邪　公天
資峻明深與道合爲政知所先後於是舉也盡心力而爲

之規撫氣勢雄壯軒豁題直冠他邑且遡往昔厥功可謂
大矣諸生圖像而祠之宜也且求文爲記余語之曰像而
祠公意且不欲奚庸記有後于列者謂像則存之於目以
因其心之所敬記則寫其心之所敬使昭昭乎其常在目
也抑泮水一詩頌僖公能修泮宮首言敬慎威儀維民之
則至今如見魯侯之像次言允文允武而獻功獻馘者咸
在焉夫豈專記修泮之事今　公智謀勇略足以治劇御
繁邑介閩婺嚴險川悍鄰寇竄伏其間　公三佐元戎剔
糧械器畢給且領偏師出奇而勦平之脅從者悉全活民
犯僞禁能發姦如神鄉社警嚴而盜跡屏息至若捌廨舍
爲廉使治所編稽戶版考覈公田浚溝池旨扞城架浮梁

[illegible]涉碎除道路僻且繁劇任者[illegible]垣利與害除圖不遏
盡治邑十年久諳土俗賦平役均獄訟益簡四境之內晏
如斯民仰事俯育始知有生之樂究　公所抱豈止最一
邑哉余請效泮宮之頌魯郎　公之治績牽聯以書　公
名國寶字君玉□□人大德元年八月吉日麗水縣儒學
教諭施栗記教諭何南一書教諭蔡祥卿篆額耆宿長諭
岑鎏等立石

右碑篆額十字文二十一行正書在麗水縣學此文
前述韓公國寶繕緝之周並立祠之旨後述其智謀
勇略治劇禦繁歷任十年百廢具舉當時崇祀既有
祠迄今名宦之馨香未已也施粟何南一舊志俱不

藏

元修嘉興路總管府碑

重修嘉興路總管府記

嘉興澤國也左杭右蘇負海控江土脊沃饒風俗淳秀生齒蕃而貨財阜爲浙右最至元丙子春
天戈南下民不改聚市不易肆
聖朝福是邦也宏矣深仁厚澤涵濡至今民居增葺尤盛於昔獨郡宇歲月滋久風雨交蠹東傾西圮上漏旁穿前乎牧守視猶傳舍大德戊戌大中大夫達魯花赤徹剌兒字仲文中憲大夫總管辛公仲實字仲和接踵而至公餘相與言曰府治久弊殊失具瞻欲鼎新之而力未逮捐己

俸以率先則必有好事者以輔吾志詒諸寅幕僉議允合邦之名公達官富家大室聞者莫不鼓舞欣躍樂爲郡助爭趨而來惟恐殿後甲者曰某修某處乙者曰某建某所願傾貲市材者有之願輸粟餉工者有之至於釋氏之徒亦施願力曾無靳色是皆出於自然而非使然也由是百工具興斲者削者鋸者塈者塗丹雘者咸精其能經始於己亥仲夏之朔落成於仲秋之望自廳譙而儀門由公廳而燕室徹表徹裏無鉅無細靡不輪奐翬飛藻繪彪炳偉哉若茲盛美前所未聞後所創見邦之士若民咸願勒石以垂不朽而求記於余余謂天下事創始易起廢難起廢非難辦於不擾者爲難矧此舉非細故也官不費財民不知役不日而成向非有大力量大謀猷疇克爾彼如亭驛旅於道旁爲行者休息梁一木於水濱爲涉者往來猶且書其名於其善傳之悠永況堂堂大藩數百餘年之所置建三十萬戸之所瞻依一旦興廢補弊振後光前黼黻太平官府詎容不大書特書以侈其傳雖然豈特土木之工而已哉凡郡之弊政民之汙俗悉作而新之尤可嘉已於是乎記是歲仲秋既望里人前太學進士金吾謹撰崇德州儒學教授錢文原書并篆額總管府提控案牘韓昇逯汝舟將仕佐郎嘉興路知事薛亨從仕郎嘉興路經歷趙昇承事郎嘉興路總管府推官劉鐸承務郎嘉興路總管府推官燕允賢承信校尉嘉興路總管府判官岳兀魯赤朝

□大夫同知嘉興路總管府事□衙等立

嘉禾曹梓明德新陳琇鐫

右碑篆額九字文正書十六行在嘉興縣此述達魯花赤撒剌兒總管辛仲實捐俸營府事凡三月而成金吾記文極言樂助者爭趨而來至于釋氏亦無靳色明年又借修學傳光龍記謂發舒文明何啻晦冥此據廨之體固然亦見當時二職互制也金吾又見後學田復租碑結銜同而書望爲雋里應郎橋里

元重建民山廟碑

江浙杭爲鉅鎮行省滋口分鎮者四翼益都舊軍寔爲土闕營之東北門故有土臺上存一廟以事土神而傳志無

閭詢之耆舊則曰艮山廟也杭城周四十餘里爲門十有三其東北曰艮山以雉堞之餘築臺建廟因以名之今府營屯州城之東北隅治鎮府營之東北而神廟又居隅治之東北焉此說庶有可證其臺高廣不踰尋丈基圮霖潦室困風日每脩輒毀至元戊子歲海宇會同武備多暇江南鎮戍歲久者輒易地以均遠近勞佚之勢以故軍府由蘇易杭營仍其舊達魯花赤昭勇拔覩公監肅軍咨萬戶輔國鄭公祐帥正師律副侯宣武李公字閭奚倅貳戎政協恭和衷諸闖覘徼由是叅佐協心偏裨聽命闔壘寔繁器械練習以時卒無玩愒凡軍政有未便士情有[illegible]安者亟請于上□□□之乃闢閱場築射圃新鼓角樓又新安樂堂以至諸戶□鋪門鑰周墻馳道通渠□徹革陋綴缺適宜如是者十有二季并而不紊居一日公務彌暇萬戶鄭公謂二公曰吾儕幸逢盛際四方來庭邊鄙不聳按甲寢兵以效守禦□安下和百廢粗興繄神之佑役圖有廟頹圮失祀是以缺典盍撤而新之以答神貺二公曰然乃鳩工度材因臺爲基甃其旁使土不墊石其除使柱石顛前儆月臺下疊砌像貌供設丹雘黝堊咸稱其制成不終日而下無所擾廟後建數椽處浮居以奉祀事併新其東南之三廟落成之日凡軍之將士謁予請記之予謝不敏衆皆曰軍府分鎮有年士守紀律民安田里三帥德政昭不可泯而神之所以陰相而默佑之者亦不可誣也今斯

廟鼎新則于治人祀神之道兩得之矣盍誌歲月以傳不朽予其何辭予曰諾敬泚筆以書于石旹大德己亥孟秋望前鄉貢進士紹興路儒學錄古杭□德章記并書

右在城東北隅艮山門外小土山側按艮山雜記云此碑云雉堞之餘築爲土臺可知此阜所由來也宋紹興時東北城門已具有艮山名者艮爲東北之卦門位東北命之曰艮兼山爲艮命之曰艮山不必實有山也蔵寒堂集艮山東麓南渡宸遊看新綠處今則一坏之土耳文云益都舊軍寔爲土闕元史世祖本紀至元十三年伯顏悉罷宋官府散免侍衛禁軍兵志十八年詔以征東留後軍分鎮慶元上海澉浦三處其於城內兵守無聞焉從萬歷府志誠二十二年于杭州置萬戶翼二十七年以杭州行省諸司府庫所在置四萬戶府分兵閱習艮山之鎮即四翼之一也

元重建蕭山縣儒學大成殿碑

蕭山縣學重建大成殿記

前翰林直學士奉訓大夫知　制誥同脩　國史張伯淳撰

前集賢直學士奉議大夫太原路汾州知州趙孟頫書

朝列大夫江浙等處行中書省左右司郎中賈仁篆額

縣有學學有

大成殿凡皆然不特蕭山也蕭山爲邑西瞰錢唐東接千巖萬壑之秀宋紹興間建學文筆峯前拓址恢規自昔爲諸邑最弦誦聲日相聞名公鉅卿彬彬輩出

皇元混一以來士由學者咸給復部使者往往能以宣明勉勵爲己任以故飭弊植僵視前弗替當至元壬辰歲廉訪副使東平王公侯既宏闢鄉學行有餘力重建新學時教諭山陰王酉發亦既營治如家不日而成當有紀其事者惟殿之成欲速不皇擇木曾未十稔腐弗克支大德戊戌縣尉大名王振麟伯教諭天台陳處久德可四明陳適文卿首議撤而新之既而尹燕山王琛君寶來止慨然謂宜主簿太原王泰亨仲通與達魯花赤可馬剌丁咸是其

議顧力有不逮會是秋副使拜降公簽司事王公煥循行至邑奠謁已諸君闔辭進曰殿不稱學不亟圖之將壓焉猥止藻芹顧瞻若是爲士者獨無內愧乎二使者作而曰是余心也若所言犂然有當謀既僉同於是邑令提其綱尉相其役教諭傾廩以經其始諸生莫不輸材薦力起己亥歲夏四月至秋八月告成易腐木而堅改舊觀而新民不知役士無異論奐然翼然過者駭目洞心於乎盛哉竊謂士君子之於學患不固耳思必精辨必明行必力然後見諸日用而不悖猶之農鹵莽滅裂而種其報亦將鹵莽滅裂向使當時工善度材官不計速效殿雖歷千載猶一日也欽惟

制誥屢頒崇尚

孔子之道有地治者罔敢行其胸臆以壅

皇澤士何幸然士所學何事如徒切切然求以復其身而其所以自立則惟苟且是務殆與前所謂腐木者奚以異可不懼哉德可於伯淳爲中表道其修建顛末爲詳惟麟伯儒而通見義有勇故於是役宣力靡不至文卿名家子敏而好脩身惟心任蚤夜弗少懈令佐皆知所本故能底於成然則豈偶然哉矜佩來游知其成之不易而責效之不可以速則在我者必將求爲可久之道是豈施於繕脩一事而已邑之官若士謂伯淳曾職太史氏言或可信後求文以垂不朽因述所見聞云然尚相與勉旃德可昔嘗

有位于朝介特可稱云

大德三年十月　日記　古杭謝杞刊

碑陰

蕭山縣新文廟碑陰記

大德三年八月辛亥哉生明越五日廟成翼日丁巳釋奠于新廟用幣縣長貳師弟子咸在既受福東序還位揖于庭曰美哉廟歟亦勤恤匪易皆敦讓言罔敢以爲功亦既伐石門外右盡載輸材氏名寘諸石陰適來請記故廟在雷壞東偏庳下陋隘賢令陳公南相方度宜以從寘于茲土後百廿年張公稱孫貴盛爲山疏滿復作廟又後卅有七年當至元廿九年廉訪使者行縣貳學官作廟堂門廡

始訖丹漆黝堊事蠹蝕材且盡處久適懼弗即就請用良
易蠹尉奮曰厥初擇材弗于其良今弗良圖疇克久語合
尹意長官主簿暨典史陳英咸贊其自調工材所出營度
略定廟郎日撤去故材蠹中冈有膚寸完張公孫堅先輸
其良以勸羣士伐木薦材以後爲恥復合師弟子月入粟
布用佐餘費範金斲木與日出入尉日至臨視適程督益
虔靡間暑雨成廟之改月處郡洪大澤代處久任猶未塗
墍芡天澤繼成諸廡基匪堅墉乂將繼方議葺廡外內且
完尉亦歲滿受代去長孺曰作新廟惟材暨工有弗獲冈
克臻廟成弗錄何勸爰作記以貽後廟記翰林直學士張
君伯淳所作是爲處久私親昆弟廟事核故弗復書十月
癸亥哉生魄越四日丁卯金華胡長孺記漁陽鮮于樞書
陳適立石鑱者謝杞

右碑文正書二十五行碑陰正書二十二行在蕭山
縣學此碑述至元壬辰廉訪副使王公俁建新學而
創殿匪材歷七年大德戊戌縣尉王振等撤新之又
輔以達魯花赤可馬剌丁等之謀而始成太史張伯
淳記之碑陰記大德三年落成釋奠于新廟用幣而
兼及爲山疏溝丹漆黝堊諸事亦歷數年而蕆事金
華胡長孺記之一殿之成多歷年所可以知其時事
矣張伯淳字師道崇德人登咸淳進士擢太學錄至
元中被薦入見世祖問宂官風憲鹽筴楮帛皆當時
大議對悉稱旨授翰林院直學士詔命皆出其手同
修國史拜侍講學士有養蒙文集行世胡長孺字汲
仲永康人淳祐進士至元二十五年拜集賢修撰改
教授揚州移建昌錄事至大初轉台州路寧海主簿
延祐元年轉長山場鹽司丞以病辭隱杭之虎林山
見元史本傳

元宣慰陳節齋祠堂碑

故宣慰節齋陳公祠堂記

前進士俞浙譔奉議大夫江西東道肅政廉訪副使臧
夢解書承直郎江南諸道行御史臺監察御史門人李
仁篆蓋

評論人物之道不當但核其事而當洞察其心心何有哉
仁是也仁何物哉公理是也人惟公理存心則理重於我
以我徇理雖易生而死可也一或私意間之則我重於理
以理徇我雖三綱淪九法斁勿顧也昔夫子稱殷有三仁
而不輕以仁許令尹子文及陳文子者正指其心之所在
也三仁生死不同而心同於爲殷我無與焉故曰仁彼子
文心乎楚而不心乎中國無王也文子心乎身而不心乎
君無上也天下寧有無王無上之人而得謂之仁乎哉由
是推之故宣慰使陳公之死於寇也其事固可悲其心
不幾於殺身成仁而無求生以害仁者乎公諱祐字慶甫
號節齋趙郡寧晉人至元十四年丁丑冬公以淛東宣慰

來句境內抵新昌新昌鄰境發之玉山也玉山多悍夫先有欲逞悍於一使者呼儔五百餘輩約便道爲邀寇計風傳來期適與公相值邑人亟白公曰寇鋒必銳姑少避之公曰吾以宣皇靈慰民望爲職不幸遇寇弭之可也避之可乎縱吾可避如百姓魚肉何不負
朝廷羞使節乎況寇亦吾民也吾將道
天子德意志慮昭示利害禍福使知向背以盡吾職無愧吾心而已卽雨止縣治翼旦左右白寇至公肩輿招諭聲囊橐勞之寇認爲前使者喧呶洶涌不復聽命擁衆直前公遂死焉寇徐覺其誤驚駭鳥散嗚呼公以赤子視寇寇不以父母視公公爲寇特開生路寇乃納公於死事之倒

施有如是者天乎命耶天乎命耶或疑公此舉可以死可以無死死殆類於傷勇矣吾謂此說者但以事之成敗議公非以心之公理知公也公倉卒遇寇武備不及設文誥不及施自常人處之肝碎膽落奉頭鼠竄惟恐不速公氣宇雍容惻愴上念
國恩不慮生民毅然隻身橫當寇衝雖事埶蹉跌卒能殉理以死吾竊意英魂陟降猶以不克竟其大勇自恨尙何傷勇之有則凡低回太息仰天俯地不滿於公之一死者固公之所憫笑而麾斥者也烏足爲知公之心事哉吾固以爲公之死根源於此心之公理深有合於吾夫子殺身成仁之義非天下烈丈夫能爾哉公旣死邑人壯而祠之閱廿有三載庚子邑令王光祖求文爲記固辭不獲因爲發明其心事以表見於當世且取屈騷數語隱括以歌之歌曰出不入兮往不返平原忽兮路迢遠帶長劒兮挾秦弓身雖死兮心不懲凜壯節兮神以靈魂魄毅兮爲鬼雄若其歷官行事無繫於新昌者茲不載大德四年六月望日謹記

右碑在紹興府學文二十四行正書字徑一寸額書故宣慰節齋陳公祠堂記八字字徑四寸按碑載陳祐字慶甫趙郡寗晉人至元十四年任浙東宣慰使爲發寇所殺邑人哀而祠之閱廿有三載邑令王光祖爲立此碑時大德四年六月也王光祖職官表遺

之俞浙字秀淵新昌人開慶己未周震榜進士見題名碑著有杜詩舉隅一書宋濂序之云先生出典方州入司六察其氷蘗之操諒直之風凜然四者不幸宗社已亡徘徊于殘山剩水之間假子美之詩以洩其胸中之耿耿據此則其在宋時曾經入仕而此碑系銜仍書前進士亦寓不忘故國之意也臧夢解字君舉宋末中進士第至元十三年內附大德初官江西廉訪副使後遷廣東廉訪使以老病致仕史稱其博學洽聞爲時名儒而敏於政事操守尤爲介特嘗自號魯山人稱魯山大夫李仁事蹟無考

元嘉興路重修儒學碑

古者建國君民教學爲先學之有關於人倫教化也尚矣
堯舜禹湯文武所以化民成俗鮮不由學爲轍東
興端起人心日以不古風俗日以不攷而綱三常五賴以
不墜者學存焉耳我
皇上嗣登
寶位克紹
祖武深惟
天子之道垂憲萬世有國家者所當崇奉乃
詔風憲牧守之官惓惓焉以學校爲先務猗歟盛哉唐虞
三代聖人之用心也禾興郡學舊在望雲門西偏 建炎
兵火徙州治東之故賓館紹興壬戌凡三遷迄定斯

地寶祐丁巳益而闢之廟學始完居亡何
天戈南指臣附 初畔道者乘之以爲市學田浸入私戶
或奪入浮屠歲久削益甚甚而去其籍非惟教不振而所
資以爲養者滋歉學非昔矣光龍叨
恩分教職思其憂一傳衆咻孰主張是會總管辛侯來守
兹土光龍偕同寮帥諸生迎于郊侯進之日學校事當用
吾情賑政越三日故事見于
先聖先師之廟盤桓四顧宮牆榛莽門術壅閼殿室堂廡
率弊漏弗治心爲憮然遍諸同列曰學校不修吾屬責也
修諸昔達魯花赤撒剌兒字仲文同知總管府事李衎
字仲賓寅協一辭喜而贊之間一日侯問學計歲入

以實告侯即視爲己任而盡心焉定力如山衆撓莫
入纔是掩有於私者旋歸於公得米輒若干石而侯之
乃命庀材鳩庸一視民間例酬厥直且俾知事薛
亨宇文通董其役始大德己亥之七月訖大德庚子之正
月 泮池直廬門垣欄楯廊廡簷楹朱碧黝堊粲
然一新好義者翕翕以應如斯堂齋舍以至庖湢庫庾視
舊 士游其間發舒文明之氣何啻晦冥日月役
成士德侯屬光龍記其事遂請于侯侯則曰吾盡吾職而
已矣 光龍惟僖公脩泮魯史作頌文翁興學漢史有
傳是可無記乎矧是邦爲唐相陸敬輿之里論諫百篇言
不負

天子下不負所學我思古人實獲我心後敬輿而生者盍
亦知所自脩毋負賢邦侯脩學之意侯名仲實字仲文
蹟脩明百廢具舉而脩學特一事云將仕佐郎
嘉興路儒學教授傅光龍記嘉興路儒學教授孔昭書并
立 浙等處儒學提舉范霖篆蓋
右碑文正書二十二行在嘉興縣此傅光龍記總管
辛仲實偕達魯花赤撒剌兒同知事李衎脩廟越七
月而訖事也學舊在望雲門西自建炎至紹興凡三
遷而始定又歷寶祐丁巳而始完所稱頤堂齋舍者
即咸淳四年碑之觀頤堂也
元方天麟等題名并詩

大德四年歲在庚子暮秋之初里人方天麟天瑞侍嚴君
靖巖翁偕東平張楷道寧建安倪高景行同邑俞演則大
來游是日也風止雨霽山空日出臨流撫松逸興橫生追
和坡仙詩韻奉呈同行諸友併寄山中尊宿　兩山巀嶭
聳雙龍忽聽鐘聲落半空宿雨弄晴雲破碎秋林脫葉石
玲瓏法傳西竺三乘教詩慕東坡百世風晏坐危亭最高
處可人心自景無窮此下有小字二行不可識

右在玲瓏山九折巖題字之右摩崖正書十二行字

徑二寸

元釋明本懷淨土詩刻

懷淨土詩　西天目山幻住明本譔

東海一丸金彈子流光日日射西林世間多少奇男子誰
向窗前惜寸陰　迷時無悟悟無迷究竟迷時卽悟時迷
悟兩頭俱摙脫鑊湯原是藕花池　四十八願水投水百
千億身空合空法藏慈尊無面目不須重覔紫金容　塵
沙刼又塵沙刼數盡塵沙刼未休當念只因情未擻無邊
生死自羈留　四大聚成元兒角六根搏住白龜毛漚花
影裏翻觔斗出沒閻浮是幾遭　正念阿彌陀佛時寶池
樹影日遲遲更驅心欲歸清泰又是重栽眼上眉　濁水
盡清殊有力亂心不動佛無機眼前盡是家鄉路不用逢
人覓指歸　萬刼死生如重病一聲佛號是良醫到頭藥
病俱忘却不用重宣毋憶兒　晧室中藏大黑蚖未曾駈

盡莫眠眠髑髏壓碎須彌枕帀地香風綻白蓮　藕池無
日不花開四色光明映寶臺金臂遙伸垂念切衆生何事
不思來　故鄉易到路無差白日青天被物遮剔起兩莖
眉自看火坑都是白蓮花　獨坐幽齋萬慮逃一團山月
上松梢不將迷悟遮心眼盡是眉閒白玉毫　八功德水
暎金沙百寶樓臺散曉霞更有一般奇特事開敷紅藕大
如車　賀了新正看上元萬家銀燭照金蓮展開常寂光
明上佛法何曾不現前　示入泥洹記仲春風前歌舞恨
波旬誰知自性黃金佛常共千花轉法輪　寒食荒郊盡
哭天有誰遙念老金仙刼初埋向蓮花土不要人來化紙
錢　初夏淸和四月時九龍噴水沐嬰兒樂邦化主無生

滅只把黃金鑄面皮　不懸艾虎慶端陽惟向西方古道
場一炷鑪薰一聲磬六門風遞藕花香　淸泰古家無六
月從教火繖自張空金沙地上經行處陣陣吹來白藕風
　七月人間暑漸衰晚風池上政相宜遙觀落日如懸鼓
便篏歸鞭已較遲　登樓共賞中秋月回首誰思父母邦
不問多生逃與逝至今垂念未相忘　誰知九月東籬菊
便是西方四色花一个髑髏乾得盡百千閒見自無差
人間十月盡開爐深撥寒灰問有無金色願王元是火能
燒千刼愛河枯　羣陰剝盡一陽來五葉心花當地開遍
界枝條無着處香風吹上玉樓臺　臘盡時窮事可憐東
村王老夜燒錢卽心自性彌陀佛滿面塵埃又一年　一

串素珠烏律律百子諸佛影團團循環淨念常相繼放去
拈來捻一般　四蛇同篋險復險二鼠侵藤危更危不把
蓮花栽淨域未知何刦是休時　深思地獄發菩提父母
家鄉勿再迷痛策歸鞭宜早到莫教直待日沉西　要結
蓮花會上緣是非人我盡傾捐無時不作難遭想歡喜同
登解脫船　念佛直須圖作佛不圖作佛念何爲但當抱
識含靈者白藕均同有一枝　老來念佛正相當去日無
多莫蹔忘南無阿彌陀六字是名越苦海慈航　諸苦盡
從貪欲起不知貪欲起于何因忘自性彌陀佛異念紛馳
捻是魔　勢至曾叅日月光教令存想念西方自從親證
三摩地不離慈尊左右傍　觀經是一卷家書日落之方

有故居多辦資財期早到免教慈父日嗟吁　兄呼弟應
念彌陀要與渾家出愛河辨得此心常與麼直教佛不奈
伊何　蓮花國土無金鎖聞見堆中有鐵圍透得目前聲
與色百千賢聖合同歸　船居念佛佛隨船常寂光搖水
底天兩岸中流如不觸枝枝紅藕發心田　破曉移船直
過東滿帆披拂藕花風一尊自性彌陀佛出現扶桑照眼
紅　船上西來憶故鄉四花池上晚風涼飄零不奈歸心
切一片輕帆挂夕陽　任運移船過水南不須向外覓同
叅自家屋裏彌陀佛念念開敷優鉢曇　船駕天風上北
方風汀月渚暎心光忽移念入同居土不覺渾身在藕航
船往東西南北了依前不離古灘頭等閑推轉虛空棹

香氣滿船花滿洲　若不行船便住家從教門外拽三車
笑看火宅深深處陸地純開水面花　六方佛出廣長舌
俱讚娑婆念佛人須信白蓮花世界無時不散刼壺春
念佛不曾妨日用人於日用自相妨百年幻影誰能保莫
負西天老願王　富貴之人宜念佛黃金滿庫穀盈倉世
間受用無虧缺只欠臨終見願王　貧乏之人念佛時且
無家事涉思惟赤條條地空雙手直上蓮臺占一枝　要
結蓮花口口緣是非人我盡傾捐無時不作口遭想歡喜
同登解脫船　盡道少年難念佛我云年少正相當看他
七歲龍王女掌上神珠放寶光　身膺宰輔與朝郎蓋世
功名世莫量自性彌陀如不念未知何以敵無常　心中

有佛將心念念到心空佛亦忘撒手歸來重檢點花開紅
白間青黃　淸旦黃昏禮懺魔低頭泣告老彌陀輪迴六
趣知多少誓欲今番出網羅　金沙地上無紅藕赤肉團
中有至尊千聖頂額移一步等閑踢倒涅槃門　念彌陀
佛苦無難入聖超凡一指彈除却彌陀存正念萬般聞見
不相干　現成公案絕商量曉磬頻敲臘炬長晝夜六時
聲不斷滿門風遞白蓮香　動地驚天懃念佛槌門打戶
勸脩行問渠因甚麼如此只怕衆生入火坑　便就今朝
成佛去樂邦化主已嫌遲那堪更欲之乎者曾取輪迴没
了時　禪外不曾談淨土須知淨土外無禪兩重公案都
拈却熊耳峯開五葉蓮　佛與衆生夙有緣衆生與佛性

無偏奈何甘受婆娑若不肯迴頭痛著鞭　右懷淨土詩者中峯和上之所作也詩凡一百八首取素珠之一周也予嘗爲書全稿矣茲特采其要者再爲書之悯羣生之迷塗道佛境之極樂及其成功一也大德五年春三月戊申弟子趙孟頫書

右在雲居寺行書凡五列一百四十八行後有萬歷丁亥關西溫純跋不錄按稽古續集明本號中峯錢塘孫族童時嬉戲必爲佛事長聞經教然指臂求佛甚切誦金剛經至荷擔如來處怳然開悟後觀流水乃大發明自是說法無礙續文獻通考仁宗賜號廣慧禪師及殁賜謚智覺元統中詔以其廣錄刻梓揭

奚斯爲序釋祖順行錄學者輻輳師深自韜晦未嘗以師道自任有請住山開法者皆堅辭避之泛舟江淮所寓菴皆曰幻住大德庚子結菴平江之雁蕩遂成法席虞集智覺禪師塔銘中峯爲西天目高峯妙禪師高弟故每題西天目山幻住此淨土詩所謂開悟發明說法無礙者也

元雲居寺中峯和尚札

正月十九明本頓首再拜上　福壽堂上山翁大和尚尊几明本自新春而來口欲上　尊履之狀病衰日積殊切馳情即日孟春伏惟　尊體起居納福適者人自城中至傳聞　和尚日昨有意外之擾又知所問之官皆故舊信吉人天相之也方欲拜問茲以中便武亟扶病上狀殊媿草惡大覺寺訟聲聞亦少寬但常住苦於戶役窘於債負一濤如洗明本眼不耐見具述寺門之艱作一呈子上禮相之門以中能言其略　和尚或會　禮相之昆玉更望方便請其輿之主維則大幸也餘不多及仰干　尊悉不備明本頓首再拜上

右在雲居寺行書二十二行行字不等不知何時刻札中言寺中事書體頗清逸雄勁自成一家明本不以書名而天骨自具今寺中傳遺履長一尺二寸合觀此書足證其魏然龍象具體也

元釋永隆造像記

昔在石晉天福年中開山建院刊堅珉爲瞿曇羅漢像凡七百餘尊星霜屢易大欠莊嚴遂投誠檀信擇吉鳩工重繪重整再飾再新以廣其傳願一切人普同瞻仰後之人繼承我志時理之庶永示于不朽也

大德六年歲在壬寅能仁口曰住山口口永隆謹誌　搗口指口大檀越考名具列于後提領口口口口口施天慧

右刻在西湖石屋洞前記正書五行字徑一寸後楷書三行摩崖漫漶文云像凡七百餘尊錢塘縣志言五百十六尊誤

元紹興路增置義田碑

紹興路增置義田記

僂遠大將軍潭州安撫副使會綱撰　集賢直學士朝
列大夫行江浙等處儒學提舉趙孟頫書　少中大夫
浙東海右道肅政廉訪使梁國華篆額
越之有義廩自忠定史越王始蓋必賢者之後喪不能舉
女不能嫁然後賙之將使爲善者有所勸規式井如也其
後好義之士遡源衍流田益加增凡所給助壹出公論他
費亦惟成規是聽由是歲有餘積卿大夫之提其綱者又
能充拓前人意接踵成之有羨無數稟儲遂倍於初越之
人實嘉賴焉歲久弊滋或指上腴爲閒田或耕者逃徙漫
不訾省威胥徒相與爲姦利而潛損其故額者過半給助
旣多不盡覈其實而他費且益浮非惟力不能買田以加

益而貧者顧不被其賜比歲稍議更張會汴梁劉侯來捴
府事問民疾苦之暇首詢顛末鏡見弊端乃闢閒田復故
額汰濫予撙浮費積羨米陸伯餘石收其直得楮劵五千
八百餘緡擇山陰會稽之良田酬以善賈爲畝壹伯柒十
有奇登其數于籍俾職出納者庀司之又以其副庋藏于
府猶以爲未也則刻之石使不至湮没以無負先賢創義
之良規鄉人聞其事而相語曰義廩蠹傲極矣非劉侯見
義勇爲舊租以復新畬以增則虧其半者將至於盡虧而
助其乏者將無以爲助仁哉劉侯之用心也昔范文正公
嘗置義田嫁娶凶葬皆有贍世以爲美談然不過周及其
族惟忠定以故相鎮越獨能惠利邦人養成士大夫廉恥
之俗不遺子孫憂其所周視文正益廣矣今劉侯又能循
前人之跡而推廣其意下車甫朞月於義舉已駸駸可紀
積而至於三年之久其什百倍徙成效固不止是後之繼
者又能從而推廣之則貧有仰善有勸所及者不益廣且
遠耶是不可無述遂厲綱識其槩俾使來者有考焉凡田
之畝步若處所則條而勒諸碑陰茲不書大德八年四月
日記　古越丁茂刊

右碑文行書十七行在紹興府學按嘉泰會稽志故
丞相魏國史公鎮越之明年實乾道戊子始捐己貲
置良田歲取其贏給助鄉里賢士大夫之後貧無以
爲喪葬嫁遣者附于學而以義名爲規畫十許條劉
諸石語與碑合乾道戊子至大德八年凡九十八載
積久弊生復有如碑中所云者劉侯甫下車而能振
興之可以書矣侯名傑元貞元年任

元嘉興路學田復租碑

嘉興路儒學歸復田租記

前大學進士雋李金吾撰
應奉翰林文字承事郎同知制誥兼國史院編修官東
昌周馳書
朝列大夫前江南浙西道肅政廉訪副使堯山霍肅篆
額
學有田養士也士之所以得其養者非田也人也人而不

職如田何田而不贍如養士何禾郡學田素號沃壤丙子後日朘口削士之不得豐其養者職養者弊之也中間猾以易肥遠以易近誣熟為荒匿有為無歲老月深口磨籍毀佃僕蒙蔽互相為姦翻覆簸弄無所考證雖劉桑復生亦不得以神其算學校荒涼租額耗損士有養之名而無養之實者此也大德辛丑前建學教古杭沈公天佑再調秀泮下車來治學若家然究弊澄源白之郡侯劉巨姦除宿蠹委縣掌董其事選學職嚴催督積年之弊一洗之計租所入較昔頓增故養士有餘裕不特此也華亭仙山管田三百五十畝有楊副使者口五十餘石包佃歸己多催少納積逋尤夥遂勉種夫親行運納其舊佃張萬七等欣

然增數倍之無靳色又嘉興大彭管田五十五畝為白雲宗僧顧明淨所據轉售耳阿九等移文有司究詰明白青氈舊物二者皆學家尾大不掉之事公毅然奮銳極力經治歸侵疆於久據之餘振頹綱於口墜之頃學有餘蓄士安其養郡侯嘉之屬余以述其事侯命莫辭況公之盛美可筆者豈止此耶有如招經生二十四人制古樂二十八事訓樂生三十二人集小學三十餘生修飾宮墻增置經籍補葺書板校正閣文力與儒人申請于路咸得免征于鄉其為政績難以指屈此固公之能事然歸疆復租給賸免役口一事最為有功於學校非公壁立萬仞砥柱中流障百川而東之疇克爾是功也公不自有而歸之太守太守曰不然歸之夫子夫子在天之靈其大難名故勒諸石以貽後人大德甲辰季秋前直學婁蘭孫唐興能直學馬天祺趙良盛講書邵口文周囦小學教諭馬文虎蕭漢傑賓序吳雷發吳擢龍學錄承勉學正邢果等立石

嘉禾曹梓明刊

右碑文正書二十行在嘉興縣此右杭沈天祐再調秀泮釐正學田白之郡侯委縣劉姦除蠹而金吾述之也文記華亭仙山嘉興大彭歸田四百畝復又脩飾宮墻增置經籍補葺書板又能招經生二十四人制古樂二十八事訓樂生三十二人集小學三十餘生是殷心教養非僅以贍學者可比而侯之名氏不書于貞珉何也題名有講書小學教諭亦他碑未見

元嘉興路儒人免役碑

儒人免役公文

皇帝聖旨裏嘉興路　總管府　本路儒學申准

學教授關　照得　年正月二十三日本學承

本路總管府旨揮該准

江南浙西道肅政廉訪司分司牒該准

本道廉訪司牒該　奉

江南諸道行御史臺劄付該准御史臺咨來咨海南北道

副使孫奉議牒有司不能欽詳

都省奏奏准

聖旨節文醫儒僧道諸色名項影蔽有田納稅富豪戶計
卽與其餘富戶一體輪當里正主首雜泛差役永爲定例
欽此各處官司將儒人差充里正主首倂搬大小差役不
副
聖朝崇儒之意請照詳希咨囘示准此照得如委係元籍
儒戶別無影蔽難與其餘富戶一例應當仰照驗欽依施
行當年九月內又奉本路總管府旨揮該准本路推官咨
蒙
兩浙江東道奉使宣撫欽旨前往本路管下崇德海鹽州
開讀
聖旨宣布恩澤撫安百姓等事據儒人林文與等各款陳
言數內一項官司輕視學舍厭鄙儒生凡遇科差無所不
至以此禮義之風掃地而盡擬乞摘委正官提調依奉
國朝舊制勉勵作養誘掖後進以成材其於差役乞加
優異除已行下合屬欽依元奉
聖旨事意毋將儒人與民一例差擾違錯外仰照驗施行
奉此當年十二月十三日又承奉
本路總管府旨揮該承准
江南浙西道肅政廉訪司牒備據江浙等處儒學提舉司
申准本司提舉趙朝列牒該參詳設立學校蓋欲興教化
厚風俗作成人材誠爲
國家之急務實非其他各投下影占富豪戶計之比今路

府州縣官司多行不能欽詳元奉
聖旨事意一槪以輪當科差爲辭往往將已抄籍定儒戶
恣意亂行勾擾差充里正主首大小雜泛職役遂使學校
廢墮儒風凋喪殊失
聖朝崇儒重道之意擬合欽依累降
聖旨事意優加存恤蠲免差役似爲便益欽依
聖旨事意施行奉此當職照得在籍儒人累蒙
上司行下存恤除免差役非不明白今來司縣排充坊隅
里正主首在卽若不行移有司嚴加禁治誠恐各鄉都有
田上戶不遵
國朝崇儒免役之意故將儒人朦朧一槩推排差擾深爲
不便謹請備申
上司照詳行下合屬體例除免施行准此照得至元二十
五年內欽奉
聖旨節該今後在籍秀才做買賣納商稅種田納地稅其
餘一切雜泛差役　行蠲免所在官司常切存恤欽此至
元三十一年七月內欽奉
聖旨節該諭中外百司官吏人等孔子之道垂憲萬世有
國家者所當崇奉本路總管府提舉儒學肅政廉訪司宣
明教化勉勵學校凡廟學公事諸人毋得阻擾據合行儒
人事理照
聖旨施行欽此除欽依外今准前因又照得本路所轄海

臨等州已行遵奉本路旨揮事理備牓戒約了當獨本路
司縣上年仍前朦朧將儒人一槩差撥未能欽體
聖朝崇儒重道之意如蒙本路總管出給文牓發下合屬
存恤欽依除免侶望不致有妨教養申乞照詳施行得此
照得大德七年十二月初六日承准
江南浙西道肅政廉訪司牒文亦爲此事已經行下合屬
欽依
聖旨事意施行去訖今據見申除已行下合屬司縣如委
係籍定儒人欽依
聖旨事意存恤施行毋得一槩動搖違錯外合行曉諭須
至榜者

右榜曉諭諸人通知
印押
升學不征古制也奉行
上司存恤之令而不征者郡侯之有古心也同堂合序相
與贊成其議者此又同列寮屬之能行古道也有古心行
古道則今猶古也固宜升學不征之古制復見於今日歟
士生斯時既免坊正弓手之役又免里正　之差功將
誰歸　郡侯諸公之力也時同列上則　達魯花赤海
答兒次則有同知趙治中府判　推官張　馮琚時暮
屬則有經歷張　佐知事白　陳　皆能與
郡侯同尙儒道共主斯文遂使　之　于鄉而得以
安心於游歌也士蒙福而不自　此　之事也天佑既
忝教職得遂儒戶免役之請敢不書一　之盛事而刻諸
石以傳　郡侯諸公不朽之名
郡侯謂誰路陽石承慶也大德甲辰孟秋既望嘉興路儒
學教授沈天佑記長洲縣儒學教諭閻大有前稽山書院
山長吳性仁直學馬天祺前直學婁蘭孫唐興能學錄承
勉學正邢果前學錄方午鴈學正朱天珍前教授唐林徐
碩等立石　山陽王國書郡人趙良盛吳性道監刊
嘉禾曹德新梓
右碑篆額六字文分兩列上列榜諭三十三行正書
下列記文十七行行書在嘉興縣此達魯花赤海答

兒暨郡侯石承慶乞免儒人差役而沈天佑記之也
上列申牒榜諭後記士民蒙休遂爲刻石以傳觀文
內儒人差充里正催辦大小差役等于齊民大非至
元二十五年雜泛蠲免之旨此林文興等所以亟亟
也
元佑聖觀重建元武殿碑
佑聖觀重建元武殿記
承直郎太子文學元明善撰
中順大夫揚州路泰州尹兼勸農事趙孟頫書并篆額
杭州佑聖觀宋淳熙年始建住持祖仇君安一嗣十有五
而陸君宗輔嘗更新之元貞元年制以王君壽衍住持提

默越八年事有可書者載諸石王君入朝元武殿焚提點
觀事吳君存眞方任厥復制以孫君益謙住持提點進其
徒曰教風攸振未必不始諸道寓剡杭人士之雅所奏假
者不復之昭吾怠事且何從祝釐于上而下亦無於誠薦
也遂偕吳君協力儔功索帑會貲財賦總管張顯泉府卿
范宇暨杭士翁泳許夢斗翁仲源各來輸羣細積鉅用得
以饒經營勿亟惟完永之圖始大德七年三月訖八年三
月底于成厥費萬計廣之百一十尺高之七十尺髹堊甃
甋不侈而文有赫斯頌犀屭清邃厥稱神棲明年以餘力
樹脩廡又明年嚴繪壁潔齋廬師居徒館罔不飭整今年
春孫君吳君繼來朝僉其事於玄教嗣師崇文宏道玄德

眞人眞人曰世祖皇帝之既成新都也龜蛇冬見新城西
偏館之七日忽不見上神之爲建昭應之宮成宗皇帝莱
功懋神加元聖仁威于宋之所崇帝號聖元紹百代正統
一四海而帝之肇基朔方卒獲斯應是揚靈顯於大者如
此杭爲吳會宋賓國之百年物阜人夥燕以南無與爲大
而玄武殿又杭之大禱禮□□□羣聚咸願依私是旁澤
遺賴於細者又如此不金石刻斯無以騰神賁詒能嗣俾
爲之文虛生一一生水道家師一水之神□□□□危七
宿文錯成象位北故曰玄體不故曰武物資始終故兩陰
陽互宅故交子當坤復之間陰極陽生萬物之元必有主
宰□又□□天帝昔之王者必郊而五帝次亞昊天羣祀

類從今元武之有祠實此宗也儀以義起而極其稱謂則
始諸宋使天下之□□□鷹賓走于其象設者果有以
翊運作福元元與不爾彼奚其貿貿焉將事于無効也其
亦聖人當出其下物化神設先事警與不爾嗣師之言迺
徵於目者也雖然元武法天以行而妙用不測謂之隱邪
外柔內明施□沕□□□著矣謂之顯邪廟貌彤崇陟降
衎寫兆朕微矣至若素履潔齋無禱猶乎祝史矯舉不福
無艮益神與人一餕義則二鏡物□□聰明奚在奉常歲
舉典祀秩于無文不顯大神有開厥初繼自今風雨宜穀
麥人康食而無或艱阻用長我大歷服以至于億萬年日
月所照荷神之休其無斁而豈惟杭人夫究心罷力勇于

其植誰不曰陰厚吾之所獲顧不于□歸□兆人□歸而
國焉是歸其進于於道者之所爲也敢白隱美聲之悠久
銘曰國祀欽天般薦無文維神司北顯相我元宇之象求
變見何所儼乎參前謂玄而武杭人有言今雅依私不識
神處而室奚歸憲憲其微穆穆其凝其凝其寘膚奏爾靈
哉崇明祀來格來寧主祠脩能純嘏虔告緊國而家罔或
不淑勒石中唐聲功今始登世于千敬事無止　沖眞崇
正法師佑聖觀副知觀事陳子浩崇文虛一明善法師佑
聖觀提舉孟宗寶隴右李璋摹勒鐫字都監馬汝拱監造
知事蔣一雷俞汝宗楊仲元袁汝哲

右在佑聖觀正書三十一行行五十九字佑聖觀者

宋孝宗爲普安郡王時外第也淳熙三年詔改爲道
宮紹定間賜額曰佑聖元武本于天象見于禮經漢
唐以來無專祀宋初有佐命應見之事遂專崇祀遍
寰宇焉此文生一生水位北體分物資終始陰陽互
交諸義闡發極爲詳盡于今時像設可以豁然矣孫
君羲謙即安晚軒記文素仁德誠明眞人也孟宗寶
號集虛吳興人大德間築室苕溪爲讀書地聚書千
卷以心虛始能求道得正心誠意之旨後入大滌建
書院廣集同人遊居講集其間道法表著張伯淳顔
其廬鄧牧心爲之記牟巘題其像贊焉

元嘉興路修學碑

嘉興路重脩儒學記

嘉興教授孔君演既新其廟學前進士泰州錄事趙田漳
貽書陵陽牟巘俾記厥成耄惛廢學非所敢　顧夙厚孔
君知其賢今得學宮一席地即能興盛節以嘉惠多士錄
事君之言尤信予益喜聞而樂道之惟是邦文獻自唐以
來至于近代耆艾之典刑名第之俊秀蔚乎相望人知欣
慕攷之郡乘學宮本在郡治北湫隘弗稱紹興間改作于
其西屋凡百三十餘楹規模宏傑費悉郡出不以累學也
越更多故　漏過日嗣而葺之者往往學任其費則儒戶
之科抑生員之停供勢不能免失初意矣孔君之至嚴課
講增廩給以勵諸生核田蕩禁豪奪以歸侵疆諸事略舉
乃議脩泮白之郡郡侯以下皆樂從惟是上雨旁風費且
夥亟命直學方應龍趙頁盛王子正會計用度募匠化庀
徒分董其役而學正趙由儁學錄沈德華左右叶贊焉遂
盡撤舊蔀更覆之榱桷欂櫨之腐橈者易以堅壯丹碧黝
堊之漫漶者加以煥飾起丙午季秋畢丁未仲春殿庭門
廡八齋小學講堂頤堂以及它屋靡一不新過者色然改
觀皆曰吾教授孔君口爲也孔君博物多識篤于學而勇
于義苦心勞形不肯碌碌從俗苟安而其能又足以達其
所欲爲故　科抑不停供數月而成克有盛譽如此孔君
蓋夫子五十三代孫也古者立學釋奠於先聖先師必
言國無先聖先師所釋奠者當與鄰國合也後世既以

孔子爲先聖乃天下通祀焉孔子之祀厥　闕里弟
子魯人依之以居者百餘室率以歲時奉祠諸儒亦講禮
鄉飲大射於此因廟藏孔子衣冠　書訖漢初二百年
矣天相斯文有永不替諸侯卿相至先謁後從政歷代遵
之雖通祀遍天下而　廟益尊宋以孔子一孫世封
衍聖公易唐崇道之號建炎南渡寓于太末立廟祠襲封
爵悉視舊章　崇奉孔君於衍聖派闕里同寓太末同
故其來嘉興也稟以崇學自任夫既勤垣墉惟其塗塈茨
既勤樸斲惟其塗丹雘此在孔君誠作室梓匠之事可謂
賢且勞矣抑予聞夫子之道在六經學在論語而其　在
曾子子思之大學中庸所以教人亦惟曰君臣也父子也

夫婦兄弟朋友也世之學者固知誦習其　然不安於固
陋就簡則失于淩節躐等不溺于記覽詞章則流于異端
邪遯末習相承微言幾熄孔　脩治其學是邦之士得
所馮依顓志肄業盍亦思夫風雨帡幪之功繼自今朝夕
勉懋相與玩　論淵源由伊洛而遡洙泗匪直新
美其輪奐且將新美其風化尙孔君崇學之意也不亦懋
歟大　年七月既望前朝奉大夫大理少卿牟巘記
集賢直學士朝列大夫前行江浙等處儒學提舉趙孟頫
并篆額前進士趙由漳立石　嘉興陳文信鐫

右碑文二十四行正書在嘉興縣此教授孔子五十三代孫演新脩廟學陵陽牟巘紀事也是時多故嗣葺者學任其費遂致儒戶之科抑生員之停供孔君嚴課講增廩給以勵諸生按田蕩禁豪奪以歸侵疆諸事具舉克有盛譽矣孔氏自靖康之難衍聖公端友扈蹕南渡俱家于衢襲封如故演實系出闕里自能尊崇廟學溯厥淵源巘文不啻三致意焉趙由漳嘉興人咸淳乙丑阮登炳榜進士故書前字

元加孔子號詔碑

上天眷命皇帝聖旨蓋聞先孔子而聖者非孔子無以明後孔子而聖者非孔子無以法所謂祖述堯舜憲章文武儀範百王師表萬世者也朕纂承丕緒敬仰休風循治古之良規舉追封之盛典加號大成至聖文宣王遣使闕里祀以太牢於戲父子之親君臣之義永惟聖教之尊天地之大日月之明奚罄名言之妙尙資神化作我皇元主者施行

大德十一年七月　日

惟夫子集羣聖大成垂教萬世雖追崇之典屢臻未有備其極者皇元大德丁未始加大成之號其所以致褒稱之隆蔑以尙矣後二十九年儒學提舉臣余謙副提舉臣陳旅謂明詔之頒它郡邑學院皆勒諸石而茲獨缺焉於是臣謙爲隸古書之俾刻樹廟門用揚休命昭示于無窮厥惟楙哉至元二年丙子歲秋九月甲子西湖書院山長臣陳泌拜手稽首謹書

右在杭州府學碑凡二列上列隸書詔旨十一行行十五字字徑寸餘篆額二字下列正書陳泌跋十七行行十一字是詔傳世最多當時學宮盡刊此詔又至大二年十二月有江浙等處行尙書省劄付淮尙書省咨復詔刻此碑事此劄猶見徽州路大德加封詔書之下何杭學遍邇行省而刻加封詔遲至二十九年之久有所不解也

元孔廟詔旨碑

上天眷命

皇帝聖旨蓋聞先孔子而聖者非孔子無以明後孔子而聖者非孔子無以法所謂祖述堯舜憲章文武儀範百王

師表萬世者也朕纂承丕緒敬仰休風循治古之良規舉
追封之盛典加號大成至聖文宣王遣使闕里祀以太牢
於戲父子之親君臣之義永惟聖教之尊天地之大日月
之明奚罄名言之妙尚資神化祚我
皇元主者施行
大德十一年九月日
處州路麗水縣尹兼勸農事臣王銓書丹
右碑額題篆書詔旨二字文十二行正書末附書丹
銜名一行小楷書在麗水縣學縣尹王銓舊志不載
元加封孔子制誥碑
上天眷命

皇帝聖旨蓋聞先孔子而聖者非孔子無以明後孔子而
聖者非孔子無以法所謂祖述堯舜憲章文武儀範百王
師表萬世者也朕纂承丕緒敬仰休風循治古之良規舉
追封之盛典加號大成至聖文宣王遣使闕里祀以太牢
於戲父子之親君臣之義永惟聖教之尊天地之大日月
之明奚罄名言之妙尚資神化祚我
皇元主者施行
年月日　曹
右碑文正書十行在嘉興縣
元修麗陽廟碑
重修麗陽廟記

嘉議大夫前福州路總管兼管內勸農事趙鼎篆額
口之北山麗水出焉古白塔廟在其東唐大中九年守者
爾形度勢改今廟塑三神像名以麗陽五百年于茲矣宋
大觀間始加王號刱前殿廡後美謚彌加以次俱王按祭
法山川能出雲爲風雨皆曰神諸侯在其地則祭之廟據
山川雄峙之勝合禮經祭祀之法其久長宜也矧文軌一
家百神效職
聖上登
寶位名山大川之祀累頒
詔旨長史欽承惟謹大德五年夏六月德秀來胥教事適
廉訪使者慮囚因謁廟　前記徵應蔓錄既通吕祠宇𡚁

剝不治議增修時同知總管府　亦的勢公慨然當其
先是毓靈殿之役嘗鳩財將營前後殿不果公循舊數勸
不勞而集不足則益以奉秩元侯馬公總侯孟公治中李
公及推官王公陳公皆相與致力是歲有秋民歡趨之後
殿悉循唐故未間嗣葺至是筵籌得請始敢進登度其害
政害仍視昔有加工復獻巧倣前殿規通前軒爲一脊刱
明樓　　敞豁達頓聳觀瞻前殿則易其朽腐增甃堅
塗蠹飛愈壯門之兩壁左憩賓右祐祀舊闕戶廡間
通整牕檻遷戶東西門外示不敢褻自門外二　以至應
夢之　外必葺壁間圖像咸與維新經始於　酉
越明年二月乙亥告成方工之進成也廉訪使者至自永

嘉復經廟下時余從　視歛者直腐者艮卑暗者高明使
者曰廟新矣榦翰墨以記厥事郡文學職也德秀　不敏
未幾郡士復以公意來請時前殿未完輙效王文公語辭
曰姑成之吾記無難者繼而以學事暫諸神則廟之百役
靡有遺公奉省檄出爲之請者日不倦其又何辭惟儒先
有言水流山峙其形也而人之　何居氣之流通可以相
接也而宇之也何故余嘗疑於是今因而釋之古聖王之
制祀也必有尸自尸法廢而神無所依後世像設將古人
爲尸之義於是乎在易於萃渙皆以廟言廟以　神靈亦
以聚祭者之精神精神聚而不散此神所以爲靈而人所
以有感必應也諸侯能因民所欲而致力於神是可書也

老　後殿之役前守屢欲興神舉　不日成之唐
碑所謂必侯永年厚位之賢　寓其跡者公之謂與公精
敏通晤　民心嘉政難以枚舉是亦其一云若夫神之
爲
國爲民靈異不一者前言詳矣茲得以略夏四月己卯遂
寧馮德秀記郡人鄭桂高書　麗水縣達魯花赤杪兒赤
縣尹　民望主簿李玉與吏呂性傳立石　掌計王虎孫
視役許　趙順卿陳伯順廟吏　嗣　李
刋

右碑篆額已斷存修陽記三字文二十八行正書在
麗水縣麗陽山按麗陽之祀始唐大中時守徐鄖立
城山廟塑三神名以麗陽在麗水之陽也宋大觀時始加
王號大德五年總管口亦的繼修之越二年而藏事
卽此碑也文後一段言祭必有尸自尸法廢而神無
所依又云易于萃渙皆以廟言廟以聚神靈亦以聚
祭者之精神皆未經人道語最精確是爲可書也已
趙罃縉雲人字安國宋浙東提管知汀邵二州入元
爲福建安撫使歷南劍建昌邵武福信五路總管時
干戈甫息罃至一以賑靜爲先終兩浙運使以征安
南功追封蒙城郡侯謚懋康

兩浙金石志卷十四　廣州府澳門同知桐鄉金錫鬯刋
臨海洪瞻墉校

兩浙金石志卷十五

揚州阮元編錄

元湖州路重建府治記

在昔覲邦選侯則必建寢室設官舍廩庾庖廄庫別其名物而爲之備又必崇垣墉嚴戟衛鐘鼓漏刻警其昏昕而爲之節大抵上以藩屏王朝下以輯寧其社稷民人焉厥後攺法度置郡國隨時施宜各有損益於古諸侯之制終不能盡變洪惟

聖元混一區宇輿念南服如吳興之爲郡夙號名藩宜遴選良二千石以任承流宣化之寄於是廣平馬侯膺時隆委以來作牧亦既治事周覲四顧喟然曰黃堂是爲太守

之聽事而陋若是非所以昭示憲則令衆庶見也盍不可一日不葺歲之不易又念吾之赤子不得乳於其母也與同寅合志凡可便於民以全其生者靡憚於爲歲稔政洽乃召匠計役命推官范忠以董之進諸縣大夫而屬之曰某任某職某任某事庶克底于成皆曰某等不敏敢不惟命之從更相告語聞者讙趍之始于至大已酉三月成于七月培卑增高加於舊若干尺增廣若干丈屋之高下大小勢不能相權者悉歸於壹堂皇端深翼以兩廡晨起坐堂上澄神滌慮發號施令如明鏡止水物來而能名事來而能應期會簿書非侯之所爲治也堂曰帥正正身帥下子帥以正孰敢不正如表之端則其影是直理也右曰公生明兩推官之所居也左曰思無邪衆郡幕之所舍也夫公於己而後能公於人公則明明則通溥思也無思土木也惟有思而無所思乎否則邪闇塞此先儒之言不可以末之知也麗譙未葺所關尤重腐敗者皆撤而新之銅壺玉漏千里之內鼓角驩亮民所欣快況人之置壺必求其安則水之浮箭必得其平矣君子以觀政焉聽後爲便齋雲窗風檻周回暎帶据經諏律於斯焉處可可否否惟眞是之歸又其後爲樓居洞既軒豁益崇廓以大湖山如在戶庭閭里如在目睫類無不得其情者是舉也役不踰時民不知役由中徂外惟塗墍茨莫不堅好承以木石加以藻繪丹碧焜燿見所未曾士若民皆舉手相賀曰昔者燠

休之今者賁飾之非侯之力而誰然侯未始以自多也乃相與屬記于予予娖也以耄惛固謝弗獲盍子聞蘇文忠公之守杭州也適値艱食日役千餘夫疏西湖之水塡淤爲長隄通亘南北部使者以爲問公曰此千餘人者溝中瘠也今旦旦以其力受食於官宜無不可役竟不爲止遂姓其隄曰蘇公隄焉張忠定公之再守成都也以衙樓廡陋撤而新之更置刻漏公勤於民事率夜分不寐傳漏箭鄉堦上鏘然有聲因以自警民歌之曰更點分明太守心也至今以爲口實敢合是二者致美於吾馬侯俾鑱諸石傳示方將用爲軌範侯名昫字德昌觀復齋其自號云其年十一月日長至記　太中大夫湖州路揔管府達魯

花赤兼管內勸農事脫帖木兒　通議大夫湖州路總管
兼管內勸農事馬㫋　中順大夫同知湖州路總管府事
忽撒馬丁　忠武校尉湖州路總管府治中木八剌沙承
務郎湖州路總管府判官教化　承事郎湖州路總管府
推官范忠　承務郎湖州路總管府推官郭浩　經歷馮
懷義　知事□□　照磨彭搏　提控魏澤

右碑在湖州府署二門側文二十六行正書徑寸無撰書銜名題下空闕二行殆當日留以補刻而未果者郡志載此文爲宇文公諒撰按元史本傳公諒以至順四年登第此碑立於至大二年在前二十餘年時尚少壯安得有耄惛之稱此蓋郡志之失爾

元成宗加孔子號詔書碑

上天眷命
皇帝聖旨蓋聞先孔子而聖者非孔子無以明後孔子而聖者非孔子無以法所謂祖述堯舜憲章文武儀範百王師表萬世者也朕纂承丕緒敬仰休風循治古之良規舉追封之盛典　號大成至聖文宣王遣使闕里祀以太牢於戲父子之親君臣之義永惟聖教之尊天地之大日月之明奚罄名言之妙尚資神化祚我
皇元主者施行
大德十一年七月日
至大二年十二月十九日太保三寶　丞相奏在先孔兒帝　是封贈　不曾起立碑石　今各處行興文字封贈了於贍學　粒內交立碑石　後學的人肯用心也者奏　奉
聖旨有那般　欽此
嘉議大夫紹興路總管兼管內勸農事提調學校官　臣朶思赤

右碑文上層十三行下層十二行俱正書在紹興府學大成殿朶思赤見重建南鎮廟碑

元答失蠻重裝佛像記

靈隱禪寺伏承大功德主開府儀同三司上柱國江浙等處行省□□左丞相順□□答失蠻布施金子彩色重裝

佛國山諸佛菩薩聖像所集洪因端爲祝延皇帝萬歲萬歲萬萬歲皇太后皇后齊年皇太子千秋仍祈風調雨順國泰民安者至大三年九月日住持僧正傳謹題

右在西湖飛來峰摩崖正書十三行字徑一寸餘按答失蠻元史無傳僅見武宗紀三年九月御史臺臣言江浙省丞相答失蠻于天壽節日毆其平章政事孛蘭奚事屬不敬十一月江浙省左丞相答失蠻來朝又按是年八月以江浙行尚書省左丞相忽剌出爲御史大夫答失蠻應于此時蒞浙仁宗紀皇慶元年十一月知樞密院事答失蠻罷是在浙不及二年也又成化四明志載象山縣令答失蠻似非一人

元重建南鎮廟碑

皇元重建南鎮廟碑

儒林郎江浙等處儒學提舉臣鄧文原奉　敕撰并書

丹

周官職方氏辨九州之國東南曰揚州其山鎮曰會稽鎮
山各長其方貴莫與夷而會稽炎居先亦若傳志所載南
海神在北東西三神河伯之上先王敘秩常祀固自有旨
哉地主靜故物生而不息鎮山因地之厚而相其成功在
人則方伯宣仁風敦政本俾民阜康而不知所利由是道
也抜虞帝巡守則望祀山川乘輿所經歲周四岳雖古者
省方設教禮崇易簡然而道里遼廓涉時燠寒聖人之於

民亦已勤矣自巡守道廢而望祀僅以名存歷世降汙益
昧原本秦漢肇興五時旁禮八神諸若陳寶碧雞壽星泰
一神君武夷莫不有祠禁方祕祝異說交集祈禳雩禜降
及厲淫先王之理天下所以存誠贊化孚格神明者其道
隱而弗彰夫山林川谷丘陵能出雲爲風雨者禮皆列諸
百神而況名山具瞻奠鎮下土利澤周施其重豈直與勤
事定國禦灾捍患者侔稽古盛際四鎮咸在封域之內分
合世殊政教弗通神或匱祀

聖元啟運武戡亂略德懋好生

天人順應萬方臣服自昔車書會同之盛未有窺其際涯
者也文治修明中外禔福則又懷柔百神示民禮秩益延

景命惟東南控帶江海層岡峭嶺圭立屏峙莫可殫狀而
會稽之山秀萃無儔明靈所司由隋唐暨宋祝號祭式公
王次升大德己亥

詔尊南鎮會稽山爲昭德順應王與嶽瀆同祀使者肅將
戒具白金函香旛以綺錯牲酯芳潔籩豆靜嘉然而象飾
弗嚴梁傾棟橈庭序榛蕪陟降禩薦室不稱儀越十有一
年爲至大己酉嘉議大夫臣朶兒赤來守茲土進謁祠下
顧視興嘅曰守臣職在蕃宣事神訓民曷敢不欽厥事乃
集羣議將大撤而新之請於帥府給緡錢二萬五千四百
有奇邑里競勸傾貲相役環材文石梓輸葦致甓甃既備
版幹具興殿宇周阿前聳後棘表以重門翼以長廡齋廬

靚深騰𩅦有所邦人士女禱祠會止閒亭飛閣可觀可憩
環山縈溪若有風馬雲車肹蠁來假先是於越大饑道殣
相望薄征振廩荒政薦敷惠及埋胔明年夏復旱臣朶兒
赤禱于神得雨人謂神亦矜民易以誠感後復有事于廟
經度故址爲畝二十五有半因發地得石具識深廣北東
西臨溪南直玉笥峰紀以宋大中祥符之二年視舊加斥
克弘厥規豈神之宿留告曉于人固如此哉考諸在昔常
以立夏氣至揭虔蕆事導迎發育天道無垠因時布令仁
行於春禮繼炳文歲功序成物乃蕃息維茲越土肇歸版
圖于今幾四十載乃者歲比遣使皆爲民祝釐

聖上纘承基緒申飭有司益嚴歲祀仁昭禮洽上以法

天之運而元臣碩輔同德協心迄底康乂東南旄倪陶咏
皇風浸漑膏澤生聚教訓期於億萬世江浙行中書省平
章政事臣張閭等奏曰南鎮廟成維麗牲有碑乞命儒臣
文原爲文以詔來者
制曰可臣謹再拜稽首願頌
帝德且宣神功妥勒銘詩與茲山無極其詩曰
邈哉東南萬山之藪䆴殿茲土相其溫厚先民有言山岳
配天體坤之載道合靜專峰茲會稽列巘環向鬱蔥禹穴
蔽虧泰望譬彼江海百谷是王禮隆昭祀嘉薦必芳奕奕
新廟塗塈丹艧溫昏節明闢隘從廓物旣和止神亦宴娭
靈斿肸飾賁然來思擁其休嘉錫此南土豈惟南土九有

伊祐維
皇繼聖惟臣鄰諧神道泰寧兆民允懷詩詠閟陵式揚壽
祉儒臣作銘贊於
天子
皇慶元年六月三日建　四明臣茅紹之鐫字
重建南鎮廟碑陰
大中大夫紹興路總管府達魯花赤兼管內勸農事馬合
馬沙　嘉議大夫紹興路總管兼管內勸農事朶兒赤
中順大夫同知紹興路總管府事王八都兒　承直郎紹
興路總管府治中馬合謀　奉訓大夫紹興路總管府判
官蕭䉶　承德郎紹興路總管府推官李震　承德郎紹
興路總管府推官王得觀　承務郎紹興路總管府經歷
任撰　將仕郎紹興路總管府知事孔廉　將仕佐郎紹
興路總管府提控案牘兼照磨承發架閣仝天祥　修武
校尉紹興路會稽縣達魯花赤兼勸農事月魯　承務郎
紹興路會稽縣尹兼勸農事趙天祥監督　進義校尉紹
興路會稽縣主簿趙哈八都兒計科　進義副尉紹興路
錄事判官李忠應辦　府吏童瑞劉榮祖縣典吏李居仁
司吏王茂榮董役　將仕佐郎南恩州儒學教授褚子杰
邑士許鈞許琇喻吉甫傅士珪丁輿　邑人陳宗孟純孟
能之陸森陸晟王德丁觀孫求誠之尉德興金榮何茂陳
昌孫銛王元陸友王榮李景諸聰胡榮胡思助建

右碑在會稽縣南鎮廟文二十八行行六十七字鄧
文原正書文原字善之綿州人至元二十七年辟爲
杭州路儒學提舉元史有傳書史會要謂文原書早
學二王後學李北海與趙文敏齊名此碑又以茅紹
之所鐫故絕似松雪書也碑陰載達魯花赤馬合馬
沙及總管朶兒赤等十四人官爵姓名又府吏縣典
吏司吏南恩州儒學教授并邑人士三十人名朶兒
赤寗州人舊志云天歷二年任此書至太已酉來守
茲土爲先二十一年可徵志誤

元李倜等石屋洞題名

皇慶壬子九月八日員嶠眞逸河東李倜士宏偕淨慈晦

機中竺元叟明慶市巖演福湛堂會稽千巖同游男思德
侍行是日風高氣淸乘興就高峰

右在石屋洞摩崖行書七行字徑一寸貝崎眞逸李
倜字士宏河東太原人官至集賢侍讀學士見藏表
元剡源集

元長興州修建東嶽行宮碑

長興州修建東嶽行宮記

登善大夫徽州路總管孟淳撰　集賢侍講學士中奉
大夫趙孟頫書并篆額

東嶽行宮者泰山神之別祠也自唐封禪始郡縣咸有之
其在長興五峰之麓者創建於宋之紹興戊午迨今幾二

百載矣圮壞不治神弗顧歆欽惟
皇上嗣服徧禮百神知州呂公澍同知州事馬公錞㬫
令從事顧瞻祠庭庳陋頹靡大懼缺民望貽神羞無以稱
塞
明詔謀更新之而土木之費無從所出乃捐祿廩以爲衆
倡於是前白雲宗僧正明奉前釋教提控僧亨會稽諸山
尊宿綱紀耆事而邦人讙趨祠下莫不稱力而受任分曹
而責成輸材赴功百堵俱作正負廟堂曰嘉寧之殿殿前
翼爲兩樓東擬燕寢西擬后閣又東建太室以奉聖母中
殿爲獻祭之所兩廡列佐神之祠又南爲正門外爲櫺星
門藻櫨繪栱煥焉一新冕旒黼黻共嚴像設山川改觀神
人交讙既又築菴廟左以居奉祠者屋以間計凡七十因
而葺治者二十有一撤而改建者四十有九經始於皇慶
元年十二月落成於今年四月二公屬余以記余謂岱宗
魯望也何四方之人奔走薦虔罔敢或後公羊氏稱泰山
之雲不崇朝而雨天下其威神德惠之所加被古記曰山
有金篋玉策定人壽修短又唐張說著封禪讚云天孫總
人靈之府則人之生死禍福貴賤貧富帝實司之故世之
所敬畏而尊事也厥今遐陬裔壤孰非神游之所而長興
之賢守貳獨能興壞起廢仰副
上旨答神休爲民祈信可嘉也用述其事刻于麗牲之石
俾諭方來相繼必葺俾勿壞若夫任事施財者之氏名具

于碑陰茲不復云延祐改元歲在甲寅四月十二日記隴
西李祐刻字

碑陰

重修建東岳行宮施主題名

正殿并香花亭白雲宗淸福院寂照院積善院忠正院下
妙德院　中殿白雲宗萬壽寺東陽寺報德院碧雲院
崇寧眞君殿本州捕盜司　吳客三眞君殿橋西界張賢
　華光樓平遼鄉十都潘海　監生司收生陳阿范等
子孫司五熟行因元貴徐富周敬　都城隍司香燭行宋
文政錢思誠鄒文貴姚源姚福徐全祖宋榮祖　龍王司
銀行吳永祥楊新　速報司王麈行陳榮周二秀倪成因

通王德姚勝倪子龍許明　瘟疫司鹽戸沈竹孫宋仲仁
姚元善　李王祠度生行陳安錢通周元俞厚卞艮　劉
元帥司福田社邢福邵福　土地司澆燭打帋印馬行陳
聰沈應雷章煇　水府司篙師行俞慶沈林周慶毛富
善部司冲眞觀長生庫　爵祿司木匠孫旺鋸匠錢達等
寃枉司本州書狀承發司　長壽司橋東界周元善
照證司淨髮行姚珍桑琇費榮錢大亨俞慶　積財司裁
縫行陳元金濆營琳莫繼祖　打胎司橋西界吳榮　放
生司錦鱗行楊富包源費政　輪廻司碧綠行陳富沈進
齊僧司糖餅行陸進陳艮朱文彬鄒宗榮潘宜朱擇善
惡死司本州禁子　曹職司曹行錢旺唐桂徐勝談成

等　田公蠶母司幹緣　張太尉司五色行馮晟沈琳高
元王榮　貴賤司幹緣　廨亭一所嘉瑞鄉六郡李德安
已上並重修
櫺星門章文因日秀日益　三門白雲宗宗正院妙清院
報恩院通濟院成積院　甬道本州知州呂奉政澍　獻
臺本州同知馬奉訓鐺　龍樓鳳閣二所釋教諸山寺院
菴會　聖母殿白雲宗壽聖寺慶遠院化城院上妙德院
永明院慈光院永寧院致慶院上餘慶院　西齊王殿本
州茶園所　淸源眞君殿羅漢會張君屋等　忠靖王殿
本州司吏貼書　昭烈王殿本州祗候　昭應侯殿白烏
鄉三都姚裕榮許德安徐文富　皮場王司正冠行姚松

因屋姚奉眞沈德榮王椿盛茂陸程　執政司雙線行吳
嚴馬元費椿陳成黃成姚楠張旺　功德司果行張宣因
貴王應森施元亨　注福司絲帛行金潤張君屋王涇錢
文彪錢德秀　孝順司州西界周曰強　掌命司廚行趙
興祖湯勝蔡燁蔡榮　掠剩司飯食行俞厚卞艮沈敬
千聖小王樓酒行高天瑞金林徐榮祖姚榮朱埜徐政尹
李先師司福田社沈福莫文志鍾德亮　惡部司幹緣
朝拜祠堂祖社孫提督因壽三秀倪千十二秀因百六秀等　聖母殿前月臺
碑亭幡竿一座同知馬奉訓擬建　口口菴住持焚修管
廟道民張師淨　已上並重建　幹緣沈榮施元亨孫紹
榮陳震姚元吳霦　監修造州吏趙袞　貼書張澤　勸

緣監修官奉訓大夫湖州路同知長興州事馬鐺　勸緣
監修官奉政大夫湖州路長興州知州兼勸農事呂澍
東岳行宮常住田土
一田貳畝坐落尙吳鄉六都下蔣村租米壹碩捌㪷本廟
自運係程二秀捨　一田陸畝坐落白烏鄉四都草斗村
租米壹碩捌㪷租戸丁萬三係蔣百一公捨　一田玖畝
坐落吉祥鄉一二都瀆東村租米肆碩叁㪷租戸徐正一
係智和尙捨　一田肆畝坐落白烏鄉一都史家村租米
貳碩租戸欽八一係祖和尙捨　一田叁畝坐落尙吳鄉
六都山北村租米壹碩捌㪷租戸朱六四係祖和尙捨
一田叁畝坐落尙吳鄉六都江蔣斗租米壹碩捌㪷本廟

自運係因千十二秀捨　一田□畝柒分伍厘坐落尙吳鄉六都華家橋租米壹碩柒䄷租戶錢大五係因百九公捨　一田叁畝坐落尙吳鄉六都徐和嶺下租米壹碩叁斗伍升係楊萬四郎捨本戶就佃　一田叁畝伍分坐落尙吳鄉新𡋯□訓𡋯租米貳碩陸斗租戶張阿五係張千十一秀回施　一田壹畝肆分坐落尙吳鄉一都東湖𡋯租米玖䄷租戶孫千一係張千十一秀回施　一田二段陸畝坐落白烏鄉一都北堰𡋯租米叁碩陸䄷本廟自運係皓大師捨　一田二段伍畝坐落白烏鄉一都後堰𡋯租米叁碩陸䄷租戶周十二係本廟常産　一田壹畝伍厘坐落白烏鄉四都楊家𡋯租米壹碩本廟自運係周季

一秀捨　一田貳畝伍分坐落荆溪鄉十都後溪𡋯租米貳碩租戶嚴十四係慶山主捨　□□□□□畝坐落尙吳鄉六都　一山壹拾貳畝坐落吉祥鄉四都方石頂租茶捌斤租戶張阿七　一蕩玖畝壹分陸厘坐落本廟前　一山肆拾畝坐落吉祥鄉叁都看山人□十七道係程二秀捨　一田地竹園計玖畝坐落至德鄉四都都茅村租戶潘千五係趙□二秀捨

書東嶽行祠碑陰

東嶽行祠雖非近正而建在五峰之麓則勝據也總管之文固當稱雄而託諸集賢之書又絶筆也舊有亭久圮獨穹碑露立於煙莽中子懼霜雪之摧剝苔蘚之侵蝕將益重後人弔古之悲乃爲亭十二楹以覆之既成與客擕壺來遊咸喜曰集賢墨妙于茲重有託矣皇明嘉靖癸未仲春既望知長興縣事前兵科左給事中翰林院庶吉士桐城□□□志

右碑額題篆書重建東岳行宮之記八字文十八行行四十字正書徑一寸碑陰上層額云重建東嶽行宮施主題名下層額云東嶽行宮常住田土皆篆書横列題名二列字徑七分田土一列字徑五分皆正書下一列刻明人建立碑亭題記向來拓碑者多遺陰面特表出之碑爲孟淳撰文淳字能靜漢東人以蔭入官元詩爵里稱其皇慶中歷處州路總管有題

高尙書夜山圖詩二首載鐵網珊瑚宋詩紀事以爲趙孟淳作誤矣松雪此書清勁秀拔骨肉兼到可以雁行北海篆額亦遒勁當時求公書者非茅紹之鐫刻皆不應此碑爲隴西李祐所刻摹勒之妙不亞於茅碑陰正篆二體又出一手以出爲上則謬甚錢辛楣少詹云向讀南村輟耕錄載連枝秀珠簾秀順時秀天生秀等疑爲妓女之稱今讀此刻施捨戶有程二秀因千十二秀張千十一秀周季一秀趙□二秀始知元時女子皆以秀爲稱若宋人稱第幾娘也因氏見于左氏傳自後此姓絶少此刻因姓凡數人

元重修普照寺大殿碑

普照寺重建大殿記

皇元混一區宇
列聖相承式崇佛教所在名山金碧絢麗盛矣哉皇慶二
年春三月三日　郡者　鄉之官民僧道詣福田山
普照寺祝
聖主萬壽禮畢徐行廊廡摩挲舊刻時　僧曰崇顯者
寺之顛末揖余請曰　唐會昌六年後　額　甲
乙爲十方歲廩薄僧本源復席捲　官賦匱乏徒黨解
散宋咸淳間寺僧白郡得　仍　舊旣而善欑建庫院有
規塑三眞君韋馱天而翼之以樓　建法堂僧堂刻觀
音像　至圓□皆　迄至元至大間守正法規德恩崇

則建僧祠山門兩廡崇珍則建鍾臺今崇顯復銖積寸累
期　明　新大殿莊嚴像塑以竟其事願求一言以垂不
朽余謝不敢當至延祐改元夏六月　成　請
乃爲之言曰天下事所以盛衰不常者豈有它哉由此心
一不一耳心苟一何事不得而　寺之所以成始成終
者豈一手足之爲烈然莫爲於前雖美弗彰莫繼於後雖
盛弗傳　如顯者雖其後安得黃面老子玉毫金色聳
動人觀瞻亦卒於行百里者半九十豈不甚可　嘗
憑高遠覽岡巒四合形勢如翔鸞西南諸峰上齒霄漢其
下大溪横陳蛟龍之所窟宅而　則葉眞人劍履之所
從瘞也往者風塵澒洞環數十里間獨　然安者非佛地
耶因念會昌以前空山閴寂樵牧躑躅以至於斬刈蓊茸
其所以創始者亦勞矣又豈若今日朝魚暮鍾梵唄相屬
領袖諸峰其輕重攸繫爲何如也顯雖生於會昌六百餘
年之後而於茲寺實有光前之功者　謂梁武造寺以
爲人天小果顯更能堅立儼妙法幢以心印心燈燈相續
俾祝
聖招提實與
皇圖相爲永久豈特人天小果而已哉是爲記
將仕佐郎處州路儒學教授致仕潘萊撰　資善大夫
前嶽州路總管兼管内勸農事孟淳書丹　中奉大夫
延平路總管兼管内勸農事韓國寶篆蓋　延祐二年
歲次乙卯住山傳教沙門崇顯立石　柯山徐

右碑篆額八字文正書二十二行在宣平縣普照寺
縣西北一里寺肇始唐會昌繼修于咸淳元至大間
僧守正等復建延祐元年崇顯告藏事焉縣合潘萊
記之萊名舊志不載韓國寶至元中曾爲麗水達魯
花赤百廢具舉大德三年以武略將軍知台州事在
職七年修學宮平寃獄興水利多所庇于民見黃巖
縣志

元宗陽宮銅鐘銘

維大元延祐
乙卯五月戊

申朔十九日
丙寅隆道冲
眞崇正眞人
杭州路宗陽
宮住持宮事
臣杜道堅範
銅千二百斤
作商子癸鼎
乙壺二永鎮
昊天寶殿爲
國家祈天永
命徽福生民

右在杭州宗陽宮篆書十四行行五字按宮爲宋德壽宮後圃淳熙中更名重華咸淳四年以其半改築道宮奉先朝神像賜今額萬歷杭州府志云元初燬于兵延祐間杜南谷眞人重建南谷卽隆道冲眞崇正眞人杜道堅也宗陽宮志古蹟有通明殿卽昊天寶殿也又有宋賜青銅古鐘亦不存此道堅重建觀時所鑄不藉檀施用銅千餘斤可徵其道力矣

元長生講院碑

振太師　顧萬二郎幹　莫千一省元　施千三提幹
照山主　沈千一省元　莫九三將仕　陸百一監局

任千三太君　任八一供撿　蔣百五省元　錢百二宣
義　華百十五宣義　許千十制幹
果山主　吳氏三娘　尉千四居士　文師幹　陸百二
府幹　顧万一節幹　施七三將仕　施千二提轄　李
三承事　顧九將仕　姚百三將仕　姚四十將仕　張
十三承事　錢百三將仕　沈百千將仕　馮宣二道
沈氏一娘　周千二道　方二承事　徐百七將仕　陸
四六將仕　張廿八將仕　杭百一節幹　万山一將仕
張千五判司　許百十一將仕　許六將仕　董千一省
元　費八二承事　茅八七省元　沈百二將仕　費百
二省元　錢五省元　方百七將仕　錢百一節幹　華
十九承事　顧百十三將　顧百七節幹　陳四朝奉
錢十二承事　吳四一將仕　錢百二承事　錢十三將
仕　沈十八居仕　朱三承事
延祐二年八月吉旦立石

碑陰

長生講院肇於勝國建炎間殿宇宏廠金碧熒煌鼓鐘振揚爲一方之勝尋値兵燹靡有孑遺住持靜覺禪師戒律尊嚴有聞於時嘗悼象教之陵遲懼緇流之失所爰募善緣丕復舊觀用將名勒石道側噫見千羽者想舜德觀河洛者思禹功微師之精勤不足以動人之樂施微人之樂施又奚足以成師之巨費者哉斯亦可尚也已師歿後數

稔其徒普仁謂余與師有支許之好因乞一言以傳永久余故爲識其后使後之嗣師者慎無替師之志云　郡人宇文公諒題跋

右碑在烏程縣南潯鎮長生院額橫題建置檟越名銜六字正書徑二寸餘碑凡三列後題年月陰刻宇文公諒跋十五行正書徑寸題名有提幹制幹即幹師幹府幹節幹供撿判司監局提轄宣議將仕承事朝奉皆有職或幕掾之屬居士山主當爲邑子太君之稱始見此惟馮宣二道周千二道爲不可解

元慶元路鄞縣學廟碑

慶元路鄞縣廟學記

翰林待制文林郎兼　國史院編修官袁桷譔

慶元路儒學教授薛基書

忠顯校尉慶元路總管府判官札剌兒台篆額

粤昔空虛固陋之學淪於人心言理者人人殊師記問者質而不化辭章篆刻決裂六藝靡爛而不可救師儒有憂之據道德性命之要毫分縷析鑿鑿乎其不可相紊也繇是士得以一其視聽皇王之道復興於千數百年之後可謂盛矣

世祖皇帝混同區夏崇學校定國子學成憲皆東南儒先而朱文公所說咸取以爲經史模楷於是窮徼絕域中州萬里之內外悉家有其書然而急近功者勦取其近似以爲口耳之實天人禮樂損益消長切於施爲所宜精思而熟致者一以爲凡近迂緩而不講至於修身養心或相背戾而不相似則緣飾儀黙望之莫有以窺其涘際夫明絕學以承先聖之統可謂難矣弊生於簡易守其說而湮其本將不勝其弊載籍極博莫嚴於五經教人之法莫詳於三物楊子雲云丘陵學山而不至於山惡夫畫也今州郡悉置廟學員謁講說循襲條制而職教之道似若有未備焉者鄞舊有學王文公安石爲宰時延會稽杜先生醇教之學者輩出至大二年郡大火學燬主之者孔文儁董儒金始建講堂殿未完而去皇慶二年三衢姚煕載實來是歲

天子下科舉詔同知郡事吳郡張侯伯延顧瞻陋蕪首曰其何以稱

上意乃率郡官而助之邑令梅君遇春丞簿麗滋范佑咸曰吾長于是茲役曷可逭嚴工庀役戒　業者咸輸以佐閱二年　夫子像成侑從有敘門廡庖湢塗墍繚繞之屬堅密精粲學宮之制完且具矣姚君乃曰鄞號多士昉杜先生宜作先賢祠以祀鄞士之興其自今始乎嘗謂學校官室循行風俗之使者未嘗不督厲修繕獨教法未定雖聰明自任猶不敢高下以議今

明詔四出郡侯首創其原姚君又能推本前人尊師之旨深有所寓桷雖官

朝廷因姚君之請知張侯之美遂以學校之弊首敘其說庶幾吾里之秀士其強敏自修者論考者哲篤行於顯微内外之實文質交資上承囗囗將以復乎昔時衣冠之盛則姚君之微旨猶昔賢勸道之意也庸刻于石願有以俟焉延祐三年四月十六日記承務郎達魯花赤乞思監進義校尉主簿伯顏帖木兒典史王溢陳敬縣吏張敬周澄直學朱賀錢公夔學吏姜昌僧立石　茅彥祖刻字

右碑篆額十字文正書二十行在鄞縣學此述同知郡事張伯延率邑令梅遇春等緝廟三衢姚熙載并作祠以祀杜醇而清容書之也清容名桷字伯長鄞人樞密部之曾孫大德閒翰林承旨程鉅夫薦為檢閱授應奉尋除待制累遷至侍講學士卒贈江浙行中書參知政事護軍陳郡公謚文清有清容居士集君常訓宋末文章綿濫益自奮厲希古作者故此文歷陳時學之弊而以朱子為指歸以五經三物為圭臬立言之有本者也醇甚字德載河東人德性淵宏問學該博為文章體格高古梅遇春大德時任餘俱不見於錄杜醇慈谿人學以為己不求人知王安石令縣時請為學者師不赴再書強起之慈谿令林肇立學亦起醇為師亦固辭安石作師說以勉之一邑文學之盛自醇始

元刻趙松雪七觀帖

七觀

翰林先生納榮息機謝白玉之堂將歸乎麻源之山房越公孫懷牘濡穎託物喻志考圖審曲若鑑之納覩言忘而意消類別而理條有鄧大夫癯然褐衣目不接乎黼黻耳無聞於律呂覺而言曰登高能賦潛身荒忽智專者魂恬形滯若物逐昔吳州來觀詩東魯言有度徵有據厲階於枚生濫觴於曹王先生楚產也雲夢汗湯巫峽巑岏窅藏腹蟠公孫不足以教我先生設青南山積箭羽陵若網有綱若墨有繩舉凡暢微我其聆諸

越公孫曰太素烟熅清濁奠儀雨風露雷動植攸孳辨方審直民用不疵六氣以沴日夭其世彼諄諄者皇曰汝命寶長厥土燥剛相其溫涼我生命在天順以受年巖居谷飲中道以隕執書以觀有沸沈瀾陋彭鏗之逆理兮何縱慾而益顏言拔可以進道兮吾當繇是以返觀納腸補藏憯忍莫竟石立土踊穹井注逆吾猶以為天地之病修身俟命道之大經先生之正也大夫曰神之所行何體何方栒者為傳請更端以告僕夫

越公孫曰靈曜宣精五紀順明祭幽考微法天以行形氣芸芸吉凶畢高觀象以分韜兮靈根感不以言繇動彰靜百神受祐處者為音質者為數昔后稷民之職黍稷薿薿智者過謀胡盡其地力民曰作愿相攸食墨風雨斯薇迺雲岌業飛不得垂喙履不得仰覩旁營萬家地記萌芽楮

衣僨厥而淮水復絶鑄鼎伏姦能沉于淵吁嗟而求桑林之羞要荒樓馴王會盈庭獻琛效珍物不可枚陳雞豚以時爻恬孫嬉何助邊茂思屈曲洲島家累千金貲先生昔居列仙之館據要集思謂象以理明妖由人興守諄芒法清穿郄走馬于郊謝重譯之雉陋三脊之茅熙熙陶陶舒舒夭夭不言而歲成無營而事貞夫子不云乎一致而百慮其是之謂乎郢大夫曰況觀博聞於道彌損願滌耳以抉其蘊

越公孫曰㚖昔尼父唯俎豆是斆擊刺坐作因民以教蒐苗獮狩車徒卒究厥今輿圖八表同歷四貉交軌月窟風巨冰天桂海馳心望雲請命欵塞千廬星環八屯山列羽林繙經飛騎鼓筊然而樂成者難與圖事守文者不足語智嘗聞之兵農同封耕戰同功魚鱗鴈行敵莫我敢當府散籍移萬姓流離強帥拉脅外寢儹肌卒不可拄支後王鑒觀法日以繁麗者罷者恇者羸者駢頭引吭食粟而嘻閈門納兵百郡是師何草廬高吟崎嶇雜耕何杜氏之子傳癖孔深而緩帶以征射以容觀斂以氣言批亢擣虛孰知其隅折衝厭難莫窮其畔至若握元圖視龜文縱橫起止與易象相表裏者騄語之吾愳大夫之竦眙也大夫曰兵者不祥之器未效此知也

越公孫曰炳靈心君闢乾闔坤情聲相宜立度出均昭昭鴻蕩緗縹是存敢先論楚材而言之淟淟乎形畏垢而將翥也霏霏乎騠承露而欲訴也荒蹊斷葦嶙嶙滅沒而疑聚也織女揚徽攢芳菲而雜組也少焉商飈號鳴金石琮琤逐虎搏兕籌雕鏃鷹寄莽蒼於一瞬乘扶搖以孤征終綏轡以就日愴兮愉乎西傾噫悲何爲哉古有巖居之士抱奇抉幽激芳深林愬寂凍流瀰乎其若遺兮其若留鉤盤助之爲回旋盧牝答之爲獻酬猿三疊而墮泪鶴九轉而凝愁鉤元探微迄無終窮瑤席敷張高歌慨慷語初麗而終放託餘韻于宮商然此其芰芰者耳攟拾蒼雅刮磨詁盤微粲貝編飛英露薄何譏乎肉食之鄙猶鄭穆而膂桓也大夫不聞之乎鍾石絲竹各隨其聽隆汙有時其所遭者命摩盪堪輿吸呼羲娥矢爲帝詞叶爲賡歌五嶽贊襄百靈護呵不棘不茨如砥如磨發潛漏泉被民陽春瑰逸爲新簡絜爲眞列若戶居別若涓分雍容者珩璜冲遠者英莖縷絶而緒續醴甘而齊清昔之擅名偉著耿兮其不能以十百程也浮聲切響直意肆志澎湃訇磕滔滔莫止据理者夸飾言者哇嫫母兮姑射鉛刀兮莫耶謇莫仕兮奈何大夫曰文章與政通玉署之職也文勝質則史叓言其大者

越公孫曰矻矻中壘校讐靡寧世本年紀繫于麟經梠相府圖書泯其緯經炳麟金匱汔罔敢配遹司馬氏決㯃鋤騶麗者爲譏激者爲刺升涉世家表籍作紀言諸侯無史史立周圯鄙儒晝㪅例章刪凡爝火並日卒澌盡莫傳昂

昴荀袁辭約義完何班范家王耿光緜緜相繼擬述百世
一律素王簡編如日在天熒煌高張孰敢附肩鴻化以濇
研探益疲穢者闚者蘘者濫者漶溷毁禍希企市價詔不
表直俚不師雅若聾鼓鐘若盲策馬元經附謬唐歷受呵
後有紀略迄莫同科尹石猛志證古比事百不一試歐陽
氏出方名山所藏復大同而小異勢不兩立其曾史之謂
厥今繫謀川盈記注衡比故志存廢興之源典章酌損益
之致登瑤山而神駭遊鄧林而目眯般倕効吁隨和發淵
懋敵之士吾將見其心赧而神悸也先生登秘巨覽羣玉
積石倉標朱目墨兵筆削融液乎粹精囿共胥鄰大庭大
夫宜從下風而乞靈也大夫曰皇王惟熙帝覇孔熾我心

增悲韓愈不爲史名以四馳何庸知焉
越公孫曰煌煌古帝别生聚方煥乎陶唐五服正邦五典
率常導之無違民用熙熙授之以時聿來孜孜降于三王
厥緒日孳集成于蒼姬黼黻憲章金石命令緝熙太和宣
昭羣姓纖鉅之備粲乎其有秩也豐殺之制屹乎其有截
也三光重輝百辟拱列歲時易象而浸淫蘖芽弱者綴旒
強者鑿戈智者探囊勇者拔河搏犀象屠蛟鼉飛矢請命
旁午係車猋乎浮雲迅乎奔塵炙轂滑稽之士紛然而並
陳棄仁恩假鬼神混君臣各馳騁而懷新數千百年人亡
而說具勞乎離婁不足以一視也繭乎王良不足以一御
也其最大可病者恬泊守真可以養身不可以治民絶性

棄命黔首蠢病孟軻氏有作吾見其髡鉗而舌咋也言未
既大夫曰天藏山中瑾瑜匿瑕問以辨之厥德日華儒者
詬病卒不能以勝何道最高子盍陳之毋激毋勦
越公孫曰古昔顓童受業閭塾書數首通訓故是屬聲歌
象舞目接身服相親有恒日用不瀆後帝不相襲緣祀興
文八音寥寥五禮紜紜鏗鏘莫明而聚訟若焚鄭說乖悞
後罔踵循象制益湮周官别出議者欲一繁紊繆錯棼網
而入林適越而轅北也類禮孔勤五厄莫存後有倣補去
取未就卒乘虬驂雲字以文合聲以音比旁行斆落侏離
秋鞮文軌同風不能以一致孔壁莫推二經蕃廡聱牙爲
今簡儷爲古謂道統是傳曷敢有語詩基文王而周召先

興首章巽同衆說沸騰風雅變言美者爲諂直者爲詆魯
頌紀異秦誓告終何後學嘗嘗迄莫之通麟麟魯經議口
法吏謂齊晉無褒而日月具剌紛若蠭蝟眇若糠粃不虛
其心不明厥視遺珠抱疑探篋積毁然此特人文之經緯
政治之用體也三聖述作包河總洛二儀生於心萬化制
乎神迎之而莫親拒之而彌存疑者遯者愕者困者湛兮
消兮委兮昭兮沉思遺物形離超兮澈迴飈兮闢而寂兮
縱雲翮兮憯兮儒先從我招兮郢大夫曰始吾見公孫疲
欿若不足突梯若避辱臞槁神何斷斷然也今知子矣
永譽處矣吾與翰林先生徜徉此土小年大年猶以爲朝
暮也

七觀者翰林待制袁公桷之所作也何爲而作也翰林承旨程公請老而歸袁公作此以送之也送程公之歸而不及乎執手傷離之情願乃鋪張組繡細大靡遺何其勤且博也盖自枚生始作七發魏晉而下往往追蹤躡影誇奇鬬麗才高者干雲霄學博者漲溟渤後之學者絕響久矣公之此作因事以發其辭引類而極其理將馳騁乎漢魏超軼乎班楊非夫貫通三才博綜百家疇能縝密宏辯若斯其美也僕雖衰老目昏不覺援筆爲書一通若袁公不以筆札之陋刻諸堅石庶幾詞翰相須之義傳之天下後世以爲美談云爾延祐四年歲在丁巳三月十日翰林學士承旨榮祿大夫知制誥兼修國史吳興趙孟頫書

翰林承旨程公建藏書山房於麻源令桷賦其事遂倣劉氏七略作七觀家世書樓以先越公所藏嘉定舊賜奇觀二字扁于其上遂刻七觀于其下泰定二年秋九月戊申桷記

右刻在杭城項氏係明四明豐氏重刊本趙文敏楷書或云卽豐氏書閒舊刻係木本行格較今石高數寸傳本絕少未能詳也是刻源流已見松雪清容二跋中按東里續集云程文憲之歸袁文清之文趙文敏之書皆所謂得意者也所惜當時刻手不及耳又曰此帖出公自然之趣則原刻規模大槪可見矣文敏生于宋寶祐二年至延祐四年正六十四歲故跋云衰老目昏也

元重修飛英舍利塔碑

重修飛英舍利塔記

資善大夫常州路總管兼管內勸農事孟淳撰　文林郎江浙等處儒學提舉趙孟頫書幷篆額

飛英舍利塔者吳興志云凡三十七層高六十五丈神光現於絕頂院周于塔肇自唐中和年𢷬名上乘石塔舍利院至宋紹興庚午燬焉歲久未復端平初沂王夫人俞氏施貲命錢唐妙淨禪寺比丘尼密印董其事卒成之滅三十層高半之其後海菴重修遂屬妙淨爲子院以無常産土僧弗留頹圮荒落不能自振乃請毗山普光蘭若僧惠日住持以圖起廢未遂茲願復還普光其徒妙演繼主斯席立志興修然赤手視之歷十數年一木一甓未加也迺悉捐衣鉢倡其役盡瘁營度不爲私計爾時施者益衆佛事大集然後木塔之闕者復完山門法堂之仆者復起像設莊嚴堤壁明麗寮居靚深鈴語清越自延祐甲寅迄于戊午五年而成噫勤矣哉於是演來求記予辭之而請益力因謂演塔何所託始曰以舍利爲言舍利所從來甚悉當其靈異奇秘罔不得而控詰而燬刦之餘變化莫測邦之人猶奔走皈慕信施之不倦至再廢而再興之亦可以知人心之樂善矣故嘗異夫浮屠氏往往挾空言集大緣事莫不如志亦其所以能然者雖其願力而亦有道矣夫

捐已有以示無我所用必讐所得以示信至其勇猛精進勤懇專一則又若果於爲義者是皆有以觸人心之所同既又怵之以因果以來其好善惡惡之至情故坐以來天下之施無難也是其道也然則校其行與名有不同者矣嗟夫生人以來所賴以存而不可離者吾觀浮屠氏益信矣妙演勤矣所就亦盛矣故爲之記使其徒知所以樹立者有道焉耳矣延祐六年十又一月旦日記

本院徒弟嗣謙嗣敬嗣恭　住山釋妙演立石

右碑文正書二十行行三十五字在歸安縣飛英寺居府治之東北隅唐咸通五年忠顗禪師建刺史高湜表爲資聖寺中和二年改爲上乘寺宋景祐三年

改今額塔肇始咸通僧云皎自長安來得舍利遂建于此凡三十七層高六十五丈紹興雷震端平初沂王夫人俞氏率錢唐密印董成之滅去三十層塔中空復有小塔制極奇巧松雪詩云梯飈直上數百尺俯視層空鳥背過道其實也此刻妙演繕塔而孟淳記之觀夫空言集事數語浮圖之錮人也亦必有道矣孟籲松雪弟也

元崇福寺碑

處州萬象山崇福寺記

古教有森羅及萬象一法之所印之說謂一法者指吾靈知不昧之心府也心與萬象虛而通寂而會混之不雜類之不齊卽一而萬如空合空卽萬而一如水投水非智眼洞明其孰能喻之處城有山屹立闤闠中名萬象形如蓮華下瞰城闉溪流環繞南明蔚其前北原麗其後少微括蒼梵林仙洞參錯掩暎一郡之偉觀也崇福寺者建于元貞乙未開山沙門行英號白雲族周氏故蘭溪丞之孫也生有夙質長慕空宗郡之文殊尊教院乃其肄業之所已而挾筴游方徧扣名宿於佛祖不傳之旨高詣遠到衆請出世住白雲法會禪刹緇白嚮敎每慨郡之禪叢不振方來衲子無食息之所刻苦勵志乃剏始焉寺而檀尸輪金郢人獻巧董雄材鞭巨石羣夫執役惟恐不先上棟下宇指顧如願奉佛有殿闡法有堂禪宴有榻出內有庫宗門

丈室庖圊廩庾悉具體焉方將塑像俄有僧自西域至者妙出天巧凡釋迦圓通應眞及諸像設迥異常倫敬奉大元帝師遂降慈音乃賜玆額寺以甲乙相承貿腴田二百畝以充食觀能事甫畢復然指節依楞嚴諸了義期與羣靈同成正覺延祐乙卯示疾是年八月十五日泊然而化闍維齒根不壞度弟子二十餘人凡寺之伏臘有所不逮持鉢分衛以繼之遵遺命也囑其律已奉衆之法宜依佛制凡禪坐經行毗尼淸禁少怠則非所以繼承也一日郡侯太中普化慕師遺業慮後之來者不能遠繼將立石紀其顚末率其徒可永等持事快請爲文以記之余聞佛道長遠久受勤苦乃可得成然則香嚴擊竹太原聞角一

悉耳根廓爾禪悟用勤苦矣爲哉無乃自取法縛于修證之迷對曰子徒見其悟之易而不知其未悟之難其忘形骸廢寢食尤甚于沐黍而求解者苟知其難則行可立道可口德可修福可崇矣余復何言時延祐五年歲戊午酉天目山幻住沙門明本記後二年正月翰林學士承旨榮祿大夫知 制誥兼修 國史吳興趙孟頫書并篆額是歲三月望日住山沙門可口立石

右碑篆額九字文行書十九行行三十八字在麗水縣萬象山一覽亭內按府志宋何參政初建萬象樓元元貞元年僧行美改爲萬象菴大德十年改今名此郡侯慕師行而乞明本書之也明本號中峰錢唐

孫氏子所居號幻住菴仁宗時賜號廣慧禪師錢宫詹云松雪翁以延祐六年夏謁告歸吳興遂不復出據此碑所題歲月則南歸之後一年也

元嘉興路重修廟學碑

重修廟學記

嘉興路儒學教授陳良弼撰　集賢大學士榮祿大夫廉希貢書　榮祿大夫齊國公劉珪篆額

天職覆地職載聖人職教故帝與王起建學立師天子曰辟雍諸侯曰泮宫雖制度有差其爲教道則一也欽惟世祖皇帝平定江南諸色財賦皆歸有司惟養士田糧仍賜于學命憲司則曰宣明教化勉勵學校命學官則曰作養後進以備選用其口意於學校人材如此

列聖緝熙以益敦教道

今上皇帝龍飛一詔切責學宫聞者冰競豈承流宣化者未知右文之意乎僕嘗以刀筆從事臺憲侍軺車巡行縣目擊所在學舍口廠雖以名士爲之潔入汚出甚者指目爲盜吁可慨矣常恨力微不能一濯此風延祐丙辰十一月　仕爲嘉興　學掾始至大成殿下撫心自失蓍欲新天下學校未能也獨不能自新其學乎乃延見職事者儒問曰租幾何曰歲豐可得三四百　問者尙五百餘石問前規咸曰撐補架漏無足法者僕聞之益自勵又念一郡政化師　主之校

官末屬不獲乎上不能　明年秋八月東平徐公傑之以刑部侍郎出守嘉興一日周視廟廡堂構曰何陋如之僕因請曰公能匡之翼之不拘以　以竭股肱之力以成公志公曰諾於是督租入節浮費銖積寸累得中統鈔八伯餘定察郡寮中惟錄事王君安之有辦事即檄從之乃盡以所儲之貲付焉視材役立具有實績其大成殿五間大成門三間鼎新飜蓋易瑕爲堅創造殿前毬紋朱楄一十六片欒軒一所充拓　廡一十八間從祀爲塑屏以金漆楄障凡八十片覆以天花頂板金朱

大成門牌一面　紅正門二扇內外階道地面磚礪瑩然創建東西持敬存誠禮亭六間金漆槅障　片黑窗廿八片兩亭坐榻一一周備新　星門三座整飾陸宣公高學士祠堂二所磚砌宫牆一十六丈翻蓋育德亭三間甃周圍粉牆五十餘丈廡庭之前列樹以栢廟垣之外環蒔以竹又以學廪餘貲完葺八齋易壁以板齋中几榻具備置大字通鑑紀事本末書板四千五百八面增貟經史文集及正禮堂金漆椅卓三十件觀頤堂鐵器三百餘兩費皆出口口公用之餘一毫不以謁諸人也自延祐丁巳十月甲申興工至明年九月將落成湖西廉訪副使東平張公仲端按臨嘉禾又明年二月僉憲鄧公善之巡行諏

獄二公咸曰浙西學校所無也僕對曰皆郡侯力也僕何有焉諸生有請書其事者僕語之曰　宓子賤單父之政乎單父之政非子賤之能也魯君不掣其肘之功也徐侯寬洪樂善推賢讓能長公也口口懷遠後至　崇尚文事遇朔望則率僚屬吏士拜廡聽講無倦容明年冬徐侯擢長淮東憲府而長公又能規隨敦勸故迄底于成由此言非承流宣化者主之於上一教官豈能措其手足也衆皆曰韙　是記而刻諸石本路官同知奉議桑哥釋里治中信武孫文濤府判承事大都驢推官承直梁　元承直裴堅經歷承事焦鈞知事將仕葛元英照磨石珍皆同寅協恭者也

致仕教授陳應翔書儒吳躍龍周安孫葉知本　立石

右碑文正書二十八行在嘉興縣此教授陳良弼與郡守東平徐傑之修學而良弼自爲紀事也中述興造制作器具書籍頗爲詳盡又置大字通鑑紀事本末書板四千五百八面洵足稱佑文之士矣按宋寶祐間趙節齋與意見袁樞通鑑紀事本末嚴陵刻本字小且訛精加讎校易爲大字刊板藏之其孫明安過嘉興謁學官見宣城陳良弼嘆曰我有托矣庶幾不負吾祖之用心矣出所藏板示之曰昔有雲間好事者出中統鈔三百定求市吾不忍售恐流散不能

久傳也若置之嘉禾學官償半值亦無憾矣適御史宋一齋僉憲鄧善之臨是郡聞之曰有補文治其速成之學官適助創試闈之費力不能如趙所需乃出中統鈔七十五定償之時延祐六年三月事也

元紹興路學修大成殿記

學剏於宋之慶歷逮嘉祐中徙置城南積久蠹弊而禮殿爲尤甚至元壬辰撤而新之其成之亟也歷歲三十寖復隤圮部使者何公按事括越謁庭下歎曰殿之成近耳已趍於壞失今不圖其何以久乃與有司議所以葺之者於是總管胡公涖政始逾月意與何公合屬教授古沭劉君洪量材度庸無取於士無勞於民學計不足則收宿逋以

佐其用命錄事呼延君璋董其役未幾而隳者完傾者固表裏藩飾煥然華好越人士美是役也俾性爲之記嗟夫記者著事之成以垂訓將來者也天下之事爲之於當可之時其施勞易其成功遠忽而弗察也怠而弗爲也偷安日日卒至於不可爲若是者何可勝數今二公之爲斯役也當其可爲之時而不以重勞爲憚故能於旬月之間復新擬之美以大慰越人士之望使後之繼者皆能若是雖永勿壞可也是可垂訓將來矣抑有進於是者廟學之設將使爲士者皷篋釋菜而講肄於此非直爲觀美而已天之生人有常性人之生有常事私欲之萌而復知遠也情慢之習而爲之無勇也失其常者有矣善爲學者精以察

之勤以爲之毋忽毋怠毋失其當爲之時勉勉循循致其緝績之功焉用力之久盛德日新而不窮矣然則是役也豈特垂訓於將來亦學者之所當深省也記役之成因著其説以與吾黨之士繹之役始於至治改元仲春閲三月而畢工云何公名約字仲博河中人胡公名元字善甫世家順德今爲開平人是歲孟秋上澣安陽韓性記　天水趙良懇鐫

右碑在紹興府學文十六行行書徑寸安陽韓性撰文爲部使者何約總督胡元重修大成殿而作也韓性字明善紹興人其先家安陽魏忠獻王琦八世孫天資警敏讀書日記萬言及長博綜羣籍爲文自成一家四方學者多出其門卒謚莊節先生見元史本傳

元資聖寺長生修造局碑

嘉興路資聖禪寺長生修造局記

本覺禪寺住持佛鑑禪師如芝譔　前翰林學士承旨榮祿大夫知　制誥兼修　國史趙孟頫書并篆題

寺之勤舊所以股肱住持毗贊法社錯綜庶務酬酢事物律貪以廉滅私以公故住持恃以一於王法叢林恃以有與無廢返是無取焉寺有勤舊曰資瑞號雪巖里人也性簡儉不競時習護常住不翅眼睛嗇已豐人崇善樂施嘗設眞供千如來飯千比邱特捐財買田取租爲藏殿選僧

堂長明燈膏之贍重粧大雄殿佛及圓通大士諸天肖像金彩焜炫懸朱殿粧轉甃殿堦中外華好嚴飾畢備復施統鈔壹千五百緡建造盧隱經堂減塑歲修道場像設一日語余曰寺之缺文補葺殆十八九唯佛殿自祖禪師始搆歲久將腐撓藏殿雖年近滲漏頗多二者皆大緣事剏常住歲入租爾日支不給且仰貸富室曷取贏而奏成乎願竭囊長出統鈔貳千五百緡爲長生局本命四勤舊主掌遇寺支乏立劵就貸依時生息歲無豐凶必本息頓償毋縮展轉貸償廉愼出內厥息蕃衍用以貿田入租專給與修土木工直之費毋他侵取本則常存計圖綿遠其可否乎余曰公之操心若

是可謂捨人之所難捨能人之所難能非惟資土木無窮之需抑俾比歲主事者無登門告急之煩無索逋隳突之擾一舉而兩得功莫大焉合紀而刻諸堅珉庶傳遠而弗替復爲後之來者勸於是乎書

至治元年辛酉冬十月十五日建　邵人曹子明鐫

右碑文正書十七行在秀水縣資聖寺今名水西禪寺按寺唐會昌中黄檗禪師開山卽廢大中復立相傳宣宗潛邸于此卽位後賜名資聖舊在城外乾寧二年移入城中碑述勤舊資瑞捐財修繕置田贍衆復竭囊爲長生局立券就貸依時生息以給土木工直之費故如芝記之是時寺有長生庫質物以滋錢

此則剏約以餘利皆瞿曇之宏羊也

元西湖書院增置田碑

西湖書院增置田記

將仕郎前建康路政和縣尹湯炳龍撰　將仕郎前江浙等處儒學副提舉白珽書　集賢大學士榮祿大夫廉希貢篆額

古者之興學校一以教養爲先務而養又先於教也記王制論虞夏商周之上下庠必先言國老庶老之養有虞氏以米廩名學匪專爲粢盛之委而設而養士或先焉庠之義亦養也孔門五秉九百之與弟子猶賴聖師而食而欲授孟子室者必拳拳於萬鍾之養而後及口夫國人之有所矜式葢士得其養則置身禮義人人皆思爲聖爲賢爲君子爲善人於是政化行而習俗美是養之者所以教之其機括政在是矣西湖古無書院自至元丙戌徐廉使琰舊壁庠爲之創建之初恒產缺然越二年松江瞿運使霆一再助田合四百伍拾叁畝肆拾陸步歲得米壹伯叁拾石院中經費浩瀚延祐戊午續置杭之仁和田陸拾捌畝壹角收米伍拾肆碩陸斗猶未給用次年周廉使特爲勸率有高訾樂助者并取補刊書板餘力及以羸糧轉售其得中統鈔陸伯餘定於是憲府知事趙將仕與經歷宋從仕建議增產力言於廉使洎閫司官同主其說僉曰是當爲者遂置湖州烏程平江崑山二莊共田拾壹頃貳拾玖

畝叁拾伍步有零歲除優放實收米柒伯伍拾貳石壹斗壹升伍合山地共貳拾壹畝貳角壹拾步房廊壹拾貳間歲得租錢中統鈔貳定叁拾捌兩玖錢捌分自此春秋祭貧師生廩餼興益補葺一皆取給於此近歲以來誠爲剏見之舉今憲府長貳皆昭代名公他日增益完成當不止是嘗謂吾道之盛衰係乎時學政之廢興存乎人係乎時者屬盛世文明之運存乎人者屬當路賢哲之官機緣相値之巧識者知吾道其大昌乎將見鼓篋踵堂挾策坌集何啻四方八千而止使凡任風憲者倣傚而行豈非天下儒風之大幸歟山長陳袤直學朱鈞及諸生欲爲之堅瑉以傳不朽辭弗獲姑爲述其槩云

湖州二字橫列烏程縣口契至治元年十一月置錢茂之民田土貳頃伍拾柒畝八分捌厘陸毫米貳伯貳石貳升

右在杭州府學正書二十三行行三十五字徑五分杭府學碑多無額者屢徙遺亡也按學之有田自宋始書院亦學也不可無田以贍之此田自提運使始周廉使又爲之勸率樂助於是玄規具舉山長陳柔厲炳龍記事焉徐廉使者東平子方也瞿運使者松江霆發也周廉使者饒州伯琦也白珽字廷玉號湛淵四明人李簡薦授學正見宋濂撰墓志

元重修通元觀碑

重修通元觀記

特進上卿元教大宗師吳全節撰并書

凡今爲吾道之教者爲宮殿樓觀門垣務極宏麗而像設其教之所由興及其所爲輔者崇祠之以爲聖天子祝釐之所故法制與王者埒而無所禁自京師至郡邑皆然有來告而求識者大抵修國家崇尚賜予之盛極其土木營繕之勞而已杭城道士俞行簡告予天下名山嶽鎮爲大而吳山實浙之大觀郡之形勝也而山之奇勝處皆仙宮琳宇而山之南麓有道觀宋賜額曰通元者高宗南渡紹興中中貴鹿泉眞人劉公能眞修眞之所公嘗夜夢三茅君駕鶴旋繞其處翌旦則有三鶴翔空遂創斯所逮今有元百數十載國運雖革而觀宇莫廢予故募衆緣役匠石掄材治甓修玉清茅君之宮殿建謁斗望鶴之口臺暨山門廊宇槩而新之請爲我紀其事著銘勒石垂諸不朽予聞行簡之言因有感焉夫茅君之仙蹤勝蹟顯靈於世載諸道典者久矣故累朝設官奉祀香火在金陵之句曲山爲尤盛而通元之建自鹿泉始今行簡有恢復之勢所以崇奉茅君祝聖佑民俾三光全而寒暑平五穀熟而人民育翊皇圖於萬年播元風于悠久則未必無小補云爾謹稽首而爲之銘曰眞君昔下茅山峰獅子白鶴歌嗈嗈龍旂鸞輅飈天風霞裾月珮開靈宮天香繚繞花雨濛眞君宴處百福崇上帝錫命嚴且隆九天司命垂元功道包宇宙恩麗洪物無疵癘年穀豐微臣著銘書亦工巨鰲負石厚以穹通元福地垂無窮通元福地垂無窮

至治二年歲次壬戌孟春吉旦本觀道士行簡法師七十七翁俞眞靜刻石

右在通元觀後正書十六行行三十九字觀始末見劉敖自述碑記此云修玉清茅君之宮殿建謁斗望鶴之口臺即劉記所云前創茅君之庭後監三淸之殿築謁斗臺于乾維立放鶴亭于艮位是也但劉碑作放鶴此記作望鶴諸志從之未深攷也蒙古太祖鐵木眞起宋寗宗嘉泰二年至元英宗至治二年實一百有六年此云百數十載亦約略言之耳

元烈婦王氏事述

王氏婦赤城人也家世大聞至元丙子天戈南指士馬充斥有自赤城得王氏挾至剡青楓嶺王氏爲詩囓指血書于石厓自湛死見者莫不盡然爲之傷感或作詩嗟悼之余來佐剡道越見宣武將軍紹興路鎮守脫帖木爾爲余道其事且曰昔鎮剡時欲紀之石未果也君其圖焉余至邑詢父老間往往能道其詳且得所爲詩後過其處復見其遺蹟至今四十餘年苔荒雨蝕字幾不可辨而血痕漬石間隱隱也夫一念之烈貫徹金石久而不泯亦異矣噫殺身成仁聖人惟許之志士仁人今以一婦人而能奮不顧身視死如歸豈不難哉余懼事愈久而跡愈泯與同寮謀而語之邑人卽其旁築小室刻其事於樂石以傳諸遠

以俟採錄焉益亦厚風俗之一端也併系其詩于左至治二年歲在壬戌夏五月從仕郞紹興路嵊縣丞東平徐瑞述

王氏詩

夫君不幸妾當災　棄女拋男逐馬來
夫面不知何日見　妾身還是幾時回
兩行怨淚頻偷滴　一對愁眉乍得開
遙望家鄉何處是　存亡兩字苦哀哉

典史沃壽甫楊沐
紹興路嵊縣尉徐垓
從仕郞紹興路嵊縣主簿薛良弼
從仕郞紹興路嵊縣丞徐瑞
承直郞紹興路嵊縣尹兼勸農事張忙兀歹
忠顯校尉紹興路嵊縣達魯花赤兼勸農事別都魯丁

右刻在紹興府嵊縣清風嶺上正書二十行行字不等篆額三行按烈婦碑當時惟泰不華篆書一刻最著而立于府學嵊縣無之此縣丞徐瑞承脫帖木爾之旨爲補刊于石并附其詩宣武將軍紹興路鎮守元史兵志至元二十二年江浙省募鹽徒爲軍以備各處鎮守知諸路皆有之別都魯丁以至治元年任張忙兀歹以延祐二年任舊志譌兀爲古當以碑証之

元伯家奴造像題名

朝廷差來官驃騎衛上將軍左衛親軍都指揮使伯家奴發心喜捨淨財莊嚴麻曷葛剌聖相一堂祈福保祐宅門光顯祿位增高一切時中吉祥如意者

至治二年月日立石

右在寶成寺摩崖正書五行字徑一寸按伯家奴元史百官志至正五年山北遼東道奉使宣撫以宣政院同知伯家奴爲之續宏簡錄至正十六年汝穎賊破潼關河南平章伯家奴以兵守之未知卽是人否錢宮詹云元置左右衛親軍都指揮使司本在京師奉使在杭不知何公事也泰定帝元年塑馬合吃剌

佛像千延春閣之徹滴亭輟耕錄亦稱馬哈剌佛楖
貫護國寺碑云摩訶葛剌神此作麻曷葛剌譯音無
專字也

元大慈山定慧禪寺碑

以前闕幾行不可計 皇元南征宿兵其興也屋宇山田抗
大叢林其廢也惟一殿二塔巋然山田淪爲民業時有僧
克符者不忍寺廢守門菴待其復舊嘉定間史衛王當國
請命于朝移額四明建道場付祖山不問至元來殘毀榛
蕪益甚有蜀僧囬寶山者入山起廢搖瓦礫得斷像草間
完飾而祠之儼然祖師振衣定起之相識者曰寺當興時
楊總攝統教江淮欲觀泉靈異大作佛事僧百誦經咒泉

竟不沸楊意沮而寺如故大德庚子霆谿胡驪使有感囬
公時節因緣之一言一新門廡殿堂僧室厨庾又買田九
十畝贍衆六傳至成止巖改中門嚮東偏攻石甃路翼亭
半山揭古禪林復樹屋五楹奉補陁大士其中集學徒朔
望陞堂講辨有高麗耆宿修懺菴者隨喜讚歎與征東萬
戶張瑄同捨一大藏經閣之堂序由是定慧之爲定慧土
田雖未復於初創規制大有加於中興或曰席美蔭可安
禪缺上腴難容衆余曰有田固樂無田亦何憂之有今西
湖之上非有賜田百頃而易産民間又安得不征之壞供
此鼓鐘萬指之費哉使僧飯于堂而主僧輟食以從租庸
調之役是以養之者害之也故以田爲常住不若以身爲
常住方寰中之初至也無寺有寺其欲捨而他之也無泉
有泉寺可爲也泉不可爲也今言南北峯諸泉惟虎跑稱
異然史丞相欲替是寺而泉不可改楊總攝欲隆是寺而
泉不復涌一隆一替有非權勢大人所得預及寶山蔵經
月營止巖銖誘寸化則寺復其舊泉沸如初豈非二老辛
勤願力有以周旋乎時節因緣之間天道佛法有所不能
違歟嗚呼佛以心爲田故木食澗飲而安以福爲田故給
孤除饉而樂今止巖托鉢人塵善概信越捨所常捨無不
滿意往往一麻一麥之積足以成千囷萬廩之事業使後
之來者眞踐實履人人止巖無田有田也使不計罪福祈
律破戒見咲緇素有田無田也故曰梵刹之興隆不係田

之多少而係其人之行解言未旣止巖從座而起曰如是
如是請爲記至治三年十月甲申日記四明徐汝舟刻
耆舊覺了正徹妙德守志 頭首慈仙覺圓善隆守儀
知事法德定燈寂照宗照 住山佛心慈濟大禪師止巖
普成立石 比丘尼如忠如可信女葉氏妙福應氏善順
助緣

右在虎跑寺內今錄正書二十行行四十三字篆額
八字碑半砌於墻內按寺唐元和中寰中禪師結菴
于此感虎跑泉憲宗賜額廣福院宣宗大中八年改
額大慈傳宗乾符間加定慧二字咸淳臨安志謂太
平興國六年改賜今額此文前半不可見中敘寺之

興替最後論刹之隆興不係田之多少而係其人之
行解可知止巖之行業未逮佛心慈濟大禪師當時
亦必有褒贈也雙溪胡鹽使見徐一夔寺碑名度雅
舊志皆失書

元西湖書院重整書目碑

經書大楷 易古注 易注疏 易程氏傳 書古注 易復
齋說 書注疏 詩古注 詩注疏 穀梁古注 穀梁
注疏 埤雅 論語古注 論語注疏 論語講義 儀
禮古注 儀禮經傳 春秋左傳注 春秋左傳疏 公
羊古注 公羊注疏 孝經注疏 孝經古注 古文孝
經注 語孟集注 孟子古注 孟子注疏 文公四書

大學衍義 國語注補音 春秋高氏解 禮記古注
禮記注疏 周禮古注 周禮注疏 儀禮注疏 儀
禮集說 陸氏禮象 葬祭會要 政和五禮 文公家
禮 經典釋文 羣經音辨 爾雅古注 爾雅注疏
說文解字 玉篇廣韻 禮部韻略 毛氏增韻 博古
圖 孔氏增韻 文公小學書
史大楷 大字史記 中字史記 史記正義 東漢書
西漢書 三國志 南齊書 北齊書 宋書 陳書
梁書 周書 後魏書 元輔表 刑統注疏 刑統申
明 刑律文 成憲綱要 新唐書 五代史并纂誤 荀
氏前漢記 袁氏後漢記 通監外紀 通歷 資治通
鑑 武侯傳 通監綱目 仁皇訓典 唐書直筆 子
由古史 唐六典 救荒活民書 臨安志 崇文總目
四庫闕書 唐書音訓
子大楷 顏子 曾子 荀子 列子 楊子 文中子
太元溫公注 太元集注 武經七書 百將傳 新序
集大楷 通典 兩漢蒙求 韻類題選 四文類聚 聲
律關鍵 西湖紀逸 農桑輯要 韓昌黎文集 蘇東
坡集 唐詩鼓吹 張南軒文集 曹文貞公集 武功
錄 金陀粹編 擊壤詩集 林和靖詩 呂忠穆公集
王魏公集 伐檀集 王校理集 張西巖集 晦菴
大全集 宋文監 文選六臣注

西湖書院重整書目記

文者貫道之器爰自竹簡更爲梓刻文始極盛而道益彰西湖精舍因故宋國監爲之凡經史子集無慮二十餘萬皆存焉其成也豈易易哉近歲鼎新棟宇工役悤遽東遷西移書板散失甚則置諸雨淋日炙中駸駸漫滅一日僉幕長張公昕同寅趙公植柴公茂因覲謁次顧而惜之謂興滯補弊吾黨事也迺度地于尊經閣後創屋五楹爲庋藏之所俾權山長黃裳教導胡師安司書王通督口生作頭顧文貴等始自至治癸亥夏迄于泰定甲子春以書目編類撥議補其闕噫昔人勤於經始張公長厥善於繼述此志亘可嘉也是用紀其實績并見存書目勒諸堅珉以

傳不朽非獨爲來者勸抑亦斯文之幸也歟山長陳袤記
前教諭張慶孫書并篆泰定元年九月直學朱鈞立

右在杭州府學正書二十二行行十三字篆額不存碑前列四庫之目據後跋則皆書板也緣時鼎新棟宇遷移散失于是幕長張昕等創屋五楹以度之按元黄溍西湖書院義田記云西湖書院實宋之太學規制尤甚舊所刻經史羣書有專官以掌之號書庫官宋亡學廢而板庫具在至元二十八年承旨徐文貞公治杭以其建置之詳達於中書俾書院額立山長書庫之所掌悉隸焉郡人朱慶宗捐宜興州田二百七十五畝歸於書院別儲以待書庫之用卽此碑

之先事也宋時刻本以杭州爲上蜀本次之福建爲下觀目中所列皆有傳本間有一二如西湖紀逸張西巖集近世罕覩當時所刻想無題識如睦親棚北等字故藏書家亦莫能道之者相傳入元皆輦而之北惟存臨安一志今所傳宋本應卽院本也禮部韻畧當時有石本在江陰縣學中黃裳字景杜眉山人善書工詞藻見寧波府志

兩浙金石志卷十五　廣州府澳門同知桐鄉金錫鬯刋
臨海洪瞻墉校

兩浙金石志卷十六

揚州阮元編錄

元太上感應篇註釋碑

太上感應靈篇 篆書横列徑三寸許文不錄

勸善凡二十六事懲惡凡一百七十事

忠孝

臣事君以忠孝爲百行之原事君盡忠事親盡孝分所當爲臣子之大節

友悌

兄弟天倫也分形共氣故兄愛而友弟敬而順書不云乎惟孝友于兄弟

矜孤

詩云無父何怙無母何恃幼而無父情寔可憐撫育訓誨皆所以爲恩德

䘏寡

詩云予美亡此誰與獨息夫老而無夫窮而無告者仁人之心尤宜憐恤

敬老

書曰汝毋侮老成人以其閲世久而更事多所謂老吾老以及人之老也

懷幼

語云少者懷之所謂懷者懷之以恩德也孟子亦曰幼吾

幼以及人之幼
慈心於物
隱惻矜卹于物謂之仁如釣而不綱弋不射宿啓蟄不殺
方長不折之類
昆蟲草木猶不可傷
莊子自其同者視之萬物皆一也鱗鳳尚知不啄生蟲不
履生艸况人乎
右勉孝敬慈愛
濟人之急
濟人于窘急之際猶溺而得舟倒懸而得解也以富濟富
非君子周急也

救人之危
見人顛危力能救之陰德豈可量蓋死生于此係焉危而
不扶亦獨何心
憫人之凶
詩不孝乎凡民有喪匍匐救之不幸有遭罹于凶災豈不
惻然思以救之
施恩不求報
排難解紛本欲救人之急豈望報乎若責報於人則施者
不厭報者倦矣
與人不追悔
古語云何以怒許不與君子作事謀始旣以與人隨又追
悔小人哉戒之
右勉周急扶危
不衒己長
顏子曰願毋伐善君子不自大其事不自尚其功夫自衒
己長士之醜行
不彰人短
子貢方人夫子告之以不暇况人有所短而欲彰之此非
重厚之君子也
受辱不怨
孟子曰其待我以横逆則君子必自反也人能責己則亦
何怨之有

受寵若驚
居寵思危蓋福兮禍所倚安得不恐懼戰惕乎夫如是則
祿位可保
推多取少
記云分毋求多蓋利者亂之始也若計利則害義貪取則
不爭讓則有餘
右勉謙慎廉讓
正己化人
書云□身□正□敢不正君子正己而物正者也不能正
其身如正人何
不履邪徑

端人正士行不由徑姦夫佞人動履陰險道若大路舍之
不由必致顛危
不欺暗室
此間二行全泐
是道則進非道則退
此間二行全泐
右勉行已正直
積德累功
書云爲山九仞功虧一簣蓋善不積不足以成名德無大
小積功乃成也
遏惡揚善

易曰君子遏惡揚善大凡人有惡則當掩之善則稱之反
是則薄德人也
樂人之善
人之有技若已有之人之彥聖其心好之不啻若自其口
出樂善之謂也
見人之得如己之得見人之失如己之失
仁者見人之德則喜而不嫉聞人之失則發憤忘食視人
猶己故也
右勉好德樂善
違父母訓
穀梁傳謹愼從爾父母之言夫教子以義方欲子成人不

遵親誨非孝也
違逆上命
權臣擅命子弗祗服厥父事皆違逆上命者也縱汝不畏
國有常刑
暗侮君親
書曰爾毋面從退有後言若事君事親而面是背非陰行
侮慢罪豈容誅
凨綱父兄
父子兄弟一體而分者也入孝出弟理之當然干犯在上
人神之所不容
恚怒師傅

不憤不啓不悱不發苟或弁質凡下必撻以記之師而可
怒自暴棄者也
慢其先生
師者傳道授業解惑者也故弟子服心喪三年輕道慢師
非學者之所宜
嗜酒悖亂
惟酒無量不及亂此聖訓也小人無德以將恃狂暴以犯
上召禍之道也
右戒干犯在上
唾流星
河圖曰大星下流華渚感生白帝然則星者聖賢之精靈

而可唾乎
指虹霓
蝃蝀在東莫之敢指止奔之詩也此則以虹乃星之餘氣
指之則獲罪耳
輒指三光
日月君后象斗星萬物精皆蒼生以所仰照而輒指之是
有無尊之心也
久視日月
視日不瞬君子知其有無君之心視日月而能久是有不
臣之心也
訶風駡雨

記曰若有疾風迅雷甚雨則必變彼敢肆狂訶駡者乃不
敬乎天也
對北惡駡
帝座在紫微垣中故有北辰之號而衆星共之對之惡駡
非狂則愚
對北唾涕及溺
北辰天之樞也居中不動有人君之象對越上帝君子焉
敢肆其不敬乎
指天地以證鄙懷
易曰言行君子之動天地也而小人指山盟海誓于枕席
之間褻瀆甚也

右戒不敬天地
輕慢先靈
事亡如事存孝之至也祖禰而不加敬無父母之人也爾
子其從不孝乎
駡神稱正
敬鬼神而遠之聖人之格言也爲訾以駡爲正乎胡不聞
毋瀆神之語哉
呪詛求直
孔氏曰請神加殃謂之詛以言告神謂之祝爾惟不愆矣
恤人之言
自呪呪他

傳不云乎有詛有祝禍之本也輕要神明以詛人已鬼神
其實臨之
竈火燒香
祭祀則以陽燧取火所以致潔也今太上垂教禁竈火焚
香謂其不潔歟
穢柴作食
勞薪炊飯尙或辨之豈惟穢氣上蒸不可作食惡其觸穢
于竈之神明也
夜起裸露
南史載劉璡兄夜隔壁呼之不應方下牀着衣立然後應
蓋不欺暗室也

對竈吟口及哭
盛夏祭竈則固有神以司之故有疾口禱焉今乃詠于斯
哭于斯何意也
引神明以鑑猥事
左傳要盟無質神不臨也況以猥瑣事引神明以鑑照乎
是瀆於神明也
右戒褻瀆鬼神
晦臘歌舞
晦者日月交會之際臘者新故交接之時道家所當戒謹
也其可作樂也
朔旦號怒
吉月必朝服而朝謹其始也而叫號忿怒其敬安在道藏

所忌亦若此乎
八節行刑
月令立春行慶施恵立夏則慶賜遂行所以順氣序也曷
嘗於此行刑哉
右戒喜怒非時
虐下取功
以急歛暴徵旁緣行禁侵刻下民要取功名殊不思下民
易虐上蒼難欺
諂上希旨
希意道言謂之諂不度理之所在而阿諛求容所謂逢君
之惡是也
輕蔑天民
左傳所謂以民為土芥者也民乃天所生敢行暴虐以害
之是戕其天也
擾亂國政
書曰無作聰明亂舊章好興事舞文弄法者鮮不為國之
大姦唯上所察
賞及非義
賞以勸善若不宜賞而濫賞或當邑而子縣皆非義也善
為國者賞不僭
刑及無辜

刑以懲惡無罪而戮民則士可以徙蓋刑罰不中則民無
所措手足殆哉
棄法受賂
陸宣公所謂紀綱大壞賄賂公行者是也若然則寃枉者
多矣民其何辜
以私廢公
唐李林甫欲杜邊帥入相之路用胡人為節度使致使安
祿山傾覆天下
誅降戮服
三代之將道家所忌禍莫大於殺已降其反報不止於殺
身滅族而後已

賞罰不平

書曰功多有厚賞不迪有顯戮若賞及無功罰及無辜何以懲勸天下乎

人輕爲重

漢陳咸曰讞法當依於輕雖有百金之利謹無與人重故陳氏子孫貴顯

以直爲曲以曲爲直

直如弦死道邊曲如鉤反封侯此衰亂之世也若曲直倒置寃枉者多矣

貪冒於財欺罔于上

陳湯受金上封奏王子此猶未至于害民若受賂以直爲

枉其害甚矣

右戒蠹政害民

兒殺加怒

昔大禹出見罪人猶下車問而泣之子獨何心又加以怒死者寧無憾乎

縱暴殺傷

聖人用刑初非得已乃欲殺人如麻流血成淵獨不見支解車裂之報乎

剛强不仁

春秋傳云剛愎不仁必敗家語云彊梁者不得其死君子可不戒謹之乎

狠戾自用

書曰厥心疾狠不克畏死况凡人自用則小苟不知畏則喪無日矣

辱人求勝

好勇者必不得其死好勝者必遇其敵况辱人以求勝者安知不爲禍耶

以惡爲能恐作殘害

紂觀炮烙謂能逢曰樂乎然惡無大小厥罪惟均自古惡人未有無報者

決水放火以害居民

決水以害人之田放火以焚人之屋使民食息無所其害

甚於刼掠者乎

右戒殘狠不仁

强取强求

非其有而取之者盜也昔虞公求璧與劍遂有出奔共池之禍可不戒哉

好侵好奪

漢詔云吏以賄賂爲市漁奪百姓侵牟萬民此侵奪之大者也奈籍没何

沽買虛譽

聲聞過情君子恥之何爲欲盜虛名于人乎違道干譽雖大禹猶嘗戒之

採取姦利

機巧趨利世有托救火以攫財藉援溺以胠物幸災樂禍之人口無報乎

巧詐求遷

唐嚴挺之欲求大用稱疾願醫京師意得見上竟爲李林甫奏罷而不用

虜掠至富

傳曰幸災不仁苟因兵火之際乘時虜獲至富不思貨悖而入亦悖而出

分外營求

所謂志大心勞所以求者非其道也蠅營狗苟不知限量

至于死而後已

貪婪無厭

記曰分無求多若貪婪而無厭則不奪不饜故老子云禍莫大于不知足

苟富而驕

富而無驕猶爲僅可少有而驕淺中狹量人也驕溢矜夸將由惡終戒哉

右戒苟求名利

傾人取位

傳所謂毀人以自成者如戰國之士所爲是也殊不知出乎爾者反乎爾

殺人取財

書曰殺越人于貨愍不畏死罔弗憝凡不以人命爲重而取財者皆是也

危人自安

語云我不欲人之加諸我吾亦欲無加諸人今乃告人以利己於汝安乎

減人自益

易稱君子裒多益寡稱物平施小人反是損人益己放於利而行故多怨

侵人所愛

楚莊王楚子反欲取夏姬申公巫臣皆曰不可而巫臣取

之終致殺其族

耗人貨財

分人以財謂之惠爾乃設計以耗散他人之財縱不入己由我而耗則一

諉恩推過

好善惡惡人之同情不能克己力行妄以恩諉歸己而以過推于人謬矣

嫁禍賣惡

呂不韋嫁禍於嫪毐袁盎歸咎於晁錯雖苟免一時其後終不得其死也

自罪引他

如公孫敖無功而誣李陵桓温喪師而歸罪於袁眞不有
天刑必有人禍
以惡易好
已所不欲勿施於人此君子存心也以其所不善易人之
善是誠何心哉
假借不還
典籍錢物久假而不歸掩爲已有者世寔多有此以借爲
名攻之者盜也
破人之家取其財寶
昔晉獻公滅虞虢而取其屈産之乘垂棘之壁厥後爲里
克殺其二子焉 虢誤號

負他貨財願他身死
有以人生前所寄白金百兩還死者子不肯受者未聞欠
債願人死者也
右戒損人益己
射飛
潘濬諫孫權曰紘絶指破皆能爲害蓋謂不惟損於物命
亦恐因以傷生
逐走
虞人箴曰民有寢廟獸有茂草各有攸處德用不擾詳味
箴言亦戒逐獸
發蟄
仲秋蟄蟲坯戸季秋蟄蟲咸附在內皆墐其戸仲春始出
非時發掘則死
驚棲
孔聖弋不射宿此聖人仁及於物處禽之棲宿猶人之寢
驚之則不安也
塡穴
誰能出不由戸螻蟻之有穴由人之有戸也若塞其穴則
無路可出死矣
覆巢
月令方春物生戒毋覆巢遂其性也巢乃禽之棲止覆之
猶毀人之屋也

傷胎
月令孟春犧牲毋用牝毋殺孩蟲胎夭飛鳥傷其母則子
從而亡矣哀哉
破卵
記曰春田士不取麛卵其生也物雖未成而性命已具於
其中忍破之乎
敗人苗稼
稼穡民命所繫故詩曰去其螟螣及其蟊賊無害我田穉
人而蝗心可乎
無故翦裁
布帛之物生自蠶繭一絲而累以至於寸累寸不已始成

丈匹可妄費乎
非禮烹宰
君無故不殺牛大夫無故不殺羊士無故不殺犬豕況又
非禮烹宰者乎
散棄五穀
狗彘食人食而不知撿君子譏之蓋食乃民命所繫力耕
而成其可棄乎
勞擾衆生
有生之類莫不欲安風波駭而魚鼈擾于淵繒羅密而羽
禽蹤于澤嗟乎
春月燎獵

國君春田不圍澤繼之以火爲焚咸丘春秋譏之況於常
人燔林而獵乎
用藥殺樹
斧斤以時入山林則材不可勝用用藥以害他人之樹此
損物之人也
無故殺龜打蛇
龜以卜則殺之蛇當道則斬之況元武神而合形苟非其
故慎勿害之也
損人器物以窮人用
因物制器欲利於人乃欲毀損以妨民用者嗟是豈仁民
而愛物之意乎

右戒損害物命
陰賊良善
荀子曰害良曰賊書曰人之彥聖而違之俾不通暗箭損
人逆理之大者
貶正排賢
正人在位則邪人不得逞其奸一網打盡而後快於其心
但彼亦未免耳
壅藝方術
人之有技媢嫉以惡之是積行之君子壅于上聞如不傳
醫卜之類皆是
侵凌道德

昔禹誓師有言曰蠢茲有苗昏迷不恭反道敗德天降之
咎況敢侵凌乎
毀人成功
荀卿有言愚者好專事而妬賢能抑有功而濟有罪成事
不說況欲毀乎
蔽人之善
凡蔽善之人因已不善恐人壓己故爾傳不云乎不祥之
實蔽賢者當之
挫人所長
龐涓自以能不及孫臏乃以法斷其兩足而黥之其後卒
爲臏所殺之也

願人有失
慶鄭曰幸災不仁大凡仁人視天下之溺由己溺之願人有失樂禍甚矣
妄逐朋黨
朋黨之說自古有之歐陽公論之詳矣惟人君不能辨其君子小人故耳
見他榮貴願他流貶
樂人之禍禍將及之不見李存欲置盧多遜於死地存隨亦貶死於其所
見他富有願他破散
富貴在天見人富有而懷嫉妬之心欲其破耗縱快其意何益于己

見他失便便說他過
人之有德慧術智者恒存乎疢疾一旦墮于陷穽不能援又下石焉殆哉
見他才能可稱而抑之
人之彥聖而違之俾不通此妨賢病國之人不知稱人之善人亦稱其善
紊亂規模以敗人功
左氏宋羊斟不與羊羹之享故敗宋師君子乃謂羊斟非人也刑孰大焉
右戒妬賢嫉能

乘威迫脅
如董卓强聘皇甫規妻援刀圍之而曰孤之威教何有不行於一婦人乎
逞志作威
書曰毋依勢作威夫肆欲陵人快一時之私不知怨之者深禍不旋踵乎
苛虐其下
君可馭臣下主足制僕妾苟不以其道則禍在蕭墻吾待如犬馬彼視若寇讐
恐嚇於他
平丘之盟□疑恐喝於諸侯晉遂失霸況常人乎若取人財物明有刑書

凌孤逼寡
書云不虐無告老而無夫幼而無父皆窮而無告理當哀矜況忍凌逼乎
壓良爲賤
彼亦人子耳陷其身於驅奴之中寧無衞青者哉況於法非輕於汝安乎
右戒威力加人
短尺狹度
同律度量衡王者之大事也小人惟知欺心以取利不知犯法以致禍也

輕秤小升
謹權量蓋持其平也陳後主時雷震殺一人背有字曰斗
秤輕重宜戒之
以僞雜眞
揚子有云欲售僞者必假眞夫以僞代眞害人者莫如藥
誤國者莫如奸
謾蔑愚人
漢王吉傳民者愚而不可欺夫愚者而可謾天理不可謾
吾誰欺欺天乎
虛誕詐僞
無稽之言誕善之人徼詭之行象恭之心有一于斯小人

而無忌憚者也
誑諸無識
王制所謂假於鬼神時日卜筮以疑衆者欺天罔人過于
白晝攫下缺
左道惑衆
王制執左道以亂政殺爲下缺也自右術士妄言致人族
下缺
竊人之能
如郭象竊向秀所註下缺類殊不思作僞心下缺
穢食餧人
色惡臭惡下缺食而下缺

右下缺
背親向疎
不愛下缺德蓋於所厚下缺薄也恩義安在
骨肉忿爭
唐張公藝下缺字遂能九世同居同氣連枝下缺忿乃無
義之人也
攻訐宗親
晉稱以親下缺親親則諸父昆弟不怨攻發下缺之陰私
不義之甚矣
叛其所事
歐公所謂下缺爾之墨已彎射羿之弓者是也下缺者狗

彘不食其餘
受恩不感
子曰以德下缺受恩而不知感乃忘其所下缺惠食言春
秋所譏
得新忘故
漢下缺之妻不下堂貧賤之交下缺新忘故不義之甚也
右下缺恩背義
向背乖宜
凡人燭理不下缺則必昧于趨向是所謂曠安下缺居舍
正路而不由乎
是非不當

荀卿下缺非之謂智若以是爲非以非下缺指鹿爲馬枉
者多矣
棄順效逆
石蜡有云下缺效逆所以速禍也惠迪吉從逆下缺影響
禹之言也戒哉
偏愉偏愛
好惡不下缺中則不能愛而知其惡惡而知其不缺惟仁
人能愛人能惡人
矜好矜誇
書云矜下缺喪厥功又曰驕滛矜誇將由惡下缺人自口
矜不久之道也

作爲無益
書下缺益害有益官吏臨政與下缺受其賜及是則遺患
矣
施與後悔
缺中勿許人物正恐施而下缺而後悔則不成恩惠矣
念怨不休
缺子所善以其念舊惡下缺寢皮怒猶未已忍人也
見他色美起心私之
缺爾者反乎爾者也俗諺下缺妻女淫人宜深戒之
見他體相不具而笑之
缺許聘于齊則客或跛或下缺之於房郤克怒伐齊幾亡

右戒好惡乖宜
訕謗聖賢
如下缺叔毀仲尼子貢曰仲尼日月下缺雖欲自絶其何
傷於日月乎
謗諸同學
鹿下缺書曰毀人者人亦毀之不日自毀下缺合志同方
而欲謗之非義也
離人骨肉
晉驪下缺於獻公使父子相離而下缺不四年而人亦殺
其子矣
破人婚姻

婚姻下缺之好人之大倫繫焉而鼓下缺之豈君子成人
之美哉
形人之醜
缺君子之於人也當於有過中求下缺過不當于無過中
求其有過
訐人之私
以訐下缺聖人所惡人有小過當爲掩下缺攻發人之陰
私薄惡甚矣
毀人稱直
缺直在其中爾乃毀人之短下缺直夫何直之有哉秖取
辱耳

造作惡語讒毀平口
鈌善之人其辟游大率讒譖之下鈌代無之惟其聽之者
不明故也
右戒毀謗讒譖
口口
井養而不窮百姓所以並受其福若蹻越其上則有井泥
不食之患戒哉
口口
竈者五祀之一烹飪是賴民命係焉敢有超越之者是褻
瀆其神也
口口

口爾而與之乞人不屑也況於食上跳躍而過其可以飼
人乎可不戒諸
口口
記云先生書策琴瑟在前坐而遷之戒勿越同類可躍君
不見踰下士乎
右戒非禮違越
知過不改
人誰無過過而能改是謂無過過而不改則惡日長是故
惡積不可揜也
知善不為
吉人為善惟日不足既知善之當為而不為則亦知惡之

當去而不去也
護己所短
周子通書今人有過不喜人規猶如護疾而忌醫寧滅身
而不悟也戒之
怨天尤人
不怨天不尤人反己自脩無怨乎外若怨天者則不勤尤
人者則無智也
苟免無恥
苟免刑罰而無羞媿怙終之人將由惡終文中子曰辱莫
大於不知恥也
于求不遂便即呪恨

事有不可行力有所不及求而必獲雖聖人亦有所不能
焉何敢呪恨乎
右戒弗能克己
用妻妾語
亂匪降自天生自婦人惟婦言是用商紂亡國謀及婦人
雍糾亡身戒哉
不和其室
禮運云夫婦和家之肥也多因惑於嬖妾致有夫婦反目
家之索可待也
無行於妻子
身不行道不行於妻子世有易內而飲酒驅子以殉戰彼

皆禽獸之行也
右戒齊家無方
逸樂過節
逸豫無期詩人所刺樂極則悲禮經是戒管敬仲曰晏安
酖毒不可懷也
淫慾過度
樂而不淫者於詩首懲忿窒慾訓於大易二者不節夭壽
之本可不戒乎
力上旋設
不恤其力而驅廹過酷惟務貪役人力以成其事不察妨
奪農時而害民

右戒不自慎節
男不忠艮
男乾道也咸懷忠艮臣子大節不忠不艮是不能踐乾道
成男之肖須也
行多隱僻
惡之匿於心而他人不及知者陰毒之人也一毫不可蘊
於心况多者乎
心毒須慈
李義府須柔恭與人言嘻怡微笑而陰賊害物人謂之人
猫然終於竄死
口是心非
言顧行行顧言此君子所當勉若口是心非小人之常態
也何忍爲之乎
闘合爭訟
聖人之心欲使無訟不仁之人鼓舞數端蹻㹀相持始快
其意是誠何心
助人爲非
君子成人之美不成人之惡小人反是然助桀爲虐桀亡
汝亦亡爾戒之
包貯險心
包藏禍心所謂笑中有刀潛殺人此人面獸心之人不知
毒人人亦毒已

理蠱厭人
漢江充使胡巫作桐木人埋之誅殺數萬人及皇太子後
武帝夷充三族
懷挾外心
夫爲人臣而懷二心爲人婦而挾私意皆天理所不容鬼
神所共誅者也
非義而動背理而行
孟子曰非禮之禮非義之義大人弗爲一舉動而乖於禮
義無所不至矣
右戒性行邪僻
女不柔順

女子十年姆教婉娩聽從巽爲長女以其有柔順之道焉
否則惟厲之階
不敬其夫
儀禮云夫者妻之天也可不敬乎彼庸奴其夫欲何所爲
乎是不祥人也
失禮於舅姑
婦事舅姑如事父母不飾不敢見而敢失禮者雖有婦容
婦功眞悍婦也
常行妬忌
以色曰妬以行曰忌此女子小人之常情皆君爲臣制夫
爲婦制而然也

損子墮胎
既已成形亦一人命載生載育而以毒藥殘其生其慘過
於刳剔孕婦也
右戒婦人女子
○人生天地間凡吉凶禍福善惡得失消息盈虛之故一
感應之理而已感應者其陰陽之妙用氣理之眞幾歟是
故吾夫子釋大易中孚鳴鶴一爻曰君子居室出其言善
千里之外應之不善則違之萬化不窮感應一理所以感
應者皆自心出言者心之聲行者心之迹言行實感應之
樞機也善則明理不善則昧理人以善爲感應則感應同
乎天故曰動天地又釋坤履霜一爻曰積善之家必有餘

慶不善必有餘殃蓋以天下事未有不積而成者所積善
則福及子孫積不善則畱流後世慶所以勉君子殃所以
戒小人此感彼應如響斯答事理必然無可疑者故曰善
不積不足以成名惡不積不足以滅身其斯之謂歟蒙嘗
見善齋李先生註感應篇其善善惡惡之言如指諸掌嗣
而鄭相安晚湯侯北村徐公博雅輯而爲贊衍而爲解韻
而爲詩愈益明白今錢唐善士陳君宣又能析條比事列
疆附註揭之座右眞勉人立心行已存善去惡之龜鑑三
教諸經同一律令子謂鷄鳴而起孳孳爲善一言一行不
欺心不欺人盡己之忠以寔之信如心之恕主一無適之
敬惟恐少失其人卽是君子否則言行不相顧心口不相

應不畏天戒不恤人言其人非小人而何者蓋冥冥乎
可懼久聞陳氏父子皆好善知有天刑人禍出入起居恐
懼修省舉頭若有神明暗室屋漏若十手十目之指視何
止一鄉之善士而止哉求余敘篇首不敢辭凡我善友尚
監于茲仇遠書
○感應篇懲惡勸善之書也世多以爲道家文字非儒者
所尚又其言不能常接於心目雖前賢句爲之傳篇爲之
贊長篇巨帙大字正書有束之高閣箭若手未觸者遂使
太上之言幾于具文竊嘗稽之於書則曰作善降之百祥
作不善降之百殃於易則曰君子居其室出其言善則千
里之外應之出其言不善則千里之外違之然則福善禍

溼之理猶響之於聲形之於影雖其設教不同而所以使民向善背惡則其理未始有異也今閱其書往往與經史脗合特覽者未之察耳於是博考經傳參合同異附註句下區別其類揔二十六門纂集成帙揭于座右以便觀覽若盤盂戶牖之有銘俾得常接乎目每警乎心不至於怠忽遺忘也顧其辭詳則卷軸有限又懼覽之者憚繁故簡易其文昭著其義若欲泛覽流觀則有前賢之傳贊在苟因鍫而得魚同歸于至善不遷之地則余之所望也泰定甲子上元錢唐陳堅若質繡梓奉勸

○三教垂訓惟制其心堯傳於舜舜傳於禹曰人心惟危道心惟微惟精惟一允執厥中夫中者喜怒哀樂未發之

謂純乎天理至善而無惡然因一念之發而後善惡分焉故跡雖未形而幾則已動人雖不知而己獨知之必當遏人欲於將萌而不使潛滋暗長於隱微之中苟非靜而存養動而省察則安能發皆中節無過不及者哉老子之書曰人神好清而心擾之人心好靜而欲牽之蓋人能息念神水常清休心靈源常靜則水火自然升降至於動靜兩忘清濁一源則天地之理悉皆歸于一身釋氏之書曰應無所住而生其心不應住色聲香味觸法生心若心有住即爲非住不取於相如如不動凡所有相皆是虛妄若見諸相非相即見如來李善齋集太上感應篇傳載處士朱貞白曰世言不欺神明吾以非謂天地百神但不欺心即

爲不欺神明蓋心者神明之舍或問曰事神乎曰事吾心神而已事之云者不待黍稷犧牲之奉惟以不欺爲事耳燕山竇十郎名禹鈞年三十夢父祖謂曰汝壽不永且無子爲不早修陰德以迴造化禹鈞惶懼於是遇親戚故舊及貧困者有喪未舉有女未嫁或窘而無業公皆出金帛以助成之與夫焚券嫁僕夫之女得金還夫失之人每量歲之所入除伏臘供給外餘皆濟人之急家惟素儉建屋聚書廣開義學苟口術德無不樂爲後十年復夢父祖謂曰今汝名挂天曹以有陰德延筭三紀賜五子各榮顯仍以福壽而終當爲洞天眞人又曰陰陽之理大抵不異善惡之報或發於見世或報于來世天網恢恢踈而不漏此

無疑也禹鈞愈積陰功五子八口登第貴顯爲參政尚書學士公爲左諫議大夫八十二沐浴別親戚談笑而卒范文正公曰吾之宗族在吾固有親踈以吾祖宗視之均爲子孫況祖以積德至吾富貴今苟不恤宗親又何顏入家廟見祖先乎遂買良田四十頃爲義莊均及宗親歲支口糧縑帛嫁娶喪葬皆有贍給其子克紹父志增廣義庄父正公遣子堯夫姑蘇取麥舟次丹陽見故人石曼卿三喪未舉盡以五百石麥舟付之既歸文正問見故人否堯夫以曼卿三喪未舉爲對文正曰何不以麥舟付之堯夫曰付之矣文正怡然喜見於色其父子德量一至於此王沂公之父撿拾字紙滌以香水收焚後夢宣聖曰汝敬吾教

嘗遺曾參來生汝家生子名曾榮顯拜相尚㝱因李口病
故而貧乃資助其母函骨歸鄉嫁女于士族葬歸泣謝來
生口子後官至大理寺丞李謙脩值歲歉出粟千石以貸
鄉人明年又歉人無以償公焚借券後復大歉竭家惠濟
賴以全活者萬計李口口拯濟貧困積四十餘年未嘗少
怠韓忠獻公琦富文忠公下闕八字堯佐王懿敏素李允則知
那歲飢自出己財下闕五字全活飢民至於九百六十餘萬蘇
文忠軾知杭州大疫出財合藥施療所活萬千子孫悉皆
登第貴顯其韓公琦富公弼爲仙主紫府司嶲臺王叟劉
爐行醫能善用心雖勞不倦治療多効死葬尸解居地香
氣累月不絕如子房之忠吳猛之孝許眞君除害救民遐

素臺濟窮郵死周伯持收瘞遺骸李五郎不欺斗斛陳安
世不殺物命景相酷好放生皆得升仙呂公誨爲官正直
昇爲上帝司糾王昌遇本推司不敢棄法受賂白日上昇
爲保和眞人周惠化好施窮困辛苦不倦度爲西華眞人
王谷榷鹽潼川彊踏抑民倍認鹽額戸皆破敗谷亦暴卒
爲牛馬絲爲幹官苛虐督錢不問額之虛實物之盈縮肆
暴督刷背發左右兩疽宛如杖脊深可寸餘洞見五藏肉
潰至盡脉息方絕李若水爲淮南司理枉勘一僧爲寇以
濕紙糊口鼻土囊壓臍腹裂而死獄吏李口推官劉元下闕
四字判官趙禹皆暴卒李若水腹痛號呼而卒一門喪盡盧
多遜貶朱崖而李符改合竄春州死地後符坐事口宜州

上怒亦改竄春州死丁謂秉筆竄寇萊公於雷州在後丁
謂口口口竄崖州李叔卿爲郡功曹最號廉謹同寮孫容
嫉之口口口口口遂傳播叔卿飽欝自殺妹憤亦自縊數
日間雷震口口口口屍於叔卿之門及口雷又發冢竟至
腐爛骨肉狼籍口口口復吞人田産僞口口口口典作賣
死入冥獄子孫失音而死下闕二字十足變化爲蹄履作馬嘶
遂死劉下闕七字背生三口隱在皮肉間齧食痛不可忍而死
人心所行善惡隨感而應捷於影響先人坦齋陳君實慮
以善有口斯人胥謂曰作善作惡惟人所爲降祥降殃惟
天所命胡不敬口而戒口哉乃與同口口中互爲參考儒
典註述感應篇圖口以勸戒今重摸勒以垂於久同志君

子相與勸勉不亦宜乎旹至正壬辰上巳嗣子口口口口
口口從晉孫士賢士良士方士正口口敬識於鶴齋口口
禮書丹湖山堂杭城壯觀之所感應篇助教懲勸之文恕
齋陳從仁遂勒碑樹于此堂之左以廣士夫之聞見焉樂
善君子從便印覽良可列諸座右以爲起居之脩省下闕
斯道不泯武林贊成善士張仲德張仲瑛錢彦和杜兼善
徐景祥陳裕之秦君懋曹君義口元善邵君賢下闕萬澤
之徐口舉沈口口王信口吳子良祝仲華張輔之徐李口
王口甫周下闕

右在杭州府學碑正書凡十六列每列行字俱不等
篆額横列六字高七尺六寸廣二尺九寸按太上感

應篇不見隋唐暨諸家書錄惟宋藝文志有李昌齡
感應篇一卷道藏目太上感應篇三十卷此元季所
刻據仇山村跋宋時又有鄭安晚湯北村徐博雅諸
家今鄭清之書尚有傳本而惟李善齋注爲最先錢
塘陳君寶又能析條比事例圖附之揭之座右焉元
季纂圖互注書林積習此必有木刻并圖行世而刻
石不及列圖也觀君寶自跋博攷經傳參合同異似
全出一手然核其大槩勸以君國立言頗與南宋時
事脗合殆卽善齋之書而損益之歟又云感應篇世
多以爲道家文字遂使太上之言幾于具文錢宮詹
亦云吾友惠徵士定宇言此篇卽抱朴子所述漢世

道戒如三台北斗司命竈君之屬證諸經傳無不契
合則知此書誠有自來坦齋嗣子刻諸石又臚列古
事以繼之可謂克嗣家聲矣舊在湖山堂不知何時
徙杭郡庠湖山堂咸淳臨安志云在南新路第二橋
咸淳二年洪安撫燾買民地創建棟宇雄傑面勢端
閎卓然爲西湖最遊者爭趨焉桐江續集云堂本魏
靜齋了翁所建權臣惡之乃勒碑爲洪雲巖建回詩
所謂上梁文記臨邛魏天目洪家却立碑是也

元合剌甫丁墓碣

故朝列大夫廣州路治中系本哈撒尼世居大下闕蘆溝
橋公之父諱可剌馬丁乞答察大王位下諸色人匠宣差
公諱合剌甫丁至元十二年公下闕中書省伯顏丞相奇
公之才薦引進見俾中書省咨發浙江省差充嘉興上海
縣達魯花赤至元十九年祇下闕敕命累調紹興之山陰
衛之常山安豐之霍邱寧國之涇縣建康之句容皆任長
官再調杭之稅司提舉又再調常州宜興同知延祐六年
以役考陞轉欽受　宣命朝列大夫廣州路治中時公年
未七旬遂移文謝事公平生以謹恪立身以勤儉成家以
至誠奉上以慈惠撫下六宰縣一司征一同知州事過化
之地皆有恩澤及民民愛之如父歷仕四十餘年其仕止
久速意趣灑然廉名廣譽始終如一誠當世之良吏也及
其餘年可仕乃急流勇退隱居于杭之豐樂橋東舊班前

築池圃植花竹爲高世避賢之舉以禮義教子孫以詩酒
交親友視富貴如浮雲得逍遙物外意易所謂知進退存
亡者公有之矣至治三年夏七月一夕公呼諸子前曰我
一生仕路廉謹勤儉賴以立身成家今與汝輩永訣汝輩
當念我各爲保家計遂正寢而逝公生於庚戌歲之十月
十五日歿於癸亥歲之七月十二日享年七十有四公娶
夫人楚赫別諸子侍奉在堂子男五人長木八剌沙次哈
馬剌丁阿老天丁忽賽因皆蚤世又次納速魯丁嘗古翰
林伴讀女二人長寶憐次惜里別牙男孫三人長阿老丁
次法忽魯丁童童孤子木八剌沙納速魯丁已於癸亥至
治歲孟秋吉日奉公營葬于錢塘之西湖南園從治命也

然哀慕公之罔極遂誌公之功德于石口示後之子孫于無窮庶少發公之幽潛于萬一云 泰定改元甲子孤子木八剌沙納速魯丁立

右在南屏山麓正書廿三行行字不等碑無額上刻雲月之象按文舍剌甫丁以伯顏薦咨發江浙六宰縣一司征一同知過化之地皆有恩澤似有政績可考今唯至大己酉湖州府治碑有忠武校尉總管府治中木八剌沙是其子衢府志載至元二十四年舍剌甫丁以敦武校尉任常山達魯花赤而已年未七十隱居杭之豐樂橋卒葬西湖之南園而墓碣之出復得與於載籍亦幸矣哉回回貴族稱賽典赤此云

系本哈撒尼乞答察大王位下諸色人匠宣差知非顯族也長孫阿老丁曾于西文錦坊南營眞教寺俗稱禮拜寺有明永樂敕諭碑見杭州府志南園即佐胄別墅元時猶有此稱

元刻至聖世系圖像碑

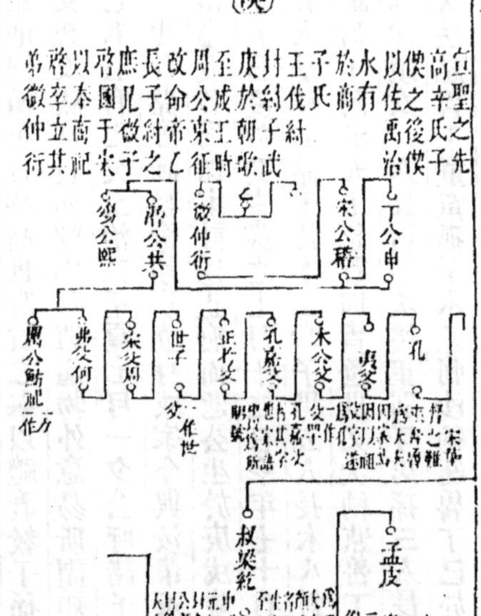

宣聖生於周靈王二十一年即魯襄公二十二年庚戌歲冬十一月庚子二十一日也薨於周敬王四十一年即魯哀公十六年壬戌歲夏四月己丑十八日也按春秋三傳史記世家索隱闕里譜系及孔氏家譜東家雜記祖庭廣記家語世系年表拼證等書各有異同今以朱文公論語集註中所紀為正至西漢元始元年追謚褒成宣尼公魏太和十六年謚文宣尼父後周大象二年封鄒國公唐貞觀十一年尊為宣父乾封元年贈太師開元二十七年封文宣王宋大中祥符元年加封元聖改封至聖文宣王惟宣聖之道垂於後世學者受罔極之恩巍然袞冕儼於學官不能家有其像謹按孔氏家譜云家廟所藏本衣燕居服顏子從行者世謂之小影唐劉禹錫作許州新廟碑有堯頭禹身華冠

象佩之容肌之白鄒魯者是也近世所傳殆失其眞耘謹依小影作弁服坐像刻之於石置會稽郡庠使人得瞻本朝夕瞻仰所謂溫而厲威而不猛恭而安者心存目注若見聖人於千載之上豈非學者之所甚幸歟至于譜系封謚生薨歲月散見諸書并彙集附刻云泰定二年歲在乙丑暮春之月句章周耘拜手謹誌

國子監學生王時書丹　亞中大夫紹興路總管兼管內勸農時事王克敬篆蓋

鏡湖范彌堅刊

右碑篆額七字首列世系圖次孔聖畫像末周耘跋正書三十七行在紹興府學此句章周耘仿孔氏家

廟藏本重摹者也耘尊崇先聖爲之譜世系序封號摹小影既寀孔氏家譜復改作弁服坐像王克敬字叔能大寧人泰定初出爲紹興路總管事蹟見元史

元王達等靈隱題名

泰定五年春二月吳郡王達莫維賢葉森陸友同游

右在香林洞摩崖隸書四行字徑二寸餘按王達吳人號耐軒居士有題王紱山水詩見六研齋二筆莫維賢字景行好學能詩築別業于靈隱時人比之輞川著有廣莫子集葉森字景修早從貞白先生吾子行游古文歌詩咸有法則陸友字友仁平江人著有研北雜志四子惟陸友書名最著同時虞集柯九思皆善書見吳中人物志畫史書史等書此題名居後或即其所書也

元石屋洞題名

天然洞　廣莫子

右在石屋洞摩崖篆書字徑二寸餘款字隸書字徑七分按咸淳臨安志石屋山頂有石菴一名天然庵篆題天然洞側有隸書廣莫子三隸字元莫維賢別字也維賢有泰定三年香林洞題名見前

元湖州路歸安縣建學碑

湖州路歸安縣建學記

中奉大夫嶺北湖南道肅政廉訪使鄧文原撰并書

榮祿大夫江浙等處行中書省平章政事高昉篆額

湖學自宋寶元間安定先生胡公以經學爲弟子師由是東南諸郡知有仁義禮樂之教其後郡縣皆立學太學亦取以爲法故湖學之盛埒於它郡郡之倚郭縣曰歸安猶未建學附於郡學東偏泊上校官幸滿即代去因仍歲月漫不加省非闕歟夫循名而不責其實雖善治者無成功而况學乎泰定甲子南陽完澤溥化擢進士第明年來丞茲邑顧瞻興嘅曰余幸以儒決科筮仕之始釋是不圖予負丞矣遂首出已俸買地縣治之東南陬溪山迴互面勢敞爽宜爲學者藏修游息之所因謀諸長貳與職教者舉言允叶且召邑中慕義之士而語之故咸樂輸助以相厥

作於是崩夷榛翳經度餘址爲殿周阿以主以侑塑繪之事咸中儀式講肄有堂居處有舍重門脩廡中外具備肇始于三年四月越一年閏月舍菜以落之又置腴田造祭器以圖惟永久士驩然曰學校風化所先知建學斯得爲政之本矣昔鄭人欲毀鄉校而子產不可是以見稱於夫子也隆古盛時家塾黨庠術序國學莫不有師而又有東膠虞庠成均瞽宗辟雍頖宮之等雖異代殊制然大要使人崇本絀末由體適用自秦易郡縣從守令首戰功師法吏而教始大壞後世隆其棟宇優其廩稍學者得專意問學以希賢聖而人才乃不逮古何哉宴安之習勝則刮磨淬厲之功不篤外有利祿之誘苟可以干時名而梯進取

者何不爲也而廉恥之風微矣有志之士不偶于時則穿高蹈林谷被褐商歌有以自樂雖時有用舍行藏而道無得喪榮辱是爲爲己之學流俗方訕笑以爲迂而莫之從然則人才之作興亦難矣聖門弟子惟子游吳人習聞學道之訓施之武城弦歌而治故得士如澹臺滅明者古者國子舍于王宮教于師氏而以時會于大司樂以習弦誦以學樂舞是弦歌特學道之一事而聖人有取者因弦歌而知學道之化被于一邑由是而之國之天下皆是道也夫子曰十室之邑必有忠信歸安壯哉縣負人勝士多栖息其間令丞之得士安知無如滅明者乎老癸願有聞焉泰定五年龍集戊辰人日記邑長柏壽縣尹武思文主簿只兒哈郎教諭楊元震典史周仁壽王平　是歲三月吉日沈昆張庭輝陳諫費琦施大亨施環立石　四明任存中刻

右碑在歸安縣學文二十一行正書徑一寸歸安本烏程地宋太平興國七年析置舊附縣學於郡庠至泰定間完澤溥化來爲縣丞始創建於今所鄧文原撰文記之按文原官至集賢直學士兼經筵於泰定元年引疾歸四年拜嶺北湖南道肅政廉訪使以疾不赴天歷元年卒年七十一此碑系銜與本傳合高昉字顯卿大名人又按戊辰歲凡改元二此稱泰定五年者在未改致和之前九月以後卽爲天歷元年

文原撰文之後不及一年卽以病亡矣

元祭南鎭昭德順應王碑

維致和元年四月癸巳朔越廿有九日辛酉

御位下必闍赤託鐵穆爾集賢待制周仁欽奉

聖旨致祭于南鎭之祠於是與與祭官紹興路總管于九思謹潔牲牢醴齊祭告于

南鎭昭德順應王

聖天子之意若曰惟爾

明神宅茲南鎭越自遂古祀事有嚴爰命爾臣聿將

朕命有事于祠祈感而應今既至止將典是盛牲牢庶品誠與儀稱

明神歆假式昭視聽純嘏肸蠁時其休徵尙
饗
□□□元年四月廿有九日
御位下必闍赤託鐵穆爾集賢待制周仁榮奉
旨祝
釐于南鎭之祠竣事會稽太守蘄丘于九思請文刻石以
備典故欽惟
聖天子耐以四海爲家欽承
祖宗故事不鄙夷南鎭之遠且外也歲遣近臣奉縟典奔
走數千里有事于其庭於皇盛哉仁榮南方之人也待
制集賢幸膺

明命敢不揭虔以對揚神休睠茲祠宇至大二年創始於
前郡侯大名朶兒赤公落成
朝廷敕詞臣鄧文原紀其始末樹碑於神門之右今託鐵
穆爾朶兒赤公之從子也伏讀至再深自慶幸嗟乎人之
仕也一事之善子孫有見而喜焉能遺愛於其民而百世
不能忘者其慶譽宜何如哉與祭治中朶台府判官脫歡
文學掾田思聰會稽簿孟潼天台周仁榮記
太中大夫紹興路總管府達魯花赤兼管內勸農事札
剌兒台通議大夫紹興路總管兼管內勸農事于九思
朝請大夫同知紹興路總管府事石抹褭吉剌歹奉政
大夫紹興路總管府治中朶台承德郎紹興路總管府
判官脫歡承務郎紹興路總管府推官余復承務郎紹
興路總管府推官班惟志承務郎紹興路總管府經歷
高德淵從仕郎紹興路總管府知事陳進道將仕佐郎
紹興路總管府提控案牘兼照磨承發架閣藏晏祥承
事郎會稽縣尹兼勸農事霍文輔將仕郎會稽縣主簿
孟潼建　會稽縣典史王澤　郡人趙良魁鐫

右碑在會稽縣南鎭廟中凡二列上列祭文十七行
下列刻石記二十一行並行書是碑以必闍赤託鐵
穆爾周仁榮奉命致祭必闍赤託鐵穆爾讀父朶兒
赤碑興感太守于九思請刻石而周仁榮記之文後
遺愛數語頗深長思碑後列銜惟推官余復班惟志

兩浙金石志卷十六　元　四十一

見舊志而誤余爲金他若達魯花赤札剌兒台同知
石抹褭吉剌歹治中朶台判官脫歡經歷高德淵知
事陳進道照磨藏晏祥主簿孟潼典史王澤府尹霍
文輔十人皆不見于舊志金石之顯晦固有時歟于
九思明忠肅于公之祖公少時不知其先世後讀行
狀始知先世有顯人此書薊邱其先世舊貫也周仁
榮元史本傳字本心臨海人師王柏受性理之旨工
爲文章用薦署美化書院山長後辟浙江行省掾史
省臣皆呼先生拜集賢待制奉旨代祠嶽瀆至會稽
以疾卒年六十有一

元嘉興路建學碑

嘉興路重建廟學記
奉議大夫前常州路無錫州知州兼勸農事郡人張采
撰
朝列大夫僉江南浙西道肅政廉訪司事尚師簡篆額
中奉大夫前江南浙西道肅政廉訪使徐傑書
孔聖之道集厥大成故其德配天地教浹遐邇歷代崇封
至聖文宣王號春秋仲月上丁日釋奠禮盛樂備雖社稷
弗及
聖朝至大元年
詔曰先孔子而聖者非孔子無以明後孔子而聖者非孔
子無以法王號之上加以大成辭隆義正洋洋乎其盛哉

嘉興古檇李郡學大成殿創宋紹興間歷今餘二百禩厔
陋陋隘傾圮幾壓前守未及改作監郡中大夫　來守
奠薦神位禮弗克施慨然欲新之衆以歲旱且澇民荐饑
請俟稔歲公曰殿苟壓則神位毀豈曰不急且學校所以
長育人材美厚風俗關乎教化之大事不可緩學前有羨
楮幣二萬五千緡寄諸公帑計用不給復劄奉議與造會
部使者霍公巡郡亦劄奉以振起其志於是掄材運石畚
土陶瓦斵礱塗墍並手偕作寮佐贊其勞曹史叶其能而
富者贍財儒者助稍百工趨事不誡用勸殿基視舊宏廓
而崇高之規橅壯偉萘萘奕奕黝堊　奐輪炳耀視他
郡爲盛戟門兩廡翬飛跂翼完美畢具又繪塑

先聖四配十子洎從祀諸先賢像殿後尊經閣正禮堂尚
堅正則潤飾之辛未春二月經始夏六月
觀者無不稱其大而詫其成之亟也采謂大成之論肇自
孟氏以金聲玉振始終條理倡明
孔聖所以集群聖而致然者後世尊之信之其樂其殿咸
識厥名今大成之號彰彰益著遐荒絶徼
舞惟禮樂是式教化是遵矧此郡唐陸宣公宋傳貽輔先
生之所出文物衣冠號稱多士
朝廷賓興舉不乏人可見也已公新斯殿蓋將嚴闕祀之
所且俾學者有所觀感而興起斯文則人材盛而
奕公朔方世族天性渾渾出乎自然駸歷風憲知勵學校

爲明倫出治之本及監守是郡汲汲　建造學宮　務
可謂能屈力殫慮祇順
德音者其所成就豈不大哉故力爲之書以爲爲郡守者
式至順二年八月十有五日記中大夫嘉興路總管府達
魯花赤兼管內勸農事八孔中憲大夫嘉興路同知別肅
臺武德將軍嘉興路治中李新奉直大夫嘉興路府判童
童承務郎嘉興路推官金惠潤承務郎嘉興路推官王勛
承事郎嘉興路經歷劉巨源登仕郎嘉興路知事邵元振
將仕佐郎嘉興路照磨程茂路吏石義矩儒學教授朱謙
學正孟艮貴學錄董珪等立石
右碑文正書二十五行在嘉興縣此中大夫八孔監

部使者霍巡劄俸葺廟而張宋記之也時以旱潦之餘庀工趨事八月而奏績爲可書焉孔子封號元武宗元年始加大成字此文謂大成之論肇自孟氏其樂其殿咸載厥名因自確論八孔舊志作八札

元安晚軒記

元統三年二月庚申文素仁德誠明眞人孫公作軒四楹於佑聖觀之東北檐牖豁疏几席淸晏列圖書玩好之物於左右將於是老焉三月丙午公生日時年七十諸孫薛義等繪公像爲壽而請名其軒曰安晚以公命來徵記其言曰公承累朝寵命主延祥佑聖兩觀兼領杭之道教幾四十年未嘗以爲榮煦養徒衆惠愛如一日未嘗以爲德

及建延祥於變遷之餘而崇殿廣閣穹門邃廡與凡室屋園田水石華竹之屬無不善備未嘗以爲勞杭爲東南大都會官于茲者多貴人大官與天下之名士大夫則皆與公雅游情誼雖篤未嘗以豪髮事干焉佑聖祠元武神杭城有禱必應蓋亦由主祠者精誠所萃有以格元靈而導嘉貺也是軒之成故皆盡而言曰公雖有意知足知止之道亦庶幾安乎所居以遲高年於無窮乎幸爲文記之夫人精神強則足以極思慮之微氣血盛則足以任勞勩之劇頓危困厄常相遭而相角也及夫齒髮既衰役其心則神瘵驅其形則力敝視聽言動一或過于用焉則病矣故必有以寧其身而無擾其眞焉譬元氣發宣于春夏而斂藏于歲莫也萬物于是乎處天地之房而蜡以息老所以服勞而順物性也孔子安老之義其有異于此乎雖然欲安者人之同情也而人則有不得然矣蓋天下未有不爲其事而能收其效者足以有爲之時而弛然無後日之慮窮力以行險而欲求安宅之歸若是者吾知其無所于休也然則其必有道之士而後能安于晚乎眞人摠道紀與會稽勤積慮亦既久矣而凡經營彌縫於延祥佑聖者皆筭安晚之基也況夫以約素自持而接物于泰和之圓酎醉一世而未嘗爽其初心則其所以爲安又豈晚而始然也登仕郎江浙等處儒學副提舉陳旅撰并書中書平章政事翰林學士承旨知制誥兼修國史奎章閣大學士銀

靑榮祿大夫涼國公趙世延篆額元統三年六月十日建

金華陳瑞刻

右在佑聖觀正書二十一行行三十五字篆額四字碑無雕琢額左右刻麟鳳二像仿漢山陽畫像碑極古雅當元時猶見二碑今則鳳存而麟重刻矣文素仁德誠明眞人孫公者益謙也見前元武殿碑元季寅重道教加爵賜紫榮祿優游如益謙者亦時會使然也延祥觀紹興間祀四聖者爲中興名剎佑聖觀志載觀中道士張志眞時高宗委道籙鋟木成書就延祥觀傳度此時兼主者似仍宋舊制也陳旅字衆仲興化莆田人元統初出爲江浙儒學副提舉爲文

自先秦以至唐宋無所不究平生尤篤師友之義每
感虞集爲知已集亦以爲益友云

元慶元路儒學塗田碑

慶元路儒學塗田記

慶元路儒學正虞師道撰

承務郎慶元路總管府推官況逵書

承德郎淛東道宣慰司使都元帥府經歷李忽都達兒

篆額

元統三年秋台慶分司廉訪副使靜齋李公按部至四明
凡官吏貪殘姦豪悍鷙爲民害者發擿無遺政令簡肅士
論交慶乃十月朔謁

先聖廟升論堂進諸生問所以爲學歷舉格言大訓勉論
諄切聞者竦息佩服退則欣然有得也郡泮舊有塗田三
百一十二畝有畸錄鄞之東鄙曰大嵩籍存而佃非歲爲
近境青王大慈寺僧所據以磽易腴指熟爲歉租入僅爲
鈔七十二貫數十年間或納或否田幾乾没憲部洞悉茲
弊檄　帥閫經理考核僧懼罪及始自實于官聽別召居
民佃種由是隣氓鄭椿等覘舊僧租爲稽錢十倍以請寺
僧德昇介祉遂懷詐諼依增數仍佃久假不歸并兼可圖
也復與鄭交訴於有司吏甘于貨餌依阿不决公閱郡牘
灼其欺曰彼皆規利故介宜兩黜之卽追毀各執榜券屬
郡倅燕山劉侯敬叔釐正其事侯亦鋭意斯文議募小民
承佃爲撥戶若干每戶田不過十畝畝爲租入若干識名
于佃冊有常憲其數則勒之堅珉副以印籍所司互爲鍵
防垂遠弗墜微僧積負輸校廩備士供豪民黠兒雖極嚚
佞姦無所容噤不復競於是諸生相與請於郡守寧夏張
侯西源曰博哉李公之用心也旣爲學規以教誨我又爲
復田以飮食我公之德其可忘乎時張侯方以教養繕脩
爲急務聞之喜曰此吾志也子盍爲之記以示後師道方
攝教事義不敢辭欽惟

聖元統正皇極富有四海常賦出納悉綠有司獨贍學田
上蕃恩儒流禁諸侵奪以充粢盛饌設蠲徭賦藝
恩遇罕倫　憲臣勉勵非不嚴且明也然職教或匪其人

宮墻傳舍籍固有田惟利之趨莫詰佃之誰某如是者踵
相接藩籬不密以召外侮弱攘侵削爲今通患若斯田者
豈惟豪黠朶頤攘臂得視爲彀中物抑由吾黨士嗜利忘
義推而與之之爲可罪耳今幾没而復歸非賴　部使者
廉斷之下疇克是耶蓋公之學光明正大故臨事若神積
年姦弊不崇朝而剖剔以絕患於未然誠學校春回之一
機也謹列田畝步角與佃民之數備刻諸石以成公志後
之職教而義利之不明庶亦永戒之哉公名端字彥方保
定人父退齋先生元貞初爲御史有直聲聞于天下及公
爲御史論事謇諤有父風三入翰林一爲國子師蹤數中
外所至有善政樹碑傳誦述公言行宜爲縉紳楷則者也

請以是爲記
是年歲在乙亥十一月日學錄曹性之直學王厚孫立石
張周士刻
一本學　底籍
前宋舊有鄞縣翔鳳鄉贍學海塗田叁伯壹拾貳畝叁□
□拾貳步叁□
一段十二都王字一十九號海塗田貳伯壹拾貳畝叁角
壹拾貳步叁尺淳祐十年十一月□司計何堯欽等申本
學有鄞縣翔鳳鄉十二甲塗田隣□天荒塗田壹月約二
伯餘畝東至海港西至練家埭南至大嵩場行香□廟庵
供佃泥惟地北至海港其地舊名中央塗界於本鄉十三

甲十二甲之間今屬十二甲係錢貴衛昶等承佃自用工
本築捺年納早黃穀伍十石折納官會伍拾貫文
一段十三都□字□□號海塗田壹伯畝淳祐十年九月
據潘子智投獻到田土坐落翔鳳鄉十三甲東至林家渡
西至育王塘南至淸江北至王家塘係租戶陳子安周松
等承佃自用己財築捺年納早黃穀三十六石折納官會
三十六貫文
一增羨租額始末
元統元年以前係育正寺雲巖庵令莊佃陳榮居成周明
李德出名□佃輕□□□本學循習舊弊失於檢舉每年
上納租錢中統鈔柒拾貳兩

元統二年上司爲見租額輕少□學委官稽攷增羨名僧
□□僧租□□□□同周明李德具狀吐退還學自行召佃
後有鄭□□□□□願增羨□佃并元額柒拾貳兩共年納
中統鈔壹拾陸定叁拾陸兩陸錢□□□□定辦納田上
該科錢咨議戶名正粮叄石實納到學壹拾□□□□陸
兩陸錢
元統三年本學十月十二日承奉　總府指揮該據經歷
司抄錄列　浙東海右道肅政廉訪司分司案驗巡歷至
慶元路據鄞縣民戶鄭椿等告本路儒學有管塗田叄伯
壹拾貳畝零爲元佃育王寺雲巖庵僧□□□租輕少改
令椿等增租種種今本學又行改令僧人仍舊承佃等事

追本路行卷前後文案反覆不一致惹僧俗交爭兩詞不
絕□□本路正□首領官吏貼遣錯招伏另行外合本路
經歷司抄案呈路委自府判劉肅奉訓照擬明白保結申
司令據狀申議得上項海塗田叄伯壹拾貳畝叄角壹拾
玖步叁尺聽令儒學從新別行召令不干礙小民照依鄭
椿等元認租鈔□佃納租務要不失元額及不得縱令鄭
椿僧德昇等并權豪勢要之家□名冒佃輕租重債欺隱
作弊本路并儒學各置文簿用印關防并寫佃戶鄉都住
貫□租畝數合納租錢依上鐫鑿碑記永遠無改追□鄭
椿并僧德昇等元給榜據着落育王等寺催徵排年狀□
學租學養士庶絕兩詞申乞施行得此准擬仰抄案並路

依上施行　牒呈蒙此呈乞施行得此仰依承
浙東海右道肅政廉訪司分司案驗事理依上施行奉
十二都
吳季十一　屠元十五　唐道四　陳重三　錢友五
千亞春　屠元十六　陳來十五　陳亞轉　吳曾十五
黃聞八　陳亞復　王茂二　陳端九　屠元十四　王
榮一　陳端十六　屠宗五　屠廿二　黃明三
十三都
李甲六　林亞丑　林大回　林俞八　屠來二　王壽
三　陳友九　陳紹三　周亞庚　王明二
元統三年月日司吏袁麒卿承

右碑篆額八字上列文三十行下列刻田畝底籍租
額始末及佃戶姓名四十六行俱正書在寧波府學
此廉訪副使李公釐正學田而郡守張榮祖屬學政
虞師道記之也文中極道學田之弊所謂寖攘侵削
為通患者于今未已也李公名端字彥方保定人家
世翰林附碑末塗田者瀕海之田應即尚書塗泥之
義今時猶有則田塗田之名讀此知宋時已然矣

元安定書院燕居堂碑

湖州路安定書院夫子燕居堂碑銘
翰林侍講學士中奉大夫荈江淛等處行中書省參知
政事孛术魯翀撰并書　資善大夫荈江淛等處行中
書省左丞耿煥篆額
今上皇帝纘舊　制詔萬方優儒蠲役仁其家元統三年
湖州安定書院山長張蔚以夫子燕居故室陋陿率儒衆
鳩工徙徙基而北堂陛序拱增壯麗昔恆廓不預推羨置
禾畝六十有三蔚言宋淳祐五年湖守蔡節始闢書院創
屋楹四百七十置米畝二千先聖之室侍以顏曾安定之
祠傳習之館皆循矩矱九峯蔡氏紀其績雙峯饒氏主其
教道化大行至元二十三年祠院隣寺勢奪權徙游氏魚
樂亭三十年守許師可即北城觀德坊市屋五十餘楹院
始定今燕室加崇子適至敢請記以白悠遠翀聞宋天章
閣待制安定先生胡文昭公瑗以蘇湖教授師太學其志

務在洗滌貫藝干利之習復先王之舊其教卓然有造士
風天下宗之英才育焉與泰山孫明復徂徠石守道皆有
師道學者稱曰三先生程明道兄弟之所傳雖自濂溪來
伊川游太學聞三先生之教遂厭科舉知其傳之正也先
生家泰州望安定教湖學久卒葬烏程今郡縣書院猶古
黨術之庠序也學者報本必祀先聖先師聖尊而師親師
必鄉賢於泰於湖皆築書院泰先生父母之鄉湖其桐鄉
歟翀嘗忝位辟雍蔚國子生也既為序之敢附雅頌明
聖朝之治正越國之風辭曰　維山有松可斲可度維
水有藻可采可芼由宮而門由堂而室柱礎桓二籩豆秩
二瞻仰

玄聖申〻夭〻顏說曾唯天朗日昭繼是孰先孫思鄒孟
以俟後覺其傳者正安定生世千古寥〻濟導洙泗于霅
于苕貞我
皇元覆幬持載教澤四充滋益光大太湖之府安吉之鄉
流風餘韻古今洋〻弓正氏蔚鼓舞士衆義順事宜崇此
梁棟才以養世學以育才繩〻繼〻用鑑靈臺　至元二
年月日立　儒職王銓集賢孫朱成祖監造　儒生任弘
道模勒并刻

右碑在湖州府安定書院文二十一行正書徑八分
撰文者李术魯翀按本傳云元統二年除江浙行省
叅知政事逾年以遷塋歸里明年召爲翰林侍講學
士以疾辭此碑立於後至元二年正召授侍講學士
之時故於江浙行省上加前字以別之

元西湖書院重修大成殿碑

西湖書院本故宋太學其初岳武穆王飛之第也歲丙子
學與社俱廢至元二十八年以其左爲浙西憲司治所其
右先聖廟在焉三十一年東平徐公琰爲肅政廉訪使乃
即殿宇之舊改建書院置山長員主之先是西湖鎖瀾橋
北有三賢堂祀唐杭州刺史白文公居易宋和靖處士林
公逋知杭州事蘇文忠公軾於是奉以來祠之元統二年
秋大成殿東南角壞葺之者不艮于謀因盡撤而治之費
浮而物窳功未集而逋已積泌來承乏竭歲入不足庚養
旣不贍教于何有翰林余公謙國子助教陳公旅提舉江
浙學事蓋深憂之至元元年乙亥秋魯郡胡公祖廣繇江
西行省叅知政事來爲肅政廉訪使凡工費之未庚者日
訴于庭乃詢于提舉提舉白其狀胡公嘅然以爲已任即
檄眞定萬戶府鎮撫符公倫覈定其費去其浮三之一時
浙東道宣慰使鐵木哥公來監憲司事治書侍御史衞郡
李公燕貧叅知江浙省事胡公與之謀俾儒司以浙右郡
縣學書院羨財助之憲司經歷程公文桐知事徐公宗仁
咸輔成之憲史忽都海牙承贊唯力於是宿逋清而繕脩
之事備矣乃扁三賢祠曰尙德徐公祠曰尙功列志仁集
義達道明德四齋以居多士立大小學以廸後進嗣思敬

齋以爲舍采致齋之所旣成士子言于泌曰子之至不幸
承前人之獘以弗寧于教養幸茲庶寧其可忘所自乎宜
紀諸石嗟乎聖人之道與天地同流無適不在學者來游
于湖上必溯乎泗沂鳶飛魚躍各極其造聖謨洋洋固在
是矣若夫三賢所以得祠者亦以其立朝風節與隱居以
求其志皆有關于世教也然則篤意於是役者豈無所謂
而然哉於是乎書至元二年夏五月朔山長陳泌記實序
前本院山長承務郎平江路吳縣尹陳恕可主奉將仕郎
建德路總管府知事孔文學教導黃虁謝瑛儒職張慶孫
張榮老直學張處仁儒人陳珪陳永錫范繼孫陳垍孫沈
富仁顧昌大范僉孫魏必明殷宏毅吳禎盛明德等立石

司吏吳元澤刻者謝文炳

右在杭州府學正書二十二行行三十一字徑一寸餘篆額十字此山長陳泌述脩殿之事并作尙德尙功二祠志仁集義達道明德四齋大小二學暨思敬之齋皆舊志所未及所述太學書院之興替三賢之始遷莫詳于此碑元亡書院廢洪武初改書院爲仁和學奉三賢與岳王爲土神成化十二年左布政使甯良卽孤山舊萬壽寺故址重建西湖書院見成化舊志是元時院在城內後洋街明時近孤山三賢祠亦稱孤山書院西湖志謂崇文書院卽故西湖書院似未確而敬一書院亦題曰西湖書院皆未深考也

徐琰字子方余謙字德撝陳旅字衆仲陳泌字汝泉儒職張夢孫西湖書目碑作教諭可通稱也

元延慶寺施造千佛因緣碑

元統起信閣施造千佛因緣記

瀛海之南有道場焉乃佛子羅睺羅法智大士起圓信心立圓妙行圓建立衆生以圓力用而自莊嚴之第一法莚也樓閣巍峨毫端湧現南金大貝玫瑰琉璃諸妙珍寶而用嚴飾仁賢刧內千佛世尊顯現其中如須眉山臨于大海一一法身一一般若一一解脫一一力無所畏三慈十德等無量功德具足圓滿彼彼互攝彼彼互融非次第非非次第非一時非非一時非一非非一非非前後非後非色象非非色象不可思量不可言說總名之曰如來祕藏攝受調伏後五百歲南閻浮提信根深厚出家在家四部弟子士庶男女懽喜踴躍恭敬供養各各身語各各陰入各各氏名各各志願和合聚集咸入其中魯不從衛曾無耄別猶歟盛哉嗟夫衆生之背本趨末也久矣局局然而小虫虫然而昏竊竊然而私忞忞然而妄雖其如來朗然眞覺之體而不自知合十虛無邊智慧德相而不自覺過恒河沙數解脫法門而不能自用庸詎知梏於生死輪環而不能自出祕藏虛融元無同異無同異中宛然同異自其異者觀之心不自知其心法不自知其法四大五陰六根三業色香味觸各不相知各不相是況千人面形受質之不同

乎佛衆生縛脫因果之不齊乎自其同者觀之染淨一道也生佛一性也萬法一理也三際一時也一切法一法一法一切法非一非一切而一而一切塵塵涉入念念融通奚啻合千佛光明相好於一珍妙樓閣合千人身心志願於一彈指頃哉假令合百萬億阿僧祇數衆生身爲一身合不可說不可說微塵數衆生心口爲一心口經無量刼普於如來秘密藏中而作佛事及求生佛自他異一共別之相了不可得使衆生界盡衆生業盡衆生煩惱盡而此法門不可窮盡言語道斷心行處滅萬象森羅草木禽魚情與無情一時圓證夫是謂安住如來秘藏者歟登斯閣者應如是觀至元三年十二月朔佛日圓照大師

集慶教　住持　濟　源陳子以上上列
　塔帖木兒　金峨　定　童道隆　邵祖安　陶昇伯
比丘慶壽　王氏妙脩　伊氏妙素　袁氏妙靜　比丘
尼永脩　錢天禧　倪榮通　能氏妙靜　陳淸七娘
鄭壽椿　方寅五娘　徐新五娘　徐寅二娘　比丘尼
淨修　淸修行　比丘正惟　陳明四娘　信女趙氏
比丘如玉　童道隆　楊氏素眞　厲興祖　柯敬道
夏文旺　鄭榮宗　沈大拙　淨慧　殷明三娘　李氏
妙圓　楊氏妙眞　王氏妙心　李新十娘　周文奎
張仁禮　李新五娘　如正　陳廷藻　厲興祖　陳明
六娘　陳天爵　如玉　童道隆　張應祥　厲興祖

范妙　徐氏妙安　戴敬蘇氏妙眞　蔣新二娘　唐氏榮
一娘　殷氏妙智　吳氏妙圓　王氏珍奴　孫仁翁
潘恩奴娘　王祖德　張宗顯　楊子明　妙湛　陳廷
藻　厲興祖　陳明七娘　張氏文殊奴　如玉　童
道隆　厲氏佛眞　孫妙寶　杜氏妙蓮　朱氏道光
屠氏妙緣　羅氏妙心　王氏嗣三娘　徐文富　商氏
妙福　樓慶四娘　潘氏妙音　虞興富　鄭文壽　吉
父屋　陳大堯　如潭　厲寶一娘　和尚　如玉
童道隆　張文安　邵雲一娘　章端十五娘　氏允
明　張氏妙明　鄭氏佛慧　韋江　李良　童道隆
傅氏妙蓮　何　德　屠妙盛　孔福壽　王嶶　韋賢

任　一娘　童道隆　阮文達　張氏妙蓮　張氏妙圓
周劉承珪　阮氏妙安　元　蔣氏妙仁　童道隆
李志悌　傅氏妙淸　周氏善寧　任氏妙善　姚氏善
壽　吳氏妙善　戴氏妙淸　蕭氏妙善　童道隆　阮
復亨　妙淸　洪鈞瑞　阮德明　黃元貴　楊妙順
　陳宗三娘　童道隆　林德成　余氏妙靜　胡
一娘　胡謙一娘　祝氏妙淸　錢氏妙福　沈慶德　何元
嚴氏淨圓　姜榮祖　孫氏妙慧　羅氏妙新　許氏妙
善　祝氏妙靜　陸氏妙能　氏妙心　夏氏妙靜
張閏一娘　傅氏妙法　張氏妙瑞　包氏妙心　余文
二娘　吳氏善德　吳氏妙　王壽一娘　何還奴

薛氏五娘　鄭德盛　錢氏善應　錢氏如蓮　吳氏三
娘　范德四娘　范德三娘　唐氏妙眞　徐德寶　周
仲寶　卓千　呂圓一娘　陳氏慧觀　何復三娘
氏妙眞　金劉妙光　王氏妙淸　劉更秀　胡重二娘
吳景茂　吳氏三娘　戚氏善應　張三娘趙德一娘　張氏淨
安　楊氏妙圓　顧巧一娘　蔡榮一娘曹慶一娘　於祖四娘
王宗一娘　李氏三娘　陳氏妙滿　周氏妙靜　陳得
一　王德潤　華宗智　丁慶二娘　戴宗三娘張宗一娘　戚明三娘
戚明五娘　謝更三娘方慶娘　沈壽四娘　氏妙圓　沈端二娘
揚震翁　朱季五娘　周　錢　董宜
一娘　蔣曾七娘　余元四娘　嚴氏佛心　陳氏佛緣

張氏妙眞　沈氏佛心　葉氏　傅文喜　張世興　楊
文彬　傅文進　王氏正因　周一娘　陳茂二娘
吳氏妙智　洪細奴娘　翁氏淨心　馬氏淨心　陳氏
淑惠　李全一娘　張氏妙修　渝陳妙智　林氏淨心
范成三娘　錢氏道樞　何氏妙圓　張氏妙圓　薛氏
妙善　貝新五娘　李氏妙貞　陳嗣三娘　趙文淸
李妙堯　盛氏妙淸　李氏惟德　劉氏妙音　董氏慧
明　曹亨四娘　沈觀二娘　陳松平　吳丑二娘　韓
氏妙圓　蔡道寧　王營二娘　朱君　顧德茂　蔡
氏道　周氏允恭　蔡　倪氏普明　傅明二娘
胡仁壽　淨惠　陳儀伯　葛康一娘　嚴德顯　李興

堯　金宗榮　文寶　董端四娘　李曾一娘　鄭文三
娘　厲七娘　居氏一娘　福明　氏　張應茂
袁敬道　許文貴　凌德寧　智氏　吳氏　沈氏妙淸
梅　十娘　王護　陸氏妙眞　文達　鮑氏仁壽　張
安華　王壽富　葉氏一娘　陳眞四娘　文超　丁氏
王慶三　鮑宗仁　汪慶一娘　鄭氏佛慧　普
受　張國傑　趙新五娘　林宗一娘　余新十娘　屠
氏妙心　孫文佑　朱文一娘　陳慶四娘　胡明二娘
陸氏妙淨　王成一娘　王榮二娘　陳榮二娘　安
普圓　陳新一娘　王榮四娘　顧潤之　趙慶二娘
陸張慶二娘　陳福二娘　吳伯英　錢夢一娘　袁再

九娘　呂及二娘　張德珪　姜氏二千十一娘　王德
十娘　羅永壽　聶新一娘　陳明三娘　周溥　費喜
聶妙壽　陸氏善慶以上下列

右碑篆額十二字文三十三行正書下列刻施者姓名在鄞縣延慶寺按寺在日湖中周廣順中建名報恩院宋至道中改延慶賜南湖福地額圓照文皆宗門語題名三百餘人頗爲雜糅女子之名多用妙字下皆通圓慧靜等字殆皆皈依釋氏者歟

元嘉興路學器物欵識十四種

文學沈天祐造

口口監造謹記

右銅器在嘉興府學篆書漫漶惟文學沈天祐字可讀案大德甲辰嘉興路儒人免役碑有儒學教授沈天祐撰記題名應即其人所鑄也

元嘉興路學鐘識

至元三年歲在丁
丑十有二月十五
日嘉興路儒學造

元嘉興路學犧尊識

至大戊申
孟冬嘉興
路儒學造

元嘉興路學象尊識
至大戊申
孟冬嘉興
路儒學造
元嘉興路學銅洒尊識
至大戊申
孟冬嘉興
路儒　造
元嘉興路學銅簠識
至大戊申
孟冬嘉興

路儒學造
元嘉興路學銅簋識
至大戊申
孟冬嘉興
路儒學造
元嘉興路學銅豆識
至大戊申
孟冬嘉興
路儒學造
元嘉興路學銅洗識
至大戊申

孟冬嘉興
路儒學造
元嘉興路學銅爵識
嘉興
府學
又銅器識
府學
祭器
元嘉興路學銅鑪識
至大戊申嘉興
學文廟祭祀

元嘉興路學銅缾識
至大戊申嘉興路
文廟祭祀置用
元嘉興路學銅缾識
至大戊申冬
嘉興儒學置
元嘉興路學銅缾識
至大戊申冬
嘉興儒學置

右在嘉興府儒學祭器共十四種有篆書隸書正書不一案文廟禮器肇自漢韓勑今闕里亦僅傳唐元

和二器州縣有學始自宋初故記與修繕絹爲先務而多不及于器物南宋始制作祭器賜立廟大臣蓋踵宣和博古而制度得詳明也元史文宗本紀至順三年十月命江浙行省範銅造和寧宣聖廟祭器凡百三十有五事斯時爲大備矣此十四種先制于大德至大閒其時各學多爲之者南渡行都之後營造爲便也按其欵識不同時書體亦不一優劣懸殊非出于一手也

元銅權識七種

面文延祐二年

背文人四

面文延祐二年

背文杭州路

面文延祐四年

背文杭州路

面文延祐五年

背文杭州路

面文延祐六年

背文杭州路

面文至治元年

背文杭州路

面文泰定元年

背文壬七

右銅權識七種正書兩面有字一面紀年一面書路列號不見于載籍古者同度量衡書字則自秦始後惟新莽稍效之此七種俱在元仁宗英宗之世必有官司所掌故書路記號如今世鹽法碼子必須諸部而史有不及書者歟

元四明祖庭世統題名碑

四明祖庭世統題名之記

法門中本師弟子以義合承統之人有能立言演法恢張化道爲衆所依歸者宜用顯著而心宗之相付受所以繼其世於無窮也亦不可不述此四明延慶祖庭世統題名所由立也稽諸統紀西土自摩訶迦葉十三傳至龍樹東土自北齊遠承龍樹十五傳而及法智皆歷數可考法智以下垂五十傳未有紀述至九世孫我菴無公歸嗣其業益振宗風起廢更弊燭昏警迷衆翕從化深惟繼承若稽前代正宗碩德大懼湮失因編輯名號序列鐫勒使學者知世統之傳如支流有源本俾愚爲文述其意愚嘗聞諸浮屠氏云教觀之旨圓而一元而密淵然莫測巍乎不可卽何敢以一辭贊嘆惟諸剎之宗夫教門者或弛或微獨斯寺之掇興自始祖幾四百年學徒衆盛不愧於昔而歷代主者又皆出法智之後咸知憑藉神力宏其戒誓所傳賴以經遠其可以無紀歟然不紀其世則不知宗派之的

不紀其統則不知宗緒之正世統紀矣繼之承之而名與
斯刻者當思任道至重窮竟旨要以紹休前烈垂裕後人
使佛祖之教彌久弗墜此則我庵之志也
至元紀號之四禩青龍戊寅杓貞攝提格哉生明鄉貢進
士天台胡世佐記并書

口口尊祖議

如來聖人以開權顯寔開迹顯本之道化天下後世者謂
之佛佛弟子以次傳道爲世宗主者謂之祖其實一道爾
故如來之將息化也以無上大法付之飲光飲光任持二
十年以付慶喜慶喜持法宣化亦二十年以付商郍口而
至於十三世曰龍樹始以文字般若著所證三觀之道曰

中觀論暨譯傳東夏於是北齊以宿悟已證立爲觀法以
授南岳南岳承其旨悟法華淨六根以授天台天台始立
五時張　教用明法華開顯之妙而大暢乎境觀之旨時
則有章安執筆載爲疏論其道遂大明法華天宮繼世講
演嗣其法者惟左溪左溪門學獨荊谿能承正統述諸記
以贊祖謨則他宗興議爲之寢息以文字廣第一義諦則
莫若茲時之盛以故世之學者取龍樹至荊谿列爲九祖
以奉清祀其有由矣自荊谿以來用此道以傳授者則有
興道至行講道不絕會昌多難教卷散亡正定妙說高論
三世唯傳止觀之論迨乎螺谿法運將泰天假吳越錢忠
懿王求遺書于海東於是教籍復還寶雲嗣興敷揚二紀

而四明法智以佛所生子垂迹海隅一家教部毗陵師所
未記者悉記之四種三昧人所難行者悉行之斯慈雲之
極言也當是時有爲異說者如昭圓諸師世方指爲山外
而法智獨揮中興教觀之名自興道訖四明凡八世所以
紹隆正統而顯揚大教者有在於是是宜等而上之用陪
位於九祖以尊大其道爲可爾然則今之宗門列剎凡所
以講天台四明之道者有能起龍樹至法智通祀爲十七
祖以並爲之位誠有見於後學尊祖重道之心也謹議
按法智本紀稟法領徒者三十八人今惟列廣智貫相神照
三師者繫山門嗣廣之緒而列之也廣智既踵祖武矣何
與乎二師因其後之所自出也蓋廣智之子下歷十世世

有繼代者合二十有四人可謂盛矣我寔相則　照曾孫
始克繼業到于今六世世有嗣廣者通得二十有三人若
神照之後僅得二支孫在列而始祖下並書三師至於歷
代皆詳其世次者俾爾後葉咸知　本非　諸師
也隱微譜系三世幾不辨矣此碣之所以立也嗚呼審已
之所自出而知所　可以惕然思肇業之艱難而念承之
之不易　延洪也　其在
此匡道大師本無羅雲堂之山意軒敘
四明沙門口口口
章子泉刊
右碑篆額十字上層文三十一行篆書十字下層左

刻口口尊祖議中世系圖右又一紋俱正書在鄞縣
延慶寺按佛自入中國後十三世至龍樹而始著論
此教門之始自後分途異趣五燈相續而說繁興替
互更有數典而忘祖者惟延慶居天下講宗之二自
龍樹十五傳至法智又五十傳至我庵歷數可考大
闡宗風此刻編緝名號序列鐫刻亦釋氏之干城也
左列之議于過去者示其無陟左列之文則疏寺內
之支派爾

元嘉興路重修總管府治碑

重修嘉興路總管府治記

賜進士出身承事郎秘書監典簿韓璵撰　正奉大夫
江浙等處行中書省參知政事吳秉道書　光祿大夫
江浙等處行中書省平章政事馬合謀篆額
凡物久則弊弊則葺理之常也弊而弗葺葺而弗完則益
弊矣故大而禮樂制度小而日用供具舉莫不然況於郡
府廳事爲吾民具瞻之地者哉槜李爲西浙鉅州郡治峻
整著自古昔前政嗣之葺弗完堅頽若綴綴中寳摧陊至
元五年後已卯夏四月北庭法忽魯丁嘉議公繇海漕萬
夫長三轉而守茲郡修舉庶政得民懽心暇日率僚寀議
曰郡有治豈止爲守理所而已哉禮之大者爲元正之節
天壽之旦有司駿奔服采具如式設帷嚴兵衛樂舞在
庭庶官星列緇黃耆倪更韻迭贊凡吾屬東帶端笏贖立

北向獻享與顛戴舞蹈以達吾瞻
天望
聖之忱敬者端在于是乃今楹宇簡陋弗稱具瞻使吾不
有以起廢焉繼自今霜凌益加隨圮益甚不足以壯觀而
永厥成其何以臨民哉即諗于衆疇能佐吾理者令既下
得郡之富埒一鄉者九姓乃啓帑庀工讙然趨事鋸者削
者塓者甃者工設色者書巧彎能罔敢媮惰自儀門兩廡
承宣廳舍堂曰公明樓曰環星越麗譙以南二亭屹峙宣
詔在右頒春在左以至宮直有廳禮伏有舍繫馬有軒卷
騎有石率易其垢腐翼然以新渥丹深碧藻繪彰施耄倪
聳觀嘖嘖與歎棟宇之隆於斯爲盛時余以事至郡屬余
記余曰郡治起廢非說以使民者不能是可記也然余聞
公之爲理也嚴以勑法循以卹民豪宗有憚已賦調之繁
蒙他戶而芘其私者則黜而抑之耗乏不能給役者則聚
而復之摧酷毒民蕩產者衆則易而完之雲宗僧有侵漁
其類虣抗弗律者則杖而逐之民有舊躬壟蘇怙彊而陰
持者則戢而刑之若逕官有廳則恢弘之橋垸西麗則增
構之水馬二驛埃翳弗涓則拓而大之頖宮堂廡庳隘弗
崇則撤而嚴飾之一時同寅幕府之士又皆協恭畢力故
能與起於治若此是又可記也繇茲政成使邦人永歌之
則公之德之美於斯數者尙有徵焉中大夫嘉興路總管
府達魯赤花兼管內勸農事也列不干中順大夫同知嘉

興路總管府事闊兒朝列大夫嘉興路總管府治中馬合馬承德郎嘉興路總管府判官小雲失海牙承務郎嘉興路總管府推官劉好禮承德郎嘉興路總管府推官陳惟一承事郎嘉興路總管府經歷項文質將仕佐郎嘉興路總管府知事馬臯將仕郎嘉興路總管府提控案牘兼照磨承發架閣馬原道董工路吏王敬淩元士民陳敏王日升等立石　烏鎮嚴子成刻

右碑篆額十字文正書二十二行在嘉興府此述郡守忽魯丁修府事嘉議者階也萬夫長者海運萬戶府也元正之節天壽之旦者當時朝賀于府治也得郡之當塒一鄉者九姓是公廨亦賫之闤闠同前辛

仲寶碑所云爭趨至于釋氏也後半即其歷政而頌美之所謂嚴以勑法循以卹民也

元慶元路新修廟學碑

慶元路儒學新修廟學記

應奉翰林文字從仕郎同知　制誥兼　國史院編修官陳旅撰

中順大夫浙東道宣慰副使僉都元帥府事王安書

資德大夫浙東道宣慰使都元帥　野德禮溥化篆額

學記曰古之教者家有塾黨有庠術有序國有學謂學所以化民而成俗也故善為治者必建學以崇教化而任風紀師帥之職者不敢不以是為己責也四明郡學唐開元中立貞元中宣聖廟立宋天禧中廟與學徙郡東北隅建炎中燬於兵而殿獨存宋在江左百五十載鴻生鉅臣蔚然出乎句章其絃誦之舍宜益完且美矣我

世祖皇帝既統一海隅以孔子之道可以隆化基也乃興起學校登用儒雅天下翕然向風至元十九年慶元廟學災當時守臣務亟成室屋規制簡易二十八年始大營建至大二年更造大成殿皆部使者作興焉歷歲滋久昔之閎壯而炳絢者皆陁圮而黝闇矣重紀至元之四年冬廉訪副使寧夏順昌公行部至郡首展謁廟下又環視□弟子舍歎曰是出風化之地也而衰敝若此今不葺責在我矣總管上饒張侯榮祖甦然曰是吾責也於是廉訪公屬

侯即圖之乃考學田之入徵宿逋縮浮費以庀材物工傭之需屬府判薊邱齊侯謙總程督事齊侯展布心力先葺禮殿新聖容為壇稱神棲而加幕焉四配十哲暨從祀諸子皆飾其容觀在殿上者為壇席在兩廡者施承塵斲卬圭璋之儀黼黻文章之盛來觀者若見聖賢於洙泗之上低徊而不能去也先是尊經閣櫰楹棟榱皆朽蠹且壓論堂亦墜漏不足敵風雨矣至是悉以貞材代腐木以瓷瓦易疏覆以甓除壞階若殿門先賢祠八齋大小學庖庾莫不繕治又仍故址為守神之祠范金以補禮器之未備者明年秋教授王弦學正薛元德以書來請記竊惟孔子之道堯舜禹湯文武之所以善天下者孔子則以之而善

萬世也其理具於人心而著於君臣父子兄弟夫婦朋友之倫其教具於六籍而講於庠序行於邦國廟朝鄉黨家庭之間人知講學則孔子之道明孔子之道明則唐虞三代將不在堯舜禹湯文武而在乎今之世矣爲天下者不能使人人皆從道也故既設校官教之又俾爲師帥者教而率之任風紀者又宣風化而飭厲之不以是道善其民是鄙其民不以是道善其身是不愛其身鄙民非仁不愛身非孝廉訪公與郡長貳以興學爲已責爲其民者蓋亦知所勸矣四明多寔學篤行之士而故家遺俗猶有存者父兄尙告子弟使究其所學者以有諸已黜澆習養厚德也魯人頌僖公能修泮宮曰濟濟多士克廣德心則化民成俗之事亦有望於泮宮之諸賢焉至元五年七月九日記

至元六年五月朔日立石

教授桂克忠　學錄王壽朋　主奉孔思樞　學正薛元德　直學張用庚　司吏岑立道　茅士元鐫

右碑文正書二十六行在寧波府學此逑廉訪副使寧夏順昌公屬總管張榮祖修學府判酈邱齊謙成之教授王玹學正薛元德乞陳旅記之也所云至元二十八年始大營建者卽廉訪陳祥所修王應麟所記之文也至大二年更造大殿者副使趙宏偉命縣丞賈思恭營之也此事見舊志張榮祖上饒人至元三年任王玹金華人薛元德桂克忠王壽朋俱見舊志

兩浙金石志卷十六　廣州府糧捕通判新昌梁　輈刊
國學生布政司理問銜臨海洪　瞻墉校

兩浙金石志卷十七

揚州阮元編錄

元修蕭山縣儒學碑

重修蕭山縣儒學記

承務郎杭州路富陽縣尹致仕吳興倪淵譔

朝列大夫同知袁州路總管府事趙孟　書

正議大夫前慶元路總管兼管內勸農事范護都篆額

人才風俗天下國家之元氣古之聖人君師億兆莫不以育人才正風俗爲先故司徒典樂之官設學校庠序之制立人生斯時仁漸義摩禮融樂化在位者無未成之材在野者無不教之民卒能陶成虞夏商周泰和之治世至春

秋僖公修泮宮子產不毀鄉校論者美之戰國之際談說紛紜矣干戈擾攘矣而慈母遷居深以近學宮習俎豆揖讓爲喜學之有益於人如此漢唐以來非不聞置博士弟子若干員增廣學舍若干區顧其爲教不本之德行道藝而惟訓詁詞章是務人才風俗之不古則亦奚咎

皇元啟運文教誕敷市廛閭閻窮山深谷遐荒遠徼學院溢於郡縣常制不可勝數

綸音頒布必命風憲勉勵之守令敦勸之諄諄然不少置德意至矣紹興路蕭山縣當元統甲戌之春天大雨雹壞官廨民廬十八九幸學之

大成殿巋然獨存四三年來弗克葺治日以摧敗後至元戊寅　內崔侯嘉訥來令茲邑慨念

先聖綱常之主朝廷教化之宮崇奉弗嚴何以示民所趨向於是計學廩之舊儲節浮費收宿逋掄材度庸不資於士不役於民教諭天台趙公孟善暨邑耆士董之始作於是年之春畢工於明年之冬禮殿翼翼論堂耽耽靈星嚴竦泮水潔清從祀之像冕黻　肄業之齋窗几靜好垣墉丹雘倉庾庖湢莫不完整侯之爲是豈直以觀美哉誠爲令者之宣　上德化莫此爲急而獄訟賦租簿書期會特餘事耳蕭山西瞰浙江潮汐之雄放東攬會稽巖壑之奇秀英材稚德前後相望昔者龜山先生楊文靖公嘗宰於茲其爲程門主敬窮理修己治人之學先輩當有得其

傳者矧今科舉之制復行後生　能翕然興起以應賢令作新之意雖然先生之言曰舜跖之分善利而已使世無科舉而不學如是而不爲跖之徒也幾希斯言深有警於吾黨士之爲善固不待科舉之復第講之熟辯有不以利爲善者今而後學之博問之審思之慎辨之詳而善無不明意之誠心之正身之修家之齊而善無不得一鄉皆善士矣以至於一邑皆善士焉人才之多風俗之美不期於治而自治矣邑士重侯之嘉惠於我求文以記之余謝不敏而請之不已惟崔侯可以爲凡縣令者法不固以鄙陋辭邑之士當知侯之修學不區區望於歸美其功所望者亦猶先生之意欲邑之士皆爲舜之徒也尙有以勉

之若學之創始遷易顛末前記已悉茲不贅

至正元年二月　日記

古汴趙良魁鐫

右碑文二十六行正書在蕭山縣學文云元統甲戌之春大雨雹壞官廨民廬十之八九元史順帝元統元年三月戊子蕭山縣大風雨雹拔木仆屋頹與碑合惟甲戌爲二年史則爲元年耳楊文靖公以政和二年任宋史云知蕭山有惠政民思之不忘崔侯嘉訥以至元四年任又見覺苑寺興造碑

元捴管宋文瓚去思碑

紹興路總管宋公去思碑銘并序

奉政大夫江浙等處儒學提舉黃溍撰

徵事郎前江西等處行中書省管勾　發架閣庫趙宜浩書

承德郎紹興路總管府推官申屠駉篆額

至正二年南陽宋公守越之又明年也其年春

廷議以山東鹽筴之利經費所資擇可爲都轉運使者無以易公遂特命爲越之士民以去

天遠無從上借留之請求紀公善政以表去思始公之至知以師帥自任大治其廟學而一新之溍幸獲執筆志歲月它善政本末宏大懼未易論述辭至再而其意愈堅且曰子嘗有職業於太史氏必子言乃可傳溍不得辭也

越　東南爲雄藩公下車甫二十閱月而恩威並施事無不理去而使人　優於才具閑於政體何以至是哉蓋民之有役自古而然今之患在乎力不稱事不均耳前役於坊隅者其一隅四季各以三人今則增爲七人役於州縣者其一都亦增至十有五人而力不患其不稱矣先大家次商賈又其次寺觀之有羨田者俾分任役事三歲而一周則復以次受役　事不患其不均矣簿書期會有當追逮程督者悉用例設牌限未嘗輒遣一卒州縣視以爲則民用弗擾城　酒榷歲爲錢七萬五千餘緡始富驗其物力以爲高下而歷歲茲　登耗不齊無徵而當代輸者居　之六公令止以見設肆之家第其等級日斂而月解人皆便之郡民歲食鹽二萬餘引貧而失業者窘於

輸買富而　迫於應辦民力已竭而官賦未充公之至也首入錢買家人所食鹽以口計者二十餘於是僚佐暨掾曹屬部莫不計口入錢而有司所敷民間戶口

寶者舊法鹽一引官價百五十緡袋索十緡而已今乃使赴倉納正價二百緡官　其四之三如故而富商大賈坐取其一公言於行省請止具官價受引運司尋得請給引六百後遂踵而行之民力以紓瀕海轉漕官糧爲患尤大先是其千夫長　蔑有司倍取斛面且縱市井無賴恣爲攘竊莫敢與之　米九萬餘石而折閱者五千餘石責償於郡及其倉之官攢斗級有弗能堪而致疾以

死者公既至首正攙竊之罪且親總其出納嗣歲爲千夫
長者　省檄去復踵故習以逞公發擿其過白于行
省湔賛之乃帖伏所逋米四萬三千餘石許免折關郡學
故有宋丞相史越王所規義廩爲田三千畝　家及　賢
之後無以具婚喪之禮者予米五石比歲不以時給而又
有踵取之弊其挾勢要而來者乃濫予而莫之禁公爲考
正舊規擇善士司其事人多賴之細　以淫雨害稼不能
自食公謂天災流行貧富同之勸分圖善或者吏得舞手
其間則貧者未蒙其利而富者先受其病矣乃用權宜假
常平義倉所儲　潦既除而繼以旱公聞有龍湫在
山陰號銅井將往禱焉吏白地勢幽阻請無往公弗聽躬

詣其處俄有靈物蜿蜒現水中雨隨至三日而止歲則大
民一本於仁愛然嫉惡最甚往時黠胥徤卒率共
漁獵其民豪右武斷鄉曲部使者繩以法而猶不悛軍
伍特非所統尤暴橫公先揭榜諭之使自　稔惡者
乃捕懲之無少貸仁和縣以僞鈔誣山陰縣民及寺僧數
十人公燭其姦斥去持文書　白狀於帥閫及淛東西
憲府且杜其方來海濵多盜會稽縣繫刼殺商主者一十
餘人公奉
朝旨督捕殺掠官民船者所獲又五十餘人皆先窮竟其
情乃以付所司並絲攀引之害遂絕田里以安於是
上方命分宰臣出臨江淛公以治最特見委任至於和市

官段閱視公庫剔除宿蠹尤多蘭亭書院在郡西南二十
里所晉人稧飲故處也公以爲右軍墨妙世所貴重孝賢
所遮人鮮知之乃捐俸資重刻龍眠李氏所圖及詩以傳
公之餘力有以及此其政事之整暇可見矣公名文瓚字
子章世居南陽府之裕州累掾臺省由浙西憲司經歷遷
江淛行省左右司都事入爲兵部員外郎歷左右兩司都
事拜監察御史遷中書左司員外郎出爲江淛行省郎中
召除大宗正府郎中進禮部侍郎改同僉儲政院事　上
擢杭州路總管踐歷中外績用甚著潛竊惟昔之美　伯
誦子　者直於其所治之國指一時之事以爲言故潛於
公之善政宅弗皆叙獨叙越人所稱道者繫之以詩用慰

其思云銘曰
帝奠八紘周綏以仁孰承孰宣用康我人巖巖會稽作鎮
南服維時宋公克宅乃牧德　達士類嚮風曰有師帥
新美之功民吾同胞爰求其瘼役歸乎平斂從乎薄或倚
其法以創吾民指則在膂由公屈伸征榷之豐灌輸之裕
國計弗虧民病亦去弭災捄荒公不憚勤光揚義舉衛久
益振猛以濟寬陽開陰闔巨猾既除羣姦震讋意所不顧
萬夫莫回竊卻之間游刃恢恢獄無蔓延徒不株　接楫
桁楊插寘弗用政清民寧乃息乃游詠彼舞雩追蹤前修
嬾樊流闈上徹宸扆鋒車在門公去不止惟古循吏所云
見思千載而下公尙似之酌於民言勒兹樂石匪今斯今

式示無極
至正二年三月　日越郡士民立石
右碑在紹興府學文卌四行正書字徑八分額篆書
紹興路總管宋公去思碑十字徑三寸餘碑載宋文
瓚於後至元六年爲紹興路總管興利除弊特見一
時碑文出黃文獻公手筆文獻與同郡柳貫臨川虞
集豫章揭奚斯齊名號爲儒林四傑洪筠軒頤煊云
王佐格古要論周府蘭亭稧圖蓋摸李公麟所畫比
山陰稧圖稍細密又云今浙江紹興府山陰縣自國
朝洪武中有蘭亭流觴曲水圖石本流傳於世未知
何時人刻蓋未見此碑也宋刻本今亦不傳

元覺苑寺興造碑

蕭山縣覺苑寺興造記
中大夫蘄州路總管兼管內勸農事趙篔翁撰
亞中大夫紹興路總管兼管內勸農事泰不華題額
儒林郎松江府推官趙宜浩書
覺苑僧有成介其邑士張君壂來請曰師志堯上人嘗摶
衣鉢之羸新作寺門矣又作圓通閣於圮廢之餘閣成而
師示寂懼無以垂戒來世請爲之記以昭示不朽焉余受
言而作曰蕭山古永興緊邑覺苑爲江文通宅南齊建元
二年文通之子昭玄捨宅爲寺距今九百有餘歲矣迄唐
及宋易昭玄爲昭慶香火不泯治平三年再易覺苑之名
吳越錢氏嘗綱紀而興造之矣迨熙寧初可榮法師作千
手眼大悲菩薩閣錢唐沈遼爲之記一時壯麗爲杭越往
來偉觀至大德十年丙午歲寺耆舊德彌闢閣爲三楹以
閎其規元統二年甲戌春風雹大振閣竟摧仆時有榮師
像寘閣之北甓墉內固勢必壓焉己而視之像在閣外林
下若神物擁護之者志堯於是傾貲橐市材鳩工大建傑
閣邑令崔侯嘉訥聞而是之廼相其役經始於至元三年
丁丑歲十二月踰季而告成翼跂翬飛過者洞心駭目視
舊益崇敞矣始余以公事至覺苑見堯上人塵衿淖屨敦
匠於門語余以興作故余喜而復之曰勉爲之余記無難
者及茲再至十又七年矣門與閣皆巋然堯不可復見俛

仰之間已爲陳迹雖然堯不有其蓄而建永久功有成能
嗣其業又有以緒成先績皆可書已若樹塔寺西爲法衆
歸藏之所是又堯之隱行也區區得於見聞不敢以固陋
辭謹爲次第之而系以銘曰
伊昔文通　國之善士　居爲名藍　可謂能子　會
昌中輟　祥符屹起　猗歟熙寧　輪奐完美　榮勛
遼筆　表表愈偉　德彌充拓　雹沴近止　不有志
堯　孰任經紀　昔高若宏　昔大者侈　殫吾之羸
奚有諸己　八袠永歸　功密弗毀　成也嗣之　勿
替其始　幹山入簾　胥濤穿市　善頌無涯　庸勒
桑梓

至正三年三月三日記　四明王永仁鐫

右碑文正書二十行在蕭山縣覺苑寺泰不華銜名作八分書亦楓格也文述志堯以榮師像出歷之異大建傑閣而趙質翁記之前記寺之創始仍清臣舊說惟宋時昭慶之名二碑具在諸志皆未之錄何也趙質翁聞喜人趙鼎六世孫登元延祐進士授國子博士遷亞中大夫出爲潮州推官因念祖自號得全子爲建得全書院請同年歐陽元爲之記後任泗州總管因家焉崔嘉訥居延人至元四年任儒學碑可證

元吳山承天靈應觀碑

吳山承天靈應觀記

至順三年通元顯應嘉成眞人唐君永年出領杭州宗陽宮兼領本宗諸宮觀承制命也吳山承天靈應觀者實隸厥宗眞人既獲舊物乃思所以紀述師資系代之由與夫制作興替之所自命其徒呂昌齡錄其事白於領杭州道教王眞人俾天雨著於石將以貽來葉云當宋紹定之初觀妙大師鄭君守一卽故沖天觀艱勤締構載成道區歲辛卯災衛王史公彌遠合民財重建端平三年勑改今額增建梓潼帝君祠麗其旁尙書禮部符文以甲乙傳次則淳祐元年也於是鄭君告老沐君繼華爲乙傳始置崑山田十頃有奇再傳胡君繼榮而殷君元燧嗣　大元至元間常爲兩縣副威儀三十六代天師□眞人爲殷君弟子則廿有六年也世雖沿草靡常厥至□法系所在孰得奸之我得而正之矣崇德天師大眞人特進吳大宗師咸嘉眞人之志於甲乙之傳案據益明白謹以其事具聞　集賢而　璽書之降承　天之寵及矣竊惟杭爲江左一都會道家之山相望眞人嘗以清靜之道贊於　兩朝而雨暘之禱人施勞於　外廷功成不處將佚老茲山既已補治百廢用奠神明之居且不忘其所授受使弗墜前人之績豈徒據江湖之雄勝矜棟宇之華傲視大方之家猶若不足若眞人者近古所謂知常者歟所以不蘄能言之言而取無名之名於予鑒齊卿之表者不以文也傳信其以此至正三年九月既望清容元一文度法師教門講師張天雨撰　亞中大夫杭州路總管內勸農事知渠堰事任處一書　集賢學士資善大夫吳直方篆額　通元顯應嘉成眞人吳山承天靈應觀佑文成化祠甲乙住持唐永年徒弟道士呂昌齡童昌寧徒孫□□忠楊茂誠立石

明茅□□鐫

右在吳山承天觀正書二十行行四十一字按咸淳臨安志俗稱三官廟舊爲天地水府三官堂紹興間改沖天觀西湖遊覽志端平元年改賜今額紹定初觀妙大師鄭守一締構淳祐間乞禮部符文以甲乙傳次後爲別派道士王永亨等改爲十方至順間唐

一永年釐正之詳後劄付碑此其紀事之文也文云既獲舊物卽改正甲乙事王眞人者天雨之師壽衍也輟耕錄云字眉叟杭州人出家爲道士受知晉邸後以玄文輔尊稱德眞人管領開元宮張天雨號貞居九成之裔蚤棄妻子從開元宮眞人王壽衍爲道士風裁凝峻工書善詩歌文益奇古與吳興趙孟頫浦城楊載蜀郡虞集豫章揭奚斯淸江范梈金華黃溍交甚善崇德天師大眞人吳全節也任處一府志失載

元靈應觀甲乙住持劄付碑

皇帝聖旨裏　天師正一教主大眞人掌江南道教知集

賢院道教事照得至順三年十二月二十二日據通元顯應嘉成眞人主領住持杭州路宗陽宮兼領紹興等處本宗派諸宮觀事唐永年狀呈切照杭州路吳山承天靈應觀元係師祖鄭觀妙開山建立永爲甲乙住持至元二十七年抄戶亦爲甲乙宮觀供報與職元禮鄭觀妙師孫殷元燧爲師在後因爲根隨皇姑大長公主前去全寧應昌兩路承應不曾在觀被還俗范從虎結構別宗派道士王永亨朧脫教劄改爲十方攙奪不復興修今與職欽奉聖旨令住持宗陽宮兼領本宗派諸宮觀事除主領外緣本觀係甲乙去處今將照用文字抄連呈乞施行得此劄委本官兼領承天靈應觀佑文成化祠事行下本觀照會去訖續據教門委去法師袁嗣宏呈近蒙差往杭州等路勾當教門公事切見本路吳山承天靈應觀被王永亨等兜收田租敗壞觀宇若不區處必廢一方香火得此爲是所差住持不一必合選代爲此擬差前杭州路元妙觀提點觀事朱希晦充承天靈應觀住持提點兼佑文成化祠事給劄下觀照會將王永亨革去及劄委本路寧壽觀提點孫眞常追取承天觀砧基等文就給本觀照用回據孫眞常申該主領宗陽宮唐眞人稱有教門文憑兼領本處見差朱希晦不是本觀甲乙徒弟不肯交割砧基文憑得此爲是承天靈應觀久改十方住持既差朱希晦充應若令唐眞人兼領比例不無冗濫以此行下本觀毋令唐眞人

兼領干預及行移杭州等路照驗又據朱希晦狀呈唐眞人不遵教劄及伊徒呂昌齡冒稱承天副觀糾合俗人李益之逼往觀莊收租及占觀拆屋又行妄狀於左錄事司越訴勾攙緣唐眞人元於中興觀出家禮住持殷元燧爲師披戴至元二十六年官司抄數戶計於中興觀供報所受紹興等處本宗派諸宮觀事職名其承天觀卽非上項本宗派內宮觀得此再下承天觀依已行事理施行及行移杭州路將左錄事司受狀違錯官吏究問改正仍禁無干俗人占觀奪租幷下平江路吳江崑山兩州省諭甲佃徒見職住持收租贍衆外又據杭州路總管府申承奉江淛等處行中書省劄付該本路申照得唐眞人欽受主領

住持杭州路宗陽宮兼領紹興等處本宗派諸宮觀事又
奉教劄兼領承天靈應觀佑文成化祠事今令十方朱希
晦住持本觀薺蒙事不歸一合令唐眞人依上本宗派甲
乙住持相應省府照得一應道教事理係集賢院所管仰
就便依例施行府司承此備申伏乞照詳得此除施行外
今又據眞人唐永年狀呈會驗卑職元係吳山承天靈應
觀佑文成化祠已故開山住持鄭觀妙親派徒弟道士本
觀元係太師祖觀妙大師鄭守一亡宋甲戌年間開山重
興觀宇完備告蒙亡宋禮部於淳祐元年給到公據永爲
甲乙流傳見於觀門刊載石碑在後鄭觀妙披度徒弟胡
繼榮等三人數内師祖胡繼榮等披度先師殷元燧於歸

附後至元年間充錢塘仁和兩縣副威儀中興觀住持時
分卑職投禮殷元燧爲師出家隨侍師父殷元燧習學道
業至元二十六年内師父殷元燧作中興觀住持名目保
盟請到前道教所官天師三十一代眞君當年八月所給
戒法牒據一宗簪披卑職爲道士接繼承天靈應觀開山
鄭觀妙本宗甲乙正派在後不擬住觀徒屬法眷吳道昌
等相繼□□及有卑職根隨皇姑徽文懿福貞壽大長公
主在全寧應昌兩路承應不曾回觀乏人住持遂被外觀
別宗派道士王永亨等強行奪□改爲十方住持至至順
三年内卑職欽受聖旨授迎元顯應嘉成眞人主領住持
杭州路宗陽宮兼領紹興等處本宗派諸宮觀事欽依禮

任之後爲是前項承天靈□觀佑文成化祠係師祖師父
本宗派甲乙家山觀業以此呈覆教主大眞人乞令承襲
本宗派甲乙住持回奏劄付委令兼領觀務卑職爲是受
業家山將□觀坍壞去處修理間又蒙差委十方道士朱
希晦充本觀提點却將元委兼領職名作冗濫改正今卑
職不須兼領呈訴間有朱希晦爲因爭收本觀齋□占先
妄經教門呈指卑職與師父殷元燧元□中興觀□籍及
承天靈應觀不係本宗派内宮觀致蒙准信行移杭州等
路觀田坐落州郡照驗遂使卑職不□任領祖山香火興
復觀業及被朱希晦固執教門所行公□一向爭□至今
緣至元二十六年官司抄數戶計卑職已作承天靈應觀

供報師父殷元燧的係承天靈應觀得業徒弟即目卑職
見執教門□紛□度牒□□稱載唐永年投□承天觀徒
弟殷元燧爲師緣故至甚明白似此本宗派來歷不可磨
滅況元欽奉聖旨事意令卑職兼領本宗派諸宮觀事其
承天靈應觀雖於至順三年以前因差王永亨住持暫改
十方却緣本觀根脚淳祐元年亡宋官司給據的係甲乙
流傳分曉若蒙改正將朱希晦截日革去換給明文從卑
職復業主領承襲甲乙住持焚修似望祖宗家山觀業不
致失墜除今童昌寧親賫卑職元受到教門披度牒據文
憑前去聽□外今抄亡宋及歸附後道俗官司堪信文憑
呈乞照詳施行得此爲是所呈雖稱承天靈應觀佑文成

化祠祖係甲乙去處亡宋禮部及歸附後本教官司各有
憑據止是抄到似本不見端的有無的本可驗及稱唐眞
人元受教門披度牒據內稱遞係禮承天觀徒弟殷元燧
爲師亦不見殷元燧是否本觀開山鄭觀妙的傳宗派難
便定奪爲此劄委杭州路報恩觀住持提點聶凝和依問
照勘逐節端的指定明白回申去後今據所委聶凝和回
呈依奉前去承天靈應觀照勘得本觀委是亡宋時開山
觀妙大師鄭守一重新剏蓋即今見存石碑內刊載得鄭
守一告奉禮部所給甲乙文面及本觀見收歸附後住持
翁茂功告奉淛西道提點道錄司至元十六年及教主大
眞人延祐元年各給公憑悉從甲乙流傳明白兼㸔本觀

祖師堂內奉祀開山鄭觀妙之下胡繼榮殷元燧等牌位
香火見得已故殷元燧委是鄭觀妙徒屬今次唐眞人的
係本宗派子孫別無疑惑保結回呈伏乞照驗得此看詳
眞人唐永年欽受聖旨授主領住持宗陽宮兼領紹興等
處本宗派諸宮觀事職名前項承天靈應觀佑文成化祠
元是甲乙流傳纔於延祐元年以後因爲乏人焚修以此
擬差十方道流住持既是今次委官保勘得眞人唐永年
委是本觀宗派所傳得業徒弟兼杭州路作詞申省亦稱
合令本宗派唐眞人住持相應以此參詳擬合改正將承
天靈應觀佑文成化祠仍復甲乙斷付眞人唐永年承襲
主領住持其元差十方主副朱希晦胡惟謹等別行區用

於理爲順據此除已重給劄付令唐永年祗受及將朱希
晦等改除別觀主職外合下仰照驗從眞人唐永年依上
主領住持以後甲乙流傳度人承繼焚修毋致廢弛須議
劄付者以上小楷書四十二行 右劄付杭州路吳山承天靈應觀佑
文成化祠准此以上楷書一行字徑寸許 唐眞人呈改正小楷一行國書并印

押

皇帝聖旨裏　特進上卿元教大宗師總攝江淮荆襄等
處道教知集賢院道教事據通元顯應嘉成眞人主領住
持杭州路宗陽宮兼領紹興等處本宗派諸宮觀事唐永
年呈照得杭州路吳山承天靈應觀佑文成化祠係鄭觀
妙梯已衣鉢建造觀宇甲乙承襲住持去處與職係太師

祖鄭觀妙徒孫道士殷元燧徒弟近被十方道士王永亨
朱希晦毛道泰范從虎等俱各有過經斷官司有卷可照
節次妄經教所朦朧劄付充任職員前來攪擾焚修合本
觀的派徒弟道士呂昌齡於至順四年十月內狀經前左
錄事司陳告行下坊正并耆宿隣佑人等勘當得承天靈
應觀佑文成化祠祖係甲乙承襲住持去處的係唐眞人
受業家山申覆本路總管府出榜行下本司將王永亨等
遣逐出觀了當又蒙本路申蒙江南道教所照驗與職另
行具呈教所劄付行下委自本路報恩觀住持聶凝和照
勘承天靈應觀佑文成化祠委係甲乙流傳去處保結申
來奉此依上照勘得承天靈應觀佑文成化祠係師祖鄭

觀妙於嘉熙年間開山永爲甲乙流傳去處見存古碑石
刻堪信文憑相同照得唐眞人的係本觀開山鄭觀妙徒
弟道士殷元燧徒弟至元二十七年抄戶時分甲乙流傳
宮觀供報在官應合承繼之人保結申奉江南道教所劄
付改正仍復甲乙承襲令卑職往持了當今來若不呈覆
誠恐外人不知前因妄行攙奪破壞成規不便今將本觀
甲乙碑記并宗枝圖本一應堪信文憑抄連在前如蒙轉
呈上司聞奏頒降護持并乞給賜文憑付本觀收執照驗
相應具呈照詳得此看詳吳山承天靈應觀佑文成化祠
祖係甲乙流傳既是照勘明白眞人唐永年承襲住持了
當別無議擬除已具呈集賢院依例聞奏頒降聖旨護持

外合行出給公據付觀祠永遠收執照驗依舊甲乙流傳
披度承襲住持焚修香火祝延聖壽萬安所□公據須議
出給者以上小楷書二十八行　右付杭州路吳山承天靈應觀　印
佑文成化祠照驗准此字徑一寸許以上楷書一行　據陳斯與二行小楷　國
書并印押
春和乘興訪松軒左右江湖樂自然深刻穹碑千古事承
天道脈有流傳　元覽道人王□□題　眞人隱几望東
軒弟子傳經有浩然早晚峯頭丹詔下殷君喜得第三傳
張天雨謹次韻　眞人道行動天朝得請還山劍氣豪
突兀吳山眼前屋淸風千古祖庭高　洞霄史景仁
右在吳山刻于承天觀記碑陰正書凡三列上列四
十四行中列十六行下列十七行此住持唐永年爲
別派道士王永亨等朧脫教劄改爲十方請釐正甲
乙住持劄付輾轉詳請具見碑中亦足徵當時道紀
體制也後附三詩元覽道人名已泐去續洞霄圖志
引作王象未確史景仁續圖志有方丈圖額係嗣漢
三十九代天師張嗣成爲沖妙眞常元應眞人史景
仁立餘無攷

元慶元路總管王元恭去思碑

慶元路總管正議王侯去思碑并序

慶元路儒學教授朱文剛撰

奉政大夫兩浙都轉運鹽使趙知章

中順大夫浙東道宣慰副使僉都元帥府事王安題額

至元六年冬蠡吾王侯出守四明郡先聲四馳老稚胥慶
既下車問民所疾苦馭吏卒有威德刑兼施寬猛相濟□
咸服其能首謁學宮惟興葺是務明年春作杏壇詠歸亭
於橋門外飾從祀象於兩廡顧論堂梁棟摧撓欲易而新
之時余來領學事首命董其役鳩工掄材剔蠹去腐闕者
完傾者正踰月而就緒乃者學廪不給士失所養力微□
適以贍之郡有鄉飲酒禮去古寖遠人莫能復修舉廢墜
而他郡取法焉月書季考循習故常嚴堂試爲賞格士知
所自勵三皇廟在郡城東北陬圮壞不治俾醫藥卜筮者
協貲以修飾之俗尙茶毗葬埋無所遂捐俸買山表義阡

以痤之往者站赤供給繁重侯議其高下勒之石疲者以
蘇毋歲漕運以木繩橋數爲民患作石馬道爲久遠計民
不傷財而樂爲之役河渠坊墉隄閼失時無以備旱潦巡
行田野考詢水利病而疏决之灌漑無所失自李中口以
戸口計鹽額民粥産剉床不能應誅求而逃亡者衆與
臺省計度議論陳其得失　上可具奏令下之日民抃躍
相賀昌國爲明附庸有富商黠胥賂州將刦平民爲盜將
以功要賞爵榜掠誣服死者殆十二三侯聞其寃檄囚徒
詣郡平反詳讞得數十人咸釋之若是者衆此特舉其大
者耳嗟乎明爲大郡控　要害事實繁劇侯以廉明剛果
之資裁制無留難再年之間賦役以均逋移來歸政治以

洽風俗以淳同寅叶和爲大府之所倚重既而辭以疾
部使者普答失里公元戴王公按四明起侯署事至於再
至於三力辭不出又明年四月幡然有去志吾黨之士與
父老咸踵門而留卒不果於是相與伐石紀其績屬予爲
文以道其遺愛余謂侯之能名聞於遠邇而弗克罄其設
施使得終三年淹善政未可量也故取其事而次第之侯
眞定人名元恭字居敬寧軒其自號云其詞曰
維茲四明　際海爲疆　方伯連率　有紀有綱　彼美
王侯　來守茲土　蒞政不苛　疏通公溥　治首興學
視漢文翁　起仆葺敝　卓乎成功　詠歸有亭　杏
壇翼峙　飲食教載　烝我髦士　在泮飲酒　周旋愼
齋　作爲義阡　易焚以埋　漑有滌渠　漕有新步
䧺不民病　歡聲載路　化民成俗　爲惠實多　去不
我留　民其謂何　令德善教　浹于胸臆　以示不忘
刻此樂石
大元至正三年歲在癸未十有一月甲子建學正李庚孫
學錄吳文先主奉孔文穎直學張宗彝司吏蔣舍之王文
燁訓導程端禮鄭奕夫吳淮陳子翬王厚孫李允中趙文
祐　賓序徐寅孫范venue汪與懋戎與龍胡觀善耆儒趙
屋黃椽朱公度周宜甫楊奕詩趙由升汪與應唐遠孫應
奎翁汪與恕朱遜仇泳林似翁袁堯臣齋長汪景文何錫
謝燁胡公升朱震鄭覺民丁裕王寧孫　掌儀張必得

脋庚壽范樞　刻石茅士元
右碑文二十七行正書在寧波府學按王元恭字居
敬號寧軒眞定人以至元六年任總管嘉靖寧波府
志有傳卽本此碑爲藍本又載其爲四明續志十二
卷與延祐志並刻以傳文中歷序政績皆舉其大者
維計鹽額民他籍未見當時立石學宮故學職題名
尤夥程端禮鄭奕夫王厚孫等皆當時賢人學正學
錄訓導之外有直學司吏賓序耆儒齋長掌儀之名
亦惟見此碑也朱文剛字明德天台人王安至元五
年任趙知章字伯常睢陽人至元時以淮西道廉訪
副使同知兩浙都轉運鹽使司因陸運民困請因歲

譏浚河民得錢以爲食官得河以浮運稽奸貪兼戶
之弊察私鹺濫及之寃儒學提舉陳旅爲撰德政碑

元重修南鎮廟碑

會稽山在郡城東南十五里地氣廣博而隆厚峯巒蒼翠上出霄漢而天柱石騒卧龍諸山皆環列其下如臣妾之事大君罔不頫伏趨鄉周禮職方以爲揚州之鎮信夫隋開皇十四年始卽山立祠唐天寶十載詔封永興公祭用南郊之日歷代遂著常祀
國朝加號王爵以孟春之月遣使齎香幣祠一太牢守吏齋宿具三獻禮其崇報之典視昔有加焉獨廟無守者有司又少涉其地風雨陵暴久而不免摧敗頽壓矣至正四年春盧陵夏君曰孜來爲尹以故事謁廟下顧瞻旁皇曰尙可緩乎亟詣郡白狀郡長貳咸是其議俾吏新之於是邑人相率分事竭作去其朽蠹易以堅良旣增旣廓百度其興閱三月工師告成重門廣庭挾以修廡殿寢閎閎齋廬翼翼神庖賓館悉稱弘麗且命道士陳道盛守之晝嚴故田奉祠事餘以給其食鼓鐘之聲鏗鍧四達齋心渴誠朝夕惟謹然後克稱
朝廷敬恭明神之意而山靈川后鬼物衛從百怪之狀亦歘然森布流動於煙雲莽蒼中矣竊惟古者諸侯祭境內山川而天子軔行四嶽則舉望秩未聞其祀鎮山也史傳雖稱秦皇東祠會稽而亦未聞其廟祭也然則歷世共事

弗絕何歟蓋山川能出雲雨則法當報祀而其神明之會非假屋室象設宜無以寓其惓惓欵欵之誠此南鎮之廟所以歷千數百年而益盛也卬況世傳神爲之輿嘗朝諸侯於斯乎嗚呼神人協和而發理化大行六沴不作百穀用登吏茲土者其可昧所重輕哉然廟雖隸縣境而山實一郡之望山雖望於一郡而靈氣周流未嘗不上下磅礴乎吳楚之域斗牛之虛也是役也固以見郡政之舉而夏君亦知所重輕矣因作迎送神詩二章俾邦人歌以侑祀曰

神氣磅礴兮下廣深鎮南服兮鬱嶔崟宮庭侐兮孔碩松與栢兮蕭森神之施兮澤滂惠我民兮不疵以悉錫祀兮自天函香兮孔蓋神穆穆兮降升載雲霓兮翠曾來儵忽兮從如雨脟豐融兮于豆于登

湖之瀕兮山之陽神燕娛兮中堂歙參差兮拊鼓折瓊華兮奠菽漿神將歸兮轍起龍兩服兮旗旖旎神不留兮奈何我之思兮爲已野有穜稑兮隰有蒲荷俾民樂康兮降福不那春秋兮灌薦風雨兮崇阿

承務郎紹興路總管府推官貢師泰譔　太中大夫秘書卿泰不華書并篆額　會稽范文遠刻

右碑在會稽縣南鎮廟中文二十行行四十字八分書篆額六字按南鎮之名始於周禮顧尙書四巡不在祀典始皇頌會稽亦未之及讀此文知自隋始而

隆於唐遂著常祀至元則加王號焉其時廟無守者
盧陵夏君爲尹始大其廟故宋以前碑碣絶少今兩
廡碑如林立皆後來祭告之文此刻爲稍古矣貢師
泰字泰甫宣城人雲林先生奎次子也見元史著有
玩齋集泰不華八分僅見此碑固當以篆爲優也

元麗陽廟加封神號碑

皇元加封聖號
皇帝　淛東道宣慰使司　元帥府承奉
江淛等處行中書省劄付准
中書省咨來咨處州路申士民吳友夔等狀告麗陽山卽
本路之名　在州城北五里有麗陽三殿聖王廟前二石

山對峙如　狀其神靈顯最著古今爲望祀李唐大中
九年乙亥石碑鐫載其正位麗陽王蓋此山之神左則白
塔王斯土地之主右則巨潭王乃龍沼之靈碑石見在可
攷經涉歷代前後封贈廟額王爵屢加褒崇但有亢旱無
不感應如不棠
朝廷特加褒異非惟虛負神之忠勞誠恐天下百姓無以
知　大順神助
聖朝之意今將歷代累封誥詞抄連在前咨請照詳准此
送據禮部呈移准太常禮儀院關檢照得宋會要元豐三
年大觀二年紹興二十九年累嘗加封卽係載在祀典合
依已擬加封相應本部議得麗陽王封加歷代陰祐一方

既著威靈宜錫美號合准本部院所擬相應如蒙准呈宜
咨本省依上施行具呈照詳得此咨請依上施行准此省
府合下仰照驗依上施行奉此使司帥府合下仰照驗依
上施行須議劄付者
正殿麗陽王
元封仁文神武正福忠聖王　今易封曰仁文神武廣祐
忠聖王
神父　元封廣福公　今加封曰廣福裕後公
神母　元封慈惠協應顯慶助祐夫人　今易封曰聖善
慈惠顯應助祐夫人
神妻　元封助正妃　今加封曰主中助正妃

神子　元封協佑助順廣惠侯　今易封曰紹靈協祐廣
惠侯
神子妻　元封協慶夫人　今加封曰助惠協慶夫人
西殿施普廟神
元封昭惠靈應仁烈孚祐王　今易封曰昭德雲惠仁烈
孚佑王
東殿顯祐廟神
元封英顯廣利王　今加封曰協忠英顯廣利王
佑神昇侯
元封助靈顯佑協惠輔正侯　今封助靈顯佑協惠輔正
公　右劄付處州路總管府准此

麗陽王加封 押 押

至順三年九月初九日押 押 押

麗陽廟加封記

括蒼山水奇秀多仙聖都宅府北五里有麗陽山前面綵谿直指雲漢廣袤數十里儼爲東南鎮山有三神能出雲致雨降休祈瘕廟食久李唐大中間刺史徐公郤肇立麗陽廟歷宋幾百祀中 靈顯廟神積十有二封曰仁文神武正福忠聖王神父五封爲廣福公母爲慈惠協應顯慶助佑夫人妃曰助正妃子三封爲協佑助順廣惠侯子婦封協慶夫人東 顯佑廟神累八封爲英顯廣利王父四封爲嘉惠垂慶正佑顯應侯母曰端忠貞慶順應助佑夫

人妃爲慈貺佑助順濟贊福夫人子三封爲翊惠昭貺顯寧侯子婦封協惠夫人西 施普廟神累十有一封爲昭惠靈應仁烈孚佑王父四封曰昭應顯惠廣佑善利侯母曰靜惠協應順利佑慶夫人妃爲淑德助應順惠贊慶夫人子三封爲助惠昭佑顯慶侯子婦封協應夫人佑神羿姓累四封爲助靈顯佑協惠輔正侯

皇元混一區宇惟茲 大神實著嘉績大德辛丑

朝廷特議 麗陽三殿聖王係名山大川俾有司歲時致祭迄今降靈之辰籩豆靜秩牲拴肥潔聲樂之和穆文武

咸造朝 而行事自五嶽以下未有若茲盛者邦之人承

純嘏之常冀 錫命之頁陳辭懇請守臣移狀宗伯度禮

太常論謚至順壬申奉中書省檄 正殿麗陽王易封正福爲廣祐神父加封裕後母易封協應顯慶曰聖善顯應妃加封主中子易封助順爲紹靈子妃加封助惠 施普廟神易封昭惠爲昭德 顯佑廟神加封協忠佐神羿侯進執桓圭神靈服歆羞 吏擇錄褒封之實勒諸堅珉以

彰

國朝禮神之意屬似祖紀其畧似祖聞 於山川虞書爲

盛 蕃憲祭法所崇恭惟 三聖王功德在民郡乘廟志布載詳 然民爲邦本神依人以靈神能大庇民而邦本固人心所主神靈之愈共有國家者欲安夫民而徼福於神所以崇之者夫豈徒哉王位已極謚號之美固茂有

加而東西兩廟侯褒封之徧效祥分祉有引不替人心之欲尊神者無窮守臣之上聞

天 之臻璽書之錫可計日而俟也似祖雖不敏尚當執筆書郡人林似祖記并書至正乙酉六月 日文正集人立石 梁與可鐫

右碑篆額六字文兩列上列中書省劄付三十四行下列記文三十二行俱正書在麗水縣麗陽山祖廟徑殿此土民吳友夔申請麗陽加封中書劄付也後記述廟之肇始並先朝封爵大德特議致祭至順壬申加封而刻諸石又以東西兩廟尚侯褒封之典爲詞按麗陽不過山川之神迄元之祀并及神之父母

妻子皆有神以實之所謂聽命於神此明太祖之所以亟爲正之歟

元湖州路重脩府治碑

湖州路重修府治記

前進士承務郎高郵府推官京兆宇文公諒記

奉直大夫前淮安路海寧州知州兼勸農事古魏趙雍書并篆額

吳興爲東南望府天目分秀雙溪合流金蓋諸峯峙其陽蒼卞具區亘其陰民俗文雅清醇素稱易治王謝顏蘇之流風猶可尙也舊治重建于至大間垂四十年矣棟宇攲撓墻壁頹圮居官者視爲傳舍漫不經意至正五年冬郡

守苦思丁公以中朝俊乂出牧是邦其清德偉望足以革貪饕其通才明識足以析冗滯約而精嚴而恕念民之久困而不忍一毫輕用其力信其爲良二千石矣然府治不可以不新也於是計羨生積錙斥去浮費取其羸餘徵工市村衆手偕作擇吏之廉而能者董其事同僚咸是之皆未幾完舊益新百堵就緒門廡并奕廳堂邃嚴讞府幕寮靡不周葺垣墉甓茨工告畢役見者駭其神速而民殆未始知也於是感公之德而樂其有成咸請紀之以示來者余惟愼擇守令固以爲民也曩者一役之興百費絲棼吏緣爲姦民病曷勝求其不撓而集不謀而成未之有也況府治者政之所自出公知新其所自出矣豈無新其所出者乎新其所出者蓋將立道德爲門戶崇仁義爲棟宇勤斂以營之忠信以居之文儒以飾之無急徵橫索爲風雨以剝乎上也無宿蠹巨猾爲斤斧以戕乎下也政平訟理闔境之內畊食鑿飲涵泳鼓舞有不知其所自來者此公之志而士民尤以此望於公也奚止府治之新而已哉

至正六年龍集丙戌三月既望府掾以仁　郡人[illegible]德懋摹刻

右碑在湖州府署二門側文十九行正書徑寸撰文者宇文公諒字子貞其先成都人父挺祖徙吳興遂爲吳興人至順四年登進士第授徽州路同知婺源州事改餘姚州遷高郵府推官史傳不載遷官歲月

據此知在至正六年高郵至元十四年升路二十一年改府屬揚州路書碑者趙雍字仲穆松雪仲子善書畫有父風以廕授海寧州歷官至湖州路總管此碑書淮安路海寧州知州而加前字時已去任矣海寧州爲唐宋之海州領朐山沭陽贛榆三縣即今海州也

元楊瑀等靈隱題名

至正六年秋九月朔太史楊瑀翰林張翥謁福初上人因登蓮花峯留名崖石從游者施維才郯韶

右在翻經臺摩崖正書七行字徑二寸按楊瑀字元誠杭人天歷間擢中瑞司典簿超授奉議大夫太史

院判官改建德路總管有惠政進階中奉大夫張翥
字仲舉晉寧人父爲吏從征江南調安仁尉又爲杭
州鈔庫使因家焉累官翰林學士承旨著有蛻菴集
忠義集

元靈隱趙貧翁等題名

至正六年丙戌九月庚寅聞喜趙貧翁夏縣樊益吉安邑
介好仁因尋三生石同登

右在靈隱三生石摩崖正書七行字徑二寸餘右行
趙貧翁見至正三年蕭山覺苑寺興造記

元嘉興路興舉學校碑

嘉興路太守興舉學校之記

前鄉貢進士鮑恂撰
承務郎江浙等處儒學副提舉李祁書
奉議大夫江浙等處行中書行左右司郎中致仕張純
仁篆額

至正五年冬太守禿堅董阿良臣公來治茲郡正己以帥
衆勤事以奉職興利除害百癈悉舉而尤以廟學爲先務
當其始來謁廟學之日顧瞻屋宇規制嚴敞詢其學廩爲
粟三千餘石曰此固不可以作興文化以淑諸郡人乎於
是覈租賦之入謹學帑之出節浮冗之費以充祭祀繕修
之用以足師弟子之養又招延有德行文學者爲訓導以
誨諸弟子又禮請江浙提學官倣科舉式以會諸郡能文
之士朞年之內文化翕然先是幙長張君周則欲即學之
東偏隙地構文昌祠廣大小學齋以地狹隘尚未克就至
是太守以學有遺逋弗克償乃督有司歸其所有以給之
復以其餘增給地若干畝其學官遂以幙長張君所欲立
祠與廣齋舍之議請焉太守即從其請祠位南面爲屋三
楹旁爲兩齋各六楹既成又以廟學之靈星門朽壞弗稱
鑿石柱以更新之後有池蕪廢亦久陶堅甓以甃治之正
錄舊未有廳繼亦從而創立之以次庀工無不法式始事
於至正六季春二月告成於秋九月董是役者府吏朱志
仁也既而教授高瑢孫學正申我同學錄梅實以太守之
功不可忘而歲月亦不可以無紀遂來屬恂爲文刻石以

記之恂乃爲之言曰古之理民者治而教之之外無他事
也自後世有獄訟賦役之責簿書期會之煩求其能盡於
此者亦難矣而況於教乎今太守於爲治之道既有以盡
其所得爲而又知重學校使養有粟教有師導人心以仁
義中正之歸傷士習以詩書禮樂之懿其於爲教尤盡其
道而幙長張君於贊畫之暇又能同心協力而克相成之
則恂豈敢徒記其土木之功也況文昌祠之建固無與於
廟學然
聖朝以科舉取士而文昌乃司祿主文海科第之神吾郡
文運之興或兆於此自茲以往其來游來息者宜究心於
聖賢之學致力於進士之業他日有登高第者彬彬然相

繼而出以爲當世所顯用則南山有臺北山有萊之詩將詠歌於斯學矣此又賢太守拳拳期待多士之美意恂安得不記此以告諸學者故輒書以爲記

至正六年十一月日立石直學徐璋司吏王振范致用董工學僕王復亨

右碑篆額六字文正書二十一行在嘉興縣此郡守禿堅董阿頁修廟及文昌祠廣大小學而鮑恂記之也是時學廪至三千餘石於是修葺之餘延德行文學者爲訓導倣科舉以會能文之士又因幙長張周搆文昌祠廣大小學可謂知所先務矣文昌爲司祿之星祀典無之祀之自茲始而其後莫敢廢焉鮑恂字仲孚崇德人至正初徙郡西溪元統乙亥鄉舉第一洪武十五年徵耆儒入見命爲文華殿大學士固辭放歸著易傳大義西溪漫稿

元重建旌忠廟碑

紹興路重建旌忠廟記

旌忠廟者宋唐將軍之祠也按郡志將軍名琦開封人宋衛士也建炎四年金人陷汴京破杭入越　李鄴以城降金帥兀朮遣其下琶八與鄴同鎮越時高宗自越幸明將軍不得與從行因留越會琶八與鄴並騎出將軍懷巨塼伏道旁卽奮擊之不中被執將軍罵不絕口并數鄴罪遂遇害暨金平邦人壯其忠勇請建祠賜額乃作今廟云廟在郡城東南歲久弗治老屋數椽與民居參伍過其下者漫不之省至正六年郡推官貢侯詢諸父老知其故倡言曰欽惟

國家混一宇內明教化爲出治之本嘗

詔有司於　忠臣孝子之祠墓亭祀無替

恩至渥也將軍廟祀於越舊矣而今祠宇若此弗葺久將泯焉邇率先捐俸謀作　之自長貳僚屬以下皆是其議而樂爲之助經始於十一月廿八日迄功於七季二月望日凡爲屋若干楹繚以周垣甓以甬道外爲門以表其廟額堂搆完美象設嚴備始有以妥靈於神而起人之觀瞻矣鄉人士義侯之舉屬泰亨爲之記嗟夫義者天下之公

人心所同然也方將軍奮力狙擊發於義者勇　當是時城陷帥降勢已顛沛將軍豈不知其不可以力勝哉而毅然　幸中於一擊以泄其忠憤之氣　有義而不知有其身也及事之不濟遂能謾罵就戮視死如歸有不暇顧者矣不然將軍非有民社　寄節鉞之任而甘以匹夫之怒蹈其身於必死之地哉故以死事論將軍有所未至原其忠義激切要　爲國雪恥則其志有可感者矣且廟祀之設特以義之在人心不能忘耳迨今二百餘季有廢無替安在其爲義哉貢侯獨能撤而新之蓋爲人心世教計也夫居長民之職能拳　於人心世教者不可以不記侯名師泰字泰父宣城人儒學教授夏泰亨記郡人呂中立書

大中大夫秘書卿泰不華篆額
至正七年月日
將仕郎紹興路錄事司達魯花赤篤列圖　將仕郎紹興
路錄事徐觀　士民李節　孫鼎　匚　孫　費珎　唐
元禮　匚文質　唐元固　富處善　唐元壽　文允
趙儀　錢德鈞　趙　樊德　韓能之立石
四明王永仁刻字

右碑在紹興府治東南三里唐將軍廟文二十五行正書徑一寸碑爲郡推官貢師泰修建祠廟而作立於至正七年教授夏泰亨撰記呂中立書碑泰不華篆額泰亨字叔通會稽人九歲能屬文延祐四年領

鄉薦歷官翰林編修以文雄東南著有詩經音考矩軒文集此碑載衛士唐琦擊賊遇害事與宋史忠義傳所載同按本紀建炎三年冬金人由溧陽渡江破建康陷太平廣德進破杭渡錢唐江入越陷明高宗自越幸明自明航海幸溫四年金人始自明越而西復陷秀州陷平江達於鎮江而北也當此之時國家多難生民罹禍士大夫皆畏避不前又安能仗節死難獨琦以衛士武人生不知書遇亂憤發狙擊敵人謾罵降帥至死猶不絕口與杭郡金祝二太尉先後盡忠表著於世宜其廟食一方歷數百禩而常存也貢師泰宣城人

元慶元路儒學重修靈星門碑

慶元路儒學重修靈星門記
前饒州路浮梁州儒學教授郡人鄭奕夫撰
嘉議大夫秘書卿趙孟貫書
奉訓大夫福州路同知福寧州事翁達觀篆額

惟古鄉學有定制自唐開元間始封
孔子王爵貞元間天下郡國皆立廟以祠之往往廟學混一不能區異欞門之外又設靈星門其視王宮之路門歟四明郡學肇於唐因其庳隘弗稱當宋天禧中遷於此然未能盡如舊制僅縣東西二門以入學宮至淳熙中始克南嚮造門以正其位距今且歷一百六十有餘載因陋就

簡未有能充闢整飭以嚴其廟貌者也
皇元至正七年會郡同知公提調學事謁告之日顧瞻庠門內外階墄蕪穢弗葺靈星門且逼近壓陷無以聳觀瞻而俾士庶知所畏敬乃升堂詢諸耆艾亟謀作新恢宏舊規煥然丹艧門之外甃石以廣且平仍創采芹儒林坊以爲閭閈大加營繕俾過者趨者必肅必恭是亦開正教迪化原之大端也至如儀門泮池凡其崇嚴之地罔不致力而植其功焉載惟吾邦文獻之懿冠冕之盛見諸先正紀述其來遠矣然而世習異趨俗非古昔宮牆數仞有不得其門而入者不有賢守貳闢關正途何以使學者日知歸
聖人閫域吾黨盍亦居仁由義咸服政化上毋負

聖朝崇儒重道之意下不失邦侯育士進德之心在泮多
士請識成績於石以勸後人固不可以無述也公名普立
翰護禮字大本合爾祿氏世居覃懷故中書平章政事覃
國敬敏公之嫡孫也郡史徐讓董其役而相成之者前學
錄王壽明生奉孔文穎
至正八年龍集戊子夏四月甲午教授范洪　前教授趙
佐　學錄余熊立石　茅士元鐫

右碑篆額六字文正書十九行在寧波府學此慶元
路同知普立翰護禮營繕靈星門而郡人鄭奕夫書
之也靈星者東方龍星左角也二星爲天闕其間天
門其內天庭王者之門也不知始何時或作櫺星或

曰戟門或曰欞門按慶元志淳熙五年守趙善湘教
授黃一震樹櫺星門凡三座以石爲楣柱則當自南
宋始文云覩王宮之路門蓋歷朝皆以王禮尊孔子
也普立公家世具見碑後鄭奕夫字景允鄞人丞相
清之曾孫也潛心性理克守清白嘗爲慈谿麗水常
山三縣教諭調櫟州紫陽書院山長陞浮梁州教授
著有論語本義中庸大學章旨衍桂堂集傳世王壽
朋見至元八年修廟碑趙孟貫字子唯台州黃巖人
其祖子英爲宋宗室少卿南遷時以宗室從爲黃巖
丞遂家焉見樂郊私語

元施振等石屋洞題名

至正戊子夏四月望郡人施振楊瑀莫昌鄔進禮同游

右在石屋洞摩崖隸書三行字徑一寸按續宏簡錄
莫昌字景行善篆隸鄔進禮字行義武林人行楷師
趙魏公

元推官趙叔遜去思碑

紹興路總管府推官趙承務去思碑并序　成化六年龍
集庚寅四月初七日奉議大夫紹興府同知浮梁黃璧重
立
郡士李節撰　郡人呂中立書　通議大夫禮部尚書
領會同館事泰不華篆額
嘗讀史漢循吏傳所紀不過數人寂寥簡短一語不及刑

獄事何歟又不爲吳公立傳至班固則以其居官特有遺
愛之在民者槩論之曰所居民富所去見思於是後世去
思之碑□矣若宣德趙侯叔遜爲吾郡推官庶乎無愧於
此侯在官久郡有獄皆侯其決無不當者此不書不勝書
也請書其尤著者以推見其不書者可乎侯決獄必稽經
訊律重倫□寬註誤類非文俗吏之所能爲者若夫骨肉
之相殘也則人心天理幾於泯滅而無餘□設□謀而據
人之妻則官府可得而誣罔矣造僞者捕獲有可疑者則
法重而投之死□矣一痛以懲之以示玆用不犯之嚴或
一寬以宥之務存寧失不經之餘意此三代盛時治獄者
之用心也嗚呼仁哉夫以賤臣叩心盛夏降霜孝婦銜冤

東海告旱雖事關一口然天人甚邇可畏哉書曰式敬爾
由獄蘇公爲司寇以此治郡獄者不當如是耶侯家口守
郡歷省府掾史典章禮律熟矣又加之以問學無往而非
敬事親以孝事官長以誠協同僚以公待士以禮故居官
則愛既去則思曾何士民之間其始行見察於臺憲擢福
建閩海道肅政廉訪司經歷自此蹟清要矣既礲石衆來
徵文余不得辭系以詩曰
舜命理官弼教以刑漢置廷尉天下之平趙侯曰嘻豈不
在我始於一郡推之天下仁哉趙侯用心之大士陶淳風
民誦遺愛書戒總貨傳譏鬻獄趙侯一廉如雪如玉風憲
擇賢去莫我留何時繡節來按吾州鏡水之湄卧龍之址

悠悠我思曷維其已卧龍之址鏡水之湄我思昧昧何有
已時
至正八年　月　日　儒學教授楊復學錄何德中山長
陳惠永趙友蘭教諭張用庚陳眉壽王泳之孫鼎喻仰翁
夏泰亨王宥陳敬趙僴王口余克勤邱岍孫邱山孫邱文
質趙麟唐元壽馬顒周昌楊淵錢宰呂楷宋子俊柯純王
德裕徐仁壽費親賢王麟富處口住持大寶林大同大能
仁時習圓通允若天章妙霖大禹希白景德元永　戒口
寺行滿集善寺汝梅戒珠寺普見　瑞應宮蕭景微
寺大寺元澄　在城稅司提領張才副使沈晏口吉臺
路吏韓元璧呂埛鄭珪留元善闞澤端木權

將仕郎紹興路錄事徐覯　將仕郎紹興路錄事司達魯
花赤薦列閎　承事郎紹興路會稽縣達魯花赤買睦孫
承務郎紹興路山陰縣達魯花赤康寶寶　承事郎紹
興路總管府經歷吳中立石　路吏董國祥督工　山陰
俞謙建亭　四明王永仁鐫

右碑在紹興府治二門內文十二行正書字徑一寸
年月後題名八行字徑四分碑立於至正八年至成
化六年同知黃璧復爲重立按碑叙叔遜由省府掾
史爲紹興路推官宅心仁恕精於律典用法不苛獄
無寃滯後擢任閩海郡民於其去也勒石志思由其
德政之在人者深矣

元重刻徐偃王廟碑

唐韓昌黎文不錄

廟碑後記

衢州徐偃王廟有韓愈氏所爲碑又其別廟在今蘭溪州
者里人徐畸實爲之記畸辨其未嘗稱王而建安袁聘儒
記江山之別廟直謂孔孟之徒無道偃王事者古昔帝王
事迹不載於經而雜出於傳記百家之書固多矣況偃王
事見司馬遷史記范曄後漢書張華博物志本末甚具至
愈之文出而學者家傳人誦之偃王仁義之心遂以暴白
於天下後世由愈之言可信不誣也若愈者非所謂孔孟
之徒歟衢人好事者家於蘭溪既與州之士民修其祠事

且模刻愈碑文立石殿廡而屬溍志其歲月於下方溍竊
惟湯武以仁義興偃王以仁義亡興亡雖異其爲仁義未
始不出於心之同然是州之人誠能於愈之言信而不疑
則其致力於神將弗懈而益虔祥慶之來下蔭休之所加
未有止也庸附晦明儒之說而論次之庶覽者得以詳焉
大元至正九年夏四月翰林侍　講學士中奉大夫知
制誥兼修　國史兼　經筵官黃溍記翰林待　制奉議
大夫兼　國史院編修官杜本篆額濮陽吳叡書
奉訓大夫□□□□新州知州兼勸農事趙大訥立石
姑蘇□□石刻字

右碑在蘭溪縣文二十九行行四十八字八分書篆
額二行六字按徐偃王廟食於太末婺之廟自好事
者始此文述之偃王事始於漢晉唐韓昌黎摭其事
以實之宋徐畸又斷其非自王累數千言世皆稱之
杜本字伯原清江人博學善屬文工於篆隸學者稱
爲清碧先生吳叡字孟思杭州人工翰墨尤精篆隸
識者謂吾子行趙文敏不能過也自號雪濤散人

元慶元路重修儒學碑

慶元路重修儒學記
翰林侍　講學士中奉大夫知　制誥同修　國史同
知　經筵事黃溍撰
嘉議大夫中書吏部侍郎月魯不花　下闕

慶元在漢時爲鄞屬會稽郡唐改鄞爲鄮後又改爲明州
宋陞州爲府始號慶元
國朝即其地立宣慰司統制七郡儼爲東南重鎮矣郡有
宣聖廟儒學至元中燬於火明年浙東廉訪副使陳□□
□□□礫而官墻丹堊之至大二年趙宏偉以舊制弗稱
新作大成殿凡先聖配享及從祀先賢皆有像於位冕□
□□□□□補葺無大建葺至正九年
□□□□□□□□□□□□□□□□□□□□□□
天子以阿殷圖公督長江陰州有治行擢守茲郡始至會
朝廷遣行省大臣□□□□之舟楫器械取具臨時供億
徵輸日不暇給公疏滯理棼纘發機應稍與□□學□□

□□□相與旋羣唯諾聘明經學古者爲師躬程督獎勵
諸生知所矜式成材頗衆又倣科舉法試其藝能禮□□
□□□□□□□下而進退之優其禮貲而誘掖之人人益
知自勸矣岸海沙嶼多隸於學魚鹽所集富商大舶往往
爲市□□□□□□□益寡公計所獲羨其額募民以時
入直直多者僦孑之歲入爲緡二千有奇塗田二百畝沒
入鬻鹽大家公案□□□□□令首實得已責遂斂手歸
所侵地初輸錢不滿一十貫今得穀幾百五十石□其奇
贏制其出入□費節□□□□□□□毋加倍焉由是奠
祀盡禮胥艾得賙其匱師弟子得足其養又謂廟學弗稱
亟議繕完梓人度□陶人埏埴凡□□□□□之工各執

其藝以待事未五月梁楹棟榱板檻俛覽撓者隆毀者完
濃漶者飭以鮮□面之象□□之□□□□□□□山龍
火藻采繪鮮義咸中儀式距今六七年而完好堅飭丹碧
炳煥如始椒之日□□□之斂□□□□□□□□□□
咸相與嘆嗟謂數十年來賢牧守修學未有踰於公者於
是學之士子不忘公德爲之立祠以教授李光□□□□
□□□請記前一月越之文學嘗請滑記其郡監修學之
功矣今明之文學又請滑述其郡守興學之事焉昔人□
□□□□□□官而至於淮夷卒獲今兩郡之監若守當
軍事煩擾時皆能殫力悉心於俎豆絃誦之區其有督侯
之心哉維□□□□□獨在乎室屋之觀也爾多士來游

來歌拾級而登則知進修之有序升堂而入則思致廣大
而盡精微一言之□□□□也一行之失一棟梁之撓
也因繕完之密而歸諸反身之存庶乎克廣德心而無負
賢守作新之意矣公□□□□□□以正議大夫陞郡
監其先君咬住公嘗以孝義旌賞
車駕臨幸其門公以嫡長當嗣世緒辭爵弗受棄賞弗取
悉以讓其季則其爲政知所先務固一一有所本云至□
□□□□□□□□□□□□□□□□□□□□□□
丙申三月既望教授李光學正林公慶學錄舒泰　訓導
胡世佐卓說趙文佑黃濬　耆儒唐遠孫吳□□□□□
王□　鄞覺民　嚴寬

路吏柴本
王奉孔克□
直學何逢　司吏下缺

右碑篆額八字文正書廿五行在寧波府學此記阿
般圖修學而黃文獻滑記之也是時方國珍始起事
掠沿海州郡故有舟檝器械取具臨時之語文中歷
叙延師設科勘田積穀未五月而廟落成於是士民
爲之立祠滑已記之此則以文學再請而作也阿般
圖家世俱見碑末舊志誤爲阿圖般教授李光作李
光躍卓說趙文佑黃濬亦不錄胡世佐則天台人也

元修鄞縣學碑

重修鄞縣學記
應奉翰林文字儒林郎同知　制誥兼　國史院編修
官段天祐撰并書
翰林侍　讀學士中奉大夫知　制誥同修　國史泰
不華篆額
鄞舊有學至大二年燬於火皇慶二季同知慶元路事張
伯延始興復之泰定三年縣尹阮周翰稍加綴緝而學事
粗脩事具前翰林侍　講學士袁公伯長先後二記歲月
滋久繕修不繼日就摧壞棟宇傾壓垣壁穿圮莫諷講誦
荒略苟簡至正九年天台許君具瞻以守令選奉
吉實來爲尹顧瞻惻然曰是學之廢乃至爾邪吾忝以推

擇而來凡縣事所宜致力者必於是乎先明日計所費首
出家帑以倡僚佐暨從人士風趨購材鳩工土木具舉不
再閱月仆者起傾者正撓者腐者摧拉者莫不煥然堅緻
完好矣既又撙餘貲以製祭器禮服增置弟子員餘百人
延師教之復勸邑民之好義者施田如干畝以給祭祀若
師生膳飲爲文會第其高下立賞格置酒如鄉飲禮以盡
激勵之道由是學事始大備斯役也教諭童啟訓導袁士
元趙復崔植實左右之遂謀龠石紀其顛末而天祐適至
因族來請爲文天祐惟學校之設尙矣先王所以篤天倫
淑人心厚風俗者舍是無他道焉自周官賓興之法廢而
天下後世之口政者一切從事具文間有用心其職者亦

不過規規焉記誦文辭之末耳所謂六德六行六藝口口
口口有舉而行之者也世道之降良有以夫
國家敦崇文治荒陬僻壤有州縣之名者未嘗無學　明
詔毋下學校必爲首稱設科取士又專以經明行修爲選
宜其可以比隆三代矣而教化之盛猶不能無憾焉者何
哉奉行者非其人焉耳許君進士起身歷任州縣所至以
詩書禮樂爲治今又膺
朝廷重寄以來其留意學校者豈止於區區土木丹雘而
已哉表章斯文作新多士必次第有其道矣三年政成鄞
學人才爲淛南冠他邑聞風而興駸駸古道之復斯天祐
所重望也許君名廣大九月十有二日記

承直郎慶元路鄞縣達魯花赤和尙儒職袁澤民林天麒
黃堅鄭里趙似翁陳應孫孫俞叔范達章裕張宏孫可久
錢衡甫史塾孫史公任樓岍王存義趙友莊昽役縣吏錢
衛中學吏臧永虞德明立石
茅士元刻
教諭陶德星立石　生員崔睿金珮章曼章寶王莊陳元
賓楊侃姜緜李昌章暹全璧金順史昭祖史士蕃周愚口
時中趙維忠虞必強徐口陳元英
右碑篆額六字文行書二十一行後列銜名四行正
書在鄞縣學此述令天台許廣大繕學事段天祐適
至而筆之也按文許君首出家帑以倡僚佐暨從不

再閱月而廟成繼以製器施田延師集會復立賞格
置酒激厲可謂宏獎風流振興學校不負乃職矣故
天祐文亦極推許之達魯花赤和尙教諭陶德星皆
舊志不載又有儒職十九人亦不見他刻也
元兀氏也先帖木靈隱題名
皇元至正庚寅春吉日副崇教兀氏也先帖木
右在龍泓洞摩崖正書三行字徑二寸西湖志誤兀
爲亢按元史百官志至正二年江浙行宣政院設崇
教所擬行中書省理問官以理僧民之事不書幾人
此書副崇教當有二人也
元閭閭定住等題名

皇元至正十年仲冬中書省斷事官閭〻定住翊正司丞
董古魯譯史納速剌同游

右在三生石摩崖正書六行字徑一寸按閭字下石刻作二小點在左乃重文也元史重名甚多可証西湖志直作二字似誤按元史百官志行樞密院有斷事官二員行宣政院有譯使二人此書作史翊正司丞百官志無之

元重修城隍廟碑

龍泉縣重修城隍廟記

從下缺事孔暘譔　承事郎處下缺農事葉伯顏書篆額

城隍祠通天下郡縣有之然影　不能焉蓋亦繫乎山川之氣而已龍泉縣在萬山中其治面大溪峯　若城郭信天鐘秀於是故其人既聰明特達膺富貴而神之靈亦異直治之西　廟焉故老相傳言能爲民捍患禦災威靈烜然不可殫舉姑即一事明之戊寅歲鄰有冦入境燔官舍民居朝廷命將來征冦既殄議居吾邑將忽自疑乃潛祈於神擊兎以　卜成悚然曰神祐民如此吾其敢妄爲遂班師不戮一人民驩呼更生爭先走詣神謝自是水旱癘疫無不禱禱無不應今七十餘載矣民之事神不懈而神之蒞民益勤廟屢壞屢修然皆濟一時之急未盡善也至正十年夏五月主簿唐兀公乃慨然爲久遠之謀出家財倡之士之好施者和之命集福寺僧崇十董其役自六月甲申朔始事至十月望日告成其　工亞矣而民若罔聞知殿堂門廡冠冕侍御靡不堅固完好更數十歲雖勿修可也於是縣之人愧曰此吾黨事也而公爲成之我其何以報乃相與買石誌公之勞使來徵予文予讀李陽冰縉雲廟記有曰城隍神祀典無之吳越有之然則是廟之設自唐始矣論者謂神之有城隍猶吏之有守令未知其然乎否也噫神歆民之享祀猶吏食民之賦稅皆當圖報而錫之福其理一而已矣主簿公廉靜寡欲獨愛民汲汲若不及所以致力於斯廟者亦以其神能爲民與利而除害爾其

心非爲神也爲民也視夫飾緇廬崇黃宅以自徼福者相去豈不遠哉故不辭而爲之記使來者有考焉公名九住字仲義唐兀其氏也是年十二月十五日記

龍泉縣典史王克讓　處州路龍泉縣尉費朵因不花

承事郎處州路龍泉縣尹兼勸農事林森立石　祗役

華天柱　武林錢德遠摸刊

右碑篆額九字文正書二十二行在龍泉縣城隍廟此主簿唐兀九住以家財倡修廟而集福寺僧董成之孔暘記之也九住字仲義唐兀其氏官主簿府志誤達魯花赤孔暘葉伯顏俱無考王克讓又見府尹下宋淳祐時當是二人縣尹林森府志又離爲林士

林皆當從碑爲正

元長興州重修學宫碑

長興州重修學官記

賜進士出身承事郎前台州路天台縣尹兼勸農事會
稽楊維禎撰
賜同進士出身將仕郎前處州路録事永嘉高明書
賜進士及第承務郎内臺監察御史大名張士堅篆額
予客游吳興涉長城界見新田辟絃誦聲相聞入其境夜
漁不取䴢簟葦間無嘯聚入郛挐壺氏之職謹孔聖之廟
斤而新焉問爲政則州長火魯忽達侯之化閲六年而成
矣未幾學者宿介吾學徒劉巽來謁學記曰長興吳夫槩

王之城池也古爲縣今陞州學本邑人宋少傅劉公涉所
建金虜豕餘自縣東徙今太平橋京縣令趙汝謎建戟門
杏壇蘇桂堂張公明增建藏書閣而學之規始具我
朝至治間州長撒都魯丁重修禮殿而堂閣門宇廢而不
立者有矣至正五年州長魯侯至朔望必睟學宣布教條
凡繫風紀者與淳師老德講行之州之士以文學備采擇
塲屋者往往興焉然學之營繕事重民力未果十年夏六
月侯始勸諸好義者捐俸金爲之倡知州韓公惟德是而
和之贊事者校官三衢鄭友直儒之趨事者劉坦之吳鼎
趙良珪董役者州史俞文囦也殿增而隆拓左右翼屋二
中堂從廡及兩夏六齋靈星大成之門庖湢廩庫咸煥然
一新堂陰復創亭曰光霽閲三月告成廢興始末當有紀
未得名能文者而幸得吾子焉願有以書之予歎三代之
衰庠序之教皆苟道也久矣漢爲近古其教無聞蜀得文
翁立學始變鄒魯之俗東都與北州之學者僅稱常山宓
恭耳况其下乎烏乎三代而下學校之興廢固基乎循吏
之得失也我
朝州縣所在有學雖主教有官作養之効則寄守令守令
非人而欲學校之教行亡矣學校之教亡而望風俗之變
難矣
朝家以教化責守令今侯以教爲治寬假歲年其效始著
烏乎吾是以知循吏之効之急於得人也吾是以知庠序

之化又必久於其道而后成也文宓而下不爲有繼乎
朝家設學之意不爲勿負乎民之望於大夫士者不在是
乎是可書已侯字得之世家北庭平章保八公之適子也
嘗游成均兩膺鄉薦所至風采政事皆有可稱道者云
至正十一年二月吉日六齋長諭儒人等立石同修學儒
人周鼎費光祖劉元德錢俊孫趙必謙趙友直劉應發劉
元善陳友信劉清源劉墳陳大有嚴琦陳俊姚琛陸思誠
周守約章介壽許榮孫劉穎杭遇陳擇善劉顯叔姚元端
陸澤民姚元瑞姚景眞費象祖邵世南劉元恬李文孫嚴
斗孫劉繼老許斗孫費顯祖章顯祖孫垓孫克明孫之秀
盧德剛陳禧觀陳樵朱逢原高禰老傅志堯沈奇毛蘭孫

嚴巖陳杞毛潤孫嚴源孫宜老嚴卯孫鄭元龜監修直學
章文彬四明胡珪刻
右碑額題篆書長興州重修學官記八字文二十三
行行四十字正書字徑一寸年月後列同修姓名三
行在長興縣儒學廢屋中近歲邑令階州邢君澍修
建學宮始拓得之題云重修學官記按漢書循吏傳
文翁修起學官於成都市中師古曰學官學之官舍
也今江南溧水縣學有漢時校官碑攷古者每疑爲
學舍官職之稱不知漢時未設學校之官武帝時令
天下郡國皆立學校官者卽今之學舍耳此碑爲州
長火魯忽達修廟而作其非職官之名益可信宋鐵

崖以詩文名家撰述不苟於此可見高明字則誠至
正乙酉三甲進士曾著琵琶傳奇膾炙人口張士堅
與則誠同榜卽是榜狀元惜事迹無攷據此曾爲內
臺御史錢辛楣少詹云記中又稱曾侯者從邦俗之
稱或舉首一字或舉中一字無一定之式也長興元
貞初升爲州屬湖州路

元景德禪寺碑

嘉興郡治距西五里爲景德禪寺按寺籍紀載其初蓋白
龍潭深險莫測往往致風雨壞帆檣雨時則有白光三道
起水上唐季異僧行雲者日運土石以實潭積久潭果塞
遂建三塔以鎭之水至是廻抱彎環利其爲大道場乃構
棟宇祠佛菩薩而以龍護法焉當五季吳越錢氏有國時
錫名保安禪院宋景德中勅天下郡縣置景德寺故易今
額宣和三季燬於寇更建炎三年縣令程少卿言於朝始
復寺基業而爲甲乙傳次嘉定九年旱邑人禱於龍得雨
祠部爵龍爲靈澤侯而祠曰順濟十二年復爲十方封誥
符牒其在住持者多碩德遠
皇元至元間石湖美公增置腴田整飭梁棟厥後古禪性
公奉
璽書褒護後至元五年雲海寬公以行宣政院檄由吳江
聖壽來主是席旣蒞事睹覺皇寶殿殊弊壞將圖更作而
寺歲入粗給遂議於衆有惟架者願以己貲倡得錢可萬

緡又有惟光子瑄者率衆以助費四方無遠近聞師舉是
役咸樂施焉乃大購材之爲楠爲栢者鳩工撤舊恢拓厥
址隆以貞石經始於至正五年之十月落成於明年之九
月殿之崇八十有六尺深廣稱之而殺十尺中嚴靈山像
與左右阿之應眞視舊有加殿後增造觀音像其東西翼
廡則肖諸天神金珠間錯丹碧絢麗煌煌如也又構皮經
閣於寺西南隅枅栱鶩啖堅緻始殿其閒黮昧者增燀傾
欹者加正而百廢具興施者之不給師則捐衆賭之寺故
有記漫滅不存且衆謂是役經營不易非有紀述後祀奚
稽咸願書諸石以垂不朽余向年被　召赴
闕維舟訪師衆請爲記廻使命不果南歸復過焉而請如

初辭不獲乃爲之言曰惟
國家奄有區宇首隆文佛之道用賛時雍之治
列聖相承不褻惟謹今師能合衆力致嚴祠宇爲一邦勝
域非其任道之力思報之勤者曷能若是哉況寺由始建
以迄於今幾五百年中更廢與興若浮雲變滅而寺歸然
能獨存非其創始之人行願確碩更久而有善繼者則亦
何能若是哉是不可以不記也故括其顛末而書之繕修
之工惟殿最大特加詳焉師笠澤人名智寬字裕之雲海
其號也嗣法慧忍禪師東嶼海公爲松源五世云至正十
一年十月十五日前翰林侍　講學士中奉大夫知　制
誥同修　國史同知　經筵事黃溍記崇文少監亞中大

夫同檢校書籍事兼　經筵參贊官周伯琦書篆
右碑文正書二十三行在秀水縣三塔寺此述雲海
寬公創修惟梁惟光輔成之凡十一月而蕆事黃文
獻適過而記之寺地爲白龍潭宋淳熙初歲大旱知
縣事李時習用攬龍法求之雨即時至文記歷代興
替亦較舊志爲詳

元湖州路歸安縣修學碑

湖州路歸安縣修學記
兩舉鄉貢進士湖州路安定書院山長儲惟賢撰
兩舉鄉貢進士從仕郎嘉興路崇德州判官張世昌書
資善大夫江南諸道行御史臺御史中丞吳鐸篆額

學校之制其來尚矣古稱郡守縣令民之師帥則以學校
責之守令固宜漢武帝時天下郡國皆置學自文翁始則
守之爲也令無聞焉唐肥鄉令韋景駿治學廬館舍老稱
思之不忘令之功進於古無疑矣我
國家深仁厚澤涵煦百年海内學校如林
今上皇帝至正更化之六年詔内外臣寮三品以上歲舉
守令一人責以六事而興舉學校居其首大哉
聖謨斯知出治之本矣邇年以來賢守令彬彬輩出皆思
精白一心祗承　德意歸安爲與屬縣建學自泰定甲
子迄今幾三十年因陋就簡缺者未補而壞者繼之至正
庚寅夏達魯花赤察罕不花公以進士歷官來監兹邑秋
七月開元魏公信又以守令選來尹志同道合奉宣風化
惟恐弍後謂教諭宣城貢君岳之曰興舉之責實在令長

賛翊用成非教官職歟於是捐已俸以倡好義之士復徵
學之逋租以佐之市村發石賦丈鳩工爲齋屋十有二楹
扁其西曰依仁東曰據德又接廡翼於堂之左右爲楹如
齋之數禮殿門涂之廢缺者補以瓦甓黝堊垣墉圮敗則
版築而圬之貯物有庫積粟有倉易舊去陋煥然趨新羣
山當前四水匯其西宅幽景勝轉盻非昔比矣經始於十
一年之春再閱月而底功祭器用物莫不具舉先是齋舍
未成弦誦関寂二公至則首羅師儒招邑之子弟而訓廸
之揭鼓于堂以飾其進退升降之度朔望俾曹吏亦與講

習而私淑焉復增租田以裨廩膳其用意亦宏矣於乎凡今之所以作爲宮室教肄之所者豈徒然哉蓋將以明倫善俗而已明倫善俗之道原於學學原於六經四書外是無以爲也在昔湖學以明體適用爲教蓋出於四書未行之前當時孰不慕湖學之盛而取法焉迨至我
朝方尊用周程朱張之說而體用之學益明且設爲科目以甄拔浙南英傑之士固已家六經而人四書矣爾邑有賢令長以身教於上而貢君又能挈其所以教之之方凡邑之士盍亦礱礪奮發思爲
國家有用之才以無負賢令長之教育可也貢君敦雅有文今典是役一一中度可謂才矣以其令長之命來請曰

願有記故著余所見而使歸刻焉縣丞岳巖主簿郭普顏典史沈宗禮訓導范元龕至正十一年冬十有二月望日楊成陳説費瑜費佑立石　監工人吏葉世英吳興謝廷璇刻

右碑文正書二十四行行四十四字在歸安縣此達魯花赤察罕不花暨令魏信修學教諭貢品之捐俸倡始而成之也文云湖學以明體適用爲教胡安定先生之學也自是而濂洛關閩之說尊六經四書之名六合同風萬古莫易矣張世昌字叔京諸暨人爲詩善比事排律詩至百餘韻不少衰晚學益進見西湖竹枝集邑志元時爲本州訓導洪武七年又爲本縣教諭主簿郭普顏有惠政字文公諒爲作去思碑記

兩浙金石志卷十七　廣州府糧捕通判新昌梁　輈刊
臨海洪瞻墉校

兩浙金石志卷十八

揚州阮元編錄

元浦陽五賢贊 篆書

天地之間有至鉅而無配者道也人能心會而身履之口誦而書存之則必浩乎其大巍乎其高淵乎其深非江河而潤非雨露而津非日月霜雪而光華嚴厲其所著見于後世者固將弊穹壤亘古今而不窮貫金石蹈水火而不滅矣予嘗考之於經稽之於史求其如斯人者恆曠數十世而一見越數百里而一得浦江有縣歷年至淺而受地至狹非有數十世之久數百里之遠而乃得其五人焉何其盛哉五人者曰孝子陳公助教節愍二梅公忠惠王公

待制柳公也孝子不知何時人能服勤孝道當二親之亡哀哭毁瘠以衰麻終其身每卽墓奠肴果烏鳥爲之不啄助教當宋宣和初攝處之松陽丞已而盜發青溪東南諸郡縣咸望風潰公獨嬰城自守以死徇國節愍於靖康率衆數十萬謀夜擣其營迎歸二帝事泄身殉忠惠克明正學歷疏諸經及登嘉定甲科遂以及人爲務立朝居郡綽有可稱勁節高風至今熟在人口待制問道金文安公上遡朱子之學亦旣身逢盛世以文華國四方學者稱之至與虞揭黃三先生齊名嗚呼五公之卓卓如此豈非所謂有道之士哉豈非所謂浩乎其大巍乎其高淵乎其深者哉使其大施諸用以殫夫潤澤光華嚴厲之功其所著見可勝旣哉雖其不克大用亦豈弊穹壤亘古今而有窮貫金石蹈水火而有滅者哉如艮者固不足以灼見五公之所蘊然觀陳公之事親則未嘗不稱其孝觀二梅公之事君則未嘗不嘆其忠觀王柳二公之爲人則未嘗不慕其學以稱其孝嘆其忠慕其學之心可無一言擬諸形容哉借令曠數十世之久越數百里之遠猶將低徊企想以稱述其萬一而况近在二百年之內百里之閒哉昔梁肅李華之於四皓也時之相後如是其久地之相去如是其遠及作爲贊辭以致歆羨之意識者尚或稱之艮雖不敏旣獲親出五公之鄉接其風聲氣澤而頌聲不作人其謂

何用敢勉竭駑力各爲贊一章以明前人光韻之美以伸後學嚮慕之私然以孝爲百行之先故用陳公爲贊首自餘四公則從其世次而列見焉

孝子陳公 大嗚

倬彼孝思天經地義我公履之式昭厥懿無父何怙無母何恃公於斯時病殷痛鉅乃號穹旻口無停聲月益歲增有悴其形衰斬三年古訓是程曾不爲就終身煢煢人亦有言孝行之至可通神明可感異類粤惟我公天相乃志肴果每陳烏鳥飏去昔秦顏生同出其鄉亦以孝感烏吻爲傷公雖後起其德則似令聞令望曷其有已千秋萬祀永稱孝子配彼顏氏

助教梅公 溶

溶爾梅公溫溫而恭恂恂而忠有大雅遺風遭世中厄遇
彼寇鋒牧遁合遁以公折衝公謀既決遂往式遏乃以柔
和化爲猛烈亦既載旆亦既建節如火之爇如冰之裂力
有不支猶驅義師怒目張膽以死自期曰身可殺義不可
虧帝曰爾溶古之烈士肆命之䘵并祿其子以愧蚩蚩而
惜一死人誰不死死貴合義惟我梅公以死柱世前聖有
云殺身成仁夫豈彼人而盡不聞

節愍梅公 執禮

於彼出日其光燉燉妖氛一襲天地爲昏有颶倐然勢豁
九門飛廉不將天步斯屯宋有社稷繼五季而國不知不

識咸順帝則彼豕忽突大邦爲敵血戰未息二帝奄北矯
矯梅公從此奮激指心誓天願出機先手除鼙䝔捧轂南
轅既秉我鉞既脂我牽致天之罰則莫我敢遏如彼颶風
其勢發發將掃氛昏陽光有赫事泄鼙庸力屈强兒生義
死忠嗚呼梅公

忠惠王公 處一

犖犖王公碩學粹行以道律身以德施政輪對之明見之
於立朝宣化之美見之於爲郡帝嘉乃烈俾居言責獻可
替否巍巍領領諸史之罪上通於天奏章一抗正氣凜然
不忍澆季老奸擅世遂舍而去流水莫繫帝謂王公有遺
直之風錫之土田以旌其忠至今言者猶爲震悚在宋嘉
定士俗靡振公獨屹然進退以正其進也如振鷺之在庭
其退也如飛鴻之入冥軼類超倫舉世未聞

待制柳公 貫道

朱學之傳至於文安四葉緜緜公得其師猶水有源際茲
休明儒雅勃興乃以所挾揭于
帝庭
帝嘉其能俾居縉紳與鴻碩爲倫莫之與京於樂辟雍曰
公是宗髦士三千于于而從頌亶 刊禮公訂古始佐明文
治成我
皇之志大江以西政闕敎弛武子之澤一墜於地公往化
之有若時雨歸臥窮山垂十五年流水去住浮雲往還鋒

車薦至乃賁
帝制惟公出處關時隆替出與時行處與道俱倐爾岐陽
之鳳忽焉空谷之駒千載曷窺蜀山巍巍
縣人戴良撰承務郎太常博士臨川危素書前崇文少監
亞中大夫同檢校書籍事兼 口經筵口官郗陽周伯琦
篆

右五賢贊一通鄉先生待制柳公高弟子戴君良之所
述也初縣學有祠祠節愍梅公忠惠王公及凡宣勞於
學者皆雜位其中達魯花赤廉侯阿年八哈尹蕭侯文
質以其混淆也厲敎諭祝君應昇圖所以易之應昇乃
於廟西南偏別闢一祠以奉二公而益以孝子陳公助

教梅公待制柳公通號曰五賢祠內列三龕龕置神主俾善書者作隸古題之且思後生小子不知五賢之詳復奉幣請戴君爲是贊刻石祠中嗟乎長民者不復知有教化久矣徒事簿書期會之末以取能名孰肯表揚儒先以樹之風聲哉書曰不臧厥臧民罔攸勸若今賢令長之爲非善其善而欲使民知勸者乎贊文雄渾高古敘事詳明使五賢之行事粲然若青天白日苟來讀之者孰不鼓舞而奮厲則夫戴君之功又豈在賢令長之後者乎是皆可書也因爲執筆而識之左方至正十二年十月癸卯同門 前

經筵檢討權絭贊□□人□□□□

忠顯校尉婺州路浦江縣達魯花赤兼勸農事廉阿年八哈儒林郎婺州路浦江縣尹兼勸農事蕭文質進義副尉婺州路浦江縣主簿騎都尉洪在典史謝瀚教諭祝應昇訓導張端臣立石

右碑在浦江縣高二尺二寸餘廣一尺四寸八分凡三列楷書極精每列三十八行行十九字此刻以達魯花赤欲甄別列祀諸賢屬九靈山人贊之而危雲林書之也前後有序跋序云孝子不知何許人舊志云名太竭本縣人武鼎之子親亡終身哀哭每奠果肴鳥不啄頗與顏烏事相類梅溶以薦爲單州助教年七十餘攝松陽丞徇青溪盜之難執禮死靖康之難謚節愍見宋史溶從子也忠惠名萬字處一嘉定十六年進士調和州教授遷浙西提舉端平元年轉國子學錄添差通判揚州改鎮江忠佑有大志嘗爲書數千言論江淮邊防事宜三年授樞密院編修官嘉熙元年兼權屯田郎官差知台州四年擢監察御史論史宅之又論史嵩之除大理少卿乞休詔特轉太常少卿致仕卒年四十八謚忠惠著書名時習編及劄論十卷柳公之贊以本朝人文故帝皇字皆提行書之最後列銜首達魯花赤廉阿年八哈者一名溥字景淵北庭人恆陽文正王希憲孫也至正九年涖浦邑廉靖剛正私交不行權幸蹋蹐民安其生

常刻柳文肅公文集置之學宮以存文獻蕭文質字彬祥大梁人至正十一年任洪在新安人至正十一年任見宋濂尉司題名記祝應昇姑蔑人至正十一年任張端臣字正卿本縣人二人並見宋濂學田記端臣復于洪武初以通書易禮三經舉掌儒學多所造就惟騎都尉謝瀚僅見此碑耳又訓導之名不見他刻按元制師儒之命于朝廷者惟教授其學正學錄教諭山長則命于禮部及行省與宣慰司故元百官志無教諭等員乃教諭之稱多見元人文集而訓導則未之聞蓋其時多出自士林之推邑令之請無定額也

元沈嘉等石屋洞題名

皇元至正壬辰冷食通川沈嘉彭城羊宣河東張齊燕南孫中古越張朗杭州王皡武林王侚太原王萃同游

右在石屋洞摩崖正書六行字徑一寸西湖志川誤作州萃誤作卒

元楊朶兒只班等石屋洞題名

至正十四年暮春中臺知印楊朶兒只班偕潭州總管伯篤魯丁同游

右在石屋洞摩崖正書三行字徑六分

元煥著等石屋洞題名

至正十四年三月六日奉御煥著檢校王讓照磨任壬文

管勾張晉掾史王昀部管勾王畋永嘉陳昧同游南山諸公俾昧書於石屋洞以識歲月

右在石屋洞摩崖正書七行字徑一寸

元南屏山銘

南山之隈白石磐磐上有丹厓下有琴臺彌天然師與我游哉勸名巖壑庶播將來至正甲午仲春吳興周昌書于南屏石壁

右刻在西湖南屏山家人卦側隸書三行行十六字字徑二寸下有琴臺謂米襄陽題字也彌天然師用道安語也臺字作臺壑字作壑皆爲贋造

元祥符寺碑

嘉興郡治之西北二里有寺曰大中祥符者剏於東晉興寧間哀帝詔剡山法師潛講般若於禁中暨還道過檇李止於郡之貴人家貴人知其有道行爲捨地作精舍居之及蕭梁世盛行水陸法事遂號水陸院其後至唐會昌而廢宣宗復天下寺院乃得如故宋大中祥符元年郡疏于朝請爲御前崇奉所始改今額并賜城西蕩田若干畝故寺之里至今以華封爲名元豐中郡民魯惟忠割地五丈充寺南河步號放生池者是也建炎寺燬紹興五年主僧法瑜重建大殿山門兩廡及五鳳樓鐘樓經藏遂僧奉先又於大殿後特構無量壽佛殿廿五年知府林衡奏改爲禪院乾道七年復賜華亭沒官蕩田若干畝寶慶間僧如

道始作僧堂至內附初僧普墳又置新田若干畝於是寺之給養頗裕繼以慧光值法堂傾圮乃治而完之及源澄時大風仆後殿佛像獨得不毀若有陰護之者澄未及興葺而歿其代念常乃銳意經理僅成明樓及歸雲寮而已至正四年行宣政院以今覺曇爲叢林碩德檄選以主玆寺覺曇顧寺宇摧廢食息不安求所以繕興之計遂盡傾鉢貲并募有力者經營十餘年始克於後殿故址鼎建大彌陁殿及作方丈寢室材堅工良皆極嚴邃大殿廊廡木橈而瓦缺負覆之不任者咸易使新之裝飾前後殿佛菩薩及諸龍天法像丹彩精麗金色輝暎顧瞻炫晌敬怖俱生禪儀梵具無不儼雅庖庫圊湢備盡完緻凡昔之所無

者今旣有之而今之所宜有者舉無闕焉余自涖官是郡
數與覺曇語知其簡靜沉毅氣專而守固勤篤而不懈能
卽乎事功者也葢自佛教入中國惟傳其書而誦之其後
四百餘年始有爲禪學者至其要令學者以心傳心不必
求於　相文字之末故能一於中而無待於外掇其約而
見效者速於是聰睿特達之士往往歸焉而禪學由是盛
矣故至于今爲其徒者類能確守師說持堅履實畢力以
事其事而無他務焉若覺曇者非有得於此其所就能若
是乎然則玆寺之興不獨有以見其經度之勤而又知覺
曇之爲樹立者葢得其本也由是觀之吾黨之士苟學焉
而不知其要仕焉而怠其事泄泄然竊名保位於當世者

視彼寧無媿乎余以其有足勸於人者故樂爲書之况其
請之數也惡得而辭哉若其興造歲月之詳工用材費之
目則具誌碑陰斯可得而略焉覺曇字竺芳俗姓周氏世
爲嘉興人至正十四年歲在甲午夏五月旣望承務郎嘉
興路總管府推官嚴陵方道叡記將仕郎前翰林　國史
院編修官槀城倪中書丹崇文大監嘉議大夫兼檢校書
籍事鄱陽周伯琦篆額

金華陳口刻

右碑文正書二十四行在秀水縣治西南此述覺曇
緝寺事前述寺之由來興廢後述覺曇行業推本于
佛氏之傳心自宋已後支分派別矣此寺舊爲律寺
紹興五年奏爲禪院明洪武閒定爲講寺大約本持
住者以立名而今時則嚴如甲令焉

元麗陽祖廟碑

麗陽祖廟之碑

信州路總管府照磨栝蒼林君傳謁選京師以其鄉父老
之意請著銘刻諸麗陽神廟麗牲之碑桉林君所述曰處
之鎭曰栝蒼廟山其最尊也距城之北十里郡乘云其先
白塔廟不知所始相傳嘗有浮雲在其上唐大中四年刺
史徐鄖禱雨廟下隨應迺易其額曰麗陽以麗水經其南
故也後八年錄事叅軍姜肅攝州事度地故址之西新其
祠宇而幷大之中祠麗陽北山之神左白塔司土之神右

巨潭北沼之龍神三神合享一祠民有水旱疾癘螟蝗盜
賊兵革必禱焉其孚格如響北山之神曰靈顯廟宋元豐
三年肇封凡十有二初封普利侯次博濟公次四封廣佑
順澤昭應普濟王次二改封廣佑敷澤靈濟顯聖王又四
改封仁文神武正福忠聖王巨潭神曰施普廟亦十有二
封初四封淵應昭惠靈順康濟侯次三封孚澤顯應靈佑
公又四封昭惠靈應仁烈孚佑王白塔神曰顯佑廟凡八
封初四封善應孚濟宣惠助順侯次二封宣惠廣佑公又
二封英顯廣利王神之配及子婦佐屬皆疏爵號通侯小
君靈應之蹟班班可考其尤著者宋時應進士舉者禱夢
于神窮達得失莫不先知有應夢錄傳于世咸淳中郡中

餞適吳商載米數十艘牟利未知所適遇一士乘舟
海上衣冠偉甚謂吾處人難其姓將盡糴舟中粟願趨吾
郡商許諾一夕大風徑至甌港民無轉徙之患商物色知
神所爲致祭而去我師取浙東既內附或震以遷卜於神
戒勿動至元十四年招討趙侯初鎭守也屯戍尚少章焱
季文龍挾淮軍爲亂陳於城東州人大恐會萬戶帥師遠
來至麗水縣境晝霧四塞既止舍俄一老父指之曰城圍
甚急招討遣千戶來求援乘其所不料此奇計也萬戶即
起營千戶前導繇徑路突其圍焱軍大亂既定萬戶問所
遣千戶何在趙侯曰萬戶來且不知千戶非吾遣也或曰
得非麗陽神之所爲乎及詣祠見佐神貌象衣色類所見

千戶迫視之汗猶浹背其著靈多類此云
國家詔守吏致祭名山大川之在祀典者大德五年主者
上其事請祀神從之延祐二年請加封於是靈顯廟易正
福爲廣佑曰仁文神武廣佑忠聖王神父廣福公加廣福
裕後公神母慈惠協應顯慶助佑夫人易封聖善慈惠顯
應助佑夫人神妻助正妃加主中助正妃神子協佑助順
廣惠侯易封紹靈協佑廣惠侯神子婦協慶夫人加助惠
協慶夫人施普廟昭惠靈應仁烈孚佑王易封昭德靈惠
仁烈孚佑王顯佑廟英顯廣利王加協忠英顯廣利王佐
神昇侯助靈顯佑協惠輔正侯進爵爲公
命書焜煌神人悅豫士民之祈報者無虛日余嘗以事道

出麗陽觀平栝蒼之山鴻冢旁礴綿亘數百里爲一郡之
望其出雲雨見怪物禦菑捍患實應祀典我
國家事神治人蓋有
祖宗之成法惟麗陽之神邈在東越而寵賁優渥神既益
昭於乎盛哉余不佞備官詞林謹述其事而爲之銘銘曰
聖王制禮秩祀有常名山大川神怪攸藏維栝之山望臨
一郡靈秀攸鍾允作雄鎭報功司土龍見而雲三神合食
樂康以娛在昔勝國數著奇績通侯小君封爵赫奕
皇受
天命用吳越邦蠢爾冥頑負固弗降晝霧晦昏若有神告
彼潰倒戈摧拉凶暴載錫褒謚守臣之言增高益崇繇我

聖元神眷此方田有黍稷癘氣廓清兵燹滅息毖祀終古
唯神是依醴酒既潔牲牢腯肥水孕精金山蔭喬木伐鼓
吹簫惠爾多福肅肅靈旗御龍來□
天子萬壽秩禮孔時史氏著銘爰刻貞石誦厥成功昭示
無極　應奉翰林文字文林郎同知　制誥兼　國史院
編修官臨川危素撰　金華劉文慶書翰林學士承　旨
榮祿大夫知　制誥兼修　國史齊郡張起巖篆
至正十四年十二月乙卯中奉大夫江浙等處行中書省
叅知政事恩寧普立　永嘉許光遠刻

右碑篆額六字文三十一行八分書在麗水縣麗陽
廟前此栝蒼林君傳謁選京師而乞危雲林爲文刻

石也前述廟所由始及歷代封爵靈異事並爲宋世祈夢之所有應夢錄傳世觀吳商輸米萬戶援兵二事栝蒼之人宜其若狂矣

元歸安縣儒學教諭題名碑

古者政教爲一敎官之重至與冢宰竝立漢置博士員延登鴻碩論議朝政尊寵禮遇優於他官後世以詞章資格取人而政教分矣宋季縣學以進士累舉不第者主之掌以經術課業教其士任之固不輕也今制縣學置教諭一員雖選于有司然講肄有程條爲有章近又以鄉闈亞榜傑魁之倫充是選其任顧不尤重歟歸安吳興望邑也縣學舊附郡庠泰定丙寅進士完澤溥化公來丞玆邑乃營

治之東南作廟學垂三十年職教者更十有一人而題名闕焉至正十三季秋嚴陵葉君瑛由亞榜士昉莅是職縣之賢令尹開元魏侯信尤以興舉學校爲己責於是招諸生禮師儒佩衿誦誦弦流聞民之慕義者捐腴田以助之良繇善政感人抑亦善教之所致也京兆宇文公諒蜀產而家是邑　淛省較藝而葉君實備選擇故以題名記爲請噫歲月易流名德難泯居是官者誠能尊所聞行所知本之以德行充之以文學宗尚儒先作成後進他日樹勳揚烈當自玆始葉君尚其懋之并書以告來者至正十五年龍集乙未閏正月旣望奉直大夫　國子監丞宇文公諒記將仕郎翰林　國史院編修官錢用壬書丹嘉議大夫海北廣東道肅政廉訪使梁國標篆蓋

右碑上截正書二十七行行十六字

楊元震字東卿台州路人　沈昇字　台州路人

湯　嚴字世英信州路人

張謙道字克讓信州路人　姚字利用衢州路開化縣人

徐恕字如心平江路人　范忠字則忠饒州路淨梁州人

閔達字義行饒州路浮梁州人　貢岳之字有瞻寧國路人

戚持敬字秉肅嘉興路嘉興縣人

葉瑛字元英建德路壽昌縣人年廿七歲至正十三年江浙鄉試備榜第十名十四年六月廿三日之任

韓桐字景華蜀人　牟魯字仲望蜀人

江漢字朝宗嘉興路嘉興縣人年二十五歲至正十九年江浙鄉試備榜第九名至正二十一年十二月十三日之任

謝廷璇刊

右碑下截分三列第一列十一行第二列四行第三列無字碑首篆書教諭題名四字在歸安縣學此述邑令魏信修學而教諭葉瑛乞公諒記之也元史不列教諭當時只選于有司此碑可證完澤溥化南陽人惠政著稱魏信爲歸安令終日端坐如神人莫敢干以私時定浙西坊里之役以田爲率貧富均一民懷其德焉江漢明詩綜小傳作會稽人洪武初以文學授編修碑題嘉興人當從碑爲是舊志元教諭以此爲藍本舛謬尤多又書四字本古篆作三亦僅見

也

元紹興路重修學記

中奉大夫前翰林侍講學士知制誥同修國史同知經

筵事黃溍撰文

嘉議大夫監察御史月魯不花書丹

翰林待制朝請大夫申屠駉篆額

越於三代之末爲大國漢唐以來爲名郡自宋立學逮至

我

朝部使者郡長吏屢嘗交致其力而作新之以其規制宏

侈土木之功恆患乎弗繼今達魯花赤大中大夫公莅治

伊始究心庶政尤以學校之廢興爲已任未及有所設施

而中原俶擾淮夷繹騷

天子赫然下明詔遣將出師討之仍命江浙分省宰臣駐

軍池陽以遏其奔軼分省檄公俾預在行公斥堠精明周

防嚴密以無虞越三歲乃還官下向之所欲爲而未遂者

無不以次畢舉摧抑姦豪撫綏疲瘵禁戢州縣皁隸不得

持符帖行村落間而田家不聞叫囂隳突之聲比年以兵

興供給繁重增創權攝人員猥衆坐廩靡食而民不堪其

苛擾公一切汰去之而官府亦無乏事鈔法滯而不通民

持錢入市無從得米公驗大家之田糴以等第勸之賑糶

使民計口入錢而受米擇監臨之吏置局四隅詭冒既無

所容單夫窶人均被其惠而免啼飢之苦海瀕不逞之徒

或羣聚而大肆焚掠公部勒官軍民兵直抵其地皆望風

遁去境内帖然公痛懲戍卒　潰散者使益爲警備厚恤

民家之殘破者使得以復業郡日中以無事乃謀大治學

舍會屬州諸暨判官前進士許汝霖白事郡府爲公言州

人黃景昭先世故爲衣冠著族而其人輕財尚義儻以禮

招致之誘以茲役必能集事　不至匱乏　勤民公如其言

招之景昭既至公即令發學官公帑所儲得錢以緡計者

若干悉以授之使度材賦功擇日庀事景昭承命惟謹且

捐私錢以助其費公既親爲之經畫指授因俾汝霖視其

匠傭而程督之由門廡達于朝庭講堂書閣齋廬直舍及

餘屋室百堵皆作未幾而内外煥然一新先是教授四明

杜易支傾植仆日不暇給銳欲大起其廢而慮貲用之未

充莫知計所出幸公垂意於學校遂力贊成之謂不可無

以告于來者使嗣而葺之期永勿墜爰買石屬溍以記溍

曩者既已援泮水之詩爲前總管尚書宋公記其新學矣

請因今公之盛舉而畢其說焉蓋爲此詩者所美不在乎

土木之功而在乎魯侯之明其德　士之廣其德心孔子

曰遠人不服則修文德以來之惟夫魯侯與其多士上下

相成以德是以既作泮宮而淮夷攸服也公固嘗陳力就

列有事於淮夷矣暨撤戍而歸口不言功惟汲汲焉以植

教基淑士心爲務豈非有志於修文德以來遠人乎章甫

逢掖之流息斯游斯方相與鼓舞於鳶魚飛躍之下而望
公之卒成其志蠢茲淮夷本吾
國家之赤子有能聞公之風慕義而來格則公德教之所
加寧有此疆爾界之間也哉潛不佞謹爲叙次其興造之
大略他日將有鴻生茂士鋪張偉烈播於弦歌以配魯人
之頌者焉公名九十字子陽以至正十年三月來領郡事
而以十四年還自池陽脩學則始作於十五年之三月訖
工於是年之十二月云
至正十五年十二月　日宣武將軍同知紹興路總管府
事迭里迷失奉議大夫紹興路總管府治中搭的迷失海
牙武略將軍紹興路總管府判官燕帖木兒承德郎紹興

路總管府推官姜獻臣承事郎紹興路總管府經歷韓欽
提控案牘兼照磨承發架閣樊恭學政王綸學錄李允
郡士王良翰夏泰亨楊淵富處善韓艮立　會稽范文遠
刻
右碑在紹興府學二門西側文廿九行正書徑一寸
二分黃溍撰文月魯不花書冄申屠駉篆額後有同
知治中判官推官經歷照磨學正學錄及郡士等立
石題名碑載達魯花赤大中大夫名九十字子陽於
至正十三年三月來領郡事十四年自池陽駐軍還
十五年三月始興修儒學訖工於是年之十二月也
史載黃文獻自將仕郎七轉至中奉大夫此文乃其

歸田後所作故系銜加一前字月魯不花字彥明蒙
古遜都思氏少隨父戍越因受業於韓性爲文下筆
立就粲然成章登元統元年進士第歷官至浙西肅
政廉訪使改山南道廉訪使浮海北而往遇倭寇不
屈死事載元史列傳申屠駉署銜翰林待制秩正五
品朝請大夫秩從四品若由紹興總管府推官升擢
超越二階不知中間曾轉何官也

元杭州路重建廟學碑

杭州路重建廟學之碑
承務郎江浙等處儒學提舉王大本爲文
光祿大夫江浙等處行中書省平章政事提調行宣政

院事江浙都財賦事康里慶童書
通議大夫江東建康道肅政廉使訪周伯琦篆額
皇元既屋宋社稷大一統而臣萬方置江浙行中書省于
杭以鎮撫其民而封建厥福乃即宋京學爲杭州路儒學
而省憲率郡有司以告朔謁謝于斯以春秋釋奠于斯以
育才着考而興賢論秀于斯於是杭學遂爲一行省首善
之地而非他路儒學所可昆弟語矣自時厥後有廢有興
或仍其舊貫或因而改爲其規制位置猶未克丕變視雄
藩大閫外執政之居命之敎而爲學者爲弗稱不有君子
其孰能立隆敎基于虐焰灼天之後作新士氣爲儒林拔
萃之舉乎至正十有二年弄兵之盜濫觴于河南而橫流

于江表既三關不守直抵杭城待暴不豫民無固志遂焚
蕩我省治延燎我比閭而杭之廟學燬焉曾無一瓦之覆
虞業窘于煨燼石經委諸焦土厲戎務方殷未遑興復士
類無所依歸彝倫失厥攸敘否傾而覆圮極而崇所以默
相斯文者天意固有所屬矣朝廷以杭實東南甲郡地大
人衆供給浩繁師帥之重每愼厥選十又三年癸巳之冬
制授中大夫杭州路總管康里公實來既覩篆蒞務作而
言曰興舉學校承流宣化之大者也其可誘以百姓新免
毒蠧瘡痍未瘳而謙讓未遑乎既以其事具檄行省移文
憲司示不敢專遂經始度地略丈數物土方揣高卑議遠
邇左廟右學一循國學之制攻位而位成乃量功命日須

材計傭慮財用儲餱糧遴工師量事期以令役于有司首
建禮殿尊祀先聖先師東西兩廡從祀位焉丹楹刻桷清
廟有嚴金榜朱扉戟門斯闢煥前規而高廣宏壯視舊址
而恢廓平寛信乎垂憲萬世賢于堯舜人存政舉道隆則
從而隆者矣先是外之石靈星門距戟門爲不遠至是則
從遷而南其深八丈有奇由公買地以拓充之也若夫學
校之建則明倫之堂宏敞高亮以隆迪教講道之原設大
小學四齋以嚴授業辨惑之會庖湢有所倉庾有居先賢
后土有祠來朋見賓有門中唐有甓泮水有梁而學校之
制大備焉益經始于十四年之五月而落成于明年之五
日是役也行省憲司咸樂善以成其美倡義以佐其費同

寅協恭懋相斯役府判官張公思誠則又爰始爰謀爲之
矩矱而典其規程也予謂郡縣有學學必有廟而杭之廟
學乃卓犖輪奐於極廢大壞之後一時釋老之宮燬于回
祿者衆矣其徒悉力化誘皆蓄縮弗克有爲賢太守抗志
作新卓卓自任學計幾何而能化約而裕多助之至非有
福田利益以歆動之也信乎聖人之神於昭在上如日月
麗天照臨之下莫不心開目明樂成其美先師有相之道
則五星之芒寒色正者也秉彝好德固人之所同人道敏
政地道敏樹於賢太守之有猷有爲艮足徵焉公名帖木
列思字周賢康里氏故平章軍國事贈純誠佐理同德翊
戴功臣追封東平王之孫陝西行中書省平章政事忠定

公之子世篤忠貞勳業行實載在國史公累遷清要而居
是任觀其勇于見義樹功吾道而克濟其美淵源有自來
矣杭之人士相與言曰是舉也官無廢事民不知役而吾
黨與有光焉其可無述以敉公功乃斲石樹碑以圖不朽
予實提學江浙徵予文以志之不敢以膚陋辭繫之詩曰
維昔盛時建學立師以立治本以崇化基學必有廟聿嚴
毖祀重簷複殿神靈爰處東南都會甲郡惟杭首善之地
萬民之望更化云初未遑攺作因陋既久靡究靡度斯學
斯廟具體而微廢興殊致倚伏一機變生不虞竟燬于盜
煨燼灰寒孰念厥紹天錫賢侯維藩維宣嘉惠斯文不忘
不㥶乃亨其屯乃傾其否瓦礫之場化而棟宇昔黯今煥

昔圯今崇多士稽首太守之功我爲銘詩勒此貞石宣昭
義聞永永無斁　至正十五年　月　日杭州路同知朶
羅于治口成大用判官張思誠推官楊維經歷王明善知
事丁鉞照磨解復郡史楊迪郎吩沈博王惟賢吳天瑞東
南錄事達魯花赤阿老瓦丁吏完顏本仁教授賈天祐學
正胡黼學錄楊英直學鄒斯永學吏計禹疇夏文裕立高
平范伯仁鐫

右在杭州府學正書三十一行行五十四字字徑一
寸篆額六字此述總管帖木列思脩學事府志作特
穆禮斯譯音同也按文云字尙賢康里氏故平章軍
國事東平王之孫陝西中書省平章政事忠定公之

子潛研堂金石跋尾云東平王者不忽木也忠定公
者回回也回回謚忠定不見于元史宋濂撰神道碑
亦未之及回回字子淵泰定時亦任江浙行省右丞
慶童字明德康里氏至正十年遷平章行省江浙並
見元史著有勞績列官題名見舊志者王大本阿老
瓦丁而阿老瓦丁列于平章政事中此書東南錄事
豈二人耶其餘同知朶羅于治中成大用判官張思
誠推官楊維經歷王明善知事丁鉞照磨解復教授
賈天祐學正胡黼學錄楊英俱可補志之佚

元重建武佑廟碑

蕭山縣重建武佑廟記

從事郎前江淛等處儒學副提舉劉基撰東平董晉篆
額彭城劉儼書丹

餘暨東北百里爲蕭山縣其山曰北幹之山浙水帶其陰
湘湖匯其陽東望會稽至于大海日之所出其上爲星紀
婺女之辰故其神甚靈能祛疫癘作雲雨人有祈必應故
立廟于其山尊其神曰北嶺將軍歲時祀焉宋徽宗時方
臘反睦州自睦入杭具舟將度江吏民大恐怖相率禱于
神比寇至卽有風逆其舟且見甲士列岸上甚衆乃止不
敢渡寇平知越州劉韐上其績于朝賜廟額曰武佑廟後
封顯應侯再封靈助顯應侯
有元至正十二年□□□□□□江浙行省烽火通于蕭山

百姓驚駭奔竄市井皆空主簿趙君誠至縣甫八日卽自
往西興募民禦寇而江上守兵甚寡弱無賴子皆競起爲
剽刼且應賊衆洶懼君詣廟卜于神神許之吉衆心稍安
君乃分遣人捕無賴子爲剽刼者悉誅之有自賊中來言
賊欲遣兵攻淛東見江岸列甲卒旗幟如睦寇欲渡時以
故畏憚無東心及賊退邑人皆德趙君曰吁玆維神之功
予何庸焉明年夏大旱君往禱輒得雨衆益信神之靈而
大敬趙君之能以誠感神也元統甲戌之春天大雨雹廟
毀惟神所居室獨存君每至廟謁念無以報神貺迺以其
俸錢作新廟邑人亦大喜爭致助十有五年春廟成爲堂
三間三門兩廡像設器用備所獨存室仍其舊繚以周墉

甃以厖石植以嘉木丹堊輝映於是吏民趨走承祀益肅以虔時三月壬寅予自杭還越過蕭山而廟適以其日成故趙君請予記按祭法有能禦大災捍大患則祀之今神能降雨澤蘇枯槁又能以陰力却賊以保全其民物所謂禦災捍患孰有大於此哉廟而祀之誰曰不宜趙君能愛其民故能以敬事神而獲其佑可尚也已予故喜而爲之記而復爲之詞俾歌以迎享送神其詞曰

青山兮幽幽緣蘿含烟兮樹木稠望夫君兮悵悠悠巖阿寂寞兮使我心愁雷爲車兮雲爲馬輕霞動兮江色赭神之來兮風振野吹竹兮彈絲女巫舞兮紛陸離奠芳醴兮薦潔粢畱靈脩兮俾純禧驅魃蝥兮逐狼虎弭毒癘兮時

暘雨禾麻成兮息桴鼓物既備兮禮無愆和熙洽兮洞淵玄爲城爲柱兮式恆且堅保佑我民兮樂以永年

至正十又七年歲次丁酉臘月望日登仕郎江東建康道肅政廉訪司經歷邁里古思立石

越人王元良鐫

右碑篆額九字文二十四行正書在蕭山縣北幹山本廟按廟始于宣和間劉忠顯鞈上其靈異賜額武佑後又述主簿趙君禦敵禱雨之事碑所由作也至正十二年下錐去五字下云江浙行省烽火通于蕭山此方國珍受降復刧掠下海時豈後復降而諱之耶舊志又名厲將軍廟見輟耕錄謂爲秦人厲狄九成與伯溫同時豈未之聞耶抑儒者有所弗道耶

元周伯琦靈隱題名

至元戊戌二月廿三日浙省叅知政事鄱陽周伯琦伯溫將鎮中吳專別允若教師重游香林題名匡石以紀歲月是日就謁觀堂菩薩慧炬象理公新岳記靈鷲主者友口來會從遊男宗仁宗智

右在三生石摩崖隸書九行字徑二寸按續宏簡錄伯琦子宗仁字克復官山東行省郎中篆書宗家學然不逮其父慧炬諸暨人住理公巖洪武初海潮衝岸壞民居廬爲潮神說三皈戒楊枝洒處即止不崩時稱炬菩薩見靈隱寺志

元周伯琦理公巖記

理公嵒晉高僧慧理師嘗燕宋焉在錢唐虎林山天竹招提之東南玲瓏幽邃竹樹岑蔚至正九年上人慧苣來居觀堂起廢緝尚爰開是山巖窈窕繚徼霏如堂如唐皇雲涌雪積發渫靄蘊後七年丞綏寧楊公之弟元帥伯顏清暇游愒抉奇樂靜捐金庀工載鑿嵒石刻十佛及補陀大士象金碧炳赫怳躋西土冀徼福惠罔我重覲利我軍旅冰釋氛沴永奠方岳嵒之異勝誕增於昔爲虎林奇觀寔苣公執行精慤有以致之居吡號曰菩薩蓋非夸益天竹和尚允若師臘已八十與苣同志徵文未久乃篆諸石浙省叅知政事番陽周伯琦伯溫記并書

右刻在西湖靈隱理公巖摩崖篆書十三行字徑三寸是記書于至正十八年二月廿三日見三生石題名伯琦精篆學篇中以竹爲竺淛爲奬潔爲洩瀘爲蘊夸益爲誇溢皆根柢說文不涉俗書者

元西天元興寺銅鐘題記

太師開府儀同三司上柱國錄軍國重事中書右丞相和寧忠獻王脫脫爲江浙等處行中書省左丞相時以開山住持僧西天高達摩實理扳的達之請於延祐己未春三月建西天寺至正壬辰燬於火戊戌王之子儀同三司江浙等處行中書省右丞相兼知行樞密院領行宣政院事節制諸軍便宜行事達識貼睦邇顧瞻感慨捐俸鼎創以

繼先志更扁山曰清平寺曰西天元興□斳皇帝萬歲皇后齊年皇太子千秋風調雨順國泰民安提點僧公哥古魯住持智明普照大師依仁屹剌識巴講主　監造朝列大夫同知浙東道宣慰使司副都元帥于應辰　大元至正十八年十月初三日置

右在萬松嶺烏龍廟中正書陽文二十三行行字不等欒上下有梵書字一周未詳寺本名元興據成化杭州府志故宮五寺元興即芙蓉殿故址楊總統所建至正壬辰燬于火十六年張士誠逼杭達識帖睦邇棄城遁此寺作于十八年以西僧之請故加西天二字于元興之上蓋權歸張氏時作也厲樊榭跋謂既燬而創僅及朞月蓋十六年爲丙申上溯壬辰爲十四年中歷四年記憶之誤耳文云顧瞻感慨以繼先志按元史脫脫本傳載多惠政明許復齋元史闡幽惜其澤不廣于天下仁宗之過也而達識帖睦爾以至正七年來爲平章兼知樞密許以便宜行事未聞輯和人民訓練軍實卒致僉人肆橫禦侮失宜棄城飲鴆安在繼志之可稱哉樊榭謂貢師泰玩齋集有建寺碑載高達摩實理扳的達居山中久一旦拂袖去莫知所之後有見之秦隴間者蓋已百餘歲矣達識帖睦邇重建時又于殿左剏屋四楹奉祠先王割田供祀皆可補此記之缺

元鄭德峻墓碣

有元竹隱鄭處士墓　鄱陽周伯琦書

右在西湖青芝塢篆書二行字徑五寸款字正書成化杭州府志云在玉泉山碧梧原左丞周伯琦題曰有元竹隱鄭處士墓通志作元處士鄭德峻墓處士事蹟舊志無徵按張光弼集有鄭竹隱處士墓上作云何虁南渡舊名臣奕世居然保縉紳五福備身宜爾壽一經教子異他人蛟螭贔屭碑文古松栢陰森墓道新彈指浮雲今古事幾家荒艸臥麒麟觀此則處士亦南渡世冑也又方回桐江續集有餉鄭高士㒷一二首味詩意先居北山而後遷湖東城下者未

知郎此人否

元處士陶德玉墓碑

元故處士陶君墓表

翰林侍　講學士中奉大夫知　制誥同脩　國史同
知　經筵事黃溍撰
前賜同進士出身徵事郎江浙等處儒學副提舉劉基
書并篆額

有篤行之士曰陶君諱德玉字文立其子銓謁予金華山中拜且泣曰先君有學行文章嘗有志於當世不幸年三十有四歲而卒越三十有一年不孝孤始卜葬于所居東□□之原非敢緩也盖其埶然也銓生二歲而孤母□氏

守義不移以長以教比于成人知先君之喪□淺土未有葬地日夜哀感以求之初□山小嶺欲以治葬而龜筮不從遂弗果復買山酉賢而龜筮又不從未幾先祖考卽世先祖妣亦相繼而歿以連遭家難歲且薦饑兵革並起不克奉先君爽事常銜哀茹毒顛連困苦乃至食不甘味卧不安席人或見而憐之一日遇善相地者指示程嶺卜之協吉乃買田□□二畝以易其地明年春奉先祖及先祖妣之柩合葬於斯而以先君附葬焉先生以文鳴當時其文□傳世敢□先生之□□表見于後予以老疾辭銓又泣而言曰銓母氏亦讀書通大旨知先君之事甚悉銓幼奉母氏侍側嘗聞母氏告之曰汝父性資温厚氣貌豐腴又美鬚髯且頎然長大人望而知愛之從學於□先生翁秀卿治尚書應進士舉於六藝之事亦兼通之書習唐詩倣六朝爲文辭亦理趣嘗辟郡文學不就人咸期以遠大之業平居事大父母及父母至孝待兄弟篤於友愛處宗族恂恂愿恭□□□□善談論尚氣節與人交重信義尤倜儻好施與當其時困於徭役家道不振日夕候父母顏色喜慍視家所有無盡出吾私帑給費雖笥奩之物亦所不吝也故汝父歿時吾匱乏幾不能存零丁孤苦經□□□養老慈□□二十餘年始得治產業自樹立於是嫁女娶婦使有家室人皆知吾之不□也昔汝父□□□吾治湯藥抱汝立於旁汝父因指汝顧謂吾曰我殆不起此疾

宗祊之計以此爲託我以詩書自□未嘗敢爲不義此爾所知我不及見兒之有成後當以我語告之吾知汝父孝友忠信其德宜享有後□□□□□吾將有待於汝也汝其毋忘乃父之志宜修身慎行以扶□而封植之汝父斯無憾矣汝□□□□泣而識之不敢忘今母老矣先君之葬有月日幸先生惠念先君哀母氏及不孝孤艱苦植門□□得□□子□事願先生賜之文不惟先君之澤有永弗墜抑亦使後之人知今所以葬先君者□□□□庶有以惕厲而保守於無窮焉此不孝孤之大願也敢因以請予辭讓不獲按陶氏系出晉八州都督侃五季之亂由九江徙居台郡臨海縣之長潭君曾祖諱翠老宋贈朝奉

郎祖㮣世稱長者父熠亦隱德不耀人皆謂君祖宗之德
澤宜大發於君而又不得壽以死豈其出於天者不可得
而信耶雖然君生能盡孝動必求合於禮度死得賢妻守
節自誓以不墜其家聲又得銓爲之子生二孫湜濤幼已
岐嶷是爲善無不報其出於天者益又可必也烏乎人之
爲道莫大於孝弟而莫重於節義始於一鄉推之四海用
能感天地動鬼神致祥召和受福于身流慶于人又奚必
予言之示勸而亦豈獨能庇賴其子孫也哉
至正十八年歲在戊戌　月　日男銓立石　阮茂林鐫
右碑篆額八字文正書二十九行在臨海縣西鄉程
嶺下文云陶氏系出晉八州都督侃五季之亂自九

江徙居台郡臨海之長潭則陶爲著姓而元季惟南
村一人外無知名者南村實居黃巖世多傳爲天台
人輟耕錄述宋王質紹陶錄中粟里譜亦云陶氏自
侃以武功擅世後裔稍襲而靖節贈長沙公詩序則
云同出大司馬漢高帝時陶舍也命子詩則自長沙
公侃丞相青愍侯舍及于豕韋陶唐而上益淵明自
敘其而據其所聞後世則即其最著者而系之也洪
筠軒云陶凱字中立臨海長潭人明洪武初召修元
史除翰林應奉文字歷禮部尙書見明史本傳

元左丞潘元明政績碑

元資善大夫江浙等處行中書省分省左丞潘公政績碑
銘幷序
朝列大夫僉嶺南廣西道肅政廉訪司事宇文公諒撰
中奉大夫江浙等處行中書省叅知政事周伯琦書幷
篆葢
浙以西擅富强自唐更五季至宋渡南而吳興去宋行都
最近苕霅兩水分貫郡城宋諸王公鍾鳴鼎食邸第相望
舟車往來烟火相接故吳興郡城峩起於洲汀浦漵之上
而其版築之工楨榦之力最爲堅完視旁郡有所弗逮然
自
世祖皇帝一天下以六合爲家九州爲宮於是所在城郭
更久圮毀至正十六年吳陵潘公自平江督師往吳興時

苗軍所在肆暴而吳興則尤甚焉其民逃命鋒鏑僅獲存
者往往劓鼻截耳罕逢完人公於是年春三月六日南出
葑門旌纛戈矛鐃征笳鼓樓船蔽波虎旅按枻夜抵松陵
左江右湖天水相接夜氣澂晏月懸中天龍伯之宮鮫人
之室淵沉水妃帖妥效順舟過垂虹橋公睹僧寺浮屠矗
起于江之滸星梯風磴高幾切雲公彎弧向空抽矢一發
正中塔巔三軍讙呼人百其勇旣抵吳興駐兵郭外蒐剔
按撫不亟不徐迺以夏四月十有九日公統兵入城淸盪
苗頑慰安一郡宣布德澤多方招來息黥補劓庶幾更生
膏流節離沃浣綴續寒者煦之饑者飫之民固已戴仰公
扶樹也已公深惟城池所以設險近緣兵興頗事版築然

吳興爲郡歷年滋多曾無藩籬之限公旣撫安其民人卽
經構其城郭迺以是年冬十有一月之八日審勢度宜有
事版築必誠必信久遠是圖都事吳陵張瑛椽史袁孟熙
從公宣力樹旗定方萬夫畢集指顧之下荷畚成雲揮鍤
成雨築杵應和力均心齊甫四覩朔士工告完城啓五門
聿嚴啓閉南曰定安示永奠輯其民也西曰清源示苕霅
水所由分也西北曰延禧示遙拱之意也北曰臨湖示水
所由來也管鑰中嚴關鍵內啓仍建四水栅南受餘不溪
水西受苕水北受霅水其東則爲運河吳興本澤國而水
於城築後悉由其道此吳興之爲金城湯池極爲險固也
已先是城甫畢工而寇卒至㐫逆糾聚實繁有徒公卽擐

甲登城身當矢石偏裨以下踊躍奮興戎陣嚴明號令齊
截寇始作氣若能搏人公親提枹鼓誓與此城身不偏完
大戰城下寇皆崩奔自相蹂踐什喪五六寇旣膽破民始
獲安後一再來悉殞城下於是官吏軍民父老士庶與皆
言曰向非公銳意築城設險衞我則一郡生聚皆爲寇所
魚肉也凡公府學校百廢具舉麗譙之樓燬久又從而新
之公在吳興今已三年不矜功名口耀遷轉日延儒生講
切忠義日練士卒俾成功名信賞必罰恩威著明檢身齊
家禮法明遂抑亦可謂良將之才賢牧之器也已夫方岳
牧守當太平無事之時布政出治綱舉目張率循數先舉
無難者及兵戈擾攘民無固心士無確志伍符尺籍動相

紛拏而能披草萊建城郭却外寇完民人夫若然者在古
猶爲罕見何況於今然則謂公爲良將謂公爲賢牧非溢
美也已今江浙丞相世秉忠貞望重廊廟當分陝之寄任
柱國之權以公勳德不勒之金石無以章示永久於是命
吳興守臣裒公政績使來乞銘乃爲之銘曰
天目之山作鎮於泰鍾英毓才世用攸賴才英伊何是惟
潘公氣捍海潮胷吞雲夢凌風六翮大江飛渡鐵馬金戈
百靈斯助遂墉吳興撫安遺黎民久不粒公來復炊闤巷
燔撤公來復屋市久不貿公來復續農鎛于野待公復畊
士鞶于室待公復生惟天設險必依城府乃新版築乃建
樓鹵萬杵相和楨幹孔堅百雉林立其高隱天民有城郭

如魚有水封禺之山封禺之里公活其民民懷不忘播之
聲詩更久益藏
至正十九年歲次己亥五月庚午
儀同三司江浙等處行中書省左丞相兼知江浙行樞密
院事領行宣政院事提調江浙都府達識帖穆爾立
郡人陳眞趙璋刊
右碑在湖州府署二門側文二十七行正書徑寸碑
記分省左丞潘公修郡城事未詳其名按秘閣元龜
政要至正十六年三月癸巳張士誠來自高郵改至
正十六年爲天祐三年國號大周以蔣輝潘元明爲
左右丞又郡城迎禧門有僞周題記稱左丞潘公旣

克吳興而分鎮之天祐三年冬十一月十九日築城
明年春二月城成閶迎禧門此碑所稱潘公盎即元
明其築城年月與天祐之刻合惟此爲達識帖穆爾
所立時在至正十九年士誠已受招安去僞號而文
中敘述元明戰功政績頗多粉飾溢美之辭周伯琦
參知政事乃達識帖穆爾承制時所假其書法擅名
當時著有六書正譌說文字原二書行世

元賀秘監祠堂碑
賀秘監祠堂記
承務郎江浙等處行中書省左右司郎中劉仁本撰
奉議大夫僉淛東海右道肅政廉訪司事史銓書
中奉大夫江浙等處行中書省參知政事周伯琦篆
唐秘監賀知章字季眞世居四明小谿湖上性曠達無俗
韻嗜酒善隸草書晚年尤誕放逍遙更猶自號四明狂客
嘗擢科累官太常博士開元間以禮部兼集賢遷太子賓
客授秘書監天寶初一旦棄官去若弊屣着黃冠道士服
請易居宅爲千秋觀詔許之仍賜鏡湖剡川一曲益其抱
高世絕俗之姿瀟灑出塵之表儀形丰度鸞翔鵠峙蟬蛻
汚濁之中神遊八極泥塗軒裳浮雲富貴翩然高舉介然
遠引而不顧者也知汚世之不可爲也故寄迹老子以遊
方之外知玄宗好誕將必咈其請也故託爲夢帝所之說
以歆動其聽不能終遠其鄉也故又請鏡湖剡川以居之
淸風高致千載而下聞斯興起迨宋紹興間郡守莫將訪
其讀書故地闢逸老堂于城西隅月湖之曲與李太白同
祀蓋取白稱其爲逸老也寶慶中守胡榘又更爲隱德堂
以漢四皓黃公並祀蓋儗其同郡同德也旣而燬廢寺屬
其址爲驛傳至元更化因之弗改至正十九年冬江浙行
中書省理問官巨楠奉省命繕脩館舍得碣像於蕪穢中
肥挐刮滌衣冠儼如卽驛東偏別作祠堂三楹以專祀徹
黃公李白位設椒醑奠之昭崇敬焉於是吞吐湖光以據
十洲島嶼之勝而雲烟月露徘徊於斗牛之間者尚想先
生之風可陟也彼車塵轍迹宦途鞅掌過祠下趨館轂寧

無一二竦息者乎而巨君能表而出之其志爲可尚已徵
記於余辭不獲而爲之書至正庚子七月旣望記
鄉老胡世佐孫蒙郭覺民迺賢揚彜立石
徐仲裕刻
右碑篆額六字文二十一行正書在鄞縣按秘監祠
肇于紹興十四年郡守莫將更新于寶慶守胡榘元
至元十三年以是堂并後涵虛館改置水馬站分南
北二舘而祠廢此巨楠奉省命繕修而仁本記之也
洪錡軒云仁本字德元天台人元進士爲方國珍叅
謀至正庚子仁本治師餘姚作雩詠亭集名士四十
二人修禊賦詩爲續蘭亭會有圖刻石傳世
元康里公勉勵學校碑

御史大夫康里公勉勵學校記

紹興路儒學教授朱鐔撰　承務郎江南諸道行御史
臺監察御史李覯書　朝請大夫江南諸道行御史臺
經歷伯顏篆額

聖朝混一區宇誕敷文教内而京師外而郡縣莫不有學
天下文物蓋彬彬乎三代之盛矣紹興爲浙東甲郡
先聖廟在郡城之南而學麗焉宏深亢爽尤非他郡所及
比者
制遷南臺于紹興學校日衢與舉屬以兵革擾攘奄至廢
弛鐔繼任教事念無以爲脩崇稱
上意旨夙夜靡遑至正十八年冬　康里公以

朝廷碩德重望來爲御史大夫下車之始百司恪共越明
年春爰率僚佐祇謁
先聖行釋菜禮既而登堂上進諸生而命曰建學育才古
今盛典惟爾士子慎毋以時事之弗寧而進脩之或惰其
懋勉之哉顧瞻堂宇一皆毀廢之餘則爲之惻然吁嘻俾
即修治會寇逼城池而止幸公威德之孚而　總戎叅政
呂資善奮其忠勇寇潰民安迺十有二月既望公仍莅學
又明年正月十有五日禮亦如之諸生講誦既畢公迺命
酒勸勞郡官曰學校興廢風化繫焉今諸生之業于茲者
既復其家俾得遂志於學善矣然而宫宇久弊不以時葺
何居於是郡守奉命惟謹經畫營度因學舊所儲材次第
繕修不閱月踰時而傾者支缺者補湧漶者鮮華勞費不
甚而工用速成賓師有養政教漸至復與焉公於暇日詠
歌之餘又大書廟額俾揭儀門翰墨雄傑發耀觀覩咸知
公之究心於學校殆無時而或忘矣蓋學校政教之原
國家之所崇尚兵興以來視以爲非當務所急者有之矣
今我公負匡世之才來振臺綱明政教於擾攘之日蓋將
脩文德以懷柔囷悖可謂知所本哉此其功效之大豈徒
斯學之士有所賴而興將見大江以南司風紀之任者於
是而知所勸矣勉勵之道孰加於此惟公之紀綱政事豐
功偉績可以載之竹帛銘之鍾鼎者非鐔所得僭述敢以
公之勉勵斯學者書其實而刻之以昭公之盛心於無窮

并紀一時僚佐名氏于左公名慶童字明德頌曰　於赫
皇元戡輪無垠於越之堧江㶕海瀆廟堂有弼儒林萋萋
孰驟其完孰圮其輪師旅之興藿戎攸因我公實來紀綱
維新校宫是圖彝昭彝倫再三戾止誨言諄諄申勗師徒
敦禮縉紳士類抃喜泮水爲春歛起陵夷任惟其人乃揭
于門大書輪囷勢莊而凝儀鳳祥麟觀瞻歎嗟煥燿莫鄰
茲焉何享雖焉何屯肆由我公媚于
聖神文德以脩王章是遵可訓可述不刊不湮願垂久遐
頌言斯陳
中丞王思齊　侍御鐵穆烈思　經歷奥林　都事字兀
魯旦　照磨崔約禮　管勾不花　完哲　陳脩　監察

御史鎖飛　篤魯彌實海涯　衛公輔　李完者帖木兒
忽都不花　顧顯祖　徐伯顏　速來蠻　崔約禮不
花　亦普剌金　阿合馬　劉貞　李烈　傅敏學　孔
汭　姚阿速不花　觀童　中丞丑的　侍御杭州不花
治書桉𢥷海牙　經歷伯顏　都事劉秉彝　王伯顏
不花　照磨篤烈圖　監察御史赫斯　郝木罕　黃希
賢　李觀　薩兒搭臺　長壽　劉克復　月忽難
至正二十一年正月日立石　學正葉子明　學錄鄭安
東越王元艮鐫
右碑文正書三十行在紹興府學按文康里公欲修
治會寇逼而止者是時方國珍據餘姚上虞以曹娥

江爲界也又越年而經畫營度漸至復興所謂脩文
德以懷柔囟悖者譚亦善于措詞矣元制行省設御
史臺此云制遷南臺于紹學至正十六年所移見元
史百官志題名四十餘人則舊志之未錄者也

元徐府君廟碑

當境徐府君廟記
三代立社樹其土而木主之故神依而靈焉中古易以石
後世創宫室　像肖王侯之居州里咸有之台臨海之
康功社不㷀於木石廟獨嚴　主斯社者襄陽府君
府君襄陽神也徐姓予疑而問諸父老曰宋建炎初　檄
義兵守襄陽衆泣誓必死及往禱府君賴神庇生全咸戴
德　功社于山之西號上宫若寧邑沙村郡東
別置中下二宫自府君司吾　禦害防患顯　有威惠
且雨澤應禱如響蠶穀屢登他境莫之若　棟梁
楹桷昣剝傾頓不足以揭虔妥靈非所以致崇極之意
艮彙衆工宣力脩治幾二十餘年而廟庭漸
圮祈　日懼厥　果補葺復遂　翁　娊
甞募田及　木理其破缺墝折以無廢前　後觀而
己予曰徐固伯益之後國夏毀周世三衞有偃　王廟徐
之公族散徐楊二州閒即其居立先王廟府君其偃王之
胄歟或曰宋眞宗爲虜所追遁襄陽幸府君廟神嘗翊靈
助順以泥馬夜走三十里迨南狩立廟行在所嗟乎偃王

遺澤布在方冊府君事　宏著前列如昌黎之潮陽栁矦
之羅池其功在社稷通祀者一也府君又致顯茲土鄉人
報事惟謹栁何以異於峴山漢水也哉父老曰然請紀其
績乃系以詞曰丕休社哉襄陽之主此邦之人涵德歸美
兵脫鋒鏑爰兹分祀報神之功司我康土靈貺孔揚夙昭
捍　巍巍上宫衮龍煒　枌榆毋斁貽　福利饑之堅珉
以克永世
至正二十一年辛丑歲七月望日欽田汪繼道譔　人
明遠書丹
上缺立石　觀壽鐫珉
右碑文正書廿行在臨海縣東鄉康功徐府君廟內

予按古者立社多以木石宋元以來多以神實之此
文猶能述其所自而以神徐姓遂疑為偃王之後誠
齊人之說也又引宋眞宗遁襄陽以泥馬夜走三十
里則無稽之談于瑞應圖崔府君之外又增一妄矣

元慶元路興修儒學碑

慶元路儒學興修記

奉直大夫溫州路總管管內勸農事兼防禦事劉仁本
撰并書

中奉大夫江淛等處行中書省叅知政事鄱陽周伯琦
篆額

至正二十有一年秋九月四明郡博士連君　雲以江淛

行中書省平章政事銀青方公命興脩學宮既成其冬十
日望行釋菜禮于先聖先師廟會
朝廷遣使進平章公爵司徒具狀徵記於仁本維昔者
聖王□治天下必先脩崇學校者誠以首善之地性命道
德仁義禮樂教化風俗人材政刑所自出□□□□□
□□□□□□□□理詩書六藝之文尊君親上之道故
鄉射飲酒春秋合樂養老尚賢務農敦本校藝造士□□
□□□□□□□在學焉□□則學不可一日或廢也舜
命契曰百姓不親五品不遜汝作司徒敬敷五教在寬五
教者父子有親君臣有義夫婦有別□□夫長幼之序朋
友之信是也五者根於人心所固有而或昏迷氣質溺蔽

物欲必待上之人勞來匡直輔翼□德而後□□則司徒
之職政教所繫為甚重也益公以至正十八年領節鉞來
鎮四明于時益發汝潁蔓延□□□□
廷命公保釐茲土既至謁孔子廟及學慨然嘆曰寇亂肆
虐由政教不脩政教不脩由學校廢弛□□□□□吏
方袍縫掖□□露于外青青子衿挑闥城闕將孰之尤維
是學廟為浙河冣始剏于宋慶歷年職我
國初既燬于□今所存者至元間憲使陳祥重建也垂六
七十載而就圮若此可不圖歟適命□君職典教□□□
□為撙節廩□□計春秋二祀朔望香鐙師生稍給斥餘
儩兵又餘則營繕脩於是材獻其良工展其□若□成之

□外而臺門內而兩□□□及池亭有廢聖像之餘配
享從祀之位凡屬在廟者載肅載容而無漫漶剝落蠹蝕
者矣下缺廬講肄之所□善庖湢之舍凡綴于學者靡不
疏剔朽腐易其舊而更其新也肇端於夏下缺完好□□
休□頤余筆槧荒落疇克發揮□問之學校有作政教繫
焉政教之掌司徒職焉下缺掌而施教者十有二以祀禮
教敬則民不苟以樂禮教和則民不乖陽禮教讓使民不
爭下缺安而民不越不偷教中以刑教恤以誓而民不虣
不怠至於度教節世事教能民知足而不□職□□制□
□庸制□□□□□德而興功凡此者皆以善教民而非
學校則無所施焉矧鄞為禮義之邦文獻淵藪雖罹擾亂

而民不知兵行化者易於口口施而受教者樂於順嚮當
四方厭亂思治政假武脩文之期孰謂作民極基太平而
不權輿於此乎上下感應捷於桴鼓一轉移間耳故推本
首陳有虞五教之說而終周禮法言爲告若有薄復於司
徒者不鄙余論則庶幾先王之教不墜口口之道彌彰而
上不負
天子倚注之隆下副士民好德之望矣豈維塗墍丹雘
尊青黃詞章句讀而於樂鼓鐘之末云乎哉謹記
至正二十一年十二月一日教授速五雲學政劉鼎鄧珠
學錄胡克俊耆儒胡世佐孫正蒙賀口王壽明迺賢揚彝
鄭覺民王淳孫張用庚蔣景武林元孔克樵黃庭趙耑蔣

光祖直學朱暄司吏方艮玘阮口章等立石
右碑文二十九行正書在寧波府學此述平章政事
銀青方公脩學而徵記于仁本也按文君職與教撙
節廩口計春秋二祀朔望香鐙師生稍給斥餘餽兵
又餘則營繕修斯時之財匱兵連可知矣仁本以平
章進爵司徒遂本周官十有二教以立言所謂首陳
有虞五教之說而終周禮法言爲告有體之言頗爲
切近銀青方公者方國珍也時已受朝命教授速五
雲學政劉鼎鄧珠學錄吳克俊皆可補志乘之軼

元加封忠佑廟神碑

皇元加封忠佑廟神之碑
文林郎翰林　國史院檢閱官袁士元譔
中奉大夫浙東道宣慰使司都元帥兼海道都漕運萬
戶倪可輔書并篆額
鄞城北出門數百舉武踰保豐碶有古廟額曰忠佑神曰
昌城侯歷世滋久揚靈　昭城西北内外連甍聚居之民
里社幾萬餘家歲時展事惟謹呂氏代爲廟史能歷紀其
績以及歷代褒封之典傳以迄今我
朝東南海漕達于
京師神之效靈尤彰奉
詔加封將刻石以揚神休廟史囑里人之知言者韋叔明
列狀請記余領職翰林嘗附海舟知其靈口因不辭按狀

侯姓劉氏名樞字伯先鉅鹿昌城人漢雲臺二十八將之
驍騎將軍也光武中興嘗渡滹水至鄮口牧奴家封鄮爲
牧奴縣事見太平寰宇記竊意光武草創之際越江瀕海
雲臺貔虎之臣必有執羈靮以從者則劉侯之揚靈茲土
蓋其生前所涉效功之所豈無事而倏至哉鄮即鄞地鄞
固瀕海之邦島蠻怙險作姦時或有之典午氏之東建武
初年寇犯郡城侯倏現旗纛雲霄中昭示雲臺將軍名號
寇疑懼而退由是威靈振揚郡上聞封東晉口口昌城號
賜廟額忠佑俾民社得以展事後隆安間台寇孫恩復蠶
船千艘事抄掠侯仍現旗號如前寇方驚疑適大將軍劉
裕兵至攻却之繼而百粵烏尾船入寇劉牢之將兵至以

同時出祭禱于神卽奏功旋師其效靈於晉室而廟食者以此由晉而降及于唐季神之靈異故有石刻紀績燬于兵火廟史所書得其一二在劉宋則以劉姓犯國姓去卯爲釗在錢鏐則以方言聲相近呼釗爲焦承訛襲謬無從質究今亦不復識別而其神靈則猶一日也自侯廟所越

十里許爲慈谿縣境有驃騎將軍廟境人沙誠者負氣抗直人以權禁誣之義不屈辱卽含怒立死於驃騎廟中逮捕人至忽現相雲霄間恍惚聲呼曰我在此人咸驚異因像設于驃騎廟神事之人或走叩靈應特甚遠近聞者多迎致其神展奉於宅祠我里大家白于官亦得像設于侯廟東廡若從祀神由是里社有祈有報或牲牢致祭祫

享無間洋洋如在有以慰荅人心之趣嚮廟之靈應愈加顯聞宋宣和間封雲霄撿察使豈其神氣相爲感孚潛通默會相資以闡神用人固莫測其所以然也入我

皇元神用光彰舉其要者

國家建都于燕多賴東南海漕以資殖祿巨浸口口無畔岸或長風駕浪滔天沃日之勢智力所不能周惟倉卒呌號神明賴以善濟近中原路梗守臣役善水之卒倚舟檝爲通衢迺至正二十三年捆載之艦至鷄鳴山連日颶風霿霧晦冥莫知向方漕臣棹夫同心叩禱神人偪現若自天降豁然開霽如夜斯曉既達于

京具辭

上聞加封昌城劉侯武烈公沙使協佑侯廟額如故漕臣

汪子美領

命還鄞藩府俾礫牲致祭以慶褒嘉刻石以示將來余謂

武烈公事英靈瑰奇之氣于天生致侯封著勳雲臺沒而爲神顧乃廟食于海濱三數千里舊涉之地歷千數百年累更世主迺今加封進爵施及從類愈久彌彰致使枌榆之民尊之若宗祏信之如蓍龜雖歲時樂神之曾儀從習俗鼓鼙歌管之音闐于里巷一時閭里之人相歡相屬和輯於隣井之間使各安其生業子孫保之者公之惠不既多哉不但禦災捍患之在祀典而已也因摭廟史之辭爲記使刻諸石

至正二十四年歲在甲辰六月十八日朝列大夫海道都

奉　胡仲瑛刊

右碑篆額十字上列國書十行末有正書宣命二字下列文正書三十三行在鄞縣按神之始末事績靈異文已詳言之至云避劉宋國姓去卯爲釗在錢鏐時以聲相近呼釗爲焦從古諱名不諱姓士元書此亦疑以傳疑耶士元字彥章鄞人忠臣鏞之孫也自幼嗜學郡守禮致爲五經師御史奥林薦授鄞學教諭調西湖書院山長參政允素薦爲平江路儒學教授道梗未上又用薦陞授文林郎國史院檢閱官引年弗就晚號菊村學者稱有二一在府西北一在府

西南名劉端公廟

元杭州路重建廟學碑

杭州路重建廟學記

翰林待制奉政大夫兼國史院編修官孟昉撰

承事郎江浙等處行樞密院經歷林鏞書

榮祿大夫江浙行宣政院使廉惠山海牙篆額

至正辛丑冬十一月宣聖廟火學官齋舍罄爲焦土江浙
省丞相達識貼睦邇平章張士信大懼教弛乃召郡侯夏
思忠曰二帝三王之盛命契爲司徒敷五敎周建辟雍繼
世迄今君天下者相承不墜所以明人倫厚風俗培植後
進爲它日治平之用其來尚矣又朝廷以六事課守令殿

最學校居先庸可緩乎侯曰斯牧伯之職也丞相首出白
金爲兩五十錠以錠計若干平章給米以石計若干太守
割俸金鄉義發私藏皆樂爲佐役費雖一木一瓦不徵諸
民於是躬率羣僚口卜毀且鳩力僝功荷畚鍤輦灰燼瀉
材于河伐石于山趣梓人據式圖其製匠師執尋度其用
廣袤合度脩短適宜斤者斲刃者削巧者施其巧力者輸
其力拓垣堧以宏其基積土石以隆其址禮殿巋峙衡爲
間五縱如之而差淺夾室廡序合應門爲間五十有七飾
以金碧錯以丹堊闌檻旁午陛戺森竪廟貌端肅儼若在
上采服施彰悉遵儀制從祀諸賢世次位列百一十九人
衛以朱欞門之南東西相向各構室四楹爲三獻監禮官
齋次又少南爲門二楹題曰泮宮門之衡鑿泮池水若玦
跨石梁于上以便往來又少南爲朱門三表王儀也廟之
東爲神廚其楹四西爲明倫堂計間七廈如堂數軒少堂
之四設講席以嚴師道左右齋儀門及別門爲間三十有
九堂之北構重屋三楹爲貯書所敎授有廨正錄有居貢
菲有粟師生有餼庖湢廩庫一無所缺尊罍爵洗簠簋俎
豆之屬二千百有九鏞球琴瑟柷敔鼗鼓之屬若干皆如
禮以定其數新禮生樂工服若干襲提編氓籍戶爲樂二
十有八括其所費米石錢緡日工皆以萬餘計經始壬寅
冬越癸卯秋就緒於戲是蹟也始以兩相孜孜興學之善
終以賢侯亹亹究心之勤副以僚屬循循毗贊之力俾四

代之制翦焉一新其雄偉壯麗甲東南爲傑觀者可謂知
爲政之先務無媿德于他郡矣抑嘗惟之時有理亂事有
難易杭爲故宋行在所當承平之般民庶物阜有志於斯
者尚慮不易矧橫罹兵燹之餘師旅未戢彼圖功利於一
時懵治體而瑣瑣者方視爲不切苟非才大夫之有能有
爲知敎道結人心之不淺者顧能先樂育菁莪之地躋髦
士于成德達才之域哉君子是以知夏侯之優于爲治也
予姑敍興造顛末之實刻諸珉告後來者之無壞至于贊
夫子之道則凜乎先儒恩惑之誅故不敢輕言以及時董
工特總者杭州路治中李脫歡奉直知事韓元璧照磨姚
翥郡史陸巽朱珍督役者杭州路推官丁鉞經歷劉艮臣

嘉興路知事張昇將仕郡史梅君理受記材料者東北隅
典史鍾德王敬知省聖像者諸暨州知州齊雲漢奉訓郡
史徐元璧皆與有勞焉同任勞者教授別貼達理月沙學
政姜讓直吏孫復可陳榮祖張元英　至正二十四年口
月　日杭州路達魯花赤怯烈失亞按攤不花承德薛爾
吉思杭州路總管高禮亞中陳忠奉議同知梅英治中樊
玉奉議立石　郡人徐孟賢鐫

右在杭州府學正書二十七行行五十字字徑一寸
篆額此述丞相達識貼睦邇張士信暨郡侯夏思忠
修學經始于壬寅冬越癸卯秋不周歲而成也碑後
有省聖像者諸暨州知州齊雲漢不知爲畫爲塑諸

暨稱州元史元貞元年升爲州又見地理志是碑列
銜最多見于舊志者達魯花赤怯烈失按攤不花攤
字誤作攤薛爾吉思凡三人其餘自行宣政院使廉
惠山海牙樞密院經歷林鏞杭州路治中李脫歡知
事韓元璧照磨姚翥推官丁鉞經歷劉艮臣嘉興路
知事張昇典史鍾德王敬知諸暨州齊雲漢教授
別貼達理月沙學正姜讓杭州路總管高禮亞中陳
忠同知梅英治中樊玉等十七人並可補舊志之闕

元銅漏壺銘

天池壺

受水壺

江浙行樞密院分治上虞新城至正乙巳夏五月戊午日
乃鑄刻漏謹晨昏之節以時號令器雖微而政之所關則
大矣宜有銘以志作之所始銘曰
立表下漏軍府之經昭示大信無爽晦明天運有恆川流
不息盈虛升降茲器惟則人衆耳目視時興居小大奉行
罔無或渝匪器弗渝惟出於公施政若斯孰敢不從江浙
儒學副提舉揚彝撰并書慶元路儒學錄臧居敬製

上虞縣尹王芳
都事朱元章
斷事官王若毅　龍霖　陰子恭
經歷鄭玠　毛冰伯　帖穆爾

同簽樞密院事張子元
樞密院副使張啓源　方冰
知樞密院事方國珉　徐仲裕刻

右銅漏壺在上虞縣庫中篆書二十一行行十三字
文首書江浙行樞密院分治上虞新城按元史百官
志行樞密院有征伐之事則置大征伐則止曰行院
爲一方一事而設則稱某處行樞密事已則罷至元
三年伯顏奏准江浙置行樞密院以鎮遏好亂之民
四年罷至正十六年置江浙行樞密院于杭州是時
方國珍反覆觀望據有溫台慶元等路以曹娥江爲
界此分治上虞新城之由也國珍前已授江浙行省

平章政事乙巳爲二十五年又進淮南行省左丞相此國珉知樞密院時二十六年又進封衢國公而弟國珉及子明善皆平章政事矣都事斷事經歷皆院中屬官也楊彝錢塘人登進士第官至翰林學士以詩古文重臺閣上篆隸眞楷爲張雨所服曆讀此銘與書洵不誣也明楊升菴謂楊氏有兩族予雲之楊從手不從木此書楊從手楊桓書姓亦從手知升菴之說有自來也縣尹王芳舊志云黃巖人

元昭貺神廟碑

昭貺神廟記

鄉貢進士戳惟肅譔金華吳肅書吳興趙奕篆

海爲百谷之王其支流而別出者曰江江之大而有名者曰浙浙江神最靈而異者曰昭貺廟廟之神曰司封按司封姓張名夏字伯起雍邱人也宋太宗朝舉進士第眞宗朝官至兩浙轉運使五代時吳越王鏐築捍海石塘以廣杭州城由是富庶爲東南冠歲久崩圮郡民弗安司封患之於是躬禱于神神畀之休迺增築石塘層之高者十有二子塘之高者倍是塘之袤丈四千六百四十有奇朝以有功于民授司封郎中卒于官遂曰張司封云天聖間潮水汎濫石塘幾壞轉運使田公知府楊公率僚吏耆老等祠公于堤上水患旣平朝命贈太常少卿封寧江侯時慶歷年也大觀改元高句麗入貢顯神異封安濟公賜額昭貺高宗南渡信安郡王孟忠厚奏以靈駕護渡顯應加封靈感安濟順應公進封靈濟顯佑威烈昭順王理宗淳祐更昭順爲孚惠尋改孚惠爲廣利度宗易廣利爲安順遂定王號□□尊稱初吳越築海塘□錢塘一國垂不朽之功故其成之也若易繼其績能以一心與百世之利故就之也似難蓋公之精誠通于天故公之利澤顯于時生而爲人殁而爲神美爵徽號超今冠古不亦宜乎廟有石□旣毀錢塘縣尹仇有進□□□□□□□□□□□□□□以誌竊惟禮典有法施于民者則祀之能禦大菑捍□患者則祀之今公之功□□□□□□□□者□千古□曰不然余辭不獲旣序其事復作樂神詩俾邦人歌□

祀公其辭曰□之水兮安□爲民□□□□神休□□□兮□列庶羞靈鑒假兮神其我□江之水兮安止民渡中流兮擊楫以駛□□□□□天地終始□□□□兮□人□只馳素車兮胥之來駕蒼虬兮神之偕神毋遠遊兮降福孔皆綿百禩兮□□□　至正二十五年七月吉日

杭州錢塘縣尹仇有進立石

右在三郎廟下正書十七行行四十二字無額已失之也咸淳臨安志謂故司封郎中張夏祠四朝聞見錄杭州江岸率多薪土衝擊輒壞夏令作石堤一十二里杭人德之慶歷中立廟于堤上嘉祐十年又因功贈太常少卿政和二年封寧江侯改封安濟公賜

額曰昭貺紹興十四年贈靈感三十年增順濟尋加
爵靈濟顯祐威烈昭順王
國朝雍正三年
敕封靜安公春秋致祭七脩類藁云夏宇伯起雍邱人太
宗朝進士仁宗景祐中出爲兩浙運司正史作兵部
郎由前爲兵部郎也舊碑作張太常由後嘉祐贈爲
太常少卿也宋祀典作工部夏員外訛也俗呼司封
以其有功授司封郎中也其稱謂不同如此

元鄞縣重修儒學碑

鄞縣重脩儒學記
亞中大夫江西湖東道肅政廉訪副使郡人程徐撰

將仕佐郎江浙等處儒學副提舉制河楊彝書
朝散大夫前僉江西湖東道肅政廉訪司事豫章揭汯
篆
鄞尹宋侯作邑之二年大脩縣庠
孔子廟既成邑士懽欣咨嗟謂侯崇迪敎化嘉惠斯文甚
厚弗刻石罔憲于後祀酒奉敎諭柴浩氏所狀謁文紀成
績案鄞學重建當延祐改元後泰定二年至正九年凡再
脩屬時多虞復廢棟圮梁壞榱桷皴折肖像漶剝無以妥
神靈嚴祀事觀視湯藝講肄弗稱侯以二十三年涖職首
詣學謁廟顧瞻歎息曰令丞宣化非吾責耶然供億繁重
舉墜未皇明年政洽民知嚮慕會郡監守咸尚儒術侯遂
稟命捐己奉爲倡好義者相率助貲伐木于山埏埴于陶
屬東昌胥恭誠董役而侯日至督之脩大成殿兩廡易朽
扶傾葺飾皴落改塐先賢像而廟完矣脩明倫堂三間東
西齋各四間爲諸生肄業所刱會文堂于東偏爲敎諭居
雙檜堂于西偏爲訓導齋屋皆如堂數而學官具矣外復
靈星門傍爲別門繚以周垣甃以甓石置庾于會文堂側
前植松檜卉竹後列庖湢溷廁益造祭器嚴正簿籍悉圖
永久禮明師訓生徒弦誦不輟課試有程而敎養之方亦
略備矣始事於二十四年六月訖工於二十六年二月凡
攻木之工若干日攻埴之工若干日助力之工若干日先
是徙縣治學西隷學地一畝二十三步爲縣圃址侯卽別

置田四畝五十五步以貿之歲入米得石有三斗奇歸于
學云於乎人生受天地之衷而不能無欲敎也者節其欲
而復乎衷也欲節則慝日脩善日生而衷復矣然非上之
人倡焉而興起之聳其觀嚴其式導其趨習作其氣志則
敎有所不行焉此廟像學校所繇立也或迺視爲虛文漫
不加省而徒威力是恃則過矣宋侯當繹騷之時克承上
意惓惓以興學爲務不資廩入不勞民力而廟廷黌序煥
然一新又能備敎養之實以隆風化之本異時人心丕變
有恥且格賢才輩出光輔　中興之運寧不基於此乎使
今之爲守令者皆能如侯事事風俗其有不古復者乎匪
獨鄞邑之幸而已也故書以爲脩學記侯名禮字和卿東

平人是年春二月朔記
教諭柴浩主奉孔克全學賓陸景龍楊九法薛憲臧永胡
璉陸源遠鄭元祥吳宗周邑士劉希賢楊忠佘克勤崔植
書儒陳李江黃可大費用中戎彝學吏陳恆立石
郡人張通甫刊
右碑篆額八字文正書二十六行在鄞縣學此述鄞
尹宋禮修學事始于至正二十四年訖工于二十六
年凡兩歷寒暑其不敗于垂成者幸也蓋當繹騷之
時國事已不可爲勵勤蒇事徐文所謂中興之運不
基于此者亦慨乎其言之矣揭泫字伯防豐城人學
士傒斯之子以廕補秘書郎遷國史編修官至肅政

廉訪司事改江西行省以工部郎中召時淮浙亂道
不通留家慈谿篆此碑也教諭之下又有主奉一人
學賓九人亦他碑所未見洪鈞軒云銅壺漏銘楊彝
此作楊彝从手从木蓋通借字明詩綜楊彝字宗彝
餘姚人洪武中以人才舉爲沔陽倉副使以獻詩擢
吏部考功主事此結銜疑是方氏所授官也

元稽山門甕城開路碑

越自古爲名郡東瀕江海南通衢婺兵甲薦興獨爲
之地由我
國家公卿大臣善于撫守若
司徒隴西公　兵按治不動聲色而　境晏然民安如堵
下缺危乃命樞密同僉司公　　公浙省員外郎
口城池下缺月之有弗備者復增治之由是指揮于君董
其工而君尤能广下缺戰守之地故東南要衝鎮越之門
建弔橋以便　馬之出入浚下缺棹之往來更樓　空石
岸如削周圍堅固內外崇　不　下缺於民力始于至
正二十六年之二月訖工於下缺勢煥然嗟夫城池之堅
深非難　之爲　之下缺難今我　司徒隴西公
既得民心尤下缺民圖治之澤當傳之無窮與斯城同爲
不朽指揮于尹下缺
彥良金珎立石
右碑文正書十二行在山陰縣稽山門外前後漫漶

不辨有兵甲薦興及司徒隴西公領兵按治云云按
是時承方國珍之據明太祖已有數郡司徒隴西公
能克勤完緝是可記也惜剝落不知其名

元清風嶺王烈婦祠碑

王婦者夫家臨海人至元十三年
王師南　王婦夫舅姑俱被執師中千夫將見王美麗乃
盡殺其舅姑與夫而欲私之王婦憤痛卽自殺千夫奪輓
不得死責俘囚婦人褋守之婦欲死不得閒自念當被汙
卽詐曰若殺我舅姑與夫而求私我所爲妻妾我者欲我
終善事主君也我舅姑與夫死而我不爲之衰是不天也
不天君焉用我爲願請爲服期月苟不聽我我終死爾不

能爲若妻也千夫畏其不難死許之然瘉益置守明年春
師還挈行至剡水上守者信之滋益懈過上清風嶺婦仰
天竊歎曰我知所以死矣乃齧拇指出血寫口占詩山石
上已南鄉望哭自投崖下已死或覘血則血漬入石間盡
已化爲石而且陰雨復見血僨起如始日當是時后妃嬪
媛不死之三公九卿不死之郡國守邊大吏不盡死之而
貞婦獨守死下從舅姑與夫獨何仁也夫人秉彝之性靡
不有乃匹夫匹婦出之遂以驚動萬世苟人人慮此則金
湯不足論其固矣鉤戟不足論其強矣志士仁人不足論
其知矣何有去國僨家之憂彼貞婦何爲者顧奮爲烈丈
夫之所不必爲唉宜爲而有不爲悲夫至治間其邑丞徐

端爲起石祠樹碑祠中以旌其魂焉余曰始我見長老言
貞婦所從死不能悲也後身過其地見拇血化爲石追念
貞婦決死時旁皇悲傷不能去豈其魂未泯尚猶感人邪
嗟乎匹夫匹婦顛沛流離誠能動天如此夫天豈遠人哉
夫天豈遠人哉永嘉李孝光記亞中大夫紹興路總管兼
管內勸農事泰不華書四明王永仁刻

碑陰

兼善侍郎遴紹興總管諸公分題作詩餞行得清風嶺乃
爲賦清風篇康里巎
清風嶺頭清風起佳人昔日沉江水一身義重鴻毛輕芳
名千載清風裏會稽太守士林英金榜當年第一名一郡
疲民應有望定將實惠及蒼生

右碑在紹興府學明倫堂篆書十九行字徑一寸碑
爲永嘉李孝光撰泰不華書所敘節婦王氏題崖石
詩詩已見前碑李孝光字季和少博學篤志隱居教
授泰不華常師事之至正七年詔徵隱士以秘書監
著作郎應召赴京進孝經圖說明年升文林郎秘書
監丞卒於官居雁宕山五峯下自號五峯狂客所著
詩文曰五峯集見元詩選不華字兼善伯牙吾台氏
初名達普化及第後文宗爲易今名至正元年除紹
興路總管此碑未署年月迨刻於至正間也史稱其
善篆隸溫潤遒勁此則學石鼓文而稍變其法者碑

陰刻康里巎清風篇一首草書十五行徑寸餘巎字
子山號正齋康里氏官翰林學士承旨此詩筆致清
逸書尤瘦勁絕倫山居新話載其與楊瑀論書曰余
一日寫三萬字未嘗輟筆可見其造詣深矣

元薩都剌游紫陽洞詩

題紫陽勝境　元肅政廉訪司知事雁門薩都剌天錫
天風吹我登鼇峯大山小山石瓏瓏赤霞日射紫瑪瑙白
露夜滴青芙蓉飄飄雲氣穿石屋石上凉風吹紫竹掛冠
何日賦歸來煮石篝鐙洞中宿

右在紫陽山摩崖行書五行字徑三寸按兩浙名賢
錄薩都剌字天錫雁門人寓居武林博雅工詩文而

性好游興至則發爲詩歌以品題之西湖十景詞尤
膾炙人口元詩選傳天錫陟官閩寧往還吳越此詩
題元字疑非原刻也
元貫雲石等通元觀詩刻
贈法師俞行簡詩　貫雲石　遁跡復逃形丹成養性靈
精誠動神鬼呵叱走風霆鶴去飈輪駛龍歸雨氣腥送師
歌短曲涼吹滿江亭　虞集　偃壇遙接上眞宮楚越閩
洋一望中南北高峯雲杳靄東西天目雨濛濛經綸旋動
仙音作樓閣縈迴複道通雲鶴仙人無定跡飈輪時轉望
三峯　張翥　羽葢翩翩下九重江鄉秋晚滯仙蹤信傳
眞府懸靑鳥劍舞瑤壇走碧龍頃刻風雲興五嶽須臾雨

澤慰三農殷勤欲問叅同契雙鳧遥飛未易從
右在吳山通元觀摩崖行書十一行字徑一寸按貫
雲石兩湖麈談云阿里海涯之孫父名貫只哥因以
貫爲氏小雲石酸齋其號也有文武材折節讀書士
大夫樂從之游少用父蔭爲萬戶府達魯花赤讓與
弟以文行薦爲翰林侍講學士知制誥旣又辭疾還
江南詭姓名易服色賣藥錢塘市中七脩類稿云北
山棲雲菴其藏修之所也
元楊遵理公巖題字
理公巖　□□楊遵書
右在射旭洞內摩崖篆書橫列字徑八寸欵字正書

字徑一寸按書史會要楊遵字宗道浦城人徙居錢
塘篆隸皆師杜待制續宏簡錄云字宗正元至正間
人也
元玉林帖木兒題名
江陰州判官玉林帖木兒重裝
右在飛來峯摩崖正書二行字徑二寸按元史百官
志至元二十年定爲上中下州俱有判官
元張與材重陽菴題字
十方大重陽菴正書二行字徑一尺　大素□□廣大眞人管領江南
諸路道敎嗣漢三十八代天師張□□書額在左正書欵　吳山
福地正書字徑六寸　齊公後人黃中氏洛陽宰遜□施財刻石摩

崖紀勝在右正書欵　靑衣洞天正書字徑六寸　全眞派下□□□□□
山□□□張□材建立在左正書欵
右在吳山重陽菴摩崖按菴始唐開成間韓道古結
茅以居元大德間西川道士冉無爲重建道書天一
爲陽而淸又爲陽故曰重陽天師廣微子張與材爲
題字云元史釋老傳元貞元年與材嗣爲三十八代
襲掌道政時潮嚙鹽官海鹽兩州與材以術治之遂
息此卽其題字時也畫髓元詮與材字國梁號薇山
別號廣微子封留國公
元太玉洞題字
容成太玉洞天

右刻在温州府城東華葢山摩崖正書字徑七寸餘按道書爲天下第十八洞天黄帝時容成子上昇處延祐時曹淵新建容成道院扁曰太玉洞天明王光藴容成道院記謂宋仁宗嘗夢游太玉敷遣使降香幣元提點曹君搆容成道院以居全眞之士此題應即其時所刊朱竹垞有詩詠之

三生石 篆書

太玉洞敎主長谿舍眞子張大光印證 隸書在上字左下

中書舍人柳楷重模 正書在上字之右

右刻同上無年月按萬歷温州府志容成太玉洞有石龜池青牛塢三生石丹井蒙泉諸勝王光藴記亦

云舊有青牛谷五粒松三生石惜蕪沒不可復識不知當時刻字猶存也

兩浙金石志卷十八　廣州府糧捕通判新昌梁　輈刊

臨海洪瞻墉校

兩浙金石志補遺

此志刻成後吳荷屋方伯 榮光 由黔寄至會稽新獲建初摩厓地莂福又檢家中舊藏及同人所贈並作補遺附於後隨得隨刊其先後或不能盡依世次云道光四年秋揚州阮福識

漢建初摩厓大吉石刻

大吉 此二字在上方

昆弟六人共買山地建初元年造此冢地直三萬錢

右刻在會稽縣之[redacted]山隸書凡五行行四字上方有大吉二字以建初尺度之字大六寸五分及二寸五分不等近年始爲山陰杜氏所獲葢當時買地莂

文也造是造字省口冢是冢字俗傳大吉二字爲錢武肅王微時販鹽遇官兵跳避題於石壁據此則其說誤也

晉太康莂

大男楊紹從土公買冢地一丘東極闞澤西極黄滕南極山背北極於湖直錢四百萬即日交畢日月爲證四時爲任

太康五年九月廿九日對共破莂民有私約如律令

右莂長五寸廣三寸八分文六行文六十五行書狀如破竹以錐畫沙成文然後陶瓦爲之金石錄補云萬歷初會稽倪光簡家地內掘得太康間冢中杯及

瓦券柳元穀以是物易徐文長畫亦見徐文長詩集
誤任作伍廿九日誤作廿五破莂譌作破翦莂說文
無此字當爲別卽周禮小宰職傅別之別鄭注傅別
故書作傅辨予謂辨與別聲之轉其義一也又曰傅
別謂爲大手書於一札中字別之孔疏云謂爲大手
書於一札中字別之者謂於券背上大作一手書札
字中央破之爲二段別之據此則別若今人合同文
字矣葢當時別以竹爲之後世易之以瓦而其形似
竹也故字從竹隸書从竹之字多从艸遂與種稏移
蒔之莂相混耳至乾隆年閒爲山陰童鈺所有世傳
墨本皆鈺所拓也

晉保母磚

郎耶王獻之保母姓李名意如廣漢人也在母家志行高
秀歸王氏柔順恭懃善屬文能草書鮮釋老旨趣年七十
興寧三年歲在乙丑二月六日無疾而終仲冬旣塟蕤會
稽山陰之黃閍岡下殉以曲水小硯交螭方壺樹雙松於
墓上立貞石而志之悲夫後八百餘載知獻之保母宮于
茲土者尚口口焉

右甎長一尺一寸廣一尺一寸十二行行二十字行
書宋會稽太守豫章李大性跋嘉泰二年夏六月山
陰農人闢土得磚於黃閍岡卽是碑也時有曲水小
研俱出焉色黝而潤後有晉獻之三字旁有永和二
字以志文覩之葢知藝時物也碑字十行斷鈌之餘
其文可讀今歸錢清王鑑字千里好文博古乃三槐
文正之後得所歸矣碑云後八百餘載知獻之保母
宮於茲土甎之出實八百三十八年獻之前知如
此異哉考是磚本斷爲四歸王鑑後又斷爲五當時
有疑爲僞者姜堯章夔作十跋力辨之遂見重於世
至　國朝白石所跋之本歸徐尚書乾學今見於類
帖亦有專刻不知何時重摹也

宋故處士張君墓誌銘

左廸功郎新桂陽軍軍學教授陸九齡撰

右廸功郎新紹興府上虞縣尉沈煥書

右廸功郎知婺州浦江縣事趙師立

致之東陽處士張君諱謙字叔仲乾道三年冬予口會稽
君遣其子至四明因鄉友沈口以書來請使其三子受經
焉予謂曰九齡學古道不能爲場屋聲世所謂逸民者
豈有意於用世耶煥曰彼之有請於先生正欲使諸子以
正心誠意之學由近及遠自明至著必先以大學中庸爲
主馴至修齊治平之業當於是乎取焉以故知君非流俗
人也九齡伏膺口誨遂爲諸子日事進修默坐拱聽似有
得者自恨相見之晚四年秋七月之望復自會稽還江西
公復以三子付托終業嗚呼予與公自此相得君之子若
德以明經貢入上庠諸子又皆德業克備可進於善予思

知愛之深今諸子有成豈非君趨庭之訓有自抑予啟廸之有功也予不得而知也越明年春君遂捐館訃聞君之子若德奉弊走數百里泣血言曰先君受知大君子不幸棄世墓銘尙缺苟非先生大手筆曷足以闡潛德發幽光予痛不自勝遂收涕直述其事君諱謙字叔仲其先由汴梁東平壽張始祖潮爲口宰令遂占籍焉七世祖公澤力學砥行累徵不起賜號冲素處士曾祖定祖佑父灯俱有隱德不仕兄叔恩爲大理評事歷世綿延代有顯人至君砥礪名節不自進取韜光泉石妻厲氏修行婦道甚得內助子男五若德明德崇德順德仁德俱從九齡與延平李先生學女三人長適邑人陳原次未行孫男六尙幼處士

生於政和乙未三月庚申享年五十有五卒於乾道己丑九月辛亥其孤奉柩砭于乘驄鄉槐楓里作塘塢祖塋之傍銘曰

君子伊何惟善是趨口人伊何名利是逵惟仁與義俗之所棄惟勤與儉俗之所趍俗則遂之公則愚之俗則棄之而公志之莫不訓子公訓則殊訓子受經乃病濶迂人臻于戚公則撫之尙其嗣之克紹君志

右碑在金華府東陽縣文及題銜凡二十四行每行三十四字宋陸九齡撰正書銜云左廸功郎新桂陽軍軍學教授按宋史陸九齡傳云九齡登乾道五年進士第調桂陽軍教授以親老道遠改興國軍此碑卽作於乾道五年故云新桂陽軍也沈煥字叔晦定海人宋史有傳史稱與九齡爲友從而學焉同舉進士授餘姚尉按碑銜作上虞縣尉足以證史傳之誤

宋婺州東陽縣昭福院殿記

左承奉郎新差權通判湖州軍州主管學事賈庭佐撰

左奉議郎權吏部侍郎遇知白書

右朝奉大夫權刑部尙書兼詳定一司勅令周三畏書額

昭福院剏於唐僖宗之廣明元年庚子歲迄　今宣和辛丑凡二百四十一年以魔寇火無有存者後八年歲在戊申院之僧可詵募率信人以建佛殿既而復造釋迦及文

殊普賢等像詵之披攘經營積累錙銖俯仰於此十有五年以及其志之成而來乞予文以爲記予謂毗盧遮那徧一切處巍巍堂堂煒煒煌煌聲前非聲色後非色今以土木之工像設之嚴欲求如來若如搏風捕影竟何所得又況人人身中有如來相結加趺坐儼然不動如石中金如木中火如琴中聲如井中泉如雲中日湛然具足無欠無餘何假外求第以衆生從無量劫來無明覆蔽不能覺照沉迷三界譬如眞金墮不淨處隱沒不見卒難語以無漏聖道示佛知見是故由事入理須假建立蘭若崇飾梵容使之覩相生善皆爲最上一乘若百川衆流究竟朝宗于海然則詵之爲是役也不枉矣故爲記之不獨著其成亦

因以明如來之爲人切也紹興十七年三月十五日記

右碑在金華府東陽縣文及題銜凡十七行每行三十二字宋賈廷佐撰正書額題勑昭福院釋伽殿記篆書碑云今宣和辛丑以魔寇火無有存者卽宋史本紀所云宣和三年春方臘陷婺州也按東陽唐宋時並屬婺州唐武后分義烏縣地所置廷佐字子野眞定人宣和二年入太學隨父淵扈蹕南渡遂家東陽登紹興二年進士授桐廬簿時金遣張通古偕王倫南來以詔諭江南爲名廷佐一再上書累千餘言論讐耻之不可忘名分之不可貶和約之不可信請誅王倫以圖恢復可謂剛毅而有大節者三與紹興

十九年由右朝奉大夫知婺州軍事碑額先二年所篆後避秦檜卜居蘭谿忠隱菴亦可謂卓爾不羣者矣

宋厲山夏厲記

一山峩然去縣四十五里曰夏山大禹至是而得名上有龍宅焉由來遠矣唐貞觀間刺史厲公文才卜居山之西衣冠甚盛惠澤一方時人敬慕遂以山之名合厲之姓名夏厲孫玄仕至侍御史號其鄉曰乘驄里曰御史雅好山水中與灌頂兩刹皆別業也又於宅之東隅開渠千餘丈引溪流灌漑田伯餘頃號都督堰爲利甚廣民到于今受其賜子孫環居不墜箕裘之緒可謂源深而流長也故刻石以明其本云宋淳祐改元歲在辛丑冬至日中奉大夫秘閣修撰厲模誌

右碑文凡十七行每行十一字宋厲模撰正書在今金華府東陽縣按文才唐太宗貞觀間進士其孫元文宗太和間進士文才爲道州刺史是時南山未靖荔浦之寇猖獗掠境文才臨郡期月寇盜悉平改婺州刺史未幾辭歸灌頂寺舊名甘泉文才捨宅所建也大中祥符元年改今名都督堰在乘驄鄉俗名社陂亦文才所盤緣文才嘗爲都督民感其惠卽以其官名之也

元東陽縣東嶽乾元宮興造記

泰山魯之望也天下宜不得越望而祀焉然而郡邑通得廟象泰山之神者之祀典而若衡華恒嵩通謂之嶽者曾不得以儷其尊何也豈非治古封禪有泰山社首之文以爲帝王之符瑞民物之生殖胥此焉出則夫仰瞻雲膚如登日觀望而祀之雖之乎數千里之外可也夫豈得以越望而限之哉東陽爲婺州屬縣廟在縣西二里宋紹興中縣人太常博士中書門下省口正諸房公事口公冠嘗一新之下逮至元中口口口口又完葺之於是卽廟爲乾元宮而以祠祀之事付之老氏之徒且捐私田口五十畝資其贍食歷歲滋久廟之日入於壞有自來矣延至順三年縣尹承德郎許侯思忠涖政之明年也秋則不雨又齋沐

禱廟下翼日遂雨顧瞻神棲囗焉將壓侯進父老而諗之
曰事神治民令之責也不圖厥新告則誰誘衆曰侯無私
福敢不唯命且請以義民徐載孫任珙等敦匠事侯既捐
俸倡首而民咸勸趨輸材致粟如恐或後起手於明年閏
三月壬寅粵五月巳酉工告訖功殿寢言言軒陛仡仡門
閎崇崇庭廡殖殖丹塗白盛煥采如流摶像設色冕䘢應
度諸凡廟制之宜有無外求者會
新天子初正
宸極
詔修嶽瀆之祀侯廼率縣之長貳僚吏欽承
德意潔蠲薦盥祝嘏正辭神用顧歆野夫林叟感悦蹈舞

謂侯以明信誠和神庥神以貺施丕稱侯德宜有篆刻顯
識牲石口予舅氏實以其文命貫貫曰書稱柴望岱以宗
尊則泰山固爲郡嶽之統百神之主矣矧而地載神氣凝
爲山嶽氣無所不至故神無所不周厥今
貞元會合九域大同聲教所漸暨于四表東陽南泰岱不
數千里而近雲霞之布濩風霆之流行明者動變初無方
體神而明之在人而不在物肆廟貌之增隆迓嶽靈之來
假而
溫詔自天秩𥡴殷禮貌焉方百里縣嚴嚴表胥之嘮是亦
寵蒙常許而已雖不必徵之繩金檢玉之書而歸美報
上之實已與天保之雅並傳而無間矣侯以世澤入官三

選而爲縣於斯勤事恤民政有體要今當陟明進秩公侯
之後必復其始諒哉矣夫是役也住持道士張處可實左
右宜勞法宜得書故書四年癸酉秋八月既望文林郎
江西等處儒學提舉柳貫撰翰林國史院編修官助書中
奉大夫江南諸道行御史臺侍御史王克敬篆額
其歲元統改元十二月庚申朔越十有二日靈囗通國宏
道法師住持宮事張　處可立石
右碑在金華府東陽縣凡二十三行每行五十字正
書元柳貫撰碑云四年癸酉秋八月既望又云其歲
元統改元按元史本紀云文宗崩於至順三年八月
又云十一月壬辰寧宗崩又云命潤里吉思迎帝於

靜江其陳迎立之意帝幼且畏之故帝在京久不得
立遷延者數月又云六月己巳始即帝位于上都冬
十月戊辰改元以至順四年爲元統元年然則八月
既望其時帝雖即位尚未改元故碑文仍稱四年碑
立于十二月故云其歲元統改元也柳貫見元史黃
溍傳云貫爲江山縣儒學教授碑銜云江西等處儒
學提舉按儒學提舉自成宗元貞元年詔各省止存
一員餘悉罷之故云江西等處元百官志云其秩從
五品儒學教授秩僅九品亦足訂傳文之失
元婺州東陽縣新安寺重建藏殿記
藏有經囗法囗經而出經有藏千佛隨藏而轉我彌勒大

士憫世人迷惑塵根墮諸惡趣發大慈悲心置大層龕貯
無量□文廣開濟及法門毗盧一吼沉淪苦海者超登彼
岸功德不可思議豈廣長舌之卩哉□□□皆設大士像
不□□也東陽縣治之東一里六十步寺名新安舊藏殿
淨融藥王椒于宋紹興間歲久凋弊比卯道存淨融□□
法嗣也追念先志規椒之艱□元庚寅□□修造檀施中
有周洪孫捨田三百六十租劉明道捨田九十租入□□
□□是癸丑□工至癸巳歲完□□□金碧蔚如舊覩其
事豈易言哉居無何崑尤弛禁爵攸煽熖□及□冬□爲
□□□法其可有難乎道存不以適然之難易其卓然不
二之識□朽斯宮願力逾固與其徒弟志純德粹□惠痒

形垢衣□食□夕究圖越六寒暑殿廡鼎新□藏輝煥佛
像莊嚴鐘鼓聲復振厥有成績道光前規其事又豈易
言哉是役也功鉅□□殫廪租傾鉢囊捐施利至蓬行竭
丐□之力誠艱矣法輪流轉□運食□器已餘貲增置田
五十租合周劉二公所捨成五百租并每歲轉藏施利永
□□□供□之□計誠遠矣吁藏從心轉卽心從藏淨融
以佛之心爲心椒於其前道存以祖師淨融之心爲心修
於其卩修未幾輒大壞壞未幾復□椒道存其無忝爾祖
無愧我佛者歟雖然佛無壞相一壞是一刼也淨融所始
椒不□□於椒猶幸有道存在焉道存所再椒期於永久
勿壞尤冀後之爲道存者毋貳爾心因具請爲書其事於

石云大□□年歲次壬寅十月二日□持寶林禪寺佛日
正覺慈智廣行禪師□心撰
當寺弘教慈明惠□大師□道存書□寺□老比丘祖心
立石

右碑在金華府東陽縣文及題銜凡十四行每行四
十五字草書據明　統志寺建於唐咸通間文有剝
落如云大□□年歲次壬寅按大德乃元成宗年號
壬寅則大德六年也

續蘭亭會詩序

第一層

續蘭亭會 篆額四字橫書

晝作崇山陂陀竹樹之景正中層樓當爲州衙不署名
後則爲高風閣右則爲龍泉寺左則爲雩詠亭亭前有
方沚引爲曲水卽序所稱瀦爲方沼疏爲流泉者也

第二層

續蘭亭詩序

東晉山陰蘭亭之會蔚然文物衣冠之盛儀表後世使人
景慕不忘也當時在會者瑯琊王友謝安而下凡四十二
人臨流觴詠從容文字之娛而王右軍墨蹟傳譽無盡豈
有異哉蓋寓形宇內卽其平居有自然之樂者天理流行
人與物共而各得其所也昔曾點遊孔門曾次直與天地
萬物上下同流故其言志以暮春春服旣成童冠浴沂舞

雩詠歸有聖人氣象仲尼與之垂八百年而有晉之風流蓋本諸此自是而莫繼焉後唐宋雖爲會於曲江率皆矜麗務爲遊觀曾不足以語此者余有是志久矣適以至正庚子春治師會稽之餘姚州與山陰鄰壤望故迹之丘墟而重爲慨嘆於是相龍泉之左麓州署之後山得神禹秘圖之處水出巖罅瀦爲方沼疏爲流泉卉木叢茂行列紫薇間以篁竹彷彿乎蘭亭景狀因作雩詠亭以表之維時天氣清淑東風扇和日景明麗實三月初吉也合甌越來會之士或以官而居或以兵而戍與夫避地而僑暨遊方之外者若樞密都事謝理元帥方永鄒陽朱右天台僧白雲以下得四十二人同脩禊事焉著單袷之衣浮羽觴于曲水或飲或酢或詠或歌徜徉容與咸適性情之正而無舍己爲人之意仍按圖取晉人所詠詩率兩篇若闕一而不足者若兩篇皆不就者第各占其次補之總若干首目曰續蘭亭會殊有得也嗟乎自永和至今上下宇宙間千有八載遺風絶響而今得與士友俯仰盤桓追陳迹脩墜典講俎豆於干戈之際察鳶魚於天淵之表樂且衎衎夫豈偶然也是雖未能繼志曾點然視晉人則亦庶幾已矣獨未知後之人又能有感於斯否乎會人請紀以冠詩端而諸姓名則各因詩以附見如左是日江浙行省郎中天台劉仁本敍并書江浙行樞密院都事同郡謝理篆蓋

四明胡仲瑛刻

第三層

補四言五言詩各一首凡一十六人

郎中劉仁本補參軍劉密

俛仰宇宙睠茲山川欣欣卉木泠泠流泉豈伊獨樂尙友千年飛觴捫詠萬化陶然

陽春沐膏澤草木生微喧靈圖發幽祕感此禹跡存衣冠繼芳集臨流引清尊性情聊自適理亂復奚言

都事謝理補侍郎謝瓌

瞻彼阿丘神禹祕之茂蔭嘉樹清泛芳池臨流引觴衎衎以嬉俛仰千古逝者如斯

春溫散晴旭灌木浮嘉陰良辰事脩禊我友欣盍簪方池注清流可以濯煩襟一觴復一詠暢情忘古今

鄉貢進士趙俶補參軍孔熾

青陽既殷以遨以遊采蘭崇阿濯纓芳流躬藻載詠羽觴載浮潔我禊事于以寫憂

暄風播廣宇欣懷託陽春盥祓寄幽暢虛襟遺世塵擷芳遵丘阿接杯沿洄濱詠歸何逍遙遐哉仰斯人

天台僧悅白雲補任城呂系

疇昔有懷陰雨翳霄兀爾居室忽焉終朝際此晴煥散豁林郊潛鱗泳波遊羽鳴條

崇阿撫神祕微風扇和淳靈雨既云沐品彙匯以陳蘭苕擢中沚葩蕚媚芳晨散懷得眞契引觴答熙春

前蕭山主簿朱右補餘杭令謝藤
陟彼崇阿遊目遙岑川雲凌岫林木蔽陰喈喈黃鳥懷之
好音亦有良朋載嘯載吟
息徒坐蘭階臨流濯清泉光風被林薄春服麗以鮮持觴
撫流景鳶魚樂天淵俛仰同一慨弱毫從所宜
前帥府都事王霖補王獻之
瀰彼源泉其流泱泱誰其遂之以詠以觴酌此春酒以祓
不祥
華髮宴餘春微風宿雲散蘭皐野氣芳桐岡日初旦羣賢
集崇巨臨流水光渙酌酒清湍曲俯景慨長歎
第四層

蕭山教諭朱炯補府功曹勞夷
俯挹清流遙睇崇嶺于焉遊盤寄興遐永放同觀濠高介
臨潁泠風徐來惕焉深省
叢木翳林薄搆亭俯澗濱旭日散晴采光風媚芳春臨流
轉輕觴于以樂嘉賓詠歌意自適酣暢趣益眞茲遊敦所
尚庶足酬令辰
四明沙門曾昇補任城呂本
遲遲春陽藹藹蘭若樂爾嘉賓以宴以遨靖觀□□散懷
逍遙一觴一詠庶永今朝
禊飲祕圖湖天氣淑且柔傳觴際曲渚濯纓臨□□纖條
亂風樹幽葩落晴溝衆賓亦樂止忘彼□□□

前平江儒學正徐昭文補府主簿后綠
柔風扇和百卉具芳攜我良疇憩于崇岡怡情詠歌激水
汎觴俯仰宇內聊以倘佯
茲辰天氣佳駕言寫我憂衣冠盛良會祓禊俯長流川容
澹疏雨樹色翳崇巨清風接千載復此逍遙遊
祕圖隱者鄭彝補山陰處谷
興懷古先仰覩玄造尼歎逝川乎念芳草暮春□□爰舒
幽抱皎焉白駒嚶其黃鳥
夙駕稅幽麓汎醴循流澗芳甤被巖瀨葩蕚□□□靡靡
時運邁思賢撫巘屼圭欣遠賓集陶然□□□
前嘉興路經歷張溥補鎮國大將軍掾卞迪

藹藹雲岡溶溶春水集我朋儔擬茲蘭芷千載同□夷猶
芳軌美哉良會衎樂無已
茲辰暮春初散策臨泉石清渠引微波浮觴□前席伊人
去已遠古今同一適晞茲脩禊地遙岑澹□□
東山僧福報補彭城曹謹
晴雲冉冉幽草茸茸羣賢戾止衎樂攸同芳葩泛豔翔羽
迴風亦有旨酒聊以從容
柔條扇循風輕波漾清旭羣彥此委蛇鳴佩集中谷列席
依巖迴飛觴隨水曲緬懷古先哲庶以繼遐躅
右碑在餘姚縣學宮近年墻壓碑壞此從洪筠軒舊
藏拓本錄之碑分四層據序稱樞密掾事謝理以下

得四十二人同脩禊事碑所存止仁本以下十二人詩各二篇錢辛楣詹事疑當時本刻二碑而亡其一朱竹垞靜志居詩話亦云四十二人各氏未能悉考詩僅存者止此十二人則所見者亦僅此碑矣碑云至正庚子又云自永和至今上下宇宙閒千有八載以永和九年下推之蓋元順帝至正二十年也